Geistiges Eigentum und Wettbewerbsrecht

herausgegeben von

Peter Heermann, Diethelm Klippel,
Ansgar Ohly und Olaf Sosnitza

170

Alexander Bathelt

Die Unionsgewährleistungsmarke

Charakter und Rolle im System
des unverfälschten Wettbewerbs

Mohr Siebeck

Alexander Bathelt, geboren 1993; Studium der Rechtswissenschaften mit wirtschaftswissenschaftlicher Zusatzausbildung an der Universität Bayreuth; Wissenschaftlicher Mitarbeiter am Lehrstuhl für Bürgerliches Recht, Wirtschafts- und Technikrecht der Universität Bayreuth; seit 2020 Referendariat im Bezirk des OLG Düsseldorf.

ISBN 978-3-16-161112-4 / eISBN 978-3-16-161113-1
DOI 10.1628/978-3-16-161113-1

ISSN 1860-7306 / eISSN 2569-3956 (Geistiges Eigentum und Wettbewerbsrecht)

Die Deutsche Nationalbibliothek verzeichnet diese Publikation in der Deutschen Nationalbibliographie; detaillierte bibliographische Daten sind über *http://dnb.dnb.de* abrufbar.

© 2021 Mohr Siebeck Tübingen. www.mohrsiebeck.com

Das Buch wurde von Gulde Druck in Tübingen auf alterungsbeständiges Werkdruckpapier gedruckt und gebunden.

Printed in Germany.

Hans Bathelt

Vorwort

Die vorliegende Arbeit wurde im Mai 2021 von der Rechts- und Wirtschafts-wissenschaftlichen Fakultät der Universität Bayreuth als Dissertation ange-nommen und befindet sich auf dem Stand von Januar 2021. Literatur wurde vereinzelt bis Mai 2021 berücksichtigt.

Herzlich danken möchte ich meinem Doktorvater Prof. Dr. *Michael Grün-berger*, LL.M. Nicht nur durch die Teilnahme am Graduiertenkolleg „Recht der Informationsgesellschaft" bot er mir herausragende Forschungs- sowie Ar-beitsbedingungen mit sämtlichen Freiheiten und stand dabei stets für Fragen und Ratschläge zur Verfügung. Seine verbindliche Betreuung und Unterstüt-zung in vielfacher Hinsicht weiß ich sehr zu schätzen.

Mein Dank gilt auch Herrn Prof. Dr. *Diethelm Klippel* für die zügige Erstel-lung des Zweitgutachtens. Ihm und den weiteren Herausgebern dieser Schrif-tenreihe danke ich zudem für die Aufnahme meiner Arbeit in die Reihe. Der *Studienstiftung Ius Vivum* bin ich für einen großzügigen Druckkostenzuschuss zu Dank verpflichtet.

Mit der Arbeit verbunden sind zweieinhalb schöne Jahre als Wissenschaft-licher Mitarbeiter am Lehrstuhl für Bürgerliches Recht, Wirtschafts- und Tech-nikrecht, die ohne meine Kolleg:innen bei Weitem keine so interessante, prä-gende und bisweilen unterhaltsame Zeit gewesen wären. Insbesondere *Petra Dötsch*, Dr. *Michael Eginger*, Dr. *Lukas Firsching*, *Tim Rosenbohm*, Dr. *Mar-tin Sommer* und *Katharina Wunner* haben großen Anteil daran.

Wiebke Heinze danke ich für ihre liebevolle Unterstützung, Aufmunterung und Zuversicht. Größtmöglicher Dank gebührt schließlich meinen Eltern *Mo-nika* und *Werner Bathelt*. Sie haben mir immerzu Rückhalt gegeben, mich ver-trauensvoll sowie bedingungslos unterstützt und meinen bisherigen Weg dadurch erst ermöglicht. Meinem Großvater *Hans Bathelt* ist die Arbeit in dankbarer Erinnerung gewidmet.

Düsseldorf, im September 2021   *Alexander Bathelt*

Inhaltsübersicht

Inhaltsverzeichnis

Abkürzungsverzeichnis

Acad. Manag. Rev.	The Academy of Management Review
AcP	Archiv für die civilistische Praxis
AEUV	Vertrag über die Arbeitsweise der Europäischen Union
Am. Econ. Rev.	The American Economic Review
AUR	Agrar- und Umweltrecht
ausf.	ausführlich
B. U. L.Rev.	Boston University Law Review
Bell J. Econ.	The Bell Journal of Economics
Berk. Tech. L. J.	Berkeley Technology Law Journal
Business Hist.	Business History
BYU L.Rev.	Brigham Young University Law Review
Car. L. Rev.	Cardozo Law Review
Chic. L. Rev.	The University of Chicago Law Review
Chic.-Kent. J. Intell. Prop.	Chicago-Kent Journal of Intellectual Property
CLP	Current Legal Problems
Columb. L.Rev.	Columbia Law Review
Corp. Reput. Rev.	Corporate Reputation Review
E.I.P.R.	European Intellectual Property Review
Econ. Hist. Rev.	The Economic History Review
EGV	Vertrag zur Gründung der Europäischen Gemeinschaft
Emory L.J.	Emory Law Journal
EPÜ	Europäisches Patentübereinkommen
Erwgr.	Erwägungsgrund
EUV	Vertrag über die Europäische Union
EuZW	Europäische Zeitschrift für Wirtschaftsrecht
Fordham Intell. Prop. Media &	Fordham Intellectual Property, Media and Ent. L.J. Entertainment Law Journal
Fordham L. Rev.	Fordham Law Review
Geo. Mason L. Rev.	George Mason Law Review
GPR	Zeitschrift für das Privatrecht der Europäischen Union
grundl.	grundlegend
GRUR	Gewerblicher Rechtsschutz und Urheberrecht
GRUR Int.	Gewerblicher Rechtsschutz und Urheberrecht, Internationaler Teil
GRUR Prax	Gewerblicher Rechtsschutz und Urheberrecht, Praxis im Immaterialgüter- und Wettbewerbsrecht
Harv. J.L. & Pub. Pol'y	Harvard Journal of Law & Public Policy
Harv. L.Rev.	Harvard Law Review
Hastings L.J.	Hastings Law Journal

Hous. L.Rev.	Houston Law Review
IIC	International Review of Intellectual Property and Competition Law
Int. Rev. L. Econ.	International Review of Law and Economics
Iowa L. Rev.	Iowa Law Review
IPQ	Intellectual Property Quarterly
IPRB	Der IP-Rechts-Berater
iSv.	im Sinne von
J. Bus.	The Journal of Business
J. Econ. Lit.	Journal of Economic Literature
J. Econ. Persp.	The Journal of Economic Perspectives
J. Econ. Surveys	Journal of Economic Surveys
J. Eu. Comp. L. P.	Journal of European Competition Law & Practice
J. Fin. Econ.	The Journal of Financial Economics
J. Hist. Econ. Thou.	Journal of the History of Thought
J. Indust. Econ.	The Journal of Industrial Economics
J. Intell. Prop. L.	Journal of Intellectual Property Law
J. L. & Econ.	The Journal of Law & Economics
J. L. Econ. Org.	The Journal of Law, Economics, and Organization
J. Legal Stud.	The Journal of Legal Studies
J. Per. Soc. Psych.	Journal of Personality and Social Psychology
J. Polit. Econ.	Journal of Political Economy
J. Prod. & Brand Manag.	Journal of Product & Brand Management
J. Pub. Pol'y & Marketing	Journal of Public Policy & Marketing
JCR	Journal of Consumer Research
JIPLP	Journal of Intellectual Property Law and Practice
JITE	Journal of Institutional and Theoretical Economics/ Zeitschrift für die gesamte Staatswissenschaft
JM	Journal of Marketing
JMR	Journal of Marketing Research
JZ	Juristenzeitung
KSzW	Kölner Schriften zum Wirtschaftsrecht
Law & Contemp. Probs.	Law and Contemporary Problems
Loy. U. Chi. L. J.	Loyola University of Chicago Law Journal
Manag. Dynamics	Management Dynamics
MarkenR	Zeitschrift für deutsches, europäisches und internationales Kennzeichenrecht
MarkenRL	Markenrichtlinie
Marketing Sci.	Marketing Science
Marqu. Intell. Prop. L. Rev.	Marquette Intellectual Property Law Review
Mem. St. U. L.Rev.	Memphis State University Law Review
Mich. L. Rev.	Michigan Law Review
Modern L.Rev.	Modern Law Review
NJW	Neue Juristische Wochenschrift
Notre Dame L.Rev.	Notre Dame Law Review
Nw. J. Tech. & Intell. Prop.	Northwestern Journal of Technology and Intellectual Property
NYU L. Rev.	New York University Law Review
NZKart	Neue Zeitschrift für Kartellrecht

ÖBl	Österreichische Blätter für Gewerblichen Rechts- schutz und Urheberrecht
PatG	Patentgesetz
Pennsylvania L. Rev.	University of Pennsylvania Law Review
Pop. Dev. Rev.	Population and Development Review
Prometheus	Prometheus: Critical Studies in Innovation
Psych. Rev.	Psychological Review
Q. J. Econ.	The Quarterly Journal of Economics
RabelsZ	Rabels Zeitschrift für ausländisches und internationa- les Privatrecht
RAND J. Econ.	The RAND Journal of Economics
Rev. Econ. Stud.	The Review of Economic Studies
Rev. Law & Econ.	Review of Law and Economics
Sloan Manag. Rev.	Sloan Management Review
South. Econ. J.	Southern Economic Journal
Span. J. Marketing	Spanish Journal of Marketing
Stan. L. Rev.	Stanford Law Review
Tex. L. Rev.	Texas Law Review
TMR	The Trademark Reporter
TRIPS	Agreement on Trade-Related Aspects of Intellectual Property Rights
U. Ill. J. L. Tech. & Pol'y	The University of Illinois Journal of Law, Technology & Policy
U. Mich. J. L. Reform	University of Michigan Journal of Law Reform
UGM	Unionsgewährleistungsmarke
UIM	Unionsindividualmarke
UKM	Unionskollektivmarke
UMDVO	Unionsmarkendurchführungsverordnung
UMVO	Unionsmarkenverordnung
Virginia L.Rev.	Virginia Law Review
W. & M. L. Rev.	William & Mary Law Review
Wash. U. L. Rev.	Washington University Law Review
WiSt	Wirtschaftswissenschaftliches Studium
WRP	Wettbewerb in Recht und Praxis
Yale J. L. & Tech.	Yale Journal of Law and Technology
Yale L.J.	The Yale Law Journal
ZfbF	Schmalenbachs Zeitschrift für betriebswirtschaftliche Forschung
ZfWiSo	Zeitschrift für Wirtschafts- und Sozialwissenschaften
ZfWP	Zeitschrift für Wirtschaftspolitik
ZGE	Zeitschrift für Geistiges Eigentum
ZHR	Zeitschrift für das gesamte Handelsrecht und Wirt- schaftsrecht
ZStV	Zeitschrift für Stiftungs- und Vereinswesen
ZUM	Zeitschrift für Urheber- und Medienrecht

Einleitung

A. Einführung in den Untersuchungsgegenstand

I. Gütezeichen: Zwischen Komplexitätsreduktion und information overload

Mit der zunehmenden Vielfalt erhältlicher Waren und Dienstleistungen steigen auch die Chancen der Verbraucher, das ihren Konsumpräferenzen optimal entsprechende Produkt zu finden. Dieser Vorteil verwandelt sich jedoch in einen Nachteil, wenn der Aufwand für Produktsuche, -vergleich und -wahl die Konsumenten überfordert und sie deshalb trotz theoretisch passender Produkte von einer Transaktion absehen.[1] Sie erleiden einen *„choice overload"*.[2] Will man dem begegnen, etwa indem Konsumenten von Herstellern und Händlern, durch Print-Verbrauchermagazine und Online-Nutzerbewertungen umfassende Produktinformationen erhalten, kommt es mangels kognitiver Verarbeitungsfähigkeit aber zu einem *„information overload"*[3]: die geistige Kapazität des Einzelnen ist beschränkt, nur begrenzt steigerbar und der überwältigenden Komplexität der Realität hoffnungslos unterlegen.[4] Konsumenten gehen daher dazu über, nur noch bei subjektiv risikoreichen Kaufentscheidungen die Suche und Verarbeitung von Einzelinformationen auf sich zu nehmen.[5] Den Großteil alltäglicher Entscheidungen treffen sie hingegen auf Basis eines relativ kleinen Teils der angebotenen Informationen, sog. Schlüsselinformationen (*„information chunks"*), die als Substitut mehrerer, als entscheidungserheblich betrachteter Einzelinformationen dienen.[6] Solche Schlüsselinformationen sind nicht nur der Preis als möglicher Indikator der Produktqualität, Marken- oder Herstellernamen und Testurteile, sondern auch „Gütezeichen".[7] Im

---

[1] *Esch*, Markenführung (2017), S. 30 ff.

[2] Grdl. *Iyengar/Lepper*, 79 J. Per. Soc. Psych. 995 (2000); *Kroeber-Riel/Gröppel-Klein*, Konsumentenverhalten (2019), S. 394 f.

[3] Grdl. *Jacoby*, 14 JMR 569 (1977); *Esch*, Markenführung (2017), S. 30 ff. (dort „Consumer Confusion"); *Kroeber-Riel/Gröppel-Klein*, Konsumentenverhalten (2019), S. 394.

[4] *Luhmann*, Vertrauen (2014), S. 31 f., 60.

[5] *Buckstegge*, Nationale Gewährleistungsmarke (2018), S. 25; *Gruber*, Verbraucherinformation (1986), S. 56; *Kroeber-Riel/Gröppel-Klein*, Konsumentenverhalten (2019), S. 295.

[6] *Buckstegge*, Nationale Gewährleistungsmarke (2018), S. 25; *Gruber*, Verbraucherinformation (1986), S. 50 f.; *Hemker*, Missbrauch (2016), S. 7; *Kroeber-Riel/Gröppel-Klein*, Konsumentenverhalten (2019), S. 316.

[7] *Kroeber-Riel/Gröppel-Klein*, Konsumentenverhalten (2019), S. 316.

Wirtschaftsleben findet sich daher auf vielen Produkten neben der Individualmarke des Herstellers[8] ein solches „Gütezeichen". Es ist ein Symbol, welches
das Produkt nach seiner Beschaffenheit kennzeichnet und auf dessen besondere
Qualität, Umweltfreundlichkeit, die bei der Fertigung beachteten hohen Sozialstandards[9] oder die Eignung für bestimmte Lebens- und Ernährungsstile hinweist.[10]

Ohne sich näher mit diesem befassen zu müssen, erhalten Konsumenten Informationen über das Produkt. Sie berücksichtigen die Zeichen bei ihrer Nach-
frageentscheidung[11] und vertrauen auf deren Aussagegehalt, auch wenn ihnen
dieser in den seltensten Fällen genau bekannt ist.[12] Gütezeichen werden als
objektive Entscheidungshilfe einer neutralen Stelle verstanden, die bei der
Wahl zwischen austauschbar erscheinenden Angeboten unterschiedlicher Unternehmen[13] einen wertvollen Anhaltspunkt bieten.[14] Sie können die Markttransparenz erhöhen und den Entscheidungsaufwand verringern.[15] Von dementsprechend hohem Wert sind sie für Unternehmen. Sie nutzen Gütezeichen
als Kommunikations- und Absatzelement und um das Vertrauen der Konsumenten zu gewinnen.[16]

Da dasselbe Zeichen regelmäßig von unterschiedlichen Herstellern und parallel zu deren Individualmarke genutzt wird, also nicht exklusiv einem Unternehmen vorbehalten ist, wird es als verlässlichere und objektivere Informati-
onsquelle wahrgenommen als die Werbebotschaft des Herstellers selbst.[17] Ent-
standen ist dadurch allerdings eine unüberschaubare Anzahl von Zeichen mit

---

[8] *Fezer*, GRUR 2017, 1188, 1196 zur Gewährleistungsmarke.

[9] ZB. UIM *Fairtrade* (Nr. 007408917).

[10] *Baldauf*, Werbung (2011), S. 7 f.; *Dissmann/Somboonvong*, GRUR 2016, 657, 660;
dies., GRUR 2017, 777; *Slopek/Leister*, GRUR 2013, 356.

[11] *Verbraucher Initiative* (Hrsg.), Siegelwirkung (2016), S. 5 ff.; nach dem Ernährungsreport 2019/2020 (n = 1001) im Auftrag des Bundesministeriums für Ernährung und Landwirtschaft beachten die Befragten beim Einkauf von Lebensmitteln immer/meistens Biosie-
gel (50 % der Befragten), Fairer-Handel-Siegel (49 %), Tierwohllabel (48 %) und Siegel für
nachhaltige Fischerei (47 %) und kaufen damit gekennzeichnete Produkte sehr häufig (14 %)
oder häufig (37 %), vgl. *Forsa* (Hrsg.), Ernährungsreport 2019/2020 (2020), S. 49 f.

[12] *Utopia* (Hrsg.), Lost in Label? (2019), S. 6 zeigt, dass für 78 % der Befragten (n =
3459) „Siegel" die Kaufentscheidung erleichtern, für 68 % sind sie eine hilfreiche Orientierung, obwohl sie bei einigen Siegeln nicht wissen, was sie bedeuten, vgl. auch *Verbraucher
Initiative* (Hrsg.), Siegelwirkung (2016), S. 11 f.

[13] Näher zu „Qualitätspatt und Markengleichheit", die den Anstoß für einen „Trend vom
Produkt- zum Kommunikationswettbewerb" geben *Esch*, Markenführung (2017), S. 34 ff.

[14] *Baldauf*, Werbung (2011), S. 7; *Gruber*, Verbraucherinformation (1986), S. 78, 88;
Hemker, Missbrauch (2016), S. 36 f.; vgl. *Fischer*, WRP 2009, 408.

[15] Fezer/Büscher/Obergfell-*Birk*, UWG (2016), Bd. 1, Teil 2 S 17, Rn. 161; *Hemker*,
Missbrauch (2016), S. 42 f.; *Henning-Bodewig/Kur*, Marke und Verbraucher (1988), S. 121.

[16] *Baldauf*, Werbung (2011), S. 7; *Buckstegge*, Nationale Gewährleistungsmarke (2018),
S. 26; *Hemker*, Missbrauch (2016), S. 44 f.

[17] *Hemker*, Missbrauch (2016), S. 1 f.

unterschiedlichem Aussagegehalt,[18] aber auch mit verschiedenen Vergabekriterien und Trägerschaften. Kann ein einziges Gütezeichen mehrere Produkteigenschaften in einem leicht erkennbaren Symbol kondensieren und für sich genommen komplexitätsreduzierend wirken, führen sie in ihrer Gesamtheit erneut zu einem *„information overload"* des Verbrauchers.[19]

II. Markenschutz der „Gütezeichen": Von der Individual- und Kollektivmarke zur Gewährleistungsmarke

Funktional zeichnen sich „Gütezeichen" durch die Kennzeichnung wesentlicher Produkteigenschaften aus, deren Einhaltung eine unabhängige, staatliche oder private Stelle kontrolliert.[20] Negativ davon abzugrenzen sind einerseits Pseudogütezeichen, andererseits Testurteile und -siegel. Pseudogütezeichen sind Zeichen, die lediglich den Eindruck einer bestimmten objektiven, zertifizierten Güte erwecken, tatsächlich aber vom Verwender frei erfunden oder ohne Produkttest und -kontrolle erworben wurden.[21] Testurteile oder Testsiegel wie die der *Stiftung Warentest* oder *ÖKO-Test* testen ausgewählte Produkte nach zuvor festgelegten Prüfungskriterien und bewerten sie mit einer Schulnote. Solche Zeichen geben damit ein wertendes Prüfergebnis wieder und stehen nicht für das Vorliegen bestimmter Eigenschaften.[22]

Trotz ihrer wirtschaftlichen Bedeutung kennt das europäische (wie deutsche) Markenrecht den Begriff „Gütezeichen" nicht und schützte sie bis zur Reform 2015 auch nicht einheitlich.[23] Es existiert weder eine Legaldefinition,

---

[18] Vgl. *Kroeber-Riel/Gröppel-Klein*, Konsumentenverhalten (2019), S. 611 f.

[19] *Chon*, 77 Fordham L.Rev. 2311, 2332, 2343 f. (2009); *Hemker*, Missbrauch (2016), S. 36 f.; *Henning-Bodewig/Kur*, Marke und Verbraucher (1988), S. 61; *Kroeber-Riel/Gröppel-Klein*, Konsumentenverhalten (2019), S. 394 f., 430.

[20] *Buckstegge*, Nationale Gewährleistungsmarke (2018), S. 42; im Kern gleich *Baldauf*, Werbung (2011), S. 4 f.; *Hemker*, Missbrauch (2016), S. 24; *Fezer/Büscher/Obergfell-Peifer/Obergfell* (2016), Bd. 2, § 5, Rn. 306d; Harte-Bavendamm/Henning-Bodewig-*Weidert*, UWG (2016), § 5 C, Rn. 277; zum deutschen Verkehrsverständnis nach Geltung der Unionsgewährleistungsmarke vgl. BGH, Urt. v. 4.7.2019, I ZR 161/18, Rn. 16 f., 26 ff. = GRUR 2020, 229 – *IVD-Gütesiegel*.

[21] *Buckstegge*, Nationale Gewährleistungsmarke (2018), S. 43; *Slopek/Leister*, GRUR 2013, 356, 358; näher *Hemker*, Missbrauch (2016), S. 26 f.

[22] *Buckstegge*, Nationale Gewährleistungsmarke (2018), S. 43; *Hemker*, Missbrauch (2016), S. 2 f.; näher *Baldauf*, Werbung (2011), S. 21 f.; für ein ähnliches Verbraucherverständnis von „Testsiegel" und „Qualitätssiegel" OLG Düsseldorf, B. v. 30.11.2017, I-20 U 152/16, Rn. 16 = GRUR 2018, 617 – *ÖKO-TEST-Label*.

[23] *Leister/Romeike*, GRUR Int. 2016, 122, 124; „Gütezeichen" kennt lediglich Anhang I Nr. 2 (Geschäftspraktiken, die unter allen Umständen als unlauter gelten) zur Richtlinie 2005/29/EG des Europäischen Parlaments und des Rates vom 11. Mai 2005 über unlautere Geschäftspraktiken, ABl. L 149/22 vom 11.6.2005 (UGP-RL) sowie dessen deutsche Umsetzung in. Anhang Nr. 2 zu § 3 Abs. 3 UWG.

noch eine einheitliche Terminologie.[24] Neben der Bezeichnung „Gütezeichen" finden sich die Formulierungen „Gütesiegel", „Prüfzeichen", „Qualitätskennzeichen" oder „Qualitätslabel", wobei die Begriffe inhaltlich gleich verstanden und synonym verwendet werden.[25] Zwar erwähnt Art. 15 Markenrichtlinie 2008[26] sog. „Garantie- oder Gewährleistungsmarken", eine eigenständige, optional ins nationale Recht umzusetzende Regelung finden sie jedoch erst mit Art. 27 lit. a), 28 Markenrichtlinie 2015.[27] Parallel dazu wurden im Zuge der Unionsmarkenverordnung VO (EU) 2015/2424[28] mit Art. 74a ff. Vorschriften zu „Unionsgewährleistungsmarken" geschaffen.

Bis dahin erfolgte der markenrechtliche Schutz der Gütezeichen auf europäischer Ebene über die Eintragung als Individual- oder Kollektivmarke:[29] in seinen Prüfungsrichtlinien von 2008 hielt das HABM[30] Gütezeichen alleine in Form von Individualmarken als eintragungsfähig[31] und erfuhr hierin auch seitens der zweiten Beschwerdekammer Unterstützung.[32] Diese hatte die Befürchtung, dass ein als Kollektivmarke eingetragenes Gütezeichen den Eindruck

---

[24] *Buckstegge*, Nationale Gewährleistungsmarke (2018), S. 39; *Hemker*, Missbrauch (2016), S. 8.

[25] *Buckstegge*, Nationale Gewährleistungsmarke (2018), S. 39; *Fischer*, WRP 2009, 408 f.; *Hemker*, Missbrauch (2016), S. 22, 24 mwN.; *Leister/Romeike*, GRUR Int. 2016, 122, 124; auch *Baldauf*, Werbung (2011), S. 9 ff., wobei als „Gütezeichen" vor allem Gütesiegel bezeichnet werden, die von einem Mitglied des Deutschen Instituts für Gütesicherung und Kennzeichnung e.V. (RAL) vergeben wurden.

[26] Richtlinie 2008/95/EG des Europäischen Parlaments und des Rates vom 22. Oktober 2008 zur Angleichung der Rechtsvorschriften der Mitgliedstaaten über die Marken, Abl. L 299/25 vom 8.11.2008; dazu *Slopek/Leister*, GRUR 2013, 356, 359.

[27] Richtlinie (EU) 2015/2436 des Europäischen Parlaments und des Rates vom 16. Dezember 2015 zur Angleichung der Rechtsvorschriften der Mitgliedstaaten über die Marken (Neufassung), Abl. L 336/1 vom 23.12.2015; die Richtlinie musste grundsätzlich bis zum 14.1.2019 umgesetzt werden, näher *Bender*, MarkenR 2016, 10 ff.; *Figge/Techert*, MarkenR 2016, 181 ff.; BeckOK MarkenR-*Kur*, Einleitung, Rn. 68 ff.

[28] Verordnung (EU) 2025/2424 des Europäischen Parlaments und des Rates vom 16. Dezember 2015, Abl. L 341/21 vom 24.12.2015; zum Inhalt *Bender*, MarkenR 2016, 10 ff., 19 ff.; *Figge/Techert*, MarkenR 2016, 181 ff.; *Marten*, GRUR Int. 2016, 114 ff.

[29] *Dissmann/Somboonvong*, GRUR 2017, 777; *Günzel*, MarkenR 2018, 523 f.; *Leister/Romeike*, GRUR Int. 2016, 122, 124; *Slopek/Leister*, GRUR 2013, 356, 359.

[30] Bis zum 23.3.2016 Harmonisierungsamt für den Binnenmarkt (Office for Harmonization in the Internal Market), jetzt European Union Intellectual Property Office (EUIPO).

[31] Vgl. HABM, Prüfungsrichtlinien Teil B, S. 67, online abrufbar unter https://euipo.europa.eu/tunnel-web/secure/webdav/guest/document_library/contentPdfs/law_and_practice/guidelines/ctm/examination_de.pdf, abgerufen am 25.8.2021: „Gütezeichen, durch welche eine einzelne Rechtsperson einseitig Standards festlegt, denen die Waren genügen müssen, um mit der Marke versehen werden zu dürfen, können keine Gemeinschaftskollektivmarken sein, sondern müssen als Gemeinschaftsindividualmarke angemeldet werden.".

[32] HABM, Ent. v. 15.2.2011, R 675/2010-2, Rn. 20 f. – *BIODYNAMIC*, online abrufbar unter https://euipo.europa.eu/copla/trademark/data/W00939289/download/6-107341972/incoming, abgerufen am 25.8.2021; näher *Leister/Romeike*, GRUR Int. 2016, 122, 124.

erwecken könnte, etwas anderes als eine Kollektivmarke zu sein. Kurz darauf stellte sie in einem anderen Verfahren jedoch fest, dass Gütezeichen die Rolle einer Gewährleistungsmarke übernehmen und kennzeichnen, dass die Produkte gewissen Standards entsprächen oder Eigenschaften aufwiesen, wohingegen die Individualmarke eine Herkunftsfunktion verfolge.[33] Auch die rechtserhaltende Benutzung eines als Individualmarke eingetragenen Gütezeichens sei daher nur durch einen Herkunftshinweis möglich.

Etwas später kam die Beschwerdekammer – ohne nähere Begründung – zum Ergebnis, dass Gütezeichen (nun doch) als Kollektivmarke einzutragen seien, die auch eine Qualitätsfunktion erfüllen könne.[34] Das HABM reagierte hierauf in der Neufassung seiner Richtlinien 2015, wonach Kollektivmarken „nicht unbedingt die Qualität der Ware bestätigen [müssen], auch wenn dies gelegentlich der Fall ist."[35]

Vor diesem Hintergrund hatte der EuGH im Juni 2017 auf Vorlage des OLG Düsseldorf[36] über die rechtserhaltende Benutzung der Individualmarke „Baumwollblüte"[37] zu entscheiden. Dabei handelte es sich um eine als Gütezeichen genutzte, insbesondere für Textilien eingetragene Warenbildmarke. Sie wurde vom Inhaber, dem *Verein Bremer Baumwollbörse* (VBB), an Hersteller von Textilien aus Baumwollfasern lizenziert, um deren Zusammensetzung und Qualität zu gewährleisten. Auf eine Verletzungsklage des VBB hin erhob der Hersteller *Gözze* Widerklage auf Nichtigerklärung der Marke mit der Begründung, dass die Marke *Baumwollblüte* rein beschreibend sei und zudem nicht rechtserhaltend benutzt wurde. Der EuGH erkannte keine ernsthafte Benutzung der Individualmarke, da sie nicht entsprechend ihrer Herkunftsfunktion, die Ursprungsidentität des Produkts zu garantieren, benutzt wurde, sondern lediglich eine besondere Qualität der verwendeten Baumwolle gewährleistet.[38] Die Marke konnte damit gem. Art. 58 Abs. 1 lit. a) UMVO für verfallen erklärt

---

[33] HABM, Ent. v. 16.8.2011, R 87/2010-2, Rn. 24-34, insb. 30 ff. – *dvc/dvb*, online abrufbar unter https://euipo.europa.eu/copla/trademark/data/003649373/download/6-110278138/incoming, zuletzt abgerufen am 25.8.2021.

[34] HABM, Ent. v. 10.5.2012, R 1007/2011-2, Rn. 11 ff. – *Flagge mit Sternen*, online abrufbar unter https://euipo.europa.eu/copla/trademark/data/009136714/download/6-114831379/incoming, zuletzt abgerufen am 25.8.2021.

[35] HABM, Prüfungsrichtlinien Teil B, S. 82, online abrufbar unter https://euipo.europa.eu/tunnel-web/secure/webdav/guest/document_library/contentPdfs/law_and_practice/decisions_president/ex15-2_de.pdf, zuletzt abgerufen am 25.8.2021.

[36] OLG Düsseldorf, B. v. 15.12.2015, I-20 U 222/14 = GRUR 2016, 386 – *Internationales Baumwollzeichen*.

[37] Unionsindividualmarke Nr. 006029111 – *Baumwollblüte*; Löschung eingetragen am 22.4.2018 mit Wirkung ab 22.6.2017.

[38] EuGH, Urt. v. 8.6.2017, C-689/15, ECLI:EU:C:2017:434, Rn. 45 f. = GRUR 2017, 816 – *Internationales Baumwollzeichen*.

werden. Dieses Schicksal drohte in der Folge auch weiteren Gütezeichen, die ebenfalls in Form einer Warenindividualmarke eingetragen wurden.[39]

Der „Sündenfall"[40] des EuGH und die Frage rechtssicheren Schutzes von Gütezeichen werfen ein Schlaglicht auf die nun in Art. 83 ff. UMVO[41] geregelte Unionsgewährleistungsmarke.[42] Sie ist eine Marke, die „geeignet ist, Waren oder Dienstleistungen, für die der Inhaber der Marke das Material, die Art und Weise der Herstellung der Waren oder der Erbringung der Dienstleistungen, die Qualität, Genauigkeit oder andere Eigenschaften – mit Ausnahme der geografischen Herkunft – gewährleistet, von solchen zu unterscheiden, für die keine derartige Gewährleistung besteht." Anders als bei einer Individual- oder Kollektivmarke bezieht sich ihre Aussage nicht auf den *Produktursprung* aus einem bestimmten (kollektivangehörigen) Unternehmen, sondern auf die *Produktbeschaffenheit*. Hinzu kommen weitere Besonderheiten, etwa die Pflicht ihres Inhabers, keine gewerbliche Tätigkeit auszuüben, die die Lieferung von Produkten, für die eine Gewährleistung besteht, umfasst, Art. 83 Abs. 2 UMVO,[43] oder das Erfordernis, die gewährleisteten Eigenschaften samt Benutzungsmodalitäten in einer Markensatzung zu veröffentlichen, Art. 84 UMVO. In der Satzung sind auch die Kontrollmechanismen darzulegen, mit denen der Markeninhaber das Vorliegen der erforderlichen Eigenschaften bei den gekennzeichneten Produkten überprüft. Funktional kommt der Gewährleistungsmarke mit ihrer Neutralität, Objektivität und Transparenz damit eine Rolle zu, wie sie von Gütezeichen erfüllt wird. Für diese ist die Gewährleistungsmarke die geeignete Markenkategorie.[44] Auch das dahinterstehende Geschäftsmodell ist ähnlich: der Markeninhaber vertreibt keine eigenen, sondern zertifiziert fremde Produkte und lizenziert sein Zeichen, wofür er Gebühren verlangt.

---

[39] *Dissmann/Somboonvong*, GRUR 2017, 777, 779; *Schoene*, GRUR-Prax 2018, 191; *Slopek*, GRUR-Prax 2016, 405.

[40] *Günzel*, MarkenR 2018, 523, 525.

[41] Die mehrfachen Änderungen der VO (EU) 2015/2424 wurden konsolidiert in der Verordnung (EU) 2017/1001 des Europäischen Parlaments und des Rates vom 14. Juni 2017 über die Unionsmarke, Abl. L 154/1 vom 16.6.2017 (UMVO); die Vorschriften über Gewährleistungsmarken gelten danach ab dem 1.10.2017.

[42] Vgl. zu den Folgen für die Eintragungspraxis *Günzel*, MarkenR 2018, 523, 528; *Schoene*, GRUR-Prax 2018, 212.

[43] Dies als maßgeblichen Unterschied zur Kollektivmarke herausstellend Ekey/Bender/Fuchs-Wiesemann-*Ekey*, MarkenR (2019), § 106b MarkenG, Rn. 7.

[44] Vgl. *Dissmann/Somboonvong*, GRUR 2016, 657, 661; *Dröge*, MarkenR 2016, 549; Ekey/Bender/Fuchs-Wiesemann-*Ekey*, MarkenR (2019), § 106a MarkenG, Rn. 10; *Leister/Romeike*, GRUR Int. 2016, 122, 126; in diese Richtung wohl auch EuGH, Urt. v. 8.6.2017, C-689/15, ECLI:EU:C:2017:434, Rn. 50 = GRUR 2017, 816 – *Internationales Baumwollzeichen*.

B. Problemstellung und Forschungsfrage

Es mag bloßer Zufall sein, dass der EuGH kurz vor Geltung der neuen Gewährleistungsmarke der bisherigen Eintragungspraxis für Gütezeichen den Boden
entzog.[45] Er setzte damit jedenfalls einen Anreiz, die neue Markenkategorie
tatsächlich auch zu nutzen. Ihre Integration in ein System, das vorrangig auf
die Herkunftsfunktion ausgerichtet ist, läuft derweil natürlich nicht völlig reibungslos ab.[46] Die Markenrechtstheorie wie auch -praxis haben nach wie vor
nur wenig Erfahrung mit Gewährleistungsmarken auf europäischer Ebene.

Die vorliegende Arbeit möchte einen Beitrag zur Einordnung der Gewährleistungsmarke innerhalb der UMVO leisten. Sie untersucht, wie sich der gegenüber der Individualmarke veränderte Aussagegehalt der Gewährleistungsmarke auf die von ihr erfüllten Markenfunktionen sowie die einzelnen markenrechtlichen Institute auswirkt und was er für ihre Stellung im Markenrechts-
system als Ganzem bedeutet. Dazu wird das Verhalten der Gewährleistungsmarke in der Verletzungssituation sowie bei der Benutzung durch den Inhaber
und Dritte analysiert, um hieraus Rückschlüsse auf den Charakter und ihre
Rolle im „System des unverfälschten Wettbewerbs"[47] zu ziehen. Konkret stellen sich dabei zwei übergeordnete Fragen: (1) Welche der vom EuGH anerkannten Markenfunktionen erfüllt die Gewährleistungsmarke? Hier lautet die
These, dass der Gewährleistungsmarke zwar eine Qualitäts-, Werbe-, Kommu-
nikations- und Investitionsfunktion zukommt, aber keine Herkunftsfunktion.
Deren ökonomischer Gehalt wird durch die Gewährleistungsfunktion ausge-
füllt. Darauf aufbauend wird im Rahmen der Markenbenutzung geprüft, wie
sich die Spezifika der Gewährleistungsmarke auf die Möglichkeit Dritter auswirken, das Zeichen für eigene Produkte zu verwenden. (2) Steht Dritten nach
geltendem Markenrecht, also *de lege lata*, ein Anspruch auf Nutzung der

---

[45] *Günzel*, MarkenR 2018, 523, 528 vermutet die der Entscheidung zugrunde liegende
Überlegung, „dass die Markeninhaber auf die Anmeldung einer Gewährleistungsmarke als
dem ‚richtigen' Schutzinstrument verwiesen werden sollen".

[46] *Bently et al.*, IP Law (2018), S. 974; *Buckstegge*, Nationale Gewährleistungsmarke
(2018), S. 214 („Fremdkörper"); *Slopek/Leister*, GRUR 2013, 356; vgl. *Fromer*, 69 Stan. L.
Rev. 121, 198 (2017) („certification marks are their own beast").

[47] Der EuGH betont bei jeder sich bietenden Gelegenheit diese Stellung und Aufgabe der
Marke und nutzt sie auch als Argumentationstopos, vgl. nur EuGH, Urt. v. 17.10.1990, C-
10/89, ECLI:EU:C:1990:359, Rn. 13 = GRUR Int. 1990, 960 – *HAG II;* Urt. v. 7.1.2004, C-
100/02, ECLI:EU:C:2004:11, Rn. 16 = GRUR 2004, 234 – *Gerolsteiner/Putsch*; jünger
Urt. v. 25.7.2018, C-129/17, ECLI:EU:C:2018:594, Rn. 30 = GRUR 2018, 917 – *Mitsub-
ishi/Duma*; Urt. v. 11.4.2019, C-690/17, ECLI:EU:C:2019:317, Rn. 40 = GRUR 2019, 621
– *ÖKO-Test Verlag*; zudem Erwägungsgrund 2 der MarkenRL; das Prinzip des unverfälschten Wettbewerbs war bis zum 30.11.2009 in Art. 3 I lit. g EGV festgeschrieben, inzwischen
ist es im Protokoll Nr. 27 über den Binnenmarkt und den Wettbewerb, das nach Art. 51 EUV
Bestandteil der Verträge ist, niedergelegt, ausdrücklich EuGH, Urt. v. 17.2.2011, C-52/09,
ECLI:EU:C:2011:83, Rn. 20 = GRUR Int. 2011, 413 – *TeliaSonera*.

Gewährleistungsmarke zu, falls ihre Produkte die gewährleisteten Eigenschaften aufweisen? Als Antwort auf diese Frage wird eine ökonomisch informierte Zugangsregel konstruiert und konkretisiert, die auch mit höherrangigem Recht vereinbar ist. Mit den gefundenen Ergebnissen lässt sich die Gewährleistungsmarke als lauterkeitsrechtlich geprägte Markenkategorie im Kosmos des Markenrechts verorten, deren Wesen stärker geografischen Herkunftsangaben als Individual- oder Kollektivmarken ähnelt und als Instrument im Steuerungskonzept einer „regulierten Selbstregulierung" eingesetzt werden kann.

Die Ausführungen nehmen dabei die Vorschriften zur Unionsgewährleistungsmarke in Art. 83–93 UMVO, nicht die Regelungen der nationalen Gewährleistungsmarke in §§ 106a–106h MarkenG zum Ausgangspunkt und Maßstab. Für die Unionsgewährleistungsmarke gilt die Judikatur des EuGH unmittelbar, während die nationale Gewährleistungsmarke auf den Vorgaben der Art. 27 lit. a), 28 MarkenRL beruht. Diese sind jedoch nur schemenhaft und geben dem nationalen Gesetzgeber einen erheblichen Umsetzungsspielraum. Gleichwohl orientiert sich die Umsetzung der Gewährleistungsmarke ins deutsche Markenrecht durch das Markenrechtsmodernisierungsgesetz[48] stark an den Regelungen der UMVO.[49] Sofern sich relevante inhaltliche Unterschiede zwischen UMVO und der MarkenRL bzw. dem MaMoG ergeben, wird an der entsprechenden Stelle hierauf eingegangen.

Der dargelegten Problemstellung entsprechend ist die Untersuchung ferner zu begrenzen. Sie erhebt keinen Anspruch auf eine Analyse aller bei einer Gewährleistungsmarke auftretenden Probleme. Ausgeklammert sei nicht nur die Durchsetzung des Verbots- und Schadensersatzanspruchs auf Rechtsfolgenseite, sondern auch das Eintragungsverfahren der Gewährleistungsmarke. Die in der Arbeit gewonnenen Erkenntnisse zu den Funktionen der Gewährleistungsmarke können aber im Eintragungsverfahren Berücksichtigung finden.[50] Bei der Nutzung der Gewährleistungsmarke durch Dritte werden allein markenrechtsinterne Lösungsansätze betrachtet, im Kartellrecht wurzelnde Ansprüche (etwa nach der *essential facilities doctrine*[51]) bleiben außen vor. Zum einen bieten sie keinen Mehrwert für Rückschlüsse auf die Stellung im *Markenrechts*system, zum anderen ist eine schutzrechtsinterne Konstruktion nicht von der Marktmacht des Zeicheninhabers als Tatbestandsmerkmal des Art. 102

---

[48] Gesetz zur Umsetzung der Richtlinie (EU) 2015/2436 des Europäischen Parlaments und des Rates vom 16. Dezember 2015 zur Angleichung der Rechtsvorschriften der Mitgliedstaaten über die Marken (Markenrechtsmodernisierungsgesetz – MaMoG) vom 11. Dezember 2018, BGBl. I S. 2357; einen Überblick über die wichtigsten Änderungen geben *Figge/Hörster*, MarkenR 2018, 509; *Hacker*, GRUR 2019, 113; *ders.*, GRUR 2019, 235.
[49] RegEntw. MaMoG v. 20.06.2018, BT-Drucks. 19/2898, S. 52.
[50] Vgl. bereits *Fezer*, GRUR 2017, 1188, 1196 ff.
[51] Zum Verhältnis von Kartell- und Immaterialgüterrecht anhand der Essential-facility-Rechtsprechung des EuGH *Ensthaler/Bock*, GRUR 2009, 1.

AEUV abhängig.[52] Zuletzt wird die Gewährleistungsmarke ins Verhältnis zur Individual- und nicht zur Kollektivmarke gesetzt, obwohl dies wegen der grundsätzlichen Nutzung der Kollektivmarke durch unterschiedliche Unternehmen naheliegender erscheinen mag. Allerdings nimmt die Kollektivmarke damit bereits eine gewisse Sonderrolle ein. Außerdem ist das Verständnis der Kollektivmarke in der Rechtsprechung des EuGH nicht in gleicher Weise geklärt, zB. hinsichtlich der Funktionen einer Kollektivmarke.[53]

C. Methode und ökonomische Grundlagen

Die Arbeit nutzt eine ökonomische Analyse der markenrechtlichen Institute mittels der Informationsökonomik und Property Rights-Theorie als utilitaristische Rechtfertigungsansätze[54] des Markenrechts. Sie folgt dabei einem dreischrittigen Schema: Im ersten Schritt wird auf Basis dieser beiden Theorien die den markenrechtlichen Regelungen zur Individualmarke zugrunde liegende ökonomische Rechtfertigung analysiert. Im zweiten Schritt wird diese Begründung auf die Gewährleistungsmarke übertragen. Abhängig davon, ob und inwieweit dies auch bei dem veränderten Aussagegehalt der Gewährleistungsmarke möglich ist und zu überzeugen vermag, zeigt sich im dritten Schritt eine Notwendigkeit zur Anpassung oder einem akzentuierten Verständnis der Regelungen. Mithilfe dieses Vorgehens lässt sich die von der Individualmarke bekannte Diskussion um die Rechtfertigung der Schutzposition auf das neue Gebiet der Gewährleistungsmarke übertragen. Dabei zeigt sich die Kompatibilität der bisherigen Markenrechtsdogmatik mit der Gewährleistungsmarke, woraus sich wiederum Erkenntnisse zu Charakteristika dieser Marke gewinnen lassen.

Insbesondere für die Konstruktion des Zugangsanspruchs wird die rechtssoziologische Sichtweise einer responsiven Rechtsdogmatik eingenommen. Der damit verbundene Perspektivenwechsel ermöglicht es, Erkenntnisse unterschiedlicher Sozialtheorien unter Beachtung der jeweiligen Eigenrationalitäten ins Recht zu übertragen.

---

[52] *Hilty*, in: IP and innovation (2012), S. 48, 51.

[53] In diesem Sinne auch *Buckstegge*, Nationale Gewährleistungsmarke (2018), S. 80.

[54] Das utilitaristische Prinzip geht davon aus, dass sich gesamtgesellschaftlicher Nutzen als die Summe individueller Nutzen berechnen lässt, wobei ein Zustand höheren Gesamtnutzens vorzuziehen ist, ausf. *Schäfer/Ott*, Ökonomische Analyse (2021), S. 28 f.

Die ökonomische Analyse des Rechts[55] als pluralistische, aber auch unein-
heitliche Denkschule[56] ist der Versuch, das Instrumentarium der Ökonomik[57]
für rechtliche Fragestellungen fruchtbar zu machen. Für ein einheitliches Begriffsverständnis wird zunächst auf die Neue Institutionenökonomik als theoretisches Framework, anschließend auf die Grundlagen der Informationsökonomik und Property Rights-Theorie eingegangen. Weitere Begründungsan-
sätze des Markenrechts, etwa verhaltenswissenschaftliche oder moralische[58]
werden für die Arbeit nicht berücksichtigt.

I. Neue Institutionenökonomik

Den Grundstein der Neuen Institutionenökonomik legen neoklassische Überlegungen zum Effizienzkriterium und das Coase-Theorem. „Effizienz" im ökonomischen Sinn meint eine Allokationseffizienz, also die optimale Ressour-
cenverteilung und -nutzung. Anzustreben ist danach ein Zustand optimaler
Verteilung von Gütern und Rechten.[59] Nach *Coase* hat in einer Gesellschaft
mit eindeutig spezifizierten und frei übertragbaren Handlungsrechten die anfängliche Ressourcenallokation keinen Einfluss auf ihre langfristige Verteilung, sofern die Übertragung der Handlungsrechte keine Transaktionskosten[60]

---

[55] Grundl. *Alchian*, 30 Il Politico 816 (1965); *Calabresi*, 70 Yale L. J. 499 (1961); *Calab-
resi/Melaned*, 85 Harv. L. Rev. 1089 (1972); *Coase*, 3 J. L. & Econ. 1 (1960); *Demsetz*, 57
Am. Econ. Rev. 347, 348 ff. (1967); *Landes*, 14 J. L. & Econ. 61 (1971); *Posner*, 2 J. Legal
Stud. 399 ff. (1973); zu ihrer Rezeption, Entwicklung und Verbreitung im deutschsprachigen
Raum *Grechenig/Gelter*, RabelsZ 72 (2008) 513, 516 ff., 540 ff., die die geringe Verbreitung
im Vergleich zu den USA ua. auf den hohen Stellenwert der Rechtsdogmatik und einer negativen Grundeinstellung gegenüber utilitaristischen Ansätzen zurückführen.
[56] Vgl. *Drexl*, Wirtschaftliche Selbstbestimmung (1998), S. 163; *Franck*, in: Europäische
Methodenlehre (2015), § 5, Rn. 2.
[57] Zu Begriff und Unterscheidung von positiver und normativer Ökonomik *Eidenmüller*,
Effizienz (2015), S. 4 ff.; *Peukert*, Güterzuordnung (2008), S. 98–130; *Posner*, Economic
Analysis (2014), S. 24 ff.; *Shavell*, Economic Analysis (2004), S. 1 ff.
[58] Dazu näher *Bone*, 90 Virginia L.Rev. 2099, 2108 ff. (2004); *Bröcher/Hoffmann/Seibel*,
Dogmatische Grundlagen (2005), S. 22 f.; *Paulus*, Markenfunktionen (2014), S. 58–67.
[59] *Cooter/Ulen*, Law & Economics (2016), S. 13 f.; *Franck*, in: Europäische Methodenlehre (2015), § 5, Rn. 5; *Posner*, Economic Analysis (2014), S. 13 f.; *Rühl*, in: Grundlagen
des Rechts (2017), § 11, Rn. 10; *Schäfer/Ott*, Ökonomische Analyse (2021), Einleitung,
S. 11, 16 ff.; keine Beachtung finden dabei (Verteilungs-)Gerechtigkeit, Grundrechts-, Ver-
braucher- oder Umweltschutz, weshalb „Effizienz" mit *Eidenmüller*, Effizienz (2015),
S. 414–449 nur als rechtspolitisches Ziel verstanden werden sollte, über dessen Verfolgung
der Gesetzgeber entscheidet.
[60] Transaktionskosten können verstanden werden als die Kosten, die bei der Benutzung
eines Marktes entstehen, insb. Kosten für die Suche und Information über potentielle Vertragspartner, für das Aushandeln und den Abschluss des Vertrages sowie dessen Überwachung oder Durchsetzung; bereits *Coase*, 3 J. L. & Econ. 1, 15 (1960); ferner Cooter/Ulen,
Law & Economics (2016), S. 88; Schäfer/Ott, Ökonomische Analyse (2021), S. 80; ausf.
Eidenmüller, Effizienz (2015), S. 97–103.

verursacht.[61] Rationale Akteure verhandeln solange über die Rechtszuteilung, bis der individuelle Nutzen maximiert und gesamtwirtschaftlich ein pareto-optimaler[62] Zustand erreicht wird. Dabei kommt es zu einer effizienten Internalisierung externer Effekte[63] und der Verhinderung eines Marktversagens:[64] Das Recht, (negative) Externalitäten zu erzeugen oder zu unterbinden, wird dadurch handelbar und letztlich von demjenigen Akteur erworben, der den größten Nutzen daraus ziehen kann. Eingriffe des Rechts sind folglich nur dann nötig, wenn private Vereinbarungen logisch bzw. aufgrund prohibitiv hoher Transaktionskosten praktisch unmöglich sind oder es anderweitig zu einem Marktversagen kommt,[65] insbesondere bei marktmächtigen Akteuren, öffentlichen Gütern, opportunistischem Verhalten infolge asymmetrischer Informationsverteilung oder (nicht internalisierten) externen Effekten.[66] Dabei wusste auch *Coase*, dass die Prämisse fehlender Transaktionskosten „eine sehr unrealistische Annahme" ist:[67] Rationale und nutzenmaximierende Akteure führen eine Transaktion, deren Kosten ihren Nutzen übersteigt, nicht durch, obgleich beide davon profitieren würden. Potentielle Kooperationsgewinne werden nicht realisiert.[68] Aufgabe muss es sein, die Notwendigkeit wie auch Kosten solcher Transaktionen geringstmöglich zu halten.[69] Die Neue Institutionenökonomik erkennt dies an, indem sie von der Annahme vollständiger Konkurrenz[70] abkehrt und Koordinationsprobleme bei Transaktionen auf Basis gegenseitiger

---

[61] *Coase*, 3 J. L. & Econ. 1, 5 ff. (1960); ausf. zu Effizienz- sowie Invarianzthese und zur Kritik *Cooter/Ulen*, Law & Economics (2016), S. 81–87; *Eidenmüller*, Effizienz (2015), S. 59–63; *Erlei/Leschke/Sauerland*, Institutionenökonomik (2016), S. 292–303.

[62] Als pareto-effizient wird ein sozialer Zustand bezeichnet, von dem aus die Besserstellung einer Person nur gelingt, wenn mindestens eine andere Person dadurch einen Nachteil erleidet; zum Verhältnis von *Pareto*- und *Kaldor-Hicks*-Kriterium statt vieler *Schäfer/Ott*, Ökonomische Analyse (2021), S. 11–26.

[63] Externe Effekte bzw. Externalitäten entstehen, wenn die Handlungen eines Akteurs beim Gebrauch einer Ressource positive oder negative Folgen für die Produktivität anderer Ressourcen haben, die sich nicht in der privaten Kosten-Ertragsrechnung niederschlagen, weil sie außerhalb des Preismechanismus und der Eigentumsrechte angesiedelt sind, vgl. *Erlei/Leschke/Sauerland*, Institutionenökonomik (2016), S. 284; *Schäfer/Ott*, Ökonomische Analyse (2021), S. 88; ausf. *Varian*, Mikroökonomik (2016), S. 737–761.

[64] *Coase*, 3 J. L. & Econ. 1 ff. (1960), mit dem bekannten Farmer/Rancher-Beispiel.

[65] *Eidenmüller*, Effizienz (2015), S. 63 ff.; *Erlei/Leschke/Sauerland*, Institutionenökonomik (2016), S. 296 ff.; *Rühl*, in: Grundlagen des Rechts (2017), § 11, Rn. 23.

[66] *Schäfer/Ott*, Ökonomische Analyse (2021), S. 85 ff.

[67] *Coase*, 3 J. L. & Econ. 1, 15 f., 19 (1960); *ders.* 4 J. L. Econ. Org.33, 34 (1988).

[68] *Eidenmüller*, Effizienz (2015), S. 64.

[69] *Coase*, 3 J. L. & Econ. 1, 19 (1960); vgl. bzgl. der Transaktionskostenökonomik *Drexl*, Wirtschaftliche Selbstbestimmung (1998), S. 188; *Eidenmüller*, Effizienz (2015), S. 64.

[70] Anbieter wie Nachfrager sind polypolistisch organisiert und es werden homogene Güter angeboten; es existieren weder Markteintrittsschranken noch Informationsasymmetrien oder Reaktionszeiten, vgl. *Erlei/Leschke/Sauerland*, Institutionenökonomik (2016), S. 42.

Verhandlungen unter Beachtung der Transaktionskosten löst.[71] Die „Institutionen", dh. alle Bedingungen, welche die Marktgestaltung, den Ressourceneinsatz und die Kosten von Transaktionen bestimmen, sind so zu gestalten, dass Ineffizienzen durch Transaktionskosten oder Informationsasymmetrien möglichst geringgehalten werden.[72] Ihr Blick richtet sich weniger auf die Volkswirtschaft als Ganzes und mehr auf einzelne Märkte bzw. soziale Transaktionen.[73] Gleichzeitig hält die Neue Institutionenökonomik am ökonomischen Paradigma mit Ressourcenknappheit,[74] methodologischem Individualismus[75] und *homo oeconomicus* fest. Bei letzterem handelt es sich um die Hypothese eines *ressourceful, evaluating, maximizing man*, wonach Akteure ihre Entscheidungsoptionen nach deren Nutzen beurteilen (Eigennutzentheorem) und die Option wählen, die ihnen den höheren Nutzen verschafft (Rationalitätsannahme).[76] Sie begegnet der wesentlichen Kritik an diesem Modell,[77] indem sie von einem in der Realität nur eingeschränkt rationalen Verhalten ausgeht (*Bounded Rationality*[78]) und den Theoriezweig der Verhaltensökonomik (*Behavioral Economics*) entwickelt hat.[79]

Daneben hat sich die Neue Institutionenökonomik in weitere Strömungen ausdifferenziert, unter anderem die Property Rights-Theorie sowie die Informations- und Transaktionskostenökonomik.[80] Letztere knüpft an das Bestehen

---

[71] *Erlei/Leschke/Sauerland*, Institutionenökonomik (2016), S. 43 ff.

[72] *Franck*, in: Europäische Methodenlehre (2015), § 5, Rn. 9.

[73] *Franck*, in: Europäische Methodenlehre (2015), § 5, Rn. 10.

[74] Zum Begriff *Erlei/Leschke/Sauerland*, Institutionenökonomik (2016), S. 3 f.; *Schäfer/Ott*, Ökonomische Analyse (2021), S. 49 f.; Towfigh/Petersen-*Towfigh*, Methoden (2017), S. 27 ff.

[75] Zum Begriff *Erlei/Leschke/Sauerland*, Institutionenökonomik (2016), S. 5 f.; Towfigh/Petersen-*Towfigh*, Methoden (2017), S. 26 f.; zum „normativen Individualismus", wonach (staatliche) Entscheidungen und Ziele nur unter Rückgriff auf die Ziele und Präferenzen der einzelnen Gesellschaftsmitglieder bestimmt werden dürfen, siehe *Eidenmüller*, Effizienz (2015), S. 326 ff. (dort „normative Präferenzautonomie"); *Franck*, in: Europäische Methodenlehre (2015), § 5, Rn. 10; *Schäfer/Ott*, Ökonomische Analyse (2021), Einleitung, S. 13 f.; zu dessen Kritik *Peukert*, Güterzuordnung (2008), S. 127.

[76] Übersichtlich *Tietzel*, ZfWP 1981, 207, 218 ff.; Towfigh/Petersen-*Towfigh*, Methoden (2017), S. 30 ff.; ausf. *Erlei/Leschke/Sauerland*, Institutionenökonomik (2016), S. 2 ff.

[77] *Hoffmann-Riem*, Innovation und Recht (2016), S. 242 ff.; Towfigh/Petersen-*Towfigh*, Methoden (2017), S. 34 ff.; ausf. *Erlei/Leschke/Sauerland*, Institutionenökonomik (2016), S. 6 ff.; *Peukert*, Güterzuordnung S. 118 Fn. 130 mwN.

[78] Grundl. *Simon*, 49 Am. Econ. Rev. 253, 256 f. (1959).

[79] Übersichtlich *Schäfer/Ott*, Ökonomische Analyse (2021), S. 117 ff.; näher zu *behavioral law and economics* ua. *Jolls/Sunstein/Thaler*, 50 Stan. L. Rev. 1471 ff. (1998).

[80] *Drexl*, Wirtschaftliche Selbstbestimmung (1998), S. 187 ff.; *Franck*, in: Europäische Methodenlehre (2015), § 5, Rn. 9 f.; zur Bedeutung der Teilgebiete für die Rechtswissenschaft *Picot/Dietl*, in: Ökonomische Analyse (1993), S. 306, 307 ff.; einen Vergleich von Prämissen und Methode der Propert-Rights-, Principal-Agent- und Transaktionskostentheorie bietet *Williamson*, 146 JITE 61, 65 ff. (1990).

von Transaktionskosten an und versucht, die Übertragung von Rechtspositionen am Markt durch effiziente Kooperations- bzw. Koordinationsmechanismen zur Transaktionskostenminimierung zu optimieren.[81] Diese sind alle Kosten, die bei der Benutzung eines Marktes entstehen[82] und lassen sich insbesondere in Kosten für die Suche der Vertragspartner, das Aushandeln und den Abschluss des Vertrages sowie dessen Überwachung oder Durchsetzung unterscheiden.[83] Da die Transaktionskostentheorie damit ein (zu) breites Untersuchungsfeld verfolgt, ihren Fokus gleichzeitig aber auf das bilaterale Verhältnis der Vertragsparteien beschränkt,[84] ohne Allgemeininteressen zu berücksichtigen und asymmetrische Informationslagen sowie deren opportunistische Ausnutzung allenfalls am Rande behandelt,[85] ist für die Zwecke dieser Arbeit ein informationsökonomischer Ansatz vorzuziehen.

II. Informationsökonomik

Im Fokus informationsökonomischer Untersuchungen steht das Problem der Informationsbeschaffung, dh. der Such- bzw. Informationskosten als wichtigem Bestandteil der Transaktionskosten. Anders als im neoklassischen Modell betonen sie die Intransparenz der Märkte und die daraus resultierende asymmetrische Informationsverteilung zwischen Anbieter und Nachfrager.[86] Dieses Informationsdefizit, insbesondere hinsichtlich Preisstruktur und Qualität geht dabei regelmäßig zulasten der Nachfrager, die erhebliche Kosten für Informationen über das Marktgeschehen aufzuwenden haben.

Unvollkommene Marktinformation ist dabei nicht per se als schlecht zu bewerten:[87] Erst durch eine asymmetrische Informationsverteilung eröffnet sich ein Handlungsspielraum, der vom besser informierten Entscheidungsträger genutzt werden kann.[88] Auch wenn Akteure dadurch Entscheidungen treffen, die sich bei perfekter Information als nicht pareto-optimal erweisen und zu

---

[81] Grundl. *Williamson*, 22 J. L. & Econ. 233 (1979); Überblick bei *Drexl*, Wirtschaftliche Selbstbestimmung (1998), S. 188 f.; *Eidenmüller*, Effizienz (2015), S. 64.

[82] *Cooter/Ulen*, Law & Economics (2016), S. 88; ausf. zum Begriff *Eidenmüller*, Effizienz (2015), S. 97–103; eine „wasserdichte Definition" des Begriffs ist noch nicht gelungen, vgl. *Schäfer/Ott*, Ökonomische Analyse (2021), S. 79.

[83] Schon *Coase*, 3 J. L. & Econ. 1, 15 (1960).

[84] *Eidenmüller*, Effizienz (2015), S. 95.

[85] *Williamson* 22 J. L. & Econ. 233, 251, 259 ff. (1979) ist sich der Faktoren aber bewusst.

[86] Grundl. *Stigler*, 69 J. Polit. Econ. 213 (1961); zusammenfassend *Stiglitz*, 92 Am. Econ. Rev. 460, 469 ff. (2002) sowie *Van den Bergh/Lehmann*, GRUR Int. 1992, 588; insgesamt kann „die Informationsökonomik" nicht als einheitliches, in sich geschlossenes Theoriekonzept verstanden werden, sondern hat sich in eine Vielzahl im Detail unterschiedlicher Ansätze ausdifferenziert, vgl. *Welling*, Marke (2006), S. 148 ff. mwN. Hier relevant sind allein die Grundüberlegungen informationsökonomischer Ansätze.

[87] Zum Ganzen *Stiglitz*, in: Industrial Organization (1989), S. 769–847.

[88] *Schmidt/Haucap*, Wettbewerbspolitik (2013), S. 14.

Wohlfahrtsverlusten führen,[89] kann es nicht Aufgabe eines wohlfahrtssteigenden Wirtschaftssystems sein, die Existenz solcher Kosten völlig auszuschließen.[90] Märkte vollkommener Information wären dadurch gekennzeichnet, dass Nachfrager über Preise und Qualitäten der angebotenen Waren vollständig informiert sind und keinen Anreiz haben, Suchkosten aufzuwenden.[91] Er besteht nur, wenn eine Belohnung für die Aufwendungen erwartet wird, etwa weil der Suchende günstigere oder qualitativ hochwertigere Produkte finden kann, die Nicht-Suchenden verborgen bleiben.[92] Nur auf Märkten mit mangelnder Transparenz kommt es daher zu einer Angebotsspaltung hinsichtlich Preis oder Qualität, die wiederum Suchaktivitäten der Nachfrager auslösen.[93] Bei völlig gleichen Produktpreisen oder -qualitäten kann jedoch kein Wettbewerb mehr wirken.[94] Eine Reduktion der Suchkosten bedeutet damit nicht auch eine Maximierung der Verbraucherwohlfahrt.[95] In einer Welt vollkommener Information käme auch Marken und Kennzeichen keinerlei Bedeutung zu, da die Nachfrager ohnehin alle Produkteigenschaften kostenfrei bestimmen könnten.[96] Anbieter hätten dann keinen Vorteil davon, Kosten in den Aufbau einer Marke zu investieren.[97] Aus Sicht der Informationsökonomik anzustreben ist daher nur eine Reduktion der Informationskosten, nicht aber die (ohnehin nur theoretische) vollständige Markttransparenz.[98] Hierzu kann sie Situationen eingeschränkter Entscheidungsspielräume und asymmetrischer Informationsverteilung identifizieren sowie Lösungsansätze vorschlagen[99] und gilt daher als maßgeblicher Begründungsansatz des Markenrechts.[100]

---

[89] *Lehmann*, Asymmetrische Information (1999), S. 27.

[90] *Van den Bergh/Lehmann*, GRUR Int. 1992, 588, 590.

[91] *Stiglitz*, 92 Am. Econ. Rev. 460, 471 (2002).

[92] *Stigler*, 69 J. Polit. Econ. 213, 215 (1961).

[93] *Klein/Leffler*, 89 J. Polit. Econ. 615, 619 ff., 627 ff. (1981); *Stiglitz*, 92 Am. Econ. Rev. 460, 474 (2002); *Van den Bergh/Lehmann*, GRUR Int. 1992, 588, 590.

[94] *Schmidt/Haucap*, Wettbewerbspolitik (2013), S. 14, 77 ff.; informationsökonomisch vorzugswürdige Lösungen können daher mit dem Wettbewerbsschutz kollidieren, was zu „Trade offs" führt, vgl. *Henning-Bodewig/Kur*, Marke und Verbraucher (1988), S. 46 f.; *Van den Bergh/Lehmann*, GRUR Int. 1992, 588, 590, 598.

[95] Prägnant *McKenna*, 98 Virginia L.Rev. 67, 86 (2012) „you do not have to search for ticket prices if there is only one airline on which you can fly."

[96] *Görlich*, Anlehnende Markennutzung (2013), S. 43; *Meiners/Staafs*, 13 Harv. J.L. & Pub. Pol'y 911, 931 f. (1990).

[97] *Meiners/Staafs*, 13 Harv. J.L. & Pub. Pol'y 911, 932 (1990).

[98] *Henning-Bodewig/Kur*, Marke und Verbraucher (1988), S. 48 ff.; *Van den Bergh/Lehmann*, GRUR Int. 1992, 588, 590.

[99] *Drexl*, Wirtschaftliche Selbstbestimmung (1998), S. 201.

[100] *McKenna*, 98 Virginia L.Rev. 67, 75 (2012).

III. Property Rights-Theorie

Die Property Rights-Theorie befasst sich mit der effizienten Gestaltung wirtschaftlicher Abläufe und einer pareto-optimalen Ressourcenallokation.[101] Güter werden verstanden als Bündel von Rechten, wobei der Wert eines Gutes maßgeblich durch die Ausstattung mit Handlungs- bzw. Verfügungsrechten[102] bestimmt wird.[103] Ein Handlungsrecht wird dann geschaffen und einem Akteur zugeordnet, wenn die Vorteile der Einbeziehung externer Effekte in eine private Bilanz, dh. ihre Internalisierung, die hierfür anfallenden Kosten, insbesondere die der Rechtsverfolgung,[104] überwiegen, wodurch auch gesamtökonomisch ein Fortschritt erzielt wird.[105] Es erhält derjenige Akteur, der es am höchsten bewertet, weil er externe Effekte am besten internalisieren und das Gut am effizientesten nutzen kann.[106] Durch die Zuordnung werden positive Externalitäten optimal, negative Externalitäten minimal ausgenutzt.[107] Die Zuordnung erfolgt originär durch die Rechtsordnung, tritt bei freier Handel- und Übertragbarkeit (*alienability*)[108] nach dem Coase-Theorem aber auch unabhängig von der Anfangsverteilung ein. Der Konzentrationsgrad der Nutzungsposition (*entitlement*) bemisst sich auch nach ihrem Schutzumfang. Nach *Calabresi/Melamed* stehen hierfür grundsätzlich drei Varianten zur Verfügung:[109]

---

[101] Ausf. *Schäfer/Ott*, Ökonomische Analyse (2021), S. 75 ff., 659–683; Überblick bei *Furubotn/Pejovich*, 10 J. Econ. Lit. 1137 (1972); *Gäfgen*, in: Eigentums- und Verfügungsrechte (1984), S. 43; *Meyer*, in: Property Rights (1983), S. 1; *Tietzel*, ZfWP 1981, 207.

[102] Mit *Hesse*, in: Property Rights (1983), S. 79, 80 soll Property Right im Folgenden als „Handlungsrecht" übersetzt werden.

[103] *Erlei/Leschke/Sauerland*, Institutionenökonomik (2016), S. 283 ff., 290 f.; *Gäfgen*, in: Eigentums- und Verfügungsrechte (1984), S. 43, 48 f.; *Meyer*, in: Property Rights (1983), S. 1, 16 ff.; *Schäfer/Ott*, Ökonomische Analyse (2021), S. 75 f., 659 ff.; *Tietzel*, ZfWP 1981, 207, 210; Property Rights regeln dabei die Nutzung (*usus*), die Einbehaltung von Erträgen (*usus fructus*), die Veränderung von Form und Substanz (*abusus*) sowie die Übertragung dieser Rechte.

[104] *Landes/Posner*, IP (2003), S. 16–21; allg. *Demsetz*, 7 J. L. & Econ. 11 (1964).

[105] *Demsetz*, 57 Am. Econ. Rev. 347, 350 ff. (1967); *Landes/Posner*, 30 J. L. & Econ. 265, 266 (1987); *dies.*, IP (2003), S. 16 ff.; *Lehmann*, GRUR Int. 1983, 356, 358 f.; ausf. *Cooter/Ulen*, Law & Economics (2016), S. 167 ff.; *Shavell*, Economic Analysis (2004), S. 80 ff.

[106] *Cooter/Ulen*, Law & Economics (2016), S. 97 f.; *Posner*, Economic Analysis (2014), S. 34; *Schäfer/Ott*, Ökonomische Analyse (2021), S. 665; *Shavell*, Economic Analysis (2004), S. 108.

[107] Vgl. *Peukert*, Güterzuordnung (2008), S. 105 Fn. 64 mwN.; werden bei Immaterialgütern oft positive Externalitäten internalisiert, geht es bei materiellen Gütern regelmäßig um negative Externalitäten wie Lärmimmissionen oder Umweltverschmutzung.

[108] *Schäfer/Ott*, Ökonomische Analyse (2021), S. 664 f., 676 ff.; zu einschränkenden *inalienability rules Calabresi/Melamed*, 85 Harv. L.Rev. 1089, 1092 f., 1111–1115 (1972).

[109] Grundl. *Calabresi/Melamed*, 85 Harv. L.Rev. 1089, 1092, 1105–1115 (1972); *Lemley/Weiser*, 85 Tex. L. Rev. 783, 786 (2007) ergänzen noch eine „*zero-price" liability rule*,

Die Einführung einer *property rule*, die dem Inhaber des Handlungsrechts ein
Abwehrrecht gibt und einen Eingriff von seiner Zustimmung abhängig macht.
Die Statuierung einer *liability rule*, die den Inhaber zwar nicht vor einer Ressourcennutzung durch Dritte bewahrt, ihn in diesem Fall aber durch einen
Schadensersatzanspruch absichert oder die Festlegung einer *inalienability rule*,
die die Transferfähigkeit des Rechts einschränken. Die wichtigste Allokations-
funktion einer *property rule* ist es, Externalitäten an einen Agenten zuzuweisen. Zwar sind diese in der Realität nie vollständig internalisiert bzw. Handlungsrechte nicht vollkommen spezifiziert, da es zur „Verdünnung" (*attenuation*) durch Transaktionskosten und Nutzungsbeschränkungen kommt.[110] Dennoch wird ein zuvor freies zu einem privaten Gut.[111] Dadurch beschränkt die
Zuweisung die Handlungsmöglichkeiten aller anderen Akteure.[112] Sie ist daher
vom gesamtwirtschaftlichen Effizienzgewinn abhängig.

Ansatz und Zielsetzung der ökonomischen Analyse des Rechts und damit
auch der Property Rights-Theorie bleiben jedoch nicht ohne Kritik: aufgrund
ihrer starken neoklassischen Verwurzelung hängt sie stärker an der REM-Hy-
pothese und blendet Informationsasymmetrien weitgehend aus, wodurch schon
die Notwendigkeit von Marken per se schlecht begründet werden kann.[113] Zudem mag die positive Ökonomie zwar den Zuweisungsmechanismus festlegen,
trifft selbst jedoch keine Aussage darüber, wem die Handlungsrechte zuzuweisen sind.[114] Sie trifft keine Aussagen zu sozial wünschenswerten Güterstruktu-
ren oder gesellschaftlichen Belangen,[115] durch die bloße Zielvorgabe von „Effizienzvorteilen durch Internalisierung" bleibt der Umfang eines Property
Rights, dh. der Schutzumfang der Marke, konturlos.[116] Da sich mit Hilfe der
ökonomischen Analyse aber zumindest Struktur- und Richtungsentscheidun-
gen treffen lassen[117] und da es an vollkommen überzeugenden Alternativen

---

die einer „open-access" Regelung gleichkommt; näher zu *commons* und *open/free access*
Peukert, Güterzuordnung (2008), S. 103 ff.

[110] *Gäfgen*, in: Eigentums- und Verfügungsrechte (1984), S. 43, 50 ff.; *Schäfer/Ott*, Ökonomische Analyse (2021), S. 77 f., 660 f.; *Tietzel*, ZfWP 1981, 207, 211 ff.

[111] *Mestmäcker/Schweitzer*, Europäisches Wettbewerbsrecht (2014), § 30, Rn. 9.

[112] *Grünberger*, ZGE 2012, 321, 349.

[113] *Fezer*, JZ 1986, 817, 823; *ders.* JZ 1988, 223, 224; *Görlich*, Anlehnende Markennutzung (2013), S. 40; *Schluep*, in: FS Pedrazzini (1990), S. 715, 721 f.

[114] *Grünberger*, ZGE 2012, 321, 346; *Peukert*, Güterzuordnung (2008), S. 116 f.

[115] *Aldred*, in: TMB (2008), S. 267, 279 ff.; *Fezer*, JZ 1986, 817, 821 ff.; *ders.* JZ 1988,
223, 226 als Erwiderung auf die Verteidigung der Ökonomischen Analyse des Rechts durch
Ott/Schäfer, JZ 1988, 213 ff.; *Gotthold* ZHR 144 (1980) 545, 556 ff.; *Henning-Bodewig/Kur*,
Marke und Verbraucher (1988), S. 159 ff.; *Kaplow/Shavell*, in: Public Economics (2002),
S. 1762 ff.

[116] *Peukert*, Güterzuordnung (2008), S. 114; *Henning-Bodewig/Kur*, Marke und Verbraucher (1988), S. 263 ff.

[117] *Bechtold*, GRUR Int. 2008, 484, 488; *Henning-Bodewig/Kur*, Marke und Verbraucher
(1988), S. 167 f., 265 f.; *Horn* AcP 176 (1976), 307, 331; *Schluep*, in: FS Pedrazzini (1990),

zum Effizienzkriterium fehlt,[118] sind sie und die Property Rights-Theorie als wichtiges Instrument zur Überprüfung der Auswirkungen einer Norm auf das Wirtschaftsleben sowie zur rechtspolitischen Argumentation anerkannt und insbesondere zur Rechtfertigung immaterialgüterrechtlichen Schutzes von Bedeutung.[119] Der für eine Modelltheorie erforderlichen Komplexitätsreduktion[120] der Property Rights wird in der Arbeit durch die zusätzliche informationsökonomische Betrachtung begegnet. Trägt erstgenannte im Rahmen einer ex ante-Betrachtung auch zur Analyse alternativer Rechtsordnungen bei, möchte die Informationsökonomik für die innerhalb einer Ordnung feststehenden und nun abzuwickelnden Leistungsbeziehungen ex post die günstigste Koordinationsformen auswählen.[121] Die beiden Teilgebiete können daher als komplementäre Ansätze betrachtet werden.[122]

D. Forschungsstand

Die Funktionen der Individualmarke und die hierzu ergangene Rechtsprechung des EuGH wurden im Schrifttum der letzten Jahre umfassend behandelt.[123] Eine vollständige Auswertung dieser Ergebnisse ist weder Ziel der Arbeit noch für den Untersuchungsgegenstand erforderlich. Hervorzuheben ist insofern nur *Paulus*[124] mit ihrer umfassenden und ua. ökonomisch fundierten Untersuchung der Markenfunktionen und Verletzungstatbestände.

Vermutlich ihrer Neuheit innerhalb der UMVO geschuldet, gibt es kaum detaillierte Untersuchungen der europäischen Gewährleistungsmarke. Mit der Verwendung und dem Schutz von Gütezeichen befassen sich etwa *Baldauf* und

---

S. 715, 721 f.; einen wertvollen Beitrag durch den *property rights*-Ansatz bzw. die Ökonomische Analyse des Rechts sehen auch *Hoffmann-Riem*, Innovation und Recht (2016), S. 244; *Köhler*, ZHR 144 (1980) 589, 609 und Towfigh/Petersen-*Petersen/Towfigh*, Methoden (2017), S. 5 f.

[118] *Schäfer/Ott*, Ökonomische Analyse (2021), Einleitung S. 19 ff.

[119] *Görlich*, Anlehnende Markennutzung (2013), S. 41; *Henning-Bodewig/Kur*, Marke und Verbraucher (1988), S. 268; *Paulus*, Markenfunktionen (2014), S. 36 Fn. 160; *Lehmann*, GRUR Int. 1983, 356, 362; vgl. die Analyse auf Basis der *Property Rights*-Theorie bei *Griffiths*, in: TMB (2008), S. 241–266.

[120] *Ott/Schäfer*, JZ 1988, 213, 219; *Schluep*, in: FS Pedrazzini (1990), S. 715, 721 f.; *Shavell*, Economic Analysis (2004), S. 663; vollkommener Wettbewerb wird „weniger als Tatsache und mehr als Ideal" betrachtet, *Köhler*, ZHR 144 (1980) 589, 606, 609.

[121] *Picot/Dietl*, in: Ökonomische Analyse (1993), S. 306, 312 f.

[122] *Picot/Dietl*, in: Ökonomische Analyse (1993), S. 306, 312, die diese enge Verbindung auch darin sehen, dass jede Transaktion property-rights-technisch als Übertragung von Verfügungsrechten interpretiert werden könne.

[123] Vgl. monografisch ua. *Bröcher/Hoffmann/Seibel*, Dogmatische Grundlagen (2005), *Paulus*, Markenfunktionen (2014); *Wagner*, Markenfunktionen (2020); *Woger*, Schnittstellen (2015) sowie die weiteren Nachweise bei § 1 B.

[124] *Paulus*, Markenfunktionen (2014).

Hemker. Ihren Fokus legen sie jedoch auf das nationale Lauterkeits-,[125] Vertrags-[126] und Deliktsrecht,[127] die markenrechtlichen Ausführungen nehmen einen nur untergeordneten Stellenwert ein.[128] Nähere Betrachtung erfährt die Gewährleistungsmarke bei *Belson*. Zwar widmet er sich auch Kollektivmarken und bezieht sich vorrangig auf das US-amerikanische und englische Markenrecht, sodass die Markenkategorie der UMVO lediglich gestreift wird.[129] Dafür wird näher auf die wirtschaftliche Bedeutung der Gewährleistungsmarke eingegangen.[130] Die – soweit ersichtlich – bisher einzige, deutschsprachige Monografie zur Gewährleistungsmarke stammt von *Buckstegge*[131] von 2018 zum deutschen Markenrecht. Nach einer detaillierten Analyse der markenrechtlichen Schutzmöglichkeiten von Gütezeichen in Deutschland als Kollektiv- und Individualmarke (S. 32–122) bejaht sie ein „Bedürfnis nach Einführung einer Gewährleistungsmarke" (S. 122–137) ins deutsche Markengesetz. Im Anschluss an rechtsvergleichende Betrachtungen zum Markenrechtsschutz von Gütezeichen in Frankreich (S. 138–181) und England (S. 181–212) untersucht sie die Regelungen zur nationalen Gewährleistungsmarke in Deutschland im Entwurf des Markenmodernisierungsgesetzes (S. 213–278). Grundsätzlich liegt der Fokus ihrer Arbeit mehr auf einem Gesamtüberblick über alle Regelungen zur Gewährleistungsmarke als auf deren Einordnung in das übergeordnete Marken(-rechts-)system. Auf weitere Funktionen dieser Markenkategorie neben der Gewährleistungs- und Herkunftsfunktion wird nicht näher eingegangen (vgl. S. 123–126, 265), eine Nutzungsberechtigung Dritter wird knapp behandelt und (wohl *de lege ferenda*) empfohlen, für eine entsprechende Anordnung aber an den (deutschen) Gesetzgeber appelliert (S. 242–245).

Eine ausführliche Analyse der Funktionen der Gewährleistungsmarke und ökonomisch fundierte Untersuchung eines Nutzungsanspruchs steht damit noch aus. Die vorliegende Arbeit stößt in diese Lücke und berücksichtigt die zwischenzeitlich ergangene EuGH-Rechtsprechung mit Relevanz für die Gewährleistungsmarke.[132]

---

[125] *Baldauf*, Werbung (2011), S. 30–123; *Hemker*, Missbrauch (2016), S. 71–123.

[126] *Baldauf*, Werbung (2011), S. 176–201; *Hemker*, Missbrauch (2016), S. 174–212.

[127] *Baldauf*, Werbung (2011), S. 153–162, S. 193 ff.; *Hemker*, Missbrauch (2016), S. 137–174.

[128] *Baldauf*, Werbung (2011), S. 123–153; *Hemker*, Missbrauch (2016), S. 124–137.

[129] *Belson*, Certification Marks (2017), Rn. 2.36–2.38, 3.58–3.62

[130] *Belson*, Certification Marks (2017), Rn. 5.01–5.57, 7.45.

[131] *Buckstegge*, Nationale Gewährleistungsmarke (2018).

[132] Vgl. nur EuGH, Urt. v. 20.9.2017, C-673/15 P - C-676/15 P, ECLI:EU:C:2017:702 = GRUR 2017, 1257 – Darjeeling; Urt. v. 11.4.2019, C-690/17, ECLI:EU:C:2019:317 = GRUR 2019, 621 – *ÖKO-Test Verlag*.

E. Gang der Untersuchung

Die Arbeit besteht aus zwei Kapiteln.

Das *erste Kapitel* widmet sich der Situation der Markenverletzung mit den einzelnen Verletzungstatbeständen. Nach einer Einführung in die Funktionenlehre des EuGH (§ 1) werden im Rahmen des Identitätsschutzes (§ 2) die einzelnen Funktionen untersucht, die Individual- und Gewährleistungsmarke erfüllen. Der Verwechslungsschutz geht näher auf die jeweilige Hauptfunktion der Markenkategorien ein (§ 3). § 4 analysiert die Rechtfertigung des Bekanntheitsschutzes und beleuchtet die Auslegung der einzelnen Tatbestandsmerkmale bei der Gewährleistungsmarke. Ein erstes Fazit zum Verhalten der Gewährleistungsmarke in der Verletzungssituation und einer strukturellen Ähnlichkeit zur Individualmarke wird in § 5 gezogen.

Das *zweite Kapitel* beschäftigt sich mit der Nutzung der Marke. Hierfür wird zuerst der Benutzungszwang bei Gewährleistungsmarken (§ 6) untersucht. Es zeigt sich, dass die ökonomische Begründung des Zwangslizenzverbots bei Individualmarken (§ 7 B) nicht zum Charakter der Gewährleistungsmarke passt (§ 7 C). Davon ausgehend wird ein Nutzungsanspruch für Anbieter satzungskonformer Produkte konstruiert, angewendet und auf seine Kompatibilität mit sonstigen markenrechtlichen Regelungen hin geprüft (§ 7 E). Die Auswirkungen eines solchen Anspruchs auf die Schranke für nicht unterscheidungskräftige oder beschreibende Zeichen werden in § 8 geprüft. Ein Fazit zur Nutzung der Gewährleistungsmarke durch unterschiedliche Akteure rundet das zweite Kapitel ab (§ 9).

Nach einer Zusammenfassung der gefundenen Ergebnisse werden hieraus Rückschlüsse auf den Charakter der Gewährleistungsmarke gezogen und die Forschungsfrage nach der Rolle dieser Markenkategorie im System des unverfälschten Wettbewerbs beantwortet.

Kapitel 1

Markenverletzung

Die Verletzung des markenrechtlichen Ausschließlichkeitsrechts ist tatbestandlich geregelt in Art. 9 Abs. 2 UMVO sowie Art. 10 Abs. 2 MarkenRL. Der Inhalt der beiden Regelungssysteme stimmt inhaltlich weitgehend überein. Auch wenn sie voneinander und gegenüber nationalen Rechtsregimen unabhängig sind,[1] versucht der EuGH Rechtsfragen, die sich für beide Systeme stellen, einheitlich zu beantworten.[2] Für eine Verletzung des markenrechtlichen Ausschließlichkeitsrechts muss nach der Rechtsprechung des EuGH im Rahmen einer zweistufigen Prüfung[3] auf erster Stufe grundsätzlich eine Benutzung des Zeichens „im geschäftlichen Verkehr" sowie „für Waren oder Dienstleistungen" erfolgen.[4] Auf zweiter Stufe ist hinsichtlich der einzelnen Verletzungstatbestände zu differenzieren: Richtete der EuGH den Identitätsschutz

---

[1] Ua. EuGH, Urt. v. 25.10.2007, C-238/06 P, ECLI:EU:C:2007:635, Rn. 65 f., GRUR 2008, 339 – *Devely/HABM*; Urt. v. 6.9.2018, C-488/16 P, ECLI:EU:C:2018:673, Rn. 72 = GRUR 2018, 1146 – *Neuschwanstein*; nationales Markenrecht ist richtlinienkonform auszulegen, vgl. EuGH, Beschl. v. 19.2.2009, C-62/08, ECLI:EU:C:2009:111, Rn. 42 = GRUR 2009, 1156 – *UDV North America*.

[2] Ua. EuGH, Urt. v. 23.3.2010, C-236/08 bis C-238/08, ECLI:EU:C:2010:159, Rn. 75 = GRUR 2010, 445 – *Google France*; Urt. v. 22.9.2011, C-323/09, ECLI:EU:C:2011:604, Rn. 38 = GRUR 2011, 1124 – *Interflora*; Urt. v. 11.4.2019, C-690/17, ECLI:EU:C:2019:317 = GRUR 2019, 621 Rn. 27 f., 30, 34 ff., 40 ff., 44 ff. – *ÖKO-Test Verlag*; BeckOK UMV-*Müller*, Art. 9, Rn. 25.

[3] Büscher/Dittmer/Schiwy-*Büscher* (2015), § 14 MarkenG, Rn. 123; *Eichelberger*, MarkenR 2010, 474, 476; BeckOK MarkenR-*Grundmann*, Art. 9 UMV, Rn. 57.1; *Haberstumpf*, ZGE 2011, 151, 154; *Knaak*, GRUR Int. 2009, 551 f.; *Kur*, GRUR Int. 2008, 1, 5, 11; *Mühlberger*, Markenmäßige Benutzung (2008), S. 123 f.; *Ohly*, GRUR 2008, 701; *ders.*, GRUR 2009, 709, 711; *ders.*, GRUR 2010, 776, 778; *Paulus*, Markenfunktionen (2014), S. 117 ff.; aA. *Sack*, WRP 2010, 198, 209, der den Schutzumfang alleine über die Beeinträchtigung der Markenfunktionen begrenzen will.

[4] Die Prüfung der „Benutzung" durch den EuGH ist uneinheitlich und veränderte sich im Laufe der Zeit: die Merkmale „im geschäftlichen Verkehr" sowie „für Waren oder Dienstleistungen" wurden zuerst eigenständig vor der Benutzung, dann zusammen mit der Funktionsbeeinträchtigung und einer fehlenden Zustimmung des Markeninhabers jeweils als Unterpunkt der Benutzung behandelt, bevor die „fehlende Zustimmung" ganz fallengelassen und (bisher einmalig) in EuGH, Urt. v. 25.7.2018, C-129/17, ECLI:EU:C:2018:594 = GRUR 2018, 917 – *Mitsubishi/Duma* auch die Entfernung der Marke als taugliche Benutzungshandlung angesehen wurde, näher *Ohly/Kur*, GRUR 2020, 457, 458 f.; *Paulus*, Markenfunktionen (2014), S. 117 ff.; *Wagner*, Markenfunktionen (2020), S. 97 ff.

der Marke in seiner früheren Rechtsprechung auf eine Beeinträchtigung der Herkunftsfunktion im Sinne einer Zuordnungsverwirrung aus[5] und erkannte die Existenz anderer Markenfunktionen lediglich an, ohne näher auf sie einzugehen,[6] erarbeitete er in *L'Oréal*[7] das Konzept einer multifunktionalen Marke. Während im Rahmen des Identitätstatbestands die Beeinträchtigung irgendeiner dieser Markenfunktionen genügt, erweist sich im Ähnlichkeitsbereich alleine die „Hauptfunktion" der Markenkategorie als maßgeblich. Der erweiterte Schutz der bekannten Marke hingegen enthält eigenständige Tatbestandmerkmale und geht schon mit seinem Wortlaut über eine Gewährleistung einer Markenfunktion hinaus, sodass nicht auf die Funktionenlehre zurückgegriffen werden muss.[8] Maßgeblich ist hier, ob es durch die Benutzung des streitgegenständlichen Zeichens zu einer gedanklichen Verknüpfung mit der bekannten Marke kommt, die zur Ausnutzung oder Beeinträchtigung ihrer Unterscheidungskraft oder Wertschätzung führt. Im Ergebnis hat sich damit ein dreigeteilter, vom Verletzungstatbestand abhängiger Benutzungsbegriff herausgebildet.[9]

---

[5] Grdl. EuGH, Urt. v. 12.11.2002, C-206/01, ECLI:EU:C:2002:651, Rn. 51 = GRUR 2003, 55 – *Arsenal FC*; der Eindruck einer konkreten wirtschaftlichen Verbindung zwischen Drittem und Markeninhaber genügt seit EuGH, Urt. v. 16.11.2004, C-245/02, E-CLI:EU:C:2004:717, Rn. 60 = GRUR 2005, 153 – *Anheuser-Busch*; Urt. v. 25.1.2007, C-48/05, ECLI:EU:C:2007:55, Rn. 24 = GRUR 2007, 318 – *Adam Opel*; vgl. ausf. *Eichhammer*, Markenmäßige Benutzung (2008), S. 91 ff.; *Paulus*, Markenfunktionen (2014), S. 123 ff.; zur Kritik mangelnder Konsistenz *Paulus*, Markenfunktionen (2014), S. 128 ff.; *Knaak*, GRUR Int. 2008, 91, 92; *Kur*, GRUR Int. 2008, 1, 8 ff.; zur (wesentlich gleichen) Rechtsprechung des BGH vgl. *Eichhammer*, Markenmäßige Benutzung (2008), S. 125 ff.; *Görlich*, Anlehnende Markennutzung (2013), S. 119 ff.; zu Lösungen im deutschen Schrifttum *Eichhammer*, Markenmäßige Benutzung (2008), S. 129 ff.; *Paulus*, Markenfunktionen (2014), S. 90 ff.; 100 ff.; *Sack*, WRP 2010, 198 ff.

[6] EuGH, Urt. v. 12.11.2002, C-206/01, ECLI:EU:C:2002:651, Rn. 42, 51, 54 = GRUR 2003, 55 – *Arsenal FC*; EuGH, Urt. v. 16.11.2004, C-245/02, ECLI:EU:C:2004:717, Rn. 59, 71, 85 = GRUR 2005, 153 – *Anheuser-Busch*; EuGH, Urt. v. 25.1.2007, C-48/05, E-CLI:EU:C:2007:55, Rn. 21 f., 25 = GRUR 2007, 318 – *Adam Opel*; *Kreft*, EuZW 2009, 580, 581; *Völker/Elskamp*, WRP 2010, 64, 65.

[7] EuGH, Urt. v. 18.6.2009, C-487/07, ECLI:EU:C:2009:378 = GRUR 2009, 756 – *L'Oréal*.

[8] *Paulus*, Markenfunktionen (2014), S. 173 f.

[9] *Büscher/Dittmer/Schiwy-Büscher* (2015), § 14 MarkenG, Rn. 123; *Fezer*, MarkenG (2009), § 14, Rn. 78 f.; *ders.* WRP 2010, 165, 175; *ders.*, GRUR 2013, 209, 215; *Hackbarth*, in: FS Fezer (2016), S. 526, 534; *Hacker*, MarkenR 2009, 333, 335 f.; *Ströbele/Hacker/Thiering-Hacker*, MarkenG (2018), § 14, Rn. 118 f.; *Ingerl/Rohnke*, MarkenG (2010), § 14, Rn. 109; BeckOK UMV-*Müller*, Art. 9, Rn. 28; *Ohly*, GRUR 2010, 776, 778; *ders.*, in: FS Loschelder (2010), S. 265, 270.

§ 1 *Ausgangspunkt: Funktionskonzept des EuGH*

Ausgangspunkt für die Untersuchung der Verletzungstatbestände ist das Funktionskonzept des EuGH, das von einer Multifunktionalität der Marke ausgeht und deren Verletzung maßgeblich mittels ihrer Funktionen beurteilt. Zuerst werden Rolle und Bedeutung des Konzepts beleuchtet, dann die Erfüllung der einzelnen Funktionen durch Individual- und Gewährleistungsmarke untersucht.

A. *Methodische Rolle und Bedeutung der Markenfunktionen*

Die Rolle der Markenfunktionen bei der Auslegung des europäischen Markenrechts ist umstritten.[10] Vereinzelt wird der Funktionenlehre mangels expliziter Normen zum Schutz der Markenfunktionen in MarkenRL und UMVO eine unzureichende Verankerung im Gesetz vorgeworfen; zudem sei sie als markenrechtsspezifische Auslegungsmethode weder methodisch legitimiert noch interessengerecht und unterliege überdies einem Zirkelschluss.[11]

Für einen Rückgriff auf die Funktionenlehre sprechen jedoch die Besonderheiten des Markenrechts im Vergleich zu anderen Immaterialgüterrechten, das Auseinanderfallen von unmittelbarem Schutzobjekt (Marke) und betrieblicher Leistung, deren (mittelbarer) Schutz letztlich bezweckt wird.[12] Natur und Reichweite des Schutzrechts ergeben sich daher nur aus der Betrachtung der Wirkungsbeziehung einer Marke zur betrieblichen Leistung und somit aus funktionalen Aspekten.[13] Die Markenfunktionen liefern nicht nur unverzichtbare Bezugspunkte für die Gesetzesauslegung, etwa für die Reichweite des Verwechslungsschutzes über die unternehmensmäßige Herkunft,[14] sondern können auch dabei helfen, die Marke als wirtschaftliches Phänomen zu erfassen und gleichzeitig öffentliche Interessen, die hinter bestimmten Vorschriften stehen, herauszuarbeiten.[15] Als gesetzliche Verankerung der Funktionenlehre wurde lange Zeit die in den Erwägungsgründen 11 der MarkenRL 2008/95/EG sowie 8 der GMV als Schutzzweck angesprochene Herkunftsfunktion angesehen und darin der gesetzgeberische Hinweis auf die Funktionenlehre als

---

[10] Einen Überblick über den Streit geben *Eichhammer*, Markenmäßige Benutzung (2008), S. 148 ff.; *Paulus*, Markenfunktionen (2014), S. 77 ff. mwN.

[11] Vgl. *Bröcher/Hoffmann/Sabel*, Dogmatische Grundlagen (2005), S. 41 ff.; *Pahlow*, MarkenR 2006, 97, 101.

[12] *Winkhaus*, Zeichenähnlichkeit (2010), S. 154 f.

[13] *Kur*, in: Europ. Immaterialgüterrecht (2018), S. 256, 257; Kur/Senftleben-*Kur/Senftleben*, European TML (2017), Rn. 1.02 f.

[14] *Winkhaus*, Zeichenähnlichkeit (2010), S. 155.

[15] *Ingerl/Rohnke*, MarkenG (2010), Einl., Rn. 73; *Paulus*, Markenfunktionen (2014), S. 87 ff. (Funktionslehre als Teil eines „Markenleitbildes").

Auslegungshilfe erblickt.[16] Nachdem die Europäische Kommission in ihren Reformvorschlägen für ein modernisiertes Markensystem[17] versuchte, den Identitätsschutz auf die Herkunftsfunktion zu beschränken,[18] dies aber nach umfassender Kritik[19] von Europäischem Parlament[20] und Rat[21] abgelehnt und nicht in die endgültige Fassung der UMVO bzw. MarkenRL übernommen wurde, kann mittlerweile von der gesetzgeberischen Billigung der Funktionenlehre ausgegangen werden.[22] Insgesamt ist die Funktionenlehre der Marke in der Literatur mehrheitlich anerkannt und in der europäischen Rechtsprechung fest verankert.[23]

Aus rechtlicher Perspektive kann – oder besser *darf* – aber nicht jede in wirtschaftlicher Hinsicht faktisch bestehende[24] oder in der wirtschaftswissenschaftlichen Literatur zu Marketing, Marken- und Dienstleistungsmanagement

---

[16] Näher *Paulus*, Markenfunktionen (2014), S. 80, 89.

[17] Vorschlag für eine Verordnung des Europäischen Parlaments und des Rates zur Änderung der Verordnung (EG) Nr. 207/2009 des Rates über die Gemeinschaftsmarke v. 27.3.2013, COM (2013) 161 final, 2013/0088 (COD), dort Art. 9 Abs. 2 lit. a). sowie Vorschlag für eine Richtlinie des Europäischen Parlaments und des Rates zur Angleichung der Rechtsvorschriften der Mitgliedstaaten über die Marken (Neufassung) v. 3.5.2013, COM (2013) 162 final/2, 2013/0089 (COD), dort Art. 10 Abs. 2 lit. a).

[18] Zum Inhalt der Vorschläge *Bender*, MarkenR 2013, 129 ff.; *Kramer/Geiger*, MarkenR 2013, 409 ff.

[19] Kritisiert wurde, dass durch die Beschränkung Schutzlücken entstünden, sie in sich widersprüchlich sei und zu Rechtunsicherheit führe sowie nicht mit dem Grundsatz nur regionaler territorialer Erschöpfung vereinbart werden könne, *Fezer*, GRUR 2013, 1185, 1191 f.; *Kunz-Hallstein/Loschelder*, GRUR 2013, 800, 803 f.; *Sack*, GRUR 2013, 657 ff.; *Scherer*, WRP 2014, 12 ff.; aA. *Wagner*, Markenfunktionen (2020), S. 203; gegen letzteres Argument auch *Senftleben*, 36(8) E.I.P.R. 518, 522 f. (2014).

[20] Zur Markenverordnung: Standpunkt des Europäischen Parlaments vom 25.2.2014, P7_TC1-COD(2013)0088, Abl. C 285/209 vom 29.8.2017; zur Markenrichtlinie: Standpunkt des Europäischen Parlaments vom 25.2.2014, P7_TC1-COD(2013)0089, Abl. C 285/262 vom 29.8.2017.

[21] Zur Markenverordnung: Standpunkt des Rates vom 10.11.2015, ST 10373/1/15 REV1; zur Markenrichtlinie: Standpunkt des Rates vom 10.11.2015, ST 10374/1/15 REV1.

[22] AA. *Wagner*, Markenfunktionen (2020), S. 204 f., die aus dem letztlich unveränderten Wortlaut schließt, der Verletzungstatbestand sei „weiterhin interpretationsoffen" und die von ihr geforderte Beschränkung des Identitätsbereichs auf die Herkunftsfunktion daher für *de lege lata* möglich hält (S. 307 ff.).

[23] St. Rspr. seit EuGH, Urt. v. 12.11.2002, C-206/01, ECLI:EU:C:2002:651, Rn. 42 ff. = GRUR 2003, 55 – *Arsenal FC*.

[24] Auch in der juristischen Literatur ist im Kern unbestritten, dass der Marke in wirtschaftlicher Hinsicht eine Unterscheidungs-, Herkunfts-, Qualitäts-/Garantie- und Werbefunktion, mitunter auch eine Eigenwert-, Monopolisierungs-/Marktabschottungs-, Vertriebs- und Codierungsfunktion zukommt, wobei als „Basisfunktion" eine Kommunikationsfunktion genannt wird, vgl. nur *Buckstegge*, Nationale Gewährleistungsmarke (2018), S. 101 ff.; *Fezer*, MarkenG (2009), Einl. D, Rn. 1–17, 29 f.; *Henning-Bodewig/Kur*, Marke und Verbraucher (1988), S. 6 f. mwN.

anerkannte[25] Funktion einer Marke Beachtung finden.[26] Dies würde den Markeninhaber übervorteilen und angesichts eines überbordenden Schutzbereichs auf ein „Kommunikationsmonopol"[27] hinsichtlich seines Zeichens hinauslaufen. Es ist daher, erstens, zwischen wirtschaftlicher und rechtlicher Ebene zu trennen und, zweitens, normativ festzustellen, unter welchen Voraussetzungen diese wirtschaftlichen Funktionen rechtlich geschützt sind oder sein sollen.[28] Dies gilt schon deshalb, weil der Markenschutz als Ausschließlichkeitsrecht in den marktwirtschaftlich anerkannten und seinerseits geschützten Wettbewerb eingreift und daher der Rechtfertigung durch einen legitimen Zweck bedarf.[29] Der Markenschutz wiederum wird maßgeblich über die rechtlich anerkannten und deshalb geschützten Markenfunktionen definiert, sodass letztlich die Anerkennung dieser Funktionen legitimiert werden muss.[30]

Die Frage, welche wirtschaftlichen Markenfunktionen rechtlich anzuerkennen sind, wurde schon an anderen Stellen ausführlich diskutiert.[31] Für diese

---

[25] Die wirtschaftswissenschaftliche Literatur differenziert zwischen Markenfunktionen aus Unternehmens-/Absatzmittler- und Konsumentensicht, die sich kondensieren lassen für Unternehmen zu Produktprogrammdifferenzierung, Absatzförderung/Kundenbindung sowie Verbesserung der Einstellung zum Produkt, für Konsumenten zu Informationseffizienz, Risikoreduktion und eines darüber hinausgehenden ideellen Nutzens, vgl. *Esch*, Markenführung (2017), S. 19 ff., *Kotler/Keller*, Marketing (2016), S. 322 f.; im Rahmen einer „identitätsbasierten Markendefinition" unterscheiden *Meffert et al.*, Marketing (2019), S. 268 ff. beim Nachfrager zwischen „funktionaler" Nutzenebene (physikalisch-technische und wirtschaftliche Kompetenzen der Marke) und „nicht-funktionaler" Nutzenebene (Persönlichkeit, Werte und Vision der Marke) sowie einem „übergeordneten Markennutzen" (ua. Risikoreduktionsfunktion); einen Überblick über weitere Ansichten geben *Bröcher/Hoffmann/Seibel*, Dogmatische Grundlagen (2005), S. 13 ff.

[26] Schon *Cohen*, 35 Columb. L.Rev. 809, 815 (1935); ferner *Lenk*, Rechtserhaltende Benutzung (2013), S. 98; GA *Mengozzi*, Schlussanträge v. 10.2.2009, C-487/07, E-CLI:EU:C:2009:70, Rn. 45 – *L'Oréal*; *Ohly*, in: FS Loschelder (2010), S. 265, 273; *Paulus*, Markenfunktionen (2014), S. 11 f.; *Prüfer-Kruse*, Interessenschwerpunkte (2010), S. 21; aA. *Fezer*, MarkenG (2009), Einl. D, Rn. 18, 29 f.; *ders.*, GRUR 2003, 457, 463.

[27] *Ohly*, in: FS Loschelder (2010), S. 265, 273; *ders.*, in: FS Büscher, S. 117, 125 f.

[28] *Bröcher/Hoffmann/Seibel*, Dogmatische Grundlagen (2005), S. 26; *Henning-Bodewig/Kur*, Marke und Verbraucher (1988), S. 3 f., 277 ff.; *Ohly*, in: FS Loschelder (2010), S. 265, 273; *Paulus*, Markenfunktionen (2014), S. 11 f.; *Sack*, GRUR 1972, 402, 403 f.; *Strasser*, 10 Fordham Intell. Prop., M. & Ent. L.J. 375, 378 f. (2000); *Winkhaus*, Zeichenähnlichkeit (2010), S. 138, 149; aA. *Fezer*, MarkenG (2009), Einl. D, Rn. 18; *ders.*, GRUR 2003, 457, 463; *ders.*, GRUR 2013, 1185, 1193.

[29] *Ohly*, in: FS Griss (2011), 521, 525; *Paulus*, Markenfunktionen (2014), S. 36; *Prüfer-Kruse*, Interessenschwerpunkte (2010), S. 26 f.; *Görlich*, Anlehnende Markennutzung (2013), S. 60 f.

[30] Dies gilt auch für den erweiterten Schutz bekannter Marken, der sich inhaltlich ebenfalls auf die geschützten Markenfunktionen zurückführen lässt.

[31] Vgl. zur Diskussion nur *Beier/Krieger*, GRUR Int. 1976, 125, 126 ff.; *Eichhhammer*, Markenmäßige Benutzung (2008), S. 47 ff.; *Fezer*, MarkenG (2009), Einl. D; *Henning-Bodewig/Kur*, Marke und Verbraucher (1988), S. 4 ff., 227 ff.; *Heydt*, GRUR Int. 1976, 339 ff.;

Arbeit werden deshalb die vom EuGH anerkannten Funktionen zugrunde gelegt. Sie werden in *L'Oréal* erstmals ausdrücklich bezeichnet als „unter anderem die Gewährleistung der Qualität dieser Ware oder Dienstleistung oder die Kommunikations-, Investitions- oder Werbefunktion".[32] Die Formulierung „unter anderem" bringt zum Ausdruck, dass es sich wohl um eine nicht abschließende Aufzählung handelt.[33] In *Google France*[34] und *Interflora*[35] zum sog. Keyword-Advertising mittels Google AdWords[36] bestimmt der EuGH die Werbe- bzw. Investitionsfunktion der Marke näher.

B. Inhaltliche Kritik der Literatur

Die Entwicklung der Multifunktionalität der Marke und ihre Ausdifferenzierung durch den EuGH wurden in der Literatur bereits ergiebig diskutiert.[37] Dabei wurde die Rechtsprechung vereinzelt begrüßt,[38] überwiegend jedoch (stark)

Sack, GRUR 1972, 402 ff.; *ders.*, GRUR 1972, 445 ff.; näher *Paulus*, Markenfunktionen (2014), S. 12–75.

[32] EuGH, Urt. v. 18.6.2009, C-487/07, ECLI:EU:C:2009:378, Rn. 58 = GRUR 2009, 756 – *L'Oréal*; seitdem st. Rspr., zuletzt EuGH, Urt. v. 8.6.2017, C-689/15, E-CLI:EU:C:2017:434, Rn. 42 = GRUR 2017, 816 – *Internationales Baumwollzeichen*; Urt. v. 25.7.2018, C-129/17, ECLI:EU:C:2018:594, Rn. 34 = GRUR 2018, 917 – *Mitsubishi/Duma*.

[33] *Bechtold*, in: FS Möschel (2011), S. 993, 996; BeckOK MarkenR-*Mielke*, § 14 MarkenG, Rn. 132; *Buckstegge*, Nationale Gewährleistungsmarke (2018), S. 106 f.; *Fezer*, GRUR 2013, 209, 214; *Hacker*, MarkenR 2009, 333, 334; *Kreft*, EuZW 2009, 580, 581; *Kur*, in: FS Köhler (2014), S. 383, 388; *Kur/Senftleben-Kur/Senftleben*, European TML (2017), Rn. 1.25; *Lenk*, Rechtserhaltende Benutzung (2013), S. 116; *Paulus*, Markenfunktionen (2014), S. 138; *Ohly*, in: FS Loschelder (2010), S. 265, 277; *Steinbeck*, WRP 2015, 1; *Schulte-Franzheim/Tyra*, in: FS Fezer (2016), S. 509, 523; Ströbele/Hacker/Thiering-*Hacker*, MarkenG (2018), Einl. Rn. 41; *Völker/Elskamp*, WRP 2010, 64, 66.

[34] EuGH, Urt. v. 23.3.2010, C-236/08 bis C-238/08, ECLI:EU:C:2010:159 = GRUR 2010, 445 – *Google France*.

[35] EuGH, Urt. v. 22.9.2011, C-323/09, ECLI:EU:C:2011:604 = GRUR 2011, 1124 – *Interflora*.

[36] Zum technisch-wirtschaftlichen Hintergrund vgl. *Ruess*, GRUR 2007, 198, 199.

[37] Vgl. nur *Fezer*, MarkenR 2010, 453 ff.; *ders.*, WRP 2010, 165, 178 ff.; *Hackbarth*, in: FS Fezer (2016), S. 525 ff.; *Hacker*, MarkenR 2009, 333 ff.; *Keil*, MarkenR 2010, 195 ff.; *Kreft*, EuZW 2009, 580 ff.; *Kur*, 45(4) IIC 434 ff. (2014); *dies.*, in: FS Köhler (2014), S. 383, 384 ff.; *Ohly*, GRUR 2010, 776 ff.; *ders.*, 41(5) IIC 506, 519 ff. (2010); *ders.* in: FS Loschelder (2010), S. 265, 269 ff.; *Psaroudakis*, 34(1) E.I.P.R. 33 ff. (2012); *Senftleben*, Adapting EU tml (2013), S. 137, 152 ff.; *ders.*, 36(8) E.I.P.R. 518 ff. (2014); *Simon Fhima*, 6(5) JIPLP 325, 327 ff. (2011); *Spindler/Prill*, CR 2010, 303 ff.; *Sack*, WRP 2010, 198, 206 ff.; *Schulte-Franzheim/Tyra*, in: FS Fezer (2016), S. 509 ff.; *Steinbeck*, WRP 2015, 1 ff.; *Völker/Elskamp*, WRP 2010, 64 ff.; *Weiler*, MarkenR 2011, 495 ff.; mit Fokus auf den Bekanntheitsschutz *Gangjee/Burrell*, 73(2) Modern L.Rev. 282 ff. (2010).

[38] *Fezer* bezeichnet die Entscheidung *L'Oréal* als „Sternstunde der Funktionenlehre", da sie die Marke als kommerzielles Kommunikationszeichen im Sinne einer funktionalen Kennzeichenrechtstheorie anerkenne, WRP 2010, 165, 166, 178 ff.; *ders.*, MarkenR 2010,

kritisiert.[39] Ihre Befürworter sahen die Ausweitung des Identitätstatbestandes positiv, da das Markenrecht nicht auf den Schutz der Herkunftsfunktion beschränkt sei und die rechtliche Anerkennung insbesondere der Werbe- und Investitionsfunktion zum Investitionsschutz beitrage.[40]

Gegner – unter ihnen die Europäische Kommission[41] – führten an, dass die neu gefundenen und nicht abschließend formulierten Markenfunktionen zusammen mit ihrer fehlenden Präzisierung eine enorme Rechtsunsicherheit erzeugen würden, da nicht nur ihre künftige Auslegung ungewiss sei,[42] sondern auch, ob der EuGH noch weitere Funktionen aus der „'Mottenkiste' der Funktionenlehre"[43] hervorhole.[44] Die Funktionenlehre verkomme dadurch zu einer „'black box' mit schwer vorhersehbaren Ergebnissen".[45] In kompetenzrechtlicher Hinsicht übertrage der EuGH mit ihr den erweiterten Schutz bekannter Marken in Identitätsfällen inhaltlich auf nicht-bekannte Marken[46] und hebele dadurch die Möglichkeit der Mitliedstaaten aus, selbst über den optionalen Schutz bekannter Marken nach Art. 5 Abs. 2 der RL 2008/95/EG zu entscheiden.[47] Dieser Kritikpunkt hat mit dem nun obligatorischen Bekanntheitsschutz in Art. 10 Abs. 2 lit. c) der reformierten MarkenRL aber an Gewicht verloren.

453, 456; *ders.*, in: FS Griss (2011), S. 149; folgend Büscher/Dittmer/Schiwy-*Büscher* (2015), § 14 MarkenG, Rn. 120; *Hackbarth*, in: FS Fezer (2016), S. 525, 527, 535.

[39] *Ohly*, GRUR 2010, 776, 782 („Fehler"); *Senftleben*, Adapting EU tml (2013), S. 154 (Einbeziehung „contra legem"); *Kur*, in: Europ. Immaterialgüterrecht (2018), S. 256, 259, 284 („dysfunktionale Ergebnisse").

[40] *Fezer*, WRP 2010, 165, 179; *Sack*, WRP 2010, 198, 207 f.; *Völker/Elskamp*, WRP 2010, 64, 72.

[41] Kommission, Stellungnahme v. 30.11.2009 zur Rechtssache C-323/09 – Interflora/Marks and Spencer, JURM(2009) 133/HK/hb, Rn. 33, 43 ff.; zustimmend GA *Jääskinen*, Schlussanträge vom 24.3.2011, C-323/09, ECLI:EU:C:2011:173, Rn. 7 – *Interflora*.

[42] BeckOK MarkenR-*Mielke*, § 14 MarkenG, Rn. 1332; *Hackbarth*, in: FS Fezer (2016), S. 525, 530, 535, allerdings mit dem Hinweis, dass die Unklarheit einer Funktionsbeeinträchtigung „bei der Prüfung der ‚traditionellen' Verwechslungsgefahr nicht anders" sei; *Kur*, in: Europ. Immaterialgüterrecht (2018), S. 256, 279; *Weiler*, MarkenR 2011, 495, 498.

[43] *Paulus*, Markenfunktionen (2014), S. 138.

[44] *Keil*, MarkenR 2010, 195, 197, 199; *Kur*, in: Europ. Immaterialgüterrecht (2018), S. 256, 279; *Ohly*, GRUR 2010, 776, 782; *ders.*, GRUR 2011, 1131, 1132; *Paulus*, Markenfunktionen (2014), S. 138; *Simon Fhima*, 6(5) JIPLP 325, 329 (2011).

[45] *Ohly*, GRUR 2011, 1131, 1132; *Pérez*, WRP 2019, 1523, 1527 f.; relativierend *Kur*, in: FS Köhler (2014), S. 383, 390 Fn. 59, wonach die mit der Funktionenlehre verbundenen Unsicherheiten nicht größer als auch im UWG seien, aber gekünstelt wirkende, terminologische Feinheiten nur vom lauterkeitsrechtlichen Kern der Beurteilung ablenkten, statt für Transparenz zu sorgen, vgl. *Kur*, in: Europ. Immaterialgüterrecht (2018), S. 256, 279 f.

[46] *Kur*, in: Europ. Immaterialgüterrecht (2018), S. 256, 258 f.; *Psaroudakis*, 34(1) E.I.P.R. 33, 38 f. (2012); *Schulte-Franzheim/Tyra*, in: FS Fezer (2016), S. 509, 522 f.

[47] *Senftleben*, 42(4) IIC 383 ff. (2011); *ders.*, Adapting EU tml (2013), S. 137, 153 f.; *ders.*, 36(8) E.I.P.R. 518, 519 (2014); *Weiler*, MarkenR 2011, 495, 498.

In dogmatischer Hinsicht wurden zwei unterschiedliche Aspekte kritisiert: Verstehe man den Identitätsschutz als Spezialfall einer vermuteten Verwechslungsgefahr iSv. Art. 16 Abs. 1 S. 2 TRIPS, die lediglich die Herkunftsfunktion schützt, so könne auch im Identitätsbereich nur diese Markenfunktion geschützt sein.[48] Durch die Funktionenlehre komme der Abgrenzung zwischen Identitäts- und Verwechslungsschutz nun erhebliche Bedeutung zu.[49] Darüber hinaus differenziere die Funktionenlehre des EuGH nicht hinreichend zwischen wirtschaftlichen und rechtlich geschützten Funktionen einer Marke: nicht jede wirtschaftliche Markenfunktion müsse im Identitätsbereich als rechtlich schützenswert anerkannt werden, zumal der Verwechslungsschutz mit der Herkunftsfunktion indirekt auch die übrigen Funktionen schütze. Der einer Abwägung zugängliche Bekanntheitsschutz biete daher eine geeignetere Grundlage für den Schutz des Markenimages unter Berücksichtigung gegenläufiger Allgemeininteressen.[50] Damit hängen auch wettbewerbspolitische Einwände zusammen: Eine referierende Benutzung werde stets tatbestandlich erfasst und können nur durch Schrankenregelungen möglich gemacht werden.[51] Kritisiert wird schließlich eine Tendenz des EuGH, unterschiedliche Aspekte der Markenverletzung methodisch rein über die Markenfunktionenlehre zu lösen und ihr dadurch andere Tatbestandsmerkmale einzuverleiben.[52] Mit etwas zeitlichem Abstand kann aber davon ausgegangen werden, dass die Anerkennung unterschiedlicher Markenfunktionen bisher nicht zu einer Erweiterung des Markenschutzes,[53] „sondern lediglich zu seiner Konsolidierung unter dem Dach des europäischen Markenrechts"[54] geführt und sogar zu dessen

---

[48] *Hacker*, GRUR 2009, 333, 337; Ströbele/Hacker/Thiering-*Hacker*, MarkenG (2018), § 14, Rn. 105; *Ohly*, in: FS Loschelder (2010), S. 265, 267; *Senftleben*, Overprotection (2011), S. 172 f.; *ders.*, Adapting EU tml (2013), S. 137, 153 f.; aA. *Ekey*, MarkenR 2009, 475.

[49] *Hackbarth*, in: FS Fezer (2016), S. 525, 534 f.; Ströbele/Hacker/Thiering-*Hacker*, MarkenG (2018), § 14, Rn. 105.

[50] *Ohly*, GRUR 2010, 776, 778; *ders.*, in: FS Loschelder (2010), S. 265, 273 f.

[51] *Ohly*, GRUR 2010, 776, 782; *Paulus*, Markenfunktionen (2014), passim.; die Schranke findet sich nun in Art. 14 Abs. 1 lit. c) UMVO bzw. Art. 14 Abs. 1 lit. c) MarkenRL.

[52] *Pérez*, WRP 2019, 1523 ff.

[53] *Hackbarth*, in: FS Fezer (2016), S. 525, 536; Ströbele/Hacker/Thiering-*Hacker*, MarkenG (2018), § 14, Rn. 107; *Kur*, in: FS Köhler (2014), S. 383, 387; *dies.*, in: Europ. Immaterialgüterrecht (2018), S. 256, 274; BeckOK MarkenR-*Kur*, Einl., Rn. 143; BeckOK MarkenR-*Mielke*, § 14 MarkenG, Rn. 138; *Steinbeck*, WRP 2015, 1, 2 f.; BeckOK MarkenR-*Thalmaier*, § 14 MarkenG, Rn. 259.

[54] *Kur*, in: Europ. Immaterialgüterrecht (2018), S. 256, 277 mit Fn. 604, die in der Funktionsrechtsprechung des EuGH eine de facto-Harmonisierung eines an das Markenrecht angrenzenden Bereichs auf Basis lauterkeitsrechtlicher Erwägungen sieht.

Begrenzung gedient hat.[55] Mit der Unsicher- und Unvorhersehbarkeit der Funktionenlehre ist außerdem eine größere Flexibilität des EuGH verbunden.[56] Eine fragwürdige Expansion ist weniger den Markenfunktionen selbst als vielmehr deren Anwendung geschuldet: In *Mitsubishi/Duma* stuft der EuGH das Entfernen der Herstellermarke und Aufbringen eigener Zeichen durch Dritte (sog. de-/rebranding) innerhalb des EU-Zolllagerverfahrens und damit vor Einfuhr in den Europäischen Wirtschaftsraum als Funktionsverletzung ein.[57] Damit ignoriert er, dass die Entfernung der Marke bereits eine Einfuhr unter der Marke ausschließt und überbrückt die im ersten Schritt erforderliche Prüfung, ob das Zeichen überhaupt als Marke[58] benutzt wird.[59]

---

[55] *Kur*, in: Europ. Immaterialgüterrecht (2018), S. 256, 278, 280; Kur/Senftleben-*Kur/Senftleben*, European TML (2017), Rn. 1.26 f.; BeckOK MarkenR-*Thalmaier*, § 14 MarkenG, Rn. 260; *Pérez*, WRP 2019, 1523, 1526; *Poramgaba*, [2018] IPQ 230, 251 f.

[56] *Pérez*, WRP 2019, 1523, 1528.

[57] EuGH, Urt. v. 25.7.2018, C-129/17, ECLI:EU:C:2018:594, Rn. 45 f. = GRUR 2018, 917 – *Mitsubishi/Duma*.

[58] Vgl. zu diesem Erfordernis S. 19.

[59] *Janal*, GPR 2019, 83, 87; *Knaak/Kur*, GRUR 2018, 1120, 1121 f.; *Pérez*, WRP 2019, 1523 f.; *Wagner*, WRP 2019, 166, 168 f., *dies.*, Markenfunktionen (2020), S. 119; BeckOK MarkenR-*Mielke*, § 14 MarkenG, Rn. 139 sieht daher die „Funktionsrechtsprechung als Vehikel für eine Harmonisierung wettbewerbsrechtlicher Tatbestände *extra legem* benutzt".

§ 2 Identitätsschutz, Art. 9 Abs. 2 lit. a) UMVO

Im Folgenden soll die Bedeutung der einzelnen Markenfunktionen für den jeweiligen Verletzungstatbestand der Individualmarke zusammengefasst und ihr Schutz auf Basis informationsökonomischer Ansätze sowie der Property Rights-Theorie analysiert und begründet werden. Anschließend wird untersucht, inwiefern diese ökonomische Legitimation auf die Gewährleistungsmarke übertragen werden kann und, abhängig davon, welche markenrechtlichen Funktionen die Gewährleistungsmarke erfüllt. Die Hypothese lautet dabei, dass auch der Gewährleistungsmarke als multifunktionaler Markenkategorie eine Qualitäts-, Werbe-, Kommunikations- und Investitionsfunktion zukommt. An die Stelle einer Herkunftsfunktion tritt hingegen eine spezifische Gewährleistungsfunktion.

Der EuGH gewährt einen „absoluten"[60] Schutz der Marke, wenn das angegriffene Zeichen mit der eingetragenen Marke identisch ist und für Waren oder Dienstleistungen benutzt wird, die mit denjenigen identisch sind, für die die Marke eingetragen ist, also eine Doppelidentität vorliegt. Produktidentität ist gegeben, wenn die einander gegenüberstehenden Waren oder Dienstleistungen gattungsgleich sind, also ihrer Art nach übereinstimmen, wobei wesentliche Identität genügt.[61] Zeichenidentität liegt vor, wenn ein Zeichen alle Elemente wiedergibt, die die Marke bilden, oder wenn die beiden Zeichen als Ganzes betrachtet nur so geringfügige Unterschiede aufweisen, dass sie einem Durchschnittsverbraucher entgehen können.[62] Zusätzlich muss die Benutzung geeignet sein, eine beliebige Markenfunktion zu beeinträchtigen.[63]

Das Vorliegen von Produkt- und Zeichenidentität wird für die Analyse des Identitätsschutzes als Prämisse gesetzt, um ausschließlich die von der Individual- und Gewährleistungsmarke erfüllten Funktionen thematisieren zu können.[64]

---

[60] EuGH, Urt. v. 18.6.2009, C-487/07, ECLI:EU:C:2009:378, Rn. 59 = GRUR 2009, 756 – L'Oréal mit Verweis auf den 10. Erwgr. der RL 89/104/EWG (nun Erwgr. 16 der MarkenRL bzw. 11 der UMVO); diese Bezeichnung ist schon aufgrund der Schrankenregelungen mindestens unglücklich, vgl. *Sambuc*, in: FS Fezer (2016), S. 319, 326.

[61] Nur Eisenführ/Schennen-*Eisenführ/Sander*, UMVO (2017), Art. 8, Rn. 38.

[62] EuGH, Urt. v. 20.3.2003, C-291/00, ECLI:EU:C:2003:169, Rn. 50 f. = GRUR 2003, 422 – *Arthur/Arthur et Félicie*; Urt. v. 8.7.2010, C-55/08, ECLI:EU:C:2010:416, Rn. 47 = GRUR 2010, 841 – *Portakabin/Primakabin*.

[63] *Ohly*, GRUR 2010, 776, 778, 780; *Sack*, WRP 2010, 198, 207; *Steinbeck*, WRP 2015, 1; Ströbele/Hacker/Thiering-*Hacker*, MarkenG (2018), § 14, Rn. 119; *Völker/Elskamp*, WRP 2010, 64, 67.

[64] Auf die Beurteilung der Produkt- und Zeichenähnlichkeit bei der Gewährleistungsmarke wird beim Verwechslungsschutz unter § 3 B. II. 2 eingegangen.

A. Herkunftsfunktion

Die Herkunftsfunktion der Marke soll die Herkunft der Waren oder Dienstleistungen gegenüber den Verbrauchern dergestalt gewährleisten, dass alle Waren oder Dienstleistungen, die das Zeichen kennzeichnet, unter der Kontrolle eines einzigen Unternehmens hergestellt oder erbracht worden sind, das für ihre Qualität verantwortlich gemacht werden kann,[65] und auf Basis derer der Verbraucher diese Waren oder Dienstleistungen von denjenigen anderer Herkunft unterscheiden kann.[66] Dies gilt für die Individualmarke in gleichem Maße wie für die Kollektivmarke nach Art. 74 UMVO. Auch diese Markenkategorie fungiert – selbst in ihrer Form als geografische Kollektivmarke iSv. Art. 74 Abs. 2 UMVO – stets und nur als Hinweis auf die betriebliche, nicht aber auf die geografische Herkunft oder andere Eigenschaften.[67]

I. Ökonomische Begründung

Die Herkunftsfunktion als rechtlicher Schutz einer tatsächlichen Zuordnungsmöglichkeit des Produkts zu einem bestimmten Unternehmen lässt sich informationsökonomisch sowie auf Basis des Property Rights-Ansatzes rechtfertigen.

1. Informationsökonomik

Indem Nachfrager das Produkt anhand der Marke wiedererkennen, können sie vorherige Konsumerfahrungen fruchtbar machen und ersparen sich so die erneute Untersuchung der Produkteigenschaften. Diese informationsverteilende sowie informationskostensenkende Wirkung der Individualmarke hängt maßgeblich von der Erfüllung ihrer Herkunftsfunktion ab. Im Folgenden wird in die der Markenverwendung zugrunde liegende, asymmetrische Informationslage zwischen Anbieter und Nachfrager eingeführt, dann die konkrete Wirkung der Markenverwendung als „signaling"-Instrument untersucht.

---

[65] EuGH, Urt. v. 29.9.1998, C-39/97, ECLI:EU:C:1998:442, Rn. 28 = GRUR 1998, 922 – *Canon*; Urt. v. 12.11.2002, C-206/01, ECLI:EU:C:2002:651, Rn. 48 = GRUR 2003, 55 – *Arsenal FC*; Urt. v. 11.9.2007, C-17/06, ECLI:EU:C:2007:497, Rn. 27 = GRUR 2007, 971 – *Céline*; Urt. v. 8.6.2017, C-689/15, ECLI:EU:C:2017:434, Rn. 41 = GRUR 2017, 816 – *Internationales Baumwollzeichen*; Urt. v. 17.10.2019, C-514/18 P, ECLI:EU:C:2019:878, Rn. 37 = GRUR-RR 2020, 100 – *Steirisches Kürbiskernöl.*

[66] EuGH, Urt. v. 29.9.1998, C-39/97, ECLI:EU:C:1998:442, Rn. 28 = GRUR 1998, 922 – *Canon*; Urt. v. 23.3.2010, C-236/08 bis C-238/08, ECLI:EU:C:2010:159, Rn. 82 = GRUR 2010, 445 – *Google France*; Urt. v. 8.6.2017, C-689/15, ECLI:EU:C:2017:434, Rn. 41 = GRUR 2017, 816 – *Internationales Baumwollzeichen;* Urt. v. 17.10.2019, C-514/18 P, ECLI:EU:C:2019:878, Rn. 37 = GRUR-RR 2020, 100 – *Steirisches Kürbiskernöl.*

[67] EuGH, Urt. v. 20.9.2017, C-673/15 P - C-676/15 P, ECLI:EU:C:2017:702, Rn. 50 ff. = GRUR 2017, 1257 – *Darjeeling.*

a) Informationsökonomisches Verständnis des Anbieterbegriffs

Für die Arbeit soll ein informationsökonomisches Verständnis des Begriffs „Anbieter" genutzt werden. Als Anbieter verstanden wird nicht die unmittelbar am Kaufvertrag mit dem Konsumenten beteiligte Vertragspartei iSd. Verkäufers, sondern derjenige, der die (Herstellungs-)Verantwortlichkeit für das Produkt übernimmt. War der Anbieter früher häufig auch Hersteller, sodass Nachfrager ein Produkt infolge persönlichen Kontakts zuordnen und Personenvertrauen bilden konnten, ist dies in einem von Anonymität, Spontanität und Ubiquität geprägten, modernen Wirtschaftsleben mit Multichannel-Vertrieb und mehrstufigen Absatzketten[68] nicht mehr möglich. In dieser Umwelt schaffen Marken einen Konnex zwischen dem Markeninhaber und dem Nachfrager des Produkts und ermöglichen diesem, das gleiche Produkt an unterschiedlichen Verkaufsorten zu erwerben.[69] Gleichzeitig ist der Markeninhaber nicht immer auch Hersteller des mit seinem Zeichen versehenen Produkts,[70] reine Markenlizenzierung und Franchising[71] haben sich zu eigenen Geschäftsmodellen entwickelt. Dies ist Konsumenten bekannt und sie gehen nicht davon aus, dass der Zeicheninhaber alle Markenprodukte selbst hergestellt hat.[72] Relevant ist für sie vielmehr, dass der Markeninhaber wirtschaftlich die Produktverantwortung übernimmt und für eine konstante Produktbeschaffenheit einsteht.[73] Als Anbieter in diesem Kontext gilt daher der Markeninhaber.

b) Asymmetrische Informationsverteilung

Nachfrager haben vor einer Transaktion grundsätzlich die Möglichkeit, sich über den Kaufgegenstand zu informieren. Ob und zu welchen Kosten sie relevante Produkteigenschaften aufklären, hängt von unterschiedlichen Faktoren wie den Verkaufsbemühungen des Anbieters und der Erfahrung des Nachfragers, der Natur und Komplexität des Transaktionsgegenstandes sowie dem Aufwand der Untersuchung ab.[74] Hier ist zwischen Such-, Erfahrungs- und

---

[68] *Griffiths*, in: TMB (2008), S. 241, 247; *Landes/Posner*, IP (2003), S. 65; *Ramello*, 20 J. Econ. Surveys 547, 550, 552 f. (2006); *Wilkins*, 34 Business Hist. 66, 68 (1992); *WIPO*, WIPR (2013), S. 23 ff.

[69] Zur Historie des Markenwesens *Fezer*, GRUR 2003, 457 ff.; für Angloamerika *Wilkins*, 34 Business Hist. 66, 71 ff. (1992).

[70] Vielmehr werden auf dem Konsumgütermarkt unterschiedlichste Produktgattungen unter demselben Kennzeichen vermarktet, vgl. *Lury*, in: TMB (2008), S. 201, 215.

[71] So lassen bspw. *Tommy Hilfiger* vollständig, *Ralph Lauren* und *Calvin Klein* teilweise die unter diesen Marken angebotenen Produkte von Dritten herstellen, vgl. *Lury*, in: TMB (2008), S. 201, 206 ff.; zB. *McDonalds*, *Interflora* und *Hertz* nutzen Franchisesysteme.

[72] *Ingerl/Rohnke*, MarkenG (2010), § 30, Rn. 133.

[73] *Katz*, 2010 BYU L.Rev. 1555, 1567 (2010).

[74] *Cooter/Ulen*, Law & Economics (2016), S. 88, 91; *Drexl*, Wirtschaftliche Selbstbestimmung (1998), S. 194; *Griffiths*, in: TMB (2008), S. 241, 247; *Van den Bergh/Lehmann*, GRUR Int. 1992, 588, 590.

Vertrauenseigenschaften von Gütern zu differenzieren:[75] *Sucheigenschaften*
wie zB. den günstigsten Preis kann der Käufer durch die Aufwendung entsprechender Suchkosten vor dem Kauf beurteilen (*"search costs"*[76]). *Erfahrungseigenschaften* sind Charakteristika, die zwar vor der Transaktion feststehen
und damit feststellbar wären, jedoch erst nach der Transaktion im Rahmen des
Konsums überprüft werden (zB. die Qualität von Konserven). *Vertrauenseigenschaften* können schließlich weder vor noch nach dem Kauf beurteilt werden, sind also nicht feststellbar (zB. häufig bei der Qualität von Dienstleistungen). Bei ihnen ist mitunter die Ergebnisausprägung iSe. Erfahrungseigen-
schaft der Beurteilung zugänglich, nicht aber der Prozess, der zu diesem Ergebnis führte.[77]

Der rationale Nachfrager wendet Kosten für die Aufklärung von Eigenschaften nicht unbegrenzt, sondern nur solange auf, wie der erwartete Nutzen
der Informationsbeschaffung diese (finanzielle Belastung) aufwiegt.[78] Auch
wenn die präzise und abschließende Untersuchung einer Sucheigenschaft vor
dem Kauf logisch möglich ist, kann der Nachfrager zB. aus wirtschaftlichem
Kalkül darauf verzichten. Bisweilen erfolgt sie nach dem Kauf oder entfällt
ganz. Das ist umso eher der Fall, je höher etwa die Beurteilungskosten, je geringer der Preis und je geringer die durch Qualität im Verhältnis zum Preis
ausgelösten Nutzenschwankungen sind.[79] Zur besseren Analyse der Wirkweise
von Marken differenziert die Arbeit daher terminologisch zwischen der Situation, in der eine Eigenschaft logisch feststellbar ist und auch festgestellt wird
und der Situation, in der eine Eigenschaft zwar logisch feststellbar wäre, der
rationale Nachfrager jedoch auf eine tatsächliche Feststellung verzichtet. Mit
Welling[80] werden Sucheigenschaften, deren Beurteilung erst nach dem Kauf
erfolgt oder ganz unterbleibt, als *Kalkül-Erfahrungseigenschaften* bzw.

---

[75] Grundl. *Nelson*, 78 J. Polit. Econ. 311, 312 ff. (1970) und *Darby/Karni*, 16 J. L. &
Econ. 67, 69 ff. (1973); näher *Fritsch*, Marktversagen (2018), S. 254 ff.; *Schäfer/Ott*, Ökonomische Analyse (2021), S. 606 f.; zu diesen Eigenschaften und der Unsicherheitsreduktion bei (teilweise) digitalen Leistungsbündeln *Eckert*, Digitale Marken (2004), S. 54–66.

[76] *Stiegler* verstand unter „*search costs*" nur die Suche des geringsten Preises und damit
die Summe aus tatsächlichem Suchaufwand und Opportunitätskosten; er bezog sich zwar
primär auf den Preiswettbewerb und nicht auf das Markenrecht, begründete aber die Zielvorgabe einer Suchkostenreduktion, vgl. *Prüfer-Kruse*, Interessensschwerpunkte (2010),
S. 30; die Kosten für jeglichen Informationsaufwand werden als Informationskosten bezeichnet; näher *Schäfer/Ott*, Ökonomische Analyse (2021), S. 58, 604 ff.

[77] *Darby/Karni*, 16 J. L. & Econ. 67, Fn. 2 (1973): „an individual renting specialized
knowledge can evaluate only the result and not the procedure"; zum Dienstleistungssektor
Benkenstein/v.Stenglin, in: Konsumentenvertrauen (2006), S. 207, 208 f.

[78] Dies entspricht dem von *Stigler*, 69 J. Polit. Econ. 213, 216, 220 ff. (1961) entwickelten
Suchkostenansatz; *Nelson*, 78 J. Polit. Econ. 311, 313 f. (1970); *Van den Bergh/Lehmann*,
GRUR Int. 1992, 588, 590; vgl. *Welling*, Marke (2006), S. 164, 170.

[79] *Welling*, Marke (2006), S. 164.

[80] *Welling*, Marke (2006), S. 164 f., 168.

Kalkül-Vertrauenseigenschaften bezeichnet. Erfahrungseigenschaften, die der Nachfrager auch nach der Transaktion nicht aufgeklärt, nehmen ebenfalls den Rang einer *Kalkül-Vertrauenseigenschaft* ein.

Spielt eine anfänglich asymmetrische Informationsverteilung zu Lasten des Nachfragers bei Sucheigenschaften nur eine geringe Rolle,[81] kommt ihr bei Handeln unter Qualitätsunsicherheit eine größere Bedeutung zu. Ist eine Untersuchung der Eigenschaften vor der Transaktion nicht möglich, verhindert die Informationsasymmetrie nicht nur einen pareto-optimalen Gesamtzustand.[82] Sie birgt auch ein Marktversagensrisiko in Form der negativen Auslese und dem damit verbundenen, kontinuierlichen Absinken des durchschnittlichen Qualitätsniveaus:[83] Untersuchbare Eigenschaften wie das Aussehen eines Produkts können durch Dritte perfekt imitiert werden, weshalb solche Merkmale aus Konsumentensicht keine Garantie für eine Identität vorab nicht überprüfbarer Attribute sind.[84] Ohne Erkenntnisse über Erfahrungs- oder Vertrauenseigenschaften der angebotenen Produkte müssen Nachfrager ihre Kaufentscheidung alleine nach dem Preis ausrichten und werden nur einen niedrigen Preis zahlen, um das finanzielle Risiko im Fall eines qualitativ minderwertigen Produkts gering zu halten. Anbieter höherwertiger Produkte haben keine Möglichkeit, ihre überdurchschnittliche, dem Nachfrager aber verborgene Produktqualität zu kommunizieren, können deshalb keinen angemessenen Preis mehr erzielen und verschwinden vom Markt (sog. negative Auslese oder *„adverse selection"*). Sie haben keinen Anreiz, an einer hohen Qualität festzuhalten und das durchschnittliche Qualitätsniveau auf dem Markt sinkt. Es kommt zu einem individuellen[85] wie gesamtwirtschaftlichen Schaden.

Eine asymmetrische Informationsverteilung kann nicht nur beim Güteraustausch unter Qualitätsunsicherheit, sondern auch bei Dienstleistungen bestehen, dann in Form von Unsicherheit über Eigenschaften und Verhalten des Vertragspartners.[86] Für diese Untersuchung können Informationsasymmetrien

---

[81] Grundl. *Stigler*, 69 J. Polit. Econ. 213, 216, 220 ff. (1961); *Akerlof*, 84 Q. J. Econ. 488 f. (1970); *Nelson*, 78 J. Polit. Econ. 311 f. (1970).

[82] *Stigler*, 69 J. Polit. Econ. 213, 215 (1961).

[83] *Akerlof*, 84 Q. J. Econ. 488, 489–492 (1970); detaillierte Erklärungen des *„market of lemons"* und der „negativen Auslese" finden sich bei *Schäfer/Ott*, Ökonomische Analyse (2021), S. 409–413, 608; *Varian*, Mikroökonomik (2016), S. 821–827.

[84] *Economides*, 78 TMR 523, 526 (1988).

[85] Vgl. *Ehrlich/Fisher*, 72 Am. Econ. Rev. 366, 367 f. (1982); *Lehmann*, Asymmetrische Information (1999), S. 98 f.; *Van den Bergh/Lehmann*, GRUR Int. 1992, 588, 589.

[86] *Welling*, Marke (2006), S. 172 f.; die Prinzipal-Agent-Theorie beschreibt entsprechende Verhaltensweisen mit den Schlagworten *hidden charcteristics* (Verhaltensmerkmal vor Transaktion determiniert und nicht beeinflussbar, aber nach der Transaktion offenbart), *hidden intention* (Merkmal vor der Transaktion nicht determiniert, danach offenbart) und *hidden action* (Merkmal nicht überprüfbar, nur Ergebniskontrolle möglich); näher *Erlei/Leschke/Sauerland*, Institutionenökonomik (2016), S. 92 ff., 194–221; *Fritsch*, Marktversagen (2018), S. 251 ff.; *Picot/Dietl*, in: Ökonomische Analyse (1993), S. 306, 321 ff.

sowohl beim Austausch von Gütern (Qualitätsunsicherheit) als auch von Dienstleistungen (Verhaltensunsicherheit) betrachtet und als wesensgleich behandelt werden:[87] Zum einen kann jedes Gut als Ergebnis eines (auf Verhalten basierenden, bedingt wahrnehmbaren) Erstellungsprozesses gesehen werden, zum anderen sind die Konsequenzen für die Nachfrager in beiden Fällen gleich. Asymmetrische Informationsverteilung kann damit durch dieselben Mechanismen ausgeglichen werden. Der Begriff der „Eigenschaft" wird daher einheitlich für Waren wie Dienstleistungen verwendet.

c) Informationskosten- und Unsicherheitsreduktion

Mehrere Mechanismen wie unter anderem die Informationssuche der schlechter informierten Marktseite („*screening*"[88]) und die Bereitstellung von Informationen durch die besser informierte Marktseite („*signaling*"[89]) können einer asymmetrischen Informationsverteilung begegnen.[90] Wie im folgenden Abschnitt gezeigt wird, bietet der Einsatz von Marken als eine Form des signaling[91] dabei zwei Vorteile, nämlich die Reduktion der Such- bzw. Informationskosten der Nachfrager als wesentlichem Bestandteil der Transaktionskosten sowie die Schaffung eines Anreizes für Anbieter zur Beibehaltung und Verbesserung der Produktqualität.

aa) Begriffsklärung

Zur präzisen Untersuchung des Markeneffekts auf die Informationsverteilung wird in Anlehnung an *Welling* zwischen der informationskostenreduzierenden sowie der unsicherheitsreduzierenden Wirkung unterschieden.[92] Informationskostenreduktion meint eine direkte Wirkung des Zeichens auf die Kosten des Beschaffungsvorgangs; der Nettonutzen erhöht sich, der erzielte Informationsumfang – spiegelbildlich die verbleibende Unsicherheit – ist aber mit der

---

[87] Ebenso *Fritsch*, Marktversagen (2018), S. 249 ff.; *Welling*, Marke (2006), S. 172 f. (Qualitätsunsicherheit als Oberbegriff, unter den Verhaltensunsicherheit fällt); begrifflicher Vergleich bei *Dörtelmann*, Markenführung (1997), S. 64.

[88] Grundl. *Stiglitz*, 65 Am. Econ. Rev. 283 ff. (1975).

[89] Grundl. *Spence*, 87 Q. J. Econ. 355 ff. (1973).

[90] Ausf. zu screening und signaling Towfigh/Petersen-*Schmolke*, Methoden (2017), S. 142–146; ferner *Paulus*, Markenfunktionen (2014), S. 39 Fn. 17; *Prüfer-Kruse*, Interessenschwerpunkte (2010), S. 31 Fn. 82; *Stiglitz*, 115 Q. J. Econ. 1441, 1450–1453 (2000).

[91] *Akerlof*, 84 Q. J. Econ. 488, 499 f. (1970) schlägt ferner Garantien des Verkäufers vor, wodurch das Qualitätsrisiko auf diesen übergeht; *Economides*, 78 TMR 523, 526 (1988); *Ramello*, 20 J. Econ. Surveys 547, 551 f. (2006); *Searle/Brassell*, Economic Approaches (2016), S. 102 ff.; näher aus ökonomischer Sicht *Welling*, Marke (2006), S. 173–198.

[92] *Welling*, Marke (2006), S. 152 f., 183 f. unterscheidet weiter zwischen einer relativen Unsicherheit (Unsicherheit der Eigenschaftsausprägung eines Markenprodukts im Verhältnis zu den Eigenschaftsausprägungen aller weiteren Markenprodukte) und einer absoluten Unsicherheit (Unkenntnis der konkreten Eigenschaft eines konkreten Markenprodukts).

Situation ohne Markeneinsatz identisch. Unsicherheitsreduktion erfasst die Möglichkeit des Nachfragers, Annahmen über Produkteigenschaft zu treffen, die ihm ohne das Kennzeichen nicht möglich gewesen wären, wobei die Informationskosten gleichbleiben.

Ferner ist beim Einfluss von Marken auf die Informationsmöglichkeit und -kosten zwischen dem Erstkauf eines Produkts, seinem Wiederholungskauf,[93] und Fällen eines Nachahmungskaufes zu unterscheiden: eine *Erstkauf*-Situation zeichnet sich durch eine Entscheidung des Nachfragers ohne spezifisches Vorwissen weder über die Qualität der relevanten Eigenschaften noch über den Produktanbieter aus. Dieses Modell ignoriert die Existenz von Markengoodwill[94] als Form von Vorwissen über den Anbieter. *Wiederholungskauf* bezeichnet eine Situation, in der der Nachfrager ein bereits in der Vergangenheit erworbenes und konsumiertes Produkt erneut kaufen möchte und dabei seine eigene Produktkenntnis und -erfahrung nutzt. Abweichend davon hat der Nachfrager beim *Nachahmungskauf*[95] zwar keine eigenen Erfahrungen mit dem Produkt gemacht, konnte sich aber durch Kommunikation mit anderen Nachfragern über dessen Eigenschaften informieren.[96] Die Präferenzen auf Seite des Nachfragers und die Produktqualität auf Seite des Anbieters bleiben dabei im Vergleich zur Erstkauf-Situation gleich.[97] Methodisch ist die Einschränkung konstanter Qualität durch eine exogene Festlegung des Qualitätsniveaus entscheidend für die Differenzierung zwischen der Wirkung der reinen Markenverwendung und der Wirkung des mit der Marke verbundenen Goodwills.[98] Diese Restriktion wird im Verlauf der Arbeit aufgehoben.[99] Wird die Produktqualität endogen bestimmt, liegt sie im Ermessen des Anbieters und kann von ihm jederzeit und frei variiert werden. Dennoch zeigt sich, dass er infolge des bereits entstandenen Goodwills der Abnehmer ein Interesse an einer

---

[93] Terminologie in Anlehnung an *Kotler/Keller*, Marketing (2016), S. 214 f. sowie *v.Ungern-Sternberg*, Unvollständige Nachfragerinformation (1984), S. 59.

[94] Das hier in Anlehnung an *v.Weizsäcker*, Barriers to Entry (1980), S. 83; *ders.*, 34 KYKLOS 345, 372 (1981) „Goodwill" genannte Phänomen erwähnt auch schon *Stigler*, 69 J. Polit. Econ. 213, 216, 224 (1961) unter der Bezeichnung „Reputation"; dessen Terminologie verwenden ua. auch *Eckert*, Digitale Marken (2004), S. 65 mit Fn. 109; *Welling*, Marke (2006), S. 201 f.; *Lehmann*, Asymmetrische Information (1999), S. 173 f., 177 betrachtet „Goodwill" als Teilmenge der „Reputation", wobei sich Goodwill durch vergangene Werbeaufwendungen und Reputation durch die Übertragung der Produkterfahrung auf künftige Kaufentscheidungen bilde.

[95] Terminologie in Anlehnung an *Welling*, Marke (2006), S. 187 f.

[96] *Welling*, Marke (2006), S. 187 f.; *Nelson*, 78 J. Polit. Econ. 311, 312, 316, 321 (1970).

[97] Eine ähnliche Prämisse treffen auch *Nelson*, 78 J. Polit. Econ. 311, 313 f. (1970) und *Shapiro*, 14 Bell J. Econ 497, 498 (1973).

[98] Methodisch ähnlich *v.Ungern-Sternberg*, Unvollständige Nachfragerinformation (1984), S. 60; *v.Weizsäcker*, Barriers to Entry (1980), S. 100 f.

[99] Siehe dazu § 2 A. I. 1. d).

Beibehaltung des Qualitätsniveaus hat, was Nachfrager wiederum ihrer Beurteilung der Produkteigenschaften und Entscheidungsfindung zugrunde legen.

bb) Erstkauf-Situation

In Erstkauf-Situationen steht der Nachfrager vor der Frage, welches Produkt aus einer Gesamtheit gleichartiger Güter er wählen soll. Sucheigenschaften kann er gegen Aufwendung von Informationskosten genau bestimmen, was er solange tun wird, wie sie den erwarteten Nutzen der Informationsbeschaffung aufwiegen.[100] Der Einsatz von Marken beeinflusst die (potentielle) Informationsverteilung zwischen Anbieter und Nachfrager als solche nicht, die verbleibende Unsicherheit vor der Transaktion ist in Fällen markierter wie nicht markierter Produkte identisch.[101]

Dies sagt jedoch nichts über die zur Unsicherheitsreduktion erforderlichen Kosten aus. Der Nachfrager kann das Untersuchungsergebnis eines konkreten Produkts nicht abspeichern, wenn er die untersuchten Produkte nicht identifizieren und untereinander, dh. von anderen bereits untersuchten Produkten oder noch nicht untersuchten Produkten unterscheiden kann. Sobald er das untersuchte Produkt zu den übrigen, identisch aussehenden Produkten zurücklegt, ist sein Untersuchungsergebnis mangels eindeutiger Zuordenbarkeit nutzlos. Erst durch eine Markierung können Nachfrager ihr Untersuchungsergebnis einem konkreten Produkt dauerhaft zuordnen.[102] Im Vergleich zur Situation unmarkierter Produkte kann die Marke zwar nicht den Ausgleich der Informationsasymmetrie unterstützen, reduziert jedoch die hierfür notwendigen Kosten.[103] Werden Sucheigenschaften trotz Marken aufgrund zu hoher Beurteilungskosten nicht geprüft, nehmen sie den Rang einer Kalkül-Erfahrungs- bzw. Kalkül-Vertrauenseigenschaft ein.[104] Da Erfahrungs- und Vertrauenseigenschaften definitionsgemäß nicht vor der Transaktion geprüft werden können, haben Marken auch hier keine Auswirkungen auf die Informationsverteilung.[105] Mangels Informationsmöglichkeit entstehen auch keine Informationskosten, die durch Marken gesenkt werden könnten.[106]

---

[100] Grdl. *Stigler*, 69 J. Polit. Econ. 213, 216, 220 ff. (1961); *Nelson*, 78 J. Polit. Econ. 311, 313 f. (1970); *Van den Bergh/Lehmann*, GRUR Int. 1992, 588, 590.

[101] *Bröcher/Hoffmann/Seibel*, Dogmatische Grundlagen (2005), S. 20; *Dörtelmann*, Markenführung (1997), S. 78 f.; *Strasser*, 10 Fordham Intell. Prop. Media & Ent. L.J. 375, 381 (2000); *Welling*, Marke (2006), S. 190.

[102] *Dörtelmann*, Markenführung (1997), S. 77; bei *Stigler*, 69 J. Polit. Econ. 213, 216, 220 (1961) ergeben sich Identifizierung und Zuordnung der Produkte aus der Werbung des Anbieters; aus stochastischer Sicht *Welling*, Marke (2006), S. 189.

[103] *Dörtelmann*, Markenführung (1997), S. 97; *Welling*, Marke (2006), S. 189 f.

[104] *Welling*, Marke (2006), S. 190.

[105] *Dörtelmann*, Markenführung (1997), S. 78 f.; *Welling*, Marke (2006), S. 191.

[106] *Welling*, Marke (2006), S. 191.

cc) Wiederholungskauf-Situation

Deutliche Vorteile bei der Bestimmung von Sucheigenschaften bietet der Einsatz von Marken im Fall des Wiederholungskaufes. In einer Situation ohne Marken kann der Nachfrager die Untersuchungsergebnisse seines Erstkaufs den konkreten Produkten nicht erneut zuordnen und muss die Suche zeit- und kostenintensiv wiederholen. Erst durch die Verwendung von Marken und der dadurch möglichen Zuordnung der Produkte zu einem Anbieter kann er das bereits bestehende Wissen für den Kauf nutzen.[107] Die Marke kondensiert verschiedene Produkteigenschaften und wirkt im Kommunikationsprozess zwischen den beiden Parteien als Symbol, mit dessen Hilfe das gewünschte Produkt identifiziert und wesentliche Eigenschaften schnell erfasst werden können.[108] Das Zeichen wird zum Surrogat der Sucheigenschaften.[109] Bei konstanter Präferenz kann der Nachfrager direkt das Produkt mit der ihm bekannten Marke wählen und muss keine erneute Suche starten.[110] Die Zuordnung des Produkts zu einem Anbieter mittels der Marke sorgt nicht nur für eine bessere Information des Nachfragers, sondern auch für eine Reduktion seiner Informationskosten bis auf null.[111]

Für Erfahrungseigenschaften beschränkt sich der Markeneinsatz auf eine unsicherheitssenkende Wirkung.[112] Nach dem Erstkauf konnte der Nachfrager durch den Konsum des Produkts Erkenntnisse über die fraglichen Erfahrungseigenschaften sammeln.[113] Die Zuordnungsmöglichkeit beeinflusst die Informationsverteilung zugunsten des Nachfragers: er weiß nun, ob sie seinen

---

[107] *Dörtelmann*, Markenführung (1997), S. 79; *Eckert*, Digitale Marken (2004), S. 97 f.; *Katz*, 2010 BYU L.Rev. 1555, 1563 (2010); Kur/Senftleben-*Kur/Senftleben*, European TML (2017), Rn. 1.09; *Lunney*, 48 Emory L.J. 367, 432 (1999); *Searle/Brassell*, Economic Approaches (2016), S. 102; *v.Ungern-Sternberg/v.Weizsäcker*, ZfWiSo 1981, 609, 613; *Welling*, Marke (2006), S. 192 f.

[108] *Bröcher/Hoffmann/Seibel*, Dogmatische Grundlagen (2005), S. 18; *Carter*, 13 Harv. J.L. & Pub. Pol'y 99, 105 (1990); *Henning-Bodewig/Kur*, Marke und Verbraucher (1988), S. 75; *Kratzke*, 21 Mem. St. U. L.Rev. 199, 205 (1991); Kur/Senftleben-*Kur/Senftleben*, European TML (2017), Rn. 1.09; *Lehmann/Schönfeld*, GRUR 1994, 481, 488; *Lunney*, 48 Emory L.J. 367, 432 (1999); *Landes/Posner*, 30 J. L. & Econ. 265, 269 (1987); *dies.*, IP (2003), S. 166 f.

[109] *Dörtelmann*, Markenführung (1997), S. 78.

[110] *Stigler*, 69 J. Polit. Econ. 213, 218 (1961).

[111] *Bröcher/Hoffmann/Seibel*, Dogmatische Grundlagen (2005), S. 20; *Cooter/Ulen*, Law & Economics (2016), S. 132; *Dogan/Lemley*, 41 Hous. L.Rev. 777, 786 f. (2004); *dies.* 97 TMR 1223, 1225 ff. (2007); *Dörtelmann*, Markenführung (1997), S. 97; *Grynberg*, 55 W. & M. L. Rev. 1429, 1434 (2014); *McKenna*, 82 Notre Dame L.Rev. 1839, 1844 (2007); *Searle/Brassell*, Economic Approaches (2016), S. 102; *Welling*, Marke (2006), S. 192.

[112] *Welling*, Marke (2006), S. 193.

[113] *Dörtelmann*, Markenführung (1997), S. 79; *Economides*, 78 TMR 523, 528 (1988); *Sakulin*, Trademark Protection (2011), S. 54 f.; *Welling*, Marke (2006), S. 195.

Erwartungen entsprechen und er zufrieden ist, oder nicht.[114] Im ersten Fall wählt er das Produkt erneut aus, dh. tätigt einen Wiederholungskauf, bei dem die Unsicherheit über Erfahrungseigenschaften minimiert ist. Auch im zweiten Fall verändert sich die Informationsverteilung zugunsten des Nachfragers, da er das zuvor gewählte Produkt für weitere Kaufentscheidungen gezielt ausschließen kann.[115] Es reduzieren sich die Alternativen am Markt und mit ihnen die verbleibende Unsicherheit.[116] Nach dem Ausschlussprinzip kann der Nachfrager theoretisch ein vollständiges Wissen über alle Produkte erlangen.

Für Kalkül-Erfahrungseigenschaften, dh. diejenigen Sucheigenschaften, die der Nachfrager nicht vor der Transaktion beurteilt, bietet der Markeneinsatz die gleiche unsicherheitsreduzierende sowie gegebenenfalls eine kostenreduzierende Wirkung. Durch die Zuordnungsmöglichkeit seiner Konsumerfahrung kann er die Eigenschaft beurteilen und erlangt zusätzliche Informationen.[117] Im Falle eines Wiederholungskaufs kann er auf eine erneute Untersuchung verzichten und die zuvor prohibitiv hohen Informationskosten entfallen. Der Marke wirkt in dieser Konstellation also auch kostensenkend.[118]

Keine Vorteile kann der Markeneinsatz hingegen für Vertrauenseigenschaften erzeugen. Können sie definitionsbedingt auch nach dem Konsum nicht aufgeklärt werden, trägt die Markenverwendung weder zur Reduktion der Unsicherheit noch zur Informationskostensenkung bei.[119] Gleiches gilt für Kalkül-Vertrauenseigenschaften.

dd) Nachahmungskauf-Situation

Der Nachahmungskauf-Situation liegt ein interpersoneller Informationstransfer zugrunde: Nachfrager tauschen sich über Eigenschaften selbst bereits untersuchter, erworbener oder konsumierter Produkte aus.[120] Anders als im Fall

---

[114] *Meiners/Staafs*, 13 Harv. J.L. & Pub. Pol'y 911, 931 (1990); *Shapiro*, 14 Bell J. Econ. 497, 500, 503 (1973).

[115] *Akerlof*, 84 Q. J. Econ. 488, 500 (1970); *Economides*, 78 TMR 523, 528 (1988); Kur/Senftleben-*Kur/Senftleben*, European TML (2017), Rn. 1.10; *Welling*, Marke (2006), S. 195; hiergegen wendet *Adams*, in: Eigentums- und Verfügungsrechte (1984), S. 655, 670 ein, dass (Erfahrungs)Eigenschaften mitunter erst lange nach der Transaktion beurteilt werden können und/oder die Transaktion dann nicht mehr dem richtigen Anbieter zugeordnet werden kann, zB. bei gesundheitsschädlichen Stoffen in Nahrungsmitteln.

[116] *Dörtelmann*, Markenführung (1997), S. 79; *Welling*, Marke (2006), S. 195.

[117] *Welling*, Marke (2006), S. 193 f.

[118] AA. *Welling*, Marke (2006), S. 194, 196.

[119] *Welling*, Marke (2006), S. 196.

[120] *Adams*, in: Eigentums- und Verfügungsrechte (1984), S. 655, 670; *Dörtelmann*, Markenführung (1997), S. 79; *Eckert*, Digitale Marken (2004), S. 98; Kur/Senftleben-*Kur/Senftleben*, European TML (2017), Rn. 1.09; *Menke*, GRUR 1993, 718, 723; *v.Ungern-Sternberg*, Unvollständige Nachfragerinformation (1984), S. 58 f.; *v.Ungern-Sternberg/v.Weizsäcker*, ZfWiSo 1981, 609, 613; *van den Bergh/Lehmann*, GRUR Int. 1992, 589, 592.

eines Wiederholungskaufes stammen die Informationen des Nachfragers nicht aus eigenen, sondern aus fremden Erfahrungen einer ihm vertrauenswürdigen Person oder Stelle.[121] Die Nachfrager können die ihnen zugetragenen Erfahrungen anhand der Marke einem konkreten Produkt desselben betrieblichen Ursprungs zuordnen und für ihre Kaufentscheidung nutzen.

Der Effekt von Marken auf Informationskosten und Unsicherheit ist in diesem Fall im Grundsatz mit der Situation des Wiederholungskaufes vergleichbar: für Sucheigenschaften trägt die Marke bei einem Nachahmungskauf nicht nur zu einer Informationskostensenkung, sondern gleichzeitig auch zu einer Reduktion der Informationsasymmetrie zu Gunsten des Nachfragers bei. Er kann von den Untersuchungsergebnissen Dritter profitieren und bereits auf dieser Basis bestimmte Produkte ausschließen, ohne sie selbst begutachten zu müssen. Dies reduziert (spiegelbildlich) die Anzahl verbleibender Produkte, deren Eigenschaften der Nachfrager selbst untersuchen muss.[122] Gleiches gilt für (Kalkül-)Erfahrungseigenschaften, die sich infolge interpersonellen Informationstransfers zu einer Sucheigenschaft wandeln und durch Kommunikation mit Dritten schon vor der eigentlichen Transaktion aufklärbar sind. Damit verbunden ist eine Informationskostenreduktion, da sich der Nachfrager die Kosten einer Beurteilung derjenigen Produkte spart, die er nun bereits ausschließen kann.[123] Dieser Effekt wächst mit der Intensität der Kommunikation untereinander. Da auch anderen Nachfragern eine Beurteilung von Vertrauenseigenschaften nicht möglich ist bzw. bei Kalkül-Vertrauenseigenschaften nicht erfolgen wird, erzielen Marken diesbezüglich keine Wirkungen.[124]

d) Anreiz zu konstanter und hoher Produktqualität

Lässt man die Prämisse konstanter Produktqualität fallen und wird diese endogen durch den Anbieter bestimmt, ist die Annahme gleichbleibender Eigenschaften nicht mehr zwingend.[125] Die Erwartung des Nachfragers, die Produktqualität stimme bei einem Wiederholungskauf mit der des Erstkaufs überein, muss nun normativ begründet werden. Gleichzeitig kann gefragt werden, warum der Anbieter eine Produkteigenschaft nicht zu seinen Gunsten verändert. Beide Verhaltensweisen lassen sich mit dem auf dem Extrapolationsprinzip basierenden Phänomen des Markengoodwills erklären, durch das der Anbieter einen Anreiz zu konstanter und hoher Produktqualität erhält.

---

[121] Zum Vertrauen bei persönlichen Empfehlungen *Esch/Ruthenberg*, in: Konsumentenvertrauen (2006), S. 193, 202 f.; kommt dem mit der Marke verbundenen Goodwill der Stellenwert einer öffentlichen Information zu, befindet man sich lt. *Shapiro*, 98 Q. J. Econ. 659, 663 (1983) „only a small step away from perfect information".

[122] *Welling*, Marke (2006), S. 197.

[123] AA. *Welling*, Marke (2006), S. 197 (nur Unsicherheitsreduktion).

[124] *Welling*, Marke (2006), S. 197.

[125] *v. Weizsäcker*, Barriers to Entry (1980), S. 101.

aa) Extrapolationsprinzip als Mechanismus zur Komplexitätsreduktion

Beim Extrapolationsprinzip handelt es sich um die bei der individuellen Erwartungsbildung getroffene Annahme, dass sich die in der Vergangenheit beobachteten Verhältnisse oder Verhaltensweisen anderer Akteure in der Zukunft fortsetzen werden und damit relativ konstant bleiben.[126] Eventuelle Vorteile aus länger andauernden Kooperativbeziehungen geben diesen Systemen einen Anreiz, sich entsprechend der Erwartungen zu verhalten und damit die Verhaltensextrapolation ihrer Umwelt über das eigene Verhalten zu stabilisieren. Hierdurch sehen sich die ursprünglich extrapolierenden Systeme in ihrer Annahme bestätigt. Der Prozess ist damit selbststabilisierend[127] und (positiv) rückgekoppelt.[128] Die Vorteile des Prinzips liegen dabei in seiner großen Flexibilität sowie den niedrigen Kosten der Informationsproduktion.[129] Darüber hinaus fungiert das dadurch entstehende Vertrauen – um nichts anderes handelt es sich bei der Extrapolation positiver Erfahrungen im Kern[130] – als Mechanismus zur Komplexitätsreduktion. Die Welt ist gekennzeichnet durch „eine Fülle von Möglichkeiten des Erlebens und Handelns, der nur ein sehr begrenztes Potential für aktuell-bewußte Wahrnehmung, Informationsverarbeitung und Handlung gegenübersteht."[131] Die Kapazität des Einzelnen ist beschränkt, nur begrenzt steigerbar und der aus der großen Anzahl möglicher Zustände resultierenden, überwältigenden Komplexität der Realität hoffnungslos unterlegen.[132] „Komplexität heißt also praktisch Selektionszwang."[133] Zusätzlich herrscht ein Informationsproblem, weil man sich über künftiges Verhalten anderer nicht vollständig oder zuverlässig informieren kann.[134] Die Entwicklung von Vertrauen ermöglicht es, dennoch handlungsfähig zu bleiben, weil durch das Hinwegsetzen über Informations- und Wissensdefizite sowie den Verzicht auf Kontrolle Entscheidungen vereinfacht und Komplexität reduziert werden

---

[126] *v. Weizsäcker*, Barriers to Entry (1980), S. 72 ff.; *ders.*, 34 KYKLOS 345, 372 (1981); *Schäfer/Ott*, Ökonomische Analyse (2021), S. 611 merken zurecht an, dass das Extrapolationsprinzip bisher weder wissenschaftstheoretisch noch logisch begründet wurde; es könnte mit der Annahme stabiler Verhaltensbeziehungen der Verhaltensökonomie zugerechnet werden, wird aber grds. mit dem Reputationsmechanismus zur Überwindung von Informationsdefiziten in informationsökonomischen Ansätzen behandelt, vgl. *Fritsch*, Marktversagen (2018), S. 267; *Lehmann*, Asymmetrische Information (1999), S. 75, 169 ff.

[127] *v. Weizsäcker*, Barriers to Entry (1980), S. 101.

[128] *Luhmann*, Vertrauen (2014), S. 36; *Schäfer/Ott*, Ökonomische Analyse (2021), S. 611.

[129] *v. Weizsäcker*, Barriers to Entry (1980), S. 86.; *ders.*, 34 KYKLOS 345, 373 f. (1981).

[130] So entsprechen die einzelnen Komponenten des Extrapolationsprinzips inhaltlich den fünf Phasen der (System)Vertrauensbildung nach *Doney/Cannon/Mullen*, 23 Acad. Manag. Rev. 601, 604 ff. (1998); einen kurzen Überblick über weitere Gesamtmodelle der Vertrauensbildung geben *Esch/Rutenberg*, in: Konsumentenvertrauen (2006), S. 193, 195 ff.

[131] *Luhmann*, Rechtssoziologie (2008), S. 31.

[132] *Luhmann*, Vertrauen (2014), S. 18, 31 f., 60.

[133] *Luhmann*, Rechtssoziologie (2008), S. 31.

[134] *Luhmann*, Vertrauen (2014), S. 45.

können.[135] Auf der Ebene dieser Selektion können Erwartungen in Bezug auf die Umwelt gebildet und stabilisiert werden.[136] Sie werden dabei nicht nur an Menschen, sondern auch an Symbolen, Worten und Begriffen festgemacht.[137] Das als Marke geschützte Zeichen ist Bezugspunkt der durch Extrapolation entwickelten Erwartungen und führt dadurch zu einer kognitiven Entlastung.[138]

bb) Goodwill-Bildung als Anwendungsfall des Extrapolationsprinzips

Ein Anwendungsfall dieses Extrapolationsprinzip ist das „Goodwill"-Phänomen. Vor der Untersuchung seiner Entstehung soll kurz auf den Begriff des „Goodwill" eingegangen werden.

(1) Goodwill-Begriff

Für die Haltung eines Konsumenten gegenüber der Marke werden unterschiedlichste Bezeichnungen genutzt. Betonen ältere Formulierungen wie „Wertvorstellung" oder „Gütevorstellung" noch stark die produktbezogene Qualitätskomponente,[139] erfassen Begriffe wie „(guter) Ruf", „(gutes) Image", „Wertschätzung" oder „Goodwill"[140] den persönlichen Eindruck des Nutzers, also sein subjektives Vorstellungsbild und seine subjektive Einstellung zum Produkt.[141] Kennzeichnend ist für alle Bezeichnungen, dass die Verbrauchervorstellung zwar an die mit der Marke transportierten, objektiven Informationen anknüpft, aber auch wesentlich durch Werbung geprägt wird, indem Vorstellungen hervorgerufen und mit Produkten verbunden werden, die sich positiv auf die Kaufentscheidung auswirken sollen.[142] Dabei muss das Vorstellungsbild eines einzelnen Verbrauchers nicht mit dem der Mehrheit aller Empfänger der Markenbotschaften identisch sein. Ein einheitliches Bild einer Marke etabliert sich erst dann, wenn die mit ihr verbundenen Vorstellungen der Konsumenten kollektiv geteilt und akzeptiert werden.[143] Für die Zwecke dieser Arbeit soll die subjektive Einstellung des Einzelnen, von der der Markeninhaber wirtschaftlich profitieren kann, als „Wertschätzung" oder „Goodwill" bezeichnet werden, die kollektive Wahrnehmung der Marke hingegen als „Ruf" oder

---

[135] *Luhmann*, Vertrauen (2014), S. 38; entsprechendes gilt auch für Misstrauen als funktionalem Äquivalent des Vertrauens, *ebda.*, S. 92 f.

[136] *Luhmann*, Rechtssoziologie (2008), S. 31.

[137] *Luhmann*, Rechtssoziologie (2008), S. 32.

[138] *Esch/Rutenberg*, in: Konsumentenvertrauen (2006), S. 193, 200.

[139] *Görlich*, Anlehnende Markennutzung (2013), S. 63.

[140] Zum komplizierten, ungeklärten Begriffsinhalt des „Goodwill" in der US-amerikanischen Rechtsprechung und Marketingtheorie vgl. *Bone*, 86 B. U. L.Rev. 547, 583 ff. (2006).

[141] *Görlich*, Anlehnende Markennutzung (2013), S. 64.

[142] *Görlich*, Anlehnende Markennutzung (2013), S. 64 f. mwN.

[143] *Gangjee*, in: Property in IP Law (2013), S. 29, 52 mwN.

„Image"[144].[145] Versteht man die Kommunikation über die Marke aber nicht als „Einbahnstraße" vom Markeninhaber zum Verbraucher, sondern im Wortsinn als Dialog zwischen den beiden,[146] ist klar, dass das Image einer Marke nicht allein durch den Markeninhaber bestimmt wird bzw. werden kann. Die Marketingliteratur hat erkannt, dass das Image in einem gemeinsamen Schaffensprozess von Markeninhaber und Konsumenten geformt und permanent weiterentwickelt wird.[147] Die Annahme, das tatsächliche Image der Marke decke sich mit den Informationen und Werten, die der Markeninhaber kommuniziert, greift daher zu kurz. Erst die soziale Kommunikation verleiht der Marke ihren Wert.[148]

(2) Goodwill-Bildung

Kann der Nachfrager die Produktqualität beim Konsum beurteilen, extrapoliert er die bei einem Wiederholungskauf erwartete Beschaffenheit nach der festgestellten Qualität des beim Erstkauf erworbenen Produkts. Liefert ein Anbieter regelmäßig Produkte mit der gewünschten Qualität, werden die Nachfrager diese auch zukünftig zugrunde legen.[149] Da sowohl eigene als auch fremde Beobachtungen extrapoliert werden,[150] kann die Annahme auch auf Erfahrungen Dritter basieren. Je häufiger die Erwartung gleichbleibender Qualität stabilisiert wird, desto stärker basieren künftige Kaufentscheidungen auf ihr.[151] Anbieter wiederum beobachten, dass Nachfrager bei gleichbleibender

---

[144] Zur Entstehung eines Markenimages aus verhaltenswissenschaftlicher Sicht vgl. *Kroeber-Riel/Gröppel-Klein*, Konsumentenverhalten (2019), S. 304 ff.

[145] Der EuGH definiert oder erörtert sein Begriffsverständnis nicht, sondern redet vom „Image", vgl. Urt. v. 18.6.2009, C-487/07, ECLI:EU:C:2009:378, Rn. 41, 49 = GRUR 2009, 756 – *L'Oréal*, wohingegen GA *Jääskinen*, Schlussanträge vom 24.3.2011, C-323/09, E-CLI:EU:C:2011:173, Rn. 50 – *Interflora* von „independent value (good will)" oder „brand with a positive image and independent economic value (brand equity or good will)" spricht.

[146] Für *Gangjee*, in: Property in IP Law (2013), S. 29, 39 ff., 49 wird nur die Produktherkunft einseitig zum Nachfrager transportiert; indem der EuGH grundsätzlich davon ausgehe, die vom Markeninhaber verbreiteten Inhalte schlagen sich unverändert im Vorstellungsbild der Verbraucher nieder, mache er diese zu einem passiven Rechtskonstrukt.

[147] Konsumentenentscheidungen unter sozialen und kulturellen Gesichtspunkten sind Forschungsgegenstand der *Consumer Culture Theory (CCT)*, die Beeinflussung des Markenimages durch Markeninhaber und Konsumenten wird als „Co-creation of value" untersucht, vgl. ausf. *Gangjee*, in: Property in IP Law (2013), S. 29, 50 ff. mwN.

[148] *Gangjee*, in: Property in IP Law (2013), S. 29, 53 mwN.

[149] *Fritsch*, Marktversagen (2018), S. 267; *Landes/Posner*, 30 J. L. & Econ. 265, 269 (1987); *dies.*, IP (2003), S. 167; *Lehmann*, Asymmetrische Information (1999), S. 171, 174; *Schäfer/Ott*, Ökonomische Analyse (2021), S. 611 f.; *v.Ungern-Sternberg*, Unvollständige Nachfragerinformation (1984), S. 58; *v.Weizsäcker*, Barriers to Entry (1980), S. 83.

[150] *Slopek/Leister*, GRUR 2013, 356, 357; *v.Ungern-Sternberg*, Unvollständige Nachfragerinformation (1984), S. 59; *Welling*, Marke (2006), S. 197.

[151] *Dörtelmann*, Markenführung (1997), S. 87 f.; *Fritsch*, Marktversagen (2018), S. 267.

Produktqualität für erneute Käufe zurückkehren und gehen davon aus, sie so für weitere Transaktionen zu gewinnen. Auf dieser „Erwartungs-Kongruenz"[152] bauen die Nachfrager Vertrauen zum Anbieter auf und es entsteht ein sog. Goodwill ihm gegenüber.[153] Diese Funktionsweise kann als Goodwill-Mechanismus bezeichnet werden.[154]

Informationsökonomisch führt ein Anbieter-Goodwill zur Unsicherheits- und Informationskostenreduktion bei den Nachfragern: Kennen sie den Anbieter bereits, gehen sie davon aus, dass dessen neue Produkte ähnliche Eigenschaften aufweisen wie die ihnen bereits bekannten Produkte[155] und verzichten auf eine Beleuchtung der Sucheigenschaften. Auch bei Erfahrungseigenschaften können die Eindrücke bekannter Produkte extrapoliert und auf das unbekannte Produkt übertragen werden, wodurch sich die Qualitätsunsicherheit reduziert.[156] Dadurch können Marken den Markteintritt neuer Produkte unterstützen und aus informationsökonomischer Sicht innovationsfördernd wirken.[157]

Rationale, gewinnmaximierende Anbieter entscheiden sich aber nur dann für eine Beibehaltung der Produktqualität, wenn die diskontierten zukünftigen Gewinne höher sind als diejenigen Gewinne, die man heute durch den Verzicht auf die Produktion minderwertiger Qualität aufgibt.[158] So können Anbieter einer konstanten Produktqualität aus dem Verhalten der Nachfrager drei Vorteile

---

[152] *Welling*, Marke (2006), S. 203; *Klein/Leffler*, 89 J. Polit. Econ. 615, 620, 622, 634 f. (1981) bezeichnen die kongruenten Erwartungshaltungen daher als „impliziten Vertrag".

[153] *Dörtelmann*, Markenführung (1997), S. 85; *Fritsch*, Marktversagen (2018), S. 267; *Schäfer/Ott*, Ökonomische Analyse (2021), S. 587 f.

[154] *v.Ungern-Sternberg*, Unvollständige Nachfragerinformation (1984), S. 59; hingegen sprechen *Fritsch*, Marktversagen (2018), S. 267 und *Welling*, Marke (2006), S. 202 f. von „Reputationsmechanismus", mit dem Extrapolationsprinzip als Vorbedingung.

[155] *Schäfer/Ott*, Ökonomische Analyse (2021), S. 612.

[156] *Choi*, 65 Rev. Econ. Stud. 655, 667 (1998); *Lehmann*, Asymmetrische Information (1999), S. 170; vgl. *Welling*, Marke (2006), S. 198.

[157] *Görlich*, Anlehnende Markennutzung (2013), S. 45; *Griffiths*, in: TMB (2008), S. 241, 247; allg. zur innovationsfördernden Wirkung der Marke GA *Maduro*, Schlussanträge vom 22.9.2009, ECLI:EU:C:2009:569, Rn. 96 f. – *Google France*; hierzu krit. *Searle/Brassell*, Economic Approaches (2016), S. 101 mwN.

[158] *Eckert*, Digitale Marken (2004), S. 93; *Fritsch*, Marktversagen (2018), S. 267; *Griffiths*, 11 Nw. J. Tech. & Intell. Prop. 621, 637 (2013); *Klein/Leffler*, 89 J. Polit. Econ. 615, 622, 633 (1981); *Schäfer/Ott*, Ökonomische Analyse (2021), S. 631 f.; *Shapiro*, 98 Q. J. Econ 659, 660 (1983); *v.Ungern-Sternberg*, Unvollständige Nachfragerinformation (1984), S. 59; *v.Ungern-Sternberg/v.Weizsäcker*, ZfWiSo 1981, 609, 613; *Welling*, Marke (2006), S. 203; unter Umständen kann sich für den Anbieter eine Ausbeutung seines Goodwills lohnen, um eine Opportunismus-Prämie zu realisieren, vgl. *Aldred*, in: TMB (2008), S. 267, 270; *van den Bergh/Lehmann*, GRUR Int. 1992, 588, 592; damit Anbieter nicht mit geringer Produktqualität kurzzeitig maximale Gewinne erlösen und den Markt danach verlassen können, muss das Goodwill-Modell durch hinreichend hohe irreversible Kosten (*sunk cost*, zB. Werbeausgaben) eingeschränkt werden, vgl. *Adams*, in: Eigentums- und Verfügungsrechte (1984), S. 655, 671 f. Fn. 37; *v.Ungern-Sternberg/v.Weizsäcker*, ZfWiSo 1981, 609, 614 f.

ziehen: Erstens kann der Anbieter konstante Gewinne erzielen, wenn er risiko-averse Nachfrager durch eine gleichbleibende Produktqualität für Wiederho-lungskäufe an sich bindet.[159] Zweitens sind die Nachfrager mitunter bereit, für ein Produkt mit konstanter Qualität einen höheren Preis zu zahlen als für ein alternatives Produkt, dessen Beschaffenheit variiert, sodass der Anbieter das ihm entgegengebrachte Vertrauen monetär für eine zusätzliche Goodwill-Prä-mie nutzen kann.[160] Drittens kann der Goodwill der Nachfrager dem Absatz anderer oder der Einführung neuer Produkte sowie weiterer Marktaktivitäten dienen: Die Hemmschwelle der Nachfrager, sich für ihnen unbekannte Pro-dukte zu entscheiden, ist geringer, wenn sie den Anbieter bereits kennen und ihm vertrauen.[161] Gleichzeitig kann der erlangte Goodwill des Markeninhabers für neue Akteure als Marktzutrittsschranke wirken.[162]

Der Anbieter erhält somit einen zeitlich unbegrenzten[163] finanziellen An-reiz, die Produktqualität auch dann konstant zu halten, wenn sie nicht vor oder bei der Transaktion vom Nachfrager untersucht werden kann.[164] Je größer der

---

[159] *Güldenberg*, GRUR 1999, 843, *van den Bergh/Lehmann*, GRUR Int. 1992, 588, 592; vgl. auch GA *Wathelet*, Schlussanträge v. 1.12.2016, ECLI:EU:C:2016:916, Rn. 65 – *Baum-wollblüte*; Herleitung bei *Adams*, in: Eigentums- und Verfügungsrechte (1984), S. 655, 666 f.; *v.Ungern-Sternberg/v.Weizsäcker*, ZfWiSo 1981, 609, 615 ff.

[160] *Drexl*, Wirtschaftliche Selbstbestimmung (1998), S. 196; *Fritsch*, Marktversagen (2018), S. 267; *Griffiths*, 11 Nw. J. Tech. & Intell. Prop. 621, 637 (2013); *Klein/Leffler*, 89 J. Polit. Econ. 615, 630 (1981); *Meiners/Staafs*, 13 Harv. J.L. & Pub. Pol'y 911, 931 (1990); *Schäfer/Ott*, Ökonomische Analyse (2021), S. 612; *Shapiro*, 98 Q. J. Econ 659, 660 (1983); *v.Weizsäcker*, Barriers to Entry (1980), S. 101; *ders.*, 34 KYKLOS 345, 372 (1981); *Welling*, Marke (2006), S. 201; verringert sich bei identischer Zahlungsbereitschaft des Nachfragers der Anteil der Informationskosten am Gesamtpreis, kann der Anbieter den Nominalpreis für sein Markenprodukt um diese Differenz erhöhen, vgl. *Barnes*, 10 Yale J. L. & Tech. 1, 10 f. (2007); *Landes/Posner*, IP (2003), S. 168, 176 ff.; *van den Bergh/Lehmann*, GRUR Int. 1992, 588, 592; *v.Ungern-Sternberg/v.Weizsäcker*, ZfWiSo 1981, 609, 615–618.

[161] *Fritsch*, Marktversagen (2018), S. 267; *Griffiths*, in: TMB (2008), S. 241, 249; *ders.*, 11 Nw. J. Tech. & Intell. Prop. 621, 638 (2013); *Güldenberg*, GRUR 1999, 843, 844, 846; *Schäfer/Ott*, Ökonomische Analyse (2021), S. 612; *Schmalensee*, 127 Pennsylvania L. Rev. 994, 1036 ff., 1045 ff. (1979); *Schmidtchen*, in: Wettbewerb und geistiges Eigentum (2007), S. 9, 41; *v.Ungern-Sternberg/v.Weizsäcker*, ZfWiSo 1981, 609, 613 f.; *v.Weizsäcker*, 34 KYKLOS 345, 374 (1981); *Wagner*, in: Recht als Infrastruktur (2019), S. 61, 80; *Wilkins*, 34 Business Hist. 66, 84 (1992); zum ökonomischen Modell ua. *Choi*, 65 Rev. Econ. Stud. 655, 660 ff. (1998).

[162] *Demsetz*, 72 Am. Econ. Rev. 47, 51 f. (1982); *Ramello*, 20 J. Econ. Surveys 547, 557 ff. (2006); *Renault*, in: Media Economics (2015), S. 194 ff.; *Schmalensee*, 9 Bell J. Econ. 305, 315 ff. (1987); *ders.*, 72 Am. Econ. Rev. 349, 360 f. (1982); einen zugangsbe-schränkenden Effekt verneinend *Bagwell*, in: Industrial Organization (2007) (2007), S. 1798 ff., 1803; *v.Weizsäcker*, Barriers to Entry (1980), S. 99 f., 117 ff.; allg. *Lunney*, 48 Emory L.J. 367, 422 ff. (1999).

[163] *Schäfer/Ott*, Ökonomische Analyse (2021), S. 611 f.

[164] *Bechtold*, GRUR Int. 2008, 484, 485; *ders.*, in: FS Möschel (2011), S. 993, 1000; *Economides*, 78 TMR 523, 526 (1988); *Landes/Posner*, IP (2003), S. 168.

aufgebaute Goodwill ist, desto folgenreicher ist auch eine Verletzung der Selbstbindung zur Leistung konstanter Produktqualität. Werden die Erwartungen der Nachfrager aufgrund gesunkener Produktqualität enttäuscht, sehen sie von weiteren Wiederholungskäufen ab,[165] verlieren ihr Vertrauen und der bestehende Goodwill wird gefährdet.[166] Dadurch reduziert sich nicht nur der Umsatz des Anbieters selbst, sondern auch die Chance einer Goodwill-Prämie.[167] Der Goodwill des Anbieters wirkt somit als Sanktionsinstrument der Nachfrager.[168] Die mit diesem „Geiseleffekt"[169] verbundene Verlustgefahr hält den Anbieter zu einer konstanten Produktqualität an.[170] Damit profitieren Anbieter wie Nachfrager wirtschaftlich davon, sich entsprechend den Erwartungen des anderen Teils zu verhalten.

e) Zwischenergebnis

Der Herkunftsfunktion liegen in informationsökonomischer Hinsicht zwei Aspekte zugrunde: Zum einen erleichtern Kennzeichen die Kaufentscheidung der Nachfrager, indem sie die schnelle und einfache Zuordnung des Produkts zu einem bestimmten Anbieter ermöglichen, Produktinformationen transportieren und so durch eine Reduzierung der Such- bzw. Informationskosten die Transaktionskosten insgesamt verringern.[171]

---

[165] *Senftleben*, 40(1) IIC 45, 47 (2009).

[166] *Landes/Posner*, 30 J. L. & Econ. 265, 270 (1987); *dies.*, IP (2003), S. 168; *Lehmann*, Asymmetrische Information (1999), S. 174; *Mitra/Golder*, 25 Marketing Sci. 230 (2006) weisen nach, dass sich eine Veränderung der objektiven Produktqualität erst nach ca. sechs Jahren in der wahrgenommenen Qualität der Nachfrager niederschlägt; *Bagwell*, in: Industrial Organization (2007), S. 1701, 1786 ff. zu diesem Effekt durch Produktwerbung allg.

[167] *Landes/Posner*, IP (2003), S. 168 („self-enforcing feature" der Marke).

[168] *Eckert*, Digitale Marken (2004), S. 92; *Senftleben*, 40(1) IIC 45, 47 (2009).

[169] *Kirchner*, GRUR Int. 2004, 603, 607; vgl. *Welling*, Marke (2006), S. 201 („Pfand").

[170] *Dörtelmann*, Markenführung (1997), S. 91 f. sieht Goodwill als „implizite Garantie".

[171] *Aldred*, in: TMB (2008), S. 267, 268 f.; *Barnes*, 10 Yale J. L. & Tech. 1, 9 (2007); *Bechtold*, GRUR Int. 2008, 484, 485; *ders.*, in: FS Möschel (2011), S. 993, 1000; *Bently et al.*, IP Law (2018), S. 854 f.; *Blair/Cotter*, IP (2005), S. 38; *Bone*, 90 Virginia L.Rev. 2099, 2105 (2004); *ders.*, 86 B. U. L.Rev. 547, 549, 555 (2006); *Carter*, 13 Harv. J.L. & Pub. Pol'y 99, 105 (1990); *Cooter/Ulen*, Law & Economics (2016), S. 132; *Dogan/Lemley*, 41 Hous. L.Rev. 777, 786 f. (2004); *dies.* 97 TMR 1223, 1225 ff. (2007); *Economides*, 78 TMR 523, 526 (1988); *Griffiths*, in: TMB (2008), S. 241, 245 f.; *ders.*, TML (2011), S. 136 ff.; *Katz*, 2010 BYU L.Rev. 1555, 1559 (2010); *Kratzke*, 21 Mem. St. U. L.Rev. 199, 206 (1991); *Kur*, in: Europ. Immaterialgüterrecht (2018), S. 256, 257; *Kur/Senftleben-Kur/Senftleben*, European TML (2017), Rn. 1.08; *Landes/Posner*, 30 J. L. & Econ. 265, 270 (1987); *dies.*, IP (2003), S. 168; *Lemley*, 108 Yale L.J. 1687, 1690 (1999); *Lunney*, 48 Emory L.J. 367, 431 f. (1999); *McKenna*, 82 Notre Dame L.Rev. 1839, 1844 (2007); *Menell/Scotchmer*, in: Law and Economics (2007), S. 1473, 1541 f.; *Ohly*, in: FS Griss (2011), S. 521, 525; *Posner*, Economic Analysis (2014), S. 419; *Ramello*, 20 J. Econ. Surveys 547, 552 (2006); *Spence*, 58 CLP 491, 497 (2005); *Strasser*, 10 Fordham Intell.

Im Fall eines Erstkaufes können Nachfrager anhand von Kennzeichen Sucheigenschaften schneller und damit zu geringeren Kosten ermitteln. Aufgrund der Herkunftsfunktion können Erfahrungen beim nachfolgenden Konsum dem konkreten Produkt und Anbieter zugeordnet werden. Bei sich anschließenden Wiederholungskäufen können Nachfrager sich einerseits direkt von der Marke des Anbieters leiten lassen und ihre Transaktionskosten weiter reduzieren, andererseits ihre Konsumentscheidung aufgrund des Wissens über Erfahrungseigenschaften unter verringerter Unsicherheit treffen. Hierbei können sie bereits bekannte Produkte auch gezielt meiden. Vertrauenseigenschaften können Nachfrager jedoch auch bei einer Verwendung von Marken nicht aufklären. Bei Nachahmungskäufen infolge interpersonellen Erfahrungsaustauschs sowie beim Kauf unbekannter Produkte eines bekannten Anbieters aufgrund des Markengoodwills kann die Marke schon beim Erstkauf für Such- und Erfahrungseigenschaften zur Informationskosten- und Unsicherheitsreduktion beitragen.

Zum anderen setzt die Marke als Anknüpfungspunkt und potentiellem Symbol des Goodwills Anbietern einen Anreiz, Produkte mit den von den Nachfragern gewünschten Eigenschaften in einer gewünschten und konstanten Qualität herzustellen, um so die Wertschätzung der Nachfrager für Wiederholungskäufe zu nutzen.[172] Im Gegenzug können sie eine zusätzliche Goodwill-Prämie für ihre Produkte realisieren. Die Sanktionsmöglichkeit der Nachfrager verhindert eine negative Auslese und das damit verbundene Absinken des durchschnittlichen Qualitätsniveaus.

Die positiven Wirkungen der Marke hängen jedoch von der eindeutigen Zuordnung des gekennzeichneten Produkts an einen Anbieter ab. Dieser ist nur dann an Investitionen in die Produktqualität und den Aufbau eines Goodwills interessiert, wenn Dritte seine Bemühungen nicht durch eine Imitation fremder Zeichen ausnutzen können.[173] Die Zuordnung zu sichern ist Inhalt und informationsökonomische Legitimation der Herkunftsfunktion der Marke und des damit verbundenen Verbotsrechts ihres Inhabers.

Prop. Media & Ent. L.J. 375, 380 (2000); *van den Bergh/Lehmann*, GRUR Int. 1992, 588, 592.

[172] *Bechtold*, GRUR Int. 2008, 484, 485; *ders.*, in: FS Möschel (2011), S. 993, 1000; *Bently et al.*, IP Law (2018), S. 855; *Blair/Cotter*, IP (2005), S. 38; *Bone*, 90 Virginia L.Rev. 2099, 2105, 2106 f. (2004); *ders.*, 86 B. U. L.Rev. 547, 549, 555 f. (2006); *Cooter/Ulen*, Law & Economics (2016), S. 132; *Dogan/Lemley*, 97 TMR 1223, 1227 (2007); *Economides*, 78 TMR 523, 526 (1988); *Griffiths*, in: TMB (2008), S. 241, 248; *ders.*, *TML (2011)*, S. 138 f.; *Katz*, 2010 BYU L.Rev. 1555, 1559 (2010); *Kratzke*, 21 Mem. St. U. L.Rev. 199, 206 (1991); *Landes/Posner*, 30 J. L. & Econ. 265, 269 f. (1987); *dies.*, IP (2003), S. 168; *Ohly*, in: FS Griss (2011), S. 521, 525; *Paulus*, Markenfunktionen (2014), S. 36 f.; *Posner*, Economic Analysis (2014), S. 419; *Ramello*, 20 J. Econ. Surveys 547, 551 f. (2006); *Spence*, 58 CLP 491, 497 (2005); *van den Bergh/Lehmann*, GRUR Int. 1992, 588, 592, 598; *Wilkins*, 34 Business Hist. 66, 81 (1992); krit. *Aldred*, in: TMB (2008), S. 267, 269 f.

[173] *Blair/Cotter*, IP (2005), S. 38; *Grynberg*, 55 W. & M. L. Rev. 1429, 1434 (2014); *Ohly*, in: Geistiges Eigentum und Gemeinfreiheit (2007), S. 1, 6.

2. Property Rights-Theorie

Die Property Rights-Theorie knüpft für den rechtlichen Schutz der Herkunfts-funktion an die informationsökonomische Wirkung der Marke und die dadurch erzielte Effizienzsteigerung an: Erstens verhindern exklusive Handlungsrechte einen Verlust der Zuordnungswirkung der Marke infolge Übernutzung, zwei-tens kann ein Goodwill der Nachfrager als positive Externalität zugunsten des Markeninhabers internalisiert und ihm dadurch ein Anreiz zu konstanter und hoher Produktqualität gesetzt werden.

a) Property Rights an Immaterialgütern

Property Rights können dazu dienen, die übermäßige Nutzung eines knappen und unteilbaren, jedoch aufgrund fehlender Ausschluss- oder Verbotsmöglich-keiten non-exklusiven Guts zu verhindern.[174] Trotz ihres rivalisierenden Cha-rakters werden solche „Allmende-Güter" – zumindest in der „klassischen" Theorie nach *Hardin*[175] – durch den Einzelnen übermäßig genutzt, ohne dass eine mögliche Überbeanspruchung beachtet wird, weshalb ihre Erträge zulas-ten aller Nutzer zurückgehen und die Ressource schließlich ganz verbraucht ist. Erst die exklusive Zuordnung zu einem Nutzer führt dazu, dass das Risiko einer Überbeanspruchung mit einkalkuliert und die *„tragedy of the com-mons"*[176] verhindert wird.[177] Ist dieses Argument für materielle Güter leicht nachvollziehbar, lässt es sich nicht ohne Weiteres auf immaterielle Güter, dh. Wissen jeglicher Art,[178] übertragen. Wurde Wissen einmal öffentlich bekannt,

---

[174] *Demsetz*, 57 Am. Econ. Rev. 347, 354 f. (1967); *Landes/Posner*, 30 J. L. & Econ. 265, 266 (1987); *dies.*, IP (2003), S. 12 ff.; *Peukert*, Güterzuordnung (2008), S. 105 ff.

[175] *Hardin*, 162 Science 1243 (1968); dass es nicht zwingend zu einer Übernutzung der Allmende kommen muss, zeigt *Elinor Ostrom*, Governing the Commons (1990), die für ihre empirische und interdisziplinäre Forschung zur Nutzung von „common pool ressources" 2009 als erste Frau den Wirtschaftsnobelpreis erhielt; nach *Ostrom*, Institutional Diversity (2005), S. 259 f. zeichnen sich erfolgreiche Kooperationskonzepte zur Ressourcenverwal-tung durch acht „Design-Prinzipien" aus: (1) Abgrenzbarkeit der Ressource, (2) Proportio-nalität von Nutzungsmöglichkeit und -kosten, (3) Kollektive Entscheidungsfindung, (4) Mo-nitoring, (5) Abgestufte Sanktionen, (6) Konfliktlösungsmechanismen, (7) (staatliche) An-erkennung der Selbstverwaltungsrechte und (8) Eingebettete Institutionen.

[176] *Hardin*, 162 Science 1243, 1244 (1968); näher *Schäfer/Ott*, Ökonomische Analyse (2021), S. 666–670; *Varian*, Mikroökonomik (2016), S. 754–758.

[177] Grdl. zum Anreiz durch private Handlungsrechte die Parabel von *Alchian*, 30 Il Poli-tico 816, 823 ff. (1965); deutsche Zusammenfassung bei *Meyer*, in: Property Rights (1983), S. 1, 24 ff.; ferner *Demsetz* 57 Am. Econ. Rev. 347, 351 ff., 355 f. (1967); *Landes/Posner*, 78 TMR 267, 268 (1988).

[178] *Cooter/Ulen*, Law & Economics (2016), S. 114; *Hoffmann-Riem*, Innovation und Recht (2016), S. 436; *Shavell*, Economic Analysis (2004), S. 138; *van den Bergh/Lehmann*, GRUR Int. 1992, 588, 590; *v.Ungern-Sternberg*, Unvollständige Nachfragerinformation (1984), S. 42; *Wielsch*, Zugangsregeln (2008), S. 13.

kann es ohne Ausschlussmöglichkeit von allen genutzt werden (Non-Exklusivität), ohne dass damit Qualitätseinbußen für den Einzelnen verbunden wären (Non-Rivalität). Immaterielle Güter sind damit strukturell als öffentliche Güter[179] einzuordnen.[180] Dritte können eine Erfindung für eigene Zwecke nutzen, ohne dass damit Nachteile für die Ressource „Wissen" verbunden wären. Für den Informationsproduzenten ist der dabei entstehende soziale Nutzen als positive Externalität (*spillover*) seiner Aktivität einzuordnen.

Eine Maximierung statischer Effizienz in Form von bestmöglicher Nutzung sowie Verbreitung der Information erfolgt durch einen freien Zugang und damit eine Internalisierung der Effekte zugunsten der nutzungsinteressierten Dritten.[181] Können Dritte das Immaterialgut aber nutzen, ohne an den Kosten seiner Produktion beteiligt zu werden, bleibt dem Wissensproduzenten keine Möglichkeit zur Kompensation seiner Investitionen.[182] Der rationale Marktakteur erhält keinen Anreiz zur Schaffung neuen und Verbreitung sowie Nutzung bereits existierenden Wissens, was gesamtwirtschaftlich eine Unterproduktion solcher Güter zur Folge hat.[183] Ein solcher Anreiz entsteht erst durch eine rechtlich gesicherte Nutzungsposition an Immaterialgütern.[184] Damit

---

[179] Zum Begriff vgl. *Cooter/Ulen*, Law & Economics (2016), S. 40 f., 102 ff.; *Maughan*, Prometheus 22 (2004) 379, 382.

[180] *Cooter/Ulen*, Law & Economics (2016), S. 114; *Heinemann*, Immaterialgüterschutz (2002), S. 16; *Landes/Posner*, 30 J. L. & Econ. 265, 267 (1987); *dies.*, IP (2003), S. 13 f.; *Lemley*, 75 Tex. L. Rev. 989, 994 f. (1997); *Maughan*, Prometheus 22 (2004) 379, 386 f.; *Ohly*, in: Geistiges Eigentum und Wettbewerb (2009), S. 99, 106; *Posner*, 19 J. Econ. Persp. 57, 64 (2005); *Searle/Brassell*, Economic Approaches (2016), S. 33; *Wielsch*, Zugangsregeln (2008), S. 13; ein Knappheitsproblem kann aber durch eine Knappheit materieller Fixierungen der Immaterialgüter entstehen, vgl. *Peukert*, Güterzuordnung (2008), S. 109 f.

[181] Immaterialgüter sind im Konsum grds. non-rivalisierend und die Grenzkosten zusätzlicher Nutzung minimal.

[182] *Heinemann*, Immaterialgüterschutz (2002), S. 22; *Searle/Brassell*, Economic Approaches (2016), S. 33 f.; *Wielsch*, Zugangsregeln (2008), S. 14 mwN. zur Gefahr eines Immaterialgüterschutz als reinem Investitionsschutz.

[183] *Heinemann*, Immaterialgüterschutz (2002), S. 22; *Landes/Posner*, IP (2003), S. 20 f.; *Schäfer/Ott*, Ökonomische Analyse (2021), S. 745 f.; *Searle/Brassell*, Economic Approaches (2016), S. 33 f.

[184] An diesem Gedanken setzt auch der Mehrebenenansatz von *v. Weizsäcker*, 34 KYKLOS 345, 348 ff. (1981) an: er enthält drei Ebenen wirtschaftlicher Aktivität, die des Konsums (unterste Ebene), der Produktion (mittlere Ebene) und der Innovation (höchste Ebene), wobei der Zugang zu einer untergeordneten Ebene unter Inkaufnahme statischer Effizienzverluste beschränkt werden muss, um Anreize für Aktivitäten auf einer höheren Ebene zu setzen; zustimmend *Lehmann*, GRUR Int. 1983, 356, 360 ff.; *ders.*, in: Eigentums- und Verfügungsrechte (1984), S. 519, 532 f.; *Lehmann/Schönfeld*, GRUR 1994, 481, 486; wohl auch *Kirchner*, GRUR Int. 2004, 603 f.; der Mehrebenenansatz vermag allerdings ebenso wenig präzise Handlungsanweisungen zur konkreten Ausgestaltung von Schutzrechten und -grenzen abzuleiten, wie es bei der Property Rights-Theorie der Fall ist, vgl. *Heinemann*, Immaterialgüterschutz (2002), S. 15.

divergieren privater und sozialer Nutzen[185] und es kommt zu einem „informationsökonomischen Dilemma".[186] Diese Zwangslage versuchen Property Rights aufzulösen, indem sie Informationen zu wettbewerbsfähigen Gütern konstituieren: Die ausschließliche Zuweisung an einen Akteur bewirkt eine künstliche Verknappung der Informationsgüter am Markt und macht sie handelbar.[187] Das damit verbundene Entstehen von Nachfrage bzw. Angebot und damit eines Preises folgt aber gerade nicht aus der Zuteilung von Handlungsrechten selbst, sondern beruht alleine auf dem Marktmechanismus sowie Wettbewerb, in dem das Gut eingesetzt wird (marktfunktionaler Ansatz[188]). Der Wettbewerb, nicht das Ausschließlichkeitsrecht entscheidet über die wirtschaftliche Verwertbarkeit und damit den Investitionsanreiz.[189] Property Rights errichten künstlich „Wettbewerbsbeschränkungen zur Förderung des Wettbewerbs"[190] und entfalten damit auch eine wettbewerbs- und innovationsfördernde Wirkung.[191]

b) Anwendung auf das Markenrecht

Der soeben dargelegte Konflikt zwischen statischer und dynamischer Effizienz tritt vorrangig im Urheber- sowie Patentrecht auf.[192] Im Markenrecht hingegen steht nicht ein Leistungsschutz, sondern ein Zuordnungsschutz im

---

[185] *Wielsch*, Zugangsregeln (2008), S. 14.

[186] *Barnes*, 9 Nw. J. Tech. & Intell. Prop. 96, 109–119 (2010); *Kerber*, ZGE 2013, 245, 249; *Landes/Posner*, IP (2003), S. 17, 19 ff.; *Lemley*, 75 Tex. L. Rev. 989, 994 ff. (1997); *Peukert*, Güterzuordnung (2008), S. 113; *Schäfer/Ott*, Ökonomische Analyse (2021), S. 745 f.; *Wielsch*, Zugangsregeln (2008), S. 16, 18 f.

[187] *Grünberger* GPR 2010, 29, 32; *ders.*, ZGE 2012, 321, 345 f.; *Ohly*, in: Geistiges Eigentum und Wettbewerb (2009), S. 99, 106 f.; *Mestmäcker/Schweitzer*, Europäisches Wettbewerbsrecht (2014), § 30, Rn. 9; *Ullrich*, GRUR Int. 1996, 555, 566; *Wielsch*, Zugangsregeln (2008), S. 20.

[188] *Ullrich*, GRUR Int. 1996, 555, 565 f.

[189] Hierin liegt der Unterschied zum traditionellen Anreizparadigmas, vgl. *Ullrich*, GRUR Int. 1996, 555, 566; auch *Landes/Posner*, IP (2003), S. 9 f.

[190] *Lehmann*, GRUR Int. 1983, 356.

[191] *Görlich*, Anlehnende Markennutzung (2013), S. 39; *Lehmann*, GRUR Int. 1983, 356, 360 f.; *Lemley*, 75 Tex. L. Rev. 989, 994 ff. (1997); *Paulus*, Markenfunktionen (2014), S. 41 ff.; *Sakulin*, Trademark Protection (2011), S. 56; *Searle/Brassell*, Economic Approaches (2016), S. 33; *v. Weizsäcker*, 34 KYKLOS 345, 352 f. (1981).

[192] Vgl. die Untersuchungen bei *Cooter/Ulen*, Law & Economics (2016), S. 116–131; *Grünberger*, ZGE 2012, 321, 343 ff.; *Kerber*, ZGE 2013, 245, 255–272; *Landes/Posner*, IP (2003), S. 37–165, 210–333; *Lehmann*, in: Eigentums- und Verfügungsrechte (1984), S. 519, 523–535; *Lemley*, 75 Tex. L. Rev. 989, 1000–1029 (1997); *Menell/Scotchmer*, in: Law and Economics (2007), S. 1473, 1476 ff.; *Ohly*, in: Geistiges Eigentum und Wettbewerb (2009), S. 99, 106 f.; *Peukert*, Güterzuordnung (2008), S. 110 ff. mwN.; *Schäfer/Ott*, Ökonomische Analyse (2021), S. 747 ff.

Vordergrund.[193] Die Begründung des Schutzes bedarf einer anderen Argumentation. Für das Markenrecht wird davon ausgegangen, dass die informationsökonomischen Vorteile eines Ausschließlichkeitsrechts an Kennzeichen, nämlich die Reduzierung der Informationskosten sowie eine Steigerung der Produktqualität, die Kosten der exklusiven Zuweisung an einen einzigen Akteur, insbesondere der Begrenzung der jedermann verfügbaren Symbole, unnötiger Produktdifferenzierungen oder überhöhter Markenproduktpreise, überwiegen.[194]

aa) Sicherung informationsökonomischer Effizienzvorteile

Die zweifelsfreie Zuordnung eines bestimmten Produkts zu einem bestimmten Anbieter mit den untersuchten informationsökonomischen Vorteilen ist nur dann möglich, wenn lediglich ein Akteur die Marke für seine eigenen Waren und Dienstleistungen nutzt. Andernfalls sinkt der Wert der Marke für ihren Inhaber dramatisch[195] und die Suchkosten der Nachfrager steigen spiegelbildlich an. Folglich können Marken von Dritten als Herkunftshinweis eingesetzt werden, ohne dass es zu Einbußen beim Inhaber kommt. Anders als grundsätzlich bei Immaterialgütern sind Marken damit nicht als öffentliche Güter, sondern mehr als Allmendegüter zu verstehen[196] bzw. weisen mindestens einige Attribute solcher Gemeingüter auf.

Ob eine Zeichenverwendung rivalisierenden oder non-rivalisierenden Konsumcharakter hat, hängt von der konkreten Benutzung ab:[197] non-rivalisierender Charakter ist gegeben, wenn sich Dritte auf das Kennzeichen beziehen, um Produkte zu beschreiben, zu vergleichen oder wenn eine referierende

---

[193] *Cooter/Ulen*, Law & Economics (2016), S. 132; *Glöckner*, in: Geistiges Eigentum und Gemeinfreiheit (2007), S. 145, 172; *Kur*, in: Europ. Immaterialgüterrecht (2018), S. 256 f.; *Ohly*, in: Wettbewerb und geistiges Eigentum (2007), S. 47, 52 f.; für *Ohly*, in: Geistiges Eigentum und Wettbewerb (2009), S. 99, 107 ist der Zuordnungsschutz mittelbarer Innovationsschutz, weil Anbieter nur bei korrekter Zuordnung ihrer Produkte in Qualität und Produktimage investierten.

[194] *Landes/Posner*, 30 J. L. & Econ. 265, 266 (1987); *dies.*, IP (2003), S. 12 ff.; *Lehmann*, GRUR 1984, 313, 315 f.; *Lehmann/Schönfeld*, GRUR 1994, 481, 488; *Maughan*, Prometheus 22 (2004) 379, 387; *Peukert*, Güterzuordnung (2008), S. 115; *Schmidtchen*, in: Wettbewerb und geistiges Eigentum (2007), S. 9, 25; *Shavell*, Economic Analysis (2004), S. 170 f.; *van den Bergh/Lehmann*, GRUR Int. 1992, 588, 591, 598.

[195] *Landes/Posner*, IP (2003), S. 172 f.; *Lunnry Jr*, 48 Emory L.J. 367, 463 f. (1999); *Prüfer-Kruse*, Interessenschwerpunkte (2010), S. 32.

[196] *Dogan/Lemley*, 41 Hous. L.Rev. 777, 791 f. (2004); *Landes/Posner*, IP (2003), S. 172; *Möschel*, in: Geistiges Eigentum (2009), S. 119, 124; aA. GA *Maduro*, Schlussanträge vom 22.9.2009, ECLI:EU:C:2009:569, Rn. 103 – *Google France* („ihrem Wesen nach öffentliche Güter").

[197] Auch zum Folgenden *Barnes*, 5 Nw. J. Tech. & Intell. Prop. 22, 25, 34 ff., 44 ff. (2006); *ders.*, 9 Nw. J. Tech. & Intell. Prop. 533 Fn. 2 mwN., 542 f., 555 ff. (2011); *WIPO*, WIPR (2013), S. 85.

Benutzung vorliegt. Dabei wird die fremde Produktherkunft deutlich, die Zuordnungswirkung sowie der darin liegende Wert bleiben erhalten und die Zeichennutzung kann sogar einen gesamtwirtschaftlichen Vorteil generieren. Verwendet der Dritte die Marke stattdessen unerlaubt für eigene Produkte, kommt es zu der informationsökonomisch untersuchten Zuordnungsverwirrung. Damit wird nicht nur ihr Informations- sondern auch ihr Nutzwert beeinträchtigt. Die Zeichenverwendung hat rivalisierenden Charakter. Wie bei materiellen Gütern kann in dieser Konstellation ein Marktversagen aufgrund Übernutzung des Guts nur durch die Zuweisung einer Nutzungsposition und ihren Schutz durch eine *property rule* verhindert werden.

Die Begründung kennzeichenrechtlicher Property Rights liegt damit in der suchkostensenkenden Wirkung der Kennzeichen für den Nachfrager.[198] Dass sie nur durch eine rivalisierende Nutzungshandlung beeinträchtigt wird, muss nach der internen Begrenzungsregel der Property Rights beim Markenschutz Berücksichtigung finden. Insbesondere die Freiheit des Handels und die Meinungsfreiheit müssen gewahrt bleiben,[199] da sie vor allem durch non-rivalisierende Nutzungen ausgeübt werden. „Aus diesem Grund kann der Markeninhaber nur bestimmte Benutzungen verbieten, während viele andere hingenommen werden müssen."[200] Dementsprechend ist das Ausschließlichkeitsrecht des Markeninhabers nicht vollumfassend.[201]

bb) Anreiz zu konstanter und hoher Produktqualität

Das Innovations-Argument der Zuweisung von Property Rights an Immaterialgütern gilt nicht gleichermaßen für den rechtlichen Schutz der Herkunftsfunktion. Anders als etwa beim Patentschutz wirkt sich die markenrechtliche Wettbewerbsbeschränkung nicht zwingend positiv auf die Innovationsebene aus, da das Kommunikationsverbot und die dadurch bewirkte Entstehung neuer Marken zu einer stärkeren Zeichen- und Produktdifferenzierung führt, die nicht mit der Entwicklung und Verbesserung neuer Produkte gleichzusetzen ist.[202] Weiterhin besteht kein Allgemeininteresse an einem Imitationswettbewerb der Zeichen, vielmehr sorgt jede Verwechslung für eine unerwünschte Verfälschung des Wettbewerbs.[203] Dem Markenrecht kommt weder eine

---

[198] *Görlich*, Anlehnende Markennutzung (2013), S. 39; *Paulus*, Markenfunktionen (2014), S. 40; *Prüfer-Kruse*, Interessenschwerpunkte (2010), S. 33 f.

[199] GA *Maduro*, Schlussanträge vom 22.9.2009, ECLI:EU:C:2009:569, Rn. 102 f. – *Google France*; *Steinbeck*, KSzW 2010, 223, 227; *dies.*, WRP 2015, 1, 3.

[200] GA *Maduro*, Schlussanträge vom 22.9.2009, ECLI:EU:C:2009:569, Rn. 103 – *Google France*.

[201] *Lehmann/Schöfeld*, GRUR 1994, 481, 488; vgl. auch EuGH, Urt. v. 11.4.2019, C-690/17, ECLI:EU:C:2019:317, Rn. 39 = GRUR 2019, 621 – *ÖKO-Test Verlag*.

[202] AA. knapp *Lehmann/Schönfeld*, GRUR 1994, 481, 486; *Ramello*, 20 J. Econ. Surveys 547, 554 (2006) („trademark works exactly in the same way as patent and copyright").

[203] *Glöckner*, in: Geistiges Eigentum und Gemeinfreiheit (2007), S. 145, 172.

innovationsfördernde Wirkung im technischen Sinn zu,[204] noch möchte es einen Produktionsanreiz für neue Wortschöpfungen oder Symbole setzen.

Mit der Marke erhalten Anbieter stattdessen die Möglichkeit, auf ihre Produkte hinzuweisen sowie funktionierenden und effizienten Wettbewerb zu sichern.[205] In Qualität und Produktimage investieren Anbieter nur, wenn die Aussicht darauf besteht, dass Nachfrager ihre Produkte identifizieren und von schlechteren Angeboten unterscheiden können.[206] Mit der Zuweisung eines Property Rights wird nicht nur dies sichergestellt, sondern darüber hinaus der Goodwill, den die Nachfrager auf Basis des Extrapolationsprinzips gegenüber der Marke bilden, zugunsten des Zeicheninhabers internalisiert. Seine Absatzanbahnungsanstrengungen verpuffen nicht spurlos[207] in Form von *spillovers*, sondern werden in die private Nutzenrechnung des Markeninhabers integriert. Damit setzt das Markenrecht einen Anreiz zur Investition in Produktqualität und die Generierung einer Wertschätzung,[208] die beim weiteren Produktabsatz in eine Goodwill-Prämie umgewandelt werden kann.[209] Innovationen fördert der Marken-Goodwill insofern, als dass Nachfrager neuen Produkten des Zeicheninhabers aufgrund ihrer Wertschätzung positiv eingestellt sind und diese schneller annehmen, was dem Markeninhaber Produktabsatz sowie Marktdurchdringung erleichtert.[210]

c) Zwischenergebnis

Die *Property Rights*-Theorie begründet den rechtlichen Schutz der Herkunftsfunktion im Wesentlichen mit den positiven informationsökonomischen Wirkungen der Markenverwendung, der Senkung von Suchkosten sowie einem Anreiz zu konstanter Produktqualität.[211] Die Nutzung eines identischen Kennzeichens durch mehrere Akteure beeinträchtigt die Zuordnungswirkung der Marke und hat daher grundsätzlich rivalisierenden Charakter. Eine effiziente Gestaltung des Suchvorgangs erfordert aber, dass eine Übernutzung des Zeichens verhindert wird. Diesem Erfordernis wird durch die Zuweisung

---

[204] *Searle/Brassell*, Economic Approaches (2016), S. 100 f. mwN.

[205] *Bröcher/Hoffmann/Seibel*, Dogmatische Grundlagen (2005), S. 58 f.; *Dogan/Lemley*, 41 Hous. L.Rev. 777, 801 Fn. 93 (2004); *Kur*, MarkenR 2000, 1, 5; *Landes/Posner*, IP (2003), S. 171; *Menell/Scotchmer*, in: Law and Economics (2007), S. 1473, 1538; *Sakulin*, Trademark Protection (2011), S. 56.

[206] *Ohly*, in: Geistiges Eigentum und Wettbewerb (2009), S. 99, 107.

[207] *Lehmann/Schönfeld*, GRUR 1994, 481.

[208] *Blair/Cotter*, IP (2005), S. 38; *Ohly*, in: Geistiges Eigentum und Gemeinfreiheit (2007), S. 1, 6.

[209] *Landes/Posner*, IP (2003), S. 252.

[210] *Landes/Posner*, IP (2003), S. 252; vgl. *v. Weizsäcker*, 34 KYKLOS 345, 371–374 (1981).

[211] *Görlich*, Anlehnende Markennutzung (2013), S. 39; *Paulus*, Markenfunktionen (2014), S. 40; *Prüfer-Kruse*, Interessenschwerpunkte (2010), S. 33 f.

exklusiver Handlungsrechte an den Markeninhaber nachgekommen. Gleichzeitig werden durch die Zuordnung externe Effekte wie die (Un)Zufriedenheit der Nachfrager zugunsten des Rechtsinhabers internalisiert. Der Goodwill der Nachfrager gibt dem Anbieter dabei einen Anreiz, die Qualität seiner Produkte konstant und hoch zu halten.

II. Funktionsbeeinträchtigung der Individualmarke

Die Erkenntnisse zur ökonomischen Begründung der Herkunftsfunktion werden nun für die Bestimmung der Funktionsverletzung fruchtbar gemacht. Die hierfür notwendige Zuordnungsverwirrung und Manipulation der Goodwill-Bildung wird exemplarisch anhand der Fallgruppen des Wiederbefüllens markenrechtlich geschützter Behältnisse mit Waren anderer Hersteller sowie der Zeichenverwendung zur Produktprüfung und -zertifizierung verdeutlicht. Diese Fallgruppen werden für die Gewährleistungsmarke erneut aufgegriffen und zeigen die praktischen Folgen des unterschiedlichen Aussagegehalts der beiden Markenkategorien.[212]

1. Allgemein

Zur Gewährleistung der Herkunftsgarantie muss der Markeninhaber vor Konkurrenten geschützt werden, die unter Missbrauch der Stellung und des guten Rufs der Marke widerrechtlich mit der Marke versehene Waren veräußern.[213] Auf Basis der soeben gefundenen ökonomischen Begründung wird auf die Verletzung der Herkunftsfunktion in rechtlicher Hinsicht geschlossen. Dabei muss das Markenrecht grundsätzlich dann eingreifen, wenn eine Zeichenverwendung die positiven Wirkungen der Marke schwächt.

a) Zuordnungsverwirrung

Aus informationsökonomischer Sicht ist eine Verletzung der Herkunftsfunktion dann gegeben, wenn Dritte die Zuordnungsmöglichkeit eines Produkts an einen Hersteller durch die Nachfrager auf Basis der Marke erschweren.[214] Die Verbraucher wissen dabei, dass der Markeninhaber seine Produkte nicht notwendig selbst herstellt, er aber die die Verantwortung für den Herstellungsprozess und die Produktqualität übernimmt,[215] sodass nicht bereits die Herstellung der Markenprodukte durch einen Dritten eine korrekte Zuordnung verhindert.

---

[212] Siehe unten, § 2 A. IV. 3.
[213] EuGH, Urt. v. 17.10.1990, C-10/89, ECLI:EU:C:1990:359, Rn. 14 = GRUR Int. 1990, 960 – *HAG II*; Urt. v. 12.11.2002, C-206/01, ECLI:EU:C:2002:651, Rn. 50 = GRUR 2003, 55 – *Arsenal FC*.
[214] *Economides*, 78 TMR 523, 528 f. (1988); *Lehmann/Schöfeld*, GRUR 1994, 481, 488.
[215] Nur EuGH, Urt. v. 23.4.2009, C-59/08, ECLI:EU:C:2009:260, Rn. 22, 45 mwN. = GRUR 2009, 593 – *Copad*; *Ingerl/Rohnke*, MarkenG (2010), § 30, Rn. 133.

Wird die Marke aber von einem Dritten für dessen Waren oder Dienstleistungen in einer Weise benutzt, dass die Verbraucher es als Bezeichnung des Ursprungs der betreffenden Waren oder Dienstleistungen auffassen,[216] kann sich die suchkostensenkende Wirkung der Marke nicht entfalten. Gleiches gilt, wenn für den Verbraucher nur schwer zu erkennen ist, ob die beworbenen Waren oder Dienstleistungen von dem Inhaber der Marke oder einem mit ihm wirtschaftlich verbundenen Unternehmen oder vielmehr von einem Dritten stammen, etwa weil die Produktherkunft so vage gehalten ist.[217] Da es sich nur scheinbar um das gleiche Produkt handelt, können Verbraucher ihre Konsumerfahrung nach dem Erstkauf nicht für weitere Transaktionen zugrunde legen. Auch vorhandene Konsumerfahrungen können nicht fruchtbar gemacht werden, da tatsächlich keine Wiederholungskauf-Situation vorliegt. Verlassen sich die Nachfrager auf das imitierte Zeichen, erhalten sie nicht die erwartete Produktqualität. Mit der Zuordnungswirkung geht auch der wirtschaftliche Wert der Marke verloren. Die Zeichennutzung des Dritten hat also rivalisierenden Charakter. Hierdurch wird auch die Markttransparenz verringert, was zu kostenintensiven und dadurch ineffizienteren Transaktionen führt.

Vom Schutz der Herkunftsfunktion profitieren Nachfrager also zweifach: im engeren Sinne werden sie vor Kaufentscheidungen auf irreführender Basis bewahrt, im weiteren Sinne können sie dadurch, dass sie sich auf Herkunftszeichen verlassen dürfen, Suchkosten sparen.[218] Eine Zuordnungsverwirrung und damit eine Beeinträchtigung der Herkunftsfunktion scheidet hingegen aus, wenn ein Produkt mit dem verwendeten Zeichen lediglich auf den Informationsinhalt einer fremden Marke Bezug nimmt, ohne über die eigene, abweichende betriebliche Herkunft zu täuschen. Die Bezugnahme verursacht weder höhere Suchkosten beim Nachfrager noch eine Marktintransparenz.

b) Manipulation der Goodwill-Bildung

Manipuliert wird durch das Vorspiegeln einer abweichenden betrieblichen Herkunft auch der Prozess der Goodwill-Bildung. Der Entwicklung einer

---

[216] EuGH, Urt. v. 12.11.2002, C-206/01, ECLI:EU:C:2002:651, Rn. 48, 58 = GRUR 2003, 55 – *Arsenal FC*; Urt. v. 11.9.2007, C-17/06, ECLI:EU:C:2007:497, Rn. 27 = GRUR 2007, 971 – *Céline*.

[217] EuGH, Urt. v. 29.9.1998, C-39/97, ECLI:EU:C:1998:442, Rn. 29 = GRUR 1998, 922 – *Canon*; Urt. v. 25.1.2007, C-48/05, ECLI:EU:C:2007:55, Rn. 24 = GRUR 2007, 318 – *Adam Opel*; Urt. v. 23.3.2010, C-236/08 bis C-238/08, ECLI:EU:C:2010:159, Rn. 84, 89 f. = GRUR 2010, 445 – *Google France*; Urt. v. 25.3.2010, C-278/08, ECLI:EU:C:2010:163, Rn. 35 f. = GRUR 2010, 451 – *BergSpechte/trekking.at Reisen*; Urt. v. 8.7.2010, C-55/08, ECLI:EU:C:2010:416, Rn. 34 f. = GRUR 2010, 841 – *Portakabin/Primakabin*; Urt. v. 22.9.2011, C-323/09, ECLI:EU:C:2011:604, Rn. 44 f. = GRUR 2011, 1124 – *Interflora*; Urt. v. 3.3.2016, C-179/15, ECLI:EU:C:2016:134, Rn. 30 = GRUR 2016, 375 – *Daimler/Együd Garage*.

[218] *McKenna*, 82 Notre Dame L. Rev. 1839, 1844 (2007).

Erwartungshaltung gegenüber dem Markeninhaber auf Basis des Extrapolationsprinzips werden unzutreffende Konsumerfahrungen zugrunde gelegt. Bei einer Qualitätsunzufriedenheit gehen Nachfrager davon aus, auch zukünftig eine solche zu erhalten, nehmen eine negative Haltung zur Marke ein und verzichten auf Wiederholungskäufe. Der Zeicheninhaber könnte für die schlechte Qualität eines Erzeugnisses verantwortlich gemacht werden, die ihm in keiner Weise zuzurechnen wäre.[219] Der Dritte verursacht Externalitäten, die sich negativ auf die Marke auswirken. Ohne die Möglichkeit, unter der Verantwortung des Markeninhabers hergestellte Produkte von nicht-autorisierten zu unterscheiden, zahlen Nachfrager keine Goodwill-Prämie mehr.[220] Ist die unverfälschte Bildung des Goodwills jedoch nicht mehr möglich, werden Markeninhaber auch nicht mehr in ihn investieren. Der Anreiz zur Beibehaltung und Verbesserung der Produktqualität geht verloren. Hingegen lässt eine rein bezugnehmende Zeichenverwendung den Goodwill-Mechanismus intakt und hat den Charakter einer non-rivalisierenden Markennutzung.

2. Konkret

Diese Grundsätze werden nun auf zwei Problemfälle der Herkunftsfunktion im Identitätstatbestand angewendet: das Wiederbefüllen von Behältnissen, die mit der Marke des Produktverantwortlichen versehen oder selbst als Formmarke eingetragen sind, mit Waren anderer Hersteller sowie die Verwendung der Individualmarke für Produktprüfung und -zertifizierung. Beide Fallgruppen verdeutlichen den Bezugspunkt der Herkunftsfunktion und die erforderliche Sachverhaltsdifferenzierung bei der Beurteilung ihrer Verletzung. Zusammen mit der anschließenden Beurteilung dieser Fallgruppen auf Basis der Gewährleistungsfunktion[221] zeigen sich praktischen Unterschiede im Umgang mit den beiden Markenkategorien.

a) Wiederbefüllen von Behältnissen mit Waren anderer Hersteller

Beim Wiederbefüllen von Behältnissen wird der verbrauchte Originalinhalt durch – in der Regel kostengünstigere – Waren eines Drittanbieters ersetzt, etwa bei Kompositgasflaschen[222] oder Papierhandtuchspendern[223]. Die Behältnisse sind mit der Marke des Originalanbieters, der die Behältnisse samt Erstinhalt ursprünglich veräußerte, versehen oder für diesen selbst als Formmarke eingetragen. Das ursprüngliche Ausschließlichkeitsrecht des Markeninhabers

---

[219] EuGH, Urt. v. 17.10.1990, C-10/89, ECLI:EU:C:1990:359, Rn. 16 = GRUR Int. 1990, 960 – *HAG II*.

[220] *Meiners/Staafs*, 13 Harv. J.L. & Pub. Pol'y 911, 934 (1990).

[221] Siehe unten, § 2 A. IV. 3.

[222] EuGH, Urt. v. 14.7.2011, C-46/10, ECLI:EU:C:2011:485 = GRUR Int. 2011, 827 – *Viking Gas*.

[223] BGH, U. v. 17.10.2018, I ZR 136/17 = GRUR 2019, 79 – *Tork*.

ist regelmäßig durch das eigene oder mit seiner Zustimmung erfolgte Inverkehrbringen des Behältnisses im europäischen Wirtschaftsraum gem. Art. 15 Abs. 1 UMVO erschöpft. Er soll durch den erstmaligen Warenverkauf zwar die Möglichkeit erhalten, den wirtschaftlichen Wert seiner Marke zu realisieren,[224] nicht aber über das Markenrecht Vertriebswege kontrollieren und nationale bzw. nachgelagerte Märkte abschotten können.[225] Art. 15 Abs. 1 UMVO erlaubt Dritten, die Marke für die Waren zu „benutzen", erfasst damit alle in Art. 9 Abs. 3 UMVO aufgeführten Benutzungsarten[226] und bringt so die Belange des Markenschutzes mit denen des freien Warenverkehrs in Einklang.[227] Damit geht auch das Recht, Nachfüllwaren bei einem Anbieter seiner Wahl zu beschaffen, auf den Erwerber des Markenartikels über. Der Markeninhaber kann sich lediglich dann einem weiteren Vertrieb widersetzen, wenn berechtigte Gründe dies rechtfertigen, insbesondere dann, wenn der Zustand der Waren nach ihrem Inverkehrbringen verändert wird, Art. 15 Abs. 2 UMVO.

Ein solch berechtigter Grund kann vorliegen, wenn durch einen Dritten der Ruf der Marke erheblich geschädigt[228] oder das Zeichen so benutzt wird, dass der Eindruck einer wirtschaftlichen Verbindung zwischen Markeninhaber und Dritten erweckt wird, insbesondere, dass der Dritte dem Vertriebsnetz des Markeninhabers angehöre oder eine besondere Beziehung zwischen diesen beiden Personen bestehe.[229] Denn versteht der Verkehr die Marke auf dem Behältnis bzw. das Behältnis selbst als Hinweis nicht nur auf die betriebliche Herkunft des Behältnisses, sondern auch auf die betriebliche Herkunft des Inhalts, kommt es zu einer Zuordnungsverwirrung und er hält den Markeninhaber fälschlicherweise verantwortlich für die Produktqualität.

---

[224] EuGH, Urt. v. 30.11.2004, C-16/03, ECLI:EU:C:2004:759, Rn. 40 = GRUR 2005, 507 – *Peak Holding*.

[225] EuGH, Urt. v. 4.11.1997, C-337/95, ECLI:EU:C:1997:517, Rn. 37 = GRUR Int. 1998, 140 – *Parfums Christian Dior*; Urt. v. 11.7.1996, C-427/93, C-429/93, C-436/93, ECLI:EU:C:1996:282, Rn. 46 = GRUR Int. 1996, 1144 – *Bristol-Myers Squibb*; Urt. v. 14.7.2011, C-46/10, ECLI:EU:C:2011:485, Rn. 34 f. = GRUR Int. 2011, 827 – *Viking Gas*.

[226] Eisenführ/Schennen-*Eisenführ/Eberhardt*, UMVO (2017), Art. 13, Rn. 22; BeckOK UMV-*Müller*, Art. 15, Rn. 41.

[227] EuGH, Urt. v. 11.7.1996, C-427/93, C-429/93, C-436/93, ECLI:EU:C:1996:282, Rn. 40 = GRUR Int. 1996, 1144 – *Bristol-Myers Squibb*; BeckOK UMV-*Müller*, Art. 15, Rn. 3.

[228] EuGH, Urt. v. 4.11.1997, C-337/95, ECLI:EU:C:1997:517, Rn. 43 = GRUR Int. 1998, 140 – *Parfums Christian Dior*; Urt. v. 23.2.1999, C-63/97, ECLI:EU:C:1999:82, Rn. 49 = GRUR Int. 1999, 438 – *BMW*; Urt. v. 8.7.2010, C-55/08, ECLI:EU:C:2010:416, Rn. 79 = GRUR 2010, 841 – *Portakabin/Primakabin*.

[229] EuGH, Urt. v. 23.2.1999, C-63/97, ECLI:EU:C:1999:82, Rn. 51 f. = GRUR Int. 1999, 438 – *BMW*; Urt. v. 8.7.2010, C-55/08, ECLI:EU:C:2010:416, Rn. 80 = GRUR 2010, 841 – *Portakabin/Primakabin*; Urt. v. 14.7.2011, C-46/10, ECLI:EU:C:2011:485, Rn. 37 = GRUR Int. 2011, 827 – *Viking Gas*.

Relevant sind dabei neben dem Verkehrsverständnis auch die Bedingungen, unter denen der Austausch erfolgt, etwa die in diesem Wirtschaftszweig üblichen Praktiken oder ob der Verkehr gewohnt ist, dass das Originalbehältnis von anderen Anbietern befüllt wird oder es gar selbst nachfüllt.[230] Eine Zuordnungsverwirrung ist aber ausgeschlossen, wenn deutlich aufgebrachte Hinweise oder eine neue Etikettierung die neue Produktverantwortlichkeit eines vom Markeninhaber unabhängigen Dritten ausweisen, etwa auf dem Behältnis[231] oder der Nachfüllware selbst.[232] Die Wort-/Bildmarke des Originalherstellers muss dabei nicht zwingend überdeckt oder entfernt werden.[233] Eine Beeinträchtigung der Herkunftsfunktion im Fall des Wiederbefüllen von Originalbehältnissen ist damit abhängig davon, ob eine Kennzeichnung auf dem Behältnis oder der Nachfüllware eine Fehlzurechnung des Inhalts an den Markeninhaber ausschließen kann.

b) Produktprüfung und -zertifizierung

Besteht die wirtschaftliche Tätigkeit eines Anbieters im Testen und Zertifizieren von Produkten anderer Hersteller, hat er die Möglichkeit, sein Zeichen entweder in den Nizza-Klassen 1–45 für die zu testenden Waren oder Dienstleistungen[234] oder in den Klassen 35–45 für die von ihm erbrachte Dienstleistung, nämlich das Prüfen und Testen von Waren, eintragen zu lassen.[235] Er kann eine Eintragung als Dienstleistungsmarke auch dann wählen, wenn sein Zeichen von Nachfragern als Indikator für eine besondere Produktqualität verstanden

---

[230] EuGH, Urt. v. 14.7.2011, C-46/10, ECLI:EU:C:2011:485, Rn. 40 = GRUR Int. 2011, 827 – *Viking Gas*; BGH, U. v. 17.10.2018, I ZR 136/17, Rn. 34 = GRUR 2019, 79 – *Tork*.

[231] Zu Recht weist GA *Kokott*, Schlussanträge v. 7.4.2011, C-46/10, E-CLI:EU:C:2011:222, Rn. 40 – *Viking Gas* darauf hin, dass ein entsprechender Hinweis in den Verkaufsstellen nicht genügt, da außerhalb der Verkaufsstelle der Eindruck entstehen könnte, im Behältnis befinde sich ein vom Markeninhaber abgefülltes Produkt.

[232] Während EuGH, Urt. v. 14.7.2011, C-46/10, ECLI:EU:C:2011:485, Rn. 39 f. = GRUR Int. 2011, 827 – *Viking Gas* (wohl dem gasförmigen Aggregatszustand geschuldet) nur von einer „Etikettierung der Kompositflasche" und damit des Originalbehältnisses spricht, stellt BGH, U. v. 17.10.2018, I ZR 136/17, Rn. 31 ff. = GRUR 2019, 79 – *Tork* auf eine „Zweitkennzeichnung der Nachfüllware" ab lässt einen Hinweis auf dem Behältnis außer Betracht.

[233] Vgl. EuGH, Urt. v. 14.7.2011, C-46/10, ECLI:EU:C:2011:485, Rn. 41 = GRUR Int. 2011, 827 – *Viking Gas*; BeckOK MarkenR-*Steudtner*, § 24 MarkenG, Rn. 39.2.

[234] Auf diese Variante wird im Folgenden nicht eingegangen, da hier keine rechtserhaltende Benutzung möglich ist, vgl. ausf. zum Problem § 6 A. II.

[235] Etwa für die Durchführung von (nichtwissenschaftlichen) Tests, die Bereitstellung von Informationen sowie Verbraucherberatung (Nizza Klasse 35) bzw. für Prüfung, Authentifizierung und Qualitätskontrolle (Nizza Klasse 42); zB. ist die Wort-Bildmarke der „Stiftung Warentest" eingetragen als (lediglich) nationale Marke (Reg.Nr. 302008025573) ua. für die Klassen 35, 36, 38, 41, 42, die europäische Wort-/Bildmarke „ÖKO TEST" (Nr. 010745529) ua. für die Klassen 35, 36, 38, 41, 42, 45.

und insofern als Gütezeichen verwendet wird.[236] Es dient dann der Kennzeichnung der Herkunft bzw. Unterscheidung dieser wissenschaftlichen Dienstleistungen von entsprechenden Dienstleistungen anderer Unternehmen, insbesondere Gütezeichen vergebenden Unternehmen.[237]

Zu einer Herkunftsverwirrung kann es erst kommen, wenn eine spezifische und unlösbare Verbindung zwischen den mit dem Zeichen versehenen Waren und diesen Dienstleistungen vorliegt.[238] Der Dritte muss das mit der Marke identische Zeichen für dieselben Prüf- und Zertifizierungsdienstleistungen verwenden, das bloß unbefugte Anbringen auf dem eigenen Produkt mit der Intention, eine Prüfung und Auszeichnung seines Produkts vorzutäuschen, genügt nicht.[239] In der umgekehrten Konstellation kann eine spezifische und unlösbare Verbindung vorliegen, wenn der Dritte ein mit der Warenmarke identisches Zeichen nutzt, um auf seine eigenen Dienstleistungen aufmerksam zu machen und zu zeigen, dass er Fachmann für solche Waren oder auf sie spezialisiert ist.[240] Dann wird das Zeichen benutzt, um die Herkunft der Waren zu bestimmen, die Gegenstand dieser Dienstleistung sind und es besteht eine spezifische und unlösbare Verbindung zwischen den mit der Marke versehenen Waren und diesen Dienstleistungen. Abgesehen von diesem Sonderfall muss die Benutzung des Zeichens durch den Dritten für solche Waren oder Dienstleistungen erfolgen, die mit denen identisch sind, für die die Marke eingetragen ist.[241] Nur dann ist der betriebliche Ursprung der Dienstleistung unklar. Besteht keine spezifische und unlösbare Verbindung zwischen der Tätigkeit des Dritten, nämlich der Vermarktung seines eigenen Produkts, und der

---

[236] Dies als Schutzmöglichkeit von Gütezeichen als Individualmarke vorschlagend *Baldauf*, Werbung (2011), S. 141 ff.; zust. *Slopek/Leister*, GRUR 2013, 356, 359.

[237] Dann ist die rechtserhaltende Benutzung möglich, *Baldauf*, Werbung (2011), S. 142 f.

[238] Die in Art. 9 Abs. 2 lit. a UMVO enthaltene Wendung „für Waren oder Dienstleistungen" bezieht sich auf die Produkte des Dritten, der das mit der Marke identische Zeichen benutzt und erfasst nicht die Waren oder Dienstleistungen des Markeninhabers, die unter die Wendung „denjenigen [...], für die sie eingetragen ist" fallen, EuGH, Urt. v. 23.3.2010, C-236/08 bis C-238/08, ECLI:EU:C:2010:159, Rn. 60 = GRUR 2010, 445 – *Google France*; Urt. v. 15.12.2011, C-119/10, ECLI:EU:C:2011:837, Rn. 31 = GRUR 2012, 268 – *Winters/Red Bull*; Urt. v. 11.4.2019, C-690/17, ECLI:EU:C:2019:317, Rn. 29 ff. = GRUR 2019, 621 – *ÖKO-Test Verlag*.

[239] Das gesteht auch *Baldauf*, Werbung (2011), S. 144 f. ein; umgekehrt begründet die Dienstleistung des Getränkeabfüllens in Dosen keine Identität oder Ähnlichkeit zu den Erfrischungsgetränken selbst, für die die Marke eingetragen ist, vgl. EuGH, Urt. v. 15.12.2011, C-119/10, ECLI:EU:C:2011:837, Rn. 31 = GRUR 2012, 268 – *Winters/Red Bull*.

[240] EuGH, Urt. v. 3.3.2016, C-179/15, ECLI:EU:C:2016:134, Rn. 28 = GRUR 2016, 375 – *Daimler/Együd Garage*; Urt. v. 11.4.2019, C-690/17, ECLI:EU:C:2019:317, Rn. 31 f. = GRUR 2019, 621 – *ÖKO-Test Verlag*.

[241] EuGH, Urt. v. 25.1.2007, C-48/05, ECLI:EU:C:2007:55, Rn. 27 f. = GRUR 2007, 318 – *Adam Opel*; Urt. v. 11.4.2019, C-690/17, ECLI:EU:C:2019:317, Rn. 31 = GRUR 2019, 621 – *ÖKO-Test Verlag*.

Zertifizierungstätigkeit des Markeninhabers, scheidet eine Verwendung für identische Waren oder Dienstleistungen aus. Der Dritte wird das Zeichen in diesem Fall lediglich nutzen, um die Aufmerksamkeit der Verbraucher auf die Qualität seiner Waren zu lenken und den eigenen Produktabsatz zu fördern.[242] Identitätsschutz genießt der Inhaber der Dienstleistungsmarke daher nur gegen Dritte wie seine Mitbewerber, die auch Produktprüfungen und -zertifizierungen durchführen.[243]

III. Übertragung auf die Gewährleistungsmarke

Zu untersuchen ist nun, ob die ökonomische Begründung der Herkunftsfunktion – eine Informationskosten- und Unsicherheitsreduktion sowie Anreizwirkung für eine konstante Produktqualität durch Zuordnung zum Markeninhaber als Produktverantwortlichen – auf die Gewährleistungsmarke übertragen werden kann. Es zeigt sich, dass insbesondere deren informationskosten- und unsicherheitsreduzierende Wirkung noch umfangreicher sein kann als bei der Individualmarke. Die Wirkung ist jedoch nicht auf eine Herkunftsfunktion, sondern die spezifische Gewährleistungsfunktion dieser Markenkategorie zurückzuführen. Kapitel II der UMVO, das in seinem zweiten Abschnitt ua. die Rechte aus der Unionsmarke bestimmt, findet mangels Spezialregelung gem. Art. 83 Abs. 3 UMVO entsprechende Anwendung auf die Gewährleistungsmarke.[244]

1. Normative Betrachtungsweise

Geht man wie im Folgende davon aus, der Gewährleistungsmarke komme eine informationsökonomisch positive Wirkung zu, liegt dem die implizite *normative* Wertung zugrunde, die Nachfrager hätten auch tatsächliche Kenntnis der Beschaffenheitsaussage und der Markensatzung. Daraus folgt die Kosten- und Unsicherheitsreduktion. Dies ist aber nicht unproblematisch: Nur den wenigsten Konsumenten wird überhaupt bekannt sein, dass sie die gewährleisteten Eigenschaften einer Markensatzung entnehmen können bzw. wo sie die fragliche Satzung finden.[245] Bei lebensnaher Betrachtung ist auch nicht davon auszugehen, dass jeder Verbraucher am „Point of Sale" zwischen Verkaufsregal und Tiefkühltruhe mit dem Smartphone das Markenregister nach ihm bisher

---

[242] Vgl. EuGH, Urt. v. 11.4.2019, C-690/17, ECLI:EU:C:2019:317, Rn. 33 = GRUR 2019, 621 – *ÖKO-Test Verlag.*

[243] Vgl. EuGH, Urt. v. 11.4.2019, C-690/17, ECLI:EU:C:2019:317, Rn. 38 = GRUR 2019, 621 – *ÖKO-Test Verlag*; *Baldauf*, Werbung (2011), S. 144 f.

[244] *Ringelhann/Martin*, 13 JIPLP 625, 631 (2018).

[245] *Buckstegge*, Nationale Gewährleistungsmarke (2018), S. 260 f.; *Wagner*, in: Recht als Infrastruktur (2019), S. 61, 81.

unbekannten Gewährleistungsmarken durchsucht.[246] Vielmehr ist die tatsächliche Informiertheit der Verbraucher über Produktsiegel als eher gering einzuschätzen.[247] Dieses grundsätzliche Problem wird durch die Vielzahl unterschiedlicher Gewährleistungsmarke noch verstärkt.[248] Von einem *empirischen* Standpunkt aus muss die Verwendung einer Gewährleistungsmarke daher mangels Kenntnis ihrer Aussage nicht stets zu feststellbaren Kostenvorteilen führen. Unabhängig davon, welcher der beiden Standpunkte – ein normativer oder ein empirischer – der „richtige" ist, legt die Arbeit eine normative Betrachtungsweise zugrunde, da diese der Logik des Regelungssystems um die Gewährleistungsmarke entspricht.

2. *Informationskosten- und Unsicherheitsreduktion*

a) *Erstkauf-Situation*

Die Gewährleistungsmarke präzisiert in ihrer Markensatzung die Ausprägung von Such- und Erfahrungseigenschaften und stellt durch den Zertifizierungsvorgang das tatsächliche Vorliegen dieser Ausprägung beim konkreten Produkt sicher. Die Satzung ist gem. Art. 84 Abs. 1 UMVO innerhalb von zwei Monaten nach dem Anmeldetag vorzulegen und anschließend für Jedermann frei einsehbar. Für dadurch garantierte Sucheigenschaften ist eine vorherige Untersuchung bzw. bei (Kalkül-)Erfahrungseigenschaften der Kauf und die Bewertung des Produkts im Rahmen seines Konsums entbehrlich. Letztere können anhand der Gewährleistungsmarke bereits vor der Transaktion beurteilt werden und erhalten schon in einer Erstkauf-Situation den Rang einer Sucheigenschaft.[249] Ferner kann die Gewährleistungsmarke die Aufklärung von Kalkül-Vertrauenseigenschaften unterstützen. Bei prohibitiv hohen Kosten entfällt die Aufklärung von Such- oder Erfahrungseigenschaften, etwa wenn es um Anbau-, Fang- oder Herstellungsbedingungen von Waren geht.[250] Der Anbieter kann hingegen zu deutlich geringeren Kosten Aussagen über solche Eigenschaften tätigen, der Gewährleistungsmarkeninhaber diese für eine große Zahl von Nachfragern prüfen und so Kostenreduktionseffekte nutzen.[251] Muss der Nachfrager nur auf die Gewährleistungsmarke als Signal einer geprüften Mindestausprägung achten, wird die Eigenschaft zu einer Sucheigenschaft. Bei echten Vertrauenseigenschaften unterstützt die Gewährleistungsmarke zwar

---

[246] In einer Umfrage zur Siegelwirkung geben 67 % der Befragten (n=1004) an, sich bei einem ihnen unbekannten Produktsiegel eher/gar nicht über dessen Inhalt zu informieren, nur 4% tun dies voll und ganz, *Verbraucher Initiative* (Hrsg.), Siegelwirkung (2016), S. 19.

[247] *Utopia* (Hrsg.), Lost in Label? (2019), S. 6; *Verbraucher Initiative* (Hrsg.), Siegelwirkung (2016), S. 11 f.

[248] Zum „information overload" bereits oben, S. 3.

[249] Vgl. zum gleichen Effekt bei Testergebnissen *Tolle*, ZfbF 1994, 926, 931.

[250] Bspw. UGM *Fairtrade* (Nr. 017959045).

[251] Vgl. *Welling*, Marke (2006), S. 168 zu Produktest-Organisationen.

nicht die Aufklärung,[252] wohl aber die Ergebniskontrolle: Durch die Zertifizierung seiner Dienstleistung kann ein Anbieter eine Mindestqualität des zu erwartenden Ergebnisses signalisieren.[253] Die Gewährleistungsmarke bündelt nicht wahrnehmbare, für die Qualitätsbeurteilung relevante Leistungsmerkmale und fungiert auch für Dienstleistungen als Informationssubstitut, durch das zumindest Rückschlüsse auf diese Qualitätsmerkmale gezogen werden können.[254] Nachfrager brauchen somit lediglich die Gewährleistungsmarke „suchen", um Informationen über die Ausprägung bestimmter Eigenschaften zu erlangen. Produkte ohne die Marke können sie sofort für ihre Kaufentscheidung ausschließen.

Die Gewährleistungsmarke kann bereits in einer Erstkauf-Situation sowohl durch eine Reduktion der verbleibenden Unsicherheit die Informationsasymmetrie zu Gunsten des Nachfragers ausgleichen, als auch dessen Informationskosten senken. Je umfangreicher die durch die Markensatzung beschriebenen und garantierten Eigenschaften sind, desto stärker ist dieser Effekt. Die Erstkauf-Situation ähnelt damit hinsichtlich Informationsverteilung und -kosten der Situation eines Wiederholungs- oder Nachahmungskaufs bei der Individualmarke. Indem die Gewährleistungsmarke regelmäßig aber nur eine Untergrenze und damit Mindestqualität festlegt und keine Abstufungen zulässt,[255] die Qualität oberhalb dieser Grenze also frei variiert, kann der Nachfrager die Qualität der gekennzeichneten Produkte aber nicht untereinander vergleichen.[256] Er kann die Produkte lediglich von solchen unterscheiden, für die eine Gewährleistung dieser Mindestqualität nicht besteht.

Der genaue Inhalt der Gewährleistungsmarke als Informationssubstitut kann in der Regel jedoch nicht aus dem Zeichen selbst abgeleitet werden, sodass es sich um ein „erklärungsbedürftiges Produkt"[257] handelt, das einer „Verschlüsselung"[258] unterliegt. Die mit der Marke garantierten Eigenschaften sind zwar in der Markensatzung hinreichend klar und eindeutig zu beschreiben.[259] Damit sich das Potential der Marke entfaltet, müssen sich die Nachfrager über sie

---

[252] An die Stelle der Unsicherheit über die Vertrauenseigenschaft tritt dann die Unsicherheit über das Informationssubstitut, vgl. *Welling*, Marke (2006), S. 167 f.

[253] Bspw. UGM *RAL GÜTEZEICHEN Buskomfort* (Nr. 018095960).

[254] Vgl. *Benkenstein/v.Stenglin*, in: Konsumentenvertrauen (2006), S. 207, 211 f.

[255] Eine weitere Qualitätsstufe erfordert damit eine weitere Gewährleistungsmarke.

[256] Vgl. *Gruber*, Verbraucherinformation (1986), S. 79, 82 zu Gütezeichen; zu ein- und mehrstufigen Gütezeichen auch *Benkenstein/v.Stenglin*, in: Konsumentenvertrauen (2006), S. 207, 211.

[257] *Dröge*, MarkenR 2016, 549, 554; ähnlich *Grynberg*, 55 W. & M. L. Rev. 1429, 1456 (2014); vgl. auch Gesetzesbegründung MaMoG, BT-Drucks. 19/2898, S. 90.

[258] *Gruber*, Verbraucherinformation (1986), S. 76 f. zu Gütezeichen.

[259] Vgl. Art. 84 Abs. 2, 3 UMVO, Art. 17 lit. e) Durchführungsverordnung (EU) 2018/626 der Kommission vom 5. März 2018 mit Einzelheiten zur Umsetzung von Bestimmungen der Verordnung (EU) 2017/1001, Abl. L 104/37 vom 24.4.2018 (UMDVO); EUIPO, Prüfungsrichtlinien, Teil B, Abschnitt 4, Kap. 16, 5.3 (Stand 1.3.2021).

informieren. Das Regelungssystem der Gewährleistungsmarke geht davon aus, dass die Konsumenten dies auch tun.[260] Da sie zudem für ihre Recherche und das Verständnis der Satzung eigene Kosten aufwenden müssen,[261] sollte der Suchvorgang so effizient wie möglich gestaltet werden. Dem wird das EUIPO dadurch gerecht, dass es die Satzungen als Teil der Markenanmeldung veröffentlicht und gem. Art. 111 Abs. 1, 9 UMVO im Markenregister zur Einsichtnahme in elektronischer Form für Jedermann kostenfrei zugänglich macht.[262] Hierbei handelt es sich allerdings um einmalige Fixkosten, die umso weniger ins Gewicht fallen, je häufiger nach den zertifizierten Eigenschaften gesucht wird. Die notwendigen Informationskosten kann der Markeninhaber dadurch geringhalten, dass er selbst mit Werbemaßnahmen über die mit seinem Zeichen verbundenen Qualitätsanforderungen aufklärt.[263] Haben die Nachfrager die transportierte Beschaffenheitsaussage einmal erfasst, profitieren sie von einer dauerhaften Kostenersparnis.

b) Wiederholungskauf- oder Nachahmungskauf-Situation

Der Einsatz der Gewährleistungsmarke mindert bereits in der Erstkauf-Situation die Informationskosten für Sucheigenschaften und reduziert Unsicherheit und Informationskosten für (Kalkül-)Erfahrungseigenschaften sowie Kalkül-Vertrauenseigenschaften. Zudem wird eine Ergebniskontrolle erleichtert. Ist der Nachfrager bereits bei seinem Erstkauf vollständig über den Gehalt der Gewährleistungsmarke informiert, ändert sich ihre Wirkung bei einem Wiederholungs- oder Nachahmungskauf nicht. Der Nachfrager profitiert von demselben kosten- und unsicherheitsreduzierenden Effekt wie beim Erstkauf.

---

[260] Zur Problematik dieser normativen Wertung bereits zuvor § 2 A. III. 1.

[261] Zu RAL-Gütezeichen *Gruber*, Verbraucherinformation (1986), S. 77.

[262] Zwar ist die Markensatzung nicht als Inhalt der Anmeldung bzw. deren Veröffentlichung iSd. Art. 44, 111 Abs. 2 UMVO, Art. 2 Abs. 1, Art. 7 UMDVO aufgeführt, systematisch lässt sich aber aus der Pflicht zur Nachreichung der Satzung in Art. 2 Abs. 3 UMDVO schließen, dass sie materiell als Bestandteil der Markenanmeldung gilt. Dieses Verständnis unterstützen Art. 88 Abs. 2, Art. 111 Abs. 3 lit. y) UMVO, wonach Änderungen der Markensatzung im Register einzutragen sind; findet sich dort nicht auch die (ursprüngliche) Satzung selbst, ergibt eine Eintrag der Änderung keinen Sinn. Damit besteht bereits eine Regelung zur Einsichtsmöglichkeit und folglich kein Bedarf für eine solche rechtspolitische Forderung (so *Dröge*, MarkenR 2016, 549, 554) oder den Rückgriff auf einen individuellen Akteneinsichtsantrag nach Art. 114 Abs. 3 UMVO (so BeckOK UMV-*Bartos*, Art. 84, Rn. 4; *Wagner*, in: Recht als Infrastruktur (2019), S. 61, 81). Zum systematischen Argument der Änderungseintragung auch Gesetzesbegründung MaMoG, BT-Drucks. 19/2898, S. 86, weshalb die Eintragung der Gewährleistungsmarkensatzung und die Möglichkeit der Einsichtnahme für jedermann nun ausdrücklich in § 106d Abs. 3, 4 MarkenG normiert sind.

[263] Vgl. *Gruber*, Verbraucherinformation (1986), S. 77.

3. Anreiz zu kontinuierlicher und hoher Produktqualität

Auch bei mit der Gewährleistungsmarke versehenen Produkten extrapolieren Nachfrager ihre Produkterfahrung und bilden einen Goodwill.[264] Dadurch setzt die Marke unterschiedlichen Akteuren einen Anreiz zu konstanter und hoher Produktqualität: zum einen ihrem Inhaber, der zu einer sorgfältigen Produktkontrolle angehalten wird, zum anderen ihren Benutzern, deren Produkt die mit dem Zeichen verbundene Mindestqualität erfüllen muss.

a) Goodwill der Gewährleistungsmarke

Zwar nehmen Verbraucher die Gewährleistungsmarke auf Produkten regelmäßig zusammen mit der Individualmarke des jeweiligen Herstellers wahr und machen ihre Konsumerfahrung auch von nicht-gewährleisteten Produkteigenschaften abhängt, dennoch können sie zwischen der Bedeutung der beiden Zeichen differenzieren und einen eigenen Goodwill für die Gewährleistungsmarke bilden. Empirisch wird das dadurch deutlich, dass sie mit Gütesiegeln unterschiedliche Eigenschaften wie „Regionalität", „Gutes Preis-/Leistungsverhältnis" oder „Nachhaltige Erzeugung" verbinden und ein unterschiedliches Maß an Vertrauen in die jeweiligen Zeichen haben.[265] Dieses kann auch verloren gehen: So verloren infolge einer äußerst kritischen und öffentlich präsenten Dokumentation[266] über die Zertifizierungspraktiken des *Marine Stewardship Counsil* (MSC)-Gütezeichens[267] im April 2018 Verbraucher ihr Vertrauen in die Marke und wollten solch zertifizierte Produkte meiden, sofern die MSC-Zertifizierung nicht konsequenter erfolge.[268] Die Ergebnisse dieser Studie deuten zudem darauf hin, dass sich der Goodwill der auf einem Produkt gleichzeitig abgebildeten Individualmarke des Herstellers sowie der Gewährleistungsmarke gegenseitig beeinflussen können. Vom Vertrauen der Gewährleistungsmarke können durch ihre gleichzeitige Benutzung mehrere Produktanbieter profitieren.[269] Umgekehrt ist davon auszugehen, dass positive Konsumerfahrungen mit einem Produkt hinsichtlich der gewährleisteten Eigenschaften nicht nur auf die Individual-, sondern auch auf die Gewährleistungsmarke bezogen

---

[264] Zu Extrapolationsprinzip und Goodwillbildung siehe oben, § 2 A. I. 1. d).

[265] *Splendid* (Hrsg.), Gütesiegel Monitor (2020), S. 14; *Utopia* (Hrsg.), Lost in Label? (2019), S. 12 ff.

[266] Die Dokumentation ist abrufbar auf dem YouTube-Channel des WDR unter https://youtu.be/4ZQlJY5JSbM, zuletzt abgerufen am 25.8.2021.

[267] UGM *MSC www.msc.org* (Nr. 018032783); ähnliche Zeichen des MSC für identische/ähnliche Produkte sind zudem auch als Individualmarke geschützt, etwa UIM Nr. 009236407 oder UIM Nr. 009236613.

[268] Vgl. https://www.make-stewardship-count.org/wp-content/uploads/2018/05/pressemitteilung-26-04-2018_2_de.pdf; https://www.make-stewardship-count.org/wp-content/uploads/2018/05/Consumer-Survey-for-Expo.pdf, jeweils zuletzt abgerufen am 25.8.2021.

[269] *Wagner*, in: Recht als Infrastruktur (2019), S. 61, 81.

werden.[270] Damit kann die Nutzung der einen Marke positive wie negative Effekte für den Goodwill der anderen Marke(n) verursachen.[271] Empirisch ist eine Interdependenz zwischen Gütesiegeln und Produktmarke allerdings wenig untersucht und nicht hinreichend belegt.[272]

b) Anreiz des Gewährleistungsmarkeninhabers zu sorgfältiger Produktkontrolle

Der Inhaber vertreibt aufgrund des Neutralitätserfordernisses aus Art. 83 Abs. 2 UMVO keine eigenen Produkte und kann die vollständige Qualität der mit seinem Zeichen versehenen Produkte nicht beeinflussen. Bezugspunkt des Anreizes ist die Leistung des Gewährleistungsmarkeninhabers, also der Vorgang des Testens und Zertifizierens solcher Waren und Dienstleistungen sowie das Ausstellen einer entsprechenden Konformitätserklärung.[273] Er übernimmt lediglich die Verantwortlichkeit für das Vorliegen der zertifizierten Eigenschaften. Die Nachfrager können ihre Konsumerfahrungen hinsichtlich Such- und (Kalkül)-Erfahrungseigenschaften mit der Beschaffenheitsaussage des Markeninhabers vergleichen und feststellen, ob ihr „Vertrauensvorschuss"[274] berechtigt war. Bei einer Übereinstimmung messen sie dem Test und der Zertifizierung einen besonderen Stellenwert bei und entwickeln eine Wertschätzung in Form des Goodwills.[275] Andernfalls wird ihre extrapolierte Erwartung enttäuscht, das Vertrauen der Nachfrager in die Marke geht verloren[276] und damit auch deren Goodwill. Ähnlich der Individualmarke ist auch dieser Goodwill eine positive Externalität, die mit dem Ausschließlichkeitsrecht zugunsten des Gewährleistungsmarkeninhabers internalisiert wird.

Der Goodwill der Konsumenten ist für den Gewährleistungsmarkeninhaber von erheblicher wirtschaftlicher Bedeutung. Die Absatzzahlen der Produkthersteller als Markenbenutzer wirken sich nicht unmittelbar auf den Gewährleistungsmarkeninhaber aus.[277] Dieser zieht seine wirtschaftlichen Vorteile aus der

---

[270] *Wagner*, in: Recht als Infrastruktur (2019), S. 61, 81.

[271] Geht das Vertrauen in die Gewährleistungsmarke aufgrund einer konkreten negativen Konsumerfahrung verloren, etwa weil ein Produkt nicht die mit der Marke verbundene Mindestqualität erfüllt, kann es auch zur Meidung aller mit ihr versehenen Produkte unterschiedlicher Hersteller kommen, vgl. *Fromer*, 69 Stan. L. Rev. 121, 132 (2017).

[272] Vgl. den Überblick bei *Haenraets/Ingwald/Haselhoff*, der markt 2012, 147, 155 ff., 160 mwN., problematisch ist hier v.a. die Messbarkeit; untersucht werden Einflussfaktoren auf den Effekt von Gütezeichen und ihre Auswirkungen auf das Konsumentenverhalten.

[273] Vgl. *v.Weizsäcker*, Barriers to Entry (1980), S. 121 zu Produkttests.

[274] Zum Vertrauen in eine Gewährleistungsmarke siehe § 2 A. III. 5.

[275] *Wagner*, in: Recht als Infrastruktur (2019), S. 61, 81; vgl. *v.Weizsäcker*, Barriers to Entry (1980), S. 121 zu Produkttests.

[276] Vgl. Fezer/Büscher/Obergfell-*Obergfell*, UWG (2016), Bd. 2, UWG Anh. § 2, Rn. 2 ff.; *Hemker*, Missbrauch (2016), S. 45.

[277] *Geiger/Kringer*, MarkenR 2018, 359, 361.

entgeltlichen Produktzertifizierung und Markenlizenzierung.[278] Deren Kosten lohnen sich für die Produkthersteller nur, wie sie durch Gewinne mindestens aufgewogen werden.[279] Nur wenn die Gewährleistungsmarke bei den Nachfragern bekannt und geschätzt ist, diese also einen Goodwill entwickelt haben, legen sie auch Wert darauf, mit der Marke gekennzeichnete Produkte zu erwerben[280] und die Marke wirkt als zusätzliches Kaufargument. Erst dann kann die Gewährleistungsmarke einen Mehrwert für ihren Inhaber oder Nutzer generieren.[281] Insofern profitiert auch der Gewährleistungsmarkeninhaber von Netzwerkeffekten, als dass seine Marke umso wertvoller wird, je mehr Anbieter und Nachfrager sich auf sie verlassen.[282] Werden die mit der Marke versehenen Produkte stärker nachgefragt, wenden Hersteller Kosten für Produktzertifizierung und Markennutzung auf.[283] „Reputation und Image" sind daher mit einer der wichtigsten Faktoren der Hersteller bei der Auswahl von Zertifizierungsorganisationen.[284] Von den Herstellern für die Zertifizierung ihrer Produkte ausgewählt zu werden liegt wiederum im Interesse des Gewährleistungsmarkeninhabers, da die Gebühren der Zertifizierung und Markennutzung seine einzige Einnahmequelle sind. Verliert die Gewährleistungsmarke ihre Bedeutung für die Kaufentscheidung oder werden die mit ihr gekennzeichneten Produkte gar bewusst gemieden,[285] verringern sich das Interesse der Hersteller an der Lizenzierung und Markennutzung und damit die Einnahmen des Gewährleistungsmarkeninhabers. Die Internalisierung des Konsumentengoodwills setzt ihm einen Anreiz zu ordnungsgemäßen Ersttests sowie kontinuierlichen Kontrollen der zu zertifizierenden Waren und Dienstleistungen. Es liegt im Interesse des Markeninhabers, die Einhaltung der Benutzungsvoraussetzungen zu überprüfen und andernfalls Sanktionen zu ergreifen. Die UMVO knüpft an dieses wirtschaftliche Interesse an und erklärt es aus Gründen des Erwartungsschutzes mit Art. 91 lit. b) UMVO zu einer objektiven rechtlichen Pflicht.

c) Anreiz des Gewährleistungsmarkennutzers zu konstanter Produktqualität

Hat sich eine Gewährleistungsmarke auf dem Markt etabliert und genießt sie das Vertrauen der Nachfrager, können neue Produkte am Markt durch ihre

---

[278] *Fromer*, 69 Stan. L. Rev. 121, 154 (2017); *Geiger/Kringer*, MarkenR 2018, 359, 365; vgl. allg. *Buckstegge*, Nationale Gewährleistungsmarke (2018), S. 91 f.; *Hemker*, Missbrauch (2016), S. 40.

[279] *Hemker*, Missbrauch (2016), S. 40.

[280] *Rozas/Johnston*, 19(10) E.I.P.R. 598, 602 (1997); *Welling*, Marke (2006), S. 168.

[281] Vgl. bereits *Hirshleifer*, 63(2) Am. Econ. Rev. 31, 37 (1973); *v.Weizsäcker*, Barriers to Entry (1980), S. 121.

[282] *Fromer*, 69 Stan. L. Rev. 121, 172 (2017).

[283] *Fromer*, 69 Stan. L. Rev. 121, 154 (2017); vgl. zu Gütezeichen allgemein *Baldauf*, Werbung (2011), S. 1, 7 f., 20; *Hemker*, Missbrauch (2016), S. 40.

[284] Empirische Nachweise dazu liefern *Blind et al.*, Indikatorenbericht (2013), S. 19.

[285] Vgl. *Fromer*, 69 Stan. L. Rev. 121, 132 (2017).

Nutzung hieran teilhaben.[286] Ohne das neue Produkt bzw. die neue Individualmarke zu kennen, bringen Verbraucher ihnen Vertrauen entgegen.[287] Mit der
Gewährleistungsmarke als Kaufargument lassen sich eine höhere Preisprämie[288] oder höhere Absatzzahlen erzielen. Die Marke setzt ihrem Nutzer einen
Anreiz, seine Produkte mit den in der Markensatzung bestimmten Eigenschaften und in einer konstanten Qualität anzubieten, um seine Nutzungsbefugnis
und die aus der Markenverwendung resultierenden Vorteile nicht zu gefährden.

4. Gewährleistungsfunktion statt Herkunftsfunktion

Auch die Gewährleistungsmarke senkt Unsicherheit und Transaktionskosten
der Nachfrager und gibt dem Markennutzer einen Anreiz zu hoher und konstanter Produktqualität,[289] dem Markeninhaber zu sogfältiger Produktkontrolle.
Es zeigt sich jedoch, dass diese Wirkung nicht auf eine Herkunftsfunktion,
sondern auf eine spezifische Gewährleistungsfunktion der Markenkategorie
zurückzuführen ist.

a) Aussage über Produkteigenschaft

Die Herkunftsfunktion beschreibt die Fähigkeit einer Marke, sicherzustellen,
dass alle gekennzeichneten Produkte unter der Kontrolle eines einzigen Unternehmens hergestellt oder erbracht worden sind, das für ihre Qualität verantwortlich gemacht werden kann, und auf Basis derer der Verbraucher sie von
denjenigen anderer Herkunft unterscheiden kann.[290] Der maßgebliche Inhalt
der Gewährleistungsmarke besteht gem. Art. 83 Abs. 1 UMVO hingegen darin,
Produkte, für die der Markeninhaber das Vorliegen einer bestimmten Eigenschaft gewährleistet, von solchen Produkten zu unterscheiden, für die keine
derartige Gewährleistung besteht. Abgrenzungskriterium zu anderen Produkten ist damit nicht der betriebliche Ursprung der Produkte, sondern die Übernahme der Garantie für das Vorliegen genau bezeichneter Produkteigenschaften. Die Gewährleistungsmarke differenziert weniger die Produkte, als dass sie
deren Charakteristika beschreibt.[291] Dem Zeichen selbst lässt sich keine Aussage über das herstellende Unternehmen oder einen betrieblichen Ursprung

---

[286] Vgl. *Geiger/Kringer*, MarkenR 2018, 359, 366; *Wagner*, in: Recht als Infrastruktur
(2019), S. 61, 81.
[287] Vgl. *Baldauf*, Werbung (2011), S. 7 f.; *Hemker*, Missbrauch (2016), S. 38 zu Gütezeichen.
[288] Vgl. *Ayres/Brown*, 104 Mich. L. Rev. 1639, 1642 (2006); *Grynberg*, 55 W. & M. L.
Rev. 1429, 1455 f. (2014).
[289] *Fromer*, 69 Stan. L. Rev. 121, 128 (2017).
[290] St. Rspr., nur EuGH, Urt. v. 29.9.1998, C-39/97, ECLI:EU:C:1998:442, Rn. 28 =
GRUR 1998, 922 – *Canon*; Urt. v. 23.3.2010, C-236/08 bis C-238/08, ECLI:EU:C:2010:159,
Rn. 82 = GRUR 2010, 445 – *Google France*.
[291] *Dröge*, MarkenR 2016, 549, 556.

entnehmen. In der Praxis sind vielmehr Produkte unterschiedlicher Hersteller mit derselben Gewährleistungsmarke markiert.[292] Auch eine Rekonstruktion als Aussage über die Herkunft „aus dem vom Markeninhaber verantworteten Prüfungs-, Kontroll- und Benutzungssystem"[293] trifft nicht den Kern, da Unterscheidungsmerkmal die (wenn auch geprüfte und deshalb garantierte) Eigenschaft und nicht die reine Durchführung eines Tests ist. Stattdessen ist die Gewährleistungsmarke durch eine spezifische Gewährleistungsfunktion bestimmt und als spezifische Markenkategorie zu verstehen, wobei die Gewährleistungsfunktion an die Stelle der Herkunftsfunktion tritt.[294] Insofern kommt es auch nicht zu einer „Hochstufung" der bereits bekannten Qualitätsfunktion als maßgebliche Funktion der Gewährleistungsmarke.[295] Die Möglichkeit der Zuordnung zu einem bestimmten Unternehmen, die bei der Individualmarke gerade die Reduktion der verbleibenden Unsicherheit sowie der Informationskosten ermöglicht und dem Markeninhaber einen Anreiz zu hoher und kontinuierlicher Produktqualität setzt, lässt sich damit nicht unmittelbar auf die Gewährleistungsmarke übertragen. Sie bewirkt im Ergebnis zwar ähnliche ökonomische Effekte, bedient sich aber eines anderen Funktionsmechanismus. Eine Herkunftsfunktion im „klassischen" Sinn einer Individualmarke kommt der Gewährleistungsmarke jedenfalls nicht zu.[296] Jeder Herkunftsbezug ist gekappt.[297] Ob die spezifische Gewährleistungsfunktion als „konkretisierte Herkunftsfunktion" zu verstehen ist oder ob sie die allgemeine Herkunftsfunktion, die ihr nicht zukommt, „ersetzt", ist ohne praktische Relevanz und „nur von marginaler begrifflicher und semantischer Bedeutung".[298]

---

[292] *Fezer*, GRUR 2017, 1188, 1196.

[293] *Fezer*, GRUR 2017, 1188, 1197; wohl auch *Figge/Techert*, MarkenR 2016, 181, 186.

[294] *Fezer*, GRUR 2017, 1188, 1195 f.

[295] Dies noch überlegend *Grabrucker*, GRUR 2018, 53, 56 f., später jedoch ablehnend *Grabrucker*, in: FS Ströbele (2019), S. 93, 96.

[296] *Ahrens*, GRUR 2020, 809, 810; BeckOK UMV-*Bartos*, Art. 83, Rn. 10.1; *Belson*, Certification Marks (2017), Rn. 3.05; *Bender*, Unionsmarke (2018), Rn. 944; Ekey/Bender/Fuchs-Wiesemann-*Bender*, MarkenR (2019), Kap. II, Rn. 103; *Dissmann/Somboonvong*, GRUR 2016, 657 f.; *Dröge*, GRUR 2017, 1198; *Fezer*, GRUR 2017, 1188, 1196; *Figge/Techert*, MarkenR 2016, 181, 185 f.; *Grabrucker*, GRUR 2018, 53, 56 f.; *dies.*, in: FS Ströbele (2019), S. 93, 96; *Repas/Keresteš*, 49 IIC 299, 302 f. (2018); *Ringelhann/Martin*, 13 JIPLP 625, 626 f. (2018); Eisenführ/Schennen-*Schennen*, UMVO (2017), Art. 74a, Rn. 7; BeckOK MarkenR-*Slopek*, Art. 83 UMV, Rn. 14; *Thünken*, GRUR Prax 2016, 494; *Wagner*, in: Recht als Infrastruktur (2019), S. 61, 72; zum deutschen Markenrecht *Berlit*, GRUR-Prax 2019, 1, 3; *Buckstegge*, Nationale Gewährleistungsmarke (2018), S. 265; Ekey/Bender/Fuchs-Wiesemann-*Ekey*, MarkenR (2019), § 106a MarkenG, Rn. 8; *Figge/Hörster*, MarkenR 2018, 509, 511; *Geiger/Kringer*, MarkenR 2018, 359, 360; *Hacker*, GRUR 2019, 235, 242 f.; *Jung*, IPRB 2019, 112, 113; *Newerla*, IPRB 2019, 41, 42; *Würtenberger/Freischem*, GRUR 2017, 366, 367.

[297] Eisenführ/Schennen-*Schennen*, UMVO (2017), Art. 74a, Rn. 14.

[298] *Fezer*, GRUR 2017, 1188, 1196.

b) Keine Produktverantwortlichkeit durch Zertifizierung

Die Herkunftsfunktion beschreibt jedoch auch die Möglichkeit der Identifikation desjenigen Unternehmens, das für die Qualität eines Produkts verantwortlich gemacht werden kann, weil es die Produktverantwortlichkeit übernimmt. Gewährleistet der Inhaber einer Gewährleistungsmarke gerade das Vorliegen einer bestimmten Eigenschaft und damit eine Mindestqualität des Produkts, könnte dies als Produktverantwortlichkeit im Sinne einer „partiellen Herkunftsfunktion" verstanden werden. Die Produktverantwortlichkeit der Herkunftsfunktion bezieht sich ursprünglich auf das Produkt in seiner Gesamtheit. Nach der marktbezogenen Verkehrserwartung übernimmt eine solche zweifellos der Inhaber einer Individualmarke, der alle Produktionsschritte kontrolliert und beeinflusst oder dies zumindest tun könnte.[299] Auf den Inhaber einer Gewährleistungsmarke trifft diese Einflussnahmemöglichkeit gerade nicht zu.[300] Er erhält lediglich einen Einblick in den Produktionsvorgang oder das Endprodukt, um diese anhand vordefinierter Kriterien zu testen und eine Aussage über ausgewählte Produkteigenschaften zu treffen. Dabei stellt er lediglich das Erfüllen oder Nichterfüllen dieser Kriterien fest und möchte nur insoweit, wie er das Produkt auch untersucht hat, eine Verantwortlichkeit übernehmen. Der Umstand, dass der Markeninhaber die Einhaltung von Spezifikationen kontrolliert ändert nichts daran, dass er nicht an der Herstellung der Waren beteiligt ist und dass die Verantwortung für deren Qualität bei den verschiedenen Herstellern bleibt.[301] Über das Produkt in seiner Gesamtheit urteilt er gerade nicht. Eine inhaltliche Anknüpfung an den Begriff der „Produktverantwortlichkeit" iSd. Herkunftsfunktion scheint damit nicht möglich. Aus Gründen der Begriffsklarheit sollte der Terminus „Herkunftsfunktion" alleine für die Individualmarke Verwendung finden[302] und bei der Gewährleistungsmarke auch nicht von einer „partiellen Herkunftsfunktion" gesprochen werden.

c) Unklare Terminologie des EuGH

Der EuGH drückt sich zu einer Herkunftsfunktion der Gewährleistungsmarke unklar aus:[303] Hinsichtlich einer Individualmarke genügt ihm die Übernahme

---

[299] *Fezer*, GRUR 2017, 1188, 1196.

[300] Vgl. EuGH, Urt. v. 17.10.2019, C-514/18 P, ECLI:EU:C:2019:878, Rn. 41 = GRUR-RR 2020, 100 – *Steirisches Kürbiskernöl* zur Individualmarke.

[301] Vgl. EuGH, Urt. v. 17.10.2019, C-514/18 P, ECLI:EU:C:2019:878, Rn. 40 f. = GRUR-RR 2020, 100 – *Steirisches Kürbiskernöl*; bereits zuvor in diese Richtung EuGH, Urt. v. 8.6.2017, C-689/15, ECLI:EU:C:2017:434, Rn. 45 f. = GRUR 2017, 816 – *Internationales Baumwollzeichen*.

[302] *Buckstegge*, Nationale Gewährleistungsmarke (2018), S. 116.

[303] EuGH, Urt. v. 8.6.2017, C-689/15, ECLI:EU:C:2017:434, Rn. 46, 50 = GRUR 2017, 816 – *Internationales Baumwollzeichen*; zweifelnd auch *Ringelhann/Martin*, 13 JIPLP 625, 629 (2018).

einer Gewährleistung für bestimmte Qualitätsaspekte nicht, um eine Herkunftsfunktion zu erfüllen.[304] Bezugspunkt dieser Funktion sei die Herstel-
lungsverantwortung, nicht eine nachgelagerte Kontrolle. Hingegen „kann eine
solche Gewährleistung gegebenenfalls für die Annahme ausreichen, dass eine
Marke, die keine Individualmarke ist, ihre Funktion als Herkunftshinweis erfüllt. Denn in Art. 66 VO Nr.207/2009 heißt es, dass eine Kollektivmarke ihre
Funktion als Herkunftshinweis erfüllt, […] und nach Art. 74a erfüllt eine Gewährleistungsmarke *diese Funktion*, wenn sie ‚Waren oder Dienstleistungen,
für die der Inhaber der Marke das Material, […] oder anderen Eigenschaften
… gewährleistet, von solchen (unterscheidet), für die keine derartige Gewährleistung besteht.'"[305] Unklar ist dabei, ob sich der EuGH mit „diese Funktion"
auf „Funktion als Herkunftshinweis" bezieht und der Gewährleistungsmarke
damit eine Herkunftsfunktion zuweisen will, oder ob er sich auf „solche Gewährleistung" bezieht, um die Gewährleistungsfunktion als spezifische Funktion der Gewährleistungsmarke herauszustellen.[306]

   In jedem Fall ist seine Formulierung „terminologisch etwas unglücklich".[307]
Zwar stellt der EuGH den maßgeblichen Inhalt einer Gewährleistungsmarke
und ihre Rolle als spezifische Markenkategorie[308] heraus. Sofern damit aber
auch die Anerkennung einer Herkunftsfunktion als untergeordnete Nebenfunktion zusätzlich zur Gewährleistungsfunktion als Hauptfunktion verbunden ist,
bietet sie weder für die Beurteilung einer rechtserhaltenden Benutzung, noch
in der Verletzungssituation einen Mehrwert. Für die rechtserhaltende Benutzung ist – wie der EuGH in derselben Entscheidung sagt – alleine die Hauptfunktion der jeweiligen Markenkategorie entscheidend.[309] Eine eigenständige
Beeinträchtigung der Herkunftsfunktion ist schlecht vorstellbar: Selbst wenn
man davon ausgeht, dass die Gewährleistungsmarke auch auf eine „Herkunft
aus dem Testlabor" des Markeninhabers hinweist, kann dieser Hinweis durch
eine doppeltidentische Verwendung eines dritten Zeichens nicht ohne gleichzeitige Verletzung der Gewährleistungsfunktion beeinträchtigt werden. So, wie
sich der Inhaber einer Individualmarke kein fremdes Produkt zurechnen lassen
muss, will der Inhaber einer Gewährleistungsmarke keine Eigenschaftsgarantie
für fremde, ihm unbekannte und nicht von ihm getestete Produkte übernehmen.

---

[304] EuGH, Urt. v. 8.6.2017, C-689/15, ECLI:EU:C:2017:434, Rn. 45 = GRUR 2017, 816
– *Internationales Baumwollzeichen*; Urt. v. 17.10.2019, C-514/18 P, ECLI:EU:C:2019:878,
Rn. 41 = GRUR-RR 2020, 100 – *Steirisches Kürbiskernöl*.

[305] EuGH, Urt. v. 8.6.2017, C-689/15, ECLI:EU:C:2017:434, Rn. 50 = GRUR 2017, 816
– *Internationales Baumwollzeichen* (eigene Kursivierung).

[306] Verfahrenssprache der Entscheidung war deutsch, auch die englische bzw. französi-
sche Sprachfassung lassen den Bezug nicht klar erkennen.

[307] *Buckstegge*, Nationale Gewährleistungsmarke (2018), S. 116.

[308] *Fezer*, GRUR 2017, 1188, 1194.

[309] EuGH, Urt. v. 8.6.2017, C-689/15, ECLI:EU:C:2017:434, Rn. 42, 46 = GRUR 2017,
816 – *Internationales Baumwollzeichen*; näher unten, § 6 C.

Der Wegfall der Herkunftsfunktion bei der Gewährleistungsmarke lässt auch keine Schutzlücken befürchten.[310] Die Anerkennung einer Herkunftsfunktion neben der Gewährleistungs- und Qualitätsfunktion schüfe eine zusätzliche Markenfunktion ohne eigenständigen rechtlichen Gehalt.

d) Zwischenergebnis

Die positiven ökonomischen Effekte der Gewährleistungsmarke sind nicht auf eine Herkunftsfunktion, sondern auf ihre spezifische Gewährleistungsfunktion zurückzuführen. Mangels Anknüpfungsmöglichkeit an die Termini des „betrieblichen Ursprung" sowie der „Produktverantwortlichkeit" erscheint es begrifflich klarer und inhaltlich konsequenter, die „Herkunftsfunktion" auf die Individualmarke und Kollektivmarke zu beschränken und insofern auch nicht von einer „partiellen Herkunftsfunktion" der Gewährleistungsmarke zu sprechen. Wesentlich für den Umgang mit der Gewährleistungsmarke ist der Bedeutungsverlust der Herkunftsfunktion, die auch nicht im Rang einer „Nebenfunktion" erhalten bleibt. Sofern der EuGH mit seiner Formulierung tatsächlich auf eine Herkunftsfunktion der Gewährleistungsmarke hinweisen wollte, ist sie eine bloße Hülle ohne eigenen rechtlichen Gehalt.

5. Vertrauensschutz als essentielle Grundlage

Wie zuvor gezeigt kann die Gewährleistungsmarke in erheblichem Maße bei der Aufklärung von Produkteigenschaften unterstützen. Verzichten die Nachfrager auf eine eigenständige Überprüfung und orientieren sich stattdessen an den Aussagen des Gewährleistungsmarkeninhabers, erwächst daraus zunächst kein objektiver Erkenntnisgewinn. Ihnen bleibt auch das Prüfverfahren des Gewährleistungsmarkeninhabers verborgen und sie müssen sich auf dessen Ordnungsmäßigkeit verlassen.[311] Es verlagert sich lediglich die Person des Vertrauensempfängers vom Inhaber der Individual- auf den der Gewährleistungsmarke. Erst wenn die Nachfrager ihm vertrauen, können sie von den positiven Wirkungen der Marke profitieren.[312] Das Markenrecht hat sich entschlossen, die Erwartung des tatsächlichen Vorliegens der in der Markensatzung beschriebenen Beschaffenheit zu stabilisieren und schützt in seinen Art. 83 ff. UMVO durch besondere Erfordernisse das Vertrauen der Nachfrager. Sie dürfen die Gewährleistung des Zeicheninhabers berechtigterweise für besonders

---

[310] Ausf. unten, § 2 A. IV. 3. d).

[311] *Belson*, Certification Marks (2017), Rn. 5.43; für „Ecolabels" ferner Rn. 7.68 f.; *Chon* 77 Fordham L. Rev. 2311, 2319 (2009); *Neuendorff*, in: Zertifizierung als Erfolgsfaktor (2016), S. 471, 472 sieht Nachfrager bei Zertifizierungen daher in einem *moral hazard*.

[312] *Wagner*, in: Recht als Infrastruktur (2019), S. 61, 74; empirische Nachweise zur Glaubwürdigkeit des Markeninhabers als Haupteinflussfaktor auf die Effektivität des Markeneinsatzes bei *Haenraets/Ingwald/Haselhoff*, der markt 2012, 147, 156.

vertrauenswürdig halten,[313] was aus den zusätzlichen Voraussetzungen der Markeninhaberschaft, des Satzungserfordernisses und den rechtlichen Sanktionen bis hin zum Markenverfall folgt.[314] Sichergestellt werden damit die Neutralität und Objektivität des Markeninhabers, die Transparenz der Prüfung und die Kontrolle der markierten Produkte.

a) Neutralität und Objektivität

Die Inhaberschaft einer Gewährleistungsmarke unterscheidet sich von der einer Individual- oder Kollektivmarke durch ihr Neutralitätsgebot.[315] Art. 83 Abs. 2 UMVO verbietet, dass der Anmelder und spätere Inhaber der Gewährleistungsmarke eine gewerbliche Tätigkeit ausübt, die die Lieferung von Waren oder Dienstleistungen, für die eine Gewährleistung besteht, umfasst. Das Gebot betont den „neutralen" Charakter einer Gewährleistungsmarke,[316] der als „das zentrale Rechtsprinzip […] unabdingbare Legitimationsgrundlage einer markenrechtlichen Gewährleistung" ist.[317] Nur wenn die Zeichenvergabe unabhängig von Eigeninteressen und (übermäßigem) Gewinnstreben erfolgt, ist das Vertrauen des Verkehrs gerechtfertigt.[318] Der Nachfrager kann von der Unabhängigkeit und Glaubwürdigkeit der Zertifizierungsstelle ausgehen und läuft nicht Gefahr, sich angesichts der Vielzahl von Gütesiegeln am Markt[319] auf eine vom Hersteller selbst durchgeführte und daher nicht objektive Produktprüfung zu verlassen.[320] Liegt bei Individual- und Kollektivmarke zwischen Markeninhaber und -nutzer ein Näheverhältnis vor, ist bei der Gewährleistungsmarke Distanz erforderlich.[321] Um dem Sinn und Zweck von Art. 83 Abs. 2 UMVO gerecht zu werden und jegliche Konflikte zu vermeiden, ist die Distanz und damit der Ausschluss der gewerblichen Tätigkeit weit zu verstehen. Es kann nicht auf eine nur rechtliche, sondern muss auf eine

---

[313] Vgl. *Belson*, Certification Marks (2017), Rn. 5.43 („legalized trust"); *ders.*, 24(7) E.I.P.R. 340, 347 (2002); *Wagner*, in: Recht als Infrastruktur (2019), S. 61, 75.

[314] Vgl. *Geiger/Kringer*, MarkenR 2018, 359, 363; mit Blick auf das englische Recht *Belson*, Certification Marks (2017), Rn. 5.44–5.51; *ders.*, 24(7) E.I.P.R. 340, 347 f. (2002).

[315] Ekey/Bender/Fuchs-Wisemann-*Ekey*, MarkenR (2019), § 97 MarkenG, Rn. 24; *Geiger/Kringer*, MarkenR 2018, 359, 361; *González*, 7 JIPLP 251, 253 (2012).

[316] *Leister/Romeike*, GRUR Int. 2016, 122, 126.

[317] *Fezer*, GRUR 2017, 1188, 1192.

[318] *Buckstegge*, Nationale Gewährleistungsmarke (2018), S. 46, 235; ähnlich Ekey/Bender/Fuchs-Wisemann-*Ekey*, MarkenR (2019), § 106b MarkenG, Rn. 3.

[319] *Barron*, 11 Marqu. Intell. Prop. L. Rev. 413, 418 f., 438, 440 f. (2007); *Chon*, 77 Fordham L.Rev. 2311, 2332, 2343 f. (2009).

[320] *Ayres/Brown*, 104 Mich. L. Rev. 1639, 1643 (2006); *Barron*, 11 Marqu. Intell. Prop. L. Rev. 413, 435 f. (2007); *Dröge*, GRUR 2017, 1198, 1202; *Fezer*, GRUR 2017, 1188, 1192; *Leister/Romeike*, GRUR Int. 2016, 122, 126; *Wagner*, in: Recht als Infrastruktur (2019), S. 61, 74; vgl. BeckOK MarkenR-*Vohwinkel*, § 106a MarkenG, Rn. 3.

[321] *Wagner*, in: Recht als Infrastruktur (2019), S. 61, 74; vgl. Ekey/Bender/Fuchs-Wisemann-*Ekey*, MarkenR (2019), § 97 MarkenG, Rn. 24.

wirtschaftliche Trennung ankommen.[322] Dementsprechend legt das EUIPO die Neutralitätspflicht umfassend aus, sodass der Inhaber „kein wirtschaftliches (geschäftliches) Interesse auf dem betreffenden Markt haben" darf.[323]

Die Objektivität der Qualitätsprüfung und Zeichenvergabe wird unter anderem dadurch gewährleistet, dass die Markensatzung Regelungen zur Zertifizierungsmethode enthalten muss.[324] Art. 91 lit. a) UMVO sichert das Neutralitätserfordernis dadurch ab, dass die Marke bei fehlender Neutralität des Inhabers verfallsreif wird.

b) *Transparenz*

Durch das Erfordernis einer Markensatzung in Art. 84 UMVO und die Inhaltsbestimmung in Art. 17 UMDVO hat der Markeninhaber die gewährleisteten Produktmerkmale, aber auch die Modalitäten der Produktprüfung und -kontrolle sowie die Nutzungsbedingungen samt Sanktionen offenzulegen und hierdurch eine Transparenz seiner Prozesse zu schaffen.[325] Dadurch können sich nicht nur Nachfrager über Gewährleistungsinhalt und Vergabeprozess des Zeichens informieren,[326] sondern auch potentielle Lizenznehmer.[327] Da dies Voraussetzung für die effizienzsteigernde Wirkung der Marke ist, sollte eine einfache und kostengünstige Einsichtnahme ermöglicht werden. Zwar können auch in der Satzung einer Kollektivmarke bestimmte Produkteigenschaften als Nutzungsvoraussetzung samt entsprechenden Sanktionen geregelt werden.[328] Sie erfordert jedoch keine Angaben zu Prüfung und Überwachung des tatsächlichen Vorliegens dieser Eigenschaften bei den Produkten.[329] Ihr gegenüber ergibt sich aus der Veröffentlichung auch des Kontrollmechanismus eine erhöhte Transparenz der Gewährleistungsmarke.[330]

---

[322] BeckOK UMV-*Bartos*, Art. 83, Rn. 9.1; *Buckstegge*, Nationale Gewährleistungsmarke (2018), S. 237 f.; *Dröge*, GRUR 2017, 1198, 1199; *Thünken*, GRUR Prax 2016, 494; vgl. Ekey/Bender/Fuchs-Wiesemann-*Ekey*, MarkenR (2019), § 106b MarkenG, Rn. 5.

[323] EUIPO, Prüfungsrichtlinien Teil B, Abschnitt 4, Kap. 16, 4 (Stand 1.3.2021).

[324] *Leister/Romeike*, GRUR Int. 2016, 122, 126; aufbauend auf der Markensatzung steht jedem Anbieter satzungskonformer Produkte ein Nutzungsanspruch zu, vgl. § 7 E. II.

[325] *Wagner*, in: Recht als Infrastruktur (2019), S. 61, 68 f., 75; vgl. *Geiger/Kringer*, MarkenR 2018, 359, 362, 364 f.; Ekey/Bender/Fuchs-Wiesemann-*Ekey*, MarkenR (2019), § 106d MarkenG, Rn. 1.

[326] Vgl. *Geiger/Kringer*, MarkenR 2018, 359, 364 f.

[327] *Grabrucker*, in: FS Ströbele (2019), S. 93, 98.

[328] Vgl. Art. 74 Abs. 1, 75 Abs. 2 UMVO; Art. 16 lit. g) UMDVO; EUIPO, Prüfungsrichtlinien Teil B, Abschnitt 2, 8.2.3.1 (Stand 1.3.2021).

[329] Vgl. Art. 16, 17 lit. h) UMDVO.

[330] *Wagner*, in: Recht als Infrastruktur (2019), S. 61, 75; der deutsche Gesetzgeber bezeichnet „Transparenz" zusammen mit „Neutralität" und „Überprüfung" als Hauptmerkmal von Gewährleistungsmarken, Gesetzesbegründung MaMoG, BT-Drucks. 19/2898, S. 88.

c) Kontrolle

Die Tätigkeit des Markeninhabers darf sich nicht nur auf die einmalige Prüfung des Produkts beschränken. Erforderlich ist daneben eine fortlaufende Kontrolle, ob auch die weiteren, vom Anbieter mit der Gewährleistungsmarke versehenen Produkte die satzungsmäßige Beschaffenheit aufweisen sowie ein anschließendes Vorgehen gegen eine satzungswidrige Zeichenverwendung.[331] Hierfür hat die Markensatzung Angaben zu Art und Weise der Kontrollen sowie Sanktionen vorzusehen. Auch die Kontroll- und Sanktionspflicht schützt das Vertrauen der Nachfrager darauf, dass alle mit der Gewährleistungsmarke versehenen Produkte die in der Satzung bestimmte Beschaffenheit aufweisen.[332] Art. 91 lit. b) UMVO stabilisiert ihre Erwartung zusätzlich, indem er den Verfall der Marke androht, falls der Markeninhaber keine angemessenen Maßnahmen ergreift, um eine nicht im Einklang mit den Benutzungsbedingungen der Satzung stehende Nutzung seiner Marke zu verhindern. Insbesondere bei der Produktkontrolle nimmt das Recht jedoch auch auf die wirtschaftlichen Interessen und Möglichkeiten des Markeninhabers Rücksicht, wie im Folgenden gezeigt wird.

aa) Kompetenz zur Zertifizierung

Die (fachliche) Kompetenz des Markeninhabers zur Durchführung der Produktkontrolle und -überwachung wird im Anmeldeverfahren nicht geprüft. Eine solche Klausel enthielt zwar der Kommissionsentwurf zur Änderung der Gemeinschaftsmarkenverordnung[333] in Anlehnung an eine vergleichbare Bestimmung der englischen Markenpraxis,[334] hätte jedoch zu einer erheblichen Mehrbelastung des Markenamtes und damit Verlängerung des Anmeldeverfahrens geführt.[335] Dass sich die Klausel nicht in der beschlossenen Fassung der UMVO befindet, ist daher als gesetzgeberische Entscheidung gegen die Kompetenzprüfung zu werten. Im nationalem Markenrecht kann eine Kompetenzprüfung gem. Art. 28 Abs. 2 UAbs. 2 MarkenRL hingegen verankert werden. Auf europäischer Ebene geht man wohl davon aus, dass mittelfristig der Markt

---

[331] *Dröge*, MarkenR 2016, 549, 558; *Figge/Techert*, MarkenR 2016, 181, 187; *Grabrucker*, in: FS Ströbele (2019), S. 93, 101; siehe dazu auch § 2 B. III. 2.

[332] Vgl. *Belson*, Certification Marks (2017), Rn. 5.43; für die Gewährleistungsmarke im deutschen Markenrecht BT-Drucks. 19/2898, S. 92.

[333] Vorschlag zur Änderung der VO (EG) Nr. 207/2009 über die Gemeinschaftsmarke vom 27.3.2013, COM(2013) 161 final, Art. 74b, Abs. 2 lit. b), S. 27.

[334] Paragraph 7(1)(b) of Schedule 2 UKTMA 1994, handelt es sich beim Anmelder einer Gewährleistungsmarke nicht um einen etablierten Handelsverband oder ein Ministerium, müssen uU. im Eintragungsverfahren Kompetenznachweise vorgelegt werden, vgl. *IPO* (Hrsg.), Trade marks manual (2020), Ch. 4, 3.4.1; dazu auch *Belson*, Certification Marks (2017), Rn. 3.70 f.

[335] BeckOK MarkenR-*Slopek*, Art. 83 UMV, Rn. 18.

die Qualifikation und Kompetenz des Gewährleistungsmarkeninhabers besser beurteilen kann als das Markenamt.[336] Zeigt sich ihr Fehlen, kann darauf notfalls mit dem Markenverfall gem. Art. 91 lit. b) UMVO reagiert werden.

bb) Umfang

Der tatsächliche Umfang der Kontrollpflicht ist noch ungeklärt.[337] Angesichts der heutigen Massengeschäfte kann vom Markeninhaber jedoch keine Kontrolle jedes mit seinem Zeichen versehenen Produkts vor dem Inverkehrbringen durch den Hersteller fordert werden. Eine Einzelprüfung würde den Markeninhaber angesichts unterschiedlicher Markennutzer vor eine unfassbare Anzahl zu zertifizierender Produkte stellen, den Markennutzer vor um ein Vielfaches höhere Kosten. Beide Aspekte trügen nicht zur Verbreitung der Gewährleistungsmarke bei. Ausreichend ist daher eine nachlaufend ausgestaltete Kontrolle,[338] die sich auf sporadische Stichproben beschränkt.[339] Tests in regelmäßigen Abständen müssen sicherstellen, dass die zertifizierten Produkte nach wie vor über die satzungsmäßig bestimmte Beschaffenheit verfügen. Die konkreten Prüfungs- und Überwachungsmaßnahmen hängen letztlich von den Umständen des Einzelfalls ab, insbesondere von der Methode und Häufigkeit der Maßnahmen und der Qualifikation der kontrollierenden Personen und Faktoren, die eine intensivere Kontrolle auslösen.[340] Solche Faktoren können zum einen in den gewährleisteten Eigenschaften[341] und den damit zusammenhängenden Rechtsgütern selbst zu sehen sein. Bei Marken, deren Gewährleistungsgehalt sich auf Lebewesen oder die Gesundheit bezieht, etwa weil sie für eine spezielle Tierhaltung stehen[342] kann eine engmaschigere Kontrolle angezeigt

---

[336] BeckOK MarkenR-*Slopek*, Art. 83 UMV, Rn. 18.

[337] *Geiger/Kringer*, MarkenR 2018, 359, 365, 367; *Thünken*, GRUR-Prax 2016, 494, 495; mit ersten Überlegungen dazu *Grabrucker*, in: FS Ströbele (2019), S. 93, 101 f.

[338] Vgl. so auch Ekey/Bender/Fuchs-Wiesemann-*Ekey*, MarkenR (2019), § 106b MarkenG, Rn. 3; *Dröge*, MarkenR 2016, 549, 551.

[339] So noch EUIPO, Prüfungsrichtlinien, Teil B, Abschnitt 4, Kap. 16, 5.3.3 (Stand 1.2.2020), nun eher wage, vgl. Teil B, Abschnitt 2, 8.3.3.1 (Stand 1.3.2021); für Stichprobenkontrollen Ekey/Bender/Fuchs-Wiesemann-*Ekey*, MarkenR (2019), § 106d MarkenG, Rn. 20; mit der Einschränkung auf Waren des täglichen Bedarfs *Grabrucker*, in: FS Ströbele (2019), S. 93, 102.

[340] Vgl. EUIPO, Prüfungsrichtlinien, Teil B, Abschnitt 2, 8.3.3.1 (Stand 1.3.2021), ohne nähere Ausführungen oder Beispiele dieser „Faktoren"; im deutschen Markenrecht sollen die Prüf- und Überwachungspflichten ausdrücklich keine allgemeine Marktbeobachtungspflicht begründen oder zu einer Stellung als (Quasi-)Hersteller iSd. § 4 Abs. 1 S. 2 ProdHaftG führen, BT-Drucks. 19/2898, S. 92.

[341] *Dissmann/Somboongvong*, GRUR 2016, 657, 662.

[342] Vgl. UGM *DEUTSCHER TIERSCHUTZBUND FÜR MEHR TIERSCHUTZ ZERTIFIZIERT NACH RICHTLINIEN DES DEUTSCHEN TIERSCHUTZBUNDES tierschutzlabel.info Premiumstufe* (Nr. 017889448).

sein als bei Marken, die zB. eine besondere Eignung von Bohrern[343] und Dübeln[344] oder die besondere Qualität von Polyurethan-Hartschaum[345] betreffen. Ein solcher Faktor kann zum anderen aber auch im Verhalten eines einzelnen Markennutzers liegen. Fiel er durch einen Verstoß gegen die Nutzungsbedingungen auf, kann der Markeninhaber bei ihm zu einer Erhöhung der Kontrolldichte verpflichtet sein. Eine solche oder ähnliche Maßnahme, etwa die Ablieferung von Messergebnissen durch den Nutzer in kürzeren Abständen, ist als Sanktion und zur Wahrung des Verhältnismäßigkeitsgrundsatzes vor einem Entzug der Nutzungserlaubnis angezeigt.[346]

cc) Ausübung durch Dritte

Mit dem Kontrollumfang zusammen hängt auch die Frage, ob die Kontrollen zwingend durch den Markeninhaber selbst durchzuführen sind, oder ob er auch Dritte damit beauftragen kann. Art. 83 Abs. 1 UMVO bleibt indifferent und bestimmt lediglich, dass der Markeninhaber eine Gewährleistung übernimmt. Nach Art. 84 Abs. 2 UMVO muss die Satzung Angaben zur „Art und Weise, wie die betreffende Stelle diese Eigenschaften zu prüfen und die Benutzung der Marke zu überwachen hat", enthalten. Ihrem Wortlaut „die betreffende Stelle" nach setzt die Norm eine Kontrolle durch den Markeninhaber selbst nicht voraus.[347] Vielmehr lässt Art. 84 Abs. 2 UMVO ausdrücklich die Möglichkeit offen, die Einhaltung der Qualitätskriterien durch einen unabhängigen Dritten zu kontrollieren.[348] Stets fällt die Überwachung aber in den Verantwortungsbereich des Markeninhabers.[349] Zur Sicherung sorgfältiger Kontrolle kann bei einer hohen Zahl an Markennutzern oder aufwändigen Prüfungsprozessen eine Unterstützung durch Dritte gerade erforderlich sein.[350] Das EUIPO erkennt an, dass in einigen Fällen die Notwendigkeit einer Zusammenarbeit des Markeninhabers mit „spezialisierten externen Prüfern und/oder Überwachern" bestehe und fordert keine Prüfung durch den Zeicheninhaber selbst.[351]

---

[343] Vgl. UGM *Prüfgemeinschaft Mauerwerk e.V.* (Nr. 017321738).

[344] Vgl. UGM *Sprinklerlogo* (Nr. 017564873).

[345] Vgl. UGM *ÜGPU GEPRÜFT PU* (Nr. 017850173).

[346] *Grabrucker*, in: FS Ströbele (2019), S. 93, 101.

[347] Ekey/Bender/Fuchs-Wiesemann-*Ekey*, MarkenR (2019), § 106d MarkenG, Rn. 17.

[348] *Bender*, Unionsmarke (2018), Rn. 946; *Dissmann/Somboongvong*, GRUR 2016, 657, 661 f.; *Dröge*, MarkenR 2016, 549, 555; *Figge/Techert*, MarkenR 2016, 181, 187; *Repas/Keresteš*, 49 IIC 299, 314 f. (2018).

[349] EUIPO, Prüfungsrichtlinien, Teil B, Abschnitt 2, 8.3.3.1 (Stand 1.3.2021); *Figge/Techert*, MarkenR 2016, 181, 187.

[350] Vgl. zum deutschen Markenrecht Ekey/Bender/Fuchs-Wiesemann-*Ekey*, MarkenR (2019), § 106d MarkenG, Rn. 17 f.

[351] EUIPO, Prüfungsrichtlinien, Teil B, Abschnitt 2, 8.3.3.1 (Stand 1.3.2021).

6. Zwischenergebnis

Die Gewährleistungsmarke reduziert ähnlich einer Individualmarke die Informationskosten sowie die für Nachfrager verbleibende Unsicherheit. Dadurch, dass sich der Informationsgehalt der Gewährleistungsmarke auf satzungsmäßig festgelegte Angaben bezieht, ist ihre Beschaffenheitsaussage zwar enger gefasst, kann in diesem Bereich jedoch ungleich stärker zur Informationskosten- und Unsicherheitsreduktion beitragen. Im Unterschied zu einer Individualmarke kann die Gewährleistungsmarke bereits in einer Erstkauf-Situation Aussagen über Such-, Erfahrungs- sowie Kalkül-Erfahrungseigenschaften und Kalkül-Vertrauenseigenschaften ermöglichen und wandelt diese so in Sucheigenschaften. Zudem vereinfacht die Gewährleistungsmarke bei Vertrauenseigenschaften eine Ergebniskontrolle und vermag so auch komplexe Aussagen über die Produktbeschaffenheit gut zu vermitteln.

Ihr positiver Effekt beim Erstkauf ist auf die Vertrauenswürdigkeit der Markenkategorie zurückzuführen. Das Markenrecht stabilisiert die Erwartungshaltung der Nachfrager durch eine Neutralitätspflicht des Zeicheninhabers, die Transparenz seiner Gewährleistung und Tätigkeit und zuletzt die Pflicht zu Produktkontrollen und Sanktionen. Bei der Produktkontrolle durch den Markeninhaber oder Dritte genügt grundsätzlich eine nachlaufend ausgestaltete Stichprobenkontrolle, wobei der konkrete Umfang auch von den gewährleisteten Eigenschaften abhängt. Gleichzeitig setzt die Gewährleistungsmarke ihrem Inhaber wie Nutzer einen Anreiz zur Beibehaltung hoher Produktqualität: Um das Vertrauen der Nachfrager und deren Goodwill zu bewahren, stellt der Markeninhaber durch kontinuierliche Produktkontrollen sicher, dass sein Zeichen nur für satzungskonforme Produkte genutzt wird. Bedeutet die Gewährleistungsmarke für ihre Nutzer einen Absatzvorteil, haben auch sie ein Interesse daran, durch eine konstante Produktqualität dauerhaft zur Nutzung der Marke berechtigt zu bleiben. Diese Wirkung ähnelt zwar der einer Individualmarke, wird bei der Gewährleistungsmarke aber nicht durch die Zuordnungsmöglichkeit zu einem produktverantwortlichen Hersteller hervorgerufen. Stattdessen überprüft der Inhaber einer Gewährleistungsmarke als objektiver Dritter die Produkte unterschiedlicher Hersteller und übernimmt eine Gewährleistung für das Vorliegen bestimmter Eigenschaften. Der Gewährleistungsmarke als eigene Markenkategorie kommt somit eine spezifische Gewährleistungsfunktion zu. Aussagen über den „betrieblichen Ursprung" oder die „Produktverantwortlichkeit" sind mit ihr gerade nicht verbunden. Der EuGH drückt sich hierzu indes unklar aus. Sofern er der Gewährleistungsmarke eine Herkunftsfunktion als Nebenfunktion zuweisen will, käme ihr kein eigenständiger Inhalt zu.

IV. Funktionsbeeinträchtigung der Gewährleistungsmarke

Die Funktionsbeeinträchtigung einer Gewährleistungsmarke wurde in der Rechtsprechung des Europäischen Gerichtshofs noch nicht beurteilt.

Unsicherheit besteht daher im Hinblick auf den Schutzumfang von Gewährleistungsmarken, insbesondere inwieweit sie gegen identische oder ähnliche
Individualmarken oder Kollektivmarken geschützt sind oder sich gegen andere
Gewährleistungsmarken verteidigen können.[352] Dem Aussagegehalt der Gewährleistungsmarke folgend ist nicht auf die Beeinträchtigung einer Her-
kunfts-, sondern der Gewährleistungsfunktion abzustellen, welche durch Lizenznehmer oder Dritte bzw. in Form aller Markenkategorien erfolgen kann.

1. Gewährleistungsfunktion entscheidend

Wie auch bei der Individualmarke muss das Markenrecht dann eingreifen,
wenn eine Nutzungshandlung die positiven Wirkungen der Gewährleistungsmarke und die Markttransparenz beeinträchtigt. Dabei geht es informationsökonomisch nicht um eine Zuordnung des Produkts an einen Produktverantwortlichen, sondern um die Zuordnung konkreter, satzungsmäßig beschrie-
bener Eigenschaften zu einem bestimmten Produkt. Wird sie gestört, gehen die
Nachfrager von einer Beschaffenheit aus, die tatsächlich nicht vorliegt und verlieren bei einer Enttäuschung ihrer Erwartung das Vertrauen in die Marke.
Über den konkreten Fall hinaus geht die Fähigkeit der Marke verloren, als Informationssubstitut zu dienen und dadurch die Markttransparenz zu erhöhen.
Führt die unberechtigte Zeichennutzung zu einer Zuordnungsverwirrung,
kommt es durch Übernutzung zum Wertverlust der Marke und die Zeichenverwendung wirkt rivalisierend. Aufgrund des nachlassenden Vertrauens der
Nachfrager schwindet das Interesse der Anbieter an der Produktzertifizierung
und Lizenzierung der Gewährleistungsmarke und damit ihre Anreizwirkung.
Die ökonomischen Folgen einer unberechtigten und verwirrenden Zeichennutzung bei der Gewährleistungsmarke entsprechen dabei denen der Individualmarke. Die positiven Effekte der Gewährleistungsmarke sind auf ihre spezifische Gewährleistungsfunktion zurückzuführen, sodass nicht auf die Beeinträchtigung der Herkunfts-, sondern der Gewährleistungsfunktion abzustellen
ist.[353] In sprachlicher Anlehnung an die Herkunftsfunktion ist von einer Beeinträchtigung der Gewährleistungsfunktion immer dann auszugehen, wenn der
Dritte durch seine Zeichennutzung den Eindruck erweckt, der Inhaber der Gewährleistungsmarke garantiere das Vorliegen der satzungsmäßig definierten
Eigenschaften im gekennzeichneten Produkt. Nicht erfasst ist dabei der Eindruck einer „wirtschaftlichen Verbundenheit" zwischen Drittem und Markeninhaber. Dieser Eindruck ist bei der Individualmarke deshalb miteingeschlos-
sen,　　weil　　die　　Herkunftsfunktion　　als　　„Übernahme　　der

---

[352] Vgl. *Dröge*, MarkenR 2016, 549, 557; *Geiger/Kringer*, MarkenR 2018, 359, 364, 367;
Würtenberger/Freischem, GRUR 2017, 366, 367.
[353] *Fezer*, GRUR 2017, 1188, 1197; zum deutschen MarkenG *Buckstegge*, Nationale Gewährleistungsmarke (2018), S. 265.

Produktverantwortlichkeit" verstanden wird.[354] Zu einer Zuordnungsverwirrung kommt es, wenn Produkte unterschiedlichen Ursprungs fälschlicherweise
demselben Produktverantwortlichen zugeschrieben werden. Der Inhaber einer
Gewährleistungsmarke übernimmt nur eine Garantie für die satzungsmäßig be-
schriebene Beschaffenheit, nicht aber die Verantwortlichkeit für die Produktqualität in ihrer Gesamtheit. Da er dem produktverantwortlichen Individualmarkeninhaber zudem neutral gegenübersteht und eine wirtschaftliche Verbundenheit der beiden Akteure gerade nicht bestehen darf, kann der Eindruck einer
solchen Verbundenheit keine Funktionsverletzung begründen.

Im Identitätstatbestand kann eine Verletzung der Gewährleistungsmarke im
Identitätsbereich in zwei unterschiedlichen Konstellationen erfolgen:[355] Im ersten Fall verwendet ein Lizenznehmer als grundsätzlich nutzungsberechtigter
Anbieter das Zeichen für Produkte, die nicht überprüft wurden oder den erforderlichen Kriterien nicht entsprechen. Im zweiten Fall gehört der Verwender
eines identischen Zeichens nicht zum durch die Satzung definierten Kreis der
Nutzungsberechtigten. Dabei kann die Gewährleistungsmarke mit zeichen-
identischen Gewährleistungs-, Kollektiv- oder Individualmarken kollidieren.

2. Beeinträchtigung durch Lizenznehmer

a) Beeinträchtigung ergibt sich aus Satzung

Mit der Nutzung der Gewährleistungsmarke für seine Produkte bringt der Lizenznehmer die Beschaffenheitsgarantie des Zeicheninhabers zum Ausdruck.
Die Reichweite dieser Garantie erfasst jedoch nicht ohne Weiteres alle Produkte, die unter der Verantwortung des Lizenznehmers hergestellt wurden,
sondern bemisst sich nach Art und Umfang der mit der Marke gewährleisteten
Eigenschaften: Beziehen sie sich auf Grundstoffe der Warenproduktion, können alle Erzeugnisse, die vom Lizenznehmer hieraus hergestellt wurden, mit
der Marke versehen werden. Ist der Garantiegehalt beispielsweise der „Fair
Trade"-Anbau von Kakaobohnen oder Baumwolle und bezieht der Lizenznehmer ausschließlich Grundstoffe, die diese Anforderung erfüllen, kann er auch
alle Endprodukte aus sämtlichen seiner Betriebsstätten mit der Gewährleistungsmarke versehen. Bezieht sich der Garantiegehalt hingegen auf den Herstellungsprozess als solchen, etwa die Einhaltung von Sozialstandards, muss
jedes einzelne Glied der Fertigungskette und somit jede einzelne Betriebsstätte,
vom Markeninhaber zertifiziert sein. Eine Markenverwendung für Produkte
aus einem nicht zertifizierten Betrieb entspricht dann nicht den Benutzungsbe-
stimmungen der Satzung. Gleiches gilt, wenn der Markennutzer die satzungsmäßig erforderlichen Produkteigenschaften nicht mehr einhält. In beiden

---

[354] Vgl. näher § 2 A. II. 1. a).
[355] Diese Fallgruppen unterscheidet bereits *Dröge*, MarkenR 2016, 549, 557; *ders.*,
GRUR 2017, 1198, 1201.

Fällen erweckt er den unzutreffenden Eindruck, der Gewährleistungsmarkeninhaber übernehme eine Beschaffenheitsgarantie für die Waren. Damit hängt
die Beeinträchtigung der Gewährleistungsfunktion durch einen Lizenznehmer
von den garantierten Eigenschaften ab und ist deshalb unter Rückgriff auf die
Markensatzung zu bestimmen.

b) Art. 25 Abs. 2 lit. e) UMVO rein deklaratorisch

Die Relevanz der Markensatzung für die Funktionsbeeinträchtigung wirft die
Frage nach der verbleibenden Bedeutung von Art. 25 Abs. 2 lit. e) UMVO für
die Gewährleistungsmarke auf. Dieser deklariert den Verstoß des Lizenznehmers gegen ua. die lizenzvertraglich bestimmte Produktqualität als Markenverletzung. Bei der Individualmarke bedarf es einer ausdrücklichen, konstitutiv
wirkenden Regelung deshalb, weil sich bei ihr Produktbeschaffenheit und Nutzungsbedingungen nicht unmittelbar aus den Vorschriften dieser Markenkategorie selbst ergeben. Sie werden gegebenenfalls erst im Lizenzvertrag präzisiert. Das Sanktionsinstrument des Art. 25 Abs. 2 UMVO fungiert dann als
Korrelat zur Herkunftsfunktion als Qualitätsverantwortlichkeit. Bei der Gewährleistungsmarke sind Angaben zu den gewährleisteten Eigenschaften und
Benutzungsbedingungen gem. Art. 84 Abs. 2 UMVO obligatorisch. Erfüllen
Produkte die Beschaffenheitsanforderung nicht mehr, übernimmt der Markeninhaber keine Gewährleistung. Die Nutzungsbefugnis erlischt und die weitere
Markennutzung verletzt die Gewährleistungsfunktion. Der Rückgriff auf die
allgemeine lizenzrechtliche Regelung des Art. 25 Abs. 2 lit. e) UMVO ist nicht
erforderlich, ihr kann bei der Gewährleistungsmarke lediglich deklaratorische
Wirkung zukommen. Konsequenterweise ist der Qualitätsbegriff des Art. 25
Abs. 2 lit. e) UMVO für die Gewährleistungsmarke dann auf die Beschaffenheitsbeschreibung ihrer Satzung zu beschränke; ein darüber hinausgehender
Gehalt ist aufgrund der neutralen Rolle des Markeninhabers nicht anzuerkennen.[356]

3. Beeinträchtigung durch Dritte

Neben dem Lizenznehmer können auch Dritte die Gewährleistungsfunktion
beeinträchtigen. Hier sind zwei Fälle denkbar: Zum einen beim originären Vertrieb eigener Produkte des Dritten, zum anderen beim Wiederbefüllen von Behältnissen, auf denen die Gewährleistungsmarke abgebildet ist, wenn der Originalinhalt des Behältnisses vom Zeicheninhaber geprüft wurde und den satzungsmäßigen Beschaffenheitsvoraussetzungen entsprach.

---

[356] Vgl. ausf. § 2 B. IV. 2.

a) *Regelmäßig Produktidentität*

Wird eine Individualmarke als Gütezeichen oder für Produkttests verwendet und als Dienstleistungsmarke für die Prüf- und Zertifizierungstätigkeit eingetragen, scheidet Produktidentität bei einer unberechtigten Verwendung des Zeichens auf Waren Dritter, die damit ihre besondere Produktqualität betonen wollen, aus.[357] Die Anmeldung der Gewährleistungsmarke hingegen erfolgt für die Waren oder Dienstleistungen, für die der Markeninhaber die Gewährleistung übernimmt.[358] Verwendet ein Dritter die Gewährleistungsmarke für gleiche Produkte, um auf eine angebliche Zertifizierung aufmerksam zu machen, liegt stets Produktidentität vor. Das Schutzproblem der als Individualdienstleistungsmarke eingetragenen Zertifizierungstätigkeiten entsteht nicht. Eine für Dienstleistungen eingetragene Gewährleistungsmarke garantiert jedoch nur ausgewählte Merkmale der Dienstleistung wie zB. einen überobligatorischen Arbeitsschutz, nicht das infolge der Tätigkeit erwartete Ergebnis. Praktisch relevant wird dies bei einer Markeneintragung für Dienstleistungen der Weiterbildung oder beruflichen Qualifikation:[359] Das Zeichen wird von dem die Weiterbildung anbietenden Unternehmen oder Dritten, die in dessen Auftrag Kurse geben, genutzt und steht für Spezifika des Bildungsprogramms. Sein Gewährleistungsinhalt ist nicht, dass der erfolgreiche Absolvent nach der Weiterbildung qualitativ höherwertige Dienstleistungen erbringen kann.[360] Eine produktidentische Verwendung der Marke kann daher nur durch andere Unternehmen, die ebenfalls Weiterbildungen anbieten, erfolgen, nicht aber durch Absolventen des zertifizierten Programms, die mit der Zeichennutzung auf ihre erfolgreiche Teilnahme aufmerksam machen wollen.

b) *Vertrieb eigener Produkte*

Verwendet ein Anbieter die Gewährleistungsmarke ohne vorherige Zertifizierung seiner Produkte, erweckt er damit den Eindruck, der Markeninhaber trete bei ihnen für das Vorliegen der satzungsmäßigen Beschaffenheit ein. Mangels eigener Prüfung möchte er tatsächlich keine Gewährleistung übernehmen. Aufgrund der fehlenden Prüfungsmöglichkeit ist es unerheblich, ob die Produkte des Dritten tatsächlich über die mit der Gewährleistungsmarke zertifizierte Beschaffenheit verfügen oder nicht.

---

[357] Vgl. dazu § 2 A. II. 2. b).
[358] EUIPO, Prüfungsrichtlinien, Teil B, Abschnitt 4, Kap. 16, 3.3 (Stand 1.3.2021); auch *Dröge*, MarkenR 2016, 549, 553; *Geiger/Kringer*, MarkenR 2018, 359, 366.
[359] Auch zum Folgenden *Dröge*, MarkenR 2016, 549, 552; zum deutschen Markenrecht Ekey/Bender/Fuchs-Wiesemann-*Ekey*, MarkenR (2019), § 106a MarkenG, Rn. 5.
[360] Dies scheidet schon aufgrund der regelmäßig fehlenden Kontrolle der später vom Absolventen erbrachten Leistungen durch den Gewährleistungsmarkeninhaber aus.

c) Wiederbefüllen von Behältnissen mit Waren anderer Hersteller

Mit dem Inverkehrbringen der markierten Waren mit Zustimmung des Markeninhabers tritt gem. Art. 15 Abs. 1 UMVO Erschöpfung seines markenrechtlichen Ausschließlichkeitsrechts ein. Zwar ist die dem Erschöpfungsgrundsatz zugrunde liegende Gefahr, der Zeicheninhaber könne mittels seiner Markenrechte den Warenvertrieb sowie (nachgelagerte) Märkte kontrollieren,[361] aufgrund des neutralen Charakters der Gewährleistungsmarke von geringerer Bedeutung. Er findet aufgrund des Verweises in Art. 83 Abs. 3 UMVO nichtsdestotrotz Anwendung. Hierzu kommt es nach Art. 15 Abs. 2 UMVO jedoch nicht, wenn berechtigte Gründe des Markeninhabers vorliegen. Die dabei vorzunehmende Interessenabwägung zwischen den Interessen des Markeninhabers an der Kontrolle der Waren und den Interessen der übrigen Wirtschaftsteilnehmer an einem freien Warenverkehr[362] hat sich ebenfalls am Wesen der Gewährleistungsmarke zu orientieren: Wird beim Wiederbefüllen von Behältnissen der verbrauchte Originalinhalt durch Waren eines Drittanbieters ersetzt, ist nicht auf die fälschliche Zurechnung der Nachfüllware an den Inhaber der auf dem Behältnis abgebildeten Individualmarke abzustellen, sondern auf das Einstehen-Wollen durch den Gewährleistungsmarkeninhaber. Seine Garantie kann keinen Bestand mehr haben, wenn sich der Zustand der Ware nach ihrem Inverkehrbringen verändert hat, etwa weil der ursprünglich zertifizierte Inhalt verbraucht und daher durch fremde Nachfüllwaren ausgetauscht wurde. Aufgrund der unverändert bestehenden Kennzeichnung würde ein solcher Eindruck dennoch entstehen. In diesem Fall überwiegt das Interesse des Markeninhabers, nicht mit für ihn fremden, ungetesteten Waren in Verbindung gebracht zu werden. Das Nachfüllen eines mit seiner Marke gekennzeichneten Behältnisses mit Waren eines anderen Anbieters kann für den Gewährleistungsmarkeninhaber deshalb ein berechtigter Grund sein, sich dem weiteren Vertrieb der Ware zu widersetzen und einen Ausschluss der Erschöpfungswirkung rechtfertigen.

Zu differenzieren ist aber nach dem Bezugspunkt der Gewährleistungsmarke. Betrifft die Garantie das Behältnis selbst (zB. dessen Herstellung) und bleibt dieses unverändert, bleibt sie durch die Nachfüllung unberührt und eine Funktionsverletzung scheidet aus. Anders liegt es, wenn sich die Marke auf den ursprünglichen Inhalt des Behältnisses bezieht. Da er ausgetauscht wurde, besteht sie grundsätzlich nicht fort. Geht der Durchschnittsverbraucher dennoch von ihrem Vorliegen aus, ist die Gewährleistungsfunktion beeinträchtigt.

---

[361] Vgl. EuGH, Urt. v. 11.7.1996, C-427/93, C-429/93, C-436/93, ECLI:EU:C:1996:282, Rn. 40 = GRUR Int. 1996, 1144 – *Bristol-Myers Squibb*; Urt. v. 14.7.2011, C-46/10, ECLI:EU:C:2011:485, Rn. 34 = GRUR Int. 2011, 827 – *Viking Gas*.

[362] Vgl. EuGH, Urt. v. 4.11.1997, C-337/95, ECLI:EU:C:1997:517, Rn. 44 f. = GRUR Int. 1998, 140 – *Parfums Christian Dior*; Urt. v. 23.2.1999, C-63/97, ECLI:EU:C:1999:82, Rn. 52 = GRUR Int. 1999, 438 – *BMW*; BeckOK MarkenR-*Steudtner*, Art. 15 UMV, Rn. 1.

Dieser Fall tritt etwa ein, wenn eine Mehrwegflasche, die von unterschiedlichen Anbietern für die Abfüllung natürlichen Mineralwassers genutzt wird und mit einer auf die Wasserqualität bezogene Gewährleistungsmarke versehen ist, von Dritten für schlichtes Tafelwasser verwendet wird.[363] Zu einer Erschöpfung kommt es aufgrund berechtigter Interessen des Markeninhabers nicht.

Eine Fehlzuordnung der Produkteigenschaften infolge des Nachfüllens kann auf zwei Arten vermieden werden: Entweder lässt der nachfüllende Dritte seine Nachfüllwaren ebenfalls vom Gewährleistungsmarkeninhaber zertifizieren. Die Marke auf dem Behältnis gibt die Beschaffenheitsgarantie dann zutreffender Weise wieder, wobei nicht von der Garantie erfasste Eigenschaften bei der Nachfüllware selbstredend abweichen können. Oder er tritt – wie bei der Individualmarke – einer falschen Erwartung durch die Etikettierung oder einen sonstigen klarstellenden Zusatz auf dem Behältnis oder der Nachfüllware entgegen. Ein bloßer Hinweis auf den betrieblichen Ursprung beim Drittanbieter genügt für die Gewährleistungsmarke jedoch nicht, da ihre Aussage unabhängig vom produktverantwortlichen Hersteller bestehen kann. Die Etikettierung muss die Gewährleistungsaussage daher klar entkräften können. Geschehen kann das auch durch das Entfernen oder Überkleben der Gewährleistungsmarke. Die Markenentfernung wird dabei grundsätzlich nicht als Markenverletzung gewertet und an das Wettbewerbsrecht adressiert.[364] Nichts anderes ergibt sich aus den jüngeren EuGH-Entscheidungen zur Markenentfernung, da dort gleichzeitig das Zeichen des Dritten angebracht und dadurch die Herkunftsfunktion der Individualmarke beeinträchtigt wurde.[365] Die Entfernung seines Zeichens liegt bei der Gewährleistungsmarke, die sich auf den verbrauchten Inhalt des Behältnisses bezieht, gerade im Interesse ihres Inhabers und fördert Markttransparenz und unverfälschten Wettbewerb.

d) Anwendungsfälle der Herkunftsfunktion der Individualmarke

Insbesondere im Bereich des Identitätsschutzes muss dem Markeninhaber der Schutz seiner spezifischen Interessen ermöglicht und die Erfüllung der mit der

---

[363] Vgl. GA *Kokott*, Schlussanträge v. 7.4.2011, C-46/10, ECLI:EU:C:2011:222, Rn. 47 – *Viking Gas* mit Verweis auf OLG Zweibrücken, U. v. 8.1.1999, 2 U 21/98 = GRUR 2000, 511; dort ging es um die als Kollektiv-Formmarke geschützte Wasserflasche der Vereinigung Deutscher Brunnen, die als Zeichen der besonderen Qualität des Mineralwassers gelte und bei einem Wiederbefüllen mit Tafelwasser beeinträchtigt werde.

[364] Vgl. Ströbele/Hacker/Thiering-*Hacker*, MarkenG (2018), § 14, Rn. 164, 167; *Ingerl/Rohnke*, MarkenG (2010), § 14, Rn. 353 f.; *Knaak/Kur*, GRUR 2018, 1120, 1123 f.; BeckOK MarkenR-*Weiler*, § 2 MarkenG, Rn. 73.

[365] EuGH, Urt. v. 8.7.2010, C-55/08, ECLI:EU:C:2010:416, Rn. 86 = GRUR 2010, 841 – *Portakabin/Primakabin*; Urt. v. 25.7.2018, C-129/17, ECLI:EU:C:2018:594, Rn. 44 ff. = GRUR 2018, 917 – *Mitsubishi/Duma*.

Marke verbundenen Funktionen sichergestellt werden.[366] Die Nichtanerkennung einer Markenfunktion darf daher nicht dazu führen, dass ein als schutzwürdig eingeordnetes Interesse des Markeninhabers im Wirtschaftsleben tatsächlich schutzlos bleibt. Dass sich bei der Gewährleistungsmarke keine offensichtlichen Schutzlücken ergeben, die durch eine zusätzliche Herkunftsfunktion geschlossen werden könnten, wird anhand von drei typischen Anwendungsbereichen der Herkunftsfunktion einer Individualmarke im Identitätstatbestand[367] verdeutlicht: offensichtliche Markenpiraterie, der Weitervertrieb von Originalwaren sowie die Verwendung der Marke als Keyword im Internet.

aa) Offensichtliche Markenpiraterie

Vor *L'Oréal*[368] war unklar, ob die Individualmarke im Identitätsbereich auch dann geschützt ist, wenn ein Irrtum über den betrieblichen Ursprung und damit eine Beeinträchtigung der Herkunftsfunktion ausgeschlossen ist.[369] Relevant war dies vor allem in Fällen offensichtlicher Markenpiraterie, bei der sich der Käufer aufgrund äußerer Umstände – ein niedriger Preis für Luxusware oder ihr Straßenverkauf – der Fälschung bewusst ist.[370] In diesem offensichtlichsten aller Verletzungsfälle wäre dann ein Anspruch ausgeschlossen.

So offensichtlich wäre die Verletzung bei der Gewährleistungsmarke jedoch nicht. Sie knüpft alleine an die Produktbeschaffenheit, nicht an ein womöglich exklusives Image der Individualmarke an und kann damit auf Produkten sowohl zusammen mit teuren Luxus- wie auch preiswerten No-Name-Marken verwendet werden. Die klare Einordnung des mit der Gewährleistungsmarke gekennzeichneten Produkts als offensichtliche Markenpiraterie kann nicht in gleichem Maße anhand der Verkaufsumstände beurteilt und damit eine tatsächliche Garantieübernahme ausgeschlossen werden. Zudem ist in diesem Fall

---

[366] EuGH, Urt. v. 12.11.2002, C-206/01, ECLI:EU:C:2002:651, Rn. 51 = GRUR 2003, 55 – *Arsenal FC*; Urt. v. 16.11.2004, C-245/02, ECLI:EU:C:2004:717, Rn. 59 = GRUR 2005, 153 – *Anheuser-Busch*; EuGH, Urt. v. 25.1.2007, C-48/05, ECLI:EU:C:2007:55, Rn. 21 = GRUR 2007, 318 – *Adam Opel*.

[367] BeckOK UMV-*Büscher/Kochendörfer*, Art. 8, Rn. 13; *Fezer*, MarkenG (2009), § 14, Rn. 195 ff.; Ströbele/Hacker/Thiering-*Hacker*, MarkenG (2018), § 14, Rn. 327; *Ingerl/Rohnke*, MarkenG (2010), § 14, Rn. 272 ff.; BeckOK MarkenR-*Thalmaier*, § 14 MarkenG, Rn. 259.

[368] EuGH, Urt. v. 18.6.2009, C-487/07, ECLI:EU:C:2009:378, Rn. 58 = GRUR 2009, 756 – *L'Oréal*.

[369] Hintergrund war die Frage, wie sich der Identitäts- zum Verwechslungstatbestand verhält, insbesondere ob der Identitätstatbestand als (un)widerlegbare Vermutung der Verwechslungsgefahr zu verstehen ist; zum Hintergrund und Streitstand nur *Kur*, in: FS Köhler (2014), S. 383, 385 ff.; *Paulus*, Markenfunktionen (2014), S. 104–114.

[370] Zu diesem Problem *Eichhammer*, Markenmäßige Benutzung (2008), S. 167; *Paulus*, Markenfunktionen (2014), S. 113 f.; zur Erfassung dieser Fälle wurden daher Konstrukte wie die „post-sale confusion" bemüht.

mangels Produktzertifizierung stets auch die Gewährleistungsfunktion beeinträchtigt. Damit schützt die Gewährleistungsmarke ihren Inhaber bereits hinreichend vor Markenpiraterie.

bb) Weitervertrieb von Originalwaren

Ein eigenständiger Gehalt kommt der Herkunftsfunktion im Identitätstatbestand ferner bei einem Weitervertrieb von Originalwaren infolge Erschöpfung nach Art. 15 UMVO zu.[371] Mit der von Art. 15 Abs. 1 UMVO erlaubten Markenbenutzung ist auch eine Weiterveräußerung originalverpackter wie umgepackter und erneut mit der Marke gekennzeichneter Waren möglich.[372] Berechtigte Gründe, die einem Erlöschen gem. Art. 15 Abs. 2 UMVO entgegenstehen, liegen insbesondere bei einer Veränderung oder Verschlechterung des Warenzustandes nach Inverkehrbringen vor. Abgeleitet wird dies aus der Herkunftsfunktion, die Gewähr für die Produktverantwortlichkeit eines einzigen Unternehmens bietet.[373] Bei einer Veränderung des Produkts durch Dritte nach Inverkehrbringen durch den Markeninhaber kann dessen Verantwortlichkeit unterbrochen werden. Daher lässt der EuGH das für einen Parallelimport von Medikamenten erforderliche Umverpacken und Ersetzen bzw. Neuanbringen der Individualmarke des Arzneimittelherstellers nur unter besonderen Voraussetzungen zu.[374] Der Originalzustand der in der Verpackung enthaltenen Waren darf nicht beeinträchtigt und der Ruf der Marke und ihres Inhabers nicht geschädigt werden.[375] Die Gestaltung der Verpackung erfolgt aber üblicherweise durch den herstellenden Individualmarkeninhaber. Die Fallgruppe ähnelt daher dem Wiederbefüllen von Behältnissen mit Waren anderer Hersteller:[376] Bezieht sich der Gewährleistungsinhalt auf die Ware selbst und bleibt diese beim

---

[371] Vgl. *Fezer*, MarkenG (2009), § 14, Rn. 198 f.; *Ingerl/Rohnke*, MarkenG (2010), § 14, Rn. 274; siehe zum Erschöpfungsproblem bereits oben, § 2 A. II. 2. a) und § 2 A. IV. 3. c).

[372] EuGH, Urt. v. 11.7.1996, C-427/93, C-429/93, C-436/93, ECLI:EU:C:1996:282, Rn. 34, 37 = GRUR Int. 1996, 1144 – *Bristol-Myers Squibb*.

[373] EuGH, Urt. v. 11.7.1996, C-427/93, C-429/93, C-436/93, ECLI:EU:C:1996:282, Rn. 47 f. = GRUR Int. 1996, 1144 – *Bristol-Myers Squibb*; Urt. v. 30.11.2004, C-16/03, ECLI:EU:C:2004:759, Rn. 38 = GRUR 2005, 507 – *Peak Holding*.

[374] Grundl. EuGH, Urt. v. 23.5.1978, C-102/77, ECLI:EU:C:1978:108 = GRUR Int. 1978, 291 – *Hoffmann-La Roche*; präzisiert durch EuGH, Urt. v. 11.7.1996, C-427/93, C-429/93, C-436/93, ECLI:EU:C:1996:282, Rn. 51 ff. = GRUR Int. 1996, 1144 – *Bristol-Myers Squibb*; Urt. v. 23.4.2002, C-143/00, ECLI:EU:C:2002:246, Rn. 64 ff. = GRUR 2002, 879 – *Boehringer Ingelheim I*; Urt. v. 26.4.2007, C-348/04, ECLI:EU:C:2007:249, Rn. 31, 44, 53, 63 f. = GRUR 2007, 586 – *Boehringer Ingelheim II*; diese Erschöpfungsvoraussetzungen wurden auch auf zB. Whiskyflaschen oder Nudeln angewandt, vgl. BeckOK MarkenR-*Steudtner*, § 24 MarkenG, Rn. 78 ff.

[375] EuGH, Urt. v. 11.7.1996, C-427/93, C-429/93, C-436/93, ECLI:EU:C:1996:282, Rn. 58 ff., 76 = GRUR Int. 1996, 1144 – *Bristol-Myers Squibb*; Urt. v. 26.4.2007, C-348/04, ECLI:EU:C:2007:249, Rn. 31, 47 = GRUR 2007, 586 – *Boehringer Ingelheim II*.

[376] Siehe dazu § 2 A. II. 2. a) und § 2 A. IV. 3. c).

Umpacken unverändert, liegt keine Beeinträchtigung der Gewährleistungsfunktion vor. Bezieht er sich hingegen auf die Verpackung und wird diese ausgetauscht oder derart verändert, dass die garantierten Eigenschaften trotz Ab-
bildung der Marke nicht mehr vorliegen, ist die Gewährleistungsfunktion verletzt. Darüber hinaus kann mit der Veränderung auch eine Rufbeeinträchtigung
verbunden sein. Können Nachfrager aber grundsätzlich zwischen dem Goodwill, den sie der Individualmarke entgegenbringen und dem, den sie für die
Gewährleistungsmarke bilden, trennen,[377] wird sich eine „Verpackung, die
schadhaft, von schlechter Qualität oder unordentlich ist"[378] primär negativ auf
die Individualmarke auswirken. Die Interessen des Gewährleistungsmarkeninhabers sind in diesem Fall nicht schutzbedürftig. Kommt es andernfalls zu einem eigenständigen Vertrauens- und Goodwillverlust der Gewährleistungsmarke, begründet die Vermeidung dieses negativen Effekts ein berechtigtes
Interesse des Markeninhabers iSv. Art. 15 Abs. 2 UMVO, das eine Erschöpfung verhindert. Der Schutz des Gewährleistungsmarkeninhabers beim Weitervertrieb von Originalwaren ist somit auch ohne eine Herkunftsfunktion seines Zeichens sichergestellt.

cc) Keyword-Advertising

Schutzwürdige Interessen des Gewährleistungsmarkeninhabers bleiben auch in
Fällen des Keyword-Advertisings nicht schutzlos. Keywords sind bei Suchma-
schinenbetreibern hinterlegte Schlüsselwörter (etwa ein Markenname), die immer dann, wenn ein Nutzer nach ihnen sucht, eine vorgegebene Werbeanzeige
(etwa einer konkurrierenden Marke) erscheinen lassen.[379] Solches Keyword-
Advertising beeinträchtigt die Herkunftsfunktion einer Individualmarke insbesondere dann, wenn die Anzeige das Bestehen einer wirtschaftlichen Verbindung zwar nicht suggeriert, aber hinsichtlich der Herkunft der fraglichen Waren oder Dienstleistungen so vage gehalten ist, dass der Internetnutzer aufgrund des Werbelinks und der ihn begleitenden Werbebotschaft nicht erkennen
kann, ob der Werbende im Verhältnis zum Markeninhaber Dritter oder vielmehr mit diesem wirtschaftlich verbunden ist.[380]
Der Gewährleistungsmarkeninhaber kann in ähnlicher Weise durch die Verwendung seines Zeichens als Keyword betroffen sein. Sucht der Verbraucher

---

[377] Vgl. dazu § 2 A. III. 3. a).

[378] Dann für eine mögliche Rufschädigung EuGH, Urt. v. 11.7.1996, C-427/93, C-429/93,
C-436/93, ECLI:EU:C:1996:282, Rn. 76 = GRUR Int. 1996, 1144 – *Bristol-Myers Squibb*.

[379] Ausf. zur Funktionsweise BeckOK MarkenR-*Mielke*, § 14 MarkenG, Rn. 213.

[380] EuGH, Urt. v. 23.3.2010, C-236/08 bis C-238/08, ECLI:EU:C:2010:159, Rn. 84, 89 f.
= GRUR 2010, 445 – *Google France*; EuGH, Urt. v. 25.3.2010, C-278/08, E-
CLI:EU:C:2010:163, Rn. 35 f. = GRUR 2010, 451 – *BergSpechte/trekking.at Reisen*; EuGH,
Urt. v. 8.7.2010, C-55/08, ECLI:EU:C:2010:416, Rn. 34 f. = GRUR 2010, 841 – *Por-
takabin/Primakabin*.

im Internet nach mit der Gewährleistungsmarke zertifizierten Produkten, mag
eine Beschaffenheitsgarantie auch für diejenigen Produkte suggeriert werden,
die als Werbeanzeige neben den Suchergebnissen erscheinen. Den notwendigen Schutz führt aber die Gewährleistungsfunktion selbst herbei: Wenn für einen normal informierten und angemessen aufmerksamen Internetnutzer aus der
Gestaltung der Anzeige oder Werbebotschaft nicht oder nur schwer zu erkennen ist, ob der Inhaber der Gewährleistungsmarke das Vorliegen bestimmter
Eigenschaften für die beworbenen Produkte gewährleisten will, ist von einer
Beeinträchtigung der Gewährleistungsfunktion auszugehen. Dies gilt auch
dann, wenn eine Garantie suggeriert wird oder nicht erkannt werden kann, ob
sie tatsächlich vorliegt. Dabei ist zu berücksichtigen, dass die Gewährleistungsmarke zusätzlich zur Individualmarke und von unterschiedlichen Herstellern verwendet wird, sodass die aus der Werbeanzeige klar ersichtliche betriebliche Produktherkunft den Eindruck einer Beschaffenheitsgarantie nicht ausschließt. Eine Beeinträchtigung der Gewährleistungsfunktion durch die Verwendung des Zeichens als Keyword hängt damit – wie auch bei der Herkunftsfunktion[381] – letztlich von der tatsächlichen Gestaltung der Werbeanzeige ab.

4. Kollision mit anderen Markenkategorien

Bisher ungeklärt ist das Verhalten der Gewährleistungsmarke bei einer Kollision mit anderen Markenkategorien.[382] In diesem Fall stehen sich unterschiedliche Hauptfunktionen gegenüber. Im Folgenden wird daher untersucht, wie
sich die veränderte Funktion auf den Schutz der Gewährleistungsmarke vor
identischen oder ähnlichen Individual- oder Kollektivmarken auswirkt.

Geurteilt hat der EuGH bisher nur zur Kollision von Individual- und Kollektivmarke. In *Darjeeling* folgt er der Einschätzung des EuG[383] und führt aus,
dass die Hauptfunktion einer (auch geografischen) Kollektivmarke iSd. Art. 74
UMVO im Hinweis auf die Produktherkunft aus einem Verband, nicht jedoch
im Hinweis auf einen geografischen Ursprung liege.[384] Stehen sich Individualmarke und Kollektivmarke gegenüber, ist der Vergleich der erfassten Waren
und Dienstleistungen anhand derselben Kriterien vorzunehmen, die für die Beurteilung der Ähnlichkeit oder Identität der von zwei Individualmarken erfassten Waren gelten.[385] Dass die Kollektivmarke indes nicht anzeigt, von welchem

---

[381] Dazu *Ohly*, GRUR 2010, 776, 780 f.

[382] Vgl. *Dröge*, MarkenR 2016, 549, 557; *Geiger/Kringer*, MarkenR 2018, 359, 364, 367;
Würtenberger/Freischem, GRUR 2017, 366, 367.

[383] EuG, Urt. v. 2.10.2015, T-624/13, ECLI:EU:T:2015:743, Rn. 41 ff., 49, 51 ff. =
BeckRS 2015, 81392 – *Darjeeling*.

[384] EuGH, Urt. v. 20.9.2017, C-673/15 P – C-676/15 P, ECLI:EU:C:2017:702, Rn. 50–
56, 63 f. = GRUR 2017, 1257 – *Darjeeling* im Zusammenhang mit dem relativen Eintragungshindernis nach Art. 8 Abs. 1 lit. b) UMVO.

[385] EuGH, Urt. v. 20.9.2017, C-673/15 P – C-676/15 P, ECLI:EU:C:2017:702, Rn. 44,
63 f. = GRUR 2017, 1257 – *Darjeeling*.

konkreten Unternehmen eine Ware oder Dienstleistung herrührt, sondern nur, dass sie von einem Verbandsmitglied stammt,[386] ist für den Vergleich ohne Bedeutung. Ein als Individualmarke genutztes Zeichen kann folglich auch verwechslungsfähig mit einer Kollektivmarke sein, ohne dass es auf die fehlende Aussage über eine Verbandsangehörigkeit ankommt. Auch andere, in der Verkehrswahrnehmung womöglich dominierenden Aspekte, zB. die geografische Herkunft oder eine besondere Güte der mit dem Zeichen versehenen Produkte, spielen keine Rolle. Maßgeblich ist alleine die Hauptfunktion der Markenkategorie.

Danach kann es auch bei der Gewährleistungsmarke nicht auf den markenrechtlichen Aussagegehalt des kollidierenden Zeichens ankommen. Im Fokus der Prüfung muss allein die Funktionsbeeinträchtigung der geschützten Marke unabhängig von der Einordnung des verletzenden Zeichens stehen. Entsprechend des Leitgedankens eines unverfälschten Wettbewerbs und um einen effektiven Schutz seines subjektiven Ausschließlichkeitsrechts sicherzustellen, muss der Markeninhaber unabhängig vom Markentyp gegen eine Zeichenverwendung vorgehen können.[387] Dies gilt besonders in Anbetracht des hohen Vertrauens der Nachfrager in die Gewährleistungsmarke.[388] Erweckt die Verwendung eines als Individualmarke oder Kollektivmarke genutzten identischen Zeichens bei den angesprochenen Verkehrskreisen den Eindruck, der Gewährleistungsmarkeninhaber übernehme für das gekennzeichnete Produkt eine Beschaffenheitsgarantie, ist die Gewährleistungsfunktion beeinträchtigt und eine Verwechslungsgefahr begründet.[389]

V. Zwischenergebnis

Die positiven ökonomischen Effekte von Individual- wie Gewährleistungsmarken liegen in einer Reduktion der Suchkosten der Nachfrager sowie der verbleibenden Marktunsicherheit in Form einer Nichtaufklärbarkeit bestimmter Produkteigenschaften vor dem Kauf. In einer Wiederholungskauf-Situation kann der Verbraucher anhand einer Individualmarke die ihm bekannten Produkte identifizieren, einem bestimmten Unternehmen zuordnen und seine vorherigen Konsumerfahrungen erneut fruchtbar machen. Auf Basis des Extrapolationsprinzips erwartet er, bei einem Wiederholungskauf das Produkt mit der

---

[386] Vgl. EuGH, Urt. v. 12.12.2019, C-143/19 P, ECLI:EU:C:2019:1076, Rn. 52 ff. = EuZW 2020, 274 – *Der Grüne Punkt*.
[387] Vgl. *Buckstegge*, Nationale Gewährleistungsmarke (2018), S. 265; Ekey/Bender/Fuchs-Wiesemann-*Ekey*, MarkenR (2019), § 106a MarkenG, Rn. 11; *Dröge*, MarkenR 2016, 549, 557.
[388] *Buckstegge*, Nationale Gewährleistungsmarke (2018), S. 265.
[389] *Fezer*, GRUR 2017, 1188, 1197; Ekey/Bender/Fuchs-Wiesemann-*Ekey*, MarkenR (2019), § 106a MarkenG, Rn. 11; vgl. *Buckstegge*, Nationale Gewährleistungsmarke (2018), S. 265.

ihm bereits bekannten Beschaffenheit erneut zu erhalten. In diesem Fall entwickelt er gegenüber der Individualmarke eine Wertschätzung, den sog. Goodwill. Die Individualmarke als Bezugspunkt dieser Wertschätzung fängt diese positive Externalität ein und internalisiert sie zu Gunsten ihres Inhabers, das produktverantwortliche Unternehmen. Aufgrund der Möglichkeit, den Goodwill für den Absatz weiterer oder neuer Produkte sowie die Erzielung einer Preisprämie zu nutzen, sind die Unternehmen an der Beibehaltung bzw. dem Ausbau der Wertschätzung durch die Nachfrager interessiert. Der Markeninhaber erhält so einen Anreiz, die Qualität der unter seinem Zeichen am Markt angebotenen Produkte konstant zu halten und zu verbessern.

Die Zuordnungsmöglichkeit eines Produkts zu einem bestimmten, hierfür verantwortlichen Unternehmen beschreibt die Herkunftsfunktion der Individualmarke. Würde die Marke durch jeden Wirtschaftsteilnehmer genutzt werden, ginge die Zuordnungsmöglichkeit zu einem konkreten Unternehmen verloren. Der Wert für ihren Inhaber würde dann sinken, die Zeichennutzung hätte in diesem Fall rivalisierenden Charakter. Als Voraussetzung für das Funktionieren der beschriebenen Wirkweise ist die Herkunftsfunktion daher durch das Markenrecht besonders geschützt. Ihre Beeinträchtigung ist dann anzunehmen, wenn ein Zeichen durch einen Dritten derart genutzt wird, dass es für den Nachfrager nicht ersichtlich ist, ob die so gekennzeichneten Produkte tatsächlich aus dem Betrieb des Markeninhabers stammen und dieser für ihre Qualität verantwortlich gemacht werden möchte. Werden Behältnisse, auf denen die Wort/Bildmarke des produktverantwortlichen Unternehmens abgebildet ist oder die selbst als Formmarke eingetragen sind, von Dritten mit deren eigenen Produkten nachgefüllt, kann das nur dann angenommen werden, wenn der Verkehr die Marke nicht nur als Hinweis auf die betriebliche Herkunft des Behältnisses, sondern zugleich auch auf die betriebliche Herkunft seines Inhalts versteht. Wird die Individualmarke als Gütezeichen oder Testsiegel verwendet und ist lediglich für Dienstleistungen der Verbraucherberatung oder Prüfung und Qualitätskontrolle eingetragen, scheidet im Fall, dass der Dritte sie auf seinen eigenen Waren abdruckt, eine Produktidentität oder -ähnlichkeit aus.

Die ökonomischen Effekte der Gewährleistungsmarke gehen über die einer Individualmarke hinaus: Aufgrund der Markensatzung, die die mit der Marke garantierte Produktbeschaffenheit beschreibt, kann sich der Nachfrager bereits in einer Erstkauf-Situation ausführlich über Such-, Erfahrungs- und Kalkül-Vertrauenseigenschaften informieren. Die Gewährleistungsmarke selbst dient als Substitut für eine Vielzahl an Informationen zur Sucheigenschaft. Gleichzeitig setzt sie ihrem Inhaber einen Anreiz zu gewissenhafter Produktkontrolle und ihrem Nutzer zu konstanter Produktqualität. Die Unsicherheits- und Informationskostenreduktion ist jedoch vom Vertrauen der Nachfrager in die Marke abhängig. Es wird vom Markenrecht durch besondere Voraussetzungen der Neutralität und Objektivität, Transparenz und Kontrolle geschützt. Die Wirkweise beruht jedoch nicht auf der Möglichkeit, die markierten Produkte einem

Hersteller zuzuordnen. Eine solche Herkunftsfunktion kommt der Gewährleistungsmarke gerade nicht zu. Die stattdessen maßgebliche Funktion ist die Gewährleistungsfunktion. Das ist die Aussage des Markeninhabers, bei den mit seinem Zeichen markierten Produkten spezifische Eigenschaften zu garantieren. In typischen Anwendungsfällen der Herkunftsfunktion der Individualmarke – offensichtliche Produktpiraterie, der Weitervertrieb von Originalwaren und Keyword Advertising – kann der Gewährleistungsmarkeninhaber auch mittels der Gewährleistungsfunktion geschützt werden. Mangels eigenständigen Inhalts wird die Herkunftsfunktion bei der Gewährleistungsmarke auch nicht als Nebenfunktion benötigt und ist ohne Belang.

Basierend auf ihrer ökonomischen Begründung wird die Gewährleistungsfunktion dann beeinträchtigt, wenn Dritte mit der Verwendung eines identischen Zeichens den unzutreffenden Eindruck erwecken, der Markeninhaber übernehme für die gekennzeichneten Waren eine Garantie für das Vorliegen der satzungsmäßig bestimmten Eigenschaften. Eine Funktionsbeeinträchtigung ist danach auch durch einen Lizenznehmer als eigentlich Berechtigten möglich, sofern er die Marke für Produkte benutzt, die nicht (mehr) über diese Beschaffenheit verfügen. In diesem Fall und aufgrund der ausdrücklichen Qualitätsregelung in der für diesen Markentyp notwendigen Satzung ist die Gewährleistungsfunktion unmittelbar betroffen. Art. 25 Abs. 2 lit. e) UMVO ist rein deklaratorischer Natur. Daneben kann die Gewährleistungsfunktion natürlich auch durch Dritte verletzt werden. Da die Gewährleistungsmarke regelmäßig nicht als Dienstleistungsmarke für Prüfungen und Qualitätskontrolle, sondern für die Produktgruppen eingetragen wird, für die eine Gewährleistung übernommen werden soll, liegt im Fall der unberechtigten Nutzung eines identischen Zeichens für solche Waren und Dienstleistungen stets Doppelidentität vor. Der Charakter der Gewährleistungsmarke begründet Besonderheiten für das Wiederbefüllen von Originalbehältnissen. Eine Funktionsverletzung liegt hierin nur dann, wenn sich der Gewährleistungsgehalt der Marke auf den Originalinhalt bezieht und die nachgefüllte Ware weder vom Markeninhaber zertifiziert ist, noch durch einen entsprechenden Hinweis auf dem Behältnis der Gewährleistungsaussage entgegengetreten oder die Gewährleistungsmarke entfernt wird. Dies wirkt sich spiegelbildlich auch bei ihrer Erschöpfung aus. Um einen effektiven Schutz des Markeninhabers sicherzustellen kann die Markenkategorie des verletzenden Zeichens für die Funktionsbeeinträchtigung schließlich keine Rolle spielen.

B. Qualitätsfunktion

Neben der Herkunftsfunktion erwähnt der EuGH als erste der weiteren Markenfunktionen die „Gewährleistung der Qualität dieser Ware oder Dienstleistung".[390] Sie wird im Folgenden unter Zugrundelegung eines ökonomischen Qualitätsbegriffs für die Individual- wie Gewährleistungsmarke untersucht. Dabei wird deutlich, dass sich die Qualitätsfunktion der Gewährleistungsmarke lediglich auf die Beschaffenheit des Produkts bezieht und den Markeninhaber nicht zu Vertriebsvorgaben gegenüber Lizenznehmern berechtigt, wodurch ihr Inhalt dem der Gewährleistungsfunktion entspricht. Zudem schützt sie die Verbrauchererwartung einer konstanten Produktbeschaffenheit.

Eine Definition oder inhaltliche Präzisierung der Qualitätsfunktion erfolgte bisher noch nicht.[391] Bereits aufgrund der Herkunftsfunktion stellt die Marke aber sicher, dass die mit ihr gekennzeichneten Leistungen „unter der Kontrolle eines einzigen Unternehmens hergestellt sind, das für die Qualität verantwortlich gemacht werden kann."[392] Die „Qualität" in diesem Sinne erfasst nicht nur die unmittelbaren, materiellen Sacheigenschaften, sondern beruht insbesondere im hochwertigen Warensortiment auf dem Prestigecharakter, der ihnen eine luxuriöse Ausstrahlung verleiht.[393] Diese luxuriöse Ausstrahlung ist ein wesentliches Element dafür, dass die Verbraucher hochwertige Produkte von anderen unterscheiden können.[394] GA *Mengozzi* misst der Qualitätsfunktion in seinem Schlussantrag zu *L'Oréal* einen eigenständigen Gehalt dahingehend bei, als dass der Markeninhaber eine Qualitätsveränderung eigener Waren nach

---

[390] EuGH, Urt. v. 18.6.2009, C-487/07, ECLI:EU:C:2009:378, Rn. 58 = GRUR 2009, 756 – *L'Oréal*; Urt. v. 23.3.2010, C-236/08 bis C-238/08, ECLI:EU:C:2010:159, Rn. 77 = GRUR 2010, 445 – *Google France*; Urt. v. 22.9.2011, C-323/09, ECLI:EU:C:2011:604, Rn. 38 = GRUR 2011, 1124 – *Interflora*; Urt. v. 8.6.2017, C-689/15, ECLI:EU:C:2017:434, Rn. 42, 44 ff. = GRUR 2017, 816 – *Internationales Baumwollzeichen*; Urt. v. 20.9.2017, C-673/15 P – C-676/15 P, ECLI:EU:C:2017:702, Rn. 53 = GRUR 2017, 1257 – *Darjeeling*.

[391] *Sattler*, GRUR 2019, 625, 626, für den es „sich deshalb einstweilen um keine markenrechtlich abgesicherte Funktion von Individualmarken [handelt].“; auch Kur/Senftleben-*Kur/Senftleben*, European TML (2017), Rn. 1.23, 1.10 f. erkennen neben der Herkunftsfunktion keinen eigenständigen Gehalt der Qualitätsfunktion.

[392] EuGH, Urt. v. 17.10.1990, C-10/89, ECLI:EU:C:1990:359, Rn. 13 = GRUR Int. 1990, 960 – *HAG II*; Urt. v. 22.6.1994, C-9/93, ECLI:EU:C:1994:261, Rn. 37 = GRUR Int. 1994, 614 – *Ideal Standard II*; Urt. v. 23.4.2009, C-59/08, ECLI:EU:C:2009:260, Rn. 22, 45 = GRUR 2009, 593 – *Copad*.

[393] EuGH, Urt. v. 4.11.1997, C-337/95, ECLI:EU:C:1997:517, Rn. 45 = GRUR Int. 1998, 140 – *Parfums Christian Dior*; Urt. v. 23.4.2009, C-59/08, ECLI:EU:C:2009:260, Rn. 24 = GRUR 2009, 593 – *Copad*.

[394] EuGH, Urt. v. 23.4.2009, C-59/08, ECLI:EU:C:2009:260, Rn. 25 = GRUR 2009, 593 – *Copad*.

dem rechtmäßigen Inverkehrbringen vermeiden könne.[395] Auch GA *Jääskinen* geht davon aus, dass der Handel mit gefälschten Markenwaren neben der Herkunftsfunktion „auch die der Marke innewohnende und durch die Marke kommunizierte implizite Qualitätsgarantie beeinträchtigt."[396] Für GA *Kokott* geht die Funktion der Gewährleistung der Qualität zwar in der Regel mit der Herkunftsfunktion einher, sei jedoch (eigenständig) verletzt, wenn Waren mit der Marke vertrieben werden, die diesen Qualitätsansprüchen nicht genügen.[397]

Auch Teile der Literatur erkennen einen eigenständigen Inhalt dieser als Qualitäts-[398], Garantie-[399] oder Vertrauensfunktion[400] bezeichneten Funktion insbesondere hinsichtlich einer nachträglichen Veränderung des Originalzustandes von Waren ohne Wissen des Markeninhabers an.[401] Nach anderer Ansicht wird dies bereits vom Ausschluss der Erschöpfung gem. Art. 17 II UMVO erfasst, sodass eine eigenständige Qualitätsfunktion nur für Dienstleistungen relevant werde.[402] Eine weitere Auffassung sieht in einem solchen Vorgehen gerade eine Beeinträchtigung der Herkunftsfunktion, da sich der Markeninhaber qualitativ veränderte Produkte, die nicht seinen eigenen Qualitätsstandards entsprechen, im Wettbewerb nicht als seine eigenen zurechnen lassen müsse.[403] Die Qualitätsfunktion könne jedoch eigenständig im Falle vergleichender Werbung berührt sein, wenn die Qualität einer Markenware falsch wiedergegeben werde.[404] Andere Ansichten verneinen schon eine normative

---

[395] GA *Mengozzi*, Schlussanträge v. 10.2.2009, C-487/07, ECLI:EU:C:2009:70, Rn. 53 – *L'Oréal* mit Verweis auf GA *Kokott*, Schlussanträge v. 3.12.2008, C-59/08, ECLI:EU:C:2008:672, Rn. 50 – *Copad*.

[396] GA *Jääskinen*, Schlussanträge v. 9.12.2010, C-324/09, ECLI:EU:C:2010:757, Rn. 113 – *L'Oréal/eBay*.

[397] GA *Kokott*, Schlussanträge v. 7.4.2011, C-46/10, ECLI:EU:C:2011:222, Rn. 45 ff. – *Viking Gas*.

[398] *Bröcher/Hoffmann/Sabel*, Dogmatische Grundlagen (2005), S. 39; *Buckstegge*, Nationale Gewährleistungsmarke (2018), S. 103; *Hacker*, MarkenR 2009, 333, 334; *Ingerl/Rohnke*, MarkenG (2010), § 14, Rn. 298; *Völker/Elskamp*, WRP 2010, 64, 67.

[399] *Eichhammer*, Markenmäßige Benutzung (2008), S. 176; Köhler/Bornkamm/Feddersen-*Bornkamm/Feddersen*, UWG (2021), § 5, Rn. 0.106; *Völker/Elskamp*, WRP 2010, 64, 67.

[400] *Fezer*, MarkenG (2009), Einl. D, Rn. 8.

[401] *Eichhammer*, Markenmäßige Benutzung (2008), S. 176; *Riehle*, MarkenR 2001, 337, 342; *Völker/Elskamp*, WRP 2010, 64, 67.

[402] *Ingerl/Rohnke*, MarkenG (2010), § 14, Rn. 298.

[403] *Görlich*, Anlehnende Markennutzung (2013), S. 50; *Hacker*, MarkenR 2009, 333, 334; *Keil*, MarkenR 2010, 195, 199, allerdings in Abgrenzung zur Werbe-/Investitionsfunktion; *Paulus*, Markenfunktionen (2014), S. 163 f.; Ströbele/Hacker/Thiering-*Hacker*, MarkenG (2018), Einl. Rn. 43.

[404] *Hacker*, MarkenR 2009, 333, 334; Ströbele/Hacker/Thiering-*Hacker*, MarkenG (2018), Einl. Rn. 43.

Relevanz der wirtschaftlichen Qualitätsfunktion[405] bzw. ihre markenrechtliche Absicherung durch den EuGH.[406]

I. Ökonomische Rechtfertigung

Bevor der Schutz der Qualitätsfunktion ökonomisch begründet werden kann, ist zu klären, wofür der Begriff der „Qualität" steht, welche Inhalte und Bezugspunkte er hat.

1. „Qualität": produktbezogene und kundenbezogene Komponente

Beim Term der „Qualität" handelt es sich um einen schwer fassbaren Begriff,[407] für den eine universale Definition (noch) nicht gefunden ist.[408] Bei allen Detailunterschieden beinhalten die gängigsten Definitionsansätzen des Qualitätsbegriffs in der Ökonomie aber zwei Komponenten: eine *produktbezogene* Komponente, die sich aus der Summe der vorhandenen Produkteigenschaften ergibt und die der Anbieter weitgehend beeinflussen kann, sowie eine *kundenbezogene* Komponente, die sich auf die Beurteilung der Produkteigenschaften durch den Kunden fokussiert.[409] Relevant, aber auch ausreichend für den Transfer dieses Begriffs ins Markenrecht und die Zwecke dieser Arbeit ist die Erkenntnis, dass die Beurteilung des Kunden die Produktqualität entscheidend bestimmt. Die vom Nachfrager wahrgenommene Qualität wiederum hängt von den bestehenden Kundenerwartungen ab[410] und kann insbesondere durch Marketingmaßnahmen geformt werden.[411] Im Folgenden wird die sprachliche Unterscheidung zwischen produktbezogener und kundenbezogener Qualitätskomponente übernommen, wobei ein markenrechtlicher Schutz die normative Schutzwürdigkeit der jeweiligen Komponente erfordert.

---

[405] *Paulus*, Markenfunktionen (2014), S. 96 f., 164 f.

[406] *Sattler*, GRUR 2019, 625, 626.

[407] *Griffiths*, 11 Nw. J. Tech. & Intell. Prop. 621, 624 (2013).

[408] *Griffiths*, 11 Nw. J. Tech. & Intell. Prop. 621, 624 (2013); *Reeves/Bednar*, 19 Acad. Manag. Rev. 419 (1994).

[409] *Bruhn*, Qualitätsmanagement (2020), S. 33 ff.; *Garvin*, 26 Sloan Manag. Rev. 25, 29 ff. (1984) zählt acht Dimensionen der Qualität, zu denen auch die Punkte „Aesthetics" und „Perceived quality" gehören; *Griffiths*, 11 Nw. J. Tech. & Intell. Prop. 621, 626 f. (2013); *Mitra/Golder*, 25 Marketing Sci. 230 f. (2006) unterscheiden nur „Objective quality" und „Perceived quality"; *Reeves/Bednar*, 19 Acad. Manag. Rev. 419, 423 ff. (1994) mit einem Überblick über serviceorientierte Definitionsansätze; auch die Normenreihe ISO 9000 als weltweit einheitlicher Standard für die Zertifizierung betrieblicher Qualitätssicherungssysteme bezieht Kundenerwartungen mit ein (ISO 9000:2015–11, 3.6.2, 3.6.4).

[410] *Bruhn*, Qualitätsmanagement (2020), S. 38 ff. ausf. und mit der Unterscheidung zwischen *prädiktiven Erwartungen* sowie *normativen Erwartungen*.

[411] *Griffiths*, 11 Nw. J. Tech. & Intell. Prop. 621, 626 f. (2013).

2. Informationsökonomik

Aus informationsökonomischer Sicht lässt sich die rechtliche Anerkennung einer Qualitätsfunktion mit dem auf dem Extrapolationsprinzip basierenden Goodwill-Mechanismus sowie der daraus resultierenden Anreizwirkung für den Anbieter rechtfertigen, die letztlich zur Unsicherheits- und Informationskostenreduktion beitragen. Nachfrager erwarten, auch bei nachfolgenden Transaktionen Produkte mit gleicher Eigenschaftsausprägung zu erhalten.[412] Die produktbezogene Qualität bestimmt der Markeninhaber endogen, indem er die Produkteigenschaften bei der Herstellung der Ware bzw. Erbringung der Dienstleistung festlegt. Grundlage der Qualitätsfunktion ist also nicht die Einhaltung eines absoluten, sondern die Beibehaltung eines relativen Qualitätsniveaus.[413] Zusammen mit ihrer eigenen Produkterfahrung, dh. der kundenbezogenen Komponente, kommen die Nachfrager zu einer originären Bestimmung der Produktqualität.[414] Die Marke dient dem Anbieter folglich als Mittel zur Kommunikation dieses Qualitätsversprechens. Er kann die produktbezogene Qualitätskomponente unmittelbar beeinflussen, die kundenbezogene Qualitätskomponente mittelbar durch Werbemaßnahmen adressieren und so selbst entscheiden, ob seine Marke langfristig für besondere Produktgüte steht oder zu einem Warn-Zeichen verkommt.[415] Infolge mehrerer Transaktionen wird die Erwartung einer konstanten Produktqualität stabilisiert und die Konsumenten entwickeln ein Vertrauen in die Marke als Intermediär zwischen Markeninhaber und Nachfrager. Der Markeninhaber kann hiervon in Gestalt des Marken-Goodwills profitieren und hat zu dessen Bewahrung bzw. Vergrößerung einen Anreiz, in die Produktqualität zu investieren.[416] Umgekehrt können Nachfrager sicher sein, die gewohnte Produktqualität zu erhalten, da dem Anbieter andernfalls ein Verlust seines Goodwills und damit die Entwertung seiner Investitionen in die Marke in Form von verlorenen Kosten,[417] sog. *sunk costs*, sowie die Verringerung zukünftiger Goodwill-Prämien droht.[418] Die Qualitätsfunktion

---

[412] *Fritsch*, Marktversagen (2018), S. 267; *Landes/Posner*, 30 J. L. & Econ. 265, 269 (1987); *dies.*, IP (2003), S. 167; *Lehmann*, Asymmetrische Information (1999), S. 171, 174; *Schäfer/Ott*, Ökonomische Analyse (2021), S. 611; *v.Ungern-Sternberg*, Unvollständige Nachfragerinformation (1984), S. 58; *v.Weizsäcker*, Barriers to Entry (1980), S. 83.

[413] *Griffiths*, 11 Nw. J. Tech. & Intell. Prop. 621, 636 (2013); *v.Weizsäcker*, Barriers to Entry (1980), S. 83.

[414] *Naser*, 8 Chic.-Kent. J. Intell. Prop. 99, 107 f. (2008).

[415] Bereits *van der Werth*, GRUR 1949, 320; *Sattler*, GRUR 2019, 625, 626.

[416] *Görlich*, Anlehnende Markennutzung (2013), S. 45; näher vgl. § 2 A. I. 1. d) bb).

[417] Unter irreversiblen oder verlorenen Kosten sind alle Kosten zu verstehen, die bei eine Marktaustritt des Akteurs unwiderruflich verloren sind, *Adams*, in: Eigentums- und Verfügungsrechte (1984), S. 655, 671 f. Fn. 37; *v.Ungern-Sternberg/v.Weizsäcker*, ZfWiSo 1981, 609, 614 f.; näher *Varian*, Mikroökonomik (2016), S. 435 f.

[418] *Landes/Posner*, 30 J. L. & Econ. 265, 270 (1987); *dies.*, IP (2003), S. 168; *Lehmann*, Asymmetrische Information (1999), S. 174; *Rao/Qu/Ruekert*, 36 JMR 258 (1999).

schützt den Markeninhaber vor externen Einflüssen auf die produktbezogene Qualitätskomponente und die Goodwill-Bildung der Nachfrager.

3. *Property Rights-Theorie*

Ist das Handlungsrecht vollständig zugunsten des Markeninhabers spezifiziert, wirkt sich die angebotene Produktqualität alleine bei ihm aus. Die Qualitätswahrnehmung des Verbrauchers bestimmt den Markengoodwill als externen Effekt mit. Dieser kann umso größer sein, je höher die Nachfrager die mit den Markenprodukten verbundene Qualität einschätzen. Die Einschätzung hängt jedoch nicht alleine von der unmittelbaren Produktbeschaffenheit, dh. produktbezogenen Komponente ab, sondern beruht insbesondere bei Prestigewaren auf einem Prestigecharakter, der ihnen eine luxuriöse Ausstrahlung verleiht.[419] In diesen Fällen wirkt sich vor allem die Vorstellung des Nachfragers und somit die kundenbezogene Komponente auf die Produktqualität aus. Die luxuriöse Ausstrahlung ist ein wesentliches Element dafür, dass die Verbraucher hochwertige Produkte von anderen unterscheiden können.[420] Mit einer stärkeren Wahrnehmung eines exklusiven Prestiges kann auch die wahrgenommene Produktqualität zunehmen, wodurch sich der dem Markeninhaber zugeordnete Goodwill-Effekt vergrößern würde. Vertreibt ein Dritter Produkte geringerer Qualität unter dem Zeichen des Markeninhabers, wenden sich Nachfrager von den mit diesem Zeichen versehenen Produkten ab und der wirtschaftliche Erfolg des Markeninhabers fällt geringer aus. Die Aktivität des Dritten wirkt sich damit negativ auf die Produktivität der Marke aus.

II. *Funktionsbeeinträchtigung der Individualmarke*

Wie der Gehalt ist auch die Verletzung der Qualitätsfunktion nicht vom EuGH definiert worden. Im Unterschied zu anderen Markenfunktionen ist ihr Kern, die Produktqualität, auch keiner klaren Abgrenzung zugänglich. Die „Qualität" des mit der Marke versehenen Produkts lässt sich infolge der kundenbezogenen Komponente nicht objektiv bestimmen, sondern ist das Ergebnis eines Kommunikations- und Rezeptionsprozesses zwischen Markeninhaber und Nachfrager. Jeder Konsument beurteilt die „Qualität" basierend auf seiner Erfahrung mit dem Markenprodukt eigenständig und entwickelt eine bestimmte Erwartung an die Beschaffenheit zukünftiger, gleichartiger Markenprodukte.

---

[419] St. Rspr. seit SABA II; EuGH, Urt. v. 4.11.1997, C-337/95, ECLI:EU:C:1997:517, Rn. 45 = GRUR Int. 1998, 140 – *Parfums Christian Dior*; Urt. v. 23.4.2009, C-59/08, E-CLI:EU:C:2009:260, Rn. 24 = GRUR 2009, 593 – *Copad*; Urt. v. 6.12.2017, C-230/16, E-CLI:EU:C:2017:941, Rn. 25 = GRUR 2018, 211 – *Coty*.
[420] EuGH, Urt. v. 23.4.2009, C-59/08, ECLI:EU:C:2009:260, Rn. 25 = GRUR 2009, 593 – *Copad*; Urt. v. 6.12.2017, C-230/16, ECLI:EU:C:2017:941, Rn. 25 = GRUR 2018, 211 – *Coty*.

1. Funktionsbeeinträchtigung als Enttäuschung normativ schützenswerter Erwartungen

Die Beeinträchtigung der Qualitätsfunktion soll im Folgenden daher als Enttäuschung einer im Rahmen dieses Kommunikationsprozesses gebildeten, normativ schützenswerten Erwartung aufgrund einer Veränderung der Produktqualität verstanden werden.

Für die Einordnung einer bestimmten Qualitätsannahme als „normativ schützenswerte Erwartung" wird das Verständnis von *Luhmann* zugrunde gelegt. Er sieht die Funktion des Rechts in der Stabilisation normativer Erwartungen.[421] Zwar dient die Entwicklung einer Erwartungshaltung der Bewältigung einer komplexen Realität, Verhaltenserwartungen werden jedoch nicht stets auch erfüllt. Realisiert sich die – strukturimmanente – Enttäuschungsgefahr, hat der Enttäuschte „zwei verschiedene und doch funktional äquivalente Strategien des Weiterlebens nach Enttäuschungen":[422] Er kann entweder die enttäuschten Erwartungen ändern und sie der enttäuschenden Wirklichkeit anpassen oder beschließen, an ihnen „festzuhalten und im Protest gegen die enttäuschende Wirklichkeit weiterzuleben."[423] Im ersten Fall spricht man von einer *kognitiven*, im zweiten Fall von einer *normativen* Erwartung.[424] Bei der Entscheidung des Gesellschaft, ob sie eine Anpassung der Erwartung an die Wirklichkeit verlangt oder ihr Fortbestehen sichert, wird sie Erwartungen als normativ einordnen und absichern, „wenn Sicherheit und soziale Integration des Erwartens vordringlich sind."[425] Diese Sicherungsfunktion kommt Normen als „kontrafaktisch stabilisierten Verhaltenserwartungen" zu.[426] Sie zeigen, „mit welchen Erwartungen man sozialen Rückhalt findet, und mit welchen nicht."[427] Das heißt jedoch nicht, dass das Recht vor enttäuschten Erwartungen schützen kann. Es stabilisiert normative Erwartungen lediglich dahingehend, als dass es dem Enttäuschten bestätigt, im Recht zu sein, etwa durch Transformation der Erwartung in eine Strafe.[428]

Angesichts vielfältiger (gesellschaftlicher) normativer Erwartungen kann aber nicht jeder Norm automatisch auch Rechtsqualität zukommen. Diese gewinnt sie erst dadurch, „daß sie als Rechtssystem ausdifferenziert wird."[429] Obliegt dem Recht eine Stabilisation normativer Erwartungen, kann das –

---

[421] *Luhmann*, Recht der Gesellschaft (1995), S. 131.

[422] *Luhmann*, Rechtssoziologie (2008), S. 44.

[423] *Luhmann*, Rechtssoziologie (2008), S. 42.

[424] *Luhmann*, Rechtssoziologie (2008), S. 42; *ders.*, Recht der Gesellschaft (1995), S. 133 f.

[425] *Luhmann*, Rechtssoziologie (2008), S. 44.

[426] *Luhmann*, Recht der Gesellschaft (1995), S. 134.

[427] *Luhmann*, Recht der Gesellschaft (1995), S. 132.

[428] *Luhmann*, Recht der Gesellschaft (1995), S. 139, 153; damit bietet das Recht auch eine gewisse Hilfe bei der Vertrauensentscheidung, vgl. *ders.*, Vertrauen (2014), S. 43.

[429] *Luhmann*, Recht der Gesellschaft (1995), S. 136 f.

gleichsam als zweiter Schritt, nachdem die Gesellschaft eine Erwartung als normativ eingeordnet hat – „nur über eine Selektion von *schützenswerten* Erwartungen erfolgen."[430] Dabei gibt das Recht den normativen Modus des Erwartens selbst vor, indem es auf der Ebene der Beobachtung zweiter Ordnung reflexiv operiert und „die Unterscheidung kognitiven und normativen Erwartens ihrerseits zum Gegenstand normativen Erwartens [macht]."[431] Es erhebt Erwartungen nur dann in den Rechtsstatus, „wenn erwartet werden kann, daß normatives Erwarten normativ erwartet wird",[432] muss dabei aber begründen, warum manchen Erwartungen bestätigt, anderen eben nicht bestätigt werden kann, dass sie im Recht sind.[433] Letztlich ermöglicht und sichert das Recht die „Bockigkeit"[434] des auf seinen enttäuschten Erwartungen Beharrenden und damit das Leben in einer komplexen Gesellschaft, in der personale oder interaktionelle Mechanismen der Vertrauenssicherung nicht mehr ausreichen.[435]

Wie eine solche Selektion schützenswerter Erwartungen durch das Markenrecht abläuft, lässt sich zB. anhand des Verwechslungsschutzes der Individualmarke zeigen: Art. 9 Abs. 1 UMVO erklärt eine bestimmte normative Erwartung des Markeninhabers, nämlich nach der erfolgreichen Markenregistrierung alleine sein Zeichen im Wirtschaftsverkehr nutzen zu können, für rechtlich geschützt. Sie wird im Enttäuschungsfall dadurch stabilisiert, als dass ihm Art. 9 Abs. 2 lit. b) UMVO einen Unterlassungsanspruch gegen denjenigen zuspricht, der ein ähnliches Zeichen für ähnliche Produkte verwendet, sofern dadurch „für das Publikum die Gefahr einer Verwechslung besteht". Alleine gelassen wird der Markeninhaber hingegen mit der Erwartung, jegliche Bezugnahme auf sein Zeichen unterbinden zu können. Das Recht verweigert mit Blick auf die Bedeutung der Kommunikation für soziale Systeme[436] durch die Schrankenregelungen des Art. 14 Abs. 1 lit. a), b) UMVO einer allumfassenden Ausschließlichkeitserwartung die Anerkennung.

2. Enttäuschung durch Qualitätsveränderung

Für die Frage, ob bzw. wann eine Veränderung der Produktqualität zur Enttäuschung einer Qualitätserwartung führt, werden exemplarisch vier Fallkonstellationen untersucht: die Veränderung der Produktqualität durch den Markeninhaber sowie eine Veränderung der Produktqualität durch einen Lizenznehmer, eine nachträgliche Veränderung der materiellen Produkteigenschaften durch

---

[430] *Luhmann*, Recht der Gesellschaft (1995), S. 137, eigene Kursivierung.

[431] *Luhmann*, Recht der Gesellschaft (1995), S. 144.

[432] *Luhmann*, Recht der Gesellschaft (1995), S. 80, 144; ferner *ders.*, Rechtssoziologie (2008), S. 33.

[433] *Grünberger*, AcP 218 (2018), 213, 253 mit Blick auf Verträge über digitale Güter.

[434] *Luhmann*, Recht der Gesellschaft (1995), S. 80.

[435] *Luhmann*, Recht der Gesellschaft (1995), S. 132.

[436] Dazu *Luhmann*, Recht der Gesellschaft (1995), S. 54 ff.

Dritte sowie eine unangemessene Produktpräsentation durch einen Händler, die der luxuriösen Ausstrahlung der Marke nicht genügt.

a) Qualitätsveränderung durch Dritte

Art. 9 Abs. 1 UMVO schützt die Erwartung des Markeninhabers, sein Zeichen ausschließlich im Wirtschaftsverkehr nutzen zu können. Hierzu gehört auch die Fähigkeit, die Kundschaft durch die Qualität der Erzeugnisse oder Dienstleistungen an sich zu binden.[437] Die Erwartung, Kunden durch eine hohe Qualität zu Wiederholungskäufen bewegen zu können, wird nicht nur durch minderwertige Produktfälschungen Dritter enttäuscht, sondern auch dann, wenn die produktbezogene Qualitätskomponente der Waren nach Abschluss des Herstellungsprozesses und Inverkehrbringen negativ verändert wird.[438] Hierzu gehören das nachträgliche Entfernen der Produktumverpackung und der Handel mit unverpackten Produkten, insbesondere bei Waren mit luxuriöser Ausstrahlung wie Luxuskosmetika.[439] Zu einer Herkunftsverwirrung iSe. – zumindest ursprünglichen – Übernahme der Produktverantwortung durch den Markeninhaber kommt es hier nicht. Vielmehr wird die kundenbezogene Qualitätskomponente beim Nachfrager dadurch beeinträchtigt, dass ihm das für seine Konsumerfahrung wichtige und die Markenausstrahlung mitprägende Erlebnis des Entpackens der Ware fehlt.[440] Nach anderer Ansicht werden diese Konstellationen vom originären Schutz durch die Herkunftsfunktion erfasst, da sich der Markeninhaber qualitativ veränderte Produkte nicht als seine eigenen zurechnen lassen muss[441] oder unterfallen der Ausnahme von der Erschöpfung nach Art. 15 Abs. 2 UMVO.[442]

b) Qualitätsveränderung durch Lizenznehmer

Die Qualität der unter der Marke angebotenen Waren ist für den Ruf und Wert der Marke von erheblicher Bedeutung. Der Markeninhaber übernimmt mit

---

[437] EuGH, Urt. v. 17.10.1990, C-10/89, ECLI:EU:C:1990:359, Rn. 13 = GRUR Int. 1990, 960 – *HAG II.*

[438] Zur Produktveränderung nach Inverkehrbringen GA *Mengozzi*, Schlussanträge v. 10.2.2009, C-487/07, ECLI:EU:C:2009:70, Rn. 53 – *L'Oréal.*

[439] GA *Jääskinen*, Schlussanträge vom 9.12.2010, C-324/09, ECLI:EU:C:2010:757, Rn. 74, 113 – *L'Oréal/eBay*; *Eichhammer*, Markenmäßige Benutzung (2008), S. 176; *Riehle*, MarkenR 2001, 337, 342; *Völker/Elskamp*, WRP 2010, 64, 67.

[440] Die Gestaltung der Verpackung und der Vorgang des Entpackens spielt insbesondere bei Erstkäufen oder Neuprodukten eine erhebliche Rolle, vgl. *Meffert et al.*, Marketing (2019), S. 441 ff.; und wird bei sog. „Unboxing"-Videos zB. auf YouTube deutlich.

[441] *Görlich*, Anlehnende Markennutzung (2013), S. 50; *Hacker*, MarkenR 2009, 333, 334; *Keil*, MarkenR 2010, 195, 199, allerdings in Abgrenzung zur Werbe-/Investitionsfunktion; *Paulus*, Markenfunktionen (2014), S. 163 f.; Ströbele/Hacker/Thiering-*Hacker*, MarkenG (2018), Einl. Rn. 43.

[442] *Ingerl/Rohnke*, MarkenG (2010), § 14, Rn. 298.

seinem Zeichen die Produktverantwortlichkeit,[443] auch wenn für die Nachfrager häufig nicht erkennbar ist, ob das Produkt tatsächlich von ihm oder einem
Lizenznehmer stammt. Er hat daher ein legitimes Interesse daran, seiner Produktverantwortung durch Qualitätsvorgaben an den Lizenznehmer gerecht zu
werden und erwartet die Einhaltung der vereinbarten Standards. Weicht der
Lizenznehmer hiervon ab, ziehen die Verbraucher Rückschlüsse nicht (nur) auf
den einzelnen Lizenznehmer, sondern automatisch auf alle unter der Marke
angebotenen Produkte.[444] Das kann für die Marke ähnlich negative Folgen haben wie eine gänzlich unberechtigte Nutzung durch Dritte. Das Markenrecht
erkennt die lizenzvertraglich erzeugte Erwartungshaltung des Zeicheninhabers
daher als berechtigt an: Art. 25 Abs. 2 lit. e) UMVO erlaubt ihm, sein Ausschließlichkeitsrecht gegen den Lizenznehmer geltend zu machen, sofern dieser hinsichtlich der Qualität der hergestellten Waren oder erbrachten Dienstleistungen gegen Bestimmungen des Lizenzvertrages verstößt.[445]

aa) Schutz einer luxuriösen Produktaura

Bei Luxuswaren ist die Qualitätswahrnehmung der Verbraucher weniger durch
die materielle Produktbeschaffenheit als durch ihren Prestigecharakter sowie
die damit verbundene luxuriöse Ausstrahlung, und somit die kundenbezogene
Komponente, geprägt.[446] Die Erwartung des Markeninhabers, dieses Prestige
durch Vorgaben zur Produktdistribution und -präsentation zu schützen, trifft
auf die Annahme des Lizenznehmers, lizenzierte Produkte innerhalb der durch
Art. 25 Abs. 2 lit. a) - d) UMVO abgesicherten Vorgaben frei vertreiben zu
können. Für die Frage, wessen normative Erwartungen zu stabilisieren sind,
erhebt   das   Markenrecht   die   subjektive   Verbrauchervorstellung   zum

---

[443] EuGH, Urt. v. 22.6.1994, C-9/93, ECLI:EU:C:1994:261, Rn. 37 = GRUR Int. 1994,
614 – *Ideal Standard II*; Urt. v. 23.4.2009, C-59/08, ECLI:EU:C:2009:260, Rn. 22 = GRUR
2009, 593 – *Copad*.

[444] Vgl. *Woger*, Schnittstellen (2015), S. 90.

[445] Mangels Erschöpfung kann der Inhaber sogar gegen Abnehmer vorgehen und die Produkte auch auf nachgelagerten Vertriebsstufen aus dem Verkehr ziehen, vgl. EuGH, Urt. v.
23.4.2009, C-59/08, ECLI:EU:C:2009:260, Rn. 38 ff. = GRUR 2009, 593 – *Copad*; Strö-
bele/Hacker/Thiering-*Hacker* (2018), § 30, Rn. 57, 155; Kur/Senftleben-*Senftleben*, European TML (2017), Rn. 7.43.

[446] So EuGH, Urt. v. 23.4.2009, C-59/08, ECLI:EU:C:2009:260, Rn. 24 ff. = GRUR
2009, 593 – *Copad*; Urt. v. 6.12.2017, C-230/16, ECLI:EU:C:2017:941, Rn. 25 ff. = GRUR
2018, 211 – *Coty*; krit. zu dem diesbezüglich umfassenden Image-Schutz *Mitchell*, 103 TMR
1273 ff. (2013); die Ausdehnung auf Vertriebsmodalitäten abl. BeckOK MarkenR-*Taxhet*,
§ 30 MarkenG, Rn. 80 und Kur/Senftleben-*Senftleben*, European TML (2017), Rn. 7.63, für
die aufgrund des Wortlautes „hergestellten Waren" nur die produktbezogene Komponente
der Qualität erfasst sein kann; hiergegen spricht aber, dass eine solche Trennung von produktbezogenen Beschaffenheitsfaktoren und Vertriebsumfeld spätestens bei „erbrachten
Dienstleistungen" iSd. Art. 25 Abs. 2 lit. e) UMVO kaum möglich sein wird.

Maßstab.[447] Misst sie den Waren eine luxuriöse Aura zu, stabilisiert es die Erwartung des Markeninhabers.[448] Die Vorstellung der Nachfrager erweist sich als ein so elementarer Teil des mit der Marke gekennzeichneten Produkts selbst, dass sie eigenständig schutzwürdig erscheint. Der Markeninhaber kann dann Vorgaben zu Produktangebot, -werbung oder -entsorgung machen[449] und den Lizenznehmer auf ein selektives Vertriebssystem beschränken.[450] Reflexartig bewirkt das Recht damit eine Stabilisierung der Verbrauchererwartung, auch zukünftig vom luxuriösen Charakter des Produkts zu profitieren und es anhand dessen von anderen Produkten zu unterscheiden.[451] Schädigt der Lizenznehmer die Produktausstrahlung, liegt darin eine Beeinträchtigung der Produktqualität selbst.[452] Die Anknüpfung an das Prestige des Produkts statt der Marke verhindert, dass jeder Markeninhaber selektive Vertriebsvorgaben machen kann.[453]

Verstößt der Lizenznehmer gegen vertragliche Vorgaben zu Produktbeschaffenheit, -vertrieb und zur Wahrung der Produktausstrahlung, enttäuscht er die berechtigte Erwartung des Markeninhabers und beeinträchtigt die Qualitätsfunktion der Marke.[454] Entsprechen Herstellung oder Vertrieb nicht den Vorstellungen des Markeninhabers, muss er hierfür weder die Verantwortung übernehmen noch sich das Produkt zurechnen lassen.[455] Nicht markenrechtlich geschützt ist hingegen das Vertrauen in eine allgemeine Vertragstreue des Lizenznehmers, sodass Verletzungen sonstiger, schuldrechtlicher

---

[447] *Funke/Neubauer*, GRUR 2018, 215.

[448] Der EuGH definiert den Begriff des Luxusartikels nicht selbst; zum Begriff *Brömmelmeyer*, NZKart 2018, 62, 64.

[449] *Fezer*, MarkenG (2009), § 30, Rn. 30; BeckOK MarkenR-*Taxhet*, § 30 MarkenG, Rn. 81.

[450] Zu deren kartellrechtlicher Zulässigkeit EuGH, Urt. v. 13.10.2011, C-439/09, E-CLI:EU:C:2011:649, Rn. 41 ff. = GRUR 2012, 844 – *Pierre Fabre Dermo-Cosmétique*; Urt. v. 6.12.2017, C-230/16, ECLI:EU:C:2017:941, Rn. 26 ff. = GRUR 2018, 211 – *Coty*; zu den pro-kompetitiven Effekten selektiver Vertriebssysteme GA *Wahl*, Schlussanträge v. 26.7.2017, C-230/16, ECLI:EU:C:2017:603, Rn. 41 ff. – *Coty*; die Notwendigkeit kartellrechtlichen Reputationsschutzes erläutert *Franck*, WuW 2010, 772, 778 ff.

[451] EuGH, Urt. v. 23.4.2009, C-59/08, ECLI:EU:C:2009:260, Rn. 25 = GRUR 2009, 593 – *Copad*; Urt. v. 6.12.2017, C-230/16, ECLI:EU:C:2017:941, Rn. 25 = GRUR 2018, 211 – *Coty*; *Franck*, WuW 2010, 772, 778 ff.

[452] EuGH, Urt. v. 23.4.2009, C-59/08, ECLI:EU:C:2009:260, Rn. 24 ff., 31 = GRUR 2009, 593 – *Copad*; Urt. v. 6.12.2017, C-230/16, ECLI:EU:C:2017:941, Rn. 25 = GRUR 2018, 211 – *Coty*.

[453] *Brömmelmeyer*, NZKart 2018, 62, 63 f.; allerdings beruft sich der EuGH in *Coty* gerade auf *Copad*, wo er den Prestigecharakter der Waren an die Marke rückbindet.

[454] Ströbele/Hacker/Thiering-*Hacker* (2018), Einleitung, Rn. 43, 46.

[455] Ströbele/Hacker/Thiering-*Hacker* (2018), Einleitung, Rn. 43 sieht daher im Kern der Funktion (nur) eine Ausprägung des Schutzes der Herkunftsfunktion.

Vereinbarungen ua. zu Abrechnungen, Zahlungsfristen oder Bezugsverpflichtungen lediglich allgemein zivilrechtliche Ansprüche begründen.[456]

bb) Tatsächliche Produktkontrolle durch Markeninhaber entbehrlich

Entscheidend für die Übernahme der Produktverantwortung ist ausschließlich die Möglichkeit einer Qualitätskontrolle der Erzeugnisse, nicht deren tatsächliche Ausübung.[457] Dies ist unmittelbarer Ausdruck der Souveränität des Zeicheninhabers über die Marke. So, wie er selbst die Qualität seiner Markenprodukte verringern könnte, kann er auch die Herstellung minderwertiger Produkte durch den Lizenznehmer dulden.[458] In jedem Fall muss er die Verantwortung dafür übernehmen.[459] Ein Unterlassen der Kontrolle bzw. das aktive Dulden minderwertiger Lizenzprodukte hat deshalb keine unmittelbaren Folgen für das Markenrecht des Inhabers.[460] Ein Verfall der Marke wäre erst dann denkbar, wenn die Benutzung durch den Lizenznehmer das Publikum wesentlich in die Irre führt.[461] Der Unterlassungsanspruch des Markeninhabers gegen den Lizenznehmer kann allenfalls nach nationalen Grundsätzen der Verjährung oder Verwirkung unterliegen.[462] Mittelbar kann eine signifikant unterschiedliche Qualität von unter derselben Marke vertriebenen Produkten auf Dauer jedoch zur Schwächung der luxuriösen Ausstrahlung sowie der für Kollisionsfälle relevanten Kennzeichnungskraft der Marke führen.[463] Lauterkeitsrechtliche Grenzen sind – im Gleichlauf zur Qualitätsveränderung durch den Markeninhaber selbst – erst dort zu sehen, wo die Nachfrager berechtigte Qualitätserwartungen an das Produkt haben, die durch die minderwertigen Waren des Herstellers enttäuscht werden.[464]

---

[456] *Fezer*, MarkenG (2009), § 30, Rn. 32; BeckOK MarkenR-*Taxhet*, § 30 MarkenG, Rn. 82 f.

[457] EuGH, Urt. v. 22.6.1994, C-9/93, ECLI:EU:C:1994:261, Rn. 38 = GRUR Int. 1994, 614 – *Ideal Standard II*.

[458] *Bornkamm*, in: Geistiges Eigentum und Gemeinfreiheit (2007), S. 181, 196; BeckOK MarkenR-*Taxhet*, § 30 MarkenG, Rn. 135.

[459] EuGH, Urt. v. 22.6.1994, C-9/93, ECLI:EU:C:1994:261, Rn. 38 = GRUR Int. 1994, 614 – *Ideal Standard II*.

[460] Anders im US-amerikanischen Recht, wo die fehlende Qualitätskontrolle des Markeninhabers („naked license") nach ganz hM. zum Verlust des Markenrechts führen kann, dazu *Hille*, MarkenR 2018, 425.

[461] Zum Irreführungsmaßstab BeckOK MarkenR-*Hanne*, Art. 58 UMV, Rn. 30 ff.

[462] Die Verjährung oder Verwirkung von Unterlassungsansprüchen regelt die UMVO nicht, über die Scharniernorm Art. 129 Abs. 2 UMVO findet nationales Recht Anwendung, Eisenführ/Schennen-*Eisenführ/Eberhardt*, UMVO (2017), Art. 9, 74; Eisenführ/Schennen-*Eisenführ/Overhage*, UMVO (2017), Art. 101, Rn. 7; BeckOK MarkenR-*Grüger*, Art. 129 UMV, Rn. 10; vgl. EuGH, Urt. v. 13.2.2014, C-479/12, ECLI:EU:C:2014:75, Rn. 49 = GRUR 2014, 368 – *Gautzsch* zur GemeinschaftgeschmacksmusterVO.

[463] Pfaff/Osterrieth-*Harte-Bavendamm*, Lizenzverträge (2018), B., Rn. 429.

[464] Siehe dazu ausf. § 2 B. II. 2. c) cc).

c) Qualitätsveränderung durch den Markeninhaber

Der Markeninhaber kommuniziert mit dem dauerhaften Einsatz seiner Marke ein Qualitätsversprechen, dass auch weitere Produkte die gleiche Beschaffenheit aufweisen, die produktbezogene Komponente der Qualität also unverändert bleibt. Die Nachfrager entwickeln eine dementsprechende Qualitätserwartung, die durch eine über längere Dauer gleichbleibende Beschaffenheit stabilisiert wird.[465] Da sie aber auch die mit der industriellen Massenfertigung einhergehenden und unvermeidlichen „Qualitätsausreißer" oder vereinzelte Produktrückrufe kennen,[466] passen sie ihre Qualitätserwartung häufig nicht aufgrund einer einmaligen Enttäuschung an.[467] Konsumenten bestimmen ihre Qualitätserwartung somit regelmäßig normativ. Eine eigenmächtige Veränderung der Produktqualität durch den Markeninhaber hätte eine Enttäuschung dieser Erwartungen zur Folge.

Eine Verletzung der Qualitätsfunktion durch den Markeninhaber selbst scheidet schon aufgrund Konfusion aus.[468] Zu untersuchen ist dennoch, ob die Qualitätsfunktion der Individualmarke auch Verbrauchererwartungen für normativ schützenswert erklärt und den Inhaber auf andere Weise bindet. Im Vergleich zu einem eventuellen Schutz solcher Verbrauchererwartungen bei der Gewährleistungsmarke lassen sich so Rückschlüsse auf den Charakter der beiden Markenkategorien ziehen.

---

[465] *Hille,* MarkenR 2018, 425, 427; laut einer Umfrage (n = 1000) zeichnen sich für 64 % der Befragten Markenprodukte v.a. durch ihre hohe Produktqualität aus, 29 % beschreiben ihre Lieblingsmarke als „verlässlich", vgl. *PwC* (Hrsg.), Markenvertrauen (2017), S. 7, 9.

[466] 2019 gingen über das *Rapid Alert System for dangeroous non-food products* der Europäische Kommission 2243 Warnungen vor Non-Food-Produkten, über das *Rapid Alert System for Food and Feed* 1173 neue Warnungen vor Lebensmitteln ein, vgl. *Kommission* (Hrsg.), RAPEX 2019 (2020), S. 8; *dies.,* RASFF 2019 (2020), S. 14.

[467] Nach dem millionenfachen Rückruf von *Mars*-Schokoriegeln in 55 Ländern aufgrund möglicher Verunreinigung durch Plastikteile im Februar 2016 ergab eine Umfrage unter 1015 Erwachsenen in Deutschland, dass sich für 90 % der Befragten eine solche Produktionsstörung schlicht nicht ausschließen lässt, 86 % ihr Vertrauen in *Mars* durch den Vorfall nicht grundsätzlich gestört sehen und auch weiterhin Produkte von *Mars* kaufen wollen, vgl. *Markenartikel-Magazin (Hrsg.),* Mars Rückruf (2016). Auch nach einem Produktrückruf von *Cadbury Schweppes* aufgrund Verunreinigungen durch Salmonellen im Juni 2006 im Vereinigten Königreich sowie Irland lag bereits im Dezember 2006 der Marktanteil des Unternehmens wieder auf Vorjahresniveau, vgl. *Carroll,* 12 Corp. Reput. Rev. 64, 76 (2009).

[468] Der Markeninhaber wäre in diesem Fall gleichzeitig Passiv- wie Aktivlegitimierter. Über die Art. 17 Abs. 2, 137 Abs. 2 UMVO öffnet sich das Unionsrecht jedoch für eine Untersagung der Markennutzung durch nationales Recht, vgl. BeckOK MarkenR-*Eckhartt,* Art. 17 UMV, Rn. 2; Eisenführ/Schennen-*Schennen,* UMVO (2017), Art. 1, Rn. 41.

aa) Schutz normativer Beschaffenheitserwartungen

Möchte der Markeninhaber im Zeitverlauf die Qualität seiner Produkte ändern, muss das Recht einen Kompromiss finden zwischen der Notwendigkeit der Wirklichkeitsanpassung und der Konstanz der bisherigen Qualitätserwartung aufseiten der Nachfrager. Müssen sich die Nachfrager der neuen Produktbeschaffenheit anpassen oder können sie auf eine Qualitätskontinuität vertrauen? Bei der Beurteilung dieses Anpassungsinteresses[469] bemüht sich das Recht um einen Ausgleich der beiderseitigen Interessen: Dem Interesse des Markeninhabers, seine Marke umfassend zu verwerten und über seine markierten Produkte sowie deren Qualität entscheiden zu können, und dem Interesse der Abnehmer, eine gleichbleibende Produktqualität zu erhalten.[470]

Seinen Umgang mit normativen Beschaffenheitserwartungen der Nachfrager- und Abnehmerseite hat das Recht bereits an anderer Stelle gezeigt. Indem es mit Art. 7 Abs. 1 der Warenkauf-Richtlinie[471] und Art. 8 Abs. 1 der Digitale Inhalte-Richtlinie[472] einen objektiven Fehlerbegriff anerkennt, stabilisiert es die Erwartung einer berechtigterweise zu erwartenden, üblichen Beschaffenheit. Das Recht sichert die Vorstellung des Nachfragers nicht absolut, sondern erkennt die Notwendigkeit der Erwartungskonstanz für Kerneigenschaften des Produkts an und fordert im Übrigen eine Wirklichkeitsanpassung der Nachfrager. Dem mit dem objektiven Fehlerbegriff und der Bestimmung der üblichen Funktionalität bei „Waren der gleichen Art"[473] einhergehenden Wissensproblem des Rechts[474] kommt im Markenrecht ein geringerer Umfang zu, da alleine das Markenprodukt selbst Maßstab für die Beurteilung der Kerneigenschaften ist. Die relevanten Produkteigenschaften in ihrer konkreten Ausprägung und damit auch die Qualitätsveränderung werden alleine innerhalb der Kommunikationsbeziehung zwischen Marke und Nachfrager bestimmt.

---

[469] *Luhmann*, Rechtssoziologie (2008), S. 44.

[470] So BGH, U.v.2.2.1973, I ZR 85/71 = GRUR 1973, 468, 471 – *Cinzano*; U. v. 1.3.1984 – I ZR 48/82 = GRUR 1984, 737, 738 – *Ziegelfertigstürze* noch zum WZG; Köhler/Bornkamm/Feddersen-*Bornkamm/Feddersen*, UWG (2021), § 5, Rn. 0.107; *Köhler*, in: FS Ströbele (2019), S. 203, 205; *Steinbeck*, WRP 2006, 632, 638.

[471] Richtlinie (EU) 2019/771 über bestimmte vertragliche Aspekte des Warenkaufs, zur Änderung der Verordnung (EU) 2017/2394 und der Richtlinie 2009/22/EG sowie zur Aufhebung der Richtlinie 1999/44/EG, ABl. L 136/28 v. 22.5.2019.

[472] Richtlinie (EU) 2019/770 über bestimmte vertragsrechtliche Aspekte der Bereitstellung digitaler Inhalte und digitaler Dienstleistungen, ABl. L 136/1 v. 22.5.2019.

[473] Art. 7 Abs. 1 lit. d) Warenkauf-Richtlinie; eine entsprechende Bestimmung enthält Art. 8 Abs. 1 lit. b) Digitale Inhalte-Richtlinie.

[474] Um auf die übliche, zu erwartende Funktionalität abzustellen, ist zuvor zu klären, was üblich ist und erwartet werden darf; dazu näher *Grünberger*, AcP 218 (2018), 213, 258 f.

bb) Kein Schutz normativer Beschaffenheitserwartungen durch das Markenrecht

Mit seinem subjektiven Ausschließlichkeitsrecht nach Art. 9 Abs. 1, 2 UMVO schützt das Markenrecht in erster Linie die Erwartung des Markeninhabers, seine Individualmarke im Wirtschaftsleben umfassend nutzen zu können. Indem es mittelbar auch die korrekte Zeichenzuordnung der Nachfrager sichert, Schrankenregelungen vorsieht, Jedermann die Aktivlegitimation für einen Löschungsantrag zubilligt und dem Leitbild unverfälschten Wettbewerbs folgt, bezieht es Interessen von Abnehmern und Mitbewerbern im Grundsatz aber mit ein.[475] Auch wenn dem Markenrecht kein allgemeiner Verbraucherschutzgedanke zukommt,[476] ergibt sich aus dem übergeordneten System eines unverfälschten Wettbewerbs, dass die Erwartungen der Nachfrager neben denen des Markeninhabers stehen und kein Interesse grundsätzlich unbeachtet bleiben darf, auch wenn nach der Gesetzessystematik einzelne Interessen unterschiedlich vorgewichtet sind.[477] Gerade weil es den Nachfrager im Kommunikationsprozess benötigt,[478] ist eine „Doppelspurigkeit" des Rechts, die grundsätzlich Erwartungen beider Seiten berücksichtigt, wesensgemäß.[479]

Dennoch wird die normative Erwartung der Nachfrager in Bezug auf eine konstante Produktqualität vom Markenrecht nicht für normativ schützenswert gehalten. Es fordert keine verbindliche Aussage des Markeninhabers über die Beschaffenheit der Produkte, die als *markenrechtlicher* Vertrauenstatbestand ein Anknüpfungspunkt für eine solche Erwartung sein könnte.[480] Die in der Marke verkörperten Merkmale eines Produkts können nicht in eine objektive, ausdrückliche und messbare Beschreibung umgesetzt werden, sondern werden

---

[475] *Sosnitza*, ZGE 2013, 176 ff.; *Drexl*, Wirtschaftliche Selbstbestimmung (1998), S. 620 ff. ordnet das Markenrecht dem „konstitutiven Verbraucherschutzrecht" zu.

[476] Plädieren *Henning-Bodewig/Kur*, Marke und Verbraucher (1988), S. 277 ff. primär für eine stärkere Berücksichtigung der Verbraucherinteressen über einen Gleichlauf marken- und lauterkeitsrechtlicher Wertungen bzw. die ergänzende Anwendung der lauterkeitsrechtlichen Generalklausel, fordert *Drexl*, Wirtschaftliche Selbstbestimmung (1998), S. 624 ff. eine unmittelbare Verbraucherschutzfunktion der Marke bzw. des Markenrechts; diese Forderung konnte sich nach hM. jedoch nicht durchsetzen, vgl. *Ackermann*, in: FS Fezer (2016), S. 155, 157, 161 f.; *Dornis*, Trademark and Unfair Competition (2017), S. 327; *Fezer*, MarkenG (2009), § 2, Rn. 97; *ders.*, GRUR 2009, 451, 455.

[477] *Henning-Bodewig/Kur*, Marke und Verbraucher (1988), S. 272 ff.; BeckOK MarkenR-*Kur*, Einl., Rn. 156 f. geht sogar von einer Gleichberechtigung der Interessen aus.

[478] *Ackermann*, in: FS Fezer (2016), S. 155, 159 f., 161 f., die dennoch folgert, das Markenrecht schütze den Verbraucher nicht über die Garantie der Ursprungsidentität hinaus.

[479] *Henning-Bodewig/Kur*, Marke und Verbraucher (1988), S. 273; zum Schlüsselbegriff der Verbrauchererwartung bei der Qualitätskontrolle (allerdings im Zusammenhang mit der Markenlizenzierung) *Hille*, MarkenR 2018, 425, 430.

[480] Vgl. *Dröge*, WRP 2019, 160, 164 f.

nur implizit kommuniziert oder suggeriert.[481] Sofern sie bei den Konsumenten mittels Extrapolation entsteht, ist dies auf einen *ökonomischen* Mechanismus zurückzuführen. Das Markenrecht gewichtet daher die Erwartungen des Zeicheninhabers vor und stellt sie grundsätzlich über diejenigen der Nachfrager. Es zählt die Befugnis, frei über die Qualität der markierten Produkte zu entscheiden, zum Kernbereich des Ausschließlichkeitsrechts.[482] Möchte der Markeninhaber die Qualität seiner Produkte ändern, richtet sich die Qualitätsfunktion der Marke nicht gegen den Markeninhaber selbst oder bindet ihn.[483] Sie garantiert dem Nachfrager nicht die Konstanz der produktbezogenen Komponente und damit keine gleichbleibende Qualität der gekennzeichneten Waren.[484] Ihr kommt kein objektiver Gehalt iSe. abstrakten Produktnorm zu,[485] die Marke dient lediglich als „faktische Qualitätsgarantie".[486] Ihr Inhaber hat folglich nicht im rechtlichen Sinne für eine gleichbleibende Güte einzustehen wie ein Verkäufer für Sachmängel.[487] Die Veränderung kann für ihn aber

---

[481] Bekanntmachung der Kommission zur Anwendung des EU-Lebensmittel- und Verbraucherschutzrechts auf Fragen der Produkte von zweierlei Qualität – Der besondere Fall der Lebensmittel, COM ABl. 2017/C 327/01, 04 f. v. 29.9.2017.

[482] Köhler/Bornkamm/Feddersen-*Bornkamm/Feddersen*, UWG (2021), § 5, Rn. 0.112, aber dennoch (und insofern inkonsequent) mit einer Rückausnahme, falls der Markinhaber die nun veränderte Eigenschaft durch seine Werbung fest mit seiner Marke verbunden hat, vgl. Rn. 2.101; *Köhler*, in: FS Ströbele (2019), S. 203, 205; *Steinbeck*, WRP 2006, 632, 638.

[483] *Lehmann/Schönfeld*, GRUR 1994, 481, 487; MüKoUWG-*Ruess* (2020), Bd. 1, § 5 UWG, Rn. 143.

[484] Ua. *Beier/Krieger*, GRUR Int. 1976, 125, 127; *Fezer*, GRUR 2017, 1188, 1196; *Glöckner*, in: Geistiges Eigentum und Gemeinfreiheit (2007), S. 145, 169; *Griffiths*, 11 Nw. J. Tech. & Intell. Prop. 621, 630 ff. (2013); *Gruber*, Verbraucherinformation (1986), S. 222 f.; *Köhler*, GRUR 2007, 548, 553; *ders.*, in: FS Ströbele (2019), S. 203, 205; Kur/Senftleben-*Kur/Senftleben*, European TML (2017), Rn. 1.23 sehen daher auch keinen Mehrwert in der separaten Anerkennung einer Qualitätsfunktion; *Lehmann/Schönfeld*, GRUR 1994, 481, 487; *Paulus*, Markenfunktionen (2014), S. 161; *Sack*, GRUR 1972, 445, 447 f.; hierzu krit. *Henning-Bodewig/Kur*, Marke und Verbraucher (1988), S. 236 f.

[485] *Belson*, Certification Marks (2017), Rn. 3.08; *Fezer*, MarkenG (2009), Einl. D, Rn. 8; *Griffiths*, TML (2011), S. 56, 109; *ders.*, 11 Nw. J. Tech. & Intell. Prop. 621, 631 (2013); *Misoga*, GRUR 1968, 570 f.; *Paulus*, Markenfunktionen (2014), S. 28, 163; *Strasser*, 10 FordhamIntell. Prop., Media & Ent. L.J. 375, 418 f. (insb. Fn. 160) (2000); *Völker/Elskamp*, WRP 2010, 64, 67.

[486] *Paulus*, Markenfunktionen (2014), S. 28, 163; GA *Mengozzi*, Schlussanträge v. 10.2.2009, C-487/07, ECLI:EU:C:2009:70, Rn. 53 – *L'Oréal* („qualitative Beständigkeit").

[487] *Bently et al.*, IP Law (2018), S. 1123; *Buckstegge*, Nationale Gewährleistungsmarke (2018), S. 103; *Fezer*, MarkenG (2009), Einl. D, Rn. 8; *Griffiths*, TML (2011), S. 56, 109; *ders.*, in: FS Schäfer, S. 115, 117; *ders.*, 11 Nw. J. Tech. & Intell. Prop. 621, 630 f., 635 (2013); GA *Jacobs*, Schlussanträge v. 13.3.1990, ECLI:EU:C:1990:112, Rn. 18 – *HAG II*; GA *Mengozzi*, Schlussanträge v. 10.2.2009, C-487/07, ECLI:EU:C:2009:70, Rn. 53 – *L'Oréal*; *Paulus*, Markenfunktionen (2014), S. 163; *Sakulin*, Trademark Protection (2011), S. 45 f.; *Sattler*, GRUR 2019, 625, 626; Kur/Senftleben-*Kur/Senftleben*, European TML (2017), Rn. 1.23, 1.10 f. erkennen daher keinen Mehrwert in der Anerkennung einer

(erhebliche) wirtschaftliche Folgen haben, wenn die Verbraucher infolgedessen ihr Konsumverhalten ändern, weshalb er an einer konstanten Qualität interessiert sein wird.[488]

Die Grenze der Aufforderung der Nachfrager zur Wirklichkeitsanpassung ist jedoch dort erreicht, wo die Marke infolge ihrer Benutzung geeignet ist, das Publikum über die Art oder Beschaffenheit der Produkte irrezuführen und auch eine hinreichend schwerwiegende Gefahr hierzu[489] besteht. In diesem Fall schützt das Markenrecht die Selbstbestimmung der Konsumenten und kann mit dem Verfall der Marke gem. Art. 58 Abs. 1 lit. c) UMVO einschreiten. „Beschaffenheit" iSd. Art. 58 Abs. 1 lit. c) UMVO bedeutet jedoch ein Merkmal oder Attribut und bezieht sich nicht auf einen Gütegrad oder -standard des Produkts.[490] Die Marke muss begrifflich eine klare Erwartung wecken, die im völligen Gegensatz zur Art oder Qualität der Ware steht,[491] etwa wenn die Marke Beschaffenheitsangaben macht, die auf die angemeldeten Produktklassen von vornherein nicht zutreffen können.[492]

cc) Schutz normativer Beschaffenheitserwartungen durch das Lauterkeitsrecht

Eine Stabilisation normativer Beschaffenheitserwartungen der Nachfrager kann durch das Lauterkeitsrecht erfolgen, das sich ebenfalls am Ziel eines unverfälschten Wettbewerbs orientiert.[493] Die UGP-RL fokussiert sich auf die wirtschaftlichen Interessen der Verbraucher und verfolgt mit der Freiheit der

---

eigenständigen Qualitätsfunktion und sehen das Versprechen gleichbleibender Qualität als in der Herkunftsfunktion enthalten an.

[488] *Brown*, 108 Yale L. J. 1619, 1634 f. (1999); *Buckstegge*, Nationale Gewährleistungsmarke (2018), S. 103; *Griffiths*, TML (2011), S. 56, 109; *ders.*, in: FS Schäfer, S. 115, 117; *ders.*, 11 Nw. J. Tech. & Intell. Prop. 621, 630 f., 635 (2013); GA *Jacobs*, Schlussanträge v. 13.3.1990, ECLI:EU:C:1990:112, Rn. 18 – *HAG II*; *Senftleben*, 40(1) IIC 45, 46 (2009); Kur/Senftleben-*Kur/Senftleben*, European TML (2017), Rn. 1.11; *Sakulin*, Trademark Protection (2011), S. 45 f.; aufgrund dessen sprechen *Landes/Posner*, IP (2003), S. 168 vom „self-enforcing feature" der Marke, *Kirchner*, GRUR Int. 2004, 603, 607 vom „Geiseleffekt" hinsichtlich bereits getätigter Investitionen; *Aldred*, in: TMB (2008), S. 267, 270 weist hingegen auf die Komplexität der Interessen des Markeninhabers und dessen ständigen Abwägungsprozess zwischen Kostenersparnis durch Qualitätssenkung einerseits und der Gefahr der dadurch eintretenden Rufschädigung andererseits hin.

[489] EuGH, Urt. v. 4.3.1999, C-87/97, ECLI:EU:C:1999:155, Rn. 41 = GRUR Int. 1999, 443 – *Cambozola*; BeckOK MarkenR-*Hanne*, Art. 58 UMV, Rn. 30 ff.

[490] Ausdrücklich EUIPO, Prüfungsrichtlinien, Teil D, Abschnitt 2, 2.4 (Stand 1.3.2021).

[491] EUIPO, Prüfungsrichtlinien, Teil B, Abschnitt 4, Kap. 8, 1; Teil D, Abschnitt 2, 2.4.3 (Stand 1.3.2021) zum Schutzhinderniss des Art. 7 Abs. 1 lit. g) UMVO, dessen Kriterien bei Art. 58 Abs. 1 lit. c) UMVO entsprechende Anwendung finden.

[492] ZB. im Fall der Wortmarke *LACTOFREE*, eingetragen für die Ware „Lactose", vgl. HABM BK v. 19.11.2009, R 892/2009-1.

[493] Erwgr. 8 UGP-RL, vgl. *Dornis*, Trademark and Unfair Competition (2017), S. 339.

Entscheidungsfindung, der Markttransparenz und der Verbraucherinformation ein „Konzept der Marktkommunikation".[494] Hieraus kann sich die wettbewerbsrechtliche Einschränkung einer zeichenrechtlich zulässigen Markenbenutzung ergeben, wenn sie zur Gefährdung der Konsumentensouveränität oder Markttransparenz führt.[495] Das positive Benutzungsrecht des Markeninhabers findet seine Grenze im lauterkeitsrechtlichen Irreführungsverbot.[496] Dazu kommt es, wenn der Markeninhaber ein besonderes Produktmerkmal mittels seiner Marke herausstellt und durch eigene (Werbe)Aktivitäten mit ihr verbindet, wodurch sich eine diesbezügliche Erwartungshaltung der Nachfrager bildet[497] und vom Markeninhaber stabilisiert wird. Er begründet einen Vertrauenstatbestand, an den die Nachfrager berechtigterweise anknüpfen und infolgedessen sie die beworbene Eigenschaft als übliche, zukünftig zu erwartende Produktbeschaffenheit verstehen. Kommt es zu einer für Nachfrager nicht erkennbaren Veränderung dieser Eigenschaft durch den Markeninhaber, wird ihre Erwartungshaltung enttäuscht.[498] Das Lauterkeitsrecht selektiert ihre Erwartung einer Konstanz kennzeichnender, besonders geschätzter und wesentlicher Produktmerkmale als normativ schützenswert[499] und stabilisiert sie, indem es die Ausübung der wirtschaftlichen Entscheidungsfreiheit des Markeninhabers einschränkt.

Ein Erwartungsschutz konstanter Produktbeschaffenheit wurde mit Art. 3 Nr. 3 RL (EU) 2019/2161 nun auch in territorialer Hinsicht ins europäische Lauterkeitsrecht implementiert.[500] Es sieht eine berechtigte und schutzwürdige

---

[494] MüKoUWG-*Micklitz* (2020), Bd. 1, UGP-RL Art. 1, Rn. 11.

[495] MüKoUWG-*Ann/Hauck* (2020), Bd. 1, Teil I, Rn. 246; *Bornkamm*, in: Geistiges Eigentum und Gemeinfreiheit (2007), S. 181, 187, 191; *Fezer*, MarkenR 2010, 453, 461 zur Grenze privatautonomer Regelungen von Kennzeichenkollisionen; zu Verbraucherinformation und Markttransparenz als Topoi der EuGH-Rechtsprechung zur Waren- und Dienstleistungsfreiheit vgl. Fezer/Büscher/Obergfell-*Fezer*, UWG (2016), Bd. 1, § 3, Rn. 408.

[496] Köhler/Bornkamm/Feddersen-*Bornkamm/Feddersen*, UWG (2021), § 5, Rn. 9.12; *Ingerl/Rohnke*, MarkenG (2010), § 2, Rn. 19; *Schork*, Imitationsmarketing (2011), S. 339; Ströbele/Hacker/Thiering-*Hacker*, MarkenG (2018), § 2, Rn. 91; mit Blick auf die UGP-RL auch BGH, Urt. v.10.6.2010, I ZR 42/08, Rn. 13 = GRUR 2011, 85 – *Praxis Aktuell.*

[497] *Dröge*, WRP 2019, 160, 165; *Steinbeck*, WRP 2006, 632, 638.

[498] Bereits COM ABl. 2017/C 327/01, 04 v. 29.9.2017; *Steinbeck*, WRP 2006, 632, 638.

[499] Im Zusammenhang mit sog. „qualifizierte betriebliche Herkunftsangaben" im deutschen Lauterkeitsrecht vgl. *Bornkamm*, in: Geistiges Eigentum und Gemeinfreiheit (2007), S. 181, 188 ff.; Köhler/Bornkamm/Feddersen-*Bornkamm/Feddersen*, UWG (2021), § 5, Rn. 2.101; *Ingerl/Rohnke*, MarkenG (2010), § 2, Rn. 19; *Sack*, GRUR 1972, 445, 448; *Steinbeck*, WRP 2006, 632, 638; aA. *Schork*, Imitationsmarketing (2011), S. 335 ff., die Entscheidungen über die Produktqualität stets zum Kern des Ausschließlichkeitsrechts zählt.

[500] Art. 3 Nr. 3 der Richtlinie (EU) 2019/2161 des Europäischen Parlaments und des Rates vom 27. November 2019 zur besseren Durchsetzung und Modernisierung der Verbraucherschutzvorschriften in der Union, ABl. L 328/7 v. 8.12.2019 ergänzt Art. 6 Abs. 2 UGP-Rl um lit. c) und hält für grds. irreführend „jegliche Art der Vermarktung einer Ware in einem Mitgliedstaat als identisch mit einer in anderen Mitgliedstaaten vermarkteten Ware, obgleich

Erwartung des Durchschnittsverbrauchers, ein Markenprodukt weise in allen Mitgliedsstaaten die gleiche Beschaffenheit auf.[501] Abgestellt wird dafür alleine auf die einheitliche Vermarktung unter einer Marke, ohne nach einem tatsächlichen Anknüpfungspunkt für eine solche Verbrauchererwartung – etwa Produktwerbung mit dem Hinweis auf eine länderübergreifend einheitliche Zusammensetzung – zu fragen.[502] Zwar stellt es das Recht dem Markeninhaber grundsätzlich frei, seine Produkte mit unterschiedlichen Zusammensetzungen zu vermarkten und erkennt dessen legitime Interessen für regionale Produktdifferenzierungen an.[503] Eine wesentliche unterschiedliche Zusammensetzung in identisch vermarkteten Markenprodukten kann jedoch zu einer Irreführung der Verbraucher führen,[504] wobei berücksichtigt wird, inwieweit Verbraucher über die Unterschiede informiert werden und diese bemerken können.[505]

---

sich diese Waren in ihrer Zusammensetzung oder ihren Merkmalen wesentlich voneinander unterscheiden, sofern dies nicht durch legitime und objektive Faktoren gerechtfertigt ist." Hintergrund waren Beschwerden östlicher Mitgliedstaaten, die in ihren Ländern vertriebenen Produkte wiesen eine geringere Qualität auf als die unter identischer Marke und Verpackung vertriebenen Waren in anderen, westlichen Mitgliedstaaten; näher zur scheinbaren „Dual-Quality" *Kuchar*, ÖBl 2018, 214 f. mwN.

[501] *Köhler*, in: FS Ströbele (2019), S. 203, 205.

[502] *Dröge*, WRP 2019, 160, 165; *Köhler*, in: FS Ströbele (2019), S. 203, 206; bei tatsächlich unterschiedlicher Produktbeschaffenheit läge in diesem Fall bereits eine Irreführung iSd. Art. 6 Abs. 1 lit. b) UGP-Rl vor; die Neuregelung daher abl. *Dröge*, WRP 2019, 160, 164 ff.; *Köhler*, in: FS Ströbele (2019), S. 203, 206; *Kuchar*, ÖBl 2018, 214, 216; sowie die Stellungnahme der GRUR durch *Würtenberger/Freischem*, GRUR 2019, 709, 710 f.

[503] Vgl. Bek. COM ABl. 2017/C 327/01, 05 v. 29.9.2017 zur Anwendung des EU-Lebensmittel- und Verbraucherschutzrechts auf Fragen der Produkte von zweierlei Qualität – Der besondere Fall der Lebensmittel; Mitt. COM(2018) 183 final v. 11.4.2018 zur Neugestaltung der Rahmenbedingungen für die Verbraucher, S. 14; Erwgr. 43 des Richtlinienentwurfs COM(2018) 185 final v. 11.4.2018; Erwgr. 53, Art. 1 Nr. 3 RL (EU) 2019/2161; *Köhler*, in: FS Ströbele (2019), S. 203, 206; „legitime und objektive Faktoren" können zB. nationales Recht oder die Verfügbarkeit und Saisonabhängigkeit von Rohstoffen sein.

[504] Mitt. COM(2018)183 final v. 11.4.2018, S. 14; Erwgr. 51 RL (EU) 2019/2161; die im Vorfeld in Auftrag gegebene Studie konnte regionale Produktunterschiede nur in geringem Maße auch empirisch feststellen: Bei einer Analyse von 1380 Lebensmittelprodukten in 19 EU-Ländern 2018 lag bei lediglich 9 % der verglichenen Lebensmittel eine unterschiedliche Zusammensetzung vor, obwohl die jeweilige Packungsvorderseite gleich aussah. Die unterschiedliche Produktzusammensetzung darf jedoch nicht als Qualitätsunterschied verstanden werden, auch konnte bei den Abweichungen kein bestimmtes geografisches Muster festgestellt werden, vgl. COM, Results of an EU wide comparison of quality related characteristics of food products, abrufbar unter: http://publications.jrc.ec.europa.eu/repository/bitstream/JRC117088/eur29778en_results_of_an_eu_wide_comparison_of_quality_related_characteristics_of_food_products.pdf, zuletzt abgerufen am 25.8.2021.

[505] Erwgr. 53 RL (EU) 2019/2161.

III. Übertragung auf die Gewährleistungsmarke

Die ökonomische Begründung der Qualitätsfunktion soll nun auf die Gewährleistungsmarke übertragen werden.

1. Absolutes statt relativem produktbezogenen Qualitätsniveau

Ähnlich der Individualmarke lässt sich auch die Qualitätsfunktion der Gewährleistungsmarke mit dem auf dem Extrapolationsprinzip basierenden Goodwill-Mechanismus und der daraus resultierenden Anreizwirkung für den Anbieter erklären. Im Gegensatz zur Individualmarke ist die Erwartung der Nachfrager jedoch nicht alleine durch vorherige Erfahrungen bestimmt, sondern orientiert sich an der Markensatzung. In ihr definiert und spezifiziert der Markeninhaber gem. Art. 84 Abs. 2 UMVO, Art. 17 lit. e) UMDVO die Merkmale, die er mit seinem Zeichen garantiert. Die Merkmale bilden die produktbezogene Komponente der Qualitätsfunktion. Aufgrund der in der Satzung klar offengelegten Beschaffenheitsanforderungen steht die Gewährleistungsmarke damit anders als die Individualmarke nicht für ein relatives, sondern ein absolutes Qualitätsniveau.[506] Ein Abweichen hiervon ist erst nach vorheriger Satzungsänderung und deren Bekanntmachung gem. Art. 88 UMVO möglich. Als unabänderbar vorgegeben erweisen sich die Beschaffenheitsvorgaben allein für die Hersteller als Nutzer der Gewährleistungsmarke. Sie können zwar entscheiden, ob sie ihre Produkte zertifizieren lassen möchten, nicht aber unmittelbar Einfluss auf die Bestimmungen der Markensatzung nehmen.

Meint die Gewährleistungsfunktion die Übernahme einer Gewährleistung für das Vorliegen bestimmter Eigenschaften durch den Markeninhaber, ist Inhalt der Qualitätsfunktion das Vorliegen einer objektiven, absoluten Produktbeschaffenheit selbst. Bleibt das absolute Qualitätsniveau auch in zeitlicher Hinsicht konstant, entwickeln die Nachfrager wie auch bei der Individualmarke einen Goodwill gegenüber dem Zeichen.

2. Kontrollpflicht des Markeninhabers

Die Definition eines absoluten Qualitätsniveaus der produktbezogenen Komponente wirkt sich auch auf die Kontrollmodalitäten des Markeninhabers aus. Genügt bei einer Individualmarke die bloße Kontrollmöglichkeit des Lizenznehmers unabhängig von ihrer tatsächlichen Ausübung, geht mit der Gewährleistungsmarke eine Kontrollpflicht einher. Sie ist Anknüpfungspunkt und Stabilisator des Vertrauens der Nachfrager darauf, dass die mit der Marke garantierte Beschaffenheit auch tatsächlich vorliegt.[507] Spiegelbildlich zur Funktionsverletzung umfasst diese *erstens* die Überprüfung, dass der lizenzierte

---

[506] *Belson*, 24(7) E.I.P.R. 340, 345 f. (2002); *ders.*, Certification Marks (2017), Rn. 5.31 f.; *Repas/Kerestes̆*, 49 IIC 299, 301 f. (2018); *Ringelhann/Martin*, 13 JIPLP 625, 627 (2018).
[507] Zu Umfang und Rolle der Kontrollpflicht für die Nachfrager siehe § 2 A. III. 5. c).

Benutzer die Satzungsbedingungen bei Abschluss der Lizenz erfüllt, *zweitens* die Überwachung, dass die Satzungsbedingungen eingehalten werden und *drittens* die Marktkontrolle gegen eine unberechtigte Nutzung sowie das anschließende Vorgehen gegen Verletzer.[508] Ergreift der Inhaber keine angemessenen Maßnahmen, um eine nicht den Benutzungsbedingungen der Satzung entsprechende Markennutzung zu verhindern, kann seine Marke gem. Art. 91 lit. a) UMVO für verfallen erklärt werden.

3. Eingeschränkte kundenbezogene Qualitätskomponente

Die Ausgestaltung der Gewährleistungsmarke wirkt sich auch auf die kundenbezogene Komponente der Qualität aus. Der Inhaber einer Individualmarke kann Produktpositionierung und -vertrieb kontrollieren und seinem Zeichen so einen Prestigecharakter verleihen, der den Produkten in der Wahrnehmung der Konsumenten eine luxuriöse Ausstrahlung gibt. Der Gewährleistungsmarkeninhaber hingegen hat weder den Anreiz noch die Möglichkeit zur Entwicklung eines solchen Prestigecharakters. Die hierfür erforderlichen hohen Marketingaufwendungen würden nicht durch unmittelbare Vorteile, etwa in Form der im Luxussegment höheren Gewinnmargen,[509] ausgeglichen. Aufgrund seiner Neutralitätspflicht kommen nur mittelbare Vorteile, zB. durch höhere Preise für die Produktzertifizierung oder die Markenlizenz in Betracht. Selbst diese Möglichkeit scheidet aber aus, wenn man von einer Beschränkung dieser Gebühren auf ein kostendeckendes, angemessenes Niveau ausgeht.[510] Entscheidend ist jedoch die fehlende Steuerungsmöglichkeit des Markeninhabers. Da er grundsätzlich weder seine Lizenznehmer aussuchen noch deren Produktstrategien beeinflussen kann[511] und die Gewährleistungsmarke daher auch für Produkte bzw. neben Individualmarken im Low-Budget-Segment verwendet wird, ist ihm die Schaffung einer Exklusivität als maßgebliches Merkmal einer Marke im Luxussegment[512] nicht möglich. Zwar kann die Beschaffenheitsgarantie auch für als „Luxusprodukte" angesehene Waren übernommen werden

---

[508] *Dröge*, MarkenR 2016, 549, 558; *Figge/Techert*, MarkenR 2016, 181, 187; *Grabrucker*, in: FS Ströbele (2019), S. 93, 101.

[509] So betrugen etwa die Gewinnmargen im Geschäftsjahr 2017/18 des zur *LVMH Group* gehörenden französischen Unternehmens *Hermès International SCA* mit der Marke *Hermès* 22,1 %, die des italienischen Bekleidungsunternehmens *Moncler SpA* mit der Marke *Moncler* 20,9%; vgl. *Deloitte* (Hrsg.), Luxury Goods (2019), S. 21 f.; die Gewinnmarge des zum Konzern *Associated British Foods plc* gehörenden und für billige „Fast Fashion" bekannten irischen Bekleidungsunternehmen *Primark Holdings* mit der Marke *Primark* lag in dieser Zeit bei nur 11,3%, vgl. *ABF* (Hrsg.), Annual Report (2018), S. 44.

[510] Näher dazu bei § 7 E. III. 2. b).

[511] Vgl. zum Zugangsanspruch von Herstellern satzungskonformer Produkte § 7 E. II.

[512] *Brömmelmeyer*, NZKart 2018, 62, 64; *Deloitte* (Hrsg.), Luxury Goods (2019), S. 41; *Mey*, WuW 2019, 83, 84; vgl. auch EuGH, Urt. v. 6.12.2017, C-230/16, ECLI:EU:C:2017:941, Rn. 49 f. = GRUR 2018, 211 – *Coty*.

(etwa ein nach islamischen Rechtsvorschriften und damit *halāl*[513] zubereitetes Filet des Kobe-Rindes oder ein nach den Vorgaben des *Global Organic Textile Standard*[514] aus Naturfasern gefertigtes Kleid eines Bekleidungsanbieters im Premiumbereich). Exklusivität und Prestigecharakter knüpfen in diesen Fällen aber an die Warengattung bzw. den Produktverantwortlichen und dessen Individualmarke an, nicht aber an die Gewährleistungsmarke. Ein „exklusives Prestige" einer Gewährleistungsmarke, das sich positiv auf die kundenbezogene Qualitätskomponente auswirkt, ist damit unwahrscheinlich und auch nicht im Wesen der Markenkategorie angelegt. Bei der Beurteilung der Qualitätskomponente können stattdessen die Beschaffenheitsvorgaben der Marke eine Rolle spielen, also welche Anforderungen für eine erfolgreiche Zertifizierung zu erfüllen sind, und ob die Marke in der Wahrnehmung der Nachfrager daher für einen „hohen" oder einen „niedrigen" Standard steht.[515] Mit einfließen kann aber auch eine besondere Vertrauenswürdigkeit der Marke und damit ihres Inhabers als Zertifizierungsverantwortlichem.[516] Die so getroffene Beurteilung trägt dann ebenfalls zum mit der Marke verbundenen Goodwill bei.

IV. Funktionsbeeinträchtigung der Gewährleistungsmarke

Auch für die Gewährleistungsmarke wird die Beeinträchtigung der Qualitätsfunktion als Enttäuschung einer normativ schützenswerten, normativen Erwartung verstanden. Ausgangspunkt ist das durch die Markensatzung absolut festgeschriebene Niveau der produktbezogenen Qualitätskomponente. Untersucht wird, ob sich aus den Regelungen der Gewährleistungsmarke Modifikationen für die normative Schutzwürdigkeit der Erwartungen unterschiedlicher Marktakteure ergeben. Hierfür wird erneut die Qualitätsveränderung durch den Markeninhaber selbst, Lizenznehmer und Dritte betrachtet.

1. Qualitätsveränderung durch Dritte

Durch die Verweisung in Art. 83 Abs. 3 UMVO schützt Art. 9 Abs. 1 UMVO auch für die Gewährleistungsmarke die Erwartung ihres Inhabers, Nachfrager durch die Qualität seiner Erzeugnisse oder Dienstleistungen an sich zu binden.

---

[513] Vgl. UGM „HALAL CONTROL" (Nr. 017724907).

[514] Vgl. UGM „Global Organic Textile Standard GOTS" (Nr. 017283128).

[515] Dies lässt sich anhand unterschiedlicher Gewährleistungsmarken zur Tieraufzucht und -haltung verdeutlichen: Dürfen für die Zertifizierung nach dem „Tierschutzlabel – Einstiegsstufe" (Nr. 017889445) maximal 29 kg/m² bzw. 17 Hühner/m² gehalten werden, sind es für das „Tierschutzlabel – Premiumstufe" (Nr. 017889448) maximal 25 kg/m² bzw. 15 Hühner/m², nach dem EU Bio-Logo iSd. VO (EU) 2018/848 (Nr. 018055852) nur 21kg/m²; vgl. https://www.tierschutzlabel.info/richtlinien#cb2 (zuletzt abgerufen am 25.8.2021) sowie Art. 14 Abs. 3 iVm. Anh. II Teil II VO (EU) 2018/848, Anh. I Teil IV VO (EG) 2020/464.

[516] Empirisch zur Korrelation zwischen Vertrauenswürdigkeit des Gütesiegels und Kaufwahrscheinlichkeit *Elaboratum* (Hrsg.), Shopsiegel Monitor (2017), S. 25 f.

Das bedeutet, dass die gekennzeichneten Produkte die Beschaffenheit aufweisen, die der Markeninhaber garantiert. Demensprechend kann die Qualitätsfunktion nur solche Veränderungen erfassen, die die vom Markeninhaber garantierte Beschaffenheit betreffen. Sie können zum einen dadurch entstehen, dass der Dritte eigene, nicht zertifizierte Produkte vertreibt oder bereits zertifizierte Produkte nach dem Inverkehrbringen verändert. In diesen Fällen wäre aber auch die Gewährleistungsfunktion eigenständig berührt, da der Markeninhaber nach der Veränderung der ursprünglich zertifizierten, produktbezogenen Qualitätskomponente nicht mehr an seiner Beschaffenheitsgarantie festhalten will. Ist von der nachträglichen Produktveränderung hingegen nur die Verpackung betroffen, betrifft dies die Qualitätsfunktion nicht. Da der Gewährleistungsmarke nur eine eingeschränkte kundenbezogene Qualitätskomponente und kein Prestigecharakter zukommt, bildet die Funktion keine Basis für eine schutzwürdige Erwartung des Markeninhabers, sein Zeichen bleibe auf der Produktverpackung des Herstellers unverändert bestehen.

2. Qualitätsveränderung durch den Lizenznehmer

a) Schutz des Markeninhabers vor Beschaffenheitsveränderung

Bei der Individualmarke ist die normative Erwartung des Markeninhabers, der Lizenznehmer halte die lizenzvertraglich bestimmte Produktqualität inklusive – bei Produkten mit exklusiver, luxuriöser Aura – besonderer Absatz- und Vertriebsvorgaben ein, als normativ schutzwürdig anerkannt. Der Inhaber einer Gewährleistungsmarke ist besonders auf das Vertrauen der Nachfrager in sein Zeichen angewiesen. Damit es nicht verloren geht, erwartet auch er von den Markennutzern, dass ihre Produkte der satzungsmäßigen Beschaffenheit entsprechen. Ihm selbst ist regelmäßig nur eine nachläufige, stichprobenmäßige Kontrolle der so gekennzeichneten Produkte möglich.[517] Da sich die Lizenznehmer für eine Aufnahme der Markennutzung mit der Einhaltung der satzungsmäßigen Vorgaben einverstanden erklären, hat der Markeninhaber auch einen Anhaltspunkt dafür, eine solche Erwartungshaltung berechtigterweise entwickeln zu dürfen. Art. 25 Abs. 2 lit. e) UMVO stellt den Schutz dieser Erwartung klar mit dem Ergebnis, dass ein eigenmächtiges Abweichen des Lizenznehmers von der satzungsmäßig festgelegten Produktbeschaffenheit als produktbezogene Qualitätskomponente die Erwartungen des Markeninhabers enttäuscht und eine Verletzung der Qualitätsfunktion begründet.

b) Keine Vertriebskontrolle

Davon zu unterscheiden ist die Frage, ob auch Erwartungen des Gewährleistungsmarkeninhabers hinsichtlich einer Kontrolle des Absatzes und Vertriebs

---

[517] Zum Umfang der Kontrollpflicht ausf. § 2 A. III. 5. c) bb).

der mit seinem Zeichen versehenen Produkte normativ schützenswert sind. Die Legitimation selektiver Vertriebssysteme wird ua. darin gesehen, dass eine beständige Wahrnehmung hoher Qualität durch die Verbraucher nur gewährleistet werden kann, wenn ein und dasselbe Unternehmen den Vertrieb der Produkte sicherstellt, sodass ihre Zulässigkeit gerade von ihrer Erforderlichkeit für die Wahrung dieser Verbraucherwahrnehmung abhängt.[518] Dieser Grundkonflikt liegt bei der Gewährleistungsmarke nicht vor. Die Verbraucherwahrnehmung wird maßgeblich durch das Produkt in seiner Gesamtheit und damit durch den Inhaber der Individualmarke als Produktverantwortlichem bestimmt. Der Gewährleistungsmarkeninhaber hat auf die Gesamterscheinung keinen Einfluss. Seine Gewährleistung wird durch die Markensatzung definiert und durch Absatzmodalitäten der zertifizierten Produkte nicht beeinflusst. Maßgeblich für den Schutz der Qualitätsfunktion einer Gewährleistungsmarke ist daher alleine die produktbezogene Qualitätskomponente.

Wird ein solch enges Verständnis vereinzelt auch hinsichtlich der Individualmarke vertreten,[519] erscheint es für die Gewährleistungsmarke geradezu zwingend. Das Recht betont mit der Neutralität, Objektivität und Transparenz die treuhänderische Stellung des Gewährleistungsmarkeninhabers, der zu wirtschaftlicher Zurückhaltung verpflichtet ist. Dem liefe es entgegen, wenn er den eigenen Produktabsatz des Markennutzers durch Vorgaben zu Vertriebssystem oder Warenpräsentation auf Basis der Qualitätsfunktion beeinflussen könnte. Dadurch würde die wirtschaftliche Entscheidungsfreiheit der Markennutzer unberechtigterweise eingeschränkt und der Wettbewerb verfälscht. Die Erwartung des Gewährleistungsmarkeninhabers, derart Einfluss zu nehmen, wird als normativ nicht schutzwürdig bewertet, und der Schutz durch die Gewährleistungsfunktion auf die produktbezogenen Qualitätsvorgaben beschränkt. Der Begriff der „Qualität" iSv. Art. 25 Abs. 2 lit. e) UMVO schützt den Markeninhaber daher nur vor einer Veränderung der produktbezogenen, nicht aber der kundenbezogenen Qualitätskomponente durch den Lizenznehmer.

3. *Qualitätsveränderung durch den Markeninhaber*

Bei der Individualmarke hat sich das Markenrecht gegen eine Stabilisation der Erwartung konstanter Produktbeschaffenheit durch die Nachfrager entschlossen, da der Markeninhaber keinen Anknüpfungspunkt für dieses Vertrauen setzt. Auch bei einer Gewährleistungsmarke können Nachfrager normative Erwartungen hinsichtlich der mit dem Zeichen verbundenen Produktqualität entwickeln. Im Gegensatz zur Individualmarke kommuniziert der Gewährleistungsmarkeninhaber mit der Markensatzung eine besonders definierte

---

[518] Vgl. GA *Wahl*, Schlussanträge v. 26.7.2017, C-230/16, ECLI:EU:C:2017:603, Rn. 43, 46 – *Coty.*

[519] BeckOK MarkenR-*Taxhet*, § 30 MarkenG, Rn. 80; Kur/Senftleben-*Senftleben*, European TML (2017), Rn. 7.63.

Produktbeschaffenheit und schafft durch deren Veröffentlichung einen objektiven Anhaltspunkt für das Vertrauen in das Vorliegen dieser Beschaffenheit bei den markierten Produkten. Dies erkennt das Markenrecht an und stabilisiert die Beschaffenheitserwartung der Verbraucher dadurch, dass es neben einer Kontrollpflicht den Markenverfall nicht erst bei der Gefahr einer Irreführung des Publikums gem. Art. 58 Abs. 1 lit. c) UMVO anordnet, sondern die Schwelle hierfür auf die Untätigkeit des Markeninhabers gegenüber einer nicht mit den Benutzungsbedingungen der Satzung in Einklang stehenden Zeichennutzung herabsetzt, Art. 91 lit. b) UMVO. Damit verpflichten die Benutzungsbedingungen auch den Markeninhaber, wobei die drastisch anmutende Sanktion des Markenverfalls mit dem erhöhten Informationsgehalt der Gewährleistungsmarke zu begründen ist. Die Enttäuschung der Verbraucher und der Schaden in Form ökonomischer Ineffizienz sind aufgrund des absoluten Qualitätsniveaus im Vergleich zur nicht definierten Beschaffenheitsaussage der Individualmarke ungleich höher. Jedoch ist auch der Markenverfall mit ökonomisch nachteiligen Folgen verbunden.[520] Zum Schutz des Markeninhabers ist für eine Verfallsreife zu fordern, dass ihm ein Vorgehen gegen den Verletzer zumutbar war und dass die nicht satzungsgemäße Nutzung geeignet ist, die Unterscheidungskraft der Gewährleistungsmarke zu schwächen.[521] Besteht die satzungswidrige Nutzung lediglich in einem Verstoß gegen betriebswirtschaftlich geprägte Satzungsbestimmungen im Innenverhältnis zum Markeninhaber, etwa die Pflicht zur Zahlung der Lizenzgebühr, Rechnungslegung oder Buchprüfung, erscheinen eine Schwächung der Unterscheidungskraft im Außenverhältnis fernliegend und ein Markenverfall daher unverhältnismäßig.

Auch eine Veränderung der Beschaffenheitsgarantie ist dem Markeninhaber selbst nicht ohne Weiteres möglich. Er muss auf das entstandene Vertrauen eingehen, indem er die bevorstehenden Abweichungen durch eine Änderung der Markensatzung gem. Art. 88 UMVO kommuniziert.[522] Hierdurch schützt das Markenrecht die anderen Marktakteure vor plötzlichen, nicht erkennbaren Qualitätsveränderungen und einer Enttäuschung bestehender Erwartungen. Die

---

[520] Ist das Zeichen infolge des Verfalls plötzlich wieder gemeinfrei und haben die Nachfrager davon keine Kenntnis, kann die unregulierte Zeichennutzung durch alle Anbieter unabhängig von der tatsächlichen Produktbeschaffenheit erst recht zur Irreführung der Nachfrager, die sich nach wie vor auf das ihnen bekannte Zeichen verlassen, führen. Zu diesem grundsätzlichen Problem, das sich auch beim Verfall aufgrund gebräuchlicher Bezeichnung stellt vgl. *Landes/Posner*, IP (2003), S. 195 f.

[521] *Dröge*, MarkenR 2016, 549, 558 mit rechtsvergleichendem Blick auf die Spruchpraxis des US Trademark Board; krit. zu dieser Schwelle ob der vielen strengen Vorschriften, die das Vertrauen in die Gewährleistungsmarke bewahren sollen *ders.*, GRUR 2017, 1198, 1202; vgl. zu diesen Erfordernissen für die Unionskollektivmarke ferner BeckOK MarkenR-*Miosga*, Art. 81 UMV, Rn. 1; Eisenführ/Schennen-*Schennen*, UMVO (2017), Art. 73, Rn. 4.

[522] Ekey/Bender/Fuchs-Wiesemann-*Ekey*, MarkenR (2019), § 106f MarkenG, Rn. 1 sieht die Parallelvorschrift im deutschen MarkenG daher als „Ausdruck des Transparenzgebotes."

besondere Konzeption der Gewährleistungsmarke sichert auch die produktbezogenen Qualitätsvorstellungen der Nachfrager zeichenrechtlich.[523] Die rechtliche Absicherung der Qualitätsfunktion zugunsten der Nachfrager hat das „Potenzial, sich wie ein Bomerang auch gegen den Markeninhaber selbst zu richten."[524] Stabilisiert werden jedoch nur die Erwartungen der Akteure, die ihre Grundlage in der Markensatzung finden. Darüber hinaus gehenden Qualitätserwartungen, die keine Stütze in der Kommunikation des Markeninhabers finden, wird die Anerkennung versagt. Steht sein Zeichen ausweislich der Markensatzung für ein weit über den gesetzlichen Mindestanforderungen liegendes Tierschutzniveau, kann der Markeninhaber die eigenen Anforderungen an Tierhaltung und -verarbeitung nicht unvermittelt absenken. Hingegen steht es ihm frei, in nicht von der Satzung erfassten Bereichen – etwa dem mit der Haltung der Tiere verwandten Bereich ihrer Fütterung und Ernährung – Empfehlungen auszusprechen und diese zu verändern.

Dies bedeutet jedoch nicht, dass dem Markeninhaber eine Veränderung des produktbezogenen Qualitätsniveaus generell versagt ist. Er muss lediglich zuvor auf das entstandene Vertrauen eingehen, indem er die bevorstehende Veränderung kommuniziert und so eine Enttäuschung bestehender Erwartungen verhindert. Das tut er, indem er die Bestimmungen der Satzung ändert und die Veränderung durch die Veröffentlichung im Markenregister bekannt macht, vgl. Art. 88 UMVO. Indem es den Zeicheninhaber zur Ankündigung bevorstehender Veränderungen verpflichtet, schützt das Markenrecht die anderen Marktakteure nur vor plötzlichen, nicht erkennbaren Qualitätsveränderungen.

V. Zwischenergebnis

Individualmarke wie Gewährleistungsmarke können durch eine hohe Qualität der jeweils mit ihnen versehenen Produkte die Wertschätzung der Nachfrager erlangen, um diese für Wiederholungskäufe an sich zu binden. Insoweit ist hinsichtlich der Qualitätsfunktion auf Basis eines ökonomischen Qualitätsbegriffs zwischen einer produktbezogenen Komponente und einer kundenbezogenen Komponente zu differenzieren. Erstere bezieht sich auf die materiellen Produkteigenschaften, letztere auf die Wahrnehmung der Qualität durch den Nachfrager und damit auch eine luxuriöse Produktausstrahlung.

Die Qualitätsfunktion der Individualmarke erfasst beide Qualitätskomponenten. Die produktbezogene Qualitätskomponente ist dann beeinträchtigt, wenn die Produktbeschaffenheit von Lizenznehmern abgewandelt oder von Dritten nach Inverkehrbringen verändert wird. Der Schutz der kundenbezogenen Komponente bewirkt, dass der Markeninhaber seine Ausschließlichkeitsrechte auch dann geltend machen kann, wenn Lizenznehmer gegen Vertragsvereinbarungen zu Produktpräsentation oder -absatz, etwa im Rahmen eines

---

[523] Allg. zu Gütezeichen vgl. *Gruber*, Verbraucherinformation (1986), S. 232 f., 299 f.
[524] *Sattler*, GRUR 2019, 625, 626.

selektiven Vertriebssystems, verstoßen und hierdurch die exklusive, prestige-
trächtige Ausstrahlung seiner Produkte gefährden. Eine Bindung des Markeninhabers selbst bewirkt die Qualitätsfunktion hingegen nicht. Da er keine Beschaffenheit seiner Produkte kommuniziert und keinen Anknüpfungspunkt für
schützenswertes Vertrauen der Konsumenten bietet, bleibt ihre Erwartung konstanter Produktqualität markenrechtlich schutzlos und wird allenfalls durch das
Lauterkeitsrecht stabilisiert. Das Markenrecht dient hier vorrangig den Interessen des Zeicheninhabers und zwingt die Nachfrager unterhalb einer Irreführungsgefahr zur Wirklichkeitsanpassung.

Im Falle der Gewährleistungsmarke werden die garantierten Eigenschaften
in einer Satzung festgeschrieben. Im Unterschied zur Individualmarke steht sie
für genau definierte materielle Eigenschaften und damit für ein absolutes Niveau der produktbezogenen Qualitätskomponente, aus dem eine Kontrollpflicht des Markeninhabers folgt. Nicht auf die Markensatzung rückführen lassen sich hingegen die Wahrnehmung der Produktqualität und damit die kundenbezogene Komponente. Die endgültige Produktplatzierung am Markt und
die Gestaltung einer Ausstrahlung erfolgen vielmehr durch den Produkthersteller unter dessen Individualmarke, weshalb die Schaffung einer luxuriösen Ausstrahlung einer Gewährleistungsmarke nicht im Wesen der Markenkategorie
angelegt und praktisch unwahrscheinlich ist. Normativ schutzwürdig sind daher nur Erwartungen des Markeninhabers, die an den Inhalt seiner Gewährleistung und damit an die produktbezogene Qualitätskomponente anknüpfen. Die
Qualitätsfunktion schützt den Markeninhaber deshalb vor einer Markennutzung durch Dritte oder einen Lizenznehmer für Produkte, die diese Komponente nicht aufweisen. Anders als bei der Individualmarke sind ihm aufgrund
des eingeschränkten kundenbezogenen Qualitätskomponente und des neutralen
Charakters der Gewährleistungsmarke keine Vertriebsvorgaben möglich.
Durch die Beschränkung auf die produktbezogene Qualitätskomponente
kommt der Qualitätsfunktion der Gewährleistungsmarke für ihren Inhaber damit kein eigenständiger Inhalt gegenüber der Gewährleistungsfunktion zu. Sie
sind vielmehr kongruent. Die Literaturstimmen, die bereits bei der Individualmarke einen materiellen Gehalt der Qualitätsfunktion vermissen, werden hierdurch bestärkt. Im Vergleich zur Individualmarke bewirkt die Qualitätsfunktion der Gewährleistungsmarke stattdessen eine inhaltliche Bindung ihres Inhabers: Mit der Markensatzung schafft er einen Vertrauenstatbestand für Nachfrager hinsichtlich einer Kontinuität seiner Beschaffenheitsaussage. Das Recht
schreitet daher bereits unterhalb der Schwelle des Markenverfalls nach Art. 58
Abs. 1 lit. c) UMVO ein und verpflichtet den Zeicheninhaber, eine Veränderung der produktbezogenen Komponente durch eine Änderung der Markensatzung im Vorfeld zu kommunizieren. Auf diese Weise tritt er den bestehenden
Erwartungen der Konsumenten entgegen und verhindert ihre Enttäuschung.

C. Werbefunktion

Zur Werbefunktion nimmt der EuGH in *Google France* sowie *Interflora* näher Stellung: Sie entspringt dem Gedanken, dass der Inhaber einer Marke angesichts der im geschäftlichen Verkehr angebotenen Vielfalt an Waren und Dienstleistungen mit dieser nicht nur auf die Herkunft seiner Waren oder Dienstleistungen hinweisen will, sondern sie auch für Zwecke der Werbung einsetzen möchte, um den Verbraucher zu informieren und zu überzeugen.[525] Auch wenn bei der Gewährleistungsmarke ihr Inhaber *für* das Zeichen, der Lizenznehmer *mit* dem Zeichen wirbt, zeigt die Übertragung der ökonomischen Begründung von der Individualmarke weitestgehend einen Gleichlauf der Werbefunktion bei beiden Markenkategorien. Die Werbung mit der Gewährleistungsmarke liefert vorrangig direkte Informationen und dient aufgrund der partiellen Beschaffenheitsgarantie nur eingeschränkt als indirekte Information und Qualitätssignal.

I. Ökonomische Begründung

1. Informationsökonomik

Wollen Nachfrager ein bestimmtes Produkt erwerben, müssen sie kostenintensiv nach geeigneten Transaktionspartnern und deren Leistungen suchen. Werbung kann insoweit einen informationsökonomisch positiven Beitrag zur Koordination zwischen Anbietern und Nachfragern sowie zur Reduktion der Informationsasymmetrie leisten,[526] wenn die Werbeaufwendungen durch die ersparten Informationskosten der Nachfrager kompensiert werden.[527] Werbung kann verstanden werden als im weitesten Sinne alle nicht persönlichen Verkaufsanstrengungen,[528] wobei grundsätzlich zwischen Werbung, die den Nachfrager über Sucheigenschaften informiert („direkte Information") und solcher, die als Qualitätssignal für Erfahrungs- oder Vertrauenseigenschaften dienen kann („indirekte Information"), zu unterscheiden ist.[529] Eine trennscharfe

---

[525] EuGH, Urt. v. 23.3.2010, C-236/08 bis C-238/08, ECLI:EU:C:2010:159, Rn. 91 = GRUR 2010, 445 – *Google France*; Urt. v. 22.9.2011, C-323/09, ECLI:EU:C:2011:604, Rn. 59 = GRUR 2011, 1124 – *Interflora*; Urt. v. 25.7.2018, C-129/17, ECLI:EU:C:2018:594, Rn. 37 = GRUR 2018, 917 – *Mitsubishi/Duma*.

[526] Grundlegend *Stigler*, 69 J. Polit. Econ. 213, 216 (1961).

[527] *Lehmann*, Asymmetrische Information (1999), S. 96; *Renault*, in: Media Economics (2015), S. 121, 142; eine komplexe ökonomische Analyse von Werbung mit Überblick über den Forschungsstand liefert *Bagwell*, in: Industrial Organization (2007), S. 1701–1844.

[528] *Lehmann*, Asymmetrische Information (1999), S. 97.

[529] *Nelson*, 82 J. Polit. Econ. 729, 731 f. (1974); *Kaldor*, 18 Rev. Econ. Stud. 1, 7 f. (1950) versteht unter „direkter Funktion" hingegen die Information des einzelnen Nachfragers über Produktpreise und -qualitäten, unter „indirekter Funktion" die Steigerung der Gesamtwohlfahrt durch den Einsatz von Produktwerbung; einen kurzen Überblick über die Bewertung der Werbung im Verlauf der informationsökonomischen Forschung geben *Dornis/Wein*,

Abgrenzung zwischen diesen beiden Werbetypen ist in der Praxis jedoch nicht immer möglich.[530]

Nicht betrachtet wird Werbung in Gestalt sog. *„cheap talk"*, dh. Werbebotschaften, die nicht-bindende und ex ante nicht-nachprüfbare Botschaften beinhalten und – anders als ein Signal im obigen Sinn – keine bindende Verpflichtung in Form von *sunk costs* aufweisen (zB. der Slogan „Bild Dir Deine Meinung"). Deren Koordinationswirkung und damit Informationskostenreduktion erfolgt nur unter speziellen Voraussetzungen, ist empirisch nicht belegt und die Abgrenzung zu irreführender Werbung erscheint schwierig.[531]

a) Werbung als direkte Information

Werbung fungiert als direkte Information über ein Produkt, wenn die Möglichkeit des Werbenden eingeschränkt ist, falsche Angaben oder Versprechungen zu machen, weil sie durch den Adressaten unmittelbar überprüft werden kann. Beispielhaft hierfür sind die reine Preiswerbung, die direkt am Verkaufsort kontrollierbar ist,[532] und allgemeiner Sucheigenschaften. In diesen Fällen bestehen kaum Anreize für irreführende Werbung.[533]

Da sich der vom Nachfrager zu zahlende Preis aus Produktkosten und eigenen Suchkosten zusammensetzt,[534] welche auch von den Werbeausgaben des Anbieters abhängen,[535] sind seine Kosten umso geringer, je intensiver die Sucheigenschaften des Produkts beworben werden.[536] Informative Werbung reduziert die Kosten asymmetrischer Informationsverteilung daher umso stärker, je höher die Suchkosten der Nachfrager ausfallen.[537] Direkte Produktinformationen können hingegen nicht über Erfahrungs- und Vertrauenseigenschaften

Trademarks (2016), S. 20 f.; *dies.* ZGE 2016, 513, 530 ff.; zur Bedeutung der Werbung für den Wettbewerb *Schmidt/Haucap*, Wettbewerbspolitik (2013), S. 82 ff.

[530] *Strasser*, 10 Fordham Intell. Prop. Media & Ent. L.J. 375, 389 (2000); für *Dilbary*, 14 Geo. Mason L. Rev. 605, 619 ff. (2007) enthält jede Werbung auch persuasive Elemente.

[531] *Bagwell*, in: Industrial Organization (2007), S. 1701, 1786; *Lehmann*, Asymmetrische Information (1999), S. 141–162 mwN.; *Renault*, in: Media Economics (2015), S. 121, 162 f.

[532] *Lehmann*, Asymmetrische Information (1999), S. 97.

[533] *Nelson*, 82 J. Polit. Econ. 729, 730 (1974).

[534] *Ehrlich/Fisher*, 72 Am. Econ. Rev. 366, 367 f. (1982); *Lehmann*, Asymmetrische Information (1999), S. 98 f.; *Van den Bergh/Lehmann*, GRUR Int. 1992, 588, 589 f.

[535] Ausf. *Ehrlich/Fisher*, 72 Am. Econ. Rev. 366, 367 f. (1982).

[536] Kostentheoretisch führen sinkende Werbekosten zu mehr Werbung der Anbieter und wegen sinkender Grenzkosten zu einer erhöhten Marge zwischen Preis und Grenzkosten, was wiederum eine höhere gewinnmaximierende Qualität zur Folge hat und weshalb Markttransparenz sowie Wettbewerb steigen, *Lehmann*, Asymmetrische Information (1999), S. 100 f.; *Stigler*, 69 J. Polit. Econ. 213, 216, 223 f. (1961); *Stiglitz*, in: Industrial Organization (1989), S. 769, 843; *v.Ungern-Sternberg/v.Weizsäcker*, ZfWiSo 1981, 609, 620 ff.

[537] *Lehmann*, Asymmetrische Information (1999), S. 101 ff. mwN. zur Empirie.

gesendet werden, da sich der Nachfrager – selbst bei inhaltlich zutreffender Werbung – mangels Nachprüfbarkeit nicht auf die Angaben verlassen kann.[538]

Diese Wirkung entfaltet Produktwerbung jedoch nur deshalb, weil der Nachfrager die beworbenen Produkte aufgrund der Marke identifizieren und einem Anbieter zuordnen kann. Der Anbieter wird seine Produkte dann am Markt bewerben, wenn die dadurch erzielten Gewinne die Werbekosten ausgleichen, dh. wenn potentielle Nachfrager seine Produktwerbung wahrnehmen, ohne dabei von Dritten beeinträchtigt zu werden.

b) Werbung als indirekte Information und Qualitätssignal

Die positive Wirkung von Werbung beschränkt sich nicht auf die Fälle direkter Information. Übermittelt sie keine direkten und damit auch nachprüfbaren Informationen, sondern bilden emotionale Aspekte den Kern der Botschaft, so gilt sie als nicht-informativ, persuasiv oder „suggestiv".[539] Solche Werbung ist informationsökonomisch nicht per se als irreführend abzulehnen, da sich ein entsprechendes Sachlichkeitsgebot nicht rechtfertigen lässt.[540] Vielmehr soll in diesen Fällen alleine aus der Tatsache, dass das Produkt beworben wird – losgelöst von der eigentlichen Gestaltung der Werbung – indirekt auf die Qualität eines Produktes geschlossen werden können.[541] Hintergrund dieser Betrachtungsweise ist die auf dem „market for lemons" herrschende Qualitätsunsicherheit und das damit einhergehende Problem adverser Selektion.[542] Persuasive Werbung transportiert die Information, dass die Anbieter erhebliche Summen für Werbung ausgeben.[543] Allein aus dem rationalen Ziel der Kostenamortisation durch mehrmalige Transaktionen kann auf das tatsächliche Vorliegen des

---

[538] *Nelson*, 82 J. Polit. Econ. 729, 731 (1974).

[539] *Blair/Cotter*, IP (2005), S. 38; *Kaldor*, 18 Rev. Econ. Stud. 1, 4, 6 Fn. 1 (1950); *Lehmann*, Asymmetrische Information (1999), S. 97; zum unscharfen Begriff der „Suggestivwerbung" *Loewenheim*, GRUR 1975, 99 f.

[540] Harte-Bavendamm/Henning-Bodewig-*Glöckner*, UWG (2016), Einl. B., Rn. 293; diese Haltung wurzelt letztlich im Übergang von Neoklassik zu Neuer Institutionenökonomik und der damit verbundenen Loslösung vom Modell vollständiger Konkurrenz: War in diesem keine andere Erklärung als eine Manipulation der Nachfrager für das Phänomen der Werbung denkbar, kann es die Informationsökonomik mit der Unsicherheit und dem Informationsbedarf der Konsumenten erklären, vgl. *Menke*, GRUR 1993, 718, 722; dass ein beeinflussender bis manipulativer Effekt der Werbung noch über die „bounded rationality" des Menschenmodells der Neuen Institutionenökonomik hinausgehen kann, ist Gegenstand der Behavioral Economics, dazu *Bagwell*, in: Industrial Organization (2007), S. 1701, 1825 ff.; *Kroeber-Riel/Gröppel-Klein*, Konsumentenverhalten (2019), S. 746 ff.

[541] Grundl. *Nelson*, 82 J. Polit. Econ. 729, 732 ff. (1974); *Lehmann*, Asymmetrische Information (1999), S. 119 ff.; zur mikroökonomischen Bedeutung der Werbeausgaben als irreversible Fixkosten zur Verhinderung des Markteintritts weiterer Anbieter und Begründung von Preisprämien *Tolle*, ZfbF 1994, 926, 929; *Varian*, Mikroökonomik (2016), S. 481–485.

[542] Ausf. *Akerlof*, 84 Q. J. Econ. 488, 489–492 (1970); vgl. oben, § 2 A. I. 1. b).

[543] *Menke*, GRUR 1993, 718, 719; *Milgrom/Roberts*, 94 J. Polit. Econ. 796, 797 (1986).

beworbenen Qualitätsniveaus geschlossen werden,[544] weshalb insbesondere bei Erfahrungseigenschaften Werbung mit indirekten Informationen dominiert.[545] Werbeaufwand wird damit als kontinuierliches Signal der Produktqualität interpretiert, wobei die Transaktion für den Nachfrager umso attraktiver erscheint, je stärker der Anbieter wirbt.[546]

Nach *Nelson* kann Produktwerbung auf drei Wegen indirekt Informationen über Erfahrungseigenschaften liefern:[547] Erstens lohne sich eine Steigerung der Nachfrage nur für leistungsfähige Unternehmen, die neben der Produktwerbung auch komparativ niedrigere Preise oder höhere Produktqualitäten einsetzen, weshalb der Nachfrager von der Werbeaktivität auf eine hohe Produktqualität schließe (*„signaling-efficiency-effect"*). Zweitens vereinfache Produktwerbung den Koordinationsprozess zwischen Nachfrager und Anbieter, da sich von ihr nur diejenigen Nachfrager angesprochen fühlten, deren Präferenz durch das beworbene Produkt bzw. dessen Eigenschaft auch erfüllt werde und die mit der angebotenen Qualität vermutlich zufrieden seien (*"match-pro-ducts-to-buyers effect"*). Da Erinnerungen an Produkte hoher Qualität vergleichsweise häufiger zu einem Wiederholungskauf führten als Erinnerungen an Produkte niedriger Qualität, würden qualitativ hochwertige Produkte insgesamt stärker beworben, weshalb, drittens, Nachfrager ohne Produkterfahrung allein aus der Werbetätigkeit auf eine hohe Produktqualität schließen könnten (*„repeat-business effect"*). Der tatsächliche Inhalt einer Werbung für Erfahrungs- und Vertrauenseigenschaften ist daher nachrangig, die positive Wirkung wird indirekt über eine Steigerung des Anbieter-Goodwills beim Nachfrager erzielt, wohingegen sie für Sucheigenschaften direkt auf die übermittelten

---

[544] *Dörtelmann*, Markenführung (1997), S. 81 ff.; *Drexl*, Wirtschaftliche Selbstbestimmung (1998), S. 196; *Klein/Leffler*, 89 J. Polit. Econ. 615, 631 (1981); *Menke*, GRUR 1993, 718, 719 f.; *Nelson*, 82 J. Polit. Econ. 729, 730, 732 ff. (1974) versteht die Höhe der Werbeausgaben bei Erfahrungsgütern zusätzlich als Hinweis auf ein gutes Preis-Qualitäts-Verhältnis; nach *Menke*, GRUR 1993, 718, 721 f. mwN. ist der Anreiz zu wahrheitsgemäßer Werbung umso größer, ua. je leichter die Produktqualität ex ante beurteilt werden kann, je weniger anonym ein Markt und je intensiver der Informationsaustausch zwischen den Verbrauchern ist, je größer die Zahl der erwarteten Wiederholungskäufe und je höher die bereits angefallenen Werbekosten sind sowie je stärker bei Anbietern mehrerer Produkte der Goodwill der anderen Produkte durch eine Fehlinformation gefährdet würde.

[545] *Nelson*, 82 J. Polit. Econ. 729, 734 (1974).

[546] *Dörtelmann*, Markenführung (1997), S. 82; *Drexl*, Wirtschaftliche Selbstbestimmung (1998), S. 196; *Klein/Leffler*, 89 J. Polit. Econ. 615, 629 ff. (1981); *Nelson*, 82 J. Polit. Econ. 729, 732 (1974); theoretisch fundiert durch *Milgrom/Roberts*, 94 J. Polit. Econ. 796 ff., 819 (1986); empirische Belege zur Korrelation von Produktqualität und Werbung als Qualitätssignal bieten *Kirimani/Rao*, 64(2) JM 66, 69 f. (2000); *Lehmann*, Asymmetrische Information (1999), S. 135 f.; *Renault*, in: Media Economics (2015), S. 121, 168 ff.

[547] Auch zum Folgenden *Nelson*, 82 J. Polit. Econ. 729, 732 ff. (1974); näher mit empirischen Nachweisen *Bagwell*, in: Industrial Organization (2007), S. 1701, 1718 f., 1774 ff., 1783 ff., 1779 ff.; *Renault*, in: Media Economics (2015), S. 121, 168 ff.

Produktattribute zurückzuführen ist.[548] Diese Effekte gelten für alle erkennbaren Ausgaben des Anbieters, die keine direkten Informationen vermitteln,[549] damit also auch für Investitionen in die Marke.

Das in der Produktwerbung verwendete Zeichen des Anbieters ist Bezugspunkt für den Goodwill der Nachfrager. Es ermöglicht einen Rückschluss von Werbeaufwand auf das konkrete Produkt und seine Qualität, durch die Ansprache geeigneter Nachfrager einen effizienteren Koordinationsprozess und gibt die Möglichkeit, sich an Konsumerfahrungen zu erinnern und sie zuzuordnen. Maßgeblich für einen Goodwill und die damit verbundene indirekte Information der Nachfrager ist daher, dass die Werbemaßnahmen des Anbieters den Nachfrager unbeeinträchtigt erreichen.

Die theoretischen Überlegungen zur informationsökonomischen Bedeutung der Werbung als Qualitätssignal sind jedoch methodischen[550] wie inhaltlichen Bedenken ausgesetzt: Erforderlich ist nicht nur ein – empirisch nicht hinreichend nachgewiesener[551] – positiver Zusammenhang zwischen Produktqualität und Werbeausgaben, sondern auch die Kenntnis bzw. Einschätzung der Ausgabenhöhe nach durch den Nachfrager.[552] Bereits deshalb sollten die Vorteile nicht-informativer Werbung zur indirekten Reduktion asymmetrischer Informationsverteilung nicht überbewertet werden.[553] Selbst bei Annahme des Zusammenhangs ist eine Reduktion der Informationskosten und Steigerung der Gesamtwohlfahrt nicht zwingend. Nachfrager, die sich an *Nelsons* Modell orientieren, können opportunistischem Anbieterverhalten zum Opfer zu fallen:

---

[548] *Nelson*, 82 J. Polit. Econ. 729, 740, 745 (1974); *Lehmann*, Asymmetrische Information (1999), S. 173 f. sieht Goodwill als kumulierten Effekt vergangener Werbeaufwendungen.

[549] *Milgrom/Roberts*, 94 J. Polit. Econ. 796, 797 f. (1986).

[550] Dazu ausf. *Lehmann*, Asymmetrische Information (1999), S. 127–135.

[551] Dieses Model ablehnend *Schmalensee*, 86 J. Polit. Econ. 485, 489 ff. (1978); *Nelson* unterstützend hingegen *Kihlstrom/Riordan*, 92 J. Polit. Econ. 427 (1984); bei *Comanor/Wilson*, 17 J. Econ. Lit. 453, 456 ff. (1979) ist die Höhe der Werbeausgaben negativ mit dem Preis-Qualitäts-Verhältnis verknüpft, da stark beworbene Produkte in der Regel einen hohen Preis und eine niedrige Qualität aufwiesen; *Wiggins/Raboy*, 44 J. Indust. Econ. 337, 384 ff. (1996) weisen empirisch nach, dass auf dem nordamerikanischen Markt teurere Markenbananen denen günstigerer (No-name)Anbieter aufgrund besserer Transportmethoden auch qualitativ überlegen sind; *Tellis/Formell*, 25 JMR 64 (1988) erklären die unterschiedlichen empirischen Ergebnisse mit den unterschiedlichen Phasen eines Produkt-Lebenszyklus; hierzu auch *Tolle*, ZfbF 1994, 926, 930 f.

[552] *Kirmani/Wright* 16 JCR 344, 352 (1989) und *Kirmani* 17 JCR 160, 166 ff. (1990) weisen nach, dass Nachfrager teilweise von der Höhe der Werbeausgaben auf die Produktqualität schließen; *Kirmani/Rao*, 64(2) JM 66, 73 (2000); näher hierzu *Bagwell*, in: Industrial Organization (2007), S. 1701, 1743 ff.; *Kirmani/Rao*, 64(2) JM 66, 69 f. (2000); *Tolle*, ZfbF 1994, 926, 931 ff., 935 f.; *Welling*, Marke (2006), S. 200 Fn. 893.

[553] *Bagwell*, in: Industrial Organization (2007), S. 1701, 1791; *Lehmann*, Asymmetrische Information (1999), S. 138 ff.; krit. auch *Renault*, in: Media Economics (2015), S. 121, 173, 176; *Stiglitz*, in: Industrial Organization (1989), S. 769, 842 f., Fn. 75; *Tolle*, ZfbF 1994, 926, 935 ff.

Anbieter mit niedriger Produktqualität und hohen Werbeausgaben erzielen höhere Gewinne als Anbieter, deren Grenzkosten aufgrund hoher Produktqualität höher, die Werbeausgaben aber niedriger sind.[554] Jene Anbieter erhielten einen Anreiz, ebenfalls mit der Werbung hoher Qualität kurzfristig einen Gewinn zu erzielen und den Markt danach schnell zu verlassen.[555] Es käme zu täuschendem Verhalten und statischen Ineffizienzen. Ein positiver Effekt nicht-informativer Wirkung scheidet auch dann aus, wenn rein suggestive Werbung den Nachfrager in seiner freien, rationalen Entscheidungskraft beeinträchtigt.[556] Erscheinen Produkte aufgrund der durch Werbung hervorgerufenen Vorstellungen für die Nachfrager hinsichtlich ihrer objektiven Merkmale nicht mehr unmittelbar vergleichbar und substituierbar, kann es zu Beeinträchtigungen des Preis- und Qualitätswettbewerbs kommen.[557] Statt auf Markttransparenz ist solche Werbung auf die Erzeugung von Marktintransparenz gerichtet.[558]

c) Werbung als Typsignal der Nachfrager

Wernerfelt begründet den informationsökonomischen Vorteil nicht-informativer Werbung mit der Prägung des in der Markenwahl liegenden (sozialen) Signalgehalts:[559] Bei der öffentlichen Nutzung eines Produkts kann ein Nachfrager durch die Wahl einer bestimmten Marke ein bestimmtes Signal hinsichtlich seines „Types" senden und damit bestimmte Selbstaussagen zu eigenen Geschmäckern, Vorlieben und Werten treffen.[560] Der Signalgehalt der Marke wird

---

[554] Nach *Schmalensee*, 86 J. Polit. Econ. 485, 489 f., 498 (1978) als sog. Schmalensee-Effekt bezeichnet; *Renault*, in: Media Economics (2015), S. 121, 168 ff.; das optimale Trenngleichgewicht zwischen Produktqualität und Werbeaufwand hängt von der Marktstrategie ab, vgl. *Milgrom/Roberts*, 94 J. Polit. Econ. 796, 805 (1986).

[555] *Klein/Leffler*, 89 J. Polit. Econ. 615, 631 Fn. 15 (1981) bezeichnen diese Anbieter daher als „fly-by-night"-Hersteller; S*hapiro*, 98 Q. J. Econ. 659, 660 (1983).

[556] *Loewenheim*, GRUR 1975, 99, 104 f.; *Sakulin*, Trademark Protection (2011), S. 63 ff.; zu diesem Problem als Forschungsgegenstand der Behavioral Economics *Bagwell*, in: Industrial Organization (2007), S. 1701, 1825 ff.; vgl. *Kroeber-Riel/Gröppel-Klein*, Konsumentenverhalten (2019), S. 743 ff.

[557] Der Anbieter kann dadurch höhere Preise aufgrund einer verminderten Nachfrageelastizität erzielen, vgl. ausf. *Henning-Bodewig/Kur*, Marke und Verbraucher (1988), S. 48 ff.; *Loewenheim*, GRUR 1975, 99, 104 ff.; *Stigler/Becker*, 67 Am. Econ. Rev. 76, 83 ff. (1977);

[558] *Loewenheim*, GRUR 1975, 99, 105; die Kritik an nicht informativer, suggestiver Werbung zusammenfassend *Görlich*, Anlehnnende Markennutzung, S. 76–84.

[559] *Wernerfelt*, 63 J. Bus. 91 ff. (1990); ferner *Griffiths*, TML (2011), S. 154 („[...] the image and associations of a trade mark can enable consumers to make other statements about themselves and their tastes, preferences and values."); die Werbefunktion unter soziologischen und psychologischen Aspekten betrachtend bereits *Loewenheim*, Warenzeichen (1970), S. 272 ff.; zum soziologischen Rahmen *Pfeifer*, in: FS Fezer (2016), S. 391, 392 ff.

[560] *Wernerfeldt*, 63 J. Bus. 91, 92 (1990); „Typ" wird sehr weit verstanden, sodass vielfältigste Eigenschaften wie „outdoorsy or indoorsy; interested in aerobics, running, or gardening; left wing or right wing" darunterfallen können; *Griffiths*, TML (2011), S. 154 ff.

dabei auch durch die Werbung geformt.[561] Sobald bekannt wird, dass Nachfrager des Typs „t" die Marke „f" bevorzugen, und dadurch die statistische Wahrscheinlichkeit, dass Nachfrager der Marke „f" dem Typ „t" zuzuordnen sind,
steigt, werden auch weitere Nachfrager, die sich dem Typ „t" zuordnen, die
Marke „f" bevorzugen, um ihren Typ zu kommunizieren. Nachfrager der
Marke „g" entsprechen womöglich eher Typ „u". Dieser Effekt wiederum beruht größtenteils auf gesellschaftlichen Dynamiken. Werbung ermöglicht so
die Herstellung und Verarbeitung von Signalen, die sich andernfalls nicht oder
nur langsam entwickeln würden[562] und vermittelt Informationen über den Signalgehalt des Konsums bestimmter Produkte.[563] Auch wenn der Nachfrager die
Werbeangaben über den Signalgehalt der Produktmarke nicht objektiv überprüfen kann, nutzt er sie als Bezugspunkt für seine Kaufentscheidung.[564] Der
Anbieter muss dabei zwar in die Produktkennzeichnung und -werbung investieren, kann hierdurch aber höhere Preise beim Nachfrager erzielen.[565]

Im Mittelpunkt der dritten informationsökonomischen Begründung der
Werbefunktion steht damit weniger der Informationstransfer vom Anbieter an
den Nachfrager als vielmehr der Gedanke, dass der Nachfrager selbst Ich-Botschaften an andere Systeme versenden möchte. Dadurch, dass die Marke ein
Bündel an Eigenschaften transportiert, mit denen der Nachfrager seinen „Typ"
beschreibt, sie aber nicht sprachlich zum Ausdruck bringen muss, werden Informationskosten gesenkt und Kommunikationsvorgänge effizient.[566]

2. Property Rights-Theorie

Der Einsatz von Werbung kann neben der Information der Abnehmer auch
dazu dienen, einen Goodwill der Nachfrager in Bezug auf die Marke aufzubauen, um so die Markenloyalität zu erhöhen und Wiederholungskäufe der
Nachfrager sicherzustellen.[567] Insbesondere nicht informative Werbung als indirekte Information über Erfahrungs- und Vertrauenseigenschaften wirkt

---

[561] *Dilbary*, 14 Geo. Mason L. Rev. 605, 622 (2007) („The signaling function of persuasive advertising […] educates others about the owner's taste, beliefs, and stature.").

[562] *Wernerfeldt*, 63 J. Bus. 91, 92, 97 (1990).

[563] *Menke*, GRUR 1993, 718, 723.

[564] *Wernerfeldt*, 63 J. Bus. 91, 92 (1990).

[565] *Wernerfeldt*, 63 J. Bus. 91, 93 (1990).

[566] Befragte (n = 2013) verbinden das Charaktermerkmal „umweltbewusst" zu 79 % bzw.
13 % mit den Automarken *Toyota* bzw. *Porsche*, das Merkmal „weltoffen" zu 85 % bzw.
30 % mit den Marken *Mini* bzw. *Mercedes Benz*; vgl. https://www.auto-motor-und-
sport.de/news/studie-automarken-klischees-2018-image-von-20-marken/, zuletzt abgerufen
am 25.8.2021.

[567] Die hierzu durchgeführten empirischen Studien unterliegen teils erheblichen Restriktionen oder sind nicht verallgemeinerungsfähig, vgl. mwN. *Bagwell*, in: Industrial Organization (2007), S. 1701, 1729 ff., 1803 ff.; *Lehmann*, Asymmetrische Information (1999),
S. 175 ff.; *Renault*, in: Media Economics (2015), S. 121, 194 ff.

mittels einer solchen Generierung und Steigerung des Anbieter-Goodwills. Die sich dadurch bildende Wertschätzung der Nachfrager ist ein positiver externer Effekt, der erst durch die Marke als konkretes und wiedererkennbares Objekt gespeichert werden kann.[568]

3. Zwischenergebnis

Die Werbefunktion der Marke kann informationsökonomisch auf drei unterschiedlichen Wegen begründet werden: Informative Produktwerbung kann eine asymmetrische Informationsverteilung durch direkte Information über ex ante beobachtbare Produkteigenschaften reduzieren. Ist sie nicht-informativ gestaltet, enthält also keine objektiv nachprüfbaren Angaben zum Produkt, kommt ihr aufgrund der Aufwendungen des Markeninhabers und dem damit verbundenen Amortisationsgedanken eine indirekte Informationswirkung als Qualitätssignal zu. Ein dritter Begründungsansatz bezieht sich auf den effizienteren Informationsaustausch unter den Nachfragern. Indem Werbung einen speziellen Signalgehalt der Marke formt, können Konsumenten durch den Erwerb und die Nutzung des Markenprodukts ihren persönlichen Typ nach außen kommunizieren und hierüber mit anderen kommunizieren. Auch in diesem Fall fungiert die Marke als Informationsbündel und transportiert mehrere Eigenschaften. Die Property Rights-Theorie begründet die Werbefunktion der Marke mit dem Goodwill der Nachfrager, der vor allem durch nicht-informative Werbung und das damit verbundene Qualitätssymbol entsteht.

II. Funktionsbeeinträchtigung der Individualmarke

Die mit der Marke verbundenen Werbemaßnahmen des Anbieters können aus informationsökonomischer Sicht unabhängig von ihrer informativen oder nicht-informativen Ausgestaltung positiv bewertet und ihre Wirkung stets zu einer Begründung des Schutzes der Werbefunktion herangezogen werden.[569] Auch kann jede Art von Werbung eine Wertschätzung des Nachfragers hervorrufen, die mit der Anerkennung der Werbefunktion dem Markeninhaber zugewiesen wurde. Eine Differenzierung zwischen „wertvoller" bzw. „nicht wertvoller" und deshalb markenrechtlich „schützenswerter" sowie „nicht schützenswerter" Werbung ist daher nicht sinnvoll[570] und findet im Rahmen des Identitätsschutzes auch nicht statt. Der EuGH sieht den Gehalt der

---

[568] *Balz*, RabelsZ (45) 1981, 317, 321.

[569] Vgl. *Griffiths*, TML (2011), S. 147.

[570] Die „Januskopf-These" von „guter" und „schlechter" Werbung ist daher abzulehnen, vgl. *Menke*, GRUR 1993, 718; *Drexl*, Wirtschaftliche Selbstbestimmung (1998), S. 196 Fn. 150; *Lehmann*, 17(6) IIC 746, 762 (1986); *ders.*, GRUR Int. 1986, 6, 14 f.; *van den Bergh/Lehmann*, GRUR Int. 1992, 588, 592, 596; gegen ein allgemeines „Sachlichkeitsgebot" auch Harte-Bavendamm/Henning-Bodewig-*Glöckner*, UWG (2016), Einl. B., Rn. 293.

Werbefunktion gerade darin, „den Verbraucher zu informieren *oder* zu überzeugen".[571] Eine Grenze ist erst bei einer irreführenden und zur möglichen Fehlinformation der Nachfrager führenden Gestaltung erreicht.[572]

Die Werbefunktion schützt die Möglichkeit des Markeninhabers, „die Marke als Element der Verkaufsförderung oder Instrument der Handelsstrategie einzusetzen"[573] und damit den Werbewert bzw. die Werbekraft selbst.[574] Sie ist beeinträchtigt, wenn aus informationsökonomischer Sicht die Fähigkeit der Marke, direkte Informationen oder indirekt ein Qualitätssignal zu übermitteln, vermindert oder die Internalisierung des Nachfrager-Goodwills zugunsten des Markeninhabers erschwert wird. Das ist aber nicht schon dann anzunehmen, wenn der Markeninhaber aufgrund der Nutzung eines identischen Zeichens durch einen Dritten seinen Werbeaufwand erhöhen muss, um die Sichtbarkeit seiner Marke für den Verbraucher aufrecht zu erhalten oder zu verbessern.[575] Die Marke als ein wesentlicher Bestandteil des Systems eines unverfälschten Wettbewerbs soll ihren Inhaber nicht vor Praktiken schützen, die zu diesem dazugehören.[576] Erforderlich ist daher eine erhebliche Behinderung des Markeninhabers, mit seiner Marke zu werben.[577] Diese liegt bei Nutzung des Zeichens für einen herabsetzenden Werbevergleich,[578] Ambush-Marketing[579]

---

[571] EuGH, Urt. v. 25.7.2018, C-129/17, ECLI:EU:C:2018:594, Rn. 37 = GRUR 2018, 917 – *Mitsubishi/Duma* (eigene Kursivierung); in EuGH, Urt. v. 23.3.2010, C-236/08 bis C-238/08, ECLI:EU:C:2010:159, Rn. 91 = GRUR 2010, 445 – *Google France*; und Urt. v. 22.9.2011, C-323/09, ECLI:EU:C:2011:604, Rn. 59 = GRUR 2011, 1124 – *Interflora* sprach der EuGH noch vom Einsatz der Marke, „um den Verbraucher zu informieren *und* zu überzeugen." Eine inhaltliche Änderung scheint mit dieser abweichenden Formulierung aber nicht verbunden zu sein.

[572] *Drexl*, Wirtschaftliche Selbstbestimmung (1998), S. 196; *Lehmann*, 17(6) IIC 746, 761 f. (1986); *ders.*, GRUR Int. 1986, 6, 15; *van den Bergh/Lehmann*, GRUR Int. 1992, 588, 592, 596 f.

[573] EuGH, Urt. v. 23.3.2010, C-236/08 bis C-238/08, ECLI:EU:C:2010:159, Rn. 92 = GRUR 2010, 445 – *Google France*; Urt. v. 25.7.2018, C-129/17, ECLI:EU:C:2018:594, Rn. 37 = GRUR 2018, 917 – *Mitsubishi/Duma*.

[574] *Woger*, Schnittstellen (2015), S. 72.

[575] EuGH, Urt. v. 23.3.2010, C-236/08 bis C-238/08, ECLI:EU:C:2010:159, Rn. 94 ff. = GRUR 2010, 445 – *Google France*; Urt. v. 25.3.2010, C-278/08, ECLI:EU:C:2010:163, Rn. 33 = GRUR 2010, 451 – *BergSpechte/trekking.at Reisen*; Urt. v. 22.9.2011, C-323/09, ECLI:EU:C:2011:604, Rn. 57 = GRUR 2011, 1124 – *Interflora*.

[576] EuGH, Urt. v. 22.9.2011, C-323/09, ECLI:EU:C:2011:604, Rn. 57 = GRUR 2011, 1124 – *Interflora*.

[577] *Paulus*, Markenfunktionen (2014), S. 160.

[578] *Paulus*, Markenfunktionen (2014), S. 160; *Senftleben*, Overprotection (2011), S. 136, 178; *ders.* Adapting EU tml (2013), S. 137, 155; BeckOK MarkenR-*Mielke*, § 14 MarkenG, Rn. 130, 133 sieht hierin sogar die einzige eigenständige Anwendung der Werbefunktion.

[579] *Woger*, Schnittstellen (2015), S. 74 ff.

oder sog. „Fake Advertising"[580] vor oder wenn die Marke vor Inverkehrbringen der Produkte entfernt und durch ein anderes Zeichen ersetzt wird.[581]

III. Übertragung auf die Gewährleistungsmarke

Auch die Gewährleistungsmarke kann als „Element der Verkaufsförderung oder Instrument der Handelsstrategie" eingesetzt werden. Aufgrund des mit Gütezeichen verbundenen Vertrauens zeichnen sie sich durch eine besonders hohe Werbewirkung aus.[582] Beachtet werden sie von den Verbrauchern aber nur, wenn sie ihnen auch bekannt sind.[583] Mangels eigenen Produktabsatzes kann der Markeninhaber lediglich Werbung für die mit seinem Zeichen verbundene Zertifizierungstätigkeit machen, um so die Bekanntheit seines Zeichens zu erhöhen und weitere Hersteller als Lizenznehmer zu gewinnen.[584] In der Praxis werden aber – obwohl die Werbewirkung entscheidend von der Bekanntheit eines Zeichens abhängt – nur wenige Gewährleistungsmarken im Konsumbereich aktiv beworben.[585] Während der Markeninhaber Werbung *für* die Gewährleistungsmarke macht bzw. machen könnte, macht der Lizenznehmer Werbung *mit* ihr. Durch die Verwendung der Gewährleistungsmarke für seine Produkte wirbt er mit der Beschaffenheit, für die die Marke selbst steht. Die zweigeteilte Nutzung der Markenkategorie wirkt sich auf die Analyse der Werbefunktion aus.

---

[580] Dieser Begriff bezeichnet Werbeformen, die scheinbar vom Markeninhaber stammen, tatsächlich aber von unabhängigen Dritten produziert wurden und häufig die Grenzen des guten Geschmacks überschreiten; ausf. *Woger*, Schnittstellen (2015), S. 73 f.

[581] EuGH, Urt. v. 25.7.2018, C-129/17, ECLI:EU:C:2018:594, Rn. 46 = GRUR 2018, 917 – *Mitsubishi/Duma*; abl. *Janal*, GPR 2019, 83, 87; abwägend BeckOK MarkenR-*Mielke*, § 14 MarkenG, Rn. 139.

[582] Bereits *Gruber*, Verbraucherinformation (1986), S. 115 f.; in einer Verbraucherbefragung steigerte die Verwendung eines Gütesiegels auf dem Produkt die Kaufwahrscheinlichkeit signifikant um fünf Prozentpunkte, die Preisbereitschaft um 15 Prozentpunkte, vgl. *Splendid* (Hrsg.), Gütesiegel Monitor (2020), S. 15; in der Umfrage des Deutschen Normungspanels hielten es die Unternehmen für wichtig, dass durch Zertifikate Wettbewerbsvorteile realisiert werden können, vgl. *Blind et al.*, Indikatorenbericht (2013), S. 18.

[583] *Verbraucher Initiative* (Hrsg.), Siegelwirkung (2016), S. 11 f.

[584] Vgl. *Belson*, 24(7) E.I.P.R. 340, 345 (2002).

[585] Vgl. bereits *Gruber*, Verbraucherinformation (1986), S. 117 zu Gütezeichen und führt dies ua. auf mögliche Spannungen zwischen der Werbung für ein Gütezeichen und der Werbung sowie Marktpositionierung der einzelnen Individualmarken der Hersteller zurück, S. 117–121; eine Ausnahme hiervon ist zB. das vom Bundesministerium für wirtschaftliche Zusammenarbeit und Entwicklung im September 2019 für nachhaltige Textilien eingeführte Zeichen „Grüner Knopf", das mit einer großen Werbekampagne vorgestellt wurde, vgl. https://www.gruener-knopf.de/sites/default/files/file/2020-12/Digitale%20Pressemappe.zip (zuletzt abgerufen am 25.8.2021); das Zeichen wurde als erste nationale Gewährleistungsmarke eingetragen (Nr. 302019108870) und ist auch als UGM eingetragen (Nr. 018134691).

1. Maßgeblich direkte Information

Werbung als direkte Information kann der Inhaber einer Individualmarke lediglich für Sucheigenschaften, die der Nachfrager auch selbst überprüfen kann, einsetzen. Im Vergleich dazu kann die Werbung mit einer Gewährleistungsmarke mittels der Markensatzung auch direkte Information über (Kalkül-)Erfahrungseigenschaften sowie Kalkül-Vertrauenseigenschaften[586] liefern. Nutzt ein Hersteller für seine Produkte etwa die Gewährleistungsmarken „Flustix Plastikfrei"[587] oder „HALAL CONTROL"[588], informiert er Nachfrager direkt über die entsprechenden Inhaltsstoffe bzw. Herstellungsverfahren seiner Waren und kann gleichzeitig seine Zielgruppe ansprechen. Seine Möglichkeit, damit tatsächlich unzutreffende Angaben über sein Produkt vorzuspiegeln, ist aufgrund der Kontrolle des Markeninhabers eingeschränkt. Zwar können die Nachfrager das markierte Produkt nicht direkt am Verkaufsort selbst überprüfen, an diese Stelle tritt aber das Vertrauen in die Gewährleistungsmarke.[589] Die Nachfrager verlassen sich auf die Aussage der Gewährleistungsmarke und erhalten dadurch direkte Informationen über einzelne Produkteigenschaften.[590]

Dem Markeninhaber ist aufgrund der Neutralitätsklausel lediglich eine Werbung *für* die Gewährleistungsmarke möglich, um deren Bekanntheit zu erhöhen. Er informiert die Nachfrager und den Handel im Allgemeinen über die Bedeutung und den Inhalt seines Zeichens.[591] Eine aktive Unterrichtung der angesprochenen Verkehrskreise über die Beschaffenheitsaussage der Marke ist für die Gewährleistungsmarke gerade deshalb besonders wichtig, weil sie ein „erklärungsbedürftiges Produkt"[592] ist. Die Bereitschaft der Nachfrager, sich aus eigener Initiative mit dem Inhalt eines Gütezeichens, konkret mit der Markensatzung, zu befassen, ist jedoch eher gering.[593] Mit Werbung und Informationen über die Gewährleistungsmarke selbst kann die Sensibilität für das Zeichen und die Nachfrage nach entsprechend zertifizierten Produkten geweckt und erhöht werden.

---

[586] Zu diesen Begrifflichkeiten vgl. § 2 A. I. 1. b).
[587] Vgl. UGM *Flustix Plastikfrei* (Nr. 017304999).
[588] Vgl. UGM *HALAL CONTROL* (Nr. 017724907).
[589] Zum Vertrauen als essentielle Grundlage der Gewährleistungsmarke vgl. § 2 A. III. 5.
[590] Zur Wirkung von Zertifizierungen *Renault*, in: Media Economics (2015), S. 121, 147.
[591] *Belson*, 24(7) E.I.P.R. 340, 345 (2002).
[592] *Dröge*, MarkenR 2016, 549, 554; ähnlich *Gruber*, Verbraucherinformation (1986), S. 76 f. zu Gütezeichen („Verschlüsselung"); *Grynberg*, 55 W. & M. L. Rev. 1429, 1456 (2014); mag der Aussagegehalt der UGM *HALAL CONTROL* (Nr. 017724907) dem Zeichen selbst zu entnehmen sein, ist dies zB. bei der UGM *Tierschutzlabel – Einstiegsstufe* (Nr. 017889445) nicht der Fall.
[593] Vgl. *Grynberg*, 55 W. & M. L. Rev. 1429, 1456 (2014); empirisch belegt durch *Laric/Sarel*, 45(3) JM 135, 141 (1981); trotz Internet und Smartphones kann bezweifelt werden, dass sich dies zwischenzeitlich geändert hat, vgl. in diese Richtung *Verbraucher Initiative* (Hrsg.), Siegelwirkung (2016), S. 11 f.,19 ff.

2. Indirekte Information und Qualitätssignal

Selbst dann, wenn Nachfrager nicht über den konkreten Inhalt der Gewährleistungsmarke informiert sind, kann sie als Qualitätssignal der Produktanbieter dienen.[594] Bereits aus der Tatsache, dass ein Anbieter den zeitlichen und finanziellen Mehraufwand der Produktzertifizierung in Kauf nimmt, können Nachfrager auf eine erhöhte Produktqualität schließen, etwa höhere Standards bei Tierhaltung und Fleischproduktion[595] oder nachwachsende Rohstoffe bei der Textilproduktion[596]. Denn nur dann hat der rationale Anbieter die Möglichkeit, seine zusätzlichen Kosten durch Wiederholungskäufe der Nachfrager zu amortisieren. Der Gewährleistungsmarke kommt darüber ebenfalls ein *„signaling-efficiency-effect"* im Sinne *Nelsons* zu. Die Hersteller haben die Möglichkeit, von der Werbewirkung und dem bereits bestehenden Goodwill der Gewährleistungsmarke zu profitieren und ihn auf ihr eigenes Produkt zu übertragen. Vor allem kleine und mittlere Unternehmen mit nur geringem Werbebudget haben so eine kostengünstige Möglichkeit zur Absatzförderung.[597] Nur eingeschränkt auf die Markenkategorie übertragen lassen sich hingegen der *„match-products-to-buyers effect"* sowie der *„repeat-business effect"*: da die Gewährleistungsmarke lediglich für die Beschaffenheit einer Produktgattung steht, kann der Koordinationsprozess zwischen Anbieter und Nachfrager hinsichtlich individueller Präferenzen nur gering vereinfacht werden. Zwar kann diese Gattung einer Präferenz entsprechen (zB. fair gehandelte Lebensmittel[598] oder Textilien aus ökologisch angebauter Baumwolle[599]), in weiteren Eigenschaften unterscheiden sich die so gekennzeichneten Waren mitunter aber deutlich und bedienen verschiedene Präferenzen: Textilien, die aus derselben, zertifizierten Baumwolle hergestellt sind, können in Design, Farbe etc. völlig unterschiedlich sein. Dies ist die logische Folge der fehlenden Herkunftsfunktion und Nutzung durch eine Vielzahl von Anbietern. Die veränderte Hauptfunktion der Gewährleistungsmarke ist auch der Grund, warum ihr kein vergleichbarer *„repeat-business effect"* zukommen kann. Da sie keine identische Gesamtbeschaffenheit garantiert, kann auch keine einheitlich positive Erinnerung an die mit ihr gekennzeichneten Produkte vorliegen.

3. Gewährleistungsmarke als Typsignal

Mit Werbeaussagen informiert der Gewährleistungsmarkeninhaber darüber, für welche Eigenschaften sein Zeichen steht, die Markennutzer darüber, dass

---

[594] Jedenfalls achten Verbraucher auch dann auf Gütezeichen, wenn sie deren genauen Inhalt nicht kennen, vgl. *Verbraucher Initiative* (Hrsg.), Siegelwirkung (2016), S. 9.

[595] Vgl. UGM *Tierschutzlabel – Einstiegsstufe* (Nr. 017889445).

[596] Vgl. UGM *Global Organic Textile Standard GOTS* (Nr. 017283128).

[597] Vgl. *Gruber*, Verbraucherinformation (1986), S. 124.

[598] Vgl. UGM *Fairtrade* (Nr. 017959045).

[599] Vgl. UGM *Global Organic Textile Standard GOTS* (Nr. 017283128).

ihr Produkt diese Eigenschaften aufweist. Legen Nachfrager besonderen Wert auf Tierschutz und Nachhaltigkeit, können sie diese Wertentscheidung durch den Konsum von Waren mit den Marken „Tierschutzlabel"[600] oder „Fairtrade"[601] verdeutlichen. Der Gehalt ihres Typsignals lässt sich nicht nur durch die Werbebotschaft, sondern auch durch den Inhalt der Markensatzung bestimmen. Auf diese Art und Weise kann auch die Gewährleistungsmarke zu einem effektiveren Informationsaustausch der Konsumenten untereinander beitragen. Da sich die Aussage der Gewährleistungsmarke jedoch nur auf einzelne Eigenschaften des Produkts bezieht, folgt daraus nicht, dass alle Signale, die mit dem Produktkonsum gesendet werden, dem Typ des Nachfragers entsprechen müssen. Der Signalgehalt wird daneben auch durch die Individualmarke des Anbieters bestimmt.

IV. Funktionsbeeinträchtigung der Gewährleistungsmarke

Die Werbefunktion der Gewährleistungsmarke kann im Kern auf die gleiche Art und Weise begründet werden, wie es bei der Individualmarke der Fall ist. Es ergeben sich daher keine Veränderungen für die Beurteilung der Funktionsverletzung. Der Schutzbereich der Funktion erfasst sowohl die Benutzung durch den Inhaber als auch durch den berechtigen Dritten. Eine Beeinträchtigung der Werbefunktion ist bei der Gewährleistungsmarke dann anzunehmen, wenn die Möglichkeit, „die Marke als Element der Verkaufsförderung oder Instrument der Handelsstrategie einzusetzen"[602], gemindert wird. Beim Markeninhaber liegt die Verkaufsförderung oder Handelsstrategie in der Zertifizierung und Zeichenlizenzierung an Hersteller, bei berechtigten Dritten in der Information über die Produktbeschaffenheit und das Übertragen des Markengoodwills auf eigene Produkte. Die Möglichkeit dieses Einsatzes ist gemindert, wenn die Fähigkeit der Marke zur Übermittlung direkter Informationen oder indirekter Informationen in Form eines Qualitätssignals eingeschränkt wird, wofür eine erhebliche Behinderung des Nutzers erforderlich scheint. Mit Blick auf die Verwendung der Gewährleistungsmarke am Markt kommt hier insbesondere eine Funktionsbeeinträchtigung durch „Fake Advertising" oder das Entfernen der Marke vor Inverkehrbringen und gleichzeitigem Ersetzen durch ein anderes Zeichen in Betracht. Ergibt sich bei ersterem aus der konkreten Gestaltung der Werbung der Eindruck, der Markeninhaber übernehme auch eine Gewährleistungsaussage für das beworbene Produkt, ist daneben auch die Gewährleistungsfunktion verletzt. Diese ist hingegen nicht betroffen, wenn im Zuge eines *debranding* zB. die Marke, mit der ein besonderer Tierschutz

---

[600] Vgl. UGM *Tierschutzlabel – Einstiegsstufe* (Nr. 017889445).
[601] Vgl. UGM *Fairtrade* (Nr. 017959045).
[602] EuGH, Urt. v. 23.3.2010, C-236/08 bis C-238/08, ECLI:EU:C:2010:159, Rn. 92 = GRUR 2010, 445 – *Google France*; Urt. v. 25.7.2018, C-129/17, ECLI:EU:C:2018:594, Rn. 37 = GRUR 2018, 917 – *Mitsubishi/Duma*.

signalisiert wird, auf Fleischprodukten vor deren Einfuhr in den Europäischen Wirtschaftsraum entfernt wird. Dadurch kommt eine tatsächlich bestehende Beschaffenheitsgarantie nicht mehr zum Ausdruck, sie wird aber nicht fälschlicherweise vorgegeben. In diesem Fall ist der Markeninhaber durch die Werbefunktion geschützt.

V. Zwischenergebnis

Die ökonomische Begründung der Werbefunktion lässt sich weitgehend reibungslos auf die Gewährleistungsmarke übertragen. Auch bei ihr kann informative wie nicht-informative Werbung einen informationsökonomischen Effekt haben. Aufgrund der Eigenschaftsbestimmungen der Satzung sind mit der Gewährleistungsmarke überwiegend direkte Informationen über die Beschaffenheit der gekennzeichneten Produkte verbunden. Vor allem der Markeninhaber, der sein Zeichen bekannt machen will, informiert direkt über die damit verbundenen Eigenschaften. Darüber hinaus kann auch die bloße Werbung mit der Marke indirekt Qualität signalisieren. Nur Hersteller qualitativ hochwertiger Produkte werden sich für eine Produktzertifizierung entscheiden, weshalb der Gewährleistungsmarke ein *„signaling-efficiency-effect"* im Sinne *Nelsons* zukommt. Etwas anderes gilt für den *„match-products-to-buyers effect"* sowie den *„repeat-business effect"*. Da sich der Aussagegehalt der Marke lediglich auf eine Teilbeschaffenheit des Produkts und nicht seine Gesamtheit bezieht, kann der Koordinationsprozess zwischen Anbieter und Nachfrager nicht in gleichem Maße wie bei einer Individualmarke vereinfacht werden. Auch der gedankliche Rückgriff auf eine positiv beurteilte Gesamtbeschaffenheit ist auf Basis der Gewährleistungsmarke nicht möglich. Nicht zuletzt kann die Gewährleistungsmarke zur Signalisierung des eigenen „Typs" in der Kommunikation der Nachfrager untereinander eingesetzt werden. Die von ihr garantierten Eigenschaften bestimmen den Inhalt der gesendeten Botschaften. Die Werbung hilft dabei, den Signalgehalt des Zeichens zu prägen. Von der Übertragbarkeit der ökonomischen Begründung ausgehend, kommt auch der Gewährleistungsmarke eine Werbefunktion zu. Bei ihrer Beeinträchtigung ergeben sich keine Veränderungen zur Individualmarke. Die „Verkaufsförderung oder Handelsstrategie" liegt beim Markeninhaber in der Zertifizierung und Zeichenlizenzierung, bei Lizenznehmern in der Information über die Produktbeschaffenheit und der Übertragung des mit der Gewährleistungsmarke verbundenen Goodwills auf die eigenen Produkte. Allerdings ist auch hier eine erhebliche Behinderung erforderlich.

D. Kommunikationsfunktion

Auch der Inhalt der Kommunikationsfunktion wurde vom EuGH bisher nicht näher bestimmt.[603] Die Analyse ihrer ökonomischen Begründung bei der Individualmarke und deren Übertragung auf die Gewährleistungsmarke zeigt aber einen prinzipiellen Gleichlauf der beiden Markenkategorien, wobei an der Kommunikation mittels der Gewährleistungsmarke neben dem Markeninhaber und den Nachfragern auch der Anbieter der zertifizierten Produkte als dritter Akteur teilnimmt.

Ist die Marke für GA *Ruiz-Jarabo Colomer* „in Wirklichkeit Kommunikation" und dient dem Aufbau eines Dialogs zwischen Hersteller und Verbraucher,[604] versteht GA *Mengozzi* unter der Kommunikationsfunktion die schutzwürdige Eigenschaft einer Marke, Verbrauchern Informationen unterschiedlicher Art zu übermitteln. Er unterscheidet dabei zwischen Informationen, die unmittelbar durch das Markenzeichen vermittelt werden, wie zB. Informationen über materielle Eigenschaften der Ware einerseits und „‚gespeicherte[n]' Informationen" über die Marke infolge der Verkaufsförderung oder Werbung, zB. Botschaften über immaterielle Eigenschaften, die das Image des Produkts oder Unternehmens allgemein (etwa Qualität, Seriosität) oder speziell (etwa Luxus, Kraft) formen[605] bis hin zur Verkörperung einer Lebensauffassung andererseits.[606] Abstrahiert kann die Kommunikationsfunktion danach interpretiert werden als Fähigkeit der Marke, produktspezifische Informationen zu vermitteln.[607] Aufgrund dieser grundlegenden Bedeutung wird sie auch als Basisbzw. übergeordnete Funktion der Marke angesehen,[608] bei den übrigen Funktionen handele es sich nur um Konkretisierungen dieser Kommunikationsfunktion.[609]

---

[603] *Kur*, in: FS Köhler (2014), S. 383, 388; *Paulus*, Markenfunktionen (2014), S. 168.

[604] GA *Ruiz-Jarabo Colomer*, Schlussanträge v. 6.11.2001, C-273/00, E-CLI:EU:C:2001:594, Rn. 19 – *Sieckmann*.

[605] GA *Mengozzi*, Schlussanträge v. 10.2.2009, C-487/07, ECLI:EU:C:2009:70, Rn. 54 – *L'Oréal*.

[606] GA *Mengozzi*, Schlussanträge v. 10.2.2009, C-487/07, ECLI:EU:C:2009:70, Rn. 52 – *L'Oréal* mit Verweis auf GA *Colomer*, Schlussanträge v. 13.6.2002, C-206/01, E-CLI:EU:C:2002:373, Rn. 46 f. – *Arsenal FC*.

[607] Vgl. *Fezer*, MarkenG (2009), Einl. D., Rn. 10 f.; *Paulus*, Markenfunktionen (2014), S. 165.

[608] *Brömmelmeyer*, in: FS v. Brünneck (2011), S. 274, 278; *Fezer*, MarkenG (2009), Einl. Rn. 10 f., 29 f.; *Ohly*, in: FS Loschelder (2010), S. 265, 273.

[609] *Fezer*, MarkenG (2009), Einl. Rn. 29 verbunden mit der „Identifizierungsfunktion"; *Lehmann*, GRUR Int. 1986, 6, 14 f.; *Völker/Elskamp*, WRP 2010, 64, 69.

I. Ökonomische Rechtfertigung

1. Informationsökonomik

Die kommunikative Wirkung der Marke entfaltet sich in zwei Richtungen: zum einen dient sie dem stabilen und effizienten Signalaustausch im Verhältnis zwischen Anbieter und Nachfrager, zum anderen der Übermittlung von Botschaften der Nachfrager untereinander.

a) Kommunikation Anbieter – Nachfrager

GA *Mengozzis* Unterscheidung von Informationen, die unmittelbar durch das Zeichen vermittelt werden und „gespeicherten" Informationen über die Marke infolge der Werbung[610] findet sich informationsökonomisch in *Nelsons* Differenzierung zwischen direkten sowie indirekten Informationen, die durch Produktwerbung übermittelt werden,[611] wieder: Mittels der Marke vermittelt werden Such-, Erfahrungs- oder Vertrauenseigenschaften des Produktes, darüber hinaus aber auch ein mit dem Produkt oder dem Unternehmen selbst verbundenes Image. Für *Lehmann* ermöglicht die Marke einen Informations- sowie Kommunikationskanal zwischen der Angebots- und Nachfrageseite.[612] Sie dient als ein „angebotsdifferenzierender Signalcode", der eine stabile Kommunikationsbeziehung aufbaut.[613] Welche direkten und indirekten Informationen an diesen Code angehängt werden, hängt maßgeblich vom Markeninhaber ab.[614] Durch seine produktpolitischen Werbe- und Marketingmaßnahmen formt er die Botschaft seines „kommerziellen Kommunikationszeichens",[615] und zielt auf die Gestaltung der mit der Marke assoziierten Eigenschaften sowie die Schaffung eines Markenimages ab.[616]

b) Kommunikation Nachfrager – Nachfrager

Daneben kommt der Marke auch im Verhältnis der Nachfrager untereinander eine kommunikative Rolle zu: Sie senden selbst durch den Kauf und

---

[610] GA *Mengozzi*, Schlussanträge v. 10.2.2009, C-487/07, ECLI:EU:C:2009:70, Rn. 54 – *L'Oréal.*

[611] *Nelson*, 82 J. Polit. Econ. 729, 731 f. (1974); näher § 2 C. I. 1.

[612] *Lehmann*, GRUR 1984, 313, 315; *ders.*, GRUR Int. 1986, 6, 14 f.; *ders.* 17(6) IIC 746, 761 f. (1986); *Lehmann/Schönfeld*, GRUR 1994, 481; ferner *Bone*, 86 B. U. L.Rev. 547, 549 (2006); *Fezer*, MarkenG (2009), Einl. Rn. 10; *Henning-Bodewig/Kur*, Marke und Verbraucher (1988), S. 7; *Kur/Senftleben-Kur/Senftleben*, European TML (2017), Rn. 1.12 f.; *Schluep*, in: FS Pedrazzini (1990), S. 715, 730 f.; *Wilkins*, 34 Business Hist. 66, 87 (1992).

[613] *Fezer*, MarkenG (2009), Einl. Rn. 10; *Kur*, 23(4) IIC 485, 501 (1992); *Lehmann*, GRUR Int. 1986, 6, 14.

[614] *Lehmann*, GRUR 1984, 313, 316; *ders.*, GRUR Int. 1986, 6, 14 f.

[615] *Fezer*, MarkenG (2009), Einl. Rn. 11; *ders.*, WRP 2010, 165, 169.

[616] *Henning-Bodewig/Kur*, Marke und Verbraucher (1988), S. 11; *Lehmann*, GRUR 1984, 313, 316; *ders.*, GRUR Int. 1986, 6, 14 f.; *Völker/Elskamp*, WRP 2010, 64, 69 f.

öffentlichen Konsum des Markenproduktes nonverbale Ich-Botschaften, deren Inhalt durch die mit der Marke assoziierten Eigenschaften determiniert ist.[617] Mit der Identifikation mit dem Markenimage wird der eigene „Typ" signalisiert[618] und die Botschaft des Markeninhabers in der Kommunikation der Nachfrager untereinander reflektiert. Hierfür wurden ursprünglich exklusive und kostspielige Konsumgüter genutzt, um durch deren demonstrativen Konsum Prestige zu erlangen und sich von anderen abzusetzen.[619] Hochspezialisierter Güterkonsum dient nicht mehr nur der Befriedigung grundlegender Lebensbedürfnisse, sondern ist Ausdruck finanzieller Macht zur Erhöhung der eigenen sozialen Sichtbarkeit.[620] Dieser Mechanismus lässt sich von der Auswahl des *Gutes* auf die Auswahl der *Marke* übertragen: Haben Konsumenten das Bedürfnis nach einem konkreten Gut, zB. einer Armbanduhr, so wählen sie das Produkt derjenigen Marke, die ein hohes Prestige, eine luxuriöse Ausstrahlung und damit typischerweise einen hohen Preis hat.[621] Das Markenprodukt wird vorrangig deshalb erworben, um den eigenen sozialen Status zu signalisieren und sich von Dritten abzusetzen.[622] Die Eigenschaften, die Dritte mit der Marke assoziieren,[623] sollen mit den Nutzern verbunden werden, der eigentliche Nutzen oder die tatsächliche Qualität des Produkts ist nachrangig.[624] Solche nonverbale Kommunikation via „status signaling" ist umso bedeutender, je komplexer und anonymer die eigene Umwelt ist und je weniger die einzelnen Individuen übereinander wissen.[625] Sie wird rechtlich geschützt, wenn bzw. weil von einer Kostenersparnis durch effiziente Kommunikation ausgegangen wird. Es kann aber durchaus hinterfragt werden, ob die Kommunikationswirkung des

---

[617] *Henning-Bodewig/Kur*, Marke und Verbraucher (1988), S. 10.

[618] *Griffiths*, TML (2011), S. 154 f.; *Swann/Aaker/Reback*, 91 TMR 787, 802 f. (2001); zur Werbung als Typsignal der Konsumenten siehe § 2 C. I. 1. c).

[619] Grundl. *Veblen* und seine Konzepte des „demonstrativen Müßiggangs" (*„conspicuous leisure"*) und „demonstrativen Konsums" (*„conspicuous consumption"*), vgl. *Veblen*, Theory of the Leisure Class (1912), S. 35 ff., 68 ff., 84, 87 f.

[620] Daher steigt bei sog. „Veblen-Güter" die Nachfrage trotz bzw. gerade aufgrund einer Preiserhöhung, vgl. *Kroeber-Riel/Gröppel-Klein*, Konsumentenverhalten (2019), S. 177 f.

[621] Vgl. *Swann/Aaker/Reback*, 91 TMR 787, 801 (2001); vor allem wenn die eigene wirtschaftliche Leistungsfähigkeit eher gering und das Statusbedürfnis hoch ist, werden Produktausführungen mit prominent angebrachten und gut sichtbaren Markenzeichen bevorzugt, vgl. *Han/Nunes/Drèze*, 74(4) JM 15, 19, 26 (2010) zu „Quiet and Loud Gucci Bags".

[622] *Dornis/Wein*, ZGE 2018, 513, 544; *Landes/Posner*, IP (2003), S. 208 f.; *Lunney*, 48 Emory L.J. 367, 467 f. (1999); *Menell/Scotchmer*, in: Law and Economics (2007), S. 1542; *Ramello*, 20 J. Econ. Surveys 547, 560 (2006); *Searle/Brassell*, Economic Approaches (2016), S. 103, 111; *Beebe*, 123 Harv. L.Rev. 810, 819 ff. (2010) zum zunehmenden gesellschaftlichen Nonkonformismus und dessen Beschränkung durch Immaterialgüterrechte.

[623] *Dreyfuss*, 65 Notre Dame L.Rev. 397, 413 f. (1990); *Griffiths*, TML (2011), S. 153 ff.; *Swann/Aaker/Reback*, 91 TMR 787, 800 ff. (2001).

[624] *Dornis/Wein*, Trademarks (2016), S. 33; *Menell/Scotchmer*, in: Law and Economics (2007), S. 1542.

[625] *Searle/Brassell*, Economic Approaches (2016), S. 111.

„status signaling" tatsächlich wohlfahrtssteigernd ist und daher vom Markenrecht erfasst werden sollte.

2. Property Rights-Theorie

Die Property Rights-Theorie begründet die Kommunikationsfunktion mit den Effizienzvorteilen der Kommunikation. Ziel eines Kommunikationssystems muss es zudem sein, neben den Kosten der Kommunikation selbst Fehlkommunikation zu minimieren.[626] Die Marke ermöglicht es, unternehmerische Kommunikationshandlungen am Markt auf einen bestimmten „Urheber" zurückzuführen.[627] Ihr Inhaber kann seine Transaktionskosten erheblich senken und seine kommunikativen Mitteilungen kostengünstig an die Nachfragerseite herantragen.[628] Erst die Zuweisung des Zeichens und die damit verbundenen Ausschließlichkeitsrechte schaffen die notwendige Stabilität des Kommunikationskanals[629] und verringern die Gefahr kommunikativer Missverständnisse durch dritte, identische oder ähnliche Zeichen. Die Zuweisung aller externer Effekte an den Markeninhaber kann aber insbesondere unter Berücksichtigung der kommunikativen Leistungen, die die Nachfrager in der Kommunikationsbeziehung zum Anbieter sowie bei der Formung des mit der Markennutzung verbundenen Typsignals[630] erbringen, normativ kritisch betrachtet werden.

II. Funktionsbeeinträchtigung der Individualmarke

Lässt sich das Bestehen einer Kommunikationsfunktion ökonomisch noch begründen, ist ihr rechtlicher Gehalt weitgehend unklar.

1. Schutz des Kommunikationskanals

Die rechtliche Anerkennung einer Kommunikationsfunktion liegt nahe, weil nur bei ihrem Schutz die Botschaft, die die Marke als signaling-Instrument versendet, ihre Empfänger auch garantiert erreichen kann. Ihre Beeinträchtigung auf eine Prüfungsformel zu bringen, wird hingegen kaum versucht.[631] Dass eine Beeinträchtigung der Kommunikationsfunktion als Schädigung der Wertschätzung der Marke zu verstehen ist,[632] kann bezweifelt werden. Schließlich leitet der EuGH die Beeinträchtigung der Herkunfts-, Werbe- und

---

[626] Landes/Posner, IP (2003), S. 170.

[627] Lehmann/Schönfeld, GRUR 1994, 481.

[628] Vgl. Lehmann/Schönfeld, GRUR 1994, 481.

[629] Lehmann, GRUR Int. 1986, 6, 17.

[630] Vgl. dazu § 2 C. I. 1. c); zum Anteil der Konsumenten an der Formung des Markengoodwills und -images vgl. Gangjee, in: Property in IP Law (2013), S. 29, 57; Gangjee/Burrell, 73(2) MLR 282, 291 (2010).

[631] Paulus, Markenfunktionen (2014), S. 165.

[632] So GA Mengozzi, Schlussanträge v. 10.2.2009, C-487/07, ECLI:EU:C:2009:70, Rn. 55 ff. – L'Oréal.

Investitionsfunktion jeweils von ihrer Definition ab.[633] Die Marke ermöglicht einen Informations- bzw. Kommunikationskanal zwischen Anbieter und Nachfrager. Wird die Fähigkeit, produktspezifische Informationen zu vermitteln, gestört, sind sowohl die Reduktion von Unsicherheit und Informationskosten auf Nachfragerseite als auch die Kommunikation der Nachfrager untereinander beeinträchtigt. Davon ausgehend erscheint als Schutzgegenstand der Kommunikationsfunktion der Kommunikationskanal als solcher und die damit verbundene Fähigkeit der Marke, von ihrem Inhaber als Informationsträger eingesetzt zu werden, nicht aber die konkret übermittelte Information selbst.[634] Der Schutz kann als markenrechtliche „Institutsgarantie" verstanden werden, in der sich die grundlegende Rolle der Kommunikationsfunktion widerspiegelt.

Dennoch stört nicht jede Verwendung des „Signalcodes Marke" die Kommunikationsbeziehung. Weder soll der Schutz eine generelle Abschottung eines Kommunikationskanals ermöglichen,[635] noch impliziert er das Recht, den Botschaftsinhalt von Einwirkungen Dritter freizuhalten, auch wenn sie den vom Markeninhaber intendierten Kommunikationsablauf beeinträchtigen.[636] Dies gilt insbesondere angesichts der hohen kommunikativen Leistungen, die von den Nachfragern untereinander erzeugt werden. Die Kommunikationsfunktion darf nicht als „Auffangfunktion" zur Abwehr jeglicher Bezugnahmen auf ein „Kommunikationsmonopol" hinauslaufen.[637]

Einem unverfälschten Wettbewerb entspricht es vielmehr, dem Nachfrager sachlich-informative, der Informationsasymmetrie entgegenwirkende und für ihn daher wertvolle Botschaften über die Marke zukommen zu lassen, auch wenn ihr Inhalt dem Zeicheninhaber unpassend ist.[638] Dies leisten etwa Warentests, sofern sie neutral, sachkundig und objektiv durchgeführt werden.[639] Auch die Verwendung der Marke als Bezugspunkt im öffentlichen Diskurs[640] führt nicht zu ineffizienter Fehlkommunikation. Sie sollte im Rahmen der Kommunikationsfunktion als unparteiischer Intermediär in einem offenen Kommunikationsprozess mit dem Ziel effizienter Informationsverteilung

---

[633] *Paulus*, Markenfunktionen (2014), S. 165.

[634] *Paulus*, Markenfunktionen (2014), S. 165 f.; für *Strasser*, 10 Fordham Intell. Prop. Media & Ent. L.J. 375, 384 f. (2000) können die Nachfrager durch die Kommunikationsfunktion alle verfügbaren Informationen zum Produkt auffassen und ihm zuordnen.

[635] *Lehmann/Schönfeld*, GRUR 1994, 481, 488.

[636] *Henning-Bodewig/Kur*, Marke und Verbraucher (1988), S. 254 ff.

[637] *Ohly*, in: FS Loschelder (2010), S. 265, 273; *ders.*, in: FS Büscher, S. 117, 125 f.

[638] *Henning-Bodewig/Kur*, Marke und Verbraucher (1988), S. 67 f., 254 f.; *Lehmann/Schönfeld*, GRUR 1994, 481, 489; *Sakulin*, Trademark Protection (2011), S. 2; *Strasser*, 10 Fordham Intell. Prop. Media & Ent. L.J. 375, 386 (2000).

[639] Vgl. *Baldauf*, Werbung (2011), S. 26 ff.; *Feddersen* WRP 2019, 1255, 1256.

[640] *Woger*, Schnittstellen (2015), S. 79 mit dem Beispiel des Protests von Umweltschutzaktivisten, bei dem die Marke von *Shell*, eine rot-gelb gefärbte Muschel, in einen entsprechend gefärbten Totenkopf verwandelt wurde.

betrachtet werden.[641] Eine Dominanz des Markeninhabers ist daher weder vorgegeben noch notwendig.[642] Der Schutz des Kennzeichens als transparenzför-
derndes Markt- und Absatzinstrument aus Inhabersicht muss daher in Einklang
gebracht werden mit der Gewährleistung freier Meinungsäußerung sowie eines
freien, unverfälschten Wettbewerbs.[643]

2. Beeinträchtigung

GA *Kokott* sieht die Kommunikationsfunktion – zusammen mit der Werbe-
und Investitionsfunktion – dann berührt, wenn Dritte die Marke auch ohne Verursachung einer Herkunftsverwirrung verwenden, da die Verbraucher, die
fremde Waren unter dieser Marke erworben haben, sie weniger stark mit ihrem
Inhaber verbinden.[644] Gleichsam müsse der Schutz dieser Funktion „überwie-
gende andere Interessen respektieren" und stehe daher unter dem Vorbehalt
einer Interessenabwägung.[645] Damit wird zwar die kommunikative Rolle der
Marke berücksichtigt, aber keine greifbare Aussage zur Funktionsbeeinträchtigung getätigt. Nicht begründet werden kann ein Schutz durch die Kommunikationsfunktion vor einem uneinheitlichen Markenauftritt oder außerhalb der
gewünschten Positionierung.[646] In diesem Fall bleibt die Fähigkeit der Marke
zur Informationsübertragung bestehen und der Kommunikationskanal zum
Nachfrager ungestört. Dass die Markenbotschaft nicht die gewünschte Wirkung entfaltet, ist nicht vom Schutzbereich der Funktion erfasst. Gleiches gilt
für die Ansicht, eine abweichende Produktqualität beeinträchtige die Kommunikationsfunktion, da die mit der Marke verbundenen Qualitätsaussagen dis-
kreditiert und das Markenimage beschädigt würden.[647] Die Annahme einer
Funktionsbeeinträchtigung durch eine Markenverwendung als Gattungsbegriff, um sich auf die Produktkategorie zu beziehen, aber ohne die Produkte

---

[641] GA *Ruiz-Jarabo Colomer*, Schlussanträge v. 6.11.2001, C-273/00, E-
CLI:EU:C:2001:594, Rn. 20 – *Sieckmann:* „Kommunizieren heißt, andere an dem teilhaben
zu lassen, was man selbst hat.".

[642] So Kur/Senftleben-*Kur/Senftleben*, European TML (2017), Rn. 1.43.

[643] Kur/Senftleben-*Kur/Senftleben*, European TML (2017), Rn. 1.44 ff.; GA *Maduro*,
Schlussanträge vom 22.9.2009, ECLI:EU:C:2009:569, Rn. 102 – *Google France*; *Sakulin*,
Trademark Protection (2011), S. 2 ff.; allg. *Van den Bergh/Lehmann*, GRUR Int. 1992, 588,
598.

[644] GA *Kokott*, Schlussanträge v. 7.4.2011, C-46/10, ECLI:EU:C:2011:222, Rn. 56, 58 –
Viking Gas.

[645] GA *Kokott*, Schlussanträge v. 7.4.2011, C-46/10, ECLI:EU:C:2011:222, Rn. 59, 62 ff.
– *Viking Gas* mit Verweis auf GA *Maduro*, Schlussanträge vom 22.9.2009, E-
CLI:EU:C:2009:569, Rn. 102 – *Google France*; folgend BeckOK MarkenR-*Mielke*, § 14
MarkenG, Rn. 131 f. sowie *Kur*, in: FS Köhler (2014), S. 383, 388, dort auch Fn. 49.

[646] So aber *Spindler/Prill*, CR 2010, 303, 307; *Völker/Elskamp*, WRP 2010, 64, 69 f., die
die Kommunikationsfunktion aus systematischen Gründen jedoch als subsidiär behandeln.

[647] So *Fezer*, MarkenG (2009), § 14, Rn. 186 f.

des Markeninhabers in einem Werbevergleich zu benennen[648] bewirkt eine fragliche Schutzrechtsexpansion. Die Subsumption unter den absoluten Identitätsschutz, der einer Interessenabwägung kaum zugänglich ist, kann vorschnell zu einem allgemeinen Kommunikationsmonopol des Markeninhabers führen.

Ausgehend vom Verständnis der Kommunikationsfunktion als einer „Institutsgarantie" kommt eine eigenständige Funktionsverletzung jedoch bei einer Beeinträchtigung der Übermittlung absatzunabhängiger Informationen in Betracht:[649] Die übermittelten Botschaften fallen nicht in den Schutzbereich der Investitions- oder Werbefunktion,[650] gleichzeitig wird aber die etablierte Kommunikationsbeziehung gestört und damit das „Institut" des Kommunikationskanals attackiert. Daneben kann auch das Entfernen der Herstellermarke von Produkten im Zolllagerverfahren vor einer Einfuhr in den Europäischen Wirtschaftsraum (*debranding*) und dem gleichzeitigen Aufbringen eines anderen Zeichens (*rebranding*) als Funktionsverletzung gesehen werden. Akzeptiert man, dass der EuGH diesen Fall nicht mehr lauterkeits-, sondern originär markenrechtlich adressiert,[651] wird hierbei nicht nur die Herkunfts-, Investitions- und Werbefunktion beeinträchtigt,[652] sondern durch die Trennung von Marke und Produkt der Kommunikationskanal zwischen Anbieter und Nachfrager vollständig beseitigt. Es wird nicht lediglich die Wirkung der Botschaft des Markeninhabers modifiziert, die Signalübermittlung als solche wird vielmehr völlig unterbunden. Die Gefahr eines „Kommunikationsmonopols" des Markeninhabers besteht in dieser Konstellation nicht.

III. Übertragung auf die Gewährleistungsmarke

Im Unterschied zur Individualmarke findet die Kommunikation mittels der Gewährleistungsmarke auf einem dreiseitigen Markt im Verhältnis Markeninhaber – Lizenznehmer/Anbieter, Markeninhaber – Nachfrager und Lizenznehmer/Anbieter – Nachfrager statt. Dabei kann die Marke ebenfalls direkte sowie

---

[648] So vorsichtig *Paulus*, Markenfunktionen (2014), S. 166 f. in Anknüpfung an GA *Jääskinen*, Schlussanträge vom 24.3.2011, C-323/09, ECLI:EU:C:2011:173, Rn. 64, 91 – *Interflora*, der dies als Fall der Markenverwässerung unter den Bekanntheitsschutz subsumiert und hierin ausdrücklich keine Funktionsbeeinträchtigung sieht.

[649] *Ingerl/Rohnke*, MarkenG (2010), § 14, Rn. 301.

[650] Bspw. erfasst die – ohnehin schon weite – Legaldefinition der „Werbung" in Art. 2 lit. a) RL 114/2006 jede *absatzfördernde* Äußerung.

[651] EuGH, Urt. v. 25.7.2018, C-129/17, ECLI:EU:C:2018:594, Rn. 43–46 = GRUR 2018, 917 – *Mitsubishi/Duma*; aA. *Hackbarth*, GRUR-Prax 2018, 425; *Janal*, GPR 2019, 83, 87; *Knaak/Kur*, GRUR 2018, 1120, 1121 ff., 1124, für die eine markenrechtliche Benutzungshandlung fehlt, welche zudem in schutzrechtsfreiem Gebiet stattfände, weshalb der Sachverhalt wettbewerbsrechtlich zu lösen sei.

[652] So aber EuGH, a.a.O.

indirekte Informationen übermitteln.[653] Über die Botschaft der Marke entscheidet dabei allein der Markeninhaber.[654] Im Unterschied zur Individualmarke beschränkt sich die Information, die der „angebotsdifferenzierende Signalcode"[655] versendet, auf die Gewährleistung der produktbezogenen Qualitätskomponente. Aufgrund der Gewährleistungsfunktion und der treuhänderischen Stellung des Zeicheninhabers können mehrere Anbieter den mit der Marke etablierten Kommunikationskanal nutzen. Mit der Zertifikation ihrer Produkte und der anschließenden Zeichenverwendung machen sich die Lizenznehmer diese Botschaft zu eigen.

In der Kommunikation der Nachfrager untereinander kann auch eine Gewährleistungsmarke zur Signalisierung eines besonderen Status oder sozialen Differenzierung genutzt werden. Anknüpfungspunkt bilden die zertifizierten Eigenschaften, mit denen die Nachfrager assoziiert werden möchten. Wählen sie für ihren Fleischkonsum Produkte, die mit einer Gewährleistungsmarke für erhöhten Tierschutz gekennzeichnet sind, geht es weniger um die konkret gewährleisteten Eigenschaften und mehr um die grundsätzliche Selbstaussage, dass sie hohen Wert auf Tierschutz legen und einen mit dieser Wertentscheidung verbundenen sozialen Status besitzen.[656] Die ökonomische Begründung der Kommunikationsfunktion lässt sich somit auf die Gewährleistungsmarke übertragen. Auch ihr kommt eine solche „Basisfunktion" zu.

IV. Funktionsbeeinträchtigung der Gewährleistungsmarke

Indem die ökonomische Begründung der Kommunikationsfunktion im Wesen unverändert auf die Gewährleistungsmarke übertragbar ist, können auch die dortigen Ausführungen zur Funktionsbeeinträchtigung gelten. Schutzgegenstand ist der Kommunikationskanal im Dreieck Markeninhaber – Lizenznehmer/Anbieter – Nachfrager und damit die Fähigkeit der Marke, von ihrem Inhaber und Nutzer als Informationsträger eingesetzt zu werden, nicht aber die konkret übermittelte Information selbst. Der Kommunikationskanal ist verletzt, wenn der Einsatz der Marke für die Kommunikation mit Nachfragern aufgrund eines Angriffs erheblich gestört wird. Die bei der Individualmarke angesprochene Beeinträchtigung der Übermittlung absatzunabhängiger Informationen ist für die Gewährleistungsmarke nur schwer vorstellbar, da sie jedenfalls vom Lizenznehmer stets zur Unterstützung des Absatzes auf seinen

---

[653] Siehe § 2 C. III.

[654] Vgl. *Gruber*, Verbraucherinformation (1986), S. 104 f. zur Verbandsmarke.

[655] *Fezer*, MarkenG (2009), Einl. Rn. 10; *Kur*, 23(4) IIC 485, 501 (1992); *Lehmann*, GRUR Int. 1986, 6, 14.

[656] Verbraucherbefragungen zeigen, dass Konsumenten bei ihren Kaufentscheidungen zwar (hohen) Wert auf Gütesiegel (ua. zum Tierschutz) legen, sich gleichzeitig aber wenig über deren genauen Inhalt informiert fühlen, vgl. *Utopia* (Hrsg.), Lost in Label? (2019), S. 6; *Verbraucher Initiative* (Hrsg.), Siegelwirkung (2016), S. 5, 11 ff.

Produkten angebracht sein wird. Eine Funktionsverletzung liegt hingegen ebenfalls bei einer Entfernung der Gewährleistungsmarke, mit der ein besonderer Tierschutz signalisiert wird, auf Fleischprodukten vor deren Einfuhr in den Europäischen Wirtschaftsraum im Zuge eines *debranding* vor. Hierdurch wird die Signalübermittlung wie bei der Individualmarke unterbrochen.

V. Zwischenergebnis

Auch wenn der EuGH den Inhalt und die Beeinträchtigung der Kommunikationsfunktion bisher noch nicht näher bestimmt hat, zeichnet sich ein Gleichlauf der Funktion bei Individual- und Gewährleistungsmarke ab. Ihre ökonomische Begründung liegt in dem Kommunikationskanal, den sie zur Signalübermittlung öffnet. Hierüber kann nicht nur der Markeninhaber Botschaften senden, auch die Nachfrager nutzen die Marke untereinander, um ihren eigenen Status zu kommunizieren. Bei beiden Markenkategorien sichert die Kommunikationsfunktion eine effiziente Signalübermittlung. Bei der Gewährleistungsmarke ist mit dem Produktanbieter als Lizenznehmer ein dritter Akteur an den Kommunikationsvorgängen beteiligt: Durch die Zertifizierung seiner Produkte und die anschließende Markennutzung macht er sich die Botschaft des Zeichens zu eigen, die vom Markeninhaber auf die produktbezogene Qualitätskomponente festgelegt wurde. Die Kommunikationsfunktion kann daher als Basisfunktion verstanden werden, die ihre Konkretisierung in den übrigen Funktionen findet.

Bei alldem darf der Schutz der Kommunikationsfunktion insbesondere aufgrund der von den Verbrauchern untereinander erzeugten, kommunikativen Leistungen nicht auf ein „Kommunikationsmonopol" des Markeninhabers hinauslaufen. Entsprechend ihrer grundsätzlichen Bedeutung kann die Kommunikationsfunktion als markenrechtliche „Institutsgarantie" zum Schutz des Kommunikationskanals verstanden werden. Dieser und damit die Kommunikationsfunktion ist bei beiden Markenkategorien etwa dann beeinträchtigt, wenn die Marke vor der Einfuhr in den Europäischen Wirtschaftsraum vom mit ihr gekennzeichneten Produkt entfernt wird.

E. Investitionsfunktion

Wie die Werbefunktion beschreibt der EuGH auch den Inhalt der Investitionsfunktion mit einem Verhalten des Markeninhabers: Dieser kann seine Marke dazu einsetzen, um einen Ruf zu erwerben oder zu wahren, der geeignet ist, durch verschiedene Geschäftsmethoden Verbraucher anzuziehen und zu binden.[657] Dabei weist die Investitionsfunktion einen erheblichen Überschneidungsbereich mit der Werbefunktion auf, erfasst darüber hinaus aber auch andere Geschäftsmethoden, die im Zusammenhang mit der Marke zum Erwerb oder zur Wahrung des Rufs eingesetzt werden.[658]

I. Ökonomische Begründung

1. Informationsökonomik

Informationsökonomisch können Marken als signaling-Instrumente mit den Unterkategorien *Index* und *Signal* gesehen werden. *Spence* bezeichnet als *Index* eine beurteilbare, nicht veränderbare Eigenschaft, als *Signal* hingegen eine beurteilbare Eigenschaft, die ihr Inhaber verändern und beeinflussen kann[659] und die teilweise auf Kommunikation ausgelegt ist.[660] *Signals* können damit als vom Absender bewusst formulierte Selbstaussagen verstanden und in *„contingent contracts"* sowie *„exogenously costly signals"* unterteilt werden, wobei ihre Funktionsweise stets auf einer Korrelation zwischen Signalkosten und Produktqualität beruht.[661] *„Contingent contracts"* dienen der Informationsübertragung sowie Risikoverlagerung vom Nachfrager auf den Anbieter:[662] Im Rahmen einer Vertragsbeziehung sichert der Anbieter als besser informierte Seite dem Nachfrager eine bestimmte Eigenschaft zu, beschreibt dadurch implizit die Produktqualität und entrichtet eine Vertragsstrafe, falls diese

---

[657] EuGH, Urt. v. 22.9.2011, C-323/09, ECLI:EU:C:2011:604, Rn. 60 = GRUR 2011, 1124 – *Interflora*; Urt. v. 25.7.2018, C-129/17, ECLI:EU:C:2018:594, Rn. 36 = GRUR 2018, 917 – *Mitsubishi/Duma*.

[658] EuGH, Urt. v. 22.9.2011, C-323/09, ECLI:EU:C:2011:604, Rn. 61 = GRUR 2011, 1124 – *Interflora*; Urt. v. 25.7.2018, C-129/17, ECLI:EU:C:2018:594, Rn. 36 = GRUR 2018, 917 – *Mitsubishi/Duma*; BeckOK MarkenR-*Mielke*, § 14 MarkenG, Rn. 135; *Paulus*, Markenfunktionen (2014), S. 35.

[659] So heißt es bei *Spence*, 87 Q. J. Econ. 355, 357, 369 (1973): „On the other hand, race and sex are not generally thought to be alterable. I shall refer to observable, unalterable attributes as *indices*, reserving the term *signals* for those observable characteristics attached to the individual that are subject to manipulation by him. […] But just as education can stand for any set of observable, alterable characteristics in the first model, sex can stand for observable, unalterable ones here." Dass das Geschlecht nicht zwingend eine unveränderbare Eigenschaft ist, wurde nicht erst durch *Lili Elbe* bekannt.

[660] *Spence*, 92 Am. Econ. Rev. 434 Fn. 1 (2002).

[661] *Spence*, 90 Q. J. Econ. 591, 595 (1976).

[662] Auch zum Folgenden *Spence*, 90 Q. J. Econ. 591, 593 ff. (1976).

Eigenschaft nicht vorliegt. Hierdurch versprechen Anbieter niedriger Qualität keine hochwertige Produktqualität.[663] Die Kosten schlechter Qualität – und damit des Signals – sind abhängig von der konkreten Transaktion und fallen erst bei Geltendmachung durch den Nachfrager an.[664] Die Glaubwürdigkeit eines *„exogenously costly signals"* beruht nicht auf einer vertraglichen Risikoverlagerung, sondern auf der Tatsache, dass bereits seine Produktion bzw. Übermittlung Kosten verursacht.[665] Diese Signalkosten werden aber nur deshalb in Kauf genommen, weil der Sender einen entsprechenden Gewinn und eine Kostenamortisation erwartet, was wiederum nur dann eintritt, wenn die signalisierte Botschaft auch zutreffend ist.[666] Erfahrungseigenschaften können erst nach der Transaktion beurteilt werden. Entspricht die Produktqualität also nicht dem vom Anbieter signalisierten Niveau, wird er seine Signalkosten mangels Wiederholungskäufen der Nachfrager nicht amortisieren können.[667] Die Höhe der Signalkosten ist damit positiv mit der Ausprägung der signalisierten Eigenschaft korreliert.[668]

Die Einordnung von Individualmarken in dieses Schema der Signaling-Instrumente gestaltet sich nicht ganz einfach: Gegen eine Einordnung als Index spricht, dass die Nutzung einer Marke als Kennzeichen nicht unveränderlich im Sinne *Spences* ist. Nicht nur die mit der Marke verknüpften Eigenschaften, dh. ihr Image, sondern auch das Zeichen selbst können sich verändern. Der Markeninhaber kann die konkrete Gestalt seiner Marke in Grenzen variieren.[669] Ihre Benutzung in einer Form, die von der Eintragung nur in Bestandteilen abweicht, ohne dass dadurch die Unterscheidungskraft der Marke beeinflusst wird, wirkt gem. Art. 18 Abs. 1 lit. a) UMVO rechtserhaltend.[670] Ein

---

[663] *Kirmani/Rao*, 64(2) JM 66, 71 f. (2000); *Spence*, 90 Q. J. Econ. 591, 594 (1976); in diesem Kontext näher zu Garantien *Schäfer/Ott*, Ökonomische Analyse (2021), S. 579 f.

[664] *Kirmani/Rao*, 64(2) JM 66, 71 f. (2000); *Spence*, 90 Q. J. Econ. 591, 595 (1976); *Welling*, Marke (2006), S. 175.

[665] *Spence*, 90 Q. J. Econ. 591, 595 ff. (1976).

[666] *Spence*, 87 Q. J. Econ. 355, 358 (1973) ausf. anhand des Bildungsabschlusses als kostenintensivem Signal hoher Qualifikation, wobei er von einem – empirisch nicht bewiesenen – direkten Zusammenhang zwischen Signalkosten und Qualität ausgeht.

[667] *Welling*, Marke (2006), S. 176.

[668] *v.Ungern-Sternberg/v.Weizsäcker*, ZfWiSo 1981, 609, 619 f.

[669] Dies übersieht *Welling*, Marke (2006), S. 182 f., der die Marke als „schutzfähiges, individuelles Zeichen" versteht, wenn er diese als Index einordnet und dabei die tatsächliche Möglichkeit einer Veränderung der Marke als Eigenschaft iSv. *Spence* mit der betriebswirtschaftlichen Sinnhaftigkeit einer Veränderung vermischt.

[670] Zuletzt ua. EuGH, Urt. v. 25.10.2012, C-553/11, ECLI:EU:C:2012:671, Rn. 30 = GRUR 2012, 1257 – *Proti*; Urt. v. 18.4.2013, C-12/12, ECLI:EU:C:2013:253, Rn. 62 = GRUR 2013, 722 – *Stofffähnchen*; Urt. v. 18.7.2013, C-252/12, ECLI:EU:C:2013:497, Rn. 31 = GRUR 2013, 922 – *Specsavers*; zu den Grundsätzen BeckOK MarkenR-*Fuhrmann*, Art. 18 UMV, Rn. 55 ff.; zum Verhältnis der Rechtsprechung von EuGH und BGH *Wagner*, GRUR 2018, 264, 266 f., die der Judikatur des EuGH einen freigiebigeren Ansatz entnimmt.

Verständnis der Individualmarke als „*contingent contract*" scheidet deshalb aus, weil in der bloßen Verwendung des Kennzeichens im Rahmen des Produktabsatzes noch keine implizite, vertragliche Zusicherung liegt,[671] die zur Strafzahlung verpflichtet.

Aus informationsökonomischer Sicht sind Marken daher als „*exogenously costly signal*" einzuordnen. Der Markeninhaber investiert substantielle Beträge in Aufbau und Verbreitung seines Kennzeichens und stellt eine Verbindung zu seinen Produkten her. Dadurch tätigt er eine Selbstaussage über bestimmte Eigenschaften seiner Produkte. Die Signalempfänger gehen aufgrund der hohen Kosten der Signalproduktion und -sendung von der Richtigkeit der Selbstaussage aus, da der Markeninhaber seine verlorenen Kosten nur in diesem Fall durch Wiederholungskäufe amortisieren könnte[672] und verstehen die markenspezifische Investition als Qualitätssignal.[673] Aufbauend auf diesem Verständnis entwickeln sie einen Goodwill für das Zeichen, der vom Markeninhaber für zusätzliche Gewinne genutzt werden kann.[674]

2. Property Rights-Theorie

Ähnlich wie beim Einsatz von Markenwerbung kann der Zeicheninhaber auch über andere Geschäftsmethoden mit seinen Aufwendungen, die die Wirkung der Marke als „*exogenously costly signal*" begründen, einen Ruf erwerben oder wahren. Investiert werden kann dabei nicht nur in Forschung und Entwicklung mit dem Ziel einer verbesserten Produktqualität,[675] sondern auch in Marketing iwS.[676] Der dadurch gewonnene positive Ruf des Markeninhabers und die damit einhergehende Wertschätzung der Nachfrager in Form des Goodwills ist ein positiver, externer Effekt,[677] der durch die Marke internalisiert wird. Hierdurch erhält ihr Inhaber einen Anreiz, auch zukünftig in seine Marke und die Qualität der mit ihr gekennzeichneten Produkte zu investieren

---

[671] *Beier/Krieger*, GRUR Int. 1976, 125, 127; *Fezer*, GRUR 2017, 1188, 1196; *Köhler*, GRUR 2007, 548, 553; *ders.*, in: FS Ströbele (2019), S. 203, 205; *Welling*, Marke (2006), S. 176.

[672] *Eckert*, Digitale Marken (2004), S. 90; *Kirmani/Rao*, 64(2) JM 66, 72 ff. (2000); *Klein/Leffler*, JPE 1981, 615, 630 f.; *Welling*, Marke (2006), S. 176.

[673] *Tolle*, ZfbF 1994, 926, 929.

[674] *Welling*, Marke (2006), S. 183, 200 versteht Reputationsmodelle als Fortentwicklung der Überlegungen zu den „exogenously costly signals".

[675] Die Anreizwirkung der Marke für Innovationen und Investitionen betont GA *Maduro*, Schlussanträge vom 22.9.2009, ECLI:EU:C:2009:569, Rn. 96 – *Google France*.

[676] *Völker/Elskamp*, WRP 2010, 64, 70.

[677] Wie für Markenwerbung gilt auch für ähnliche Marketingmaßnahmen, dass der empirische Nachweis der Entstehung von Goodwill durch solche Geschäftsmethoden bislang nicht umfassend gelungen ist, vgl. mwN. *Bagwell*, in: Industrial Organization (2007), S. 1701, 1729 ff., 1803 ff.; *Lehmann*, Asymmetrische Information (1999), S. 175 ff.; *Renault*, in: Media Economics (2015), S. 121, 194 ff.

und so die positive (informationsökonomische) Wirkung der Markenverwendung zu bewahren. Ökonomisch erfasst wird damit nicht der Gebrauch der
Marke, wie sie verwendet wird oder was sie transportiert, sondern der kommerzielle Wert und der Ruf der Marke. Insofern bewirkt die „Investitionsfunktion" der Marke vielmehr einen „Investitionsschutz" der Marke.[678]

II. Funktionsbeeinträchtigung der Individualmarke

Nach dem EuGH wird die Investitionsfunktion der Marke beeinträchtigt, wenn
es die Nutzung eines doppeltidentischen Zeichens durch einen Dritten dem
Markeninhaber wesentlich erschwert, seine Marke zum Erwerb oder zur Wahrung eines Rufs einzusetzen, der geeignet ist, Verbraucher anzuziehen und zu
binden.[679] Genießt die Marke bereits einen solchen Ruf, wird die Funktion beeinträchtigt, wenn diese Benutzung Auswirkungen auf den Ruf hat und damit
dessen Wahrung gefährdet.[680] Bezogen auf die Marke als *„exogenously costly
signal"* heißt das, dass die Ausgaben des Markeninhabers für sein Zeichen, die
zum Signalgehalt der Marke führten, durch die Zeichennutzung des Dritten
entwertet werden. Auch wenn dieses Verständnis den ökonomischen Wert der
Marke schützt,[681] darf es jedoch keinem absoluten Investitionsschutz der
Marke gleichkommen.[682] Dritte dürfen daher nicht daran gehindert werden, die
Marke unter Bedingungen zu nutzen, die einem fairen Wettbewerb entsprechen
und bei denen die herkunftshinweisende Funktion der Marke gewahrt wird,
sofern dies lediglich zur Folge hat, dass der Inhaber dieser Marke seine Anstrengungen zum Erwerb oder zur Wahrung seines Rufs anpassen muss, oder
wenn sich einige Verbraucher deshalb von den Produkten des Markeninhabers
abwenden.[683] Wenden sich die Nachfrager gleichzeitig dem Dritten zu, verursacht dessen Handeln nur pekuniäre Effekte (*„third party effects"*),[684] die

---

[678] *Brömmelmeyer*, in: FS v. Brünneck (2011), S. 273, 283.
[679] EuGH, Urt. v. 22.9.2011, C-323/09, ECLI:EU:C:2011:604, Rn. 62 = GRUR 2011,
1124 – *Interflora*; Urt. v. 25.7.2018, C-129/17, ECLI:EU:C:2018:594, Rn. 36 = GRUR
2018, 917 – *Mitsubishi/Duma*.
[680] EuGH, Urt. v. 22.9.2011, C-323/09, ECLI:EU:C:2011:604, Rn. 63 = GRUR 2011,
1124 – *Interflora*; Urt. v. 25.7.2018, C-129/17, ECLI:EU:C:2018:594, Rn. 36 = GRUR
2018, 917 – *Mitsubishi/Duma*.
[681] *Brömmelmeyer*, in: FS v. Brünneck (2011), S. 273, 283 f.; *Völker/Elskamp*, WRP
2010, 69, 70; *Woger*, Schnittstellen (2015), S. 93 f.
[682] *Ingerl/Rohnke*, MarkenG (2010), § 14, Rn. 304; *Woger*, Schnittstellen (2015), S. 94 f.
[683] EuGH, Urt. v. 22.9.2011, C-323/09, ECLI:EU:C:2011:604, Rn. 64 = GRUR 2011,
1124 – *Interflora*.
[684] Bei technischen externen Effekten werden die negativen Einflüsse der Aktivität einer
Wirtschaftseinheit auf eine andere durch natürliche oder andere Kausalprozesse außerhalb
des Marktpreises vermittelt, wohingegen sich pekuniäre Effekte durch den Zusammenhang
von Märkten ergeben und über den Preismechanismus wirken. Verdoppelt ein Stahlprodu-
zent seine Rauchemissionen, ohne die dadurch entstehenden Kosten bei Dritten zu übernehmen, handelt es sich um einen technischen externen Effekt; deckt hingegen ein

weniger Hemmnis und eher Voraussetzung effizienter Ressourcennutzung sowie Wettbewerbstreiber sind.[685] Ein zu verhinderndes Marktversagen liegt in diesem Fall also nicht vor.[686]

Notwendig ist vielmehr eine nicht nur unerhebliche, dem Wettbewerb stets immanente Beeinträchtigung von Investitionen.[687] Eine solche ist denkbar, wenn Dritte die Marke für einen herabsetzenden unlauteren Werbevergleich[688] oder eine beißende und unzulässige Markenparodie[689] verwenden oder die Marke in Werbung für nachgeahmte Produkte oder im Zusammenhang mit unverpackten Waren nutzen.[690] Beeinträchtigt ist die Investitionsfunktion aber auch dann, wenn Dritte von die Marke von Importprodukten entfernen, bevor diese im Europäischen Wirtschaftsraum mit Zustimmung des Markeninhabers in Verkehr gebracht wurden.[691] Die Nachfrager haben dann keine Möglichkeit, das Produkt mit dem Markeninhaber in Verbindung zu bringen, was es diesem wesentlich erschwert, einen guten Ruf zu erwerben und Nachfrager an sich zu binden.[692]

III. Übertragung auf die Gewährleistungsmarke

Bei der informationsökonomischen Einordnung der Gewährleistungsmarke im Sinne von *Spence* ist die typische Nutzung dieser Markenkategorie durch

---

Restaurantbetreiber seinen Fleischbedarf nicht mehr beim Discounter, sondern regionalen Metzger, ist die Einkommenseinbuße des Discounters als Kehrseite des Vertrags zwischen Restaurantbetreiber und Metzger und somit als pekuniärer Effekt einzuordnen. Technische externe Effekte führen damit grds. zu einer Minderung der Gesamtwohlfahrt, während pekuniäre Effekte nur eine Umverteilung der Gewinne bewirken. Vgl. zur Unterscheidung *Frischmann/Lemley*, 107 Columb. L.Rev. 257, 262 ff. (2007); *Landes/Posner*, IP (2003), S. 20; *Schäfer/Ott*, Ökonomische Analyse (2021), S. 472.

[685] *Kirchner*, GRUR Int. 2004, 603, 604; *Schäfer/Ott*, Ökonomische Analyse (2021), S. 473.

[686] *Schäfer/Ott*, Ökonomische Analyse (2021), S. 472 f.

[687] *Görlich*, Anlehnende Markennutzung (2013), S. 56.

[688] *Paulus*, Markenfunktionen (2014), S. 168; *Senftleben*, Adapting EU tml (2013), S. 155.

[689] *Paulus*, Markenfunktionen (2014), S. 168; *Senftleben*, Overprotection (2011), S. 178 f.; *ders.*, Adapting EU tml (2013), S. 155.

[690] GA *Jääskinen*, Schlussanträge vom 9.12.2010, C-324/09, ECLI:EU:C:2010:757, Rn. 113 – *L'Oréal/eBay*; darauf EuGH, Urt. v. 12.7.2011, C-3324/09, E-CLI:EU:C:2011:474, Rn. 78, 83 = GRUR 2011, 1025 – *L'Oréal/eBay*; *Paulus*, Markenfunktionen (2014), S. 168.

[691] EuGH, Urt. v. 25.7.2018, C-129/17, ECLI:EU:C:2018:594, Rn. 46 = GRUR 2018, 917 – *Mitsubishi/Duma*; abl. *Janal*, GPR 2019, 83, 87; *Knaak/Kur*, GRUR 2019, 1120, 1123; BeckOK MarkenR-*Mielke*, § 14 MarkenG, Rn. 139 („Harmonisierung […] extra legem").

[692] Vgl. EuGH, Urt. v. 25.7.2018, C-129/17, ECLI:EU:C:2018:594, Rn. 46 = GRUR 2018, 917 – *Mitsubishi/Duma*; *Knaak/Kur*, GRUR 2019, 1120, 1123; BeckOK MarkenR-*Mielke*, § 14 MarkenG, Rn. 139; krit. *Janal*, GPR 2019, 83, 87, die nur die Investition in die Produktqualität, nicht in die Marke ausgenutzt wird.

Markeninhaber und Lizenznehmer zu beachten. Trotz des in der Markensatzung festgeschriebenen Gewährleistungsgehalts ist die Gewährleistungsmarke nicht als *Index* zu verstehen. Die Veränderung der Beschaffenheitsgarantie ist aufgrund des schutzwürdigen Vertrauens der Nachfrager zwar einem vorherigen Kommunikationsakt unterworfen, durch die Veröffentlichung der neuen Markensatzung aber möglich.[693] Eine Individualmarke ist deshalb nicht als „*contingent contract*" einzuordnen, weil in ihrer Verwendung keine implizite, vertragliche Zusicherung gegenüber dem Nachfrager liegt. Auch wenn Inhalt der Gewährleistungsmarke eine Beschaffenheitsgarantie ist, zeigt der *Markeninhaber* weder explizit noch implizit den Willen, im Fall des Nichtvorliegens der Eigenschaften eine vertragliche Strafzahlung an die – ihm regelmäßig unbekannten – Konsumenten zu leisten.[694] Zwar sichert der *Markennutzer* dem Markeninhaber lizenzvertraglich zu, unter dem Zeichen nur konforme Produkte zu vertreiben und unterwirft sich bei einem Verstoß satzungsmäßig festgelegten (finanziellen) Sanktionen.[695] Das mit der Gewährleistungsmarke verbundene Signal soll jedoch in Richtung der Nachfrager ausgesendet werden. Ihnen gegenüber verspricht der Produkthersteller keine Zahlung einer Vertragsstrafe, falls die mit der Gewährleistungsmarke verbundene Beschaffenheit nicht vorliegt.[696] Die Verwendung der Gewährleistungsmarke ist daher weder für den Markeninhaber, noch für den Markennutzer bei unzureichender Produktbeschaffenheit mit einer vertraglichen Strafzahlung an die Konsumenten verbunden. Damit fungiert auch die Gewährleistungsmarke nicht als „*contingent contract*".

Die Glaubwürdigkeit des Signals lässt sich stattdessen darauf zurückführen, dass der Markeninhaber kostenintensiv ein Verfahren zur Produktprüfung und -zertifizierung etabliert, der Markennutzer Aufwendungen für die Zertifizierung seiner eigenen Produkte sowie die Markenlizenzierung tätigt. Zur jeweils erhofften Kostenamortisation kommt es nur dann, wenn die Beschaffenheitsaussage zutrifft und die mit der Marke gekennzeichneten Produkte daher von den Verbrauchern bevorzugt werden. Damit ist auch die Verwendung der Gewährleistungsmarke informationsökonomisch als „*exogenously costly signal*" einzuordnen. Daneben generieren Aufwendungen des Markennutzers wie auch Investitionen des Markeninhabers in die Bekanntheit des Zeichens und den Gewährleistungsinhalt einen Goodwill der Nachfrager, der dem Zeicheninhaber

---

[693] Vgl. hierzu § 2 B. IV. 3.

[694] Allg. zu Gütezeichen vgl. ausf. *Wiebe*, WRP 1993, 156, 159 ff.

[695] In der Praxis enthalten viele Markensatzungen – schon als Ausprägung des Verhältnismäßigkeitsgrundsatzes vor der Entziehung des Nutzungsrechts – Sanktionen in Form von Geldstrafen, zB. die Satzungen der UGM *ECOVIN* (Nr. 017306036) oder *Tierschutzlabel.info Einstiegsstufe* (Nr. 017889445).

[696] Davon zu trennen sind Haltbarkeits- oder Geld-zurück-Garantien, die der Anbieter für das Produkt in seiner Gesamtheit übernimmt. Sie knüpfen an dessen Individualmarke an und begründen allenfalls eine Einordnung dieser Marke als „contingent contract".

als positive Externalität zugewiesen wird. Auf Basis der ökonomischen Wirkweise kann folglich auch die Gewährleistungsmarke dazu eingesetzt werden, einen Ruf zu erwerben oder zu wahren, der geeignet ist, durch verschiedene Geschäftsmethoden Verbraucher anzuziehen und zu binden.

IV. Funktionsbeeinträchtigung der Gewährleistungsmarke

Da die informationsökonomische Wirkung der Individualmarke als *„exogenously costly signal"* auch durch die Gewährleistungsmarke erzielt wird, ergeben sich keine wesentlichen Modifikationen bei der Beeinträchtigung der Investitionsfunktion. Auch die Investitionen der Inhaber oder Benutzer von Gewährleistungsmarken sind zu schützen.[697] Wie bei der Individualmarke muss die Möglichkeit, die Marke zum Erwerb oder zur Wahrung eines Rufs einzusetzen, der geeignet ist, Verbraucher anzuziehen und zu binden, wesentlich erschwert bzw. die Wahrung eines solchen Rufs gefährdet werden.[698] Die Ausgaben für die Gewährleistungsmarke müssen durch die unberechtigte Nutzung des Dritten entwertet werden. Möglich bleibt unter Berücksichtigung eines fairen Wettbewerbs aber eine solche Nutzung, die die Hauptfunktion der Gewährleistungsmarke wahrt und lediglich dazu führt, dass Markeninhaber und -nutzer ihre Anstrengungen zum Erwerb oder zur Wahrung des Rufs anpassen müssen, oder wenn sich Verbraucher deshalb von Produkten, die mit der Gewährleistungsmarke gekennzeichnet sind, abwenden.[699] Dementsprechend kann eine nicht nur unerhebliche Beeinträchtigung von Investitionen auch bei der Gewährleistungsmarke in einem herabsetzenden unlauteren Werbevergleich (zB. hinsichtlich des Gewährleistungsinhalts zweier solcher Marken), einer unzulässigen Markenparodie oder in der Werbung für nachgemachte Produkte liegen. Zu einer Funktionsbeeinträchtigung kommt es ferner dann, wenn das Gewährleistungszeichen von Importprodukten entfernt wird, bevor diese im Europäischen Wirtschaftsraum vom Markennutzer in Verkehr gebracht wurden. Auch in diesem Fall kann der Markennutzer den guten Ruf der Marke und den damit verbundenen Goodwill der Nachfrager nicht auf sein eigenes Produkt übertragen, der Markeninhaber den Ruf seines Zeichens nicht wahren oder verbessern. Hingegen wirkt sich der Handel mit unverpackten Waren nicht auf den Ruf der Gewährleistungsmarke aus. Sie trifft nur Aussagen über die produktbezogene Qualitätskomponente, die Gestaltung der Produktverpackung und die mit ihrer Entfernung veränderte kundenbezogene Qualitätskomponente betreffen allein die Individualmarke des Herstellers.

---

[697] Vgl. *Fromer*, 69 Stan. L. Rev. 121, 128 (2017).

[698] Zur Individualmarke EuGH, Urt. v. 22.9.2011, C-323/09, ECLI:EU:C:2011:604, Rn. 62 f. = GRUR 2011, 1124 – *Interflora*; Urt. v. 25.7.2018, C-129/17, E-CLI:EU:C:2018:594, Rn. 36 = GRUR 2018, 917 – *Mitsubishi/Duma*.

[699] Zur Individualmarke EuGH, Urt. v. 22.9.2011, C-323/09, ECLI:EU:C:2011:604, Rn. 64 = GRUR 2011, 1124 – *Interflora*.

V. Zwischenergebnis

Individual- wie Gewährleistungsmarke kommt eine Investitionsfunktion mit weitgehend gleichem Gehalt zu. Ihr Schutz begründet sich mit der informationsökonomischen Wirkung der Marke als *„exogenously costly signal"*. Sie beruht auf der Tatsache, dass die Signalproduktion Kosten verursacht, welche sich nur bei einem zutreffenden Signalinhalt amortisieren. Fallen diese bei der Individualmarke für den Aufbau der Marke an, entstehen sie bei der Gewährleistungsmarke ebenfalls beim Inhaber für den Aufbau seiner Prüfungstätigkeit, zusätzlich aber beim Nutzer für die Produktzertifizierung und Zeichenlizenzierung. Hingegen ist der Einsatz beider Markenkategorien für den Zeicheninhaber oder -nutzer nicht mit dem Versprechen an die Konsumenten iSe. *„contingent contract"* verbunden, bei nicht zufriedenstellender Produktbeschaffenheit eine Vertragsstrafe zu zahlen. Die Pflicht des Nutzers der Gewährleistungsmarke zur Einhaltung der satzungsmäßig geregelten Produktbeschaffenheit besteht nur gegenüber dem Markeninhaber als Lizenzgeber, sie wirkt jedoch nicht als Signal an die Verbraucher. Infolge der Investition in die Marke und Produktqualität entsteht bei beiden Markenkategorien ein Konsumenten-Goodwill, der dem Markeninhaber als Investitionsanreiz zugewiesen wird. Aufgrund der gleichen ökonomischen Begründung der Investitionsfunktion bei beiden Markenkategorien kommt es bei Individual- wie auch Gewährleistungsmarke dann zu einer Funktionsbeeinträchtigung, wenn der Signalgehalt der Marke durch die Zeichennutzung des Dritten entwertet wird. Eine wettbewerbskonforme Benutzung der Marke unter Wahrung der Hauptfunktion kann dabei nicht untersagt werden, wenn sie lediglich pekuniäre Effekte verursacht und der Markeninhaber deshalb seine eigenen Absatzanstrengungen erhöhen muss. Notwendig ist stattdessen eine wettbewerbsfremde Beeinträchtigung der Investitionen. Hinsichtlich der Gewährleistungsmarke scheidet eine solche bei einem Handel mit unverpackten Markenwaren aus, da dabei alleine der Ruf der Individualmarke beschädigt wird. Eine Funktionsbeeinträchtigung kann jedoch bei beiden Markenkategorien in der Entfernung der Marke von Importprodukten vor Inverkehrbringen im Europäischen Wirtschaftsraum mit Zustimmung des Markeninhabers vorliegen.

F. Zwischenergebnis

Die Analyse und Übertragung der den Funktionen einer Individualmarke zugrunde liegende ökonomischen Begründung zeigt, dass auch die Gewährleistungsmarke eine multifunktionale Markenkategorie ist, die neben ihrer Gewährleistungsfunktion eine Qualitäts-, Werbe-, Kommunikations- und Investitionsfunktion erfüllt.

Die informationskosten- und unsicherheitsreduzierende Wirkung der Individualmarke beruht auf ihrer Herkunftsfunktion. Sie erlaubt Nachfragern die Zuordnung eines Produkts zum Produktverantwortlichen, sodass Sucheigenschaften in Erstkaufsituationen kostengünstiger beleuchtet und bestehende Konsumerfahrungen in Wiederholungskaufsituationen für die Beurteilung von (Kalkül-)Erfahrungseigenschaften und Kalkül-Vertrauenseigenschaften fruchtbar gemacht werden können. Aufgrund des Extrapolationsprinzips gehen Nachfrager von einer relativen Konstanz bereits beobachteter Phänomene aus und erwarten bei zukünftigen Transaktionen die bereits erlebte Produktbeschaffenheit. Aufgrund des dadurch beim Verbraucher entstehenden Goodwills für die Marke und die Möglichkeit des Anbieters, diesen zur Erzielung einer Goodwill-Prämie zu nutzen, hat der Anbieter einen Anreiz, der Verbrauchererwartung zu entsprechen und die Produktbeschaffenheit konstant zu halten. Der Einsatz der Gewährleistungsmarke bewirkt die gleichen Effekte. Aufgrund ihres in der Markensatzung niedergelegten und veröffentlichten Gewährleistungsgehalts können Nachfrager jedoch bereits in einer Erstkaufsituation relevante (Kalkül-)Such-, (Kalkül-)Erfahrungs- und Kalkül-Vertrauenseigenschaften bestimmen, sodass der informationsökonomische Effekt der Gewährleistungsmarke stärker ist. Der von ihr ausgehende Qualitäts- und Investitionsanreiz gilt für zwei Marktakteure: Der Markeninhaber erhält einen Anreiz zur sorgfältigen Produktzertifizierung und -kontrolle, weil die Verbraucher nur dann der Gewährleistungsmarke vertrauen. Anbieter halten ihre Produktbeschaffenheit konstant, um weiterhin von der positiven Absatzwirkung der Gewährleistungsmarke zu profitieren. Obwohl die ökonomischen Effekte der beiden Markenkategorien grundsätzlich gleich sind, basieren sie jedoch auf unterschiedlichen Funktionen. Wesensmerkmal und Unterscheidungskriterium der Gewährleistungsmarke ist nicht die Produktherkunft, sondern die Garantie bestimmter Eigenschaften seitens des Markeninhabers. Sie differenziert Produkte, indem sie deren Charakteristika beschreibt. Mit der Zertifizierung geht auch keine „Produktverantwortlichkeit" iSd. Herkunftsfunktion einher, da mit ihr keine Kontroll- und Beeinflussungsmöglichkeit des Produktionsprozesses verbunden ist. Der Gewährleistungsmarke kommt eine Herkunftsfunktion weder im Sinne einer Individualmarke, noch als untergeordnete Nebenfunktion zu. Vielmehr ist jeder Herkunftsbezug gekappt.[700] Weil ein Kostenvorteil der

---

[700] Eisenführ/Schennen-*Schennen*, UMVO (2017), Art. 74a, Rn. 14.

Nachfrager aber nur beim Verzicht auf die eigene Produktuntersuchung entsteht, zeichnet sich die Gewährleistungsmarke durch einen besonderen Vertrauensschutz der Nachfrager aus. Er resultiert aus der Neutralität und Objektivität der Produktprüfung, der mit der Markensatzung verbundenen Transparenz sowie der Kontrollpflicht des Markeninhabers.

Bei beiden Markenkategorien ist von einer Funktionsbeeinträchtigung dann auszugehen, wenn die jeweilige Marke ihre informationskosten- sowie unsicherheitsreduzierende Wirkung nicht mehr erfüllen kann und die Goodwill-Bildung der Verbraucher manipuliert wird. Die unberechtigte Zeichennutzung wirkt sich dann negativ auf die Produktivität der Marke als ökonomisches Gut aus und hat rivalisierenden Charakter. Geschieht dies im Fall der Individualmarke bei einer Beeinträchtigung der Zuordnungsmöglichkeit zum Produktverantwortlichen, kommt es bei der Gewährleistungsmarke hierzu, wenn der Dritte durch seine Zeichennutzung den Eindruck erweckt, der Inhaber der Gewährleistungsmarke garantiere das Vorliegen der satzungsmäßig definierten Eigenschaft im gekennzeichneten Produkt. Praktisch relevant wird der unterschiedliche Bezug beim Wiederbefüllen von Behältnissen mit Waren anderer Hersteller sowie der Nutzung der Marke für Produktprüfungen und -zertifizierungen. Beim Nachfüllen eines Behältnisses ist die Herkunftsfunktion der darauf angebrachten Individualmarke dann beeinträchtigt, wenn der nachgefüllte Inhalt fälschlicherweise dem Markeninhaber zugerechnet wird. Bei einer ebenfalls darauf angebrachten Gewährleistungsmarke hängt die Beeinträchtigung der Gewährleistungsfunktion davon ab, ob Bezugspunkt der Gewährleistung die Eigenschaften des (noch originalen) Behältnisses diejenigen des (nun ausgetauschten) Inhalts sind. Während bei der unberechtigten Nutzung einer Gewährleistungsmarke regelmäßig Produktidentität vorliegt, hängt die bei einer für Produktprüfungen und -zertifizierungen genutzten Individualmarke maßgeblich davon ab, dass sie für die getestete Produktgruppe selbst und nicht für Prüfungsdienstleistungen eingetragen ist. Schutzlücken entstehen bei der Gewährleistungsmarke, die in Kollisionsfällen ebenfalls gegen Individual- oder Kollektivmarken geschützt ist, auch in typischen Anwendungsfällen der Herkunftsfunktion der Individualmarke nicht.

Die Qualitätsfunktion wurde vom EuGH noch nicht konturiert, als ökonomischer Begriff lässt sich „Qualität" jedoch in eine produktbezogene Komponente als Summe aller vorhandenen Produkteigenschaften sowie kundenbezogene Komponente als die Beurteilung dieser Eigenschaften durch den Kunden aufspalten. Die Anerkennung der Funktion selbst lässt sich mit dem Schutz extrapolierter (Produkt-)Erwartungen vor Manipulation sowie dem Schutz der Wertschätzung der Verbraucher, die sie aufgrund der wahrgenommenen Produktqualität entwickeln, begründen. Lässt sich das Qualitätsniveau durch die Individualmarke nur relativ bestimmen, ist jedenfalls die produktbezogene Qualitätskomponente einer Gewährleistungsmarke durch ihren Satzungsinhalt festgelegt und damit absolut bestimmt. Eine Beeinträchtigung der Funktion liegt bei einer Enttäuschung der normativ schützenswerten Erwartung des Markeninhabers vor, seine Kundschaft durch die Qualität seiner Erzeugnisse an sich zu binden. Bei der Individualmarke fällt darunter auch eine luxuriöse Produktaura in der Verbraucherwahrnehmung, auf Basis derer Vertriebsvorgaben an den Lizenznehmer möglich sind. Die Entwicklung einer solchen Aura ist für die Gewährleistungsmarke wesensgemäß fernliegend. Ihre kundenbezogene Qualitätskomponente wird vielmehr durch die Vertrauenswürdigkeit oder die Höhe des Standards in den Augen der Nachfrager geprägt. Im Verhältnis zum Lizenznehmer der Gewährleistungsmarke ist daher nur die produktbezogene Komponente erfasst. Die im Vergleich zur Individualmarke unterschiedliche Interessenlage von Markennutzer sowie -inhaber und dessen treuhänderische Stellung rechtfertigen keine Kontrolle des Vertriebssystems der Produkthersteller. Versteht man die Verletzung der Qualitätsfunktion der Gewährleistungsmarke durch Dritte als negative Abweichung von der satzungsmäßigen Beschaffenheit, scheint ein eigenständiger Anwendungsbereich der Funktion bei der Gewährleistungsmarke kaum vorstellbar. Maßgebliche Unterschiede der beiden Markenkategorien zeigen sich in den Auswirkungen der Funktion auf ihren jeweiligen Inhaber. Die Verbrauchererwartung einer konstanten Produktqualität beruht bei der Individualmarke lediglich auf dem Extrapolationsprinzip, nicht aber auf einem vom Zeicheninhaber gesetzten Anknüpfungspunkt und wird markenrechtlich daher nicht stabilisiert. Der Individualmarkeninhaber kann die Produktbeschaffenheit jederzeit frei ändern. Einen solchen Anknüpfungspunkt für berechtigtes Vertrauen der Nachfrager schafft hingegen der Inhaber einer Gewährleistungsmarke durch die Veröffentlichung seiner Markensatzung. Das Recht erkennt die schutzwürdige Erwartung der Nachfrager einer Produktkonstanz in zeitlicher Hinsicht an. Es erlaubt dem Gewährleistungsmarkeninhaber eine Veränderung seiner Beschaffenheitsgarantie nur dann, wenn er sie im Vorfeld durch eine Satzungsänderung und -veröffentlichung kommuniziert und damit einer Enttäuschung der Nachfrager entgegenwirkt. Die Qualitätsfunktion der Gewährleistungsmarke kann sich damit auch gegen den Markeninhaber selbst wenden.

Die Werbefunktion der Individualmarke erklärt sich mit der informationsökonomisch positiven Wirkung der Werbung in Gestalt direkter Informationen über das Produkt selbst, bei nicht-informativer Werbung auch in Form indirekter Information über die Produktqualität. Daneben dient sie als Typsignal, das die Verbraucher durch den Produktkonsum senden und dadurch untereinander effizient kommunizieren können. Insbesondere nicht-informative Werbung erhöht den Goodwill des Markeninhabers. Bei der Gewährleistungsmarke folgt aus der Neutralitätsklausel des Markeninhabers die Besonderheit, dass er Werbung für die Marke macht, während der Lizenznehmer mit ihr selbst wirbt. Die „Verkaufsförderung oder Handelsstrategie" liegt bei ihrem Inhaber in der Zertifizierung und Zeichenlizenzierung an Hersteller, bei berechtigten Dritten in der Information über die Produktbeschaffenheit und das

Übertragen des Markengoodwills auf eigene Produkte. Bei der Werbung mittels der Gewährleistungsmarke werden vor allem direkte Informationen übermittelt, die sich aus der Markensatzung ergeben. Die Kosten, die Hersteller für die Produktzertifizierung und Markenlizenz aufwenden, wirken ebenfalls indirekt als Qualitätssignal. Der Inhalt der Markensatzung definiert ferner das Typsignal, das die Nachfrager mit dem Konsum der Gewährleistungsmarke senden. Der Gewährleistungsmarke kommt damit ebenfalls eine Werbefunktion zu, die mit derjenigen der Individualmarke weitgehend gleichläuft. Dementsprechend liegt bei beiden Markenkategorien eine Funktionsbeeinträchtigung vor, wenn die Fähigkeit der Marke, direkte oder indirekte Informationen zu übermitteln oder den Goodwill der Nachfrager zu internalisieren, vermindert wird. Stets ist jedoch eine erhebliche Beeinträchtigung des Markeninhabers erforderlich.

Die Kommunikationsfunktion beruht auf dem Kommunikationskanal, über den ihr Inhaber Informationen an die Nachfrager sendet. Die Nachfrager greifen diese Informationen, etwa zum Markenimage, auf, und verwenden sie zur Kommunikation untereinander, zB. indem sie mit der Wahl einer Marke ihren eigenen „Typ" signalisieren oder sich sozial differenzieren wollen. Der Kommunikationskanal ermöglicht die Senkung dieser Kommunikationskosten und minimiert Fehlkommunikation. Als „Grundfunktion" schützt die Kommunikationsfunktion den Kommunikationskanal als solchen. Sie kann allerdings nicht zur Abschottung gegen jegliche Verwendung oder Bezugnahme auf das Zeichen im Rahmen der Kommunikation Dritter untereinander genutzt werden, sofern dadurch keine Fehlkommunikation entsteht. Diese Funktionsweise und Wirkung liegt Individual- wie auch Gewährleistungsmarke zugrunde. Letztere verwenden nicht nur der Markeninhaber, sondern auch seine Lizenznehmer zur Kommunikation einer Beschaffenheitsgarantie, wobei lediglich der Markeninhaber mit der Markensatzung den Kommunikationsinhalt bestimmt. Auf diesem Gleichlauf aufbauend kommt die Verletzung der Kommunikationsfunktion bei beiden Markenkategorien in den Fällen des *de-/rebranding* in Betracht, da hierdurch der Kommunikationskanal des Markeninhabers durch die Trennung von Marke und Produkt vollständig beseitigt wird.

Die Investitionsfunktion als letzte Funktion beruht informationsökonomisch auf der Wirkung der Marke als Signal, das seine Glaubwürdigkeit aus den Kosten zieht, die für die Signalproduktion anfallen und nur bei einer zutreffenden Botschaft amortisiert werden können. Speziell für die Gewährleistungsmarke entstehen diese Kosten beim Markeninhaber für den Aufbau der Produktzertifizierung, beim Lizenznehmer für die Produktzertifizierung sowie Lizenzgebühr. Die Investitionen in die Marke generieren zudem einen Goodwill bei den Verbrauchern. Entsprechend der für beide Markenkategorien geltenden ökonomischen Begründung kann auch die Funktionsbeeinträchtigung einheitlich beurteilt werden. Sie liegt vor, wenn die Investitionen des Markeninhabers, die das Signal glaubwürdig erscheinen lassen, entwertet werden und der Ruf der

Marke Nachfrager daher weniger anziehen kann. Handlungen Dritter, die einem fairen Wettbewerb entsprechen und die Hauptfunktion der Marke nicht verletzen, sind als nur pekuniäre Effekte jedoch zu tolerieren. Da Nachfrager in ihrer Wahrnehmung zwischen Individual- und Gewährleistungsmarke trennen können, ist der Handel mit unverpackten Waren nicht dazu geeignet, sich auf den Ruf der Gewährleistungsmarke auszuwirken.

Die Analyse der einzelnen Markenfunktionen im Identitätsschutz zeigt somit einen weitgehenden Gleichlauf der beiden Markenkategorien. Statt einer Herkunftsfunktion kommt der Gewährleistungsmarke eine Gewährleistungsfunktion zu, die Anpassungen der übrigen Funktionen sind auf diesen Wechsel und die wesensbedingt veränderte Nutzung der Gewährleistungsmarke am Markt zurückzuführen. Inwiefern den einzelnen Markenfunktionen im Rahmen des Verwechslungsschutzes Bedeutung zukommt, untersucht die Arbeit im folgenden Abschnitt.

§ 3 *Verwechslungsschutz, Art. 9 Abs. 2 lit. b) UMVO*

Der vorangegangene Abschnitt hat den Schutz des Markeninhabers vor der Verwendung eines seiner Marke identischen Zeichens für identische Waren oder Dienstleistungen untersucht. Auch außerhalb des Identitätsbereichs ist er mit Art. 9 Abs. 2 lit. b) UMVO vor der Verwendung eines ähnlichen Zeichens für ähnliche Waren und Dienstleistungen geschützt, sofern beim Publikum die Gefahr einer Verwechslung besteht. Die nachfolgende Analyse ergibt, dass für deren Beurteilung bei der Gewährleistungsmarke die Gewährleistungsfunktion als Hauptfunktion maßgeblich ist. Es wird deutlich, dass dies insbesondere die Beurteilung der Produktähnlichkeit modifiziert und Schutzlücken schließt, die bei als Individualdienstleistungsmarke eingetragenen Gütezeichen und Testsiegeln im Ähnlichkeitsbereich zu Waren auftreten.

A. *Regelung bei der Individualmarke*

Beim Verwechslungsschutz „sollte" der Begriff der Ähnlichkeit im Hinblick auf die Verwechslungsgefahr ausgelegt werden und letztere als spezifische Voraussetzung für den Schutz verstanden werden.[701] Inhaltlich steht das Merkmal der Verwechslungsgefahr daher für alle Arten der von Markenkriterien verursachten Fehlzurechnungen und Produkt-Identifikationsstörungen, also für von der Produktkennzeichnung ausgehende Irreführungen des angesprochenen Verkehrs.[702] Hierzu zählt als spezieller Fall auch die Gefahr, dass das fragliche Zeichen mit der Marke gedanklich in Verbindung gebracht wird.[703] Nicht mehr erfasst ist hingegen die Annahme eines Zusammenhangs zwischen Zeichen und Marke, weil das Zeichen eine Erinnerung an die Marke weckt und es zu einer rein assoziativen Verbindung ohne gleichzeitige Verwechslung kommt.[704] Bei der Beurteilung der Verwechslungsgefahr ist unter Berücksichtigung aller Umstände[705] auf die Wahrnehmung der maßgeblichen Verkehrskreise abzustellen,

---

[701] Vgl. Erwgr. 11 der UMVO; eingehender Erwgr. 16 MarkenRL, wonach die Auslegung des Begriffs der Ähnlichkeit im Hinblick auf die Verwechslungsgefahr „unbedingt erforderlich" sei; EuGH, Urt. v. 18.6.2009, C-487/07, ECLI:EU:C:2009:378, Rn. 58 = GRUR 2009, 756 – *L'Oréal*; Ströbele/Hacker/Thiering-*Hacker*, MarkenG (2018), § 9, Rn. 62.

[702] Passender daher der Begriff der „likelihood of confusion" sowie Eisenführ/Schennen-*Eisenführ/Sander*, UMVO (2017), Art. 8, Rn. 49, die „Irreführung" iSv. „Irrtum" verstehen.

[703] EuGH, Urt. v. 11.11.1997, C-251/95, ECLI:EU:C:1997:528, Rn. 18 = GRUR 1998, 387 – *Springende Raubkatze*; Urt. v. 22.6.1999, C-342/97, ECLI:EU:C:1999:323, Rn. 17 = GRUR Int. 1999, 734 – *Lloyd*; Eisenführ/Schennen-*Eisenführ/Sander*, Art. 8, Rn. 151; näher *Sosnitza*, in: FS Fezer (2016), S. 569 ff.

[704] Vgl. EuGH, Urt. v. 11.11.1997, C-251/95, ECLI:EU:C:1997:528, Rn. 18, 26 = GRUR 1998, 387 – *Springende Raubkatze*; Urt. v. 22.6.2000, C-425/98, ECLI:EU:C:2000:339n Rn. 34 = GRUR Int. 2000, 899 – *Marca/Adidas*.

[705] EuGH, Urt. v. 11.11.1997, C-251/95, ECLI:EU:C:1997:528, Rn. 22 f. = GRUR 1998, 387 – *Springende Raubkatze*; Urt. v. 22.6.1999, C-342/97, ECLI:EU:C:1999:323, Rn. 18 =

die sich aus den durchschnittlich informierten, aufmerksamen und verständigen Durchschnittsverbrauchern dieser Waren oder Durchschnittsempfängern dieser Dienstleistungen zusammensetzen.[706] Zur Bejahung der Ähnlichkeit genügt eine entsprechende Zuordnung durch einen beachtlichen Teil der angesprochenen Verkehrskreise.[707]

Wie im Folgenden gezeigt wird, gilt der Schutz der Marke lediglich im Identitätsbereich „absolut" und bezieht alle Markenfunktionen mit ein, wohingegen im Verwechslungsbereich mit dem Merkmal der „Ähnlichkeit" alleine eine Beeinträchtigung der Herkunftsfunktion als Hauptfunktion der Individualmarke maßgeblich ist. Dies wirkt sich auch auf die Beurteilung der Produktähnlichkeit aus und führt zu einem eingeschränkten Schutz der als Individualmarke eingetragenen Gütezeichen.

I. Herkunftsfunktion als Hauptfunktion

Für den EuGH besteht Verwechslungsgefahr, wenn das Publikum glauben könnte, dass die betreffenden Waren oder Dienstleistungen aus demselben Unternehmen oder aus wirtschaftlich miteinander verbundenen Unternehmen stammen.[708] Gefordert wird demnach die irrtümliche Zuordnung der Produkte an den Markeninhaber.[709] Die richtige Zuordnung wird durch die Herkunftsfunktion gesichert, weshalb sie die Hauptfunktion der Individualmarke ist.[710]

GRUR Int. 1999, 734 – *Lloyd*; Urt. v. 22.6.2000, C-425/98, ECLI:EU:C:2000:339 Rn. 40 = GRUR Int. 2000, 899 – *Marca/Adidas*; Urt. v. 3.9.2009, C-498/07, ECLI:EU:C:2009:503, Rn. 59 = GRUR Int. 2010, 129 – *Carbonell/La Española*.

[706] EuGH, Urt. v. 11.11.1997, C-251/95, ECLI:EU:C:1997:528, Rn. 22 f. = GRUR 1998, 387 – *Springende Raubkatze*; Urt. v. 16.7.1998, C-210/96, ECLI:EU:C:1998:369, Rn. 31 = GRUR Int. 1998, 795 – *Gut Springenheide*; Urt. v. 22.6.1999, C-342/97, E-CLI:EU:C:1999:323, Rn. 25 f. = GRUR Int. 1999, 734 – *Lloyd*; in jüngerer Zeit sieht der EuGH den Durchschnittsverbraucher als „normal informiert und angemessen aufmerksam und verständig", vgl. Urt. v. 3.9.2009, C-498/07, ECLI:EU:C:2009:503, Rn. 74 = GRUR Int. 2010, 129 – *Carbonell/La Española*; näher Köhler/Bornkamm/Feddersen-*Bornkamm/Feddersen*, UWG (2021), § 5, Rn. 0.60 ff.; *Lange*, Kennzeichenrecht (2012), Rn. 387 ff.

[707] BeckOK MarkenR-*Grundmann*, Art. 9 UMV, Rn. 29; Ströbele/Hacker/Thiering-*Hacker*, MarkenG (2018), § 9, Rn. 85.

[708] st. Rspr. seit EuGH, Urt. v. 29.9.1998, C-39/97, ECLI:EU:C:1998:442, Rn. 29 = GRUR 1998, 922 – *Canon*; ua. EuGH, Urt. v. 10.4.2008, C-102/07, ECLI:EU:C:2008:217, Rn. 28 = GRUR 2008, 503 – *adidas/Marca Mode ua*; Urt. v. 8.7.2010, C-55/08, E-CLI:EU:C:2010:416, Rn. 51 = GRUR 2010, 841 – *Portakabin/Primakabin*; Urt. v. 15.12.2011, C-119/10, ECLI:EU:C:2011:837, Rn. 25 = GRUR 2012, 268 – *Winters/Red Bull*; Urt. v. 3.3.2016, C-179/15, ECLI:EU:C:2016:134, Rn. 27 = GRUR 2016, 375 – *Daimler/Együd Garage*; Urt. v. 8.6.2017, C-689/15, ECLI:EU:C:2017:434, Rn. 35 = GRUR 2017, 816 – *Internationales Baumwollzeichen*.

[709] Vgl. *Sack*, WRP 2009, 540, 542.

[710] EuGH, Urt. v. 12.11.2002, C-206/01, ECLI:EU:C:2002:651, Rn. 51 = GRUR 2003, 55 – *Arsenal FC*; Urt. v. 16.11.2004, C-245/02, ECLI:EU:C:2004:717, Rn. 59 = GRUR

Der Verwechslungsschutz wird alleine durch die Beeinträchtigung der Hauptfunktion der Marke determiniert und ist insofern enger als der Identitätsschutz
nach Art. 9 Abs. 2 lit. a) UMVO.[711] Aufgrund der erforderlichen Verwechslungsgefahr sind andere Markenfunktionen tatbestandlich nicht von Bedeutung,[712] können aber reflexartig geschützt werden.[713] Dementsprechend erfolgt
die Prüfung der Verwechslungsgefahr iSd. Art. 9 Abs. 2 lit. b) UMVO nach
den gleichen Maßstäben wie die der Beeinträchtigung der Herkunftsfunktion
iSd. Art. 9 Abs. 2 lit. a) UMVO.[714]

Diese Grundsätze sind auch auf Individual- oder Kollektivmarken anzuwenden, die tatsächlich als Gütezeichen genutzt und verstanden werden oder auf
einen besonderen geografischen Ursprung hinweisen sollen. Der Individualmarkeninhaber kann nur dann gegen die Nutzung eines ähnlichen Zeichens für
identische Waren vorgehen, wenn neben einer Qualitätsfunktion auch die Herkunftsfunktion des Zeichens beeinträchtigt ist.[715] In seiner Entscheidung zur

---

2005, 153 – *Anheuser-Busch*; Urt. v. 25.1.2007, C-48/05, ECLI:EU:C:2007:55, Rn. 21 =
GRUR 2007, 318 – *Adam Opel*; Urt. v. 18.6.2009, C-487/07, ECLI:EU:C:2009:378, Rn. 58
= GRUR 2009, 756 – *L'Oréal*; Urt. v. 23.3.2010, C-236/08 bis C-238/08, E-
CLI:EU:C:2010:159, Rn. 77, 82 = GRUR 2010, 445 – *Google France*; Urt. v. 22.9.2011, C-
323/09, ECLI:EU:C:2011:604, Rn. 37 f. = GRUR 2011, 1124 – *Interflora*; Urt. v. 8.6.2017,
C-689/15, ECLI:EU:C:2017:434, Rn. 41 = GRUR 2017, 816 – *Internationales Baumwoll-
zeichen*; Urt. v. 17.10.2019, C-514/18 P, ECLI:EU:C:2019:878, Rn. 37 = GRUR-RR 2020,
100 – *Steirisches Kürbiskernöl*.

[711] EuGH, Urt. v. 9.1.2003, C-292/00, ECLI:EU:C:2003:9, Rn. 28 = GRUR 2003, 240 –
Davidoff; Urt. v. 12.6.2008, C-533/06, ECLI:EU:C:2008:339, Rn. 58 f. = GRUR 2008, 698
O2/Hutchinson; Urt. v. 18.6.2009, C-487/07, ECLI:EU:C:2009:378, Rn. 59 = GRUR 2009,
756 – *L'Oréal*; Urt. v. 23.3.2010, C-236/08 bis C-238/08, ECLI:EU:C:2010:159, Rn. 78 =
GRUR 2010, 445 – *Google France*; Urt. v. 25.3.2010, C-278/08, ECLI:EU:C:2010:163,
Rn. 35 = GRUR 2010, 451 – *BergSpechte/trekking.at Reisen*; Urt. v. 8.7.2010, C-55/08, E-
CLI:EU:C:2010:416, Rn. 34 f. = GRUR 2010, 841 – *Portakabin/Primakabin*; Urt. v.
22.9.2011, C-323/09, ECLI:EU:C:2011:604, Rn. 44 f. = GRUR 2011, 1124 – *Interflora*.

[712] Vgl. *Büscher/Dittmer/Schiwy-Büscher* (2015), § 14 MarkenG, Rn. 129; *In-
gerl/Rohnke*, MarkenG (2010), § 14, Rn. 388; *Völker/Elskamp*, WRP 2010, 64, 71.

[713] *Ohly*, in: FS Loschelder (2010), S. 265, 273; *Paulus*, Markenfunktionen (2014),
S. 103; *Senftleben*, 42(4) IIC 383, 384 (2011); die von EuGH, Urt. v. 18.6.2009, C-487/07,
ECLI:EU:C:2009:378, Rn. 59 = GRUR 2009, 756 – *L'Oréal* benutzte Formulierung der „Beeinträchtigung *einer* Hauptfunktion" impliziert nicht mehrere Hauptfunktionen, wie der Vergleich mit der englischen oder französischen Sprachfassung zeigt.

[714] So sollen in EuGH, Urt. v. 25.3.2010, C-278/08, ECLI:EU:C:2010:163, Rn. 36, 40 =
GRUR 2010, 451 – *BergSpechte/trekking.at Reisen* bei der Prüfung der Verwechslungsgefahr die Ausführungen zur Beeinträchtigung der Herkunftsfunktion im Rahmen des Identitätsschutzes schlicht entsprechend gelten; krit. *Knaak*, GRUR Int. 2008, 91, 94; *Knaak./Ver-
nohr*, GRUR Int. 2010, 395, 397, für die hierdurch die Grenzen zwischen Identitäts- und
Verwechslungstatbestand verschwimmen.

[715] EuGH, Urt. v. 8.6.2017, C-689/15, ECLI:EU:C:2017:434, Rn. 51 = GRUR 2017, 816
– *Internationales Baumwollzeichen*; *Buckstegge*, Nationale Gewährleistungsmarke (2018),

Kollektivmarke „*Darjeeling*" stellte der EuGH klar, dass auch Kollektivmarken nur solche Zeichen sein können, die geeignet sind, die (kollektive) Herkunft der mit ihnen gekennzeichneten Waren oder Dienstleistungen erkennen zu lassen, indem sie die Waren oder Dienstleistungen der Mitglieder des Verbandes, der Markeninhaber ist, von denen anderer Unternehmen unterscheidet.[716] Da Art. 4 UMVO gem. Art. 74 Abs. 3 UMVO auch für Kollektivmarken gilt, ist ihre Hauptfunktion ebenfalls die Herkunftsfunktion.[717] Selbst geografische Kollektivmarken nach Art. 74 Abs. 2 UMVO unterscheiden sich dahingehend nicht von den unter Art. 74 Abs. 1 UMVO fallenden Marken.[718] Es würde die Hauptfunktion der Marke verkennen, wenn man annähme, dass die wesentliche Funktion einer Unionskollektivmarke nach Art. 74 Abs. 2 UMVO darin besteht, als Hinweis auf die geografische Herkunft der unter einer solchen Marke angebotenen Waren oder Dienstleistungen und nicht als Hinweis auf ihre betriebliche Herkunft zu dienen.[719] Für die Zuschreibung einer anderen Funktion, etwa die einer exklusiven Gewährleistung einer bestimmten geografischen Herkunft, hätte es aufgrund des Verweises in Art. 74 Abs. 3 UMVO einer ausdrücklichen Regelung bedurft.[720] Deshalb ist bei der Beurteilung der Verwechslungsgefahr auch dann auf eine Beeinträchtigung der Herkunftsfunktion abzustellen, wenn es sich bei den einander gegenüberstehenden Zeichen einerseits um Kollektivmarken und andererseits um Individualmarken

---

S. 119; vgl. *Baldauf*, Werbung (2011), S. 144 f. für Gütezeichen in Form von Individualdienstleistungsmarken; zu undifferenziert *Hemker*, Missbrauch (2016), S. 129.

[716] EuGH, Urt. v. 20.9.2017, C-673/15 P – C-676/15 P, ECLI:EU:C:2017:702, Rn. 50 f., 63 = GRUR 2017, 1257 – *Darjeeling*; die Entscheidung bezeichnet GA *Kokott*, Schlussantrag v. 17.10.2019, C-766/18 P, ECLI:EU:C:2019:881, Rn. 59 – *Halloumi* als „bislang wichtigste[s] Urteil[] zu Kollektivmarken"; bestätigt durch EuGH, Urt. v. 12.12.2019, C-143/19 P, ECLI:EU:C:2019:1076, Rn. 52 = EuZW 2020, 274 – *Der Grüne Punkt*; Urt. v. 5.3.2020, C-766/18 P, ECLI:EU:C:2020:170, Rn. 66, 74 = GRUR-RR 2020, 199 – *HALLOUMI*.

[717] EuGH, Urt. v. 20.9.2017, C-673/15 P - C-676/15 P, ECLI:EU:C:2017:702, Rn. 50 ff. = GRUR 2017, 1257 – *Darjeeling*; Urt. v. 12.12.2019, C-143/19 P, ECLI:EU:C:2019:1076, Rn. 52 = EuZW 2020, 274 – *Der Grüne Punkt*; Urt. v. 5.3.2020, C-766/18 P, ECLI:EU:C:2020:170, Rn. 66, 74 = GRUR-RR 2020, 199 – *HALLOUMI*; GA *Kokott*, Schlussantrag v. 17.10.2019, C-766/18 P, ECLI:EU:C:2019:881, Rn. 54 – *Halloumi*; *Clark/Schmitz/Zalewska*, 40(3) E.I.P.R. 199, 204 (2018); *Wagner*, in: Recht als Infrastruktur (2019), S. 61, 70.

[718] EuGH, Urt. v. 20.9.2017, C-673/15 P - C-676/15 P, ECLI:EU:C:2017:702, Rn. 50 = GRUR 2017, 1257 – *Darjeeling*; Urt. v. 5.3.2020, C-766/18 P, ECLI:EU:C:2020:170, Rn. 73 = GRUR-RR 2020, 199 – *HALLOUMI*.

[719] EuGH, Urt. v. 20.9.2017, C-673/15 P - C-676/15 P, ECLI:EU:C:2017:702, Rn. 53 f., 57 = GRUR 2017, 1257 – *Darjeeling*; Urt. v. 5.3.2020, C-766/18 P, ECLI:EU:C:2020:170, Rn. 74 = GRUR-RR 2020, 199 – HALLOUMI; so bereits zuvor *Kokott*, Schlussantrag v. 17.10.2019, C-766/18 P, ECLI:EU:C:2019:881, Rn. 82 – *Halloumi*.

[720] GA *Kokott*, Schlussantrag v. 17.10.2019, C-766/18 P, ECLI:EU:C:2019:881, Rn. 78 f. – *Halloumi*.

handelt.[721] Im Gegensatz dazu kann sich für *Buckstegge* die Unterscheidungs-fähigkeit der Kollektivmarke auch auf die Art, Qualität und sonstigen Eigenschaften der Produkte beziehen, weshalb sich die Verwechslungsgefahr bei als Kollektivmarke eingetragenen Gütezeichen daher im Hinblick auf die „Garantiefunktion" bestimme.[722] Spätestens mit der durch *Der Grüne Punkt* und *HALLOUMI* bestätigten Entscheidungspraxis des EuGH[723] zur Kollektivmarke ist diese Ansicht jedoch nicht vereinbar.

II. Ökonomische Begründung

Da der Verwechslungsschutz die Herkunftsfunktion schützt, gelten die ökonomischen Erwägungen zum Schutz dieser Funktion im Identitätstatbestand entsprechend: die Gefahr einer Zuordnungsverwirrung und des Irrtums der Nachfrager über den Produktursprung beschränkt sich nicht auf die Verwendung eines mit der Marke identischen Zeichens, sondern kann auch bei Marktaktivitäten Dritter unter einem nur ähnlichen Zeichen auftreten. Der Verwechslungsschutz lässt sich daher mit den zum Identitätsschutz angeführten Argumenten der Informationsökonomik sowie der Property Rights-Theorie rechtfertigen.[724] Zwar ist das systematische Verhältnis von Identitäts- und Verwechslungsschutz umstritten,[725] die kollidierenden Interessen sind jedoch dieselben.[726] Im Fall einer Verwechslungsgefahr muss der Markeninhaber daher auch die Verwendung ähnlicher Zeichen verbieten können.[727] Dabei ist die Balance zwischen dem Schutz des Zeicheninhabers und der Freiheit der Zeichennutzung

---

[721] EuGH, Urt. v. 20.9.2017, C-673/15 P – C-676/15 P, ECLI:EU:C:2017:702, Rn. 63 f. = GRUR 2017, 1257 – *Darjeeling*; in diesem Sinne auch EuGH, Urt. v. 5.3.2020, C-766/18 P, ECLI:EU:C:2020:170, Rn. 65 f. = GRUR-RR 2020, 199 – *HALLOUMI*.

[722] *Buckstegge*, Nationale Gewährleistungsmarke (2018), S. 81 f., die den Stand ihrer Arbeit mit Januar 2018 angibt.

[723] EuGH, Urt. v. 12.12.2019, C-143/19 P, ECLI:EU:C:2019:1076, Rn. 52 = EuZW 2020, 274 – *Der Grüne Punkt*; Urt. v. 5.3.2020, C-766/18 P, ECLI:EU:C:2020:170, Rn. 66, 74 = GRUR-RR 2020, 199 – *HALLOUMI*.

[724] Ausf. § 2 A. I; ferner *Görlich*, Anlehnende Markennutzung (2013), S. 50 f.; *Landes/Posner*, IP (2003), S. 203 f.; *Griffiths*, in: TMB (2008), S. 241, 257 f.

[725] Im Kern dreht sich der Streit darum, ob der Identitätsschutz als ein aus dem Bereich des Verwechslungsschutzes herausgelöster Tatbestand aufgefasst wird oder als Fall der vermuteten bzw. (un)widerleglichen Verwechslungsgefahr angesehen wird; seit EuGH, Urt. v. 20.3.2003, C-291/00, ECLI:EU:C:2003:169, Rn. 49 = GRUR 2003, 422 – *Arthur/Arthur et Félicie* kommt es bei Doppelidentität jedoch nicht auf eine Verwechslungsgefahr an, was für eine unwiderlegliche Vermutung spricht; zur Diskussion vgl. BeckOK UMV-*Büscher/Kochendörfer*, Art. 8, Rn. 14; *Fezer*, MarkenG (2009), § 14, Rn. 184 ff.; *Ohly*, GRUR 2009, 709, 711 f.; *Paulus*, Markenfunktionen (2014), S. 106 ff.

[726] BeckOK MarkenR-*Kur*, Einl., Rn. 139 f.

[727] *Griffiths*, in: TMB (2008), S. 241, 257 spricht vom Schutz des Property Rights vor „neighbouring resources", konkret des Markenrechts vor „neighbouring signs".

Dritter zu finden, um die Kosten des Rechtsschutzes gering zu halten und Ineffizienzen zu vermeiden.[728]

III. Auswirkung auf die Beurteilung der Kennzeichnungskraft, Zeichen- und Produktidentität oder -ähnlichkeit

Die Verwechslungsgefahr hängt von einer Vielzahl von Umständen ab.[729] In der Praxis konzentriert sich die Prüfung auf drei Hauptkriterien: die Kennzeichnungskraft der älteren Marke, die Identität oder Ähnlichkeit der Waren oder Dienstleistungen sowie die Identität oder Ähnlichkeit der gegenüberstehenden Zeichen. Zwar werden die Kriterien unabhängig voneinander bestimmt, stehen bei der Beurteilung der Verwechslungsgefahr aber in einer Wechselbeziehung zueinander, sodass ein geringer Grad an Produktähnlichkeit durch einen höheren Grad an Markenähnlichkeit oder Kennzeichnungskraft ausgeglichen werden kann.[730]

1. Kennzeichnungskraft

Das ungeschriebene Beurteilungskriterium der Kennzeichnungskraft bezeichnet die Eignung und das Ausmaß eines Zeichens, sich bei den Verkehrskreisen als Unterscheidungsmittel für die Waren oder Dienstleistungen eines Unternehmens gegenüber den Produkten anderer Unternehmen einzuprägen.[731] Sie beruht auf der Unterscheidungskraft des Zeichens, hängt aber maßgeblich von ihrer Benutzung im Verkehr und damit von ihrer Bekanntheit ab.[732] Je stärker eine Marke geeignet ist, dem Verkehr in Erinnerung zu bleiben, desto eher wird der Verkehr glauben, sie in einem ähnlichen Zeichen wiederzuerkennen oder von wirtschaftlichen oder organisatorischen Verbindungen zwischen

---

[728] *Griffiths*, in: TMB (2008), S. 241, 258.

[729] Erwgr. 11 der UMVO nennt exemplarisch den Bekanntheitsgrad der Marke auf dem Markt, die gedankliche Verbindung, die das benutzte oder eingetragene Zeichen zu ihr hervorrufen kann, sowie den Grad der Ähnlichkeit zwischen der Marke und dem Zeichen und zwischen den damit gekennzeichneten Waren oder Dienstleistungen.

[730] Vgl. EuGH, Urt. v. 29.9.1998, C-39/97, ECLI:EU:C:1998:442, Rn. 24 = GRUR 1998, 922 – *Canon*; Urt. v. 17.4.2008, C-108/07, ECLI:EU:C:2008:234, Rn. 58 = MarkenR 2008, 261 – *FERRERO/FERRO*; BeckOK UMV-*Büscher/Kochendörfer*, Art. 8, Rn. 50; *Fezer*, MarkenG (2009), § 14, Rn. 652 f.

[731] EuGH, Urt. v. 22.6.1999, C-342/97, ECLI:EU:C:1999:323, Rn. 22 = GRUR Int. 1999, 734 – *Lloyd*; BeckOK UMV-*Büscher/Kochendörfer*, Art. 8, Rn. 77; *Fezer*, MarkenG (2009), § 14, Rn. 358.

[732] Vgl. nur EuGH, Urt. v. 22.6.1999, C-342/97, ECLI:EU:C:1999:323, Rn. 22 f. = GRUR Int. 1999, 734 – *Lloyd*.

verschiedenen Unternehmen ausgehen.[733] Der Schutzumfang der Marke hängt daher maßgeblich von ihrer Kennzeichnungskraft im Verkehr ab.[734]

2. Zeichenidentität oder -ähnlichkeit

Auch der Begriff der Ähnlichkeit der Marke ist im Hinblick auf die Verwechslungsgefahr und damit hinsichtlich der Herkunftsfunktion auszulegen.[735] Die Ähnlichkeit muss umfassend und anhand der drei Aspekte Bild, Klang und Bedeutung beurteilt werden, wobei jeweils auf den Gesamteindruck abzustellen ist, den die Zeichen hervorrufen.[736] Zwei Marken sind ähnlich, wenn sie aus der Sicht der angesprochenen Verkehrskreise hinsichtlich einer oder mehrerer dieser drei Kategorien zumindest teilweise übereinstimmen.[737]

3. Produktidentität oder -ähnlichkeit

Das dritte Kriterium zur Beurteilung der Verwechslungsgefahr ist die Identität oder Ähnlichkeit der Waren oder Dienstleistungen, für die die beiden Zeichen benutzt werden. Die gegenüberstehenden Waren und Dienstleistungen müssen sich so nahe stehen, dass sie vom Verkehr demselben oder wirtschaftlich miteinander verbundenen Unternehmen zugeordnet werden könnten.[738] Bei dieser Beurteilung sind alle relevanten Faktoren mit einzubeziehen, die das Verhältnis zwischen den Waren und Dienstleistungen kennzeichnen. Hierzu gehören insbesondere ihre Art, ihr Verwendungszweck, ihre Nutzung sowie die Eigenart, als miteinander konkurrierende oder einander ergänzende Waren oder Dienstleistungen angesehen zu werden.[739] Wesentliche Kriterien sind daneben auch der Vertriebsweg und die betriebliche Herkunft.[740] Die Produktart bestimmt sich durch die Zugehörigkeit zu einer bestimmten Warengattung und durch die stoffliche Zusammensetzung der Produkte. Die stofflichen

---

[733] BeckOK UMV-*Büscher/Kochendörfer*, Art. 8, Rn. 78.

[734] EuGH, Urt. v. 29.9.1998, C-39/97, ECLI:EU:C:1998:442, Rn. 18 = GRUR 1998, 922 – *Canon*; Urt. v. 22.6.1999, C-342/97, ECLI:EU:C:1999:323, Rn. 20 = GRUR Int. 1999, 734 – *Lloyd*; Urt. v. 18.7.2013, C-252/12, ECLI:EU:C:2013:497, Rn. 36 = GRUR 2013, 922 – *Specsavers*; *Fezer*, MarkenG (2009), § 14, Rn. 286, 358.

[735] Vgl. Erwgr. 11 der UMVO.

[736] St. Rspr. seit EuGH, Urt. v. 11.11.1997, C-251/95, ECLI:EU:C:1997:528 = GRUR 1998, 387 – *Springende Raubkatze*; BeckOK MarkenR-*Hennigs*, Art. 8 UMV, Rn. 71 mwN.

[737] EuG, Urt. v. 23.10.2002, T-6/01, ECLI:EU:T:2002:261, Rn. 30 = GRUR Int. 2003, 243 – *Matratzen Concord*; Urt. v. 26.1.2006, T-317/03, ECLI:EU:T:2006:27, Rn. 46 = GRUR Int. 2006, 312 – *VARIANT*.

[738] EuG, Urt. v. 18.6.2009, T-418/07, ECLI:EU:T:2009:208, Rn. 84 = GRUR-RR 2009, 420 – *LIBERO*.

[739] Grdl. EuGH, Urt. v. 29.9.1998, C-39/97, ECLI:EU:C:1998:442, Rn. 23 = GRUR 1998, 922 – *Canon*.

[740] BeckOK MarkenR-*Hennigs*, Art. 8 UMV, Rn. 31; BeckOK MarkenR-*Thalmeier*, § 14 MarkenG, Rn. 308

Übereinstimmungen der Waren allein reichen aber – mit Ausnahme von Roh-materialien – regelmäßig nicht aus, um eine Ähnlichkeit zu begründen:[741] Ta-schen und Schuhe sind angesichts der Bandbreite von Lederwaren nicht allein deswegen ähnlich, weil beide Produkte aus Leder gefertigt sind.

Wie kein anderes Kriterium ist die Beurteilung der Produktähnlichkeit durch die Herkunftsfunktion der Marke geprägt.[742] Der Verkehr ordnet die Produkte deswegen falsch zu, weil er sie für so verwandt hält, dass er davon ausgeht, der Herstellungsverantwortliche des einen Produkts vertreibe auch das andere Pro-dukt. Dementsprechend scheidet eine Verwechslungsgefahr bei absoluter Pro-duktunähnlichkeit aus und kann auch nicht durch Zeichenidentität und eine er-höhte Kennzeichnungskraft der älteren Marke ausgeglichen werden.[743] Da die Verkehrskreise aufgrund des Produktabstandes keine Verbindung vornehmen und nicht vom selben betrieblichen Produkturstprung ausgehen, ist der Schutz-bereich der Marke nach Art. 9 Abs. 2 lit. b) UMVO nicht betroffen.

IV. Folgen für die Verwechslungsgefahr bei Gütezeichen und Testsiegeln

Die Beschränkung auf die Herkunftsfunktion beim Verwechslungstatbestand wirkt sich auf die Beurteilung der Verwechslungsgefahr bei Individualmarken aus, die als Gütezeichen oder Testsiegel genutzt und verstanden werden. Zwar kann auch eine derart genutzte Warenmarke durch die Verwendung eines ähn-liches Zeichen für identische oder ähnliche Waren in ihrer Herkunftsfunktion beeinträchtigt sein.[744] Ihr dauerhafter Schutz scheitert aber an der Möglichkeit zur rechtserhaltenden Zeichenbenutzung.[745] Wird das Zeichen hingegen als Dienstleistungsmarke für Produkttests und -zertifizierungen eingetragen und vom Dritten unberechtigt auf Waren benutzt, um eine angebliche Produktgüte vorzuspiegeln, ist die erforderliche Ähnlichkeit zwischen Dienstleistung und Ware problematisch. Sie ist zwar nach den gleichen Beurteilungskriterien wie für Waren und Dienstleistungen untereinander möglich.[746] Jedoch ist dem grundlegenden Unterschied zwischen der Erbringung einer unkörperlichen

---

[741] EuG, Urt. v. 1.3.2005, T-169/03, ECLI:EU:T:2005:72, Rn. 55 = GRUR Int. 2005, 503 – *SISSI ROSSI*; BeckOK UMV-*Büscher/Kochendörfer*, Art. 8, Rn. 54.

[742] Vgl. BeckOK UMV-*Büscher/Kochendörfer*, Art. 8, Rn. 42, 53.

[743] EuGH, Urt. v. 29.9.1998, C-39/97, ECLI:EU:C:1998:442, Rn. 22 = GRUR 1998, 922 – *Canon*; EuGH, Urt. v. 7.5.2009, C-398/07 P, ECLI:EU:C:2009:288, Rn. 11 = GRUR Int. 2009, 911 – *Waterford Stellenbosch*.

[744] EuGH, Urt. v. 8.6.2017, C-689/15, ECLI:EU:C:2017:434, Rn. 51 = GRUR 2017, 816 – *Internationales Baumwollzeichen*.

[745] Siehe dazu § 6 A. II; entsprechendes gilt für die Kollektivmarke, vgl. EuGH, Urt. v. 12.12.2019, C-143/19 P, ECLI:EU:C:2019:1076, Rn. 55 ff. = EuZW 2020, 274 – *Der Grüne Punkt*; zuvor bereits *Wagner*, in: Recht als Infrastruktur (2019), S. 61, 78; aA. *Buckstegge*, Nationale Gewährleistungsmarke (2018), S. 75, 81 f.

[746] EuGH, Urt. v. 29.9.1998, C-39/97, ECLI:EU:C:1998:442, Rn. 23 = GRUR 1998, 922 – *Canon*.

Dienstleistung und der Herstellung bzw. dem Vertrieb einer körperlichen Ware Rechnung zu tragen.[747] Ähnlichkeit lässt sich nicht schon daraus ableiten, dass die Ware als Hilfsmittel zur Erbringung einer Dienstleistung eingesetzt oder als deren Ergebnis angesehen werden kann.[748] Stattdessen kommt es darauf an, ob ein enger Zusammenhang zwischen ihnen besteht, etwa ob die Ware oder Dienstleistung für die Verwendung der anderen unerlässlich oder wichtig ist.[749] Der Verkehr muss annehmen, dass der Hersteller der Waren auch als eigenständiger Erbringer der Dienstleistung auftritt bzw. umgekehrt, also der Fehlvorstellung unterliegen, die Verantwortung für Waren und Dienstleistungen liege bei demselben Unternehmen.[750] Dies mag bei Fahrzeugen einerseits und Dienstleistungen der Reparatur, Wartung und Pflege von Fahrzeugen andererseits[751] oder aber bei Lebensmitteln und dem Einzelhandel[752] möglich sein. Es ist aber nicht der Fall, wenn eine für Produkttests und -zertifizierung eingetragene Dienstleistungsmarke auf den getesteten Verbrauchsgütern abgebildet ist.[753] Anders als vom vorlegenden OLG Düsseldorf impliziert,[754] hat der EuGH eine Verwechslungsgefahr in dieser Konstellation verneint und den markenrechtlichen Schutz solcher Gütezeichen oder Testsiegel, die als Dienstleistungsmarke eingetragen sind, erschwert. Es lägen keine Anzeichen dafür vor, dass sich der Produkthersteller durch Anbringung des Zeichens in den Augen der Öffentlichkeit als Fachmann für den Bereich des Warentests darstellen wolle oder dass eine sonstige, spezifische Verbindung zwischen der wirtschaftlichen Tätigkeit der Herstellung sowie Vermarktung von Verbrauchsgütern, zB. Zahncreme, und der Durchführung solcher Warentests bestünde.[755] Auch

---

[747] BeckOK MarkenR-*Thalmaier*, § 14 MarkenG, Rn. 316.

[748] BeckOK UMV-*Büscher/Kochendörfer*, Art. 8, Rn. 66.

[749] EuG, Urt. v. 24.9.2008, T-116/06, ECLI:EU:T:2008:399, Rn. 52 = GRUR Int. 2009, 421 – *O STORE* mwN.; Urt. v. 14.5.2013, T-249/11, ECLI:EU:T:2013:238, Rn. 36 = BeckRS 2013, 80955 – *Huhn/Huhn*, bestätigt durch EuGH, B. v. 8.5.2014, C-411/13 P, ECLI:EU:C:2014:315, Rn. 54 = BeckRS 2014, 81322; *Bender*, Unionsmarke (2018), Rn. 1311; BeckOK UMV-*Büscher/Kochendörfer*, Art. 8, Rn. 66.

[750] EuG, Urt. v. 24.9.2008, T-116/06, ECLI:EU:T:2008:399, Rn. 52 = GRUR Int. 2009, 421 – *O STORE* mwN.; Urt. v. 14.5.2013, T-249/11, ECLI:EU:T:2013:238, Rn. 36 = BeckRS 2013, 80955 – *Huhn/Huhn*, bestätigt durch EuGH, B. v. 8.5.2014, C-411/13 P, ECLI:EU:C:2014:315, Rn. 54 = BeckRS 2014, 81322; *Bender*, Unionsmarke (2018), Rn. 1311; BeckOK UMV-*Büscher/Kochendörfer*, Art. 8, Rn. 66.

[751] Vgl. dazu auch EuGH, Urt. v. 3.3.2016, C-179/15, ECLI:EU:C:2016:134, Rn. 28 = GRUR 2016, 375 – *Daimler/Együd Garage*.

[752] Vgl. *Bender*, Unionsmarke (2018), Rn. 1312 mwN.

[753] EuGH, Urt. v. 11.4.2019, C-690/17, ECLI:EU:C:2019:317, Rn. 34 f., 38 = GRUR 2019, 621 – *ÖKO-Test Verlag*.

[754] OLG Düsseldorf, B. v. 30.11.2017, I-20 U 152/16, Rn. 16 f. = GRUR 2018, 617 – *ÖKO-TEST-Label*.

[755] EuGH, Urt. v. 11.4.2019, C-690/17, ECLI:EU:C:2019:317, Rn. 33, 38 = GRUR 2019, 621 – *ÖKO-Test Verlag*; das erstinstanzlich zuständige LG Düsseldorf, Urt. v. 7.12.2016, 2a O 197/15, Rn. 35 = GRUR-RS 2016, 132450 = ÖKO-Test prüft zwar die Kriterien der

ein Händler, der im Rahmen seines Warenangebots über die Eigenschaften einer Ware wie deren Bewertung in einem von Dritten durchgeführten Test informiere, erbringe neben der Handelsdienstleistung nicht zugleich die Dienstleistung der Verbraucherberatung und -information.[756] Die Annahme, der Erbringer der Dienstleistung stelle auch alle getesteten Waren her, läge fern. Der Dritte nutze das Zeichen stattdessen nur dazu, die Aufmerksamkeit der Verbraucher auf die Qualität seiner Waren zu lenken und den eigenen Produktabsatz zu fördern.[757] Gütezeichen und Testsiegel, die als Dienstleistungsmarken für Produkttests und -zertifizierungen eingetragen wurden, sind bei einer unberechtigten Verwendung auf Waren mangels Verwechslungsgefahr in der Regel nicht durch Art. 9 Abs. 2 lit. b) UMVO geschützt.[758]

B. Übertragung auf die Gewährleistungsmarke

Die Verwechslungsgefahr als ausschlaggebendes Prüfmerkmal beurteilt sich ausschließlich anhand einer möglichen Beeinträchtigung der Hauptfunktion der Gewährleistungsmarke, der Gewährleistungsfunktion.

I. Gewährleistungsfunktion als Hauptfunktion

Bei der Zuordnungsverwirrung im Hinblick auf eine Gewährleistungsmarke kommt es nicht auf die fälschliche Zurechnung zu einem bestimmten Hersteller an. Ihre effizienzsteigernde Wirkung ergibt sich nicht aus der Rückbindung an das produktverantwortliche Unternehmen, sondern aus der Gewährleistungsaussage des Markeninhabers, die ebenfalls den Goodwill der Nachfrager begründet. Die Verletzung einer Herkunftsfunktion ist somit nicht relevant.[759]

Verwechslungsgefahr, nicht aber diese selbst und „damit einen fiktiven Tatbestand, der irgendwo zwischen der Doppelidentität und der Verwechslungsgefahr mäandert" (*Sattler*, GRUR 2019, 625); vgl. kritisch zur Produktähnlichkeit in diesen Fällen auch *Baldauf*, Werbung (2011), S. 144 ff.; *Buckstegge*, Nationale Gewährleistungsmarke (2018), S. 82 f.

[756] In Umsetzung der EuGH-Rechtsprechung BGH, Urt. v. 12.12.2019, I ZR 173/16, Rn. 34 = GRUR 2020, 401 – *ÖKO-TEST I*; Urt. v. 12.12.2019, I ZR 117/17, Rn. 30 = GRUR 2020, 405 – *ÖKO TEST II*.

[757] Vgl. EuGH, Urt. v. 11.4.2019, C-690/17, ECLI:EU:C:2019:317, Rn. 33 = GRUR 2019, 621 – *ÖKO-Test Verlag*; aA. noch das LG Düsseldorf, Urt. v. 7.12.2016, 2a O 197/15, Rn. 35 = GRUR-RS 2016, 132450 = *ÖKO-Test*.

[758] Indem der EuGH, Urt. v. 11.4.2019, C-690/17, ECLI:EU:C:2019:317, Rn. 39 ff. = GRUR 2019, 621 – *ÖKO-Test Verlag* keine markenrechtliche Zielvorgabe eines Identitäts- oder Verwechslungsschutzes solcher Siegel erkennen kann und ihre Inhaber auf Art. 9 Abs. 2 lit. c) UMVO oder (außer)vertragliche Haftungsregeln verweist, sorgt er nicht nur für erhebliche Probleme bei Inhabern nicht-bekannter Gütezeichen, sondern „nudget" Prüfinstitute zur Eintragung einer Gewährleistungsmarke und sichert rechtspolitisch die tatsächliche Verwendung dieser Markenkategorie; zur Tragweite dieser Rspr. vgl. *Günzel*, MarkenR 2018, 523, 528; *Schoene*, GRUR-Prax 2018, 212.

[759] *Buckstegge*, Nationale Gewährleistungsmarke (2018), S. 265.

Entgegen der in Art. 4 lit. a) UMVO vorausgesetzten Eignung des Zeichens, „Waren und Dienstleistungen eines Unternehmens von denjenigen eines anderen Unternehmens zu unterscheiden", bestimmt sich die Unterscheidungseignung der Gewährleistungsmarke nach dem gem. Art. 83 Abs. 3 UMVO spezielleren Art. 83 Abs. 1 UMVO nicht nach der betrieblichen Herkunft, sondern nach der Übernahme einer Beschaffenheitsgarantie. Originäre Hauptfunktion der Gewährleistungsmarke als Markenkategorie ist daher die Gewährleistungsfunktion.[760] Es kommt nicht zu einer „Umschichtung" der Hauptfunktionen dergestalt, dass durch einen Austausch in Wertigkeit und Definition der Hauptfunktionen im Vergleich zur Individualmarke schlicht die Qualitätsfunktion als Hauptfunktion der Gewährleistungsmarke heraufgestuft wird.[761] Allein die Beeinträchtigung der Gewährleistungsfunktion ist für die Rechtsverletzung entscheidend.[762] Anhand ihrer bemisst sich die Verwechslungsgefahr.[763] Davon ausgehend liegt Verwechslungsgefahr vor, wenn das Publikum glauben könnte, dass der Inhaber der Marke für das gekennzeichnete Produkt Material, die Art und Weise der Herstellung der Waren oder der Erbringung der Dienstleistungen, die Qualität, Genauigkeit oder andere Eigenschaften gewährleistet.

II. Auswirkung auf die Beurteilung der Kennzeichnungskraft, Zeichen- und Produktidentität oder -ähnlichkeit

Die entscheidende Rolle der Gewährleistungsfunktion wirkt sich auch auf die Beurteilung der Kennzeichnungskraft, der Zeichenidentität oder -ähnlichkeit sowie der Produktidentität oder -ähnlichkeit aus.

1. Kennzeichnungskraft und Zeichenidentität oder -ähnlichkeit

Die Auswirkung der veränderten Hauptfunktion auf die Bestimmung der Kennzeichnungskraft sowie der Zeichenidentität oder -ähnlichkeit sind gering. Notwendigerweise muss die Kennzeichnungskraft der Gewährleistungsmarke an ihre Eignung anknüpfen, als Unterscheidungsmittel für die Produkte zu dienen, für die der Markeninhaber eine Eigenschaft gewährleisten möchte und sie von anderen Produkten abzugrenzen, für die das nicht der Fall ist. Je stärker die

---

[760] *Ahrens*, GRUR 2020, 809, 810; *Buckstegge*, Nationale Gewährleistungsmarke (2018), S. 265; *Fezer*, GRUR 2017, 1188, 1197.

[761] Diese Variante überlegt noch *Grabrucker*, GRUR 2018, 53, 56 f., konstatiert aber später, dass der EuGH „dogmatischen Versuchen seither, einen Austausch in der Wertigkeit und Definition der Hauptfunktion herbeizuführen […] in seiner Entscheidung zu ‚Darjeeling' entgegengetreten [ist]", *Grabrucker*, in: FS Ströbele (2019), S. 93, 96.

[762] *Fezer*, GRUR 2017, 1188, 1197; zur Gewährleistungsmarke im deutschen MarkenG Ekey/Bender/Fuchs-Wiesemann-*Ekey*, MarkenR (2019), § 106a, Rn. 11.

[763] *Buckstegge*, Nationale Gewährleistungsmarke (2018), S. 265; Ekey/Bender/Fuchs-Wiesemann-*Ekey*, MarkenR (2019), § 106a, Rn. 11; vgl. *Bender*, Unionsmarke (2018), Rn. 944 für das Eintragungsverfahren.

Gewährleistungsmarke dem Verkehr in Erinnerung bleibt, desto eher wird er bei einem ähnlichen Zeichen davon ausgehen, dass der Gewährleistungsmarkeninhaber auch für diese Produkte eine Beschaffenheitsgarantie übernehmen will, und desto stärker ist die Kennzeichnungskraft der Gewährleistungsmarke. Die Beurteilung der Zeichenidentität oder -ähnlichkeit muss sich ebenfalls an der Gewährleistungsfunktion ausrichten.

2. Produktidentität oder -ähnlichkeit

Umfangreicher sind die Auswirkungen der Gewährleistungsfunktion auf die Beurteilung der Produktidentität oder -ähnlichkeit. Bei der Individualmarke besteht eine solche Ähnlichkeit dann, wenn der Verkehr die Waren und Dienstleistung für so nah beieinanderstehend hält, dass er sie demselben oder wirtschaftlich miteinander verbundenen Unternehmen zuordnet. Rein stoffliche Übereinstimmungen genügen daher nicht.[764] Steht die Gewährleistungsmarke aber für eine Beschaffenheitsgarantie, muss sich die Ähnlichkeit der Produkte danach bemessen, ob sich deren Beschaffenheit und Eigenschaften so nahestehen, dass der Verkehr davon ausgeht, der Markeninhaber möchte auch die Beschaffenheit des anderen Produkts garantieren. In diesem Fall kommt es zu einer Beeinträchtigung der Gewährleistungsfunktion. Anders als bei der Anknüpfung an die Herkunftsfunktion lässt sich dies aber nicht zwingend anhand des Verwendungszwecks, der Nutzung, dem Vertriebsweg oder der Eigenart als miteinander konkurrierende oder einander ergänzende Waren oder Dienstleistungen beurteilen. Diese Kriterien können zwar auch für die Ermittlung der Produktähnlichkeit bei einer Gewährleistungsmarke herangezogen werden. Ihnen ist aber nur geringeres Gewicht beizumessen. Maßgeblich ist stattdessen, ob das Material, die Art und Weise der Herstellung der Waren oder der Erbringung der Dienstleistungen, die Qualität, Genauigkeit oder andere Eigenschaften auch im anderen Produkt vorliegen kann. Je nach Inhalt der Gewährleistungsmarke kann eine stoffliche Übereinstimmung der Waren gerade das relevante Kriterium für die Beurteilung der Ähnlichkeit sein. Handelt es sich zB. um eine für Lebensmittel (Nizza Klassen 29–33) eingetragene Gewährleistungsmarke, bei der ihr Inhaber garantiert, dass die Ware weder tierischen Ursprungs ist noch tierische Produkte enthält und somit als „vegan" gekennzeichnet werden darf, kann eine solche Beschaffenheit auch bei Kosmetika (Nizza Klasse 3), Bekleidung (Nizza Klasse 25) sowie Schreibwaren, Künstlerbedarf und Klebstoffen (Nizza Klasse 16) vorliegen. Gattungsübergreifende Verwendung kann die Marke auch dann finden, wenn sie sich nicht auf Stoffeigenschaften, sondern den Herstellungs- oder Vertriebsprozess bezieht und zB. „fair" gehandelte Produkte anzeigt.[765] Sofern die garantierte Beschaffenheit auch bei den zu vergleichenden Produkten vorliegen kann, ist eine

---

[764] Vgl. dazu § 3 A. III. 3.
[765] Mit diesem Gewährleistungsinhalt bspw. UGM *Fairtrade* (Nr. 017959045).

Produktähnlichkeit zu bejahen. Als „erklärungsbedürftiges Produkt"[766] lässt sich der genaue Gewährleistungsinhalt der Marke oftmals alleine unter Rückgriff auf die Markensatzung ermitteln. Die dort angegebenen Eigenschaften bilden den Maßstab für die Beurteilung der Produktähnlichkeit.

III. Folgen für die Verwechslungsgefahr bei Gütezeichen und Testsiegeln

Wie im vorherigen Abschnitt festgestellt, liegt Verwechslungsgefahr bei der Gewährleistungsmarke dann vor, wenn das Publikum glauben könnte, dass der Inhaber der Marke für das gekennzeichnete Produkt Material, die Art und Weise der Herstellung der Waren oder der Erbringung der Dienstleistungen, die Qualität, Genauigkeit oder andere Eigenschaften gewährleistet. Dies wirkt sich auf den Verwechslungsschutz von Gütezeichen und Testsiegeln aus, die in dieser Markenkategorie eingetragen sind. Gem. Art. 31 Abs. 1 lit. c), Art. 33 Abs. 2, Art. 83 Abs. 3 UMVO sind bei der Anmeldung diejenigen Waren- und Dienstleistungen klar anzugeben, für die eine Gewährleistung übernommen werden soll. Für sie wird das Zeichen eingetragen und dadurch sein Schutzumfang festgelegt, Art. 51 Abs. 1, Art. 111 Abs. 2 UMVO. Nutzt ein Dritter ein mit der Gewährleistungsmarke identisches oder ihr ähnliches Zeichen für identische oder ähnliche Produktgruppen, und haben die angesprochenen Verkehrskreise den Eindruck, der Markeninhaber übernehme für das gekennzeichnete Produkt eine Beschaffenheitsgarantie, ist die Gewährleistungsfunktion als Hauptfunktion der Marke beeinträchtigt und es liegt Verwechslungsgefahr vor. Die Schutzlücke, die sich bei als Dienstleistungsindividualmarke eingetragenen Gütezeichen und Testsiegeln dadurch ergibt, dass keine Produktähnlichkeit zu den Waren besteht, für die Dritte das Zeichen unberechtigt nutzen,[767] wird vermieden. Anders als bei der Ausrichtung auf die Herkunftsfunktion sind Gütezeichen und Testsiegeln durch die Eintragung als Gewährleistungsmarke auch im Ähnlichkeitsbereich markenrechtlich geschützt. Für den Schutz solcher Zeichen ist die Gewährleistungsmarke die geeignete Markenkategorie.[768]

IV. Kollision mit anderen Markenkategorien

Die vorhergehenden Abschnitte haben gezeigt, dass es beim Verwechslungsschutz der Gewährleistungsmarke auf eine Beeinträchtigung ihrer Gewährleistungsfunktion ankommt. Bereits ausgeführt wurde, dass die Markenkategorie des verwechslungsfähigen Zeichens zur Sicherstellung eines effektiven

---

[766] *Dröge*, MarkenR 2016, 549, 554; ähnlich *Grynberg*, 55 W. & M. L. Rev. 1429, 1456 (2014).

[767] Siehe dazu § 3 A. IV.

[768] Dennoch können im Rahmen des Eintragungsverfahrens Probleme bei der Satzungsformulierung für Gewährleistungsmarke entstehen, die als Testsiegel genutzt werden, vgl. die sehr eindringliche Problembeschreibung des OLG Düsseldorf, B. v. 30.11.2017, I-20 U 152/16, Rn. 13 ff. = GRUR 2018, 617 – *ÖKO-TEST-Label*.

Markenschutzes keine Bedeutung haben kann.[769] Negative Externalitäten können auch durch „neighbouring signs"[770] anderer Markenkategorien verursacht werden. Erweckt die Verwendung eines als Individualmarke oder Kollektivmarke genutzten, identischen oder ähnlichen Zeichens bei den angesprochenen Verkehrskreisen den Eindruck, der Gewährleistungsmarkeninhaber übernehme für das gekennzeichnete Produkt eine Beschaffenheitsgarantie, ist die Gewährleistungsfunktion beeinträchtigt und eine Verwechslungsgefahr begründet.[771] Umgekehrt kann aber auch die Gewährleistungsmarke eine Verwechslungsgefahr mit einer Individual- oder Kollektivmarke begründen, sofern der angesprochene Durchschnittsverbraucher der Produkte den Eindruck erlangt, das Zeichen kennzeichne die Herkunft aus einem bestimmten Unternehmen, und unterscheide es (im Fall der Kollektivmarke) von Produkten nicht verbandsangehöriger Unternehmen.

C. Zwischenergebnis

Um die ökonomischen Funktionen der Individualmarke zu sichern, wird sie nicht nur gegen identische, sondern bei Verwechslungsgefahr auch gegen ähnliche Zeichen geschützt. Diese bestimmt sich bei Individual- und Kollektivmarken allein nach der Herkunftsfunktion als Hauptfunktion. Das gilt auch dann, wenn sie als Gütezeichen und Prüfsiegel für eine Qualitätsaussage genutzt und vom Verkehr entsprechend verstanden werden. Werden solche, als Dienstleistungsmarken für Produkttests und -zertifizierung eingetragene Zeichen von Dritten unberechtigt auf Waren abgebildet, sieht der Verkehr regelmäßig keine spezifische Verbindung zwischen der wirtschaftlichen Tätigkeit der Herstellung sowie Vermarktung von Verbrauchsgütern und der Durchführung von Warentests. Eine Verwechslungsgefahr und damit ein Markenschutz im Ähnlichkeitsbereich scheidet aus.

Auch der Aussagegehalt einer Gewährleistungsmarke kann durch die Verwendung eines ähnlichen Zeichens für ähnliche Produkte beeinträchtigt werden. Ihrem Charakter nach ist dabei auf eine mögliche Beeinträchtigung ihrer Gewährleistungsfunktion als Hauptfunktion abzustellen. Verwechslungsgefahr liegt dann vor, wenn das Publikum glauben könnte, dass der Inhaber der Marke für das gekennzeichnete Produkt eine Eigenschaft gewährleistet. Durch die Eintragung der Gewährleistungsmarke für die Produktgruppen, für die eine Beschaffenheitsgarantie übernommen wird, ist ein Schutz der Gewährleistungsmarke auch im Verwechslungsbereich möglich. Für einen effektiven Schutz des Markeninhabers spielt die Markenkategorie des

---

[769] Siehe § 2 A. IV. 4.

[770] *Griffiths*, in: TMB (2008), S. 241, 257.

[771] Vgl. *Buckstegge*, Nationale Gewährleistungsmarke (2018), S. 265; Ekey/Bender/Fuchs-Wiesemann-*Ekey*, MarkenR (2019), § 106a, Rn. 11; *Fezer*, GRUR 2017, 1188, 1197.

verwechslungsfähigen Zeichens keine Rolle und die Gewährleistungsmarke ist auch gegen kollidierende Individual- und Kollektivmarken geschützt. Alleine maßgeblich ist der Eindruck der angesprochenen Verkehrskreise, der Gewährleistungsmarkeninhaber übernehme für das gekennzeichnete Produkt eine Beschaffenheitsgarantie.

§ 4 Bekanntheitsschutz, Art. 9 Abs. 2 lit. c) UMVO

A. Regelung bei der Individualmarke

Die bekannte Marke erfährt nach Art. 9 Abs. 2 lit. c) UMVO einen erweiterten Schutz gegen eine Beeinträchtigung oder Ausnutzung ihres Rufes, sofern kein rechtfertigender Grund vorliegt. Erforderlich ist das kumulative Vorliegen dreier Voraussetzungen:[772] die Bekanntheit der Marke, Zeichenidentität oder - ähnlichkeit sowie ein Eingriffstatbestand.[773]

I. Bekanntheit der Marke

Eine Marke ist „bekannt" iSd. Art. 9 Abs. 2 lit. c) UMVO, wenn sie einem bedeutenden Teil des Publikums bekannt ist, das von den durch diese Marke erfassten Waren oder Dienstleistungen betroffen ist.[774] Der EuGH hat sich dabei für eine rein quantitative Bestimmung der Bekanntheit entschieden.[775] Sie kann auch durch negativ belegte Umstände wie Skandale oder Schockwerbung erlangt werden.[776] Die qualitative Komponente der Bekanntheit iSe. Wertschätzung wird erst im Rahmen der Beeinträchtigung, insbesondere der Ausnutzung der Wertschätzung berücksichtigt.[777]

---

[772] EuGH, Urt. v. 10.12.2015, C-603/14 P, ECLI:EU:C:2015:807, Rn. 38 = GRUR Int. 2016, 249 – *The English Cut*; EuG, Urt. v. 22.3.2007, T-215/03, ECLI:EU:T:2007:93, Rn. 34 = GRUR Int. 2007, 730 – *VIPS*.

[773] Entgegen des früheren Wortlauts der MarkenRL bzw. UMVO gewährt der EuGH seit seinem Urt. v. 9.1.2003, C-292/00, ECLI:EU:C:2003:9, Rn. 23 ff., 30 = GRUR 2003, 240 – *Davidoff* Bekanntheitsschutz in teleologischer Auslegung auch bei Produktidentität und - ähnlichkeit. Diese Rechtsprechung wurde mit der Markenrechtsreform 2015 kodifiziert. Einer Ähnlichkeit der Waren oder Dienstleistungen kommt damit kein eigenständiger Gehalt mehr zu, vgl. BeckOK UMV-*Müller-Broich*, Art. 8, Rn. 471.

[774] EuGH, Urt. v. 14.9.1999, C-375/97, ECLI:EU:C:1999:408, Rn. 26 = GRUR Int. 2000, 73 – *Chevy*; Urt. v. 6.10.2009, C-301/07, ECLI:EU:C:2009:611, Rn. 24 = GRUR Int. 2010, 134 – *PAGO*; Urt. v. 11.4.2019, C-690/17, ECLI:EU:C:2019:317, Rn. 47 = GRUR 2019, 621 – *ÖKO-Test Verlag*, ausreichend war in letztgenannter Konstellation, dass ein bedeutender Publikumsteil das Zeichen kennt, die weitergehende Kenntnis der Markeneintragung des Testsiegels war nicht erforderlich.

[775] EuGH, Urt. v. 14.9.1999, C-375/97, ECLI:EU:C:1999:408, Rn. 30 = GRUR Int. 2000, 73 – *Chevy*.

[776] Büscher/Dittmer/Schiwy-*Büscher* (2015), § 14, Rn. 519; *Ingerl/Rohnke*, MarkenG (2010), § 14, Rn. 1338 ff. mwN.; BeckOK UMV-*Müller-Broich*, Art. 8, Rn. 482; die Gegenauffassung berücksichtigt die Qualität eines „guten Rufs" bereits bei der Frage der Bekanntheit und verweist auf den Wortlaut der englischen bzw. französischen Sprachfassung der MarkenRL und UMVO, die „reputation" und „repute" bzw. „renommée" verwenden.

[777] Vgl. Urt. v. 18.6.2009, C-487/07, ECLI:EU:C:2009:378, Rn. 43 = GRUR 2009, 756 – *L'Oréal*.

II. Gedankliche Verknüpfung

Zweitens muss bei der Betrachtung von Gemeinsamkeiten im Optischen, im Klang oder in der Bedeutung von Marke und drittem Zeichen[778] ein bestimmter Grad der Ähnlichkeit bestehen, auf Grund dessen die beteiligten Verkehrskreise einen Zusammenhang zwischen dem Zeichen und der Marke sehen und die beiden gedanklich miteinander verknüpfen, ohne sie jedoch zu verwechseln.[779] Hingegen setzt der Tatbestand des Art. 9 Abs. 2 lit. c) UMVO keine markenmäßige Benutzung im Sinne einer herkunftshinweisenden Verwendung voraus.[780] Dass das Zeichen den beteiligten Verkehrskreisen die bekannte Marke „in Erinnerung ruft"[781] ist deshalb notwendig, da seine Nutzung andernfalls gar keine negativen Wirkungen für die bekannte Marke erzeugen könnte.[782] Dieser Zusammenhang liegt nicht per se bei Zeichenidentität vor, sondern ist unter Berücksichtigung aller relevanten Umstände des konkreten Falls umfassend zu beurteilen,[783] insbesondere anhand des Grades der Zeichenähnlichkeit, der Art sowie des Grades der Nähe oder Unähnlichkeit der Produkte, des Ausmaßes der Bekanntheit sowie Unterscheidungskraft der älteren Marke und des Bestehens einer Verwechslungsgefahr für das Publikum.[784] Die

---

[778] EuGH, Urt. v. 23.10.2003, C-408/01, ECLI:EU:C:2003:582, Rn. 28 = GRUR 2004, 58 – *Adidas/Fitnessworld*.

[779] EuGH, Urt. v. 23.10.2003, C-408/01, ECLI:EU:C:2003:582, Rn. 29, 31 = GRUR 2004, 58 – *Adidas/Fitnessworld*; Urt. v. 10.4.2008, C-102/07, ECLI:EU:C:2008:217, Rn. 41 = GRUR 2008, 503 – *adidas/Marca Mode ua*; Urt. v. 27.11.2008, C-252/07, ECLI:EU:C:2008:655, Rn. 30 = GRUR 2009, 56 – *Intel*; Urt. v. 18.6.2009, C-487/07, ECLI:EU:C:2009:378, Rn. 36 = GRUR 2009, 756 – *L'Oréal*; Urt. v. 10.12.2015, C-603/14 P, ECLI:EU:C:2015:807, Rn. 42 = GRUR Int. 2016, 249 – *The English Cut*.

[780] Nach EuGH, Urt. v. 23.2.1999, C-63/97, ECLI:EU:C:1999:82, Rn. 38 = GRUR Int. 1999, 438 – *BMW*; Urt. v. 23.10.2003, C-408/01, ECLI:EU:C:2003:582, Rn. 39 f. = GRUR 2004, 58 – *Adidas/Fitnessworld* ist grds. zwar eine markenmäßige Benutzung erforderlich. Diese kann aber auch durch eine nur dekorative Nutzung erfolgen, sofern die beteiligten Verkehrskreise eine gedankliche Verknüpfung mit der bekannten Marke herstellen.

[781] EuGH, Urt. v. 27.11.2008, C-252/07, ECLI:EU:C:2008:655, Rn. 60, 63 = GRUR 2009, 56 – *Intel*.

[782] Vgl. EuGH Urt. v. 27.11.2008, C-252/07, ECLI:EU:C:2008:655, Rn. 30 f. = GRUR 2009, 56 – *Intel*; Urt. v. 3.9.2015, C-125/14, ECLI:EU:C:2015:539, Rn. 28 = GRUR 2015, 1002 – *Iron & Smith/Unilever*; *McCarthy*, 41 Hous. L.Rev. 713, 739 (2004); plastisch *Bently et al.*, IP Law (2018), S. 1056: „Without the link, there can be none of the ‚cross-pollination' needed to transfer value to the applicant (or defendant)".

[783] EuGH, Urt. v. 23.10.2003, C-408/01, ECLI:EU:C:2003:582, Rn. 30 = GRUR 2004, 58 – *Adidas/Fitnessworld*; Urt. v. 10.4.2008, C-102/07, ECLI:EU:C:2008:217, Rn. 42 = GRUR 2008, 503 – *adidas/Marca Mode ua*; Urt. v. 27.11.2008, C-252/07, ECLI:EU:C:2008:655, Rn. 41 ff., 62 = GRUR 2009, 56 – *Intel*; Urt. v. 3.9.2015, C-125/14, ECLI:EU:C:2015:539, Rn. 31 = GRUR 2015, 1002 – *Iron & Smith/Unilever*.

[784] EuGH, Urt. v. 27.11.2008, C-252/07, ECLI:EU:C:2008:655, Rn. 42 = GRUR 2009, 56 – *Intel*; Urt. v. 20.11.2014, C-581/13 P und C-582/13 P, ECLI:EU:C:2014:2387, Rn. 73

Schwelle zur Verwechslungsgefahr iSd. Art. 9 Abs. 2 lit. b) UMVO muss nicht erreicht werden.[785] Der Bekanntheitsschutz greift auch bei einem sehr geringen Grad an Zeichenähnlichkeit ein, solange Marke und Zeichen nicht für eindeutig unähnlich befunden werden.[786] Eine gedankliche Verknüpfung kann nämlich dort ausgeschlossen sein, wo Waren oder Dienstleistungen so unähnlich sind, dass das dritte Zeichen den maßgeblichen Verkehrskreisen die ältere Marke nicht in Erinnerung zu rufen vermag.[787] Dabei ist jedoch Zurückhaltung geboten und die teils weite Merchandisingpraxis bekannter Marken in die Betrachtung miteinzubeziehen.[788] Die „gedankliche Verknüpfung" ist damit – trotz struktureller und methodischer Vergleichbarkeit[789] – ein Aliud gegenüber der Verwechslungsgefahr und dem gedanklichen In-Verbindung-bringen iSd. Art. 9 Abs. 2 lit. b) UMVO[790] und kann eher als Maßstab zur Beurteilung der Zeichenähnlichkeit gesehen werden.[791] Dementsprechend kann auch bei absoluter Unähnlichkeit der betroffenen Dienstleistungen und Waren eine gedankliche Verknüpfung angenommen werden, wenn ein fremdes Zeichen, das einer bekannten eingetragenen Marke ähnlich ist und regelmäßig als Testsiegel verwendet wird, dazu benutzt wird, die Aufmerksamkeit der Verbraucher auf

---

= BeckRS 2014, 82421 – *Golden Balls*; Urt. v. 10.12.2015, C-603/14 P, E-CLI:EU:C:2015:807, Rn. 42 f. = GRUR Int. 2016, 249 – *The English Cut*.

[785] Ua. EuGH, Urt. v. 18.6.2009, C-487/07, ECLI:EU:C:2009:378, Rn. 36 = GRUR 2009, 756 – *L'Oréal*; Urt. v. 6.2.2014, C-65/12, ECLI:EU:C:2014:49, Rn. 39 = GRUR 2014, 280 – *De Vries/Red Bull*; Urt. v. 20.11.2014, C-581/13 P und C-582/13 P, E-CLI:EU:C:2014:2387, Rn. 72 = BeckRS 2014, 82421 – *Golden Balls*; Urt. v. 10.12.2015, C-603/14 P, ECLI:EU:C:2015:807, Rn. 41 = GRUR Int. 2016, 249 – *The English Cut*.

[786] EuGH, Urt. v. 20.11.2014, C-581/13 P und C-582/13 P, ECLI:EU:C:2014:2387, Rn. 73, 76 = BeckRS 2014, 82421 – *Golden Balls*.

[787] EuGH, Urt. v. 27.11.2008, C-252/07, ECLI:EU:C:2008:655, Rn. 49 = GRUR 2009, 56 – *Intel*; Urt. v. 26.7.2017, C-471/16 P, ECLI:EU:C:2017:602, Rn. 53 = EuZW 2017, 774 – *Meissen*.

[788] BeckOK UMV-*Müller-Broich*, Art. 8, Rn. 511 mwN; vgl. EuG, Urt. v. 11.4.2019, T-655/17, ECLI:EU:T:2019:241, Rn. 44 f., 49 ff. = BeckRS 2019, 5478 – *ZARA TANZANIA* zur gedanklichen Verknüpfung von Dienstleistungen der Reise-/Tourismusindustrie mit Dienstleistungen des Einzelhandels mit Kleidung/Bekleidungswaren.

[789] GA *Sharpston*, Schlussantrag v. 26.6.2008, C-252/07, ECLI:EU:C:2008:370, Rn. 52 – *Intel*.

[790] Eisenführ/Schennen-*Eisenführ/Förster*, UMVO (2017), Art. 8, Rn. 266; BeckOK MarkenR-*Steudtner*, Art. 8 UMV, Rn. 245, 247.

[791] *Knaak*, GRUR Int. 2008, 91, 94; *Paulus*, Markenfunktionen (2014), S. 170 f. mwN.; *Winkhaus*, Zeichenähnlichkeit (2010), S. 90; aA. *Eichhammer*, Markenmäßige Benutzung (2008), S. 122, 191 ff.; *Mühlberger*, Markenmäßige Benutzung (2008), S. 116 f., die eine gedankliche Verknüpfung inzident beim Eingriffstatbestand prüfen.

die Qualität der eigenen Produkte zu lenken und auf diese Weise den Verkauf der eigenen Waren zu fördern.[792]

III. Beeinträchtigung der bekannten Marke

Die Beeinträchtigung der bekannten Marke als drittes Erfordernis folgt nicht automatisch aus der bloßen gedanklichen Verknüpfung mit dem dritten Zeichen.[793] Stattdessen muss der Markeninhaber mindestens das Vorliegen von Gesichtspunkten dartun, aus denen auf die ernsthafte Gefahr einer künftigen Beeinträchtigung geschlossen werden kann.[794] Der EuGH unterscheidet dabei – anders als der BGH[795] – zwischen drei Formen der Beeinträchtigung: Der Beeinträchtigung der Unterscheidungskraft der Marke, der Beeinträchtigung der Wertschätzung dieser Marke und dem unlauteren Ausnutzen der Unterscheidungskraft oder der Wertschätzung dieser Marke.[796]

Die erste Gestalt, eine als „Verwässerung" oder „Schwächung" bezeichnete Beeinträchtigung der Unterscheidungskraft der Marke (engl. „blurring"[797])

---

[792] So BGH, Urt. v. 12.12.2019, I ZR 173/16, Rn. 34, 38 = GRUR 2020, 401, Rn – *ÖKO-TEST I* im Nachgang zu EuGH, Urt. v. 11.4.2019, C-690/17, ECLI:EU:C:2019:317, Rn. 52 = GRUR 2019, 621 – *ÖKO-Test Verlag.*

[793] EuGH, Urt. v. 27.11.2008, C-252/07, ECLI:EU:C:2008:655, Rn. 32 = GRUR 2009, 56 – *Intel*; Urt. v. 18.6.2009, C-487/07, ECLI:EU:C:2009:378, Rn. 37 = GRUR 2009, 756 – *L'Oréal*; Urt. v. 3.9.2015, C-125/14, ECLI:EU:C:2015:539, Rn. 31 = GRUR 2015, 1002 – *Iron & Smith/Unilever.*

[794] EuGH, Urt. v. 27.11.2008, C-252/07, ECLI:EU:C:2008:655, Rn. 38 = GRUR 2009, 56 – *Intel*; Urt. v. 4.3.2020, C-155/18 P bis C-158/18 P, ECLI:EU:C:2020:151, Rn. 75 = GRUR-RS 2020, 2683 – *Burlington*

[795] Für den BGH ergeben sich in systematischer Kombination der beiden Schutzobjekte mit den beiden Verletzungshandlungen vier Kollisionstatbestände, nämlich die Ausnutzung der Wertschätzung (Rufausbeutung), die Beeinträchtigung der Wertschätzung (Rufgefährdung), die Ausnutzung der Unterscheidungskraft (Aufmerksamkeitsausbeutung) sowie die Beeinträchtigung der Unterscheidungskraft (Verwässerung); praktische Unterschiede folgen hieraus nicht, vgl. *Ingerl/Rohnke*, MarkenG (2010), § 14, Rn. 1271, 1354 f.; BeckOK UMV-*Müller-Broich*, Art. 8, Rn. 517; zu Unterschieden zwischen BGH und EuGH bei der Behandlung der Zeichenähnlichkeit *Kefferpütz*, GRUR-Prax 2017, 519, 520 f.

[796] EuGH, Urt. v. 27.11.2008, C-252/07, ECLI:EU:C:2008:655, Rn. 27 = GRUR 2009, 56 – *Intel*; Urt. v. 18.6.2009, C-487/07, ECLI:EU:C:2009:378, Rn. 38 = GRUR 2009, 756 – *L'Oréal.*

[797] Die Terminologie der englischsprachigen Literatur ist nicht immer einheitlich und trennscharf: häufig wird die hier gemeinte Beeinträchtigung durch Verwässerung auch allgemein als „dilution" bezeichnet. Auch der EuGH scheint „dilution" und „blurring" synonym zu verwenden, wenn er von „detriment to the distinctive character of the mark, also referred to as ‚dilution', ‚whittling away' or ‚blurring'" spricht, vgl. EuGH, Urt. v. 18.6.2009, C-487/07, ECLI:EU:C:2009:378, Rn. 39 = GRUR 2009, 756 – *L'Oréal*; richtigerweise ist „dilution" jedoch als Oberbegriff für Schädigungen der Marke durch Beeinträchtigung ihrer Unterscheidungskraft („Verwässerung" bzw. „dilution by blurring") oder durch Beeinträchtigung ihrer Wertschätzung („Rufschädigung" bzw. „dilution by tarnishment") zu

liegt vor, wenn die Eignung der Marke, die Waren oder Dienstleistungen, für die sie eingetragen ist, zu identifizieren, geschwächt wird, weil die Benutzung des identischen oder ähnlichen Zeichens durch Dritte zur Auflösung der Identität der Marke und ihrer Bekanntheit beim Publikum führt.[798] Dies sei insbesondere der Fall, wenn die Marke, die eine unmittelbare gedankliche Verbindung mit den von ihr erfassten Waren oder Dienstleistungen hervorrief, dies nicht mehr zu bewirken vermag oder gar zum Gattungsbegriff verkommt.[799] Schutzgut ist damit die Unterscheidungskraft der Marke.[800] Ihre Beeinträchtigung gilt erst dann als bewiesen, wenn sich das wirtschaftliche Verhalten des Durchschnittsverbrauchers der Produkte, für die die Marke eingetragen ist, infolge der Benutzung des Zeichens verändert hat oder zumindest die ernsthafte Gefahr einer künftigen Veränderung dieses Verhaltens besteht.[801]

Von der zweiten Form, einer Beeinträchtigung der Wertschätzung einer Marke (engl. „tarnishment"), dh. ihrer „Verunglimpfung" oder „Herabsetzung" ist auszugehen, wenn die Waren oder Dienstleistungen, für die das fragliche Zeichen benutzt wird, auf die Öffentlichkeit in einer solchen Weise

---

verstehen; so auch ua. *Beebe*, 16 Fordham Intell. Prop. Media & Ent. L.J. 1143, 1144 ff. (2006); *Dogan/Lemley*, 58 Stan. L.Rev. 1161, 1197 f. (2006); *Franklyn*, 56 Hastings L.J. 117, 119 (Fn. 3), 125 f. (2004).

[798] EuGH, Urt. v. 27.11.2008, C-252/07, ECLI:EU:C:2008:655, Rn. 29 = GRUR 2009, 56 – *Intel*; Urt. v. 18.6.2009, C-487/07, ECLI:EU:C:2009:378, Rn. 39 = GRUR 2009, 756 – *L'Oréal*; Urt. v. 4.3.2020, C-155/18 P bis C-158/18 P, ECLI:EU:C:2020:151, Rn. 77 = GRUR-RS 2020, 2683 – *Burlington*.

[799] Vgl. EuGH, Urt. v. 22.9.2011, C-323/09, ECLI:EU:C:2011:604, Rn. 76, 79, 82 f. = GRUR 2011, 1124 – *Interflora*.

[800] EuGH, Urt. v. 22.9.2011, C-323/09, ECLI:EU:C:2011:604, Rn. 76 = GRUR 2011, 1124 – *Interflora*; BeckOK UMV-*Müller-Broich*, Art. 8, Rn. 521.

[801] Vgl. EuGH, Urt. v. 27.11.2008, C-252/07, ECLI:EU:C:2008:655, Rn. 71, 77 = GRUR 2009, 56 – *Intel*; Urt. v. 14.11.2013, C-383/12 P, ECLI:EU:C:2013:741, Rn. 34, 37, 40 = GRUR Int. 2014, 1038 – *Wolfskopf*; Urt. v. 4.3.2020, C-155/18 P bis C-158/18 P, E-CLI:EU:C:2020:151, Rn. 78 = GRUR-RS 2020, 2683 – *Burlington*; für das EuG kann bei „außergewöhnlich hoher Wertschätzung" bzw. „überragender Bekanntheit" der bekannten Marke die Wahrscheinlichkeit einer nicht nur hypothetischen Gefahr der künftigen Beeinträchtigung oder unlauteren Ausnutzung der Marke so offensichtlich sein, dass keine weiteren Umstände geltend gemacht oder bewiesen werden müssen, EuG, Urt. v. 22.5.2012, T-570/10, ECLI:EU:T:2012:250, Rn. 51 ff. = GRUR Int. 2012, 1132 – *Wolfskopf*; Urt. 18.11.2015, T-606/13, ECLI:EU:T:2015:862, Rn. 28 = GRUR-RR 2016, 112 – *Mustang*; der EuGH hat diese Beweiserleichterung beanstandet, zulässig sei aber die „Verwendung logischer Ableitungen", sofern diese nicht das Ergebnis bloßer Vermutungen, sondern einer Wahrscheinlichkeitsprognose unter Berücksichtigung aller Einzelumstände seien, vgl. EuGH, Urt. v. 14.11.2013, C-383/12 P, ECLI:EU:C:2013:741, Rn. 34 ff., 42 f. = GRUR Int. 2014, 1038 – *Wolfskopf*; für BGH, Urt. v. 12.12.2019, I ZR 173/16, Rn. 47 = GRUR 2020, 401 – *ÖKO-TEST I* folgt bei der unbefugten Verwendung eines Testsiegels aus dem Ansehensverlust der Marke infolge dieser Nutzung „ohne Weiteres eine hinreichende Gefahr, dass Verbraucher sich bei ihrer Kaufentscheidung in abnehmenden Maße vom Logo [...] beeinflussen lassen".

wirken können, dass die Anziehungskraft der Marke geschmälert wird, zB. falls die von Dritten angebotenen Waren oder Dienstleistungen Merkmale oder Eigenschaften aufweisen, die sich negativ auf das Bild einer bekannten älteren Marke auswirken können.[802] Die erforderliche negative Beeinträchtigung der Marke muss dabei die Folge einer gedanklichen Verknüpfung mit dem vom Dritten verwendeten Zeichen sein.[803] Auch hier wird die bloße Vermutung einer Beeinträchtigung ohne konkrete Grundlage nicht ausreichen.[804]

Die dritte Möglichkeit einer Beeinträchtigung liegt im unlauteren Ausnutzen der Unterscheidungskraft oder der Wertschätzung der Marke, dh. einer Rufausbeutung ohne Verwechslungsgefahr (engl. „misappropriation without misrepresentation" oder „free-riding"[805]), auch bezeichnet als „parasitäres Verhalten" oder „Trittbrettfahren" des Zeichennutzers. Diese Spielart erfordert weder das Bestehen einer Verwechslungsgefahr noch die Gefahr einer Beeinträchtigung der Unterscheidungskraft oder Wertschätzung der betroffenen Marke.[806] Stattdessen ist sie mit dem Vorteil, den Dritte aus der Benutzung des identischen oder ähnlichen Zeichens ziehen, verknüpft und umfasst insbesondere Fälle, in denen auf Grund der Übertragung des Bildes der Marke oder der durch sie vermittelten Merkmale auf die mit dem Zeichen gekennzeichneten Waren eine eindeutige Ausnutzung der bekannten Marke gegeben ist.[807] Davon ist dann auszugehen, wenn ein Dritter versucht, sich durch die Verwendung eines der bekannten Marke ähnlichen Zeichens in den Bereich der Sogwirkung dieser Marke zu begeben, um von ihrer Anziehungskraft, ihrem Ruf und ihrem

---

[802] EuGH, Urt. v. 18.6.2009, C-487/07, ECLI:EU:C:2009:378, Rn. 40 = GRUR 2009, 756 – *L'Oréal*.

[803] EuGH, Urt. v. 14.9.1999, C-375/97, ECLI:EU:C:1999:408, Rn. 23 = GRUR Int. 2000, 73 – *Chevy*.

[804] *Ohly/Kur*, GRUR 2020, 457, 465; strenger BeckOK UMV-*Müller-Broich*, Art. 8, Rn. 528, der auch für die Beeinträchtigung der Wertschätzung die ernsthafte Gefahr einer künftigen Veränderung des wirschaftlichen Verbraucherverhaltens fordert.

[805] Das US-amerikanische Markenrecht kennt diesen dritten Tatbestand nicht; gleichwohl erfolgt ein partieller Schutz gegen Rufausbeutung über die Konstruktionen einer „pre-sale confusion" bzw. „initial interest confusion", die eine anfängliche, jedoch nicht mehr bei Vertragsschluss vorliegende Verwechslungsgefahr erfasst, sowie einer „post-sale-confusion", die eine erst nach Vertragsschluss auftretende Verwechslungsgefahr tatbestandlich miteinbezieht, vgl. *Bone*, 86 B. U. L.Rev. 547, 606 ff. (2006); *Dogan/Lemley*, 41 Hous. L.Rev. 777, 780 f. (2004); *Menell/Scotchmer*, in: Law and Economics (2007), S. 1473, 1549 f. mwN.; *Ohly*, 41(5) IIC 506, 516 Fn. 50, 518 Fn. 58 (2010); *ders.*, in: FS Loschelder (2010), S. 265, 267 Fn. 6; *Sosnitza*, ZGE 2009, 457, 459, 480 ff.; eine Bekanntheit der Marke ist hierfür grds. nicht erforderlich, sodass ein bewusst begrenzter Rufschutz über diesen Umweg systemwidrig ausgedehnt werden kann.

[806] EuGH, Urt. v. 18.6.2009, C-487/07, ECLI:EU:C:2009:378, Rn. 50 = GRUR 2009, 756 – *L'Oréal*; EuG, Urt. v. 5.7.2016, T-518/13, ECLI:EU:T:2016:389, Rn. 94 = BeckRS 2016, 81646 – *MACCOFFEE*; *Bender*, Unionsmarke (2018), Rn. 1353.

[807] EuGH, Urt. v. 18.6.2009, C-487/07, ECLI:EU:C:2009:378, Rn. 41 = GRUR 2009, 756 – *L'Oréal*.

Ansehen zu profitieren, und ohne jede finanzielle Gegenleistung und ohne dafür eigene Anstrengungen machen zu müssen, die wirtschaftlichen Anstrengungen des Markeninhabers zur Schaffung und Aufrechterhaltung des Images dieser Marke auszunutzen.[808] Inhaltlich findet somit der Versuch eines Imagetransfers von der bekannten Marke auf das fragliche Zeichen statt.[809]

Das Vorliegen einer Beeinträchtigung ist anhand aller relevanten Einzelfallumstände zu beurteilen, wobei die für die Ermittlung einer gedanklichen Verknüpfung relevanten Kriterien benutzt werden. Maßstab ist der normal informierte, angemessen aufmerksame und verständige Durchschnittsverbraucher. Zu beachten ist jedoch, dass der maßgebliche Verkehrskreis von der Art der geltend gemachten Beeinträchtigung abhängt:[810] Bei einer Beeinträchtigung der Unterscheidungskraft oder Wertschätzung der Marke ist auf den Durchschnittsverbraucher der Produkte, für die die betroffene Marke eingetragen ist, abzustellen. Bei der unlauteren Ausnutzung der Unterscheidungskraft oder Wertschätzung der Marke ist hingegen der Durchschnittsverbraucher der Produkte, für die das streitgegenständliche Zeichen genutzt wird, maßgeblich.

IV. Ohne rechtfertigenden Grund

Wurde eine Beeinträchtigung der Marke festgestellt, brauchte eine Unlauterkeit nach der älteren Rechtsprechung wohl nicht zusätzlich geprüft werden, sondern konnte als indiziert angesehen werden, sofern kein rechtfertigender Grund vorlag.[811] Ob dies auch weiterhin gilt, muss abgewartet werden, wenn

---

[808] EuGH, Urt. v. 18.6.2009, C-487/07, ECLI:EU:C:2009:378, Rn. 49 = GRUR 2009, 756 – *L'Oréal*; Urt. v. 22.9.2011, C-323/09, ECLI:EU:C:2011:604, Rn. 74, 87 f. = GRUR 2011, 1124 – *Interflora*; Urt. v. 23.3.2010, C-236/08 bis C-238/08, ECLI:EU:C:2010:159, Rn. 102 = GRUR 2010, 445 – *Google France*; Urt. v. 6.2.2014, C-65/12, ECLI:EU:C:2014:49, Rn. 52 = GRUR 2014, 280 – *De Vries/Red Bull*.

[809] EuG, Urt. v. 22.3.2007, T-215/03, ECLI:EU:T:2007:93, Rn. 40 = GRUR Int. 2007, 730 – *VIPS*; Urt. v. 27.11.2014, T-173/11, ECLI:EU:T:2014:1001, Rn. 70 = BeckRS 2014, 82481 – *CARRERA*; Urt. v. 5.7.2016, T-518/13, ECLI:EU:T:2016:389, Rn. 94 = BeckRS 2016, 81646 – *MACCOFFEE*.

[810] EuGH, Urt. v. 27.11.2008, C-252/07, ECLI:EU:C:2008:655, Rn. 33 ff. = GRUR 2009, 56 – *Intel*; Urt. v. 20.9.2017, C-673/15 P – C-676/15 P, ECLI:EU:C:2017:702, Rn. 92 = GRUR 2017, 1257 – *Darjeeling*; *Bender*, Unionsmarke (2018), Rn. 1358; Büscher/Dittmer/Schiwy-*Büscher* (2015), § 14 MarkenG, Rn. 545, 548; Eisenführ/Schennen-*Eisenführ/Förster*, UMVO (2017), Art. 8, Rn. 269.

[811] *Bently et al.*, IP Law (2018), S. 1069 f. mit Verweis auf EuGH, Urt. v. 22.9.2011, C-323/09, ECLI:EU:C:2011:604, Rn. 89 = GRUR 2011, 1124 – *Interflora*; BeckOK UMV-*Müller-Broich*, Art. 8, Rn. 535; aA *Ohly*, in: FS Griss (2011), S. 521, 533; *Ohly/Kur*, GRUR 2020, 457, 466; wo die Unlauterkeit der Ausnutzung in einer umfassenden Interessensabwägung festgestellt wird. Der Verweis „ohne rechtfertigen Grund" erschöpfe sich in dem Hinweis darauf, dass bei Existenz anerkannter (insb. markenrechtlicher) Rechtfertigungsgründe keine Verletzung vorliege; in der deutschen Rechtsprechung muss die Unlauterkeit hingegen festgestellt werden, sie kann sich allerdings bereits aus dem Vorliegen eines der vier

der EuGH jüngst ausdrücklich auf eine solche Prüfung hinweist.[812] Das Merkmal „ohne rechtfertigenden Grund" dient dazu, ein Gleichgewicht zu finden zwischen den Interessen des Markeninhabers an der Wahrung der Hauptfunktion sowie dem Interesse anderer Wirtschaftsteilnehmer an der Verfügbarkeit von Zeichen zur Bezeichnung ihrer Produkte.[813] Bei der umfassenden Interessenabwägung werden auch subjektive Interessen des Dritten an der Benutzung eines mit der bekannten Marke identischen oder ähnlichen Zeichens erfasst.[814] Hierunter kann neben einer Vorbenutzung des Zeichens und der dabei erfolgten Durchsetzung[815] auch die Zeichenverwendung im Rahmen eines gesunden und lauteren Wettbewerbs im Bereich der fraglichen Produkte fallen.[816]

V. Markenfunktionen und Schutzzweck

Der EuGH geht bei Art. 9 Abs. 2 lit. c) UMVO nicht gesondert auf die Markenfunktionen ein,[817] die neben der Information der Nachfrager maßgeblich dem Schutz des Markengoodwills dienen. Ein Rückgriff auf die Funktionenlehre ist aber deshalb nicht notwendig, da der Schutzinhalt der Kommunikations-, Werbe- und Investitionsfunktion[818] durch die besonderen Unlauterkeitstatbestände implizit verkörpert bzw. durch eigene Prüfungsmerkmale zum Ausdruck gebracht wird:[819] Die Beeinträchtigung der Unterscheidungskraft iSe. Auflösung der Identität der betroffenen Marke und ihrer Bekanntheit beim Publikum schützt die Kommunikationsfunktion, und damit das „Ob" einer

---

Eingriffstatbestände ergeben, vgl. Büscher/Dittmer/Schiwy-*Büscher* (2015), § 14 MarkenG, Rn. 558 ff.; Ströbele/Hacker/Thiering-*Hacker*, MarkenG (2018), § 14, Rn. 407 f.

[812] EuGH, Urt. v. 11.4.2019, C-690/17, ECLI:EU:C:2019:317, Rn. 52 = GRUR 2019, 621 – *ÖKO-Test Verlag*.

[813] EuGH, Urt. v. 2.4.2006, C-145/05, ECLI:EU:C:2006:264, Rn. 41 = GRUR 2006, 495 – *Levi Strauss*; Urt. v. 6.2.2014, C-65/12, ECLI:EU:C:2014:49, Rn. 41 = GRUR 2014, 280 – *De Vries/Red Bull*.

[814] EuGH, Urt. v. 6.2.2014, C-65/12, ECLI:EU:C:2014:49, Rn. 45 ff., 53 ff. = GRUR 2014, 280 – *De Vries/Red Bull*; für *Fhima*, 12(11) JIPLP 897, 899 f. (2017) beschränkt sich der Anwendungsbereich des „rechtfertigen Grundes" auf den Tatbestand der Rufausnutzung.

[815] EuGH, Urt. v. 6.2.2014, C-65/12, ECLI:EU:C:2014:49, Rn. 54, 57 ff. = GRUR 2014, 280 – *De Vries/Red Bull*; EuG, Urt. v. 5.7.2016, T-518/13, ECLI:EU:T:2016:389, Rn. 113 = BeckRS 2016, 81646 – *MACCOFFEE*.

[816] EuGH, Urt. v. 22.9.2011, C-323/09, ECLI:EU:C:2011:604, Rn. 91 = GRUR 2011, 1124 – *Interflora*.

[817] BeckOK UMV-*Müller-Broich*, Art. 8, Rn. 516; *Ohly*, GRUR 2010, 776, 778, 783; *Simon Fhima*, 6(5) JIPLP 325, 328 (2011).

[818] Für BeckOK MarkenR-*Steudtner*, Art. 8 UMV, Rn. 223 f. dient Art. 9 Abs. 3 lit. c) UMVO (nur) dem Schutz der Qualitäts- und Werbefunktion, geschützt werde jedoch auch der wirtschaftliche Aufwand in Form der in die Marke geflossenen Investitionen; nach *Bently/Sherman*, IP, S. 1052 schützt der Bekanntheitsschutz die Werbefunktion.

[819] *Ohly*, GRUR 2010, 776, 778, 780; *Paulus*, Markenfunktionen (2014), S. 174; ähnlich *Box*, IIC 2010, 485, 488; *Kur*, GRUR Int. 2008, 1, 5.

Signalübermittlung. Nicht die einzelnen Botschaften werden in Frage gestellt, sondern die Fähigkeit der Marke, Botschaften zu senden, angegriffen.[820] Die Kommunikationsbeziehung zwischen Markeninhaber und Verbraucher ist als solche gestört. Die anderen beiden Beeinträchtigungsvarianten schützen inhaltlich die Werbe- und Investitionsfunktion der Marke:[821] Stellt die Rechtsprechung bei der Beeinträchtigung der Wertschätzung auf eine mögliche Schmälerung der Anziehungskraft der Marke in den Augen der Öffentlichkeit ab,[822] geht es dabei im Kern um den Erhalt der mit Investitionen aufgebauten Werbekraft der Marke. Insofern haben sich der Schutzzweck von Identitäts- und Bekanntheitsschutz mit der *L'Oréal*-Rechtsprechung aneinander angenähert.[823] Über den Schutz bei Doppelidentität hinaus geht der Schutz der bekannten Marke vor dem unlauteren Ausnutzen ihrer Wertschätzung. Inhalt ist nicht die Bewahrung ihres Status Quo, sondern ein Ausgleich der Vorteile, die der Zeichenverwender durch die Nutzung fremder Leistungsergebnisse erlangt hat und damit ein weitreichender Investitionsschutz des Markeninhabers.[824]

B. Ökonomische Begründung

Die Ausführungen zum Schutzzweck des Bekanntheitsschutzes leiten unmittelbar über zur Analyse seiner ökonomischen Begründung. Die Rechtfertigung des klassische Zuordnungsschutz der Marke mit der Garantie der Markttransparenz, der Senkung der Suchkosten der Verbraucher und dem Anreiz der Markeninhaber zu hoher, kontinuierlicher Produktqualität ist allgemein anerkannt.[825] Der Schutz der bekannten Marke geht über den Topos der Verwechslungsgefahr hinaus und bezieht sich auf den guten Ruf des Zeichens. Lässt sich für den Schutz vor einer Beeinträchtigung der Unterscheidungskraft (Verwässerung) bzw. Wertschätzung (Rufschädigung) noch anführen, dass bekannte Marken als Orientierungspunkt der Nachfrager dienen und ihre Schwächung die Markttransparenz sowie die Investitionsbereitschaft des Zeicheninhabers mindern kann, bewirkt der Schutz vor einer unlauteren Ausnutzung der Unterscheidungskraft oder Wertschätzung (Rufausbeutungsschutz) einen Ausgleich der Vorteile, die ein Unternehmer durch die Nutzung fremder Leistungen erlangt hat.[826] Damit kommt das zugrunde liegende Problem zum Vorschein:

---

[820] *Paulus*, Markenfunktionen (2014), S. 173; aA. *Simon*, IIC 2005, 401, 406; *Simon Fhima*, 6(5) JIPLP 325, 328 (2011), die darauf abstellt, dass die Marke bei einer Verwässerung die Botschaft der Produktherkunft nicht mehr übermitteln könne, folglich alleine ihre Herkunftsfunktion betroffen und deshalb durch den Verwässerungstatbestand geschützt sei.

[821] *Paulus*, Markenfunktionen (2014), S. 173 f.

[822] EuGH, Urt. v. 18.6.2009, C-487/07, ECLI:EU:C:2009:378, Rn. 40 = GRUR 2009, 756 – *L'Oréal*.

[823] Vgl. BeckOK MarkenR-*Kur*, Einl., Rn. 141.

[824] *Ohly*, in: FS Griss (2011), S. 521, 526; *Paulus*, Markenfunktionen (2014), S. 174.

[825] *Ohly*, in: FS Griss (2011), S. 521, 525.

[826] *Fhima*, Dilution (2011), Rn. 4.21; *Ohly*, in: FS Griss (2011), S. 521, 526.

Beim Bekanntheitsschutz fehlt es am Gleichlauf der Interessen des Markeninhabers, der Verbraucher und der Allgemeinheit.[827] Es geht nicht um die Verhinderung einer Fehlzurechnung, sondern um einen Schutz der Investitions-
leistung im Interesse des Markeninhabers. Wie gezeigt wird, kann er nicht
mehr mit informationsökonomischen Argumenten, sondern allenfalls mittels
der Property Rights-Theorie erfolgen.[828] Für die folgenden Ausführungen wird
daher zwischen dem Schutz vor Verwässerung und Rufschädigung einerseits
sowie dem Schutz vor Rufausbeutung andererseits differenziert.[829]

*I.   Schutz vor Beeinträchtigung der Unterscheidungskraft und
Beeinträchtigung der Wertschätzung*

1.   Informationsökonomik

Den Grundstein für den Schutz vor Verwässerung und Rufschädigung im (US-
amerikanischen) Markenrecht legte *Schechter*,[830] in seinem 1927 erschienenen
Aufsatz „The Rational Basis of Trademark Protection", in dem die meisten
überzeugenden Rechtfertigungsansätze wurzeln.[831]

a)   Verhinderung erhöhter „interner" Suchkosten der Verbraucher

Dadurch, dass Dritte die bekannte Marke für nicht konkurrierende Produkte
verwenden, werde die Identität sowie Einzigartigkeit der Marke in der öffentlichen Wahrnehmung verringert und büße damit an Verkaufskraft ein.[832] An
diese Auflösung der Markeneinzigartigkeit wird angeknüpft,[833] wenn die
Rechtfertigung des Schutzes vor Verwässerung und Rufausbeutung

---

[827] Ausf. betrachtet von *Prüfer-Kruse*, Interessenschwerpunkte (2010), S. 263–273.

[828] Auf weitere Rechtfertigungsansätze wie bspw. einen eigentumslogischen (vgl. insb.
Fezer, MarkenG (2009), Einl. C, Rn. 8 ff.; krit. *Kur*, GRUR Int. 2008, 1, 12), moralische
(vgl. den Überblick bei *Fhima*, Dilution (2011), Rn. 6.09 f.; *Lemley/McKenna*, 109 Mich. L.
Rev. 137, 181 ff. (2010); *Paulus*, Markenfunktionen (2014), S. 58 ff.) oder den Schutz der
negativen Meinungsfreiheit des Markeninhabers (vgl. *Spence*, 58 CLP 491, 510 (2005);
ders., in: TMB (2008), S. 306 ff.) wird hier nicht weiter eingegangen.

[829] Diese Zweiteilung findet sich v.a. in der US-amerikanischen Markenliteratur, wobei
sie auch dem geschuldet ist, dass das amerikanische Markengesetz keinen Rufausbeutungsschutz kennt und sich auf einen Schutz vor Verwässerung („Blurring") und Rufschädigung
(„Tarnishment") beschränkt; die Unterschiede zwischen amerikanischem und europäischem
Bekanntheitsschutz werden bei *Fhima*, Dilution (2011), Rn. 4.136 deutlich.

[830] *Schechter*, 40 Harv. L.Rev. 813, 825 f., 830 f. (1927) wobei er sich damit an das LG
Elberfeld, Urt. v. 14.9.1924, GRUR 1924, 204 – *Odol* und die deutsche Rechtsprechung an-
lehnte, die zu dieser Zeit bereits einen Verwässerungsschutz auf lauterkeitsrechtlicher Basis
zubilligte; *Schechter* wollte jedoch nur von Natur aus unterscheidungskräftige Marken wie
Fantasiebezeichnungen und nur bei Zeichenidentität schützen, vgl. a.a.O. S. 825, 828 ff.

[831] *Fhima*, [2010] IPQ 44, 83 f.

[832] *Schechter*, 40 Harv. L.Rev. 813, 825 f., 830 f. (1927).

[833] *Bradford*, 23 Berk. Tech. L. J. 1227, 1245 (2008).

informationsökonomisch darin gesehen wird, dass eine Schwächung der Unterscheidungskraft der Marke die „internen" bzw. „mentalen" Suchkosten der Nachfrager erhöhen, weil sie länger nachdenken müssen, um die bekannte Marke mit bestimmten Produkten zu assoziieren.[834] Dadurch, dass weitere gedankliche Verknüpfungen mit Produkten Dritter zum Aussagegehalt der Marke hinzutreten, verlängert sich die Reaktionszeit, in der der Informationsgehalt der bekannten Marke erfasst wird.[835] Hierdurch geht die positive Wirkung der Marke, dass Nachfrager bei einem umfangreichen Produktangebot schnell das von ihnen bevorzugte Gut finden, weil sie sich an die bekannte Marke erinnern, verloren.[836] Die Kombination vielfacher, für sich genommen nicht erheblich schädigender verwässernder Markennutzungen führt zu einer Schwächung der Markttransparenz.[837] Diese These fußt im Wesentlichen auf der in der Psychologie anerkannten Netzwerktheorie, nach der das Hinzufügen weiterer gedanklicher Verknüpfungen (etwa das dritte Zeichen) zu einem bereits im Langzeitgedächtnis abgespeicherten Begriff (die Marke) zu Fehlzurechnungen und Verzögerungen führen kann.[838] Der Verwässerungsschutz bewahrt die Marke vor dem Verlust ihrer Unterscheidungs- und Zuordnungswirkung und passt insofern in das informationsökonomische Framework der Suchkostenreduktion.[839]

---

[834] *Beebe*, 16 Fordham Intell. Prop. Media & Ent. L.J. 1143, 1149 (2006); *Beebe/Hemphill*, 92 NYU L. Rev. 1339, 1389 f. (2017); *Dogan/Lemley*, 41 Hous. L.Rev. 777, 790 Fn. 40 (2004); *Fhima*, Dilution (2011), Rn. 4.33; *Landes/Posner*, 30 J. L. & Econ. 265, 307 (1987); *dies.*, *IP (2003)*, S. 207; *Lemley*, 108 Yale L.J. 1687, 1704 Fn. 90 (1999); *McCarthy*, 41 Hous. L.Rev. 713, 727 f. (2004); *Posner*, 21 J. Legal Stud. 67, 75 (1992); *Swann*, 37 Hous. L. Rev. 729, 759 (2000); *ders.*, 92 TMR 585, 620 (2002); *Swann/Aaker/Reback*, 91 TMR 787, 828 ff. (2001); dabei zeigt *Fhima*, [2010] IPQ 44, 72 einen Widerspruch in der Argumentation von *Landes/Posner* auf: Sei der vom Konsument gezahlte Gesamtpreis die Summe aus Produktkosten und eigenen Suchkosten, so könnten erhöhte Suchkosten kein Nachteil für den Konsumenten sein, sondern allenfalls die Gewinnspanne des Anbieters reduzieren.

[835] Vgl. *Beebe*, 16 Fordham Intell. Prop. Media & Ent. L.J. 1143, 1148 (2006); *Strasser*, 10 Fordham Intell. Prop. Media & Ent. L.J. 375, 403, 410 ff. (2000).

[836] Vgl. *Görlich*, Anlehnende Markennutzung (2013), S. 100; *Swann*, 92 TMR 585, 603 f. (2002).

[837] *Lemley*, 108 Yale L.J. 1687, 1704 Fn. 90 (1999); *Ramello*, 20 J. Econ. Surveys 547, 555 (2006); *Strasser*, 10 Fordham Intell. Prop. Media & Ent. L.J. 375, 412 (2000); gezogen wird insofern der Vergleich zum „death by a thoursand cuts", vgl. *Beebe*, 16 Fordham Intell. Prop. Media & Ent. L.J. 1143, 1163; (2006) *McCarthy*, 41 Hous. L.Rev. 713, 735 (2004)

[838] Näher *Jacoby*, 91 TMR 1013 ff., 1046 ff. (2001); *Morrin*, 36 JMR 517–525 (1999); *Simonson*, 83 TMR 149, 152 ff. (1993); *Tushnet*, 86 Tex. L. Rev. 507, 511 ff. (2008); wie bei *Tenkhoff*, GRUR Int. 2018, 900, 902 ff. deutlich wird, ist das Argument erhöhter „mentaler Suchkosten" methodisch ein verhaltensökonomisches. Da dadurch aber nur die Erhöhung der Suchkosten begründet wird, die Informationsökonomik aber die existierenden Informationskosten unabhängig von ihrer Entstehung betrachtet, wird das Argument dennoch im Rahmen der informationsökonomischen Analyse behandelt.

[839] Vgl. *Fhima*, Dilution (2011), Rn. 5.03.

b) Mangelnde empirische Nachweisbarkeit

Die Beeinträchtigung der Marke in Form der verzögerten Wiedererkennung durch den Nachfrager wurde in mehreren Studien empirisch untersucht.[840] Den Studienteilnehmern wurden Zeichen bzw. Werbeanzeigen vorgeführt, die die bekannte Marke in einer verwässernden Weise benutzen. Anschließend wurde ihre Zuordnung der bekannten Marke zu der für sie typischen Produktkategorie (also zB. die bekannte Marke „Heineken" zur Produktkategorie „Bier"[841]) auf Richtigkeit und Dauer hin untersucht. Dabei nahm nicht nur die Richtigkeit der Zuordnung ab.[842] Auch eine vergrößerte Reaktionszeit konnte gemessen werden, nachdem die Teilnehmer die verwässernden Zeichen gesehen hatten.[843] Die Fähigkeit, der bekannten Marke die zugehörige Produktkategorie frei aus dem Gedächtnis zuzuordnen, sank ebenfalls.[844] Der Effekt war vor allem dann messbar, wenn das verwässernde Zeichen für eine andere Produktkategorie benutzt wird.[845] Die erhöhten „internen Suchkosten" sowie die verringerte Wiedererkennung der bekannten Marke können sich auf das Konsumverhalten der Verbraucher auswirken und die Wahrscheinlichkeit senken, dass sie erneut die bekannte Marke wählen.[846]

Die Studien sehen sich jedoch Bedenken ausgesetzt.[847] Insbesondere Studiendesign, Methode und Auswertung von *Morrin/Jacoby* werden im

---

[840] Ein erstes Framework entwarf *Simonson*, 83 TMR 149, 152 ff., 159 ff., 162 ff. (1993), der dabei zwischen der „Typicality Dilution" (entspricht der Verwässerung) und der „Evaluation Dilution" (entspricht der Rufschädigung) unterscheidet; die erste und intensiv rezipierte Studie legten *Morrin/Jacoby*, 19 J. Pub. Pol'y & Marketing 265 ff. (2000) vor; es folgten *Pullig/Simmons/Netmeyer*, 70(2) JM 52 ff. (2006) und *Morrin/Lee/Allenby*, 33 JCR 248 ff. (2006) sowie jüngst *Beebe et al.*, 86 Chic. L. Rev. 611 ff. (2019) und (mit Blick auf den Markenwert) *Kruger/Boshoff*, 24 Manag. Dynamics 50 ff. (2015); *Macías/Cerviño*, 21 Span. J. Marketing 1 ff. (2017).

[841] *Morrin/Jacoby*, 19 J. Pub. Pol'y & Marketing 265, 268 ff. (2000).

[842] *Morrin/Jacoby*, 19 J. Pub. Pol'y & Marketing 265, 269 (2000); *Beebe et al.*, 86 Chic. L. Rev. 611, 628, 630 ff. (2019) fanden hingegen keine entsprechenden, merklichen Effekte.

[843] *Morrin/Jacoby*, 19 J. Pub. Pol'y & Marketing 265, 269 f. (2000); *Pullig/Simmons/Netmeyer*, 70(2) JM 52, 59 f., 64 f. (2006); geringe Effekte fanden *Beebe et al.*, 86 Chic. L. Rev. 611, 644, 646 f. (2019) zu Beginn, nicht aber nach Anpassung ihres Studiendesigns.

[844] *Morrin/Jacoby*, 19 J. Pub. Pol'y & Marketing 265, 272 f. (2000); *Morrin/Lee/Allenby*, 33 JCR 248, 251 ff. (2006); *Pullig/Simmons/Netmeyer*, 70(2) JM 52, 61 ff. (2006); *Beebe et al.*, 86 Chic. L. Rev. 611, 655 f. (2019) fanden signifikante, aber nur schwache Nachweise.

[845] *Pullig/Simmons/Netmeyer*, 70(2) JM 52, 59 f., 64 f. (2006); keine eindeutigen Ergebnisse erhielten *Morrin/Lee/Allenby*, 33 JCR 248, 252 (2006), hier führte eine Steigerung in der Ähnlichkeit der Produktkategorie der bei der Hälfte der Befragten zu einer Steigerung der Recall-Wahrscheinlichkeit, bei der anderen Hälfte zu einer Senkung.

[846] Vgl. *Bradford*, 23 Berk. Tech. L. J. 1227, 1247 (2008); *Tenkhoff*, GRUR Int. 2018, 900, 906; empirisch *Pullig/Simmons/Netmeyer*, 70(2) JM 52, 62 ff. (2006).

[847] Krit. *Beebe et al.*, 86 Chic. L. Rev. 611, 617, 647 (2019); *Bradford*, 23 Berk. Tech. L. J. 1227, 1239 Fn. 40 (2008); *Fhima*, [2010] IPQ 44, 82 f.; *Klerman*, 74 Fordham L. Rev.

Wesentlichen drei Punkte entgegengehalten:[848] Erstens berücksichtige die Studie nicht hinreichend den situativen Kontext, in dem Marken den Verbrauchern in der Lebenswirklichkeit begegnen.[849] Spreche jemand an einem Flughafen von „United", werde aus den Umständen klar, dass damit eine amerikanische Fluglinie und kein englischer Fußballclub gemeint sei.[850] Zweitens liege ein (begriffliches) Missverständnis bei der Interpretation psychologischer Forschung über Wortfrequenz und Assoziationen und der Anwendung auf markenrechtliche Sachverhalte vor. Drittens lasse das Modell außer Betracht, dass das Hinzufügen weiterer Assoziationen die Erinnerungsfähigkeit der bekannten Marke sogar erhöhen kann, weil sie das Auftreten ähnlicher Zeichen vertrauter und insgesamt merkfähiger machen kann.[851]

Die jüngste Studie von *Beebe et al.* weckt fundamentale Zweifel an der Messbarkeit einer Markenverwässerung und findet für die Vergrößerung der Reaktionszeiten eine andere Erklärung.[852] Zwar assoziierte die Experimentalgruppe die bekannte Marke mit dem verwässernden Zeichen und ihre Zuordnung zur Produktkategorie erfolgte langsamer sowie weniger treffsicher.[853] Ähnliche Effekte traten jedoch auch bei bekannten Marken auf, die der Experimentalgruppe nur zur Kontrolle gezeigt und keiner verwässernden Nutzung ausgesetzt wurden.[854] *Beebe et al.* vermuten deshalb, dass die erhöhte Reaktionszeit bei der bekannten Marke darauf zurückzuführen sind, dass sich die Teilnehmer mit einer unerwarteten Werbeanzeige konfrontiert sahen, die sie

---

1759, 1764 f. (2006); *Tenkhoff*, GRUR Int. 2018, 900, 906; *Tushnet*, 86 Tex. L. Rev. 507, 529 ff. (2008).

[848] Zum Folgenden insb. *Tushnet*, 86 Tex. L. Rev. 507, 529 ff., 532 ff., 536 ff. (2008).

[849] *Bradford*, 23 Berk. Tech. L. J. 1227, 1248 (2008); *Klerman*, 74 Fordham L. Rev. 1759, 1765 f. (2006);

[850] *Beebe et al.*, 86 Chic. L. Rev. 611, 642 (2019); *Dreyfuss*, in: TML and Theory (2008), S. 261, 287 mit dem Vergleich zur situativ richtigen Namenszuordnung zu Personen.

[851] *Burrel/Gangjee*, 41(5) IIC 544, 550 f. (2010).

[852] *Beebe et al.*, 86 Chic. L. Rev. 611, 625 ff., 641 ff., 643 ff. (2019) in einer Studie mit 2012 Teilnehmern im Kontext einer Kaufentscheidung; zwei Experimentalgruppen erhielten je drei Werbeanzeigen zufällig ausgewählter, bekannter Marken mit zutreffenden Aussagen sowie je eine Werbeanzeige, die die bekannten Automobilmarken *Mercedes* bzw. *Infiniti* („MERCEDES Toothpaste" bzw. „INFINITI Toothpaste") verwässernd benutzt. Allen Teilnehmern wurden anschließend 23 markenbezogene Wortpaare gezeigt (zB. „COCA COLA–expensive" oder „UNITED–plane"), bei denen der Assoziationsgrad von Marke und Wort angegeben werden sollte. 18 Paare waren Füllpaare mit Marken, die keinerlei Verbindung zu Automobilen aufweisen, 5 Paare solche mit den untersuchten Automarken. Von diesen 5 Paaren bestanden eine Kombination aus der Produktkategorie („MERCEDES–cars"), 2 aus Adjektiven, die die Studienteilnehmer zuvor als mit der Marke assoziiert angaben („MERCEDES–wealth" und „MERCEDES–luxury") und 2 aus Worten, die vorab nicht mit der Marke assoziiert wurden („MERCEDES–toothpaste" und „MERCEDES–cheap").

[853] *Beebe et al.*, 86 Chic. L. Rev. 611, 627 f., 630 ff. (2019).

[854] *Beebe et al.*, 86 Chic. L. Rev. 611, 644 f. (2019).

verwirrte und ablenkte. Weitere Experimente bestätigten diesen Verdacht.[855] Diesen „surprise effect" führen sie auf den aus anderen Studien sowie der psychologischen Literatur bekannten „priming-effect"[856] zurück.[857] Die scheinbar gemessene Markenverwässerung erklärt sich tatsächlich mit psychologischen Erkenntnissen zur Reizverarbeitung. Damit steht der empirische Nachweis dafür, dass die Assoziation eines dritten Zeichens mit der bekannten Marke bei den Nachfragern auch zur Beeinträchtigung dieser Marke führt, weiter aus.[858]

c) Mangelnde praktische Erheblichkeit

Selbst wenn man davon ausginge, dass verlängerte Reaktionszeiten der Nachfrager aus einer verwässernden Zeichennutzung resultierten, begründet dies informationsökonomisch nicht notwendigerweise einen Verwässerungsschutz. Die Erhöhung der Reaktionszeit ist im Bereich von Millisekunden angesiedelt[859] und ihre volkswirtschaftliche Bedeutung daher wohl kaum messbar[860] bzw. vernachlässigbar. Außerdem wurde festgestellt, dass sich der „*Recall*" besonders bekannter und damit unterscheidungskräftiger Marken kaum verändert, solche Marken also „weitgehend immun"[861] gegen verwässernde Benutzung sind.[862] In diesen Fall genießen gerade diejenigen Marken einen besonders großen Schutzumfang, die gar nicht verwässert werden können.[863]

---

[855] *Beebe et al.*, 86 Chic. L. Rev. 611, 645 ff., 655 ff. (2019) erweiterten dafür eine erste Pilotstudie (S. 645 ff.) auf ein Experiment mit 1343 Teilnehmern (S. 647 ff.).

[856] „Priming" bezeichnet in der Psychologie die Beeinflussung der Reizverarbeitung. „Priming-effect" meint das Phänomen, dass die Verarbeitung eines Wortes die Verarbeitung des zweiten Wortes beeinflusst, falls zwischen den beiden Wörtern eine semantische Beziehung besteht. Studienteilnehmer reagieren zB. schneller auf das Wort „Krankenschwester", wenn sie vorher das Wort „Arzt" gelesen haben; grdl. ua. *Proctor*, 88 Psych. Rev. 291 (1981); vgl. *Beebe et al.*, 86 Chic. L. Rev. 611, 645 Fn. 75 (2019) mwN.

[857] Der Verzögerungseffekt ist dann darauf zurückzuführen, dass das erste Wort (der „Prime", hier „MERCEDES") in keinem Zusammenhang mit dem zweiten Wort (dem „Stimulus", hier „Toothpaste") steht; auf die Restriktionen der Studien durch den Priming-Effekt weist auch *Tenkhoff*, GRUR Int. 2018, 900, 906 hin.

[858] *Beebe et al.*, 86 Chic. L. Rev. 611, 657 (2019): „[…] in a deeper sense we remain at sea. Our experiments do not settle the question of the existence of trademark blurring."

[859] *Morrin/Jacoby*, 19 J. Pub. Pol'y & Marketing 265, 269 f. (2000) messen eine zusätzliche Verzögerung von durchschnittlich ca. 100 Millisekunden.

[860] Vgl. *Klerman*, 74 Fordham L. Rev. 1759, 1765, 1767 (2006); *Tushnet*, 86 Tex. L. Rev. 507, 528 (2008).

[861] *Morrin/Jacoby*, 19 J. Pub. Pol'y & Marketing 265, 272, 274 (2000).

[862] *Beebe*, 16 Fordham Intell. Prop. Media & Ent. L.J. 1143, 1162 (2006); *Burrell/Gangjee*, 41(5) IIC 544, 551 f. (2010); *Morrin/Jacoby*, 19 J. Pub. Pol'y & Marketing 265, 272, 274 (2000); *Senftleben*, 40(1) IIC 45, 69 (2009); vgl. auch *Strasser*, 10 Fordham Intell. Prop. Media & Ent. L.J. 375, 410 (2000).

[863] *Beebe*, 16 Fordham Intell. Prop. Media & Ent. L.J. 1143, 1162 (2006); *Tenkhoff*, GRUR Int. 2018, 900, 906.

Verbraucherinteressen und das damit verbundene Suchkosten-Argument eignen sich daher nur schlecht zur Rechtfertigung des Verwässerungsschutzes bekannter Marken.[864] Sie sprechen eher für einen engeren Schutzbereich.[865]

d) Anwendung auf die Beeinträchtigung der Wertschätzung

Die informationsökonomische Untersuchung des Tatbestands der Beeinträchtigung der Wertschätzung steht stark im Schatten des Verwässerungstatbestan-
des und erhielt nur wenig Aufmerksamkeit.[866] Wenn, dann wird auch der Tatbestand der Rufausbeutung mit erhöhten Suchkosten der Verbraucher begründet,[867] da die Signalwirkung des Zeichens infolge der Rufbeeinträchtigung geschwächt wird.[868] In der bereits kritisierten Studie konnten *Morrin/Jacoby* auch
infolge einer rufbeeinträchtigenden Werbeanzeige eine niedrigere Zuord-
nungsgenauigkeit sowie längere Reaktionszeit der Teilnehmer messen.[869]

Abgesehen von fehlenden empirischen Nachweisen lässt sich auch Grund-
sätzliches einwenden: Eine Verwendung eines Zeichens, durch die der Ruf der
Marke beeinträchtigt wird, muss nicht stets auch ihre Unterscheidungskraft
verringern. Die bezugnehmende Zeichenverwendung des Dritten erfüllt ihren
Zweck erst dann, wenn der Betrachter eine Verbindung zwischen Zeichen und
bekannter Marke erkennen und herstellen kann, zB. bei einer Markenparodie.
In diesem Fall aber wird die Verbindung zwischen Markeninhaber und Marke
durch den Dritten gerade gestärkt, nicht geschwächt.[870] Außerdem muss eine
solche Zeichennutzung nicht zwangsläufig zu zusätzlichen Informationskosten
führen, vielmehr können mit ihr auch gesamtwirtschaftliche Vorteile verbunden sein.[871] Gerade dem Markeninhaber unliebsame Verwendungen seiner
Marke können die Informationslage der Nachfrager erhöhen. In parodistischer
oder sarkastischer Weise kann der Dritte die Aufmerksamkeit der Nachfrager

---

[864] *Burrell/Gangjee*, 41(5) IIC 544, 551 f. (2010); ähnlich *Fhima* [2010] IPQ 44, 72; *Prüfer-Kruse*, Interessenschwerpunkte (2010), S. 260 f.; *Beebe/Hemphill*, 92 NYU L. Rev.
1339, 1393 f. (2017) wollen daher die prozessualen Beweisanforderungen bei Inhabern besonders bekannter Marken verschärfen.

[865] *Bently et al.*, IP Law (2018), S. 856.

[866] Vgl. *Handler*, 106 TMR 639 f. (2016); *Paulus*, Markenfunktionen (2014), S. 52.

[867] *Swan*, 92 TMR 585, 622 (2002); *ders.*, 37 Hous. L. Rev. 729–774 (2000); *Dogan/Lem-
ley*, 41 Hous. L. Rev. 777, 790 (2004); *Klerman*, 74 Fordham L. Rev. 1759, 1770 (2006);
auch *Landes/Posner*, IP (2003), S. 207 sprechen von durch Rufbeeinträchtigung verursachte
„Kosten", machen dies jedoch an der Beobachtung fest, dass Nachfrager einen Preisauf-
schlag für Gegenstände mit positiven Assoziationen zahlen oder Vornamen mit negativer
Assoziation meiden, und argumentieren nicht informationsökonomisch.

[868] *Klerman*, 74 Fordham L. Rev. 1759, 1770 (2006).

[869] *Morrin/Jacoby*, 19 J. Pub. Pol'y & Marketing 265, 269 f. (2000).

[870] *Fhima*, Dilution (2011), Rn. 5.03.

[871] *Klerman*, 74 Fordham L. Rev. 1759, 1770 (2006).

auf fragwürdiges Verhalten des Markeninhabers lenken oder die mit der Marke verbundene Botschaft kritisieren.[872]

Ist die Argumentation mit erhöhten Suchkosten noch geeignet, den Markenschutz vor Verwässerung – zumindest theoretisch – zu rechtfertigen, überzeugt ein informationsökonomischer Ansatz beim Schutz vor Rufbeeinträchtigung nicht.[873]

2. *Property Rights-Theorie*

Der vorige Abschnitt hat gezeigt, dass eine informationsökonomische Rechtfertigung des Schutzes vor Verwässerung und Rufbeeinträchtigung nur bedingt gelingt. Der Schutz hat den guten Ruf der Marke zum Inhalt und fokussiert sich auf den Markeninhaber.[874] Zielführender erscheint daher eine Begründung mit dem Verständnis der Marke als Property Right und unabhängig von der Beeinträchtigung von Verbraucherinteressen.[875] Aus diesem Blickwinkel lassen sich zwei Argumente anführen: erstens ist der im Ruf der bekannten Marke verkörperte Goodwill als zugunsten des Markeninhabers internalisierter Effekt gegen Beeinträchtigungen zu schützen, und zweitens kann ein solcher Schutz den Markeninhabern einen Anreiz zu weiteren Investitionen in ihr Zeichen und dem Aufbau starker Marken geben.

a) *Schutz des erworbenen Goodwills der bekannten Marke*

aa) *Theoretische Begründung*

Aus Sicht der Property Rights-Theorie sind die mit dem Aufbau einer bekannten Marke erworbene Wertschätzung der Nachfrager in Form des Goodwills und Unterscheidungskraft des Zeichens positive Externalitäten, die über die Marke zugunsten ihres Inhabers zu internalisieren seien. Die Wertschätzung und Unterscheidungskraft werden als schutzbedürftig betrachtet, weil sie sich wegen ihrer Abhängigkeit von der Verkehrsauffassung als fragile Ergebnisse einer wettbewerblichen Leistung erwiesen und gegenüber Beeinträchtigungen besonders gefährdet seien.[876] Aufgrund des hohen Kommunikationswertes des Zeichens und der hohen, hierin getätigten Investitionen seien sie auch schutzwürdig.[877] Dies bedeutet primär aber nur, dass ein rechtlicher Schutz dem

---

[872] *Burrell/Gangjee*, 41(5) IIC 544, 554 (2010); *Fhima*, Dilution (2011), Rn. 5.15 ff.; *Handler*, 106 TMR 639, 685 f. (2016).

[873] *Fhima*, Dilution (2011), Rn. 5.03.

[874] *Fhima*, Dilution (2011), Rn. 5.12; *Sakulin*, Trademark Protection (2011), S. 100.

[875] *Lemley/McKenna*, 109 Mich. L. Rev. 137, 154 (2010).

[876] *Ingerl/Rohnke*, MarkenG (2010), § 14, Rn. 1292; vgl. *Sack*, WRP 1985, 459, 466.

[877] *Ingerl/Rohnke*, MarkenG (2010), § 14, Rn. 1292; zust. *Haberstumpf*, ZGE 2011, 151, 171; *Griffiths*, TML (2011), S. 271 f. vertritt letztlich einen Investitionsschutz in Reinform, wenn er die Reputation der Marke für umso schutzwürdiger, je mehr Investitionen der Markeninhaber getätigt hat.

wirtschaftlichen Bedürfnis des Markeninhabers entspricht.[878] Für die Beurteilung des rechtlichen Schutzes ist zusätzlich ein bewertender Vergleich der beteiligten Interessen erforderlich. Prämisse muss daher sein, dass das Interesse des Markeninhabers an der Aufrechterhaltung seiner wirtschaftlichen Position die Interessen anderer Beteiligter überwiegt. Da deren Marktzugang durch fast unbegrenzte, freie Zeichen kaum eingeschränkt werde, falle der Vergleich zugunsten des Markeninhabers aus, der damit auch normativ schutzwürdig sei.[879] Eine Zeichennutzung des Dritten, die den Markengoodwill verringert, weil sie die bekannte Marke verwässert oder ihren Ruf beeinträchtigt, wäre für den Markeninhaber damit ein negativer externer Effekt. Der Schaden, den er dadurch erleidet, dass er eine verwässerte Marke neu aufbauen oder dem Effekt der dritten Zeichennutzung mit Werbeausgaben entgegentreten muss,[880] würde nicht kompensiert. Negative Effekte durch eine Rufbeeinträchtigung können auf zwei unterschiedlichen Wegen entstehen: Zum einen dadurch, dass unter dem Zeichen des Dritten Ware minderer Qualität – insbesondere in Produktpiraterie-Fällen – angeboten wird, sodass die Qualitätserwartungen der Nachfrager, die das Zeichen mit der bekannten Marke verknüpfen, enttäuscht werden.[881] Zum anderen dadurch, dass die Marke in einen für den Inhaber nachteiligen Zusammenhang gebracht wird, etwa weil er herabsetzender, obszöner oder sonst gesellschaftlich missbilligter Natur ist.[882]

bb) Mangelnde empirische Nachweisbarkeit

Unklar ist jedoch, ob verwässernde oder rufbeeinträchtigende Zeichenverwendungen eines Dritten sich auch tatsächlich so auf den Verbraucher und seine Wahrnehmung der bekannten Marke auswirken, dass dadurch negative Externalitäten für die bekannte Marke entstehen.[883] Die wenigen empirischen Untersuchungen dazu[884] zeichnen ein differenziertes Bild: Zwar zeigten *Macías/Cerviño*, dass die Studienteilnehmer die bekannte Marke weniger häufig kaufen wollten und mit ihr einen geringeren Mehrwert verbanden, nachdem

---

[878] *Klippel*, GRUR 1986, 697, 705.

[879] *Klippel*, GRUR 1986, 697, 705 f.

[880] *Fhima*, [2010] IPQ 44, 69; *Klerman*, 74 Fordham L. Rev. 1759, 1769 (2006).

[881] *Fhima*, Dilution (2011), Rn. 5.36 ff., 5.40 f.; *McKenna*, 95 Iowa L. Rev. 63, 84 ff. (2009); BeckOK UMV-*Müller-Broich*, Art. 8, Rn. 527; *Sack*, WRP 1985, 459, 464 f.

[882] *Fhima*, Dilution (2011), Rn. 5.31 ff.; *Handler*, 106 TMR 639, 672 ff. (2016); BeckOK UMV-*Müller-Broich*, Art. 8, Rn. 526; *Sack*, WRP 1985, 459, 465 f.

[883] Vgl. dies bereits eingestehend *Sack*, WRP 1985, 459, 467, der dennoch am Schutz des Markeninhabers festhalten will, solange die „Gefahr einer Beeinträchtigung der Werbekraft" nicht mit hinreichender Wahrscheinlichkeit ausgeschlossen werden könne und die Verwendung anderer Marken zumutbar sei.

[884] *Tushnet*, 86 Tex. L. Rev. 507, 543 (2008).

ihnen verwässernde Nutzungen dieser Marke vorgeführt wurden,[885] *Kruger/Boshoff* hingegen konnten keinen klar negativen Effekt einer solchen Nutzung feststellen.[886] Hinsichtlich einer Rufbeeinträchtigung deuten marketingtheoretische Studien zur Verbraucherwahrnehmung und dem Einfluss von Markenerweiterungen sowie -allianzen auf die Kernmarke darauf hin, dass der Eindruck der Abnehmer durchaus robust gegenüber derartigen Beeinträchtigungen ist:[887] eine negative Einschätzung der Tochtermarke durch die Verbraucher beeinträchtigt die Mutter- bzw. Kernmarke dann nicht, wenn die Markenerweiterung nicht zur Vorstellung passt, die die Konsumenten von der Muttermarke haben.[888] Nichts anderes wird gelten, wenn die Verbraucher schon gar nicht von einer Zeichennutzung mit Einverständnis des Markeninhabers ausgehen.[889] Erkennen die Verbraucher mangels Verwechslungsgefahr, dass keine Verbindung zwischen der bekannten Marke und dem dritten Zeichen vorliegt, ist eine Übertragung einer negativen Einstellung auf die bekannte Marke unwahrscheinlich.[890] Sie verknüpfen ihre enttäuschenden Erfahrungen nicht mit der bekannten Marke und machen ihren Inhaber nicht für die schlechte Produktqualität verantwortlich.[891] Auch ob negative externe Effekte entstehen können, indem die bekannte Marke in einen nachteiligen, zB. obszönen oder lächerlichen Zusammenhang gestellt wird, ist unklar. Jüngere Studien werfen auch hieran Zweifel auf.[892] Das Erwähnen der bekannten Marke in einem

---

[885] *Macias/Cerviño*, 21 Span. J. Marketing 1, 10 f. (2017), wobei der Verwässerungseffekt anhand des Brand-Equity untersucht wurde.

[886] *Kruger/Boshoff*, 24 Manag. Dynamics 50, 62 f. (2015) fanden anhand der Brand-Attitude, einem Teilkonstrukt des Brand-Equity, positive Effekte (ua. auf die Gedanken und Gefühle der Teilnehmer zur bekannten Marke), wie auch negative Effekte verwässernder und rufschädigender Nutzungen.

[887] Vgl. dazu die ausf. Nachweise bei *Handler*, 106 TMR 639, 679 f. (2016); *Lemley/McKenna*, 62 Stan. L. Rev. 413, 429 ff. (2010); *McKenna*, 95 Iowa L. Rev. 63, 104 f. (2009); *Tushnet*, 86 Tex. L. Rev. 507, 543 Fn. 177 (2008).

[888] *Lemley/McKenna*, 62 Stan. L. Rev. 413, 429 ff. (2010); *McKenna*, 95 Iowa L. Rev. 63, 104 f., 114 ff. (2009).

[889] *Handler*, 106 TMR 639, 679 f. (2016); *Tushnet*, 86 Tex. L. Rev. 507, 544 (2008).

[890] *Handler*, 106 TMR 639, 679 f. (2016); *Lemley/McKenna*, 62 Stan. L. Rev. 413, 430 (2010); *dies.* 109 Mich. L. Rev. 137, 158 (2010); *McKenna*, 95 Iowa L. Rev. 63, 104 f., 114 ff. (2009); *Tushnet*, 86 Tex. L. Rev. 507, 543 f. (2008).

[891] *McKenna*, 95 Iowa L. Rev. 63, 114 f. (2009).

[892] *Boshoff*, 25 J. Prod. & Brand Manag. 196, 201 ff. (2016) zeigte Studienteilnehmern Werbeanzeigen bekannter Marken in unveränderter Fassung sowie in einer rufschädigenden Abwandlung, wobei die rufschädigenden Fassungen nur neutrale Reaktionen hervorriefen; wurde zuerst die rufschädigende und danach die unveränderte Werbeanzeige gesehen, waren die Gehirnaktivitäten sogar stärker positiv als im umgekehrten Fall; *Buccafusco/Heald/Bu*, 94 Wash. U. L. Rev. 341, 373 ff., 377 f., 381 ff., 385 ff. (2017) zeigten den Studienteilnehmern paarweise 30 Poster unterschiedlicher, bekannter Filme, wobei einige Poster-Varianten pornografisch auf einen ebenfalls zur Wahl stehenden, bekannten Film anspielten (bspw. „The Da Vinci Load" statt „The Da Vinci Code"); diejenigen, die das pornografische Poster

anrüchigen Kontext muss das Konsumbedürfnis hinsichtlich dieser Markenprodukte nicht beeinträchtigt, sondern kann es sogar erhöhen.[893]
Damit ist empirisch nicht klar belegt, dass eine verwässernde oder rufbeeinträchtigende Markennutzung die Wahrnehmung der bekannten Marke durch
die Verbraucher unmittelbar beeinträchtigt. Bekannte Marken sind in der Realität vor einer Rufbeeinträchtigung weitgehend – auch jenseits rechtlicher Regelungen – geschützt.[894] Die Aktivitäten Dritter verursachen in diesem Fall
keine negative Externalitäten zulasten des Markeninhabers. Die theoretische
Begründung der Property Rights-Theorie für einen Schutz vor Verwässerung
und Rufbeeinträchtigung erfordert daher nicht nur die Prämisse einer normativen Schutzwürdigkeit des Markeninhabers, ihr fehlt es auch an empirischen
Nachweisen für die Notwendigkeit des Schutzes.

b) Anreiz zum Aufbau bekannter Marken

Daneben wird ein Markenschutz vor Verwässerung und Rufbeeinträchtigung
mit einem Anreiz zur Schaffung starker Marken begründet.[895] Die Verwendung
bekannter Marken ist Dritten schnell und zu geringfügigen Kosten möglich,
sodass sie gegenüber der zeit- und ressourcenintensiven Schaffung und Etablierung eines eigenen Zeichens vorzugswürdig erscheine.[896] Aufgrund der hohen Schädigungswahrscheinlichkeit verringere sich ohne Sanktionsmöglichkeit die Investitionsbereitschaft der Zeicheninhaber.[897] Erst bei einem entsprechenden Schutz könnten sie davon ausgehen, von den Vorteilen der hohen Unterscheidungskraft und Kommunikationsstärke ihrer Marke zu profitieren.[898]
Die Investitionen, die für den Aufbau einer derartigen Kommunikationsstärke
notwendig sind, würden erst dann durch die mit ihr verbundenen Vorteile und
Gewinne aufgewogen. Hierfür sei zwar kein allumfassendes Property Right
notwendig, wohl aber ein über die Verwechslungsgefahr hinausgehender

---

sahen, wählten mit höherer Wahrscheinlichkeit den Originalfilm; in einer Studienerweite-
rung zeigten sich hingegen keine signifikanten Unterschiede mehr.

[893] Vgl. *Buccafusco/Heald/Bu*, 94 Wash. U. L. Rev. 341, 393 f. (2017), die daher dafür
plädieren, dass der Markeninhaber eine negative Veränderung der Konsumentenmeinung
zur bekannten Marke aufgrund der Zeichennutzung nachweisen muss.

[894] *Boshoff*, 25 J. Prod. & Brand Manag. 196, 204 (2016); *Handler*, 106 TMR 639, 680
(2016); *Lemley/McKenna*, 109 Mich. L. Rev. 137, 157 ff. (2010); *Tushnet*, 86 Tex. L. Rev.
507, 543 f. (2008).

[895] Insb. *Chiapetta*, 2003 U. Ill. J. L. Tech. & Pol'y 35, 50, 74.

[896] *Chiapetta*, 2003 U. Ill. J. L. Tech. & Pol'y 35, 57 f., 61 f.; vgl. ferner *Ingerl/Rohnke*,
MarkenG (2010), § 14, Rn. 1292; *Winkhaus*, Zeichenähnlichkeit (2010), S. 160 f.

[897] *Ohly*, in: FS Griss (2011), S. 521, 526; vgl. ähnlich *Fhima*, [2010] IPQ 44, 84, 86;
Ramello, 20 J. Econ. Surveys 547, 555 f. (2006); *Strasser*, 10 Fordham Intell. Prop. Media
& Ent. L.J. 375, 414 f. (2000); *Winkhaus*, Zeichenähnlichkeit (2010), S. 168.

[898] *Chiapetta*, 2003 U. Ill. J. L. Tech. & Pol'y 35, 61 f., 74 f.

Zeichenschutz.[899] Das dahinterstehende Argument der Verhinderung eines Marktversagens setzt jedoch voraus, dass die Schaffung besonders bekannter Marken gesamtwirtschaftlich vorteilhaft und daher wünschenswert ist und die hierfür bereits bestehenden Marktanreize nicht ausreichen. Dies ist aber bisher ungeklärt.[900] Da der Anreizgedanke dennoch maßgeblich zur Begründung eines Schutzes vor Rufausbeutung herangezogen wird, soll auch erst dort[901] die fehlende Tragfähigkeit dieses Arguments ausführlich kritisiert werden.

II. Schutz vor Ausbeutung der Wertschätzung

Der Schutz des Markeninhabers vor der Ausbeutung der Wertschätzung des Zeichens unterscheidet sich vom Schutz vor Verwässerung und Rufschädigung. Er bezieht sich nicht auf die Bestandswahrung des Markenrechtes, sondern auf das Verhalten eines Dritten und billigt dem Markeninhaber hiergegen ein Verbotsrecht zu.[902] Nachfolgend soll seine ökonomische Basis untersucht werden. Dabei wird schnell deutlich, dass sie nicht in der Informationsökonomik liegen kann. Für den weitergehenden Goodwill-Schutz bietet sich allenfalls eine Rechtfertigung mittels der Property Rights-Theorie an, die jedoch erheblichen Einwänden ausgesetzt ist.

1. Informationsökonomik

Die Gefahr einer Irreführung der Nachfrager über den Produktursprung ist kein Kriterium des Rufausbeutungsschutzes. Die bloße Fehlvorstellung der Nachfrager über das Verhältnis von Markeninhaber und Drittem bei der Verwendung eines ähnlichen Zeichens genügt informationsökonomisch nicht für die Anwendung des Markenrechts, sofern die Konsumenten keine negativen Konsequenzen in Form eines Schadens davontragen.[903] Das für den Verwechslungsbereich typische Argument der Vermeidung erhöhter Suchkosten der Marktteilnehmer infolge einer Zuordnungsverwirrung kann für die Rechtfertigung des Rufausbeutungsschutzes gerade nicht fruchtbar gemacht werden.

Der Dritte kann durch sein Verhalten, das markenrechtlich als Trittbrettfahren oder *free riding* eingeordnet wird, Nachfragern auch nutzvolle Informationen transportieren und ihre Suchkosten senken.[904] Liegt trotz Zeichennutzung

---

[899] *Chiapetta*, 2003 U. Ill. J. L. Tech. & Pol'y 35, 50 f., 74 f.

[900] *Cooter/Ulen*, Law & Economics (2016), S. 133; *Prüfer-Kruse*, Interessenschwerpunkte (2010), S. 265 f.

[901] Sogleich § 4 B. II. 2.

[902] Vgl. *Fhima*, [2010] IPQ 44, 55; *dies.*, Dilution (2011), Rn. 1.04, 6.03; *Ohly*, in: FS Griss (2011), S. 521, 526.

[903] *Lemley/McKenna*, 109 Mich. L. Rev. 137, 170, 186 (2010); *dies.*, 62 Stan. L. Rev. 413, 448 f. (2010).

[904] *Bradford*, 23 Berk. Tech. L. J. 1227, 1286 f., 1291 ff. (2008); *Lemley/McKenna*, 109 Mich. L. Rev. 137, 186 f. (2010).

für ähnliche Produkte keine Verwechslungsgefahr vor, kann durch das „Recycling" bekannter Markennamen[905] oder die Anlehnung an ihre Produktverpackungen ein Hinweis auf die angebotene Produktart und -eigenschaften gegeben werden.[906] Obgleich der Zeichennutzer die Anlehnung bewusst wählt, soll damit nicht über die Herkunft der Produkte getäuscht, sondern auf ihre Charakteristika hingewiesen werden.[907] Insbesondere auf Sekundärmärkten wie etwa dem Markt für Merchandising können Anbieter so leichter auf sich aufmerksam machen.[908] Nachfrager erhalten durch die Wahl des Zeichens Informationen über das Produktsortiment des Dritten, ohne selbst Kosten für eine eigene Untersuchung aufbringen zu müssen.[909] Der Schutz der bekannten Marke für Produktfelder, auf denen der Markeninhaber nicht wirtschaftlich aktiv ist, lässt sich allenfalls mit der Signalwirkung des Zeichens rechtfertigen. Die Nutzung könnte dem Markeninhaber vorzubehalten sein, weil auch dort der Einsatz der Marke wegen ihrer Signalwirkung vorteilhaft wäre und damit Suchkosten reduziert.[910] Solange er auf diesen Feldern jedoch nicht wirtschaftlich aktiv ist und die Marke keine Bedeutung hat, wird sie ohne Not dem frei verfügbaren Zeichenschatz entzogen und kann die Suchkosten der Allgemeinheit erhöhen.[911] Es müsste folglich nach der Attraktivität oder Wahrscheinlichkeit einer entsprechenden Sortimentserweiterung durch den Markeninhaber differenziert werden, um einen ausufernden Markenschutz zu verhindern.[912] Damit läuft dieser Aspekt aber letztlich auf den Anreizgedanken hinaus, zu dem im folgenden Abschnitt Stellung genommen wird.

Ein informationsökonomischer Ansatz ist somit nicht geeignet, einen Schutz bekannter Marken vor Rufausbeutung zu rechtfertigen.[913] Lassen sich für die Verwässerung und Rufbeeinträchtigung noch erhöhte „mentale" Suchkosten ins Feld führen, versagt selbst dieses Argument hier. Eine anlehnende

---

[905] Etwa die Verwendung von „CHARBUCKS" für Kaffee in Anlehnung an „STARBUCKS" oder von „GROKSTER" für einen Filesharing-Dienst in Anlehnung an „NAPSTER", vgl. *Beebe/Hemphill*, 92 NYU L. Rev. 1339, 1383 f. (2017); *Bradford*, 23 Berk. Tech. L. J. 1227, 1286 f. (2008).

[906] *Bradford*, 23 Berk. Tech. L. J. 1227, 1294 (2008); *Lemley/McKenna*, 109 Mich. L. Rev. 137, 186 f. (2010); vgl. *Dogan/Lemley*, 41 Hous. L.Rev. 777, 796 (2004).

[907] *Beebe/Hemphill*, 92 NYU L. Rev. 1339, 1384 (2017).

[908] *Prüfer-Kruse*, Interessenschwerpunkte (2010), S. 268 f., 271 f.

[909] *Beebe/Hemphill*, 92 NYU L. Rev. 1339, 1383 (2017); vgl. *Landes/Posner*, IP (2003), S. 206; *Prüfer-Kruse*, Interessenschwerpunkte (2010), S. 271 f.

[910] *Görlich*, Anlehnende Markennutzung (2013), S. 89 ff., 92.

[911] *Carter*, 99 Yale L. J. 759, 766 (1990).

[912] So auch *Görlich*, Anlehnende Markennutzung (2013), S. 92, der das Schutzargument daher nur bei besonderen Umständen des Einzelfalls gelten lassen will.

[913] *Carter*, 13 Harv. J.L. & Pub. Pol'y 99, 105 ff. (1990); *Lemley/McKenna*, 109 Mich. L. Rev. 137, 170 (2010); *Prüfer-Kruse*, Interessenschwerpunkte (2010), S. 33; vgl. auch *Fhima*, Dilution (2011), Rn. 6.09, die aus ökonomischer Perspektive lediglich das Anreizargument anführt.

Zeichennutzung ohne die Gefahr einer Zuordnungsverwirrung kann vielmehr dazu geeignet sein, die Informationskosten der Nachfrager zu senken.

2. *Property Rights-Theorie*

a) *Goodwill-Internalisierung als Investitionsanreiz*

Aussichtsreicher erscheint eine Rechtfertigung mithilfe der Property Rights-Theorie. Ihre Vertreter halten den umfassenden Schutz des Goodwills vor Rufausbeutung mitunter für zwingend erforderlich[914] und begründen ihn mit dem Anreiz zu Investitionen in Image und Prestige des Zeichens und die damit verbundene Schaffung starker Marken.[915] Die Investitionen sind erwünscht, da sie nicht nur Kommunikation und Information als Wettbewerbsfaktoren,[916] sondern auch die Informationsleistung der einzelnen Marke für die Verbraucher stärken.[917] Dies erfolgt durch die Internalisierung externer Effekte: Unternehmen investieren hohe Summen, um die Marke und ein besonders hochwertiges Image zu etablieren. Benutzt ein Dritter ein ähnliches Zeichen für einen anderen Produktbereich, profitiert er von den Investitionen des Markeninhabers, ohne ihn dafür zu entschädigen. Dadurch entstünden externe Effekte, die dem Markeninhaber als demjenigen, der in den Rufaufbau investiert hat, ausschließlich zugeordnet werden sollten, damit sich seine Investition lohne.[918] Der Markengoodwill wird in das Eigentum des Zeicheninhabers gestellt[919] und mit einem Verbotsrecht abgesichert. Ein *free rider*-Verhalten Dritter soll verhindert

---

[914] Vgl. *Eichhammer*, Markenmäßige Benutzung (2008), S. 185 f.; *Lehmann/Schönfeld*, GRUR 1994, 481, 489; *Lunney*, 48 Emory L.J. 367, 417 ff. (1999); *Schluep*, in: FS Pedrazzini (1990), S. 715, 730; *Schönfeld*, Gemeinschaftsmarke (1994), S. 204, 238; *Lemley/McKenna*, 109 Mich. L. Rev. 137, 177 (2010) gehen davon aus, dass ein fehlender Rufausbeutungsschutz den Investitionsanreiz in die „Persönlichkeit" der Marke reduzieren kann, sehen ihn angesichts der Kosten einer Schutzrechtsexpansion aber nicht gerechtfertigt.

[915] *Franklyn*, 56 Hastings L.J. 117, 141 (2004); *Lehmann/Schönfeld*, GRUR 1994, 481, 486, 489; *Schluep*, in: FS Pedrazzini (1990), S. 715, 729; *Schönfeld*, Gemeinschaftsmarke (1994), S. 204, 238; ferner auch GA *Jääskinen*, Schlussanträge vom 24.3.2011, C-323/09, ECLI:EU:C:2011:173, Rn. 50 – *Interflora*; argumentieren *Landes/Posner*, 30 J. L. & Econ. 265, 307 (1987); *dies.*, 78 TMR 267, 304 (1988) noch für einen Schutz vor Rufausbeutung, lehnen sie ihn später in *dies.*, IP (2003), S. 208 f. letztlich ab.

[916] *Lehmann/Schönfeld*, GRUR 1994, 481, 486.

[917] *Landes/Posner*, 30 J. L. & Econ. 265, 307 (1987); *dies.*, 78 TMR 267, 304 (1988); *Schluep*, in: FS Pedrazzini (1990), S. 715, 729; *Schönfeld*, Gemeinschaftsmarke (1994), S. 204, 238.

[918] *Landes/Posner*, 30 J. L. & Econ. 265, 307 (1987); *dies.*, 78 TMR 267, 304 (1988); *dies.*, IP (2003), S. 207; *Lehmann*, GRUR Int. 1986, 6, 15; *Van den Berg/Lehmann*, GRUR Int. 1992, 588, 592 f.

[919] *Bently et al.*, IP Law (2018), S. 886; *Bone*, 86 B. U. L.Rev. 547, 567 ff. (2006).

werden.[920] Vielmehr erhält der Markeninhaber die Möglichkeit, durch eine Lizenzierung seines Zeichens für Produktmärkte, auf denen er nicht selbst aktiv ist, zusätzliche Einnahmen zu generieren.[921]

b) Kritik

Die hieran geäußerte Kritik stützt sich im Wesentlichen auf zwei Punkte: Zum einen sei die Setzung eines derartigen Investitionsanreizes nicht notwendig. Zum anderen sei grundsätzlich unklar, ob umfangreiche Markenimages zu Effizienzsteigerungen führen und daher förderungswürdig sind.

Einem umfassenden Schutz des Goodwills wird entgegengehalten, dass die damit erfolgende Gleichstellung des Markenrechts mit anderen Immaterialgüterrechten nur dann gerechtfertigt sei, wenn die Verwertungsbefugnis notwendiger Anreiz zur Schaffung des Immaterialgutes ist und dessen Förderung zur sozialen Wohlfahrt beiträgt.[922] Gerade dies ist – anders als etwa beim Patent, das im verkauften Produkt enthalten ist – bei der Marke nicht der Fall, da sie sich von den damit versehenen und verkauften Produkten trennen lässt.[923] Die Marktstruktur bewirkt eine andere Anreizstruktur:[924] Die Entwicklung eines Kennzeichens ist bereits ein Markterfordernis zur Unterscheidung eigener Produkte.[925] Die Absatzvorteile, die mit einer etablierten Marke verbunden und bereits durch den Schutz der Herkunftsfunktion gesichert sind, genügen als Anreiz für Investitionen in gute Produkte und das Markenimage.[926] Eine Kompensation über die Amortisationskosten zuzüglich einer angemessenen Prämie hinaus führt zu keinem zusätzlichen Investitionsanreiz[927] und sollte daher auch nicht erfolgen.[928] Vor allem den Schutz für nicht-ähnliche Produkte, in die der Markeninhaber gar nicht investiert, rechtfertigt das Anreizargument nicht.[929]

---

[920] *Franklyn*, 56 Hastings L.J. 117, 141 (2004); *Landes/Posner*, 30 J. L. & Econ. 265, 307 (1987); *dies.*, IP (2003), S. 207; *Schluep*, in: FS Pedrazzini (1990), S. 715, 729; *Schönfeld*, Gemeinschaftsmarke (1994), S. 204.

[921] *Beebe/Hemphill*, 92 NYU L. Rev. 1339, 1391 f. (2017).

[922] *Fhima*, Dilution (2011), Rn. 6.12; *Griffiths*, in: TMB (2008), S. 241, 264.

[923] *Dreyfuss*, 65 Notre Dame L.Rev. 397, 408 (1990).

[924] *Griffiths*, in: TMB (2008), S. 241, 264; *Lemley*, 108 Yale L.J. 1687, 1694 f. (1999); *Lemley/McKenna*, 109 Mich. L. Rev. 137, 174 (2010).

[925] *Dreyfuss*, 65 Notre Dame L.Rev. 397, 408 (1990).

[926] *Dreyfuss*, 65 Notre Dame L.Rev. 397, 408 (1990); *Fhima*, Dilution (2011), Rn. 6.12; *Gangjee/Burrell*, 73(2) MLR 282, 290 (2010); *Lemley*, 108 Yale L.J. 1687, 1694 f. (1999); *Lemley/McKenna*, 109 Mich. L. Rev. 137, 174, 176 f. (2010); *Ohly*, 41(5) IIC 506, 518 (2010); *ders.*, in: FS Griss (2011), S. 521, 526.

[927] Vgl. *Frischmann/Lemley*, 107 Columb. L.Rev. 257, 276 f. (2007) mit Bezug auf das Patent- und Urheberrecht.

[928] *Barnes*, 10 Yale J. L. & Tech. 1, 21 (2007).

[929] Vgl. *Lemley/McKenna*, 109 Mich. L. Rev. 137, 174 (2010).

Darüber hinaus bestehen noch weitere, ausreichende Anreize.[930] Dass Investitionsanreize ohne Ausbeutungsschutz leiden würden, ist nicht plausibel und empirisch eher widerlegt als erwiesen.[931]

Ein positives Markenimage kann zudem neben Investitionen in das Produkt selbst durch erhebliche Werbeaufwendungen entstehen. Ob diese aber überhaupt wohlfahrtsökonomisch wünschenswert sind und daran ein gesellschaftliches Interesse besteht, das eine Anreizsetzung legitimiert, ist nach wie vor ungeklärt.[932] Anstatt die Suchkosten weiter zu senken, können Marken mit hohem Goodwill und einem besonderen Image den Verbraucher mit emotionsgeladenen Botschaften von der tatsächlichen Produktqualität ablenken.[933] Die Folge können Preisdifferenzen in Form verminderter Nachfrageelastizität[934] sein, weil andere Produkte trotz objektiv ähnlicher Beschaffenheit als weniger bedürfnisbefriedigend empfunden und daher gemieden werden.[935] Die Markttransparenz wird dadurch gesenkt und Verbraucher wählen ein für sie suboptimales Produkt. Zusätzlich behindern die so entstehenden Marktzutrittsschranken den Nachahmungswettbewerb.[936] Auch das Argument möglicher Lizenzeinnahmen überzeugt nicht. Sind auf dem Markt für nicht-ähnliche Produkte alle bekannten Marken untereinander austauschbar, würde angesichts der Vielzahl bekannter Marken der Wettbewerb zwischen den Markeninhabern die

---

[930] *Griffiths*, in: TMB (2008), S. 241, 264; *Fhima*, Dilution (2011), Rn. 6.13 führt den First-Mover-Advantage an und hält es für unrealistisch, dass die bloße Möglichkeit dritter Free-Rider den Markeninhaber letztlich vom Produktabsatz abhält; *Landes/Posner*, IP (2003), S. 208 weisen darauf hin, dass der Inhaber im eigenen Interesse in seine Marke investieren wird, um eine Verwandlung des Zeichens in einen beschreibenden Begriff oder eine Gattungsbezeichnung zu vermeiden und die Unterscheidungskraft zu wahren.

[931] *Gangjee/Burrell*, 73(2) MLR 282, 290 Fn. 44 (2010); *Ohly*, in: FS Griss (2011), S. 521, 526; *Paulus*, Markenfunktionen (2014), S. 57 f.; dies zeigt sich schon allein dadurch, dass ein Kollaps der US-Markenindustrie oder des dortigen Marktes für Luxusgüter trotz fehlendem gesetzlichem Rufausbeutungsschutz bislang ausblieb.

[932] *Bone*, 86 B. U. L.Rev. 547, 620 (2006); *Cooter/Ulen*, Law & Economics (2016), S. 133; *Fhima*, Dilution (2011), Rn. 6.12; *Prüfer-Kruse*, Interessenschwerpunkte (2010), S. 265 f.; *Spence*, 58 CLP 491, 502 (2005).

[933] Grdl. *Brown*, 57 Yale L. J. 1165, 1181 ff. (1948); *Carter*, 99 Yale L. J. 759, 768 (1990); *Bone*, 86 B. U. L.Rev. 547, 619 (2006); *Griffiths*, TMB, S. 241, 252; *Henning-Bodewig/Kur*, Marke und Verbraucher (1988), S. 120, 149; *Ohly*, 41(5) IIC 506, 518 (2010); *Sattler*, ZGE 2011, 304, 324; *Spence*, 58 CLP 491, 502 (2005).

[934] Preiselastizität beschreibt die prozentuale Veränderung der Nachfrage nach einem Gut, wenn sich sein Preis um ein Prozent nach oben oder unten verändert, und gilt als Maß für die Verbraucherreaktion auf Preisänderungen, *Varian*, Mikroökonomik (2016), S. 304.

[935] *Henning-Bodewig/Kur*, Marke und Verbraucher (1988), S. 51 f.; *Loewenheim*, Warenzeichen (1970), S. 65.

[936] *Loewenheim*, Warenzeichen (1970), S. 270; *Görlich*, S. 76 ff. mwN.; *Schmidt/Haucap*, Wettbewerbspolitik (2013), S. 83 f.; eine Marktzutrittsschranke durch den Markengoodwill verneinend *Bagwell*, in: Industrial Organization (2007), S. 1798 ff., 1803; *v.Weizsäcker*, Barriers to Entry (1980), S. 99 f., 117 ff.

Lizenzgebühr minimieren.[937] Gleichzeitig müssten aber die Markeninhaber wegen der Risiken für ihr Image eine hohe Gebühr verlangen.[938]

Schließlich kann das Anreiz-Argument – selbst wenn es grundsätzlich Bestand haben sollte – keinen so umfassenden Goodwillschutz begründen.[939] Stets müssen die Vorteile der Zuweisung eines Property Rights die damit verbundenen Nachteile überwiegen.[940] Ein Bekanntheitsschutz darf nicht nur im privaten Interesse des Markeninhabers, sondern muss gleichzeitig auch im Interesse der Allgemeinheit liegen.[941] Dass dies der Fall ist, wird angesichts einer Vielzahl sozial nützlicher Handlungsmöglichkeiten auch jenseits der soeben beschriebenen Gefahren umfangreicher Markenimages angezweifelt. Ohne den Markeninhaber zu schädigen könnten Anbieter vom Goodwill profitieren, indem sie sich anknüpfend an das Image der bekannten Marke eigene Werbeausgaben ersparen oder Merchandising-Artikel anbieten.[942] Verbraucher könnten durch sog. Look- oder Smell-alikes von einer erhöhten Produktauswahl bei geringeren Preisen profitieren.[943] Neben dem Verlust wirtschaftlicher Möglichkeiten gehören zu den Kosten der umfangreichen Rechtszuweisung auch die gesteigerten Rechtsdurchsetzungskosten, Transaktionskosten im Fall der Markenlizenzierung sowie der sozialen Kosten der Schutzrechtsrecherche.[944]

III. Zwischenfazit und Stellungnahme

1. Ökonomische Rechtfertigung fragwürdig

Sowohl der Informationsökonomik als auch dem Property Rights-Ansatz gelingt eine ökonomische Rechtfertigung des Schutzes der bekannten Marke nur in Teilen. Beide Theorien können herangezogen werden, um den Markenschutz vor einer Beeinträchtigung ihrer Unterscheidungskraft bzw. Wertschätzung zumindest abstrakt zu begründen. Hier geht es darum, den Bestand der Marke zu wahren und sie vor externen, negativen Einflüssen zu schützen.

---

[937] *Landes/Posner*, IP (2003), S. 208; auch *Beebe/Hemphill*, 92 NYU L. Rev. 1339, 1392 f. (2017) messen dem Lizenzkostenargument letztlich nur theoretisches Gewicht zu.

[938] *Klerman*, 74 Fordham L. Rev. 1759, 1768 (2006).

[939] *Bone*, 86 B. U. L.Rev. 547, 619 f. (2006); *Gangjee/Burrell*, 73(2) MLR 282, 290 (2010).

[940] Grdl. *Demsetz*, 57 Am. Econ. Rev. 347, 350 (1967).

[941] *Lemley*, 108 Yale L.J. 1687, 1705 (1999); *Ohly*, in: FS Loschelder, S. 265, 267; *ders.*, in: FS Griss (2011), S. 521, 526; *Paulus*, Markenfunktionen (2014), S. 71; vgl. *Klippel*, WRP 1986, 697, 705.

[942] *Görlich*, Anlehnende Markennutzung (2013), S. 96 f. mwN.

[943] *Ohly*, 41(5) IIC 506, 517 f. (2010); *Prüfer-Kruse*, Interessenschwerpunkte (2010), S. 268 ff.; *Scott/Oliver/Ley-Pineda*, in: TMB (2008), S. 285, 297; vgl. *Sattler*, ZGE 2011, 304, 326; *Lemley/McKenna*, 109 Mich. L. Rev. 137, 162 ff. (2010) mit empirischen Belegen, dass Dritte von der Verwendung bekannter Marke auf neuen Märkten profitieren können.

[944] *Barnes*, 10 Yale J. L. & Tech. 1, 15 (2007); *Görlich*, Anlehnende Markennutzung (2013), S. 95; *Lemley*, 108 Yale L.J. 1687, 1696 (1999).

Informationsökonomisch kann eine verwässernde oder rufbeeinträchtigende Nutzung die Unterscheidungskraft der Marke schwächen und dadurch ihre Einzigartigkeit auflösen. Dies zu verhindern, knüpft an den Grundgedanken des klassischen Markenschutzes an: die Bewahrung der Unterscheidungs- und Herkunftsfunktion.[945] Müssen die Verbraucher länger nachdenken, um die bekannte Marke mit ihren zugehörigen Produkten zu assoziieren, verursacht dies zusätzliche „interne" bzw. „mentale" Suchkosten. Allerdings bewegen sich die festgestellten Verzögerungen im Millisekundenbereich. Zusätzlich sind die Studien erheblichen methodischen Bedenken ausgesetzt, sodass die Messergebnisse tatsächlich nicht auf eine Markenverwässerung, sondern den psychologischen „priming-effect" zurückzuführen sein könnten.

Auch eine rufbeeinträchtigende Nutzung muss nicht per se zu höheren Suchkosten der Nachfrager führen. Sie erfüllt ihren herabwürdigenden Zweck erst dann, wenn der Empfänger der Botschaft den Zusammenhang zwischen dem genutzten Zeichen und der bekannten Marke erkennt. In diesem Fall wird die Zuordnungsfähigkeit der Nachfrager hinsichtlich der bekannten Marke informationsökonomisch aber eher gestärkt denn geschwächt. Dies berücksichtigt auch der EuGH, wenn er eine Beeinträchtigung der Marke durch Verwässerung dann verneint, wenn der angemessen aufmerksame Verbraucher die fehlende geschäftliche Verbindung zwischen Drittem und Markeninhaber erkennt.[946] Darüber hinaus kann eine Zeichennutzung trotz rufbeeinträchtigender Wirkung Angaben zu Produkt- oder Unternehmensaspekten liefern und das Informationsniveau der Nachfrager und die Markttransparenz erhöhen. Der Schutz vor Rufbeeinträchtigung lässt sich damit informationsökonomisch nicht pauschal begründen.

Die Property Rights-Theorie sieht den im erworbenen Goodwill der Marke verkörperten Kommunikationswert als positive Externalität, die dem Markeninhaber aufgrund daraus resultierender Effizienzgewinne zuzuweisen ist. Verwässernde oder rufbeeinträchtigende Zeichennutzungen sind Externalitäten, die sich negative auf den Marken-Goodwill auswirken. Ihn zu schützen und dem Markeninhaber einen Investitionsanreiz zu geben, ist das Ziel. Im Gegensatz zum informationsökonomischen Ansatz kann damit vor allem der Schutz vor Rufbeeinträchtigung erfasst werden. Intuitiv erscheint ein Verlust der Wertschätzung der bekannten Marke plausibel, wenn Verbraucher negative Produkterfahrungen unter einem ähnlichen Zeichen machen, das sie mit ihr verknüpfen. Marketingtheoretische Studien implizieren jedoch die Fähigkeit zur mentalen Trennung der Zeichen, sodass ein Automatismus zwischen

---

[945] Vgl. *Gangjee/Burrell*, 73(2) MLR 282, 294 (2010); *Paulus*, Markenfunktionen (2014), S. 71.

[946] Vgl. EuGH, Urt. v. 22.9.2011, C-323/09, ECLI:EU:C:2011:604, Rn. 81, 83 = GRUR 2011, 1124 – *Interflora*; *Ohly*, GRUR 2011, 1131, 1132 erhält dadurch aber zurecht den Eindruck, die Verwässerungsgefahr gehe ganz in der Verwechslungsgefahr auf.

negativer Verbrauchererfahrung, gedanklichem In-Verbindung-Bringen und Wertschätzungsverlust der bekannten Marke nicht angenommen werden kann. Auch dass eine Verwendung der bekannten Marke in einem abschätzigen Kontext zu einem Goodwill-Verlust bei den Verbrauchern führt, wurde in Studien noch nicht klar nachgewiesen.

Das ökonomische Fundament des Schutzes vor Beeinträchtigung der Unterscheidungskraft und Wertschätzung ist damit nur bedingt tragfähig. Hinzu kommt, dass theoretisch eine Vielzahl von Zeichennutzungen den Signaleffekt der bekannten Marke – wenn auch nur marginal – beeinträchtigen und negative Effekte hervorrufen können. Hierüber könnte sich der Markeninhaber umfassend gegen Zeichennutzungen zur Wehr setzen, was neben Wohlfahrtsverlusten erhebliche Rechtsverfolgungskosten verursachen würde. Für eine Beeinträchtigung der Unterscheidungskraft der bekannten Marke muss daher zusätzlich dargetan werden, dass in Folge der Benutzung des dritten Zeichens zumindest die Gefahr einer künftigen Veränderung des wirtschaftlichen Verhaltens des Durchschnittsverbrauchers besteht.[947] Diese Einschränkung auf wesentliche Beeinträchtigungen vermeidet eine Ausuferung des Verwässerungsschutzes,[948] indem Nutzungen unterhalb einer Bagatellschwelle ausgeklammert werden. Die erhöhten Beweisanforderungen verhindern, dass sich der Inhaber seiner bekannten Marke in unlauterer Weise bemächtigt und dadurch dem Wettbewerb schaden könnte.[949] Durch seine restriktive Auslegung sichert der EuGH prozessual die Interessen anderer Marktteilnehmer und trägt den im Rahmen der Rechtfertigungsanalyse aufgetretenen Bedenken Rechnung.

Noch weniger überzeugend ist die Begründung des Schutzes vor Ausbeutung der Wertschätzung. Hier geht es nicht mehr um die Bestandswahrung, sondern um die Verhinderung eines Verhaltens Dritter, durch das sie vom Ruf der bekannten Marke und den Investitionen ihres Inhabers profitieren, ohne dafür einen Ausgleich zu erbringen. Die Informationsökonomik vermag diesen Schutz nicht zu rechtfertigen: Wird lediglich der Marken-Goodwill ausgebeutet, ohne gleichzeitig die Verbraucher irrezuführen, beeinflusst dies weder Suchkosten noch Markttransparenz negativ. Etwa in Form des „Recyclings" bekannter Marken können Dritte auf Sekundärmärkten Hinweise zu ihren Produkten aussenden und die Informationslage der Nachfrager verbessern. Dass der informative Wert der Marke genutzt wird, ohne ihn zu verfälschen, ist aus

---

[947] EuGH, Urt. v. 27.11.2008, C-252/07, ECLI:EU:C:2008:655, Rn. 71, 77 = GRUR 2009, 56 – *Intel*; Urt. v. 14.11.2013, C-383/12 P, ECLI:EU:C:2013:741, Rn. 34, 37, 40 = GRUR Int. 2014, 1038 – *Wolfskopf*.

[948] BeckOK MarkenR-*Mielke*, § 14 MarkenG, Rn. 544; vgl. *Fhima*, Dilution (2011), Rn. 4.113; *Paulus*, Markenfunktionen (2014), S. 71 f.

[949] Vgl. EuGH, Urt. v. 14.11.2013, C-383/12 P, ECLI:EU:C:2013:741, Rn. 40 f. = GRUR Int. 2014, 1038 – *Wolfskopf*.

dieser Sicht sogar wünschenswert und förderungswürdig.[950] Häufig zur Rechtfertigung herangezogen wird stattdessen der Property Rights-Ansatz. Mit der
Internalisierung des Marken-Goodwills will er einen Investitionsanreiz zur
Schaffung informationsstarker Marken bieten. Diese umfassende Zuweisung
sieht sich erheblicher Kritik ausgesetzt. Sie bezieht sich nicht nur auf die un-
geklärte Frage, ob emotionsbetonte Markenimages als Investitionsergebnis aus
Sicht der Gesamtwohlfahrt überhaupt wünschenswert und damit förderungswürdig sind. Ihr Ausgangpunkt ist die grundlegende Allokationsregel, dass die
Vorteile der Rechtszuweisung ihre Nachteile überwiegen müssen. Dabei sollen
nur so viele Investitionsanreize gegeben werden, dass die Anbieter ihre Pro-
duktionskosten und einen vernünftigen Profit zurückerhalten und wie zur Verhinderung eines Marktversagens notwendig sind.[951] Mit der durch den Zuordnungsschutz abgesicherten Herkunftsfunktion und den allgemeinen Absatzaus-
sichten und -vorteile bestehen bereits hinreichende Investitionsanreize. Ein
weitergehendes Recht kann vor den Nachteilen seiner Zuweisung in Form der
dadurch entstehenden Kosten nicht gerechtfertigt werden.

Die detaillierte Untersuchung des Bekanntheitsschutzes hat gezeigt, dass es
mit der Entfernung vom Gedanken des Zuordnungsschutzes zu einer starken
Fokussierung auf den Markeninhaber kommt. Anders als im Identitäts- und
Verwechslungsbereich, wo Kostenersparnisse der Konsumenten Ursache der
Effizienzsteigerung (und damit Argument der Rechtszuweisung) sind, bleiben
sie hier außer Betracht. Jedenfalls das Verbot der Rufausbeutung kann zu einer
Überkompensation des Markeninhabers führen. In diesem Zusammenhang
werden die bereits von der monopolistischen Wettbewerbstheorie geäußerten
Bedenken deutlich, Markenschutz könne zu Monopolpreisen und künstlicher
Marktaufteilung führen.[952] Wird hiergegen lediglich auf eine Qualitätskontrolle und den gleichzeitigen Schutz vor Verbrauchertäuschung (der beim Rufausbeutungsschutz aber gerade keine Rolle spielt) verwiesen,[953] überzeugt das
nicht.[954] Die Wohlfahrtsverluste durch das Verbot der Markennutzung für unähnliche Produkte sind in Anbetracht der nicht unbegrenzten Anzahl freier,
wirtschaftlich sinnvoll nutzbarer Zeichen nicht zu unterschätzen.[955] Angesichts

---

[950] *Barnes*, 5 Nw. J. Tech. & Intell. Prop. 22, 29, 50 (2006); *Dogan/Lemley*, 41 Hous.
L.Rev. 777, 795 (2004); *Spence*, 58 CLP 491, 510 (2005).

[951] *Bone*, 86 B. U. L.Rev. 547, 619 (2006); *Görlich*, Anlehnende Markennutzung (2013),
S. 84; *Griffiths*, in: TMB (2008), S. 241, 264; *Lemley*, 83 Tex. L. Rev. 1031, 1046 ff., 1057,
1064 f. (2005).

[952] Vgl. *Chamberlin*, Monopolistic Competition (1962), S. 270 ff.

[953] *Landes/Posner*, IP (2003), S. 173.

[954] *Prüfer-Kruse*, Interessenschwerpunkte (2010), S. 265; vgl. auch *Görlich*, Anlehnende
Markennutzung (2013), S. 77, Fn. 383.

[955] Insbesondere früher war die Annahme, es herrsche ein schier unerschöpfbarer Vorrat
frei verfügbarer Zeichen, weit verbreitet, vgl. nur *Carter*, 99 Yale L. J. 759, 769 (1990).;
Landes/Posner, 30 J. L. & Econ. 265, 274 (1987); *dies.*, IP (2003), S. 172; das mag zwar

der kulturellen Bedeutung von Marken[956] unterschlägt die vollständige Zuweisung aller Vorteile an den Markeninhaber auch den Anteil der Verbraucher, den diese an der Entwicklung des Markengoodwills und -images haben.[957] Daher kann ein genereller Nutzungsvorbehalt zu Gunsten des Markeninhabers nicht als pareto-optimal bezeichnet werden.[958] Insgesamt vermag es weder die Informationsökonomik, noch die Property Rights-Theorie, den Schutz der bekannten Marke überzeugend zu rechtfertigen. Insbesondere die intensiv bemühte Begründung des Rufausbeutungsschutzes mithilfe des Anreizargumentes der Property Rights-Theorie gelingt in Anbetracht der umfangreichen Kritik nicht.[959] Die Kritik offenbart dabei die grundsätzliche Schwäche der Property Rights-Theorie, ihre fehlende Aussagekraft zur *normativen Schutzwürdigkeit* einer wirtschaftlichen Position:[960] Die günstige Wettbewerbsposition, die der Inhaber einer bekannten Marke hat und die zukünftigen wirtschaftlichen Erfolg verkörpert, mit einem Zuweisungsgehalt zu versehen, kann in einer marktwirtschaftlichen Wettbewerbsordnung bedenklich sein. Eine Berechtigung, das Partizipieren am Erfolg anderer nur zur zukünftigen Erfolgsabsicherung zu untersagen, ist einer am Leitbild des (unverfälschten) Wettbewerbs ausgerichteten Wirtschaftsordnung fremd. Vielmehr verfestigt der dadurch erzielte Erfolgsschutz bestehende Strukturen. Das gilt auch für den Schutz der bekannten Marke gegen Ausnutzung ihrer Wertschätzung. Diese konzeptionelle Schwäche hat nicht nur zur Folge, dass eine Übertragung anreizbasierter Ansätze mit Vorsicht zu erfolgen hat.[961] Dem Drang, jegliche positive Externalität zu internalisieren, sollte nicht stets nachgegeben werden.[962] Kommt es weder zu einer Zuordnungsverwirrung, noch zu einer Schädigung des Markeninhabers, können sie als *spillover* zum Gemeinwohl beitragen.[963]

---

theoretisch stimmen, dass Unternehmen praktisch aber erhebliche Schwierigkeiten haben, ein freies und zudem wirtschaftlich sinnvoll nutzbares Zeichen zu finden, zeigen empirisch *Beebe/Fromer*, 131 Harv. L.Rev. 945 (2018); *Bently et al.*, IP Law (2018), S. 852.

[956] Dazu vgl. *Dreyfuss*, 65 Notre Dame L.Rev. 397, 400 ff. (1990).

[957] Vgl. *Gangjee*, in: Property in IP Law (2013), S. 29, 57; *Gangjee/Burrell*, 73(2) MLR 282, 291 (2010).

[958] *Görlich*, Anlehnende Markennutzung (2013), S. 95; das reine Ausnutzen des Images ohne Beeinträchtigungen oder Verwechslungen halten sogar für pareto-optimal *Bone*, 86 B. U. L. Rev. 547, 618 ff. (2006); *Klerman*, 74 Fordham L. Rev. 1759, 1760, 1771 ff. (2006) und GA *Jääskinen*, Schlussanträge vom 24.3.2011, C-323/09, ECLI:EU:C:2011:173, Rn. 94 – *Interflora*; in diese Richtung auch *Lemley/McKenna*, 109 Mich. L. Rev. 137, 186 (2010).

[959] So auch *Ohly*, 41(5) IIC 506, 518 (2010).

[960] Auch zum Folgenden *Rößler*, GRUR 1995, 549, 554.

[961] *Bone*, 86 B. U. L. Rev. 547, 619 (2006);

[962] *Gangjee/Burrell*, 73(2) MLR 282, 289 (2010); *Lemley*, 83 Tex. L. Rev. 1031, 1055 1057 f. (2005).

[963] *Lemley/McKenna*, 109 Mich. L. Rev. 137, 184 ff. (2010); vgl. *Barnes*, 10 Yale J. L. & Tech. 1, 32 ff., 42 (2007); grdl. zu Spillovers, auch mit Blick auf das Patent- und Urheberrecht *Frischmann/Lemley*, 107 Columb. L.Rev. 257 (2007).

2. Dennoch: Bekanntheitsschutz de lege lata

Ungeachtet der deutlich gewordenen ökonomischen Begründungsdefizite ist die Entscheidung des europäischen Gesetzgebers für einen erweiterten Schutz der bekannten Marke gegen Verwässerung, Rufbeeinträchtigung sowie Rufausbeutung zu akzeptieren.[964] De lege lata können wirtschaftlich vorteilhafte Nutzungen anderer Marktakteure, an denen ein schutzwürdiges Interesse besteht, über die Merkmale „ohne rechtfertigenden Grund" und „in unlauterer Weise" Berücksichtigung finden.[965] Beide Tatbestandsmerkmale können einer umfassenden Interessenabwägung dienen, um den Schutz auf Rechtsdurchsetzungsebene zu Gunsten des „gesunden und lauteren Wettbewerbs"[966] nachzujustieren. Eine Vermutung dafür, dass die Abwägung vor allem bei Nutzung fremder Marken für ungleichartige Produkte zu Gunsten des Markeninhabers ausfällt, gibt es nicht.[967] Vielmehr hat der EuGH erst kürzlich ausdrücklich auf die Notwendigkeit einer solchen Prüfung hingewiesen.[968] Indem er dabei die erforderliche Unlauterkeit betont, führt er den Markenschutz weg von einem Property Rights-basierten Ansatz und macht wieder die Nähe zu wettbewerbsrechtlichen Erwägungen deutlich.[969]

C. Übertragung auf die Gewährleistungsmarke

Die Ergebnisse der ökonomischen Analyse werden nun auf die bekannte Gewährleistungsmarke übertragen und mögliche Auswirkungen der geänderten Hauptfunktion auf das Verständnis der Tatbestandsmerkmale identifiziert.

I. Gedankliche Verknüpfung

Da die gedankliche Verknüpfung der Verkehrskreise von drittem Zeichen und bekannter Marke eine logische und von der Markenkategorie unabhängige Voraussetzung dafür ist, dass die Zeichennutzung negative Einflüsse auf die bekannte Marke ausüben oder ihr Image ausnutzen kann, ist sie auch für die Gewährleistungsmarke erforderlich. Die Zeichennutzung muss bei der Individualmarke keinen herkunftshinweisenden Charakter mehr haben, wohl aber

---

[964] *Görlich*, Anlehnende Markennutzung (2013), S. 110; *Ohly*, in: FS Griss (2011), S. 521, 528; *Paulus*, Markenfunktionen (2014), S. 74.

[965] *Ohly*, in: FS Griss (2011), S. 521, 527 f.; *Paulus*, Markenfunktionen (2014), S. 74; *Prüfer-Kruse*, Interessenschwerpunkte (2010), S. 318.

[966] EuGH, Urt. v. 22.9.2011, C-323/09, ECLI:EU:C:2011:604, Rn. 91 = GRUR 2011, 1124 – *Interflora*.

[967] *Ohly*, in: FS Griss (2011), S. 521, 527 f.; *Ohly/Kur*, GRUR 2020, 457, 467; *Paulus*, Markenfunktionen (2014), S. 74.

[968] EuGH, Urt. v. 11.4.2019, C-690/17, ECLI:EU:C:2019:317, Rn. 52 = GRUR 2019, 621 – *ÖKO-Test Verlag*; zuvor bereits Urt. v. 6.2.2014, C-65/12, ECLI:EU:C:2014:49, Rn. 53 ff. = GRUR 2014, 280 – *De Vries/Red Bull*.

[969] BeckOK UMV-*Müller-Broich*, Art. 8, Rn. 535; vgl. *Ohly/Kur*, GRUR 2020, 457, 466.

geeignet sein, eine tatbestandsmäßige Beeinträchtigung der bekannten Marke hervorzurufen.[970] Bei aller struktureller Ähnlichkeit zur Verwechslungsgefahr ist die Prüfung damit von der Hauptfunktion der Markenkategorie losgelöst. Ohne Bezug zur Herkunftsfunktion bedarf es keiner Neuausrichtung des Tatbestandsmerkmals für die Gewährleistungsmarke. Auch für sie ist maßgeblich, ob die beteiligten Verkehrskreise einen Zusammenhang zwischen dem Zeichen und der Gewährleistungsmarke sehen, also die beiden gedanklich miteinander verknüpfen, ohne sie jedoch zu verwechseln, oder dass die bekannte Gewährleistungsmarke dadurch in Erinnerung gerufen wird. Daher kann sich im Ergebnis auch die satzungsmäßige Festlegung des Gewährleistungsaussage nicht auf die Prüfung auswirken.

Wenn es für die gedankliche Verknüpfung alleine auf einen Zusammenhang zwischen Gewährleistungsmarke und Zeichen ankommt, ist auch dessen Markenkategorie unerheblich. Die Verknüpfung und die beeinträchtigende Wirkung auf die Gewährleistungsmarke können ebenso durch eine Individual- oder Kollektivmarke ausgelöst werden. Der Schutz der Gewährleistungsmarke gilt daher – wie im Identitäts- und Verwechslungsbereich – unabhängig von der Markenkategorie des konfligierenden Zeichens.

Bei der Individualmarke kann eine gedankliche Verknüpfung mitunter auch bei absoluter Warenunähnlichkeit gegeben sein. Ihrem markenrechtlichen Aussagegehalt nach ist sie nicht auf bestimmte Branchen festgelegt. Der angemessen informierte und aufmerksame Verbraucher kann nicht beurteilen, ob mit der Zeichennutzung eine Expansion des Markeninhabers in weitere Wirtschaftsbereiche verbunden ist, etwa ob er seine bekannte Bekleidungsmarke womöglich auch in der Reise- und Tourismusindustrie einsetzt.[971] Demgegenüber sind die mit der Gewährleistungsmarke garantierten Eigenschaften in der Markensatzung eindeutig festgelegt und vom Inhaber kommuniziert, sodass der Nachfrager eine Vorstellung von ihrem Inhalt hat.[972] Ein Zusammenhang könnte dann fernliegend sein, wenn die Eigenschaft beim gekennzeichneten Produkt gar nicht gegeben sein kann, wenn bspw. die einen nachhaltigen Fischfang signalisierende Marke „MSC"[973] plötzlich für Bekleidung oder

---

[970] EuGH, Urt. v. 23.2.1999, C-63/97, ECLI:EU:C:1999:82, Rn. 38 = GRUR Int. 1999, 438 – *BMW*; Urt. v. 23.10.2003, C-408/01, ECLI:EU:C:2003:582, Rn. 39 f. = GRUR 2004, 58 – *Adidas/Fitnessworld*; BeckOK MarkenR-*Mielke*, § 14 MarkenG, Rn. 541.

[971] Vgl. EuG, Urt. v. 11.4.2019, T-655/17, ECLI:EU:T:2019:241, Rn. 44 f., 49 ff. = BeckRS 2019, 5478 – *ZARA TANZANIA*, das eine Expansion von Bekleidungsmarken auf angrenzende Märkte wie Lebensmittel, Restaurantbetrieb oder die Reise- und Tourismusindustrie für einen aktuellen Trend hält und deshalb eine gedankliche Verknüpfung bejaht.

[972] Zur normativen Betrachtungsweise, der Verbraucher habe tatsächliche Kenntnis der Markensatzung vgl. § 2 A. III. 1.

[973] UGM *MSC* (Nr. 018032783); hingegen existieren auch Gewährleistungsmarken, deren Garantieaussage nicht näher eingrenzbar und eine damit unvereinbare Zeichennutzung nicht direkt erkennbar ist, zB. UGM *TÜV Süd* (Nr. 017277849).

Druckerzeugnisse genutzt wird. Diese Produktfelder haben keinen Bezug zu Fischfang und -verarbeitung. Die Auswirkung einer Waren- und Dienstleistungsunähnlichkeit auf die gedankliche Verknüpfung hinge damit vom Verständnis des maßgeblichen Publikums ab:[974] Erkennt es einen spezifischen Gehalt der Gewährleistungsmarke, müsste dieser einschränkende Berücksichtigung bei der Bestimmung der Produktähnlichkeit und insbesondere bei der Annahme einer gedanklichen Verknüpfung trotz absoluter Warenunähnlichkeit finden. Der Charakter der Gewährleistungsmarke würde sich dann negativ auf ihren Schutzumfang auswirken. Damit erhielt die gedankliche Verknüpfung jedoch einen Bezug zur Gewährleistungsfunktion, wie er bei der Individualmarke im Hinblick auf die Herkunftsfunktion gerade nicht besteht. Das Merkmal dient lediglich der Feststellung einer hinreichenden Einwirkungsmöglichkeit des ähnlichen Zeichens auf die bekannte Marke. Vor dem Hintergrund des mit einer Gewährleistungsmarke verbundenen Vertrauens und dessen Notwendigkeit für informationsökonomische Effizienzvorteile sollte eine Verknüpfung nicht vorschnell abgelehnt werden. Schwerpunkt der Prüfung ist das Vorliegen einer Beeinträchtigung, die unter Berücksichtigung der Interessen der Allgemeinheit und des dritten Zeichennutzers erst bei den nachfolgenden Tatbestandsmerkmalen zu beurteilen ist.

Wie auch bei der Individualmarke ist erforderlich, aber auch ausreichend, dass die bekannte Marke beim Verbraucher in Erinnerung gerufen wird. Für die Beurteilung der gedanklichen Verknüpfung bei absoluter Produktunähnlichkeit ist die Markensatzung daher nicht zulasten der Markenkategorie zu berücksichtigen.[975] Jedenfalls finden hierbei neben der Produktähnlichkeit die auch bei der Individualmarke üblichen, weiteren Kriterien wie der Grad der Zeichenähnlichkeit Beachtung.

II. Schutz vor Beeinträchtigung der Unterscheidungskraft

Der EuGH versteht unter der Verwässerung einer Individualmarke die Schwächung ihrer Eignung, Produkte zu identifizieren, weil die Benutzung des dritten Zeichens zur Auflösung der Identität der Marke und ihrer Bekanntheit beim Publikum führt. Insoweit stellt er auf die Verringerung ihrer Fähigkeit ab, Produkte von denen anderer Hersteller zu unterscheiden und damit auf eine

---

[974] Zur maßgeblichen Verkehrsauffassung und der Relevanz des Verbraucherleitbilds auch bei der Bestimmung der Waren- und Dienstleistungsähnlichkeit vgl. BeckOK MarkenR-*Thalmaier*, § 14 MarkenR, Rn. 273; *Ingerl/Rohnke*, MarkenG (2010), § 14, Rn. 458.

[975] Vgl. BGH, Urt. v. 12.12.2019, I ZR 173/16, Rn. 34, 38 = GRUR 2020, 401 – *ÖKO-TEST I*, wonach für die gedankliche Verknüpfung bei absoluter Produktunähnlichkeit im Zusammenhang mit einem als Individualmarke eingetragenen Testsiegel genügt, dass der Verkehr annehme, die mit dem Testsiegel beworbenen Produkte wurden vom Markeninhaber getestet.

Beeinträchtigung der Herkunftsfunktion ab.[976] Sie wird nicht mehr erfüllt, wenn die Marke zum Gattungsbegriff verkommt. Informationsökonomisch wird damit die Signalstärke und -fähigkeit der Marke geschützt, ohne die sie ihre Botschaft nicht kommunizieren kann.

Zu einer entsprechenden Schwächung der Gewährleistungsmarke kommt es, wenn ihr spezifischer Signalgehalt, der Hinweis auf die gewährleisteten Eigenschaften, verringert wird. Die Verbraucher müssen infolgedessen zusätzliche mentale Suchkosten aufwenden, um die Gewährleistungsaussage zu erkennen. An ihrer Hauptfunktion ausgerichtet liegt eine Beeinträchtigung der Unterscheidungskraft der Gewährleistungsmarke dann vor, wenn ihre Fähigkeit, Produkte, für die der Markeninhaber eine Gewährleistung übernimmt, von solchen zu unterscheiden, für die keine solche Gewährleistung besteht, geschwächt wird, etwa weil die Benutzung der jüngeren Marke zur Auflösung der Identität der älteren Marke und ihrer Bekanntheit beim Publikum führt. Das ist insbesondere dann der Fall, wenn ihr Signalgehalt zu einem rein beschreibenden Begriff für die Bezeichnung der Beschaffenheit oder sonstiger Produktmerkmale iSd. Art. 7 Abs. 1 lit. c) UMVO verringert wird, ohne dass die maßgeblichen Verkehrskreise noch den Gewährleistungscharakter des Zeichens wahrnehmen. Die Nutzung eines dritten Zeichens, die diese Entwicklung fördert, entfaltet negative externe Effekte auf die bekannte Gewährleistungsmarke und wird vom Verbotsrecht des Markeninhabers erfasst.

Da theoretisch eine Vielzahl von Zeichennutzungen den Signaleffekt einer bekannten Marke beeinflussen kann, ist auch bei der Gewährleistungsmarke der Nachweis einer drohenden, künftigen Veränderung des wirtschaftlichen Verhaltens des Durchschnittsverbrauchers notwendig. Er ist bereits für eine Individualmarke schwer zu führen.[977] Für die Gewährleistungsmarke stellt sich die zusätzliche Schwierigkeit, dass ihr Inhaber keine eigenen, mit dem Zeichen versehenen Produkte vertreiben darf. Er müsste eine Verhaltensänderung hinsichtlich der Produkte der lizenznehmenden Hersteller geltend machen. Der Gewährleistungsmarkeninhaber garantiert üblicherweise aber nur ausgewählte Eigenschaften dieser Produkte, alle übrigen liegen im Verantwortungsbereich des Herstellers. Selbst wenn der Gewährleistungsmarkeninhaber umfassende Absatzdaten der mit seinem Zeichen gekennzeichneten Produkte erhält, kann er ohne weitergehende Verbraucherbefragungen nicht ermitteln, ob eine Verhaltensänderung der Verbraucher kausal mit einer Verringerung der Unterscheidungskraft seines Zeichens zusammenhängt oder anderen Ursachen, etwa

---

[976] Ausdrücklich EuGH, Urt. v. 22.9.2011, C-323/09, ECLI:EU:C:2011:604, Rn. 76 = GRUR 2011, 1124 – *Interflora* „Am Ende eines Verwässerungsprozesses ist die Marke nicht mehr in der Lage, bei den Verbrauchern eine unmittelbare gedankliche Verbindung mit einer bestimmten gewerblichen Herkunft hervorzurufen."; auch *Görlich*, Anlehnende Markennutzung (2013), S. 269.

[977] Ströbele/Hacker/Thiering-*Hacker*, MarkenG (2018), § 14, Rn. 391 (Erfordernis „nicht erfüllbar."); krit. auch *Hacker/Hackbarth/v. Mühlendahl*, GRUR Int. 2010, 822, 827.

Veränderungen der übrigen Produktbeschaffenheit durch den Hersteller, geschuldet ist. Der BGH begründet die Gefahr, dass sich Verbraucher durch die
unberechtigte Nutzung eines Testsiegels bei ihrer Kaufentscheidung in abnehmendem Maße von diesem Siegel beeinflussen lassen damit, dass bei der unberechtigten Verwendung die Einhaltung der Testmaßstäbe nicht gesichert
sei.[978] Auch bei der unerlaubten Verwendung einer Gewährleistungsmarke ist
nicht sichergestellt, dass die Produkte die durch die Marke signalisierte Beschaffenheit tatsächlich besitzen. Infolgedessen kann ihr Stellenwert bei Aus-
wahlentscheidungen der Verbraucher sinken, wodurch zumindest die Gefahr
einer künftigen Änderung des wirtschaftlichen Verbraucherverhalten vorläge.

III. Schutz vor Beeinträchtigung der Wertschätzung

Wie bereits gezeigt, kann auch die Gewährleistungsmarke die Wertschätzung
der Verbraucher gewinnen.[979] Die Neutralitätspflicht ihres Inhabers ändert
nichts daran, dass sie ebenfalls ein Image entwickelt. Durch Marketingmaßnahmen kann der Markeninhaber die Verbraucher über den Gewährleistungsinhalt informieren, sein Zeichen als Kriterium ihrer Konsumentscheidungen
positionieren und einen guten Ruf seines Zeichens erreichen. Anders als bei
der Individualmarke ist die Wertschätzung und Glaubwürdigkeit der Gewährleistungsmarke sogar essentiell für ihre effizienzsteigernde Wirkung;[980] erst
dann verzichten Nachfrager auf eine eigene Produktuntersuchung und Hersteller haben ein Interesse an der Produktzertifizierung und Markenlizenzierung.
Die mit der Anreizwirkung begründete Zuweisung des Verbraucher-Goodwills
und sein Schutz gegen Beeinträchtigungen von außen gilt daher ebenfalls für
die Gewährleistungsmarke. Die Beeinträchtigung ihrer Wertschätzung gefährdet aber nicht nur den Besitzstand des Markeninhabers, sondern auch die Effizienzvorteile der Verbraucher. Diese gingen verloren, wenn Konsumenten wieder eigene Produktuntersuchungen durchführten, weil ihre Wertschätzung für
das Zeichen verloren ging. Im Unterschied zur Individualmarke erfasst der Tatbestand bei der Gewährleistungsmarke damit auch die Interessen der Verbraucher. Eine Beeinträchtigung kann wie bei der Individualmarke daraus resultie-
ren, dass die Marke in einen für ihren Inhaber nachteiligen, weil herabsetzenden oder gesellschaftlich missbilligten Zusammenhang gebracht wird. Ebenso
benötigt der Gewährleistende für seine Glaub- und Vertrauenswürdigkeit eine
Seriosität, die seiner Botschaft Gewicht verleiht. Die Seriosität kann in den
Augen der Nachfrager verloren gehen, wenn das Zeichen in einen nachteiligen
Kontext gesetzt wird.

---

[978] BGH, Urt. v. 12.12.2019, I ZR 173/16, Rn. 47 = GRUR 2020, 401 – *ÖKO-TEST I* im
Anschluss an EuGH, Urt. v. 11.4.2019, C-690/17, ECLI:EU:C:2019:317 = GRUR 2019, 621
– *ÖKO-Test Verlag.*
[979] Vgl. ausf. § 2 A. III. 3. a).
[980] Empirische Nachweise bei *Haenraets/Ingwald/Haselhoff*, der markt 2012, 147, 156.

Schwerwiegender ist jedoch die Nutzung eines ähnlichen Zeichens für Produkte minderer Qualität. Werden die Nachfrager scheinbar in ihren berechtigten Erwartungen an das gekennzeichnete Produkt enttäuscht, verlassen sie sich bei zukünftigen Transaktionen nicht mehr auf die Garantieaussage des Markeninhabers und messen dem Zeichen keinen Wert mehr bei. Die Gewährleistungsmarke verliert an Anziehungskraft. Aufgrund der gegenseitigen Beeinflussungsmöglichkeit der abgebildeten Individual- und Gewährleistungsmarke können sich in diesem Fall sogar negative Folgen für die Individualmarken der Hersteller, die ihre Produkte mit der Gewährleistungsmarke versehen, ergeben.

Mit den gleichen Argumenten und in gleichem Umfang wie bei der Individualmarke ist daher auch der Goodwill einer Gewährleistungsmarke vor Beeinträchtigungen zu schützen.

IV. Schutz vor Ausbeutung der Wertschätzung

Den Schutz der bekannten Individualmarke vor einer Ausbeutung ihrer Wertschätzung vermag allein die Property Rights-Theorie ansatzweise zu rechtfertigen. Für den Ausbeutungsschutz der Gewährleistungsmarke ergibt sich hingegen ein eigenständiger rechtsökonomischer Begründungsansatz. Er greift zwar Schutzargumente der Property Rights-Theorie auf, stützt sich unter Berücksichtigung des Allgemeininteresses aber vorrangig auf informationsökonomische Erwägungen. Die zum Schutz der Individualmarke vorgebrachte Kritik gilt daher nicht in gleichem Maße für die Gewährleistungsmarke.

1. Anreiz wohlfahrtsökonomisch förderungswürdig

Auch die Gewährleistungsmarke lässt sich als Immaterialgut von den mit ihr gekennzeichneten Produkten trennen. Eine möglichst hohe Bekanntheit der Gewährleistungsmarke ist wohlfahrtsökonomisch jedoch deutlich positiver zu bewerten als bei der Individualmarke. Mangels Kontrollmöglichkeit des Images und der Assoziationen der zertifizierten Produkte wird der Markeninhaber seine Werbung weniger zur Gestaltung eines emotionsgeladenen Markenimages einsetzen, das von der tatsächlichen Produktbeschaffenheit ablenkt. Die treuhänderische Stellung führt dazu, dass direkte Informationen über den Gewährleistungsinhalt und eine allgemein hohe Bekanntheit des Zeichens im Vordergrund stehen. Gleichzeitig stellt die öffentlich einsehbare Satzung eine hohe Markttransparenz sicher. Die Bedenken überhöhter Preise aufgrund einer verminderten Nachfrageelastizität haben ebenfalls weniger Gewicht, da der eigentliche Produktvertrieb und damit die Preispolitik nicht dem Gewährleistungsmarkeninhaber obliegen. Gleichzeitig sind die mit der Gewährleistungsmarke verbunden gesamtwirtschaftlichen Vorteile aufgrund der informationskosten- und unsicherheitsreduzierenden Wirkung für die Verbraucher höher als bei einer Individualmarke. Praktische Voraussetzung für diesen theoretischen Effekt ist jedoch, dass die Nachfrager Kenntnis von der

Gewährleistungsaussage haben und angesichts einer Vielzahl von Gütesiegeln keiner Informationsflut ausgesetzt sind.[981] Ferner entstehen durch die Gewährleistungsmarke keine sonstigen Wohlfahrtsverluste in Form von Marktzutrittsbarrieren, da ihre Nutzung für satzungskonforme Produkte jedem Anbieter möglich ist.[982] Die mit einer bekannten Gewährleistungsmarke potentiell verbundenen wohlfahrtsökonomischen Nachteile sind somit geringer als bei der bekannten Individualmarke und die Anreize zur Schaffung einer bekannten Gewährleistungsmarke daher förderungswürdig.

2. Bestehende Marktanreize ausreichend

Das Argument, der Schutz vor Rufausbeutung gebe einen Anreiz zur Schaffung von und Investition in starke Marken wird bei der Individualmarke schon deshalb angezweifelt, weil genügend andere Anreize in Form allgemeiner Marktvorteile bzw. -notwendigkeiten existieren, die an die Herkunftsfunktion anknüpfen.[983] Im Gegensatz dazu ist dem Inhaber einer Gewährleistungsmarke eine eigene wirtschaftliche Tätigkeit mit den zertifizierten Produktgruppen aufgrund seiner Neutralitätspflicht verwehrt. Dennoch sind auch mit der Gewährleistungsfunktion bereits eine Vielzahl von Anreizen verbunden, in die Marke zu investieren: Die Bekanntheit der Gewährleistungsmarke und das Wissen der Verbraucher über den Inhalt ihrer Garantie sind ausschlaggebend für ihre Wirkung[984] und die Nachfrage nach den mit ihr gekennzeichneten Produkten. Damit sich Hersteller für eine Zertifizierung interessieren, muss der Markeninhaber sein Zeichen bei den Nachfragern bekannt machen. Hierfür ist die Entwicklung eines eigenen Zeichens logisches Markterfordernis. Schließlich kann der Goodwill der Nachfrager in ähnlicher Weise an die Gewährleistungsfunktion anknüpfen wie an die Herkunftsfunktion der Individualmarke. Hingegen gilt das Argument, der Inhaber erhalte durch den Schutz vor Rufausbeutung eine Möglichkeit, seine Marke für unähnliche Produkte zu lizenzieren, für die Gewährleistungsmarke wesensbedingt nicht. Theoretisch birgt eine reine Zeichenlizenzierung ohne gleichzeitige Produktprüfung die Gefahr enttäuschter Verbrauchererwartungen und ist zur Vermeidung von Ineffizienzen nicht erwünscht. Praktisch droht gem. Art. 91 lit. b) UMVO der Verfall der Gewährleistungsmarke.

---

[981] Vgl. dazu *Chon*, 77 Fordham L.Rev. 2311, 2332, 2343 f. (2009); *Hemker*, Missbrauch (2016), S. 36 f.; *Henning-Bodewig/Kur*, Marke und Verbraucher (1988), S. 61; *Kroeber-Riel/Gröppel-Klein*, Konsumentenverhalten (2019), S. 394 f., 430.

[982] Zu diesem Zugangsanspruch für satzungskonforme Produkte vgl. § 7 E.

[983] Dazu § 4 B. II. 2.

[984] Vgl. zur Bekanntheit des Gütezeichens als Einflussfaktor *Haenraets/Ingwald/Haselhoff*, der markt 2012, 147, 156; ferner *Gruber*, Verbraucherinformation (1986), S. 69, 70 ff.

3. Vermeidung zusätzlicher Informationskosten

Entscheidend für die Rechtfertigung eines Schutzes der bekannten Gewährleistungsmarke vor Ausbeutung ihrer Wertschätzung ist aber die Vermeidung zusätzlicher Informationskosten der Nachfrager.

Bei der Individualmarke internalisiert das Recht mit dem Schutz vor Rufausbeutung alle positiven Externalitäten zugunsten des Markeninhabers und folgt maßgeblich dessen Interesse. Hingegen könnten sich Dritte durch das Ausnutzen des Goodwills der bekannten Marke eigene Werbeausgaben ersparen oder Sekundärmärkte erschließen. Verbraucher erhielten spiegelbildlich Informationen über deren Produktsortiment sowie eine höhere Produktvielfalt. Versuchen Dritte hingegen, das Image der bekannten Gewährleistungsmarke auf sich zu übertragen und sich einen wirtschaftlichen Vorteil dadurch zu verschaffen, dass sie sich in ihre „Sogwirkung" begeben, wollen sie vom besonderen Vertrauen der Verbraucher in die Marke profitieren. Sie ersparen sich den Erwerb eigenen Vertrauens der Nachfrager durch finanzielle oder sonstige wirtschaftliche Anstrengungen. Bei der Verwendung eines der Gewährleistungsmarke identischen oder ihr ähnlichen Zeichens besteht dabei – auch unterhalb der Verwechslungsgefahr ieS. – die Gefahr, dass Nachfrager zwar nicht von einer konkreten Gewährleistung des Markeninhabers ausgehen, sich aber dennoch von den mit der Marke verbundenen Werten und positiven Eigenschaften angezogen fühlen.[985] Sie gehen von einem allgemein qualitativ hochwertigen Produkt aus und erwarten eine tatsächlich nicht vorliegende, besondere Güte. Diese irrige Annahme kann jedoch zusätzliche Informationskosten der Nachfrager verursachen. An einer Zeichenverwendung Dritter zur Ausbeutung der Wertschätzung der Gewährleistungsmarke besteht daher weder ein Interesse der Verbraucher, noch der Allgemeinheit. Umgekehrt formuliert spricht das Allgemeininteresse – anders als bei der Individualmarke – sogar *für* einen Schutz der Marke vor Free-riding. Diese Wertung folgt mit der Vermeidung zusätzlicher Informationskosten jedoch aus einem informationsökonomischen Argument, das den Ausbeutungsschutz der bekannten Individualmarke gerade nicht zu rechtfertigen vermag. Es greift das Defizit der Property Rights-Theorie bei der Begründung für die Zuweisung des Handlungsrechts an den Individualmarkeninhaber auf und liefert eine eigenständige ökonomische Rechtfertigung für den Schutz der Gewährleistungsmarke vor Rufausbeutung. Auch wenn sie unterschiedliche Interessen fokussieren, laufen damit die Erwägungen der Property Rights-Theorie – Schutz vor Rufausbeutung zum Schutz des Markeninhabers – und der Informationsökonomik – Schutz vor Rufausbeutung zum Schutz der Allgemeinheit – im Ergebnis gleich.

Dabei verhindert die Gewährleistungsmarke auch bei einem Schutz vor Ausbeutung ihrer Wertschätzung weder Produktvielfalt noch Preisvorteile für

---

[985] Vgl. EuGH, Urt. v. 20.9.2017, C-673/15 P – C-676/15 P, ECLI:EU:C:2017:702, Rn. 92 f. = GRUR 2017, 1257 – *Darjeeling* zur geografischen Kollektivmarke.

Verbraucher. Dritte orientieren sich mit ihren Look- oder Smell-alike-Produkten typischerweise an bekannten Individualmarken, zudem ist der Vertrieb ihrer eigenen Produkte auch ohne ein an die bekannte Gewährleistungsmarke angelehntes Zeichen möglich.[986]

4. Zwischenergebnis

Für die ökonomische Begründung des Schutzes der Gewährleistungsmarke vor einer Ausbeutung ihrer Wertschätzung lässt sich ebenfalls das von der Property Rights-Theorie für die Individualmarke formulierte Anreizargument anführen. Der Anreiz zur Schaffung einer bekannten Gewährleistungsmarke erscheint wohlfahrtsökonomisch förderungswürdig, da bei ihr die Nachteile der Konsumenten durch ein emotionsgeladenes Markenimage geringer, die informationskosten- und unsicherheitsreduzierende Wirkung der Gewährleistungsmarke hingegen größer sind als bei einer Individualmarke. Der Gewährleistungsmarkeninhaber kann jedoch nur dann Einnahmen durch Produktzertifizierung und Markenlizenzierung generieren, wenn Anbieter sowie Nachfrager sein Zeichen kennen und schätzen, weshalb bereits genügend Marktanreize zum Aufbau einer bekannten Gewährleistungsmarke bestehen. Der Rufausbeutungsschutz der Gewährleistungsmarke lässt sich darüber hinaus auf einen eigenen, genuin informationsökonomischen Begründungsansatz stützen. Er verhindert zusätzliche Informationskosten der Nachfrager, die dadurch entstehen, dass sie aufgrund eines mit der Gewährleistungsmarke identischen oder ähnlichen Zeichens eine besondere Güte des gekennzeichneten Produkts annehmen, die tatsächlich nicht vorliegt. An einer solchen Zeichennutzung besteht kein Allgemeininteresse. Somit entspricht das Interesse des Markeninhabers dem der Allgemeinheit und die Empfehlungen der Property Rights-Theorie sowie der Informationsökonomik decken sich.

V. Ohne rechtfertigenden Grund

Der dargelegte, informationsökonomisch geprägte Begründungsansatz des Ausbeutungsschutzes wirkt sich bei der umfassenden Interessenabwägung aus, die im Rahmen des rechtfertigenden Grundes iSd. Art. 9 Abs. 2 lit. c) UMVO vorzunehmen ist. Dies zeigt sich beispielhaft anhand der bereits angesprochenen Look-alikes, bei denen sich der Dritte in seiner Marken- und Produktgestaltung an eine bekannte Marke anlehnt. Wie bei der Individualmarke hat auch der Inhaber einer Gewährleistungsmarke ein Interesse an der Wahrung der Hauptfunktion seines Zeichens. Anders zu bewerten ist hingegen das Informationsinteresse der Allgemeinheit, das aufgrund der möglicherweise irrigen Annahme eines besonderen Produktgüte regelmäßig gegen die Zeichenverwendung spricht. Das Allgemeininteresse beeinflusst die Abwägung in diesem Fall

---

[986] Siehe dazu auch sogleich, § 4 C. IV. 4.

– anders als bei der Individualmarke – zugunsten des Markeninhabers. Es liegt daher auch nicht im Interesse eines „gesunden und lauteren Wettbewerbs"[987], wenn der Werbende ein der bekannten Gewährleistungsmarke ähnliches Zeichen nutzt, um sein Produkt zu bewerben oder als Alternative zum Produkt des Inhabers einer bekannten Individualmarke herauszustellen. Den Dritten steht es jedoch frei, ihre Produkte ohne das an die bekannte Gewährleistungsmarke angelehnte Zeichen zu vertreiben.

Das allgemeinen Interesse, ein bekanntes Zeichen frei für künstlerische Zwecke oder im Rahmen der Meinungskundgabe zu nutzen, besteht hingegen unverändert auch bei der Gewährleistungsmarke.

D. Zwischenfazit

Die ökonomische Analyse des Bekanntheitsschutzes der Individualmarke hat gezeigt, wie wenig seine Rechtfertigung theoretisch wie empirisch überzeugen kann. Hält man an den Regelungen de lege lata fest, lassen sich bei der Gewährleistungsmarke für den Schutz vor Beeinträchtigung der Unterscheidungskraft bzw. Wertschätzung die gleichen Schutzargumente, beim Schutz vor Ausbeutung der Wertschätzung ein eigener Begründungsansatz anführen.

Das Merkmal der gedanklichen Verknüpfung hat sich vom Bezug zur Herkunftsfunktion gelöst, weshalb die grundsätzliche Frage, ob die beteiligten Verkehrskreise einen Zusammenhang zwischen dem Kollisionszeichen und der Marke sehen, bestehen bleibt. Da dies nicht durch den Inhalt der Garantieaussage beeinflusst wird, beurteilt sich das Merkmal bei Individual- und Gewährleistungsmarke nach demselben Maßstab.

Der Schutz vor Beeinträchtigungen der Unterscheidungskraft sowie der Wertschätzung dient der Sicherung des aktuellen Bestands und der Signalwirkung des Zeichens. Er bewahrt Nachfrager vor einer Erhöhung ihrer „internen" Suchkosten und daraus resultierenden gesamtwirtschaftlichen Effizienzverlusten, Markeninhaber hingegen vor einer Verringerung des gewonnenen Goodwills infolge negativer Externalitäten durch eine Zeichennutzung Dritter. Eine informationsökonomische Begründung des Schutzes vor der Beeinträchtigung der Wertschätzung ist bei der Individualmarke nicht per se möglich, da auch eine rufbeeinträchtigende Zeichennutzung das Informationsniveau der Nachfrager erhöhen kann. Auch die Signalwirkung der Gewährleistungsmarke nimmt mit der Verringerung ihrer Unterscheidungskraft ab. Insofern besteht ein Gleichlauf zur Individualmarke und deren Schutzargumenten. Ausgehend vom veränderten Inhalt der Gewährleistungsmarke ist eine Beeinträchtigung der Unterscheidungskraft anzunehmen, wenn ihre Fähigkeit, Produkte, für die der Markeninhaber eine Gewährleistung übernimmt, von solchen zu unterscheiden, für die keine solche Gewährleistung besteht, geschwächt wird. Für

---

[987] EuGH, Urt. v. 22.9.2011, C-323/09, ECLI:EU:C:2011:604, Rn. 91 = GRUR 2011, 1124 – *Interflora*.

den hierfür erforderlichen Nachweis sollte es genügen, dass sich die Verbraucher bei ihrer Kaufentscheidung in abnehmendem Maße von der Marke beeinflussen lassen. Neben ihrer Unterscheidungskraft entwickelt auch die Gewährleistungsmarke mit der Wertschätzung der Nachfrager ein Markenimage. Ein positives Image ist für die Gewährleistungsmarke essentiell und ungleich wichtiger als für eine Individualmarke, weil die Funktionsfähigkeit maßgeblich von ihrer Vertrauens- und Glaubwürdigkeit in den Augen der Verbraucher abhängt. Eine Beeinträchtigung der Wertschätzung gefährdet daher nicht nur den Besitzstand des Markeninhabers, sondern auch die Effizienzvorteile der Nachfrager. Geschützt sind daher – anders als bei der Individualmarke – nicht nur die Interessen des Markeninhabers, sondern auch die der Nachfrager. Die Wertschätzung der Gewährleistungsmarke wird dadurch beeinträchtigt, dass ein ähnliches Zeichen in einem negativen Kontext oder für qualitativ minderwertige Produkte verwendet wird. Aufgrund der Gewährleistungsfunktion kann vor allem letztere Nutzung starke negative Effekte für die Marke verursachen.

Eine weitergehende Absicherung des Markenimages erfolgt durch den Schutz vor Ausbeutung der Wertschätzung. Für die Individualmarke lässt sich die umfassende Zuweisung aller Vorteile des Markenimages informationsökonomisch nicht begründen. Dem Anreizargument der Property Rights-Theorie wird entgegengehalten, dass zum einen bereits genügend Investitionsanreize bestünden, zum anderen unklar sei, ob aus gesamtwirtschaftlicher Sicht bekannte Marken mit emotionsgeladenen Images überhaupt anzustreben und daher zu fördern sind. Zuletzt erscheint fraglich, ob die mit der Rechtszuweisung entstehenden Effizienzgewinne die damit verbundenen Wohlfahrtsverluste überwiegen. Diese Bedenken lassen sich jedoch nur teilweise dem Ausbeutungsschutz der Gewährleistungsmarke entgegenhalten: Das mit der bekannten Gewährleistungsmarke geschaffene Image birgt aufgrund der treuhänderischen Funktion des Markeninhabers sowie der Markensatzung eine geringere Gefahr, Verbraucher durch emotionsbetonte Werbung von der tatsächlichen Produktbeschaffenheit abzulenken und dadurch eine geringere Nachfrageelastizität zu schaffen. Gleichzeitig sind die mit der Gewährleistungsmarke verbundenen Kostenvorteile der Nachfrager größer als bei der Individualmarke, sodass der Anreiz zur Schaffung einer bekannten Gewährleistungsmarke wohlfahrtsökonomisch förderungswürdig ist. Da ihrem Inhaber jedoch nur bei einer hinreichenden Bekanntheit seiner Marke eine entgeltliche Produktzertifizierung und Markenlizenzierung möglich ist, genügen auch bei der Gewährleistungsmarke die bereits bestehenden Marktanreize, um den Zeicheninhaber zu Investitionen in seine Marke zu bewegen.

Im Gegensatz zur Individualmarke lässt sich der Ausbeutungsschutz der Gewährleistungsmarke darüber hinaus auf das genuin informationsökonomische Argument der Vermeidung zusätzlicher Informationskosten der Allgemeinheit stützen. Bei einem mit der Gewährleistungsmarke identischen oder ähnlichen Zeichen besteht die Gefahr, dass sich Nachfrager auch unterhalb der Schwelle zur Verwechslungsgefahr von den mit der Gewährleistungsmarke verbundenen Werten und positiven Eigenschaften angezogen fühlen und von einer tatsächlich nicht vorliegenden, besonderen Güte ausgehen. In diesem Fall können ihnen zusätzliche Informationskosten entstehen. An der Ausbeutung des Goodwills der Gewährleistungsmarke und ihrer Verwendung für eigene Produkte Dritter besteht daher – anders als bei der Individualmarke – kein Interesse der Allgemeinheit. Vielmehr decken sich das Informationsinteresse der Allgemeinheit und das Interesse des Markeninhabers, Dritten eine Zeichennutzung zu verbieten. Die Defizite der Property Rights-Theorie bei der Begründung des Ausbeutungsschutzes der Individualmarke lassen sich bei der Gewährleistungsmarke durch einen informationsökonomischen Ansatz ausgleichen, wobei sich im Ergebnis ein Gleichlauf beider Theorien ergibt.

Das Informationsinteresse der Allgemeinheit wirkt sich auch bei der Beurteilung eines rechtfertigenden Grundes iSd. Art. 9 Abs. 2 lit. c) UMVO aus. Es kann nicht im Interesse des lauteren Wettbewerbes liegen, dass Dritte mit einem der Gewährleistungsmarke ähnlichen Zeichen auf eigene Produkte aufmerksam machen.

Die Analyse der ökonomischen Begründung des Sonderschutzes der bekannten Individualmarke verdeutlicht, dass sich der Schutz der Marke durch ihr Verständnis als Property Right immer weiter von seinem ursprünglichen Gedanken, dem Schutz vor Zuordnungsverwirrungen und der Suchkostenreduktion, entfernt.[988] Informationsökonomische Erwägungen spielen nur noch eine untergeordnete Rolle oder können, wie etwa beim Schutz vor Rufausbeutung, sogar in die gegenteilige Richtung deuten. Die unterschiedlichen Empfehlungen der beiden Theorien liegen dabei in ihrer unterschiedlichen Zielsetzung begründet:[989] Verfolgt die Informationsökonomik allein die Reduktion der Such- und Informationskosten, strebt der Property Rights-Ansatz Allokationseffizienz an. Die Reduktion von Suchkosten ist hierfür nicht *das*, sondern nur *ein* Mittel. Sofern die mit gezielter Werbung oder einem emotionalen Markenimage erzielten Vorteile des Markeninhabers die hierdurch entstehenden Nachteile, etwa beim Nachfrager, überwiegen, führt dies zu Allokationseffizienz.[990] Mit der umfassenden Internalisierung des Markengoodwills wird die Funktion des Markenrechts jedoch auf das alleinige Ziel ökonomischer Effizienz zur Wohlstandsmaximierung reduziert[991] und entfernt sich vom ursprünglich suchkostenbasierten Zuordnungsschutz. An ihn knüpft hingegen der Ausbeutungsschutz der Gewährleistungsmarke an. Bei dieser Markenkategorie führt die alleinige Zeichenverwendung durch den Inhaber und seine

---

[988] *Desai*, 37 Car. L. Rev. 551, 605 f. (2015); vgl. *Lemley*, 108 Yale L.J. 1687, 1704 f. (1999); *Lunney*, 48 Emory L.J. 367, 417 ff. (1999).

[989] Auch zum Folgenden *Desai*, 37 Car. L. Rev. 551, 602 ff. (2015).

[990] Unter Betonung der Bedeutung der Verbraucherautonomie für die Anwendung der Suchkostentheorie *Hille*, RabelsZ 83 (2019), 544, 565 f.

[991] *McClure*, 59(2) Law & Contemp. Probs. 13, 32 (1996).

Lizenznehmer nicht nur zu Allokationseffizienz, sondern verhindert auch zusätzliche Informationskosten der Verbraucher aufgrund der irrigen Annahme einer besonderen Produktgüte. Auch bei funktionaler Betrachtung[992] dient der Ausbeutungsschutz der Gewährleistungsmarke dazu, im weiteren Sinne ihre Kennzeichenfunktion, im engeren Sinn das Vertrauen der Nachfrager in die Marke und die besondere Beschaffenheit der mit ihr gekennzeichneten Produkte zu bewahren. Im Ergebnis hingegen laufen die Erwägungen der Property Rights-Theorie zum Schutz der bekannten Gewährleistungsmarke vor einer Ausbeutung ihrer Wertschätzung mit informationsökonomischen Betrachtungen gleich. Dabei ist der Inhaber der Gewährleistungsmarke aber durch Neutralitätsklausel und Markensatzung in der Nutzung seines Zeichens beschränkt und kann es gerade nicht umfassend zur Gewinnmaximierung verwerten. Dies verdeutlicht, dass die Gewährleistungsmarke weniger in einem verfügungsrechtlichen und vielmehr in einem wettbewerbsrechtlichen Verständnis wurzelt. Ihr Charakter als vollumfängliches Property Right erscheint daher – noch deutlicher als bei der Individualmarke[993] – fraglich.

---

[992] Aufgrund des Auseinanderfallens von unmittelbarem Schutzobjekt (Marke) und mittelbarem Schutzobjekt (betriebliche Leistung des Markeninhabers) sollten nur solche Zeichenverwendungen untersagt werden, die die Kennzeichnungsfunktion der Marke stört oder ausnutzt, vgl. *Ohly/Kur*, GRUR 2020, 457, 460; ausf. *Kur*, in: Europ. Immaterialgüterrecht (2018), S. 256 ff.

[993] Krit. bis ablehnend zur Individualmarke als Property Right *Fhima*, Dilution (2011), Rn. 6.19 f.; *Dogan/Lemley*, 41 Hous. L. Rev. 777, 788 (2004); *Ohly/Kur*, GRUR 2020, 457, 471.

§ 5 Fazit

Die Analyse der Verletzungstatbestände in Bezug auf Individualmarke und Gewährleistungsmarke zeigt zwei Dinge: Zum einen überschneiden sich die ökonomischen Begründungen der vom EuGH gefundenen Markenfunktionen untereinander und mit dem Sonderschutz bekannter Marken – insbesondere nach der im Markenrecht dominanten Property Rights-Theorie[994] – wonach stets die Generierung von Goodwill sowie der dadurch entstehende Investitionsanreiz für den Markeninhaber im Vordergrund stehen. Der in der Literatur vielfach erhobene Vorwurf, die einzelnen Markenfunktionen seien in ihrem rechtlichen Gehalt redundant und nicht trennscharf zu unterscheiden,[995] lässt sich auf ökonomischer Ebene nachvollziehen. Die schwierige Abgrenzung und Suche nach einem eigenständigen Anwendungsbereich der einzelnen Markenfunktionen wird in ähnlichen Begründungsansätzen widergespiegelt bzw. ist gerade darauf zurückzuführen. Das Goodwill-Argument, das vor allem im Rahmen der Werbe- und Investitionsfunktion herangezogen wird, begründet ebenfalls den umfassenden Zuweisungsgehalt beim Schutz bekannter Marken. Dies unterstreicht die These, dass der EuGH mit seiner Funktionenlehre auch nicht-bekannten Marken bei Doppelidentität einen mit der bekannten Marke vergleichbaren Schutzumfang zukommen lässt und den vor Inkrafttreten der MarkenRL 2015 optionalen Bekanntheitsschutz kompetenzwidrig fest etablierte.[996] Zum anderen verhalten sich Individualmarke und Gewährleistungsmarke in der Verletzungssituation strukturell weitgehend gleich. Unter Beachtung der veränderten Hauptfunktion der Gewährleistungsmarke wirkt sich die treuhänderische Stellung ihres Inhabers nur unwesentlich auf ihren Schutz in der Verletzungssituation aus. Auch der Gewährleistungsmarke kommen eine Qualitäts-, Werbe-, Kommunikations- und Investitionsfunktion zu, wobei sich die typische Nutzung dieser Markenkategorie durch einen lizenznehmenden Produkthersteller im Detail niederschlägt. Die subjektive Komponente der Qualitätsfunktion und ein einheitliches „Markenimage" sind bei der Gewährleistungsmarke nicht in gleicher Weise gegeben und können sich auf den

---

[994] *Desai*, 37 Car. L. Rev. 551, 617 (2015); auch die WIPO legt ihrem Markenverständnis die Sichtweise von *Landes/Posner*, *Economides* und der Chicago School zugrunde, vgl. *WIPO*, WIPR (2013), S. 82 ff., 108; dazu *Swann*, 104 TMR 1132, 1138 ff. (2014).

[995] Zur Überschneidung von Investition- und Werbefunktion vgl. BeckOK MarkenR-*Mielke*, § 14 MarkenG, Rn. 135; *Paulus*, Markenfunktionen (2014), S. 35; auch die Kommunikationsfunktion wird als Basis- bzw. übergeordnete Funktion angesehen, vgl. *Brömmelmeyer*, in: FS v. Brünneck (2011), S. 274, 278; *Fezer*, MarkenG (2009), Einl. Rn. 10 f., 29 f.; *Ohly*, in: FS Loschelder (2010), S. 265, 273.

[996] Vgl. *Kur*, in: Europ. Immaterialgüterrecht (2018), S. 256, 258 f.; *Psaroudakis*, 34(1) E.I.P.R. 33, 38 f. (2012); *Senftleben*, 42(4) IIC 383 ff. (2011); *ders.*, Adapting EU tml (2013), S. 137, 153 f.; *ders.*, 36(8) E.I.P.R. 518, 519 (2014); *Schulte-Franzheim/Tyra*, in: FS Fezer (2016), S. 509, 522 f.; *Weiler*, MarkenR 2011, 495, 498.

Markenschutz auswirken. Insbesondere die Möglichkeit des Gewährleistungsmarkeninhabers, den Produktvertrieb der Lizenznehmer mitzubestimmen, ist
ausgeschlossen. Lediglich eine Herkunftsfunktion ist mangels eigenständigen
Gehalts entbehrlich. An ihre Stelle tritt inhaltlich die Gewährleistungsfunktion,
sodass das Schutzniveau des Markeninhabers im Fall der Verwendung eines
der Marke identischen oder ähnlichen Zeichens für identische oder ähnliche
Produkte, für die er keine Beschaffenheitsgarantie übernimmt, gleichbleibt.
Mit der Gewährleistungsfunktion sind ferner eine besondere Neutralität und
Objektivität, Transparenz und Kontrollpflicht des Markeninhabers verbunden.
Die durch die Markensatzung erzeugte Transparenz und stabilisierte Erwartung der Nachfrager hinsichtlich der Gewährleistungsaussage ist der Grund dafür, dass der Markeninhaber ihren Inhalt nur nach vorheriger Ankündigung ab-
ändern kann. Insofern bindet die Qualitätsfunktion der Gewährleistungsmarke
auch ihren Inhaber selbst. Beim Verwechslungsschutz wird deutlich, dass die
Gewährleistungsmarke die geeignete Markenkategorie für wirtschaftlich als
„Gütesiegel" genutzte Zeichen ist, da der Markenschutz nicht mehr an einer
fehlenden Produktähnlichkeit scheitert. Abweichend zur Individualmarke liegt
der Schutz der bekannten Gewährleistungsmarke nicht nur im Interesse des
Markeninhabers, sondern ebenfalls im Allgemeininteresse. Besonders deutlich
wird dies beim Schutz vor Ausbeutung der Wertschätzung, der bei der Gewährleistungsmarke mittels eines informationsökonomischen Ansatzes gerechtfertigt werden kann. Ausgehend von der Neutralitätsklausel und dem treuhändi-
schen Charakter der Inhaberschaft wird bereits bei der Funktionsanalyse und
letztlich beim Bekanntheitsschutz der Gewährleistungsmarke deutlich, dass
der Schutz dieser Markenkategorie verstärkt informationsökonomischen Erwägungen folgt. Die Analyse der Verletzungstatbestände weckt daher Zweifel daran, dass das Ausschließlichkeitsrecht an einer Gewährleistungsmarke als umfassendes Property Right verstanden werden sollte.

Kapitel 2

Markennutzung und Zugangsanspruch

Das zweite Kapitel wendet sich der Nutzung der Gewährleistungsmarke durch ihren Inhaber sowie Dritte zu. Untersucht werden dabei die Auswirkungen der geänderten Hauptfunktion auf den Benutzungszwang sowie die Lizenzierung an bzw. Nutzung durch Dritte. Hierfür wird erneut die ökonomische Begründung der für die Individualmarke geltenden Regelungen analysiert und auf die Gewährleistungsmarke übertragen, um daraus Erkenntnisse über eventuelle Anpassungen für diese Markenkategorie abzuleiten. Die Arbeit verfolgt die Thesen, dass sich die rechtserhaltende Benutzung der Gewährleistungsmarke anhand der Gewährleistungsfunktion bemisst und Dritten für satzungskonforme Produkte ein Anspruch auf Nutzung der Gewährleistungsmarke zusteht. Dieser leitet sich aus den Charakteristika der Markenkategorie ab und führt zur restriktiven Anwendung der Schrankenregelung für beschreibende Zeichen.

§ 6 Benutzungszwang, Art. 18 UMVO

Die rechtserhaltende Benutzung der Individual- und Kollektivmarke beurteilt sich alleine nach der Erfüllung ihrer Herkunftsfunktion. Die hinter dem Begründungszwang stehenden ökonomischen Erwägungen kommen bei der Gewährleistungsmarke zum Tragen, indem auf die Realisierung ihrer Gewährleistungsfunktion abgestellt wird.

A. Regelung bei der Individualmarke

Marken erfüllen nur dann ihren Zweck, Waren oder Dienstleistungen voneinander zu unterscheiden und Verbraucher zu sachkundigen Entscheidungen zu verhelfen, wenn sie tatsächlich im Markt benutzt werden.[1] Ihr Schutz und die Wirkungen, die aufgrund ihrer Eintragung Dritten entgegengehalten werden können, können nicht fortdauern, wenn die Marke ihren geschäftlichen Sinn und Zweck, einen Absatzmarkt zu erschließen, verliert.[2] Hat der Inhaber seine

---

[1] Erwgr. 31 MarkenRL.
[2] Grdl. EuGH, Urt. v. 11.3.2003, C-40/01, ECLI:EU:C:2003:145, Rn. 37 = GRUR 2003, 425 – *Ansul*; ferner ua. EuGH, Urt. v. 15.1.2009, C-495/07, ECLI:EU:C:2009:10, Rn. 18 = GRUR 2009, 410 – *Silberquelle*.

Marke für die eingetragenen Produkte innerhalb von fünf Jahren ab Regis-
tereintragung nicht ernsthaft benutzt oder hat er eine solche Benutzung während eines ununterbrochenen Zeitraums von fünf Jahren ausgesetzt, riskiert er
ausgehend von Art. 18 Abs. 1 UMVO nicht nur die Verteidigung seiner Marke
im Widerspruchs-, Nichtigkeits- oder Verletzungsverfahren,[3] sondern auch ihren Verfall.[4] Sofern keine berechtigten Gründe für die Nichtbenutzung vorliegen, wird damit die Gesamtzahl der eingetragenen Marken und damit die Zahl
der zwischen ihnen möglichen Konflikte verringert.[5] Tauglich ist gem. Art. 18
Abs. 1 UMVO nicht nur die Benutzung der Marke in einer anderen, von der
Eintragung nur in Bestandteilen abweichenden Form, ohne dass dadurch die
Unterscheidungskraft der Marke beeinflusst wird, sondern auch ihre Anbringung auf für den Export bestimmten Waren. Daneben erfasst Art. 18 Abs. 2
UMVO die Benutzung durch Dritte mit Zustimmung des Inhabers. Ob die
Marke „auf dem Markt" der beanspruchten Produkte benutzt wurde, ist durch
eine Bewertung insbesondere der Verwendungen, die im betreffenden Wirtschaftszweig als gerechtfertigt angesehen werden, um Marktanteile für die
durch die Marke geschützten Waren oder Dienstleistungen zu behalten oder zu
gewinnen, der Art dieser Waren oder Dienstleistungen, der Merkmale des
Marktes sowie des Umfangs und der Häufigkeit der Benutzung der Marke vorzunehmen.[6]

I. Herkunftsfunktion maßgeblich

Unter ernsthafter Benutzung ist eine Benutzung zu verstehen, die nicht sym-
bolisch allein zum Zweck der Wahrung der durch die Marke verliehenen
Rechte erfolgt.[7] In Anknüpfung an die funktionsgemäße Rechtfertigung der
Ausschließlichkeitsrechte des EuGH[8] dient der Benutzungszwang dazu, der
eingetragenen Marke ihre Hauptfunktion – die Herkunftsfunktion – zu erhalten. Erforderlich ist demnach eine Benutzung, die der Hauptfunktion der Marke
entspricht, dem Verbraucher oder Endabnehmer die Ursprungsidentität einer
Ware oder Dienstleistung zu garantieren, indem ihm ermöglicht wird, diese

---

[3] Vgl. Art. 47 Abs. 2, 3, Art. 64 Abs. 2, 3, Art. 16, Art. 127 Abs. 3 UMVO.

[4] Vgl. Art. 58 Abs. 1 lit. a), Art. 128 UMVO.

[5] Vgl. Erwgr. 31 MarkenRL.

[6] Grdl. EuGH, Urt. v. 11.3.2003, C-40/01, ECLI:EU:C:2003:145, Rn. 37, 43 = GRUR
2003, 425 – *Ansul*; ua. EuGH, Urt. v. 12.12.2019, C-143/19 P, ECLI:EU:C:2019:1076,
Rn. 62 = EuZW 2020, 274 – *Duales System Deutschland*; zu den Grundsätzen des markenrechtlichen Benutzungszwangs siehe *Lenk*, Rechtserhaltende Benutzung (2013), S. 56–181;
Sosnitza, GRUR 2013, 105.

[7] EuGH, Urt. v. 11.3.2003, C-40/01, ECLI:EU:C:2003:145, Rn. 36 = GRUR 2003, 425 –
Ansul.

[8] BeckOK UMV-*Müller*, Art. 18, Rn. 9.

Ware oder Dienstleistung ohne Verwechslungsgefahr von Waren oder Dienstleistungen anderer Herkunft zu unterscheiden.[9]

Entsprechendes gilt für die Kollektivmarke:[10] Zwar zeigt sie im Unterschied zur Individualmarke dem Verbraucher nicht die „Ursprungsidentität" der Waren oder Dienstleistungen an, sondern unterscheidet Produkte der Mitglieder des Verbandes von denen anderer Unternehmen.[11] Sie ist aber wie die Individualmarke im Geschäftsleben angesiedelt und ihre Benutzung muss sich tatsächlich in das Ziel der betreffenden Unternehmen einfügen, einen Absatzmarkt für ihre Waren oder Dienstleistungen zu erschließen oder zu sichern. Folglich muss auch diese Markenkategorie entsprechend ihrer Hauptfunktion benutzt werden. Das ist etwa dann der Fall, wenn ein Zeichen, das den Produkthersteller als Teilnehmer an einem ortsnahen Sammel- und Verwertungssystem für Warenverpackungen kennzeichnet, neben der Individualmarke des Herstellers auf Produktverpackungen verwendet wird. Insbesondere bei Waren, die täglich Verpackungsabfälle produzieren, die der Verbraucher wegwerfen muss, kann nicht ausgeschlossen werden, dass sich der Hinweis auf die Zugehörigkeit einem System zur Sammlung und ökologischen Behandlung von Verpackungsabfällen auf die Kaufentscheidung der Verbraucher auswirken und so zur Erhaltung oder Erschließung von Marktanteilen beitragen kann.[12] Der Struktur der Kollektivmarke folgend legt Art. 78 UMVO dabei fest, dass bereits eine Benutzung der Kollektivmarke durch eine hierzu berechtigte Person – etwa die einzelnen Hersteller, die Mitglieder des Kollektivs sind – rechtserhaltend wirken kann.

---

[9] St. Rspr., vgl. EuGH, Urt. v. 11.3.2003, C-40/01, ECLI:EU:C:2003:145, Rn. 36 = GRUR 2003, 425 – *Ansul*; Urt. v. 13.9.2007, C-234/06 P, ECLI:EU:C:2007:514, Rn. 72 = GRUR 2008, 343 – *Bainbridge*; Urt. v. 9.12.2008, C-442/07, ECLI:EU:C:2008:696, Rn. 17 = GRUR 2009, 156 – *Verein Radetzky-Orden*; Urt. v. 15.1.2009, C-495/07, E-CLI:EU:C:2009:10, Rn. 17 = GRUR 2009, 410 – *Silberquelle*; Urt. v. 19.12.2012, C-149/11, ECLI:EU:C:2012:816, Rn. 29 = GRUR 2013, 182 – *ONEL/OMEL*; Urt. v. 8.6.2017, C-689/15, ECLI:EU:C:2017:434, Rn. 37 = GRUR 2017, 816 – *Internationales Baumwollzeichen*; *Ingerl/Rohnke*, MarkenG (2010), § 26, Rn. 25; *Marx*, MarkenR 2019, 61; BeckOK UMV-*Müller*, Art. 18, Rn. 9; *Sosnitza*, GRUR 2013, 105, 108 f.

[10] Auch zum Folgenden EuGH, Urt. v. 12.12.2019, C-143/19 P, ECLI:EU:C:2019:1076, Rn. 52–58 = EuZW 2020, 274 – *Der Grüne Punkt*.

[11] Vgl. EuGH, Urt. v. 8.6.2017, C-689/15, ECLI:EU:C:2017:434, Rn. 41 = GRUR 2017, 816 – *Internationales Baumwollzeichen*; EuGH, Urt. v. 20.9.2017, C-673/15 P - C-676/15 P, ECLI:EU:C:2017:702, Rn. 63 = GRUR 2017, 1257 – *Darjeeling*; Urt. v. 12.12.2019, C-143/19 P, ECLI:EU:C:2019:1076, Rn. 52 f. = EuZW 2020, 274 – *Der Grüne Punkt*.

[12] EuGH, Urt. v. 12.12.2019, C-143/19 P, ECLI:EU:C:2019:1076, Rn. 70 = EuZW 2020, 274 – *Der Grüne Punkt*; anders zuvor noch das EuG, Urt. v. 12.12.2018, T-253/17, E-CLI:EU:T:2018:909, Rn. 37, 41 f. = BeckRS 2018, 31767, das eine rechtserhaltende Benutzung der Marke nur für „Verpackungen", nicht aber für die verpackten Warengruppen selbst anerkannte.

II. Unbeachtlichkeit der sonstigen Markenfunktionen

Aufgrund der Funktionenlehre des EuGH war unklar, ob auch eine Markenbenutzung, die lediglich einer der von ihm gefundenen Nebenfunktionen dient, rechtserhaltend wirken kann.[13] Die Beschwerdekammer des EUIPO[14] sowie das EuG[15] hatten eine solche Möglichkeit bislang abgelehnt. Auf eine Vorlage des OLG Düsseldorf beschäftigte sich schließlich der EuGH mit der Frage, ob die Verwendung einer Individualmarke als Gütezeichen eine rechtserhaltende Benutzung sein kann:[16] Der *Verein Bremer Baumwollbörse* lizenzierte seine Individualmarke an Textilhersteller, die damit Waren aus Baumwollfasern guter Qualität kennzeichneten und ließ sich das Recht zu einer entsprechenden Warenkontrolle nach vorheriger Ankündigung einräumen. Entgegen der Auffassung des vorlegenden Senats entschied der EuGH, dass die Nutzung der Marke in einer Weise, die dem Verbraucher allein die Zusammensetzung oder Qualität der Waren oder Dienstleistungen garantiert, nicht rechtserhaltend für eine Individualmarke sein kann.[17] Die Hauptfunktion der Marke darf nicht mit den übrigen Funktionen verwechselt werden, die sie gegebenenfalls (zusätzlich) erfüllen kann.[18] Eine ernsthafte Benutzung eines Gütezeichens als Individualmarke liegt lediglich dann vor, wenn es den Verbrauchern auch und zugleich garantiert, dass die Waren aus einem einzigen Unternehmen stammen, unter dessen Kontrolle die Ware hergestellt wurde und das für ihre Qualität im Endzustand nach Abschluss des Herstellungsprozesses verantwortlich gemacht

---

[13] *Lenk*, Rechtserhaltende Benutzung (2013), S. 118 ff., zum Einfluss der Investitionsfunktion am Beispiel der Pharmabranche S. 127 ff.; *Sosnitza*, GRUR 2013, 105, 109.

[14] Die zweite Beschwerdekammer des (damals noch „Harmonisierungsamt für den Binnenmarkt" genannten) EUIPO kam auf Basis einer funktionalen Gegenüberstellung von Gewährleistungs- und Individualmarken zu dem Ergebnis, dass eine Zeichenverwendung zur Zertifikation gewisser Standards keine rechtserhaltende Benutzung einer Individualmarke sei, vgl. HABM, Ent. v. 16.8.2011, R 87/2010-2, Rn. 24–32 – *dvc/dvb*, abrufbar unter http://euipo.europa.eu/eSearch/#details/trademarks/003649373, zuletzt abgerufen am 25.8.2021.

[15] EuG, Urt. v. 16.6.2015, T-660/11, ECLI:EU:T:2015:387, Rn. 86 = BeckRS 2015, 81016 – *Teflon* verneint eine rechtserhaltende Benutzung mittels der Werbe- oder Kommunikationsfunktion; dazu ausf. *Künkel*, Prüfzeichen (2017), S. 158 ff.

[16] OLG Düsseldorf, B. v. 15.12.2015, I-20 U 222/14 = GRUR 2016, 386 – *Internationales Baumwollzeichen*; ausf. zum Verfahrensgang *Buckstegge*, Nationale Gewährleistungsmarke (2018), S. 111 ff.; *Dissmann/Somboonvong*, GRUR 2016, 657, 662 ff.

[17] EuGH, Urt. v. 8.6.2017, C-689/15, ECLI:EU:C:2017:434, Rn. 46 = GRUR 2017, 816 – *Internationales Baumwollzeichen*; dazu *Dissmann/Somboonvong*, GRUR 2017, 777, 778 f.; *Ringelhann*, 12 JIPLP 724 ff. (2017); das OLG Düsseldorf ging in seinem Urt. v. 30.11.2017, I-20 U 222/14, Rn. 13 ff. = GRUR-RR 2018, 193 – *Internationales Baumwollzeichen* über den EuGH hinaus und verneinte bereits die Unterscheidungskraft des Zeichens.

[18] EuGH, Urt. v. 8.6.2017, C-689/15, ECLI:EU:C:2017:434, Rn. 44 = GRUR 2017, 816 – *Internationales Baumwollzeichen*; vgl. auch Urt. v. 17.10.2019, C-514/18 P, ECLI:EU:C:2019:878, Rn. 38 = GRUR-RR 2020, 100 – *Steirisches Kürbiskernöl*.

werden kann.[19] Die bloße Befugnis zur Prüfung des verwendeten Rohstoffes genügt hierfür jedoch nicht.[20] Parallel zur originären Schutzvoraussetzung der Individualmarke bleibt ihre herkunftshinweisende Funktion Grundvoraussetzung der ernsthaften Benutzung.[21] Unproblematisch der Fall ist dies bei Individualmarken, die für Qualitätssicherungsdienstleistungen[22] oder Verbraucherinformationsdienstleistungen[23] eingetragen sind und dabei als Güte- oder Testsiegel verstanden werden. Die von ihren Inhabern erbrachten Dienstleistungen realisieren die Herkunftsfunktion.[24] Rechtserhaltend können daneben allenfalls solche Individualmarken genutzt werden, die zB. der Lebensmitteleinzelhandel als Gütezeichen für Produkte der Eigenmarken nutzt.[25] In diesen Fällen kennzeichnet das Zeichen nicht nur eine besondere Beschaffenheit des Produkts. Gleichzeitig übernimmt sein Inhaber auch die Verantwortlichkeit für die Qualität nach Abschluss des Herstellungsprozesses. Die Nebenfunktionen der Marke sind für die Beurteilung ihrer ernsthaften Benutzung somit unbeachtlich, sofern sich nicht zusätzlich auch die Hauptfunktion realisiert.[26]

Da der EuGH seine Rechtsprechung zur rechtserhaltenden Benutzung von Individualmarken auf Kollektivmarken entsprechend anwendet, müssen auch

---

[19] EuGH, Urt. v. 8.6.2017, C-689/15, ECLI:EU:C:2017:434, Rn. 46, 50 = GRUR 2017, 816 – *Internationales Baumwollzeichen*.

[20] EuGH, Urt. v. 8.6.2017, C-689/15, ECLI:EU:C:2017:434, Rn. 50 = GRUR 2017, 816 – *Internationales Baumwollzeichen*; vgl. auch Urt. v. 17.10.2019, C-514/18 P, ECLI:EU:C:2019:878, Rn. 40 f. = GRUR-RR 2020, 100 – *Steirisches Kürbiskernöl*; bereits zuvor zum österreichischen Markenrecht OG, Ent. v. 29.5.2018, 4 Ob 237/17g = GRUR Int. 2019, 686 – *Steirisches Kürbiskernöl*; die Auffassung von *Künkel*, Prüfzeichen (2017), S. 153 ff., der es für die Erfüllung der Herkunftsfunktion genügen lässt, wenn der maßgebliche Verkehr davon ausgeht, „dass derjenige, dem die Marke zuzurechnen ist, eine gewisse Kontrolle über die Eigenschaften der Ware innehat bzw. für mögliche Mängel in Bezug auf die Ware verantwortlich gemacht werden kann" ist damit wohl abzulehnen.

[21] *Ingerl/Rohnke*, MarkenG (2010), § 26, Rn. 7; *Lenk*, Rechtserhaltende Benutzung (2013), S. 119 f.

[22] Etwa UM *TÜV SÜD* (Nr. 004803961) oder UM *DEKRA* (Nr. 013626395).

[23] Etwa UM *ÖKO TEST* (Nr. 010745529).

[24] Vgl. *Baldauf*, Werbung (2011), S. 141; zust. *Slopek/Leister*, GRUR 2013, 356, 359; BeckOK MarkenR-*Schoene*, § 97 MarkenG, Rn. 10.1; Probleme bereitet jedoch das Vorliegen von Produktidentität/-ähnlichkeit und die Verteidigung des Zeichens, vgl. § 3 A. III. 3.

[25] Etwa UM *PRO PLANET* (Nr. 008529646) der Rewe-Zentralfinanz e.G; anders hingegen UM *BAUHAUS PRO PLANET* (Nr. 013137245), mit der das Baumarkt-Unternehmen Bauhaus Sortimentsprodukte anderer Hersteller versieht, die sich durch besondere Nachhaltigkeit auszeichnen; vgl. BeckOK MarkenR-*Slopek*, Art. 83 UMV, Rn. 17.

[26] *Ingerl/Rohnke*, MarkenG (2010), § 26, Rn. 7; Büscher/Dittmer/Schiwy-*Schalk* (2015), § 26 MarkenG, Rn. 3; Ströbele/Hacker/Thiering-*Ströbele*, MarkenG (2018), § 26, Rn. 4; auch *Lenk*, Rechtserhaltende Benutzung (2013), S. 121, 133 f., der i.E. Sonderregelungen unter Berücksichtigung der Investitionsfunktion für investitionsintensive Branchen ablehnt.

diese gemäß ihrer Hauptfunktion benutzt werden.[27] Unerheblich ist folglich die Erfüllung etwaiger anderer Markenfunktionen.[28] Damit sind Waren-Kollektiv-marken, die als reines Zertifizierungs- oder Gütezeichen genutzt werden, verfallsreif.[29] Möglich ist aber die rechtserhaltende Benutzung von Kollektivmarken, die für Zertifizierungsdienstleistungen eingetragen wurden.[30]

B. Ökonomische Begründung

Anders als Ausschließlichkeitsrechte an technischen Erfindungen oder kreativen Werken[31] erlöschen solche an Kennzeichen nicht. Die Eintragung einer Marke kann gem. Art. 53 UMVO auf unbestimmte Zeit verlängert werden. Das Markenrecht ordnet dem Inhaber im Grundsatz ein dauerhaftes Monopol an seiner Marke zu, sodass es ausschließlich ihm obliegt, sein Zeichen zu benutzen und andere von dessen Benutzung auszuschließen. Die Wettbewerbsfreiheit anderer Mitbewerber und der Allgemeinheit wird dadurch eingeschränkt.[32] Das Spannungsverhältnis zwischen dem Interesse der Mitbewerber, möglichst frei in der Zeichenwahl zu sein, und dem Interesse des Markeninhabers, sein Zeichen ausschließlich zu verwenden, wird über das Erfordernis der rechtserhaltenden Benutzung als eine der "tragenden Säulen des harmonisierten Markenrechts"[33] balanciert.[34] Es dient als Ausgleich für die einfache Erlangung des

---

[27] EuGH, Urt. v. 12.12.2019, C-143/19 P, ECLI:EU:C:2019:1076, Rn. 55 ff. = EuZW 2020, 274 – *Der Grüne Punkt*.

[28] In diese Richtung bereits EuGH, Urt. v. 20.9.2017, C-673/15 P – C-676/15 P, E-CLI:EU:C:2017:702, Rn. 52 ff. = GRUR 2017, 1257 – *Darjeeling*; klar abzulehnen ist daher die Ansicht von *Ahrens*, GRUR 2020, 809, 811, der die rechtserhaltende Benutzung eines als Kollektivmarke eingetragenen Gütezeichens durch die Benutzung des identischen, aber als Gewährleistungsmarke eingetragenen Zeichens vorschlägt; dabei wird die Neutralitätspflicht des Gewährleistungsmarkeninhabers übersehen.

[29] *Ringelhann*, 12 JIPLP 724, 726 (2017); a.A. *Buckstegge*, Nationale Gewährleistungsmarke (2018), S. 75, Bezugspunkt der Unterscheidungswirkung der Kollektivmarke ist jedoch nicht die Produktqualität, sondern die Verbandszugehörigkeit des Markennutzers; *Künkel*, Prüfzeichen (2017), S. 170 f. geht auch für die Unionskollektivmarke davon aus, dass eine reine Qualitätsaussage für eine rechtserhaltende Benutzung genügt.

[30] So *Baldauf*, Werbung (2011), S. 141; zust. *Slopek/Leister*, GRUR 2013, 356, 359; BeckOK MarkenR-*Schoene*, § 97 MarkenG, Rn. 10.1.; dazu krit. *Buckstegge*, Nationale Gewährleistungsmarke (2018), S. 78 f.

[31] So beträgt die Schutzdauer im Patentrecht 20 Jahre ab Anmeldetag, vgl. Art. 63 Abs. 1 EPÜ, im Urheberrecht 70 Jahre post mortem auctoris, vgl. Art. 1 Abs. 1 RL 2006/116/EG v. 12. Dezember 2006 über die Schutzdauer des Urheberrechts und verwandter Schutzrechte, ABl. L 372/12.

[32] EuGH, Urt. v. 19.12.2012, C-149/11, ECLI:EU:C:2012:816, Rn. 32 = GRUR 2013, 182 – *ONEL/OMEL*; *Lenk*, Rechtserhaltende Benutzung (2013), S. 61.

[33] Ströbele/Hacker/Thiering-*Thiering*, MarkenG (2018), § 25, Rn. 2.

[34] *Bergmann*, MarkenR 2009, 1, 2; *Fezer*, GRUR 1986, 485, 491; *Wagner*, GRUR 2018, 264; vgl. auch Erwgr. 31 MarkenRL.

Markenschutzes aufgrund des bloßen Formalaktes der Eintragung[35] und soll das Register im Interesse der Allgemeinheit und des Wettbewerbs von unbenutzten Zeichen freihalten.[36] Insbesondere im Zusammenhang mit dem Benutzungszwang können sich aus der Beschäftigung mit der Legitimation von Ausschließlichkeitsrechten Kriterien einer funktionsgerechten Markenbenutzung argumentativ ableiten lassen.[37] Bezieht die Marke als Institut ihre Rechtfertigung aus den positiven Markenwirkungen, setzen sie dem Markenschutz auch Grenzen.[38] Im Folgenden wird daher die ökonomische Begründung des Benutzungserfordernisses untersucht und von der Individual- auf die Gewährleistungsmarke übertragen.

I. Informationsökonomik

Die bloße Eintragung der Marke ermöglicht ihrem Inhaber den Aufbau eines Kommunikationskanals zwischen der Anbieter- und der Nachfrageseite, mittels dessen Informationen zur Verteilung gebracht und beim Nachfrager assoziative Verknüpfungen zwischen Produkt und bestimmten Botschaften hergestellt werden.[39] Da die effizienzsteigernde Wirkung der Individualmarke maßgeblich auf der Herkunftsfunktion basiert, ist alleine diese Funktion für die Beurteilung der rechtserhaltenden Benutzung ausschlaggebend. Dass diese effizienz- und wettbewerbsfördernde Funktion der Marke im Gegensatz zu anderen Immaterialgüterrechten unabhängig vom Zeitablauf erhalten bleibt,[40] rechtfertigt ihre zeitlich unbegrenzte Verlängerungsmöglichkeit.[41] Gleichzeitig ist sie aber einer Nutzung durch die Allgemeinheit oder Wettbewerber entzogen. Zur Vermeidung von Rechtsverletzungen müssen diese höhere Suchkosten bei der Wahl eines eigenen Zeichens aufwenden.[42] Gelingt es dem Kennzeichen jedoch nicht, „wie ein Signal-Code, der eine bestimmte Ware oder

---

[35] *Dietrich*, MarkenR 2013, 249, 250; *Eichelberger*, WRP 1490, 1492; *Hackbarth/Jonas/v. Mühlendahl*, GRUR Int. 2011, 1029, 1030; *Lenk*, Rechtserhaltende Benutzung (2013), S. 61; Ströbele/Hacker/Thiering-*Ströbele*, MarkenG (2018), § 26, Rn. 3.

[36] *Bently et al.*, IP Law (2018), S. 1078; *Bergmann*, MarkenR 2009, 1, 2; *Dietrich*, MarkenR 2013, 249, 250; *Eichelberger*, WRP 1490, 1492; *Hackbarth/Jonas/v. Mühlendahl*, GRUR Int. 2011, 1029, 1030; *Lenk*, Rechtserhaltende Benutzung (2013), S. 62 ff. auch zur Bekämpfung von Defensiv- und Vorratsmarken.

[37] *Grünberger/Tofaute*, ZGE 2015, 234, 237.

[38] *Lehmann/Schönfeld*, GRUR 1994, 488.

[39] *Lehmann*, GRUR 1984, 313, 315; *ders.*, GRUR Int. 1986, 6, 14 f.; *Lehmann/Schönfeld*, GRUR 1994, 481.

[40] BeckOK MarkenR-*Kur*, Einl., Rn. 153.

[41] Vgl. *Cooter/Ulen*, Law & Economics (2016), S. 133; *Kaplow/Shavell*, in: Public Economics (2002), S. 1702 f.; *Landes/Posner*, IP (2003), S. 186 f.; *Menell/Scotchmer*, in: Law and Economics (2007), S. 1473, 1546 f.; *Ohly*, JZ 2003, 545, 551; *Posner*, Economic Analysis (2014), S. 419.

[42] *Bently et al.*, IP Law (2018), S. 1078; *Searle/Brassell*, Economic Approaches (2016), S. 107.

Dienstleistung zu Zwecken des Wettbewerbs aus der Masse der sonstigen Leistungsangebote heraushebt",[43] zu wirken, schlägt der in der Eintragung liegende „Vertrauensvorschuss" fehl.[44] Bei fehlender Nutzung am Markt erhöht die Marke durch eine Blockade des Markenregisters lediglich Suchkosten der Wettbewerber, ohne selbst für eine Kostensenkung bei den Nachfragern zu sorgen. Dadurch verursachen unbenutzte Zeichen informationsökonomisch eine Ineffizienz.[45] Durch den Verfall nicht oder nicht mehr benutzter Marken und der damit verbundenen Rückführung des Zeichens ins Allgemeingut wird diese Ineffizienz behoben.[46] Dritte können es oder ein ähnliches Zeichen selbst am Markt verwenden, um einen Kommunikationskanal zu etablieren.

II. Property Rights-Theorie

Auf den durch eingetragene, aber unbenutzte Zeichen verursachten Ineffizienzen baut auch die Property Rights-Theorie auf. Ein Handlungsrecht ist nur dann und so lange zuzuweisen, wie die Vorteile seiner Zuweisung die damit verbundenen Nachteile überwiegen. Die Aufgabe der Rechtszuweisung kommt originär der Rechtsordnung zu, die damit bei mehreren Akteuren die Interessen einer Partei bevorzugen muss.[47] Das Recht erhält derjenige Marktakteur, der es am höchsten bewertet, da davon ausgegangen wird, dass er Externalitäten am besten internalisieren und das Gut am effizientesten nutzen kann.[48] Nur demjenigen Inhaber soll erlaubt sein, den externen Nutzen von Werbung und sonstigen kommunikativen Absatzanstrengungen durch eine Marke zu internalisieren, der dieses Monopolrecht tatsächlich am Markt zu Absatzzwecken zum Einsatz bringt.[49] Benutzt der Inhaber seine Marke ohne berechtigten Grund nicht, zeigt er kein Interesse an einer Nutzung der ihm zugewiesenen Ressource. Ohne Marktaktivität kann das Kennzeichen keine Effizienzvorteile generieren.[50] Stattdessen entstehen weitere soziale Kosten, die in die Beurteilung der Gesamteffizienz miteinfließen:[51] Unternehmen werden angehalten, über

---

[43] *Lehmann*, GRUR 1984, 313, 315.

[44] *Grünberger/Tofaute*, ZGE 2015, 234.

[45] Vgl. *Griffiths*, in: TMB (2008), S. 241, 255 f.

[46] Ineffizienzen können jedoch dadurch entstehen, dass die gelöschte Marke weiterhin den Goodwill der Verbraucher besitzt, der durch die Neuregistrierung des Zeichens durch Dritte ausgenutzt werden und zur Verbrauchertäuschung führen kann, vgl. *Dogan/Lemley*, 97 TMR 1223, 1249 f. (2007); *Linford*, 93 Notre Dame L.Rev. 811, 844 ff. (2018).

[47] *Calabresi/Melaned*, 85 Harv. L. Rev. 1089, 1090 (1972).

[48] *Cooter/Ulen*, Law & Economics (2016), S. 97 f.; *Posner*, Economic Analysis (2014), S. 34; *Schäfer/Ott*, Ökonomische Analyse (2021), S. 665; *Shavell*, Economic Analysis (2004), S. 108.

[49] *Lehmann*, in: Eigentums- und Verfügungsrechte (1984), S. 519, 527 f.

[50] Vgl. *Landes/Posner*, IP (2003), S. 181.

[51] Zum Folgenden: *Hille*, RabelsZ 83 (2019) 544, 572; *Landes/Posner*, IP (2003), S. 179 ff.

den tatsächlichen Bedarf hinaus Marken zu produzieren und zu horten, zudem könnten aufgegebene Marken erneut registriert werden, um den Verkehr zu täuschen. Dies führt neben der Beschränkung Dritter auch zu erheblichen Verwaltungskosten. Sie werden durch die Entziehung der Rechtsposition und Freigabe zur allgemeinen Nutzung vermieden. Kann das Zeichen von einem anderen Marktteilnehmer produktiver eingesetzt werden, erfolgt eine Neuallokation des Guts und er erhält ein exklusives Handlungsrecht.

C. Übertragung auf die Gewährleistungsmarke

I. Gewährleistungsfunktion maßgeblich

Auch die Zuweisung eines Ausschließlichkeitsrechts an einer Gewährleistungsmarke ist nur solange effizient, wie sie am Markt dazu benutzt wird, einen Absatzmarkt zu erschließen oder zu sichern. Andernfalls überwiegen auch bei dieser Markenkategorie die Kosten des Entzugs aus dem Pool frei verfügbarer Zeichen. Bemisst sich der Benutzungszwang anhand der Hauptfunktion, auf die sich die effizienzsteigernde Wirkung zurückführen lässt, muss sie sich bei der Gewährleistungsmarke an der Realisierung der Gewährleistungsfunktion orientieren.[52] Notwendig ist eine Benutzung als Hinweis auf die Zertifizierung von Waren und Dienstleistungen.[53] Unter „ernsthafter Benutzung" ist für die Gewährleistungsmarke eine tatsächliche Benutzung zu verstehen, die dem Verbraucher ermöglicht, die Ware oder Dienstleistung, für die der Markeninhaber eine Eigenschaft gewährleistet, von solchen zu unterscheiden, für die er keine solche Gewährleistung übernimmt. Die übrigen Nebenfunktionen der Gewährleistungsmarke rechtfertigen – wie bei der Individualmarke – keine rechtserhaltende Benutzung.

II. Benutzung nur durch Dritte

Anders als der Inhaber einer Individualmarke kann der einer Gewährleistungsmarke sein Zeichen jedoch nicht dazu nutzen, einen Absatzmarkt für seine Produkte zu erschließen oder zu sichern. Die Neutralitätsklausel des Art. 83 Abs. 2 UMVO verbietet ihm die Ausübung einer gewerblichen Tätigkeit, die die Lieferung von Waren oder Dienstleistungen, für die die Gewährleistung besteht, umfasst. Im Gegensatz zum Kollektivmarkeninhaber, der selbst und etwa durch Werbung für und mit seinem Zeichen eine rechtserhaltende Benutzung sicherstellen kann,[54] hat der Inhaber einer Gewährleistungsmarke diese

---

[52] *Buckstegge*, Nationale Gewährleistungsmarke (2018), S. 263; Ekey/Bender/Fuchs-Wiesemann-*Ekey*, MarkenR (2019), § 106b, Rn. 10; *Fezer*, GRUR 2017, 1188, 1197; BeckOK MarkenR-*Vohwinkel*, § 106b MarkenR, Rn. 9.

[53] BeckOK UMV-*Bartos*, Art. 87, Rn. 2

[54] BeckOK MarkenR-*Miosga*, Art. 78 UMV, Rn. 2; Eisenführ/Schennen-*Schennen*, UMVO (2017), Art. 70, Rn. 1.

Möglichkeit nicht. Denn ein Zeicheneinsatz in Geschäftsbriefen oder zur Verbraucheraufklärung in Presse und Werbung erfüllt nicht die Gewährleistungsfunktion, sondern entspräche vielmehr einem Herkunftshinweis auf seine Produktzertifizierung.[55] Eine rechtserhaltende Benutzung der Gewährleistungsmarke durch ihren Inhaber ist bereits deshalb nicht denkbar. Außerdem stellt Art. 87 UMVO durch seinen Verweis auf die satzungsmäßige Bestimmung der nutzungsbefugten Personen klar, dass eine Verwendung durch den Markeninhaber selbst ausscheidet.[56] Vielmehr sollen Dritte die Gewährleistungsmarke nutzen, um eigene Produkte am Markt abzusetzen. Daher begründet allein die Verwendung der Gewährleistungsmarke durch hierzu befugte Personen auf den zertifizierten Produkten (neben der eigenen Individualmarke) eine ernsthafte Benutzung der Gewährleistungsmarke,[57] wie Art. 87 UMVO klarstellt.

D. Zwischenergebnis

Marken können nur dann ihre effizienzsteigernde Wirkung erfüllen und zum System eines unverfälschten Wettbewerbs beitragen, wenn sie am Markt verwendet werden. Nur solange dies der Fall ist, ist die Zuweisung eines Handlungsrechts gerechtfertigt, da andernfalls die Effizienznachteile in Form höherer Kosten bei der Suche nach verfügbaren Zeichen überwiegen. Die Beurteilung der ernsthaften Benutzung erfolgt alleine anhand der Verwirklichung der Hauptfunktion. Bei der tatsächlichen Nutzung der Individualmarke muss der Verkehr das Zeichen daher zumindest auch als Herkunftshinweis verstehen. Eine Kontrollmöglichkeit der verwendeten Rohstoffe oder die bloße Wirkung als Gütezeichen im Sinne der Qualitätsfunktion genügen hingegen nicht. Entsprechendes gilt für die Kollektivmarke.

Die dem Benutzungszwang zugrunde liegenden ökonomischen Erwägungen lassen sich auch auf die Gewährleistungsmarke übertragen. Entsprechend ihrer Hauptfunktion muss sich bei ihrer tatsächlichen Benutzung die Gewährleistungsfunktion realisieren. Allerdings kann die Gewährleistungsmarke nicht durch ihren Inhaber verwendet werden. Sie soll Dritten einen Absatzmarkt erschließen oder sichern. Ausgehend davon liegt eine rechtserhaltende Benutzung der Gewährleistungsmarke dann vor, wenn Dritte, die nach der Satzung zur Zeichenverwendung befugt sind, die Gewährleistungsmarke auf ihren zertifizierten Produkten am Markt verwenden.

---

[55] *Buckstegge*, Nationale Gewährleistungsmarke (2018), S. 264.

[56] BeckOK UMV-*Bartos*, Art. 87, Rn. 1; *Dröge*, GRUR 2017, 1198, 1201; Eisenführ/Schennen-*Schennen*, UMVO (2017), Art. 74e, Rn. 1; Art. 87 UMVO entspricht daher nur scheinbar, nicht aber in seinen Auswirkungen der entsprechenden Formulierung für die Kollektivmarke in Art. 78 UMVO.

[57] *Buckstegge*, Nationale Gewährleistungsmarke (2018), S. 263; *Fezer*, GRUR 2017, 1188, 1196; Eisenführ/Schennen-*Schennen*, UMVO (2017), Art. 74e, Rn. 1.

§ 7 Nutzungsanspruch Dritter

Der folgende Abschnitt behandelt die Nutzung der Marke durch Dritte. Analysiert werden die ökonomischen Argumente für ein Verbot der Zwangslizenzierung von Individualmarken. Problematisch ist, ob diese Argumente angesichts der veränderten Hauptfunktion auch für die Gewährleistungsmarke gelten können. Die zu untersuchende Frage lautet daher, ob Dritten *de lege lata* ein Anspruch auf Nutzung der Gewährleistungsmarke zusteht, falls ihre Produkte die gewährleisteten Eigenschaften erfüllen. Die Arbeit verfolgt die These, dass ein solcher ökonomisch vorzugswürdig ist und konstruiert ausgehend davon einen Nutzungsanspruch Dritter, bei dem das Vorliegen der satzungsmäßigen Produktbeschaffenheit als „Zugangsregel" zur Gewährleistungsmarke fungiert. Der Anspruch wird anschließend auf seine Kompatibilität mit der UMVO sowie höherrangigem Recht hin geprüft.

A. *Regelung bei Individualmarke*

Die UMVO erkennt den wirtschaftlichen Wert der Marke[58] „als Gegenstand des Vermögens"[59] an und ermöglicht ihrem Inhaber neben der Veräußerung oder Verpfändung seines Zeichens in Art. 25 UMVO die Lizenzierung seiner Marke an Dritte. Gegenstand der Lizenz ist die Gebrauchsüberlassung des durch Eintragung begründeten Rechts, wobei die Überlassung auf Basis eines Lizenzvertrages erfolgt, den Markeninhaber als Lizenzgeber und Dritter als Lizenznehmer am Markt schließen.[60] Auch wenn die Herstellung oder Erbringung der lizenzierten Waren oder Dienstleistungen nicht unmittelbar durch ihn erfolgt, übernimmt der Markeninhaber am Markt die Verantwortung für die Produkte, die unter seiner Marke abgesetzt werden. Die Individualmarke zeigt gerade an, dass alle Waren oder Dienstleistungen, die das Zeichen kennzeichnet, unter der Kontrolle eines einzigen Unternehmens hergestellt oder erbracht worden sind, das für ihre Qualität verantwortlich gemacht werden kann.[61] In diesem Zusammenhang kann der Markeninhaber dem Lizenznehmer Qualitätsvorgaben machen, muss es aber nicht.[62] Zwangslizenzen hingegen kennt das

---

[58] Näher *Ingerl/Rohnke*, MarkenG (2010), Vor §§ 27–31, Rn. 1.

[59] Siehe Überschrift des vierten Abschnitts der UMVO.

[60] Vgl. Ströbele/Hacker/Thiering-*Hacker*, MarkenG (2018), § 30, Rn. 7; BeckOK MarkenR-*Taxhet*, Art. 25 UMV, Rn. 10 f.

[61] EuGH, Urt. v. 29.9.1998, C-39/97, ECLI:EU:C:1998:442, Rn. 28 = GRUR 1998, 922 – *Canon*; Urt. v. 12.11.2002, C-206/01, ECLI:EU:C:2002:651, Rn. 48 = GRUR 2003, 55 – *Arsenal FC*; Urt. v. 11.9.2007, C-17/06, ECLI:EU:C:2007:497, Rn. 27 = GRUR 2007, 971 – *Céline*; Urt. v. 8.6.2017, C-689/15, ECLI:EU:C:2017:434, Rn. 41 = GRUR 2017, 816 – *Internationales Baumwollzeichen;* Urt. v. 17.10.2019, C-514/18 P, ECLI:EU:C:2019:878, Rn. 37 = GRUR-RR 2020, 100 – *Steirisches Kürbiskernöl*.

[62] Vgl. EuGH, Urt. v. 23.4.2009, C-59/08, ECLI:EU:C:2009:260, Rn. 22 ff. = GRUR 2009, 593 – *Copad*; BeckOK MarkenR-*Taxhet*, § 30 MarkenG, Rn. 79; zur konzeptionellen

europäische Markenrecht – anders als etwa im Patentrecht[63] – nicht.[64] Außervertragliche Lizenzen sind ihm fremd und mit seinem Zweck unvereinbar[65] und auch Art. 21 TRIPS geht davon aus, dass die Zwangslizenzierung von Marken nicht zulässig ist.[66] Dabei nicht erfasst sind Maßnahmen, die sich gegen wettbewerbsbeschränkende Vereinbarungen iSv. Art. 101 AEUV richten und nach Art. 40 TRIPS zulässig sind.[67] Auch in diesem Fall kann jedoch nur die Ausübung des Rechts betroffen sein, nicht aber sein Bestand, also der „spezifische Gegenstand" der Marke, der durch ihre Herkunftsfunktion definiert wird.[68]

B. Ökonomische Begründung

I. Informationsökonomik

Die informationskosten- und unsicherheitsreduzierende Wirkung der Individualmarke realisiert sich nur dann, wenn die Herkunftsfunktion gesichert ist. Bei der Erteilung von Zwangslizenzen könnten sich Verbraucher nie sicher sein, ob das konkrete Produkt vom Markeninhaber oder von Dritten hergestellt wurde[69] und ob die unter der Zwangslizenz vertriebenen Produkte qualitativ

---

Diskussion bei der Gemeinschaftsmarke um eine Qualitätskontrollpflicht des Markeninhabers zur Verhinderung von Verbrauchertäuschungen siehe *Sattler*, Emanzipation (2015), S. 373 ff.; Art. 21 TRIPS verhält sich hierzu neutral und überlässt es den WTO-Mitgliedern, die Bedingung der Lizenzvergabe und damit auch das Erfordernis einer Qualitätskontrolle zu regeln, vgl. BeckOK MarkenR-*Kur*, Einl., Rn. 295.

[63] Vgl. Art. 2 Abs. 2, Art. 74 EPÜ iVm. § 24 PatG; ferner auch Art. 31 TRIPS.

[64] *Buhrow/Nordemann*, GRUR Int. 2005, 407, 413.

[65] *Mandly*, 93 TMR 1314, 1347 (2003).

[66] Ströbele/Hacker/Thiering-*Hacker*, MarkenG (2018), § 30, Rn. 9; BeckOK MarkenR-*Kur*, Einl., Rn. 297.

[67] Ströbele/Hacker/Thiering-*Hacker*, MarkenG (2018), § 30, Rn. 122 f.; BeckOK MarkenR-*Kur*, Einl., Rn. 296; näher (zu Art. 81 f. EGV) *Mandly*, 93 TMR 1314, 1341 ff. (2003).

[68] Ströbele/Hacker/Thiering-*Hacker*, MarkenG (2018), § 30, Rn. 127 f. mwN.; die v.a.in seiner älteren Rechtsprechung getroffenen Unterscheidung zwischen Bestand und Ausübung gewerblicher Schutzrechte hat der EuGH mit Urt. v. 9.3.2006, C-421/04, E-CLI:EU:C:2006:164, Rn. 28 = GRUR 2006, 411 – *Matratzen Concord* bekräftigt; es handelt sich daher um einen Grenzfall zwischen zulässiger Vertragskontrolle und Zwangslizenz, wenn der EuGH im Urt. v. 16.7.2009, C-385/07 P, ECLI:EU:C:2009:456, Rn. 127–134, 146 = WuW 2009, 960 – *Der Grüne Punkt* bestimmte Vertragsbedingungen zur Vergütung für unzulässig erklärt, ohne dass dem Markeninhaber deshalb die Möglichkeit bleibt, die Lizenzierung zu verweigern. Er stützt sich darauf, dass durch die Maßnahme die freie Wahl des Vertragspartners nicht eingeschränkt werde und das Ausschließlichkeitsrecht auch weiterhin Dritten entgegengehalten werden kann. Zudem zeichnet sich der Fall dadurch aus, dass das Zeichen „Der Grüne Punkt" allgemein weniger als Individualmarke und mehr als Kollektivmarke betrachtet wird, die auf die Teilnahme an einem kollektiven Abfallbeseitigungssystem hinweist, vgl. BeckOK MarkenR-*Kur*, Einl., Rn. 299 f.

[69] *Kur*, GRUR Int. 1994, 987, 996; *Mandly*, 93 TMR 1314, 1347 (2003); Busche/Stoll/Wiebe-*Schmidt-Pfitzner/Schneider*, TRIPS (2013), Art. 21, Rn. 2.

mit den Produkten des Markeninhabers vergleichbar sind.[70] Bei einer Vielzahl von Nutzern verliert die Marke ihre Unterscheidungsfunktion und degeneriert letztlich zu einem rein beschreibenden Begriff.[71] Darüber hinaus käme es regelmäßig zu einer Irreführung des Publikums.[72] Es bestünde die Gefahr, dass die Verbraucher irrigerweise ein Produkt unbekannten Ursprungs erwerben und in ihren Erwartungen enttäuscht werden.[73] Mitunter würden sie den Markeninhaber verantwortlich für eine Produktqualität machen, die er gar nicht kontrollieren kann und verlören ihre ursprünglich der Marke entgegengebrachte Wertschätzung. Mangels Zuordnungsmöglichkeit funktionierte der Goodwill-Mechanismus nicht mehr.

Die Situation ähnelt dann einem Markt ohne Markennutzung: Wie auf einem „market for lemons" dreht sich die Qualitätsspirale nach unten. Mangels Identifikationsmöglichkeit besteht kein Anreiz, eine gleichbleibende Produktqualität anzubieten.[74] Die von einzelnen Herstellern gebotene, unterdurchschnittliche Produktqualität schädigt den Ruf aller.[75] Erst recht werden keine Verbesserung der Produktqualität vorgenommen, wenn jede Qualitätsverbesserung auch einem Mitbewerber zugeschrieben werden könnte.[76] Aufgrund der wieder herrschenden Informationsasymmetrie kommt es zu einem Marktversagen und Verbraucher müssen erneut kostenintensive Produktuntersuchungen durchführen. Selbst wenn die Zwangslizenz Bestimmungen zur Produktqualität enthielte, um eine Enttäuschung der Verbrauchererwartungen und eine Beeinträchtigung des Markengoodwills zu verhindern,[77] wäre die adäquate Festsetzung und effektive (behördliche) Überprüfung dieser Regelungen schwierig.[78] Durch Zwangslizenzen gehen die Zuordnungswirkung der Marke und die damit verbundene Fähigkeit, als Qualitätsindikator zu dienen, verloren.[79] Es kommt zu Verwechslungen, die das Markenrecht eigentlich verhindern will: Der Schutz der Zuordnungswirkung und die Verhinderung von Verwechslungen sind gerade Hauptgrund für die exklusive Zuweisung der Kennzeichenrechte.[80] Im Vergleich zur Situation rein vertraglicher Lizenzen führen Zwangslizenzen zu einer Verringerung der Markttransparenz sowie Vergrößerung der Informationskosten.

---

[70] *Holmes*, 12 Loy. U. Chi. L. J. 73 f. (1980).

[71] *McCarthy*, 67 TMR 197, 230 f. (1977).

[72] *Kur*, GRUR Int. 1994, 987, 996.

[73] *Holmes*, 12 Loy. U. Chi. L. J. 71 (1980); vgl. *McCarthy*, 67 TMR 197, 229 (1977).

[74] Vgl. *McCarthy*, 67 TMR 197, 227 f. (1977).

[75] *Palladino*, 68 TMR 522, 539 (1978).

[76] *Palladino*, 68 TMR 522, 538 f. (1978).

[77] Dies fordern *Babin*, 7 J. L. Reform 644, 664 (1974); *Dobb*, 68 TMR 505, 520 (1978).

[78] *McCarthy*, 67 TMR 197, 228 (1977); *Palladino*, 68 TMR 522, 538 f. (1978).

[79] *Buhrow/Nordemann*, GRUR Int. 2005, 407, 413; *McCarthy*, 67 TMR 197, 231 (1977); *Palladino*, 68 TMR 522, 538 f., 542 (1978); *Riis/Schovsbo*, 34(10) E.I.P.R. 651 (2012).

[80] *Senftleben*, 40(1) IIC 45, 48 (2009).

II. Property Rights-Theorie

In der Realität sind Handlungsrechte selten vollständig spezifiziert, sondern unterliegen einer „Verdünnung" (*attenuation*) aufgrund von Transaktionskosten und Nutzungsbeschränkungen.[81] Die Verdünnung des Property Rights nimmt zu, je geringer die Möglichkeit ist, andere von der Ressourcennutzung auszuschließen (dh. je größer die Zahl der potentiellen Nutzer ist), und je mehr die verschiedenen Rechte an einer Ressource auf verschiedene Nutzer verteilt sind.[82] Eine Zwangslizenzierung nimmt dem Markeninhaber die Möglichkeit, sein Zeichen Dritten frei und zu einvernehmlichen Konditionen Dritten zu überlassen und ist eine solche rechtliche Nutzungsbeschränkung seines Handlungsrechts. Indem sie die Ausschlussmöglichkeit des Markeninhabers umfassend beschneidet, schränkt sie die „Exklusivität" als konstituierenden Faktor eines Handlungsrechts[83] stark ein[84] und der Wert des Rechtebündels sinkt. Je stärker das Handlungsrecht aber verdünnt ist, desto geringer ist der Grad der Spezifizierung und damit das Ausmaß der Internalisierung von Kosten und Nutzen.[85] Eine umfassende Internalisierung externer Effekte ist bei der Erteilung von Zwangslizenzen nicht mehr möglich: Aufgrund der unklaren betrieblichen Produktherkunft kann der Goodwill der Nachfrager als positive Externalität nicht mehr zugunsten des Markeninhabers (oder eines dritten Herstellers, der mit seinem Produkt überzeugt) internalisiert werden. Umgekehrt wirkt sich auch eine Unzufriedenheit der Nachfrager aufgrund mangelhafter Produktqualität als negative Externalität auf alle Markennutzer aus. Die Nutzung der Marke hat – wie bei einer unberechtigten Nutzung durch Dritte – rivalisierenden Charakter. Ferner entfällt mit der Beschränkung des Handlungsrechts die Anreizwirkung zur effizienten Nutzung der Ressource „Marke": Niemand hat einen Anreiz zur Einhaltung konstanter Produktqualität[86] oder gar zu Qualitätsverbesserungen.[87] Dem Markeninhaber fehlt jeglicher Anreiz zu Markenwerbung[88] oder sonstigen Investitionen in sein Zeichen.[89] Greift die exklusive Zuweisung des Goodwills nicht mehr, geht die wettbewerbsfördernde Wirkung der Marke verloren.[90] Selbst wenn durch Zwangslizenzen Markteintrittsbarrieren für neue Hersteller umgangen und der Produktpreis für Nachfrager

---

[81] *Gäfgen*, in: Eigentums- und Verfügungsrechte (1984), S. 43, 50 ff.; *Schäfer/Ott*, Ökonomische Analyse (2021), S. 78, 661 f.; *Tietzel*, ZfWP 1981, 207, 211 ff.

[82] *Schäfer/Ott*, Ökonomische Analyse (2021), S. 78; *Tietzel*, ZfWP 1981, 207, 215.

[83] Vgl. *Landes/Posner*, IP (2003), S. 12.

[84] Der Markeninhaber kann sein Ausschließlichkeitsrecht noch gegen Zeichennutzer ohne Zwangslizenz geltend machen.

[85] *Tietzel*, ZfWP 1981, 207, 214 f.

[86] Vgl. *McCarthy*, 67 TMR 197, 227 f. (1977).

[87] *Palladino*, 68 TMR 522, 538 f. (1978).

[88] *Lane*, 54 South. Econ. J. 643, 653 (1988).

[89] *McCarthy*, 67 TMR 197, 231 (1977).

[90] *Palladino*, 68 TMR 522, 540 (1978).

gesenkt werden, wiegen geringere Werbung der Hersteller und daher höhere Informationskosten der Nachfrager diese Effizienzvorteile auf.[91] Die Verdünnung des Property Rights durch die Erteilung von Zwangslizenzen würde sich somit erheblich negativ auf die Effizienz der Markennutzung auswirken. Letztlich liefe die Nutzung durch Dritte mittels der Zwangslizenz auf eine Übernutzung der Ressource „Individualmarke" hinaus. Zusammen mit den steigenden Informationskosten der Nachfrager käme es zu einer erheblichen Verringerung der Gesamteffizienz. Es besteht daher bei der Individualmarke kein Allgemeininteresse am freien Zugang zur Zeichenbenutzung.[92] Vielmehr führt ein Verbot der Zwangslizenzierung zu einem Interessengleichlauf von Markeninhabern (effiziente Ressourcennutzung durch Markenexklusivität und -souveränität), Verbrauchern (Informationskostenersparnis und erhöhte Produktqualität) und Allgemeinheit (erhöhter Wettbewerb durch Markttransparenz und informierte Konsumentscheidungen).[93]

C. Übertragung auf die Gewährleistungsmarke

Nachfolgend wird versucht, die ökonomische Begründung für den Ausschluss der Zwangslizenzierung von Individualmarken auf die Gewährleistungsmarke zu übertragen. Da sie das Vorliegen einer bestimmten Produktbeschaffenheit, nicht eine bestimmten Produktherkunft signalisiert, ist ihre Verwendung durch unterschiedliche Anbieter möglich, ohne dass nachteilige Wirkungen für Nachfrager oder den Markeninhaber entstehen. Entscheidend ist, ob die mit der Marke gekennzeichneten Produkte die signalisierte Produktbeschaffenheit tatsächlich aufweisen. Dann sind die Effizienzvorteile umso größer, je mehr Hersteller die Gewährleistungsmarke für zertifizierte Produkte nutzen.

Für die folgenden Ausführungen wird angenommen, dass das Produkt eines Herstellers die vom Markeninhaber gewährleisteten Eigenschaften tatsächlich aufweist. Das subjektive Ausschließlichkeitsrecht aus Art. 9 UMVO wird dabei verstanden als die freie Entscheidung des Markeninhabers, Zugangsinteressierten den Zugang zur Gewährleistungsmarke privatautonom zu gewähren oder zu versagen.

---

[91] *Lane*, 54 South. Econ. J. 643, 648 ff. (1988); auf Märkten ohne Eintrittsbarrieren sind die Wohlfahrtsverluste deutlich größer, vgl. *Lane*, 54 South. Econ. J. 643, 652 f. (1988).

[92] *Fezer*, GRUR 1986, 485, 491; *Fromer*, 69 Stan. L. Rev. 121, 129 Fn. 34 (2017); *Gervais*, TRIPS (2003), Rn. 2.195; *Görlich*, Anlehnende Markennutzung (2013), S. 52; *Lehmann*, GRUR Int. 1983, 356, 361; Busche/Stoll/Wiebe-*Schmidt-Pfitzner/Schneider*, TRIPS (2013), Art. 21, Rn. 2; Cottier/Véron-*Simon*, Concise IP (2015), Art. 21 TRIPS, Rn. 2; *Taubman/Wager/Watal*, TRIPS (2012), S. 73.

[93] Vgl. *Palladino*, 68 TMR 522, 542 (1978).

I. Informationsökonomik

Das erste Kapitel der Arbeit hat gezeigt, dass die Gewährleistungsmarke besonders dazu geeignet ist, Informationen über Such-, (Kalkül-)Erfahrungs- und Kalkül-Vertrauenseigenschaften zu übermitteln und bereits in Erstkauf-Situationen erhebliche Kostenvorteile der Nachfrager ermöglicht.[94] Ihre Hauptfunktion besteht nicht in der Gewährleistung einer Produktherkunft, sondern einer davon unabhängigen Produktbeschaffenheit.[95] Der Signalwert geht auch bei einer Benutzung durch mehrere Hersteller nicht verloren. Da sie parallel zur Individualmarke der Hersteller auf den Produkten verwendet wird, ist den Verbrauchern weiterhin eine Identifikation und Unterscheidung der Waren und Dienstleistungen nach ihrer betrieblichen Herkunft möglich. Auf Basis des Extrapolationsprinzips können Nachfrager weiterhin davon ausgehen, bei allen gekennzeichneten Waren oder Dienstleistungen die satzungsmäßige Beschaffenheit vorzufinden und mittels des ebenfalls funktionsfähigen Goodwill-Mechanismus eine Wertschätzung für den Gewährleistungsmarkeninhaber entwickeln. Da der Anreiz zu hoher Produktqualität für den Markeninhaber sowie den Markennutzer auch bei einer Verwendung für Produkte unterschiedlicher betrieblicher Herkunft bestehen bleibt, kommt es nicht zu einem kontinuierlichen Absinken des durchschnittlichen Produktniveaus wie es auf einem „market for lemons" zu beobachten ist. Anders als bei der Individualmarke spricht die informationsökonomische Betrachtung bei der Gewährleistungsmarke somit gegen eine Privatisierung und für einen weitgehend freien Zugang zum Zeichen. Die Empfehlung ist intern jedoch dadurch begrenzt, als dass ein freier Zugang das „informationsökonomische Dilemma" nicht einseitig zugunsten aller Zugangsinteressenten und damit statischer Effizienz lösen kann, da dann die Schaffung neuer Güter zum Erliegen käme.[96]

II. Property Rights-Theorie

Die veränderte Hauptfunktion der Gewährleistungsmarke führt dazu, dass jede zusätzliche Verwendung des Zeichens für Produkte aufgrund der damit kommunizierten Aussagen über Such-, (Kalkül-)Erfahrungs- und Kalkül-Vertrauenseigenschaften Informationskostenvorteile realisieren kann. Sie werden maximiert, wenn jeder Hersteller die Marke für satzungskonforme Waren und Dienstleistungen nutzt. Der folgende Abschnitt untersucht, wie sich dies auf die Ausgestaltung der Nutzungsposition des Markeninhabers auswirkt.

---

[94] Siehe § 2 A. III. 2.

[95] Siehe § 3 B. I sowie § 2 A. III. 4.

[96] Vgl. dazu § 2 A. I. 2. a); ein „informationsökonomisches Dilemma" wird vermieden, indem der Nutzungsanspruch nicht kostenfrei, sondern entgeltlich ausgestaltet ist, vgl. nachfolgend § 7 C. II. 3, § 7 E. III. 2. b).

1. Effizienzsteigerung als „interne Begrenzungsregel"

Eine Steigerung der Effizienz wird nicht stets durch einen möglichst hohen Spezifikationsgrad des Property Rights erreicht. Zu berücksichtigen sind die sozialen Kosten, die durch den Ausschluss Dritter entstehen und aufgrund der non-rivalisierenden Nutzungsmöglichkeit immaterieller Güter erheblich sein können.[97] Die Zuweisung des Property Rights resultiert nicht aus der ökonomischen Natur des Guts selbst, sondern erfolgt nur insoweit, wie das Produktionsergebnis des dadurch bewirkten Wettbewerbs als wirtschaftlich positiv bewertet wird und die Ressource größtmöglich zur Steigerung der Gesamtwohlfahrt beiträgt.[98] Die Vorteile des Markeninhabers, Dritten die Nutzung verbieten zu können, sind gegen die Kosten abzuwägen, die Dritten dadurch entstehen, dass sie das Zeichen nicht zur Kommunikation einsetzen können.[99] Im ökonomischen System selbst wird damit eine „interne Begrenzungsregel" für die Schaffung von Schutzrechten formuliert.[100] Nach ihr kann auch ein „depropertizing" der Handlungsrechte die mitunter sinnvollste Vorgehensweise sein.[101] Da sie sich dadurch eigene Absatzvorteile erhoffen, sind die Hersteller an einer Produktzertifizierung und entgeltlichen Nutzung der Gewährleistungsmarke interessiert und gehören somit zur Gruppe der „interacting persons", deren wirtschaftliche Interessenlage nach Demsetz[102] bei der Entwicklung der Property Rights Berücksichtigung findet.[103] Am Maßstab der Gesamtwohlfahrt ist daher zu prüfen, ob die Ausgestaltung der Nutzungsposition als *property rule* bei der Gewährleistungsmarke gegenüber Anbietern, deren Produkte die garantierten Eigenschaften aufweisen, gerechtfertigt ist.

2. Property rule

Auch die spezielle Rechtfertigung des Markenrechts unterliegt der Begrenzungsregel, dass die Vorteile einer Ausgestaltung des Handlungsrechts als strikte *property rule* ihre Nachteile in Form zusätzlicher Kosten überwiegen.[104]

Durch die Ausgestaltung als Ausschließlichkeitsrecht erhält der Markeninhaber die Möglichkeit, am Markt von Dritten einen Preis für die Nutzung seines Zeichens zu verlangen. Eine Verwendung der Marke zusätzlich für den Vertrieb eigener Produkte, für die eine Gewährleistung übernommen wird, ist

---

[97] *Barnes*, 10 Yale J. L. & Tech. 1, 15 (2007); *Griffiths*, TML (2011), S. 225 f.

[98] *Griffiths*, TML (2011), S. 225 f.; *Lehmann*, GRUR Int. 1983, 356, 361; grundl. *Demsetz*, 57 Am. Econ. Rev. 347, 350 ff. (1967).

[99] *Griffiths*, TMB, S. 241, 256; vgl. *Landes/Posner*, IP (2003), S. 21.

[100] *Wielsch*, Zugangsregeln (2008), S. 24.

[101] *Landes/Posner*, IP (2003), S. 14.

[102] *Demsetz*, 57 AER 347, 348, 350 (1967).

[103] Vgl. *Henning-Bodewig/Kur*, Marke und Verbraucher (1988), S. 267 f.: *Horn*, AcP 176 (1976), 307, 314.

[104] *Barnes*, 10 Yale J. L. & Tech. 1, 15 (2007); *Eidenmüller*, Effizienz (2015), S. 115.

durch Art. 83 Abs. 2 UMVO ausgeschlossen und sein Handlungsrecht insoweit bereits verdünnt.[105] Eine *property rule* würde darüber hinaus weitere *spillovers* zu seinen Gunsten internalisieren: Ähnlich wie bei der Individualmarke kann er alleine vom Konsumenten-Goodwill für sein Zertifizierungszeichen profitieren. Ein positiver externer Effekt ist für den Markeninhaber auch die angesprochene Kostenreduktion beim Nachfrager. Geht diese bei der Individualmarke direkt auf die Kennzeichnung durch den Markeninhaber selbst zurück (wodurch er eine Preisprämie erzielen kann), entsteht sie bei der Gewährleistungsmarke durch die Kennzeichnung des Herstellers als Markennutzer.[106] Ferner kommt der Gewährleistungsmarke eine wettbewerbs- und innovationsfördernde Wirkung zu,[107] die Dritten den Marktzutritt und die Etablierung neuer Produkte erleichtern kann.[108]

Gleichzeitig darf ein geringerer Internalisierungsgrad jedoch nicht dazu führen, dass kein Anreiz zur weiteren Güterproduktion mehr besteht und es zu dynamischer Ineffizienz kommt. Aufgrund ihres Charakters als gemischt-öffentliches Gut kann der Nutzung einer Marke sowohl rivalisierender als auch non-rivalisierender Charakter zukommen.[109] Bei einer satzungsmäßigen Beschaffenheit der gekennzeichneten Produkte hat die parallele Nutzung der Gewährleistungsmarke aufgrund der veränderten Hauptfunktion keinen rivalisierenden Charakter. Der Markeninhaber profitiert auch dann vom Goodwill der Konsumenten und erhält einen Anreiz, sich um diese Wertschätzung zu bemühen. Daneben erhalten die Hersteller die Möglichkeit, ebenfalls vom Goodwill zu profitieren, ohne dass der Bestand der Marke gefährdet wird. Anders als bei der Individualmarke geht der Anreiz des Markeninhabers zu einer hohen Qualität seiner Produktzertifizierung auch ohne Ausschließlichkeitsrecht iSe. privatautonomen Zulassungsentscheidung gegenüber Marktakteuren, die sein Zeichen für Produkte einer definierten Qualität verwenden, nicht verloren. Gegen rivalisierende Zeichennutzungen genügt ein Unterlassungsanspruch für den Fall, dass die Marke für nicht-satzungskonforme Produkte benutzt wird.

---

[105] Nach der Vorstellung des Homo Oeconomicus dürfte es bereits daher keinen Markeninhaber geben, der die entgeltliche Produktzertifizierung und Zeichenlizenzierung grundlos verweigert. Dass die Annahme eines rational agierenden und den Eigennutzen maximierenden Akteurs aber ein nicht erreichbares Idealbild ist, von dem der Mensch (un)bewusst abweicht, wird nicht nur von den *Behavioral Economics* gezeigt, sondern auch durch das (europäische) Recht anerkannt und hierauf etwa mit den Gleichbehandlungsrichtlinien reagiert.

[106] Vgl. hierzu *Frischmann/Lemley*, 107 Columb. L.Rev. 257, 288 (2007), die die Begründung der „Fair use"-Klausel im amerikanischen Urheberrecht weniger in der Transaktionskostenersparnis im Verhältnis zwischen Rechteinhaber und -nutzer sehen, und mehr in den *spillovers* zugunsten Dritter, die durch die gestattete Werknutzung entstehen.

[107] *Wagner*, in: Recht als Infrastruktur (2019), S. 61, 79 ff.

[108] Zur innovationsfördernden Wirkung von spillovers, auch für andere Branchen *Frischmann/Lemley*, 107 Columb. L.Rev. 257, 268 ff. (2007); zur Übertragung des Goodwills der Gewährleistungsmarke auf die Individualmarke des neuen Anbieters vgl. § 2 A. III. 3.

[109] *Barnes*, 5 Nw. J. Tech. & Intell. Prop. 22, 25, 34 ff., 44 ff. (2006).

Zur Vermeidung dynamischer Ineffizienz ist daher kein Schutz der Nutzungsposition des Markeninhabers durch eine *property rule* erforderlich.

Die sozialen Kosten der Schaffung von Schutzrechten umfassen neben den dafür erforderlichen Transaktionskosten im engeren Sinne auch die Opportunitätskosten der Inhibierung positiver Externalitäten.[110] Das sind Wohlfahrtsverluste, die sich aus dem Ausschluss Dritter ergeben.[111] Dazu zählen auch die *spillovers*, insbesondere die möglichen Informationskostenvorteile, die sich bei einer Unternutzung der Gewährleistungsmarke ergeben. Zu ihr kommt es, wenn der Markeninhaber den Herstellern die Zertifizierung und Nutzung seiner Marke verweigert oder eine vertragliche Einigung deshalb nicht zustande kommt, weil der vom Markeninhaber geforderte Preis zu hoch ist. Das kann eine suboptimale Nutzung bestehender Ressourcen und damit statische Ineffizienz zur Folge haben. Die Wertungen der Informationsökonomik – Suchkostenreduktion durch freien Zugang – und der Property Rights-Theorie – Effizienzsteigerung durch Internalisierung und hohen Spezifikationsgrad der Handlungsrechte – stehen sich scheinbar gegenüber. Nach der systeminternen „Stoppregel"[112] ist die Ausgestaltung der Nutzungsposition als *property rule* jedoch nur dann gerechtfertigt, wenn die dadurch entstehenden Vorteile überwiegen. Anders als im Patent- und Urheberrecht resultiert der soziale Wert der Marke nicht aus dem Zeichen als Schutzgegenstand selbst, sondern aus der durch den Zeichenschutz möglichen Informationskostenreduktion.[113] Das Markenrecht wird durch seine Funktion legitimiert und begrenzt.[114] Der Anreiz zur Schaffung der Zeichen und Investition in die Marke wird allein mit dem Ziel der dadurch entstehenden Kostenreduktion gesetzt.[115] Die positive Ökonomie betrachtet den Goodwill daher nicht als per se zu vermehrendes Immaterialgut, sondern schützt ihn nur deshalb und insoweit, damit Kennzeichen ihre transaktionskostensenkende und wettbewerbsfördernde Wirkung entfalten können.[116] Gleiches gilt für den Schutz der Investitionen des Markeninhabers.[117]

Zur höheren Suchkostenreduktion kann mitunter aber eine Begrenzung des Markenrechts notwendig sein. In diesen Fällen überwiegt das Interesse an

---

[110] *Wielsch*, Zugangsregeln (2008), S. 27; vgl. *Frischmann/Lemley*, 107 Columb. L.Rev. 257, 299 ff. (2007).

[111] *Barnes*, 10 Yale J. L. & Tech. 1, 20 (2007).

[112] *Grünberger*, ZGE 2012, 321, 353.

[113] *Dogan/Lemley*, 41 Hous. L.Rev. 777, 800 f. (2004); *Kratzke*, 21 Mem. St. U. L.Rev. 199, 206 f. (1991); *Ohly/Kur*, GRUR 2020, 457, 471.

[114] *Kur*, in: Europ. Immaterialgüterrecht (2018), S. 257 f.; *Lehmann/Schönfeld*, GRUR 1994, 481, 488 f.; *Ohly/Kur*, GRUR 2020, 457, 471; vgl. auch GA *Maduro*, Schlussanträge vom 22.9.2009, ECLI:EU:C:2009:569, Rn. 103 f. – *Google France*.

[115] *Dogan/Lemley*, 41 Hous. L.Rev. 777, 801 (2004).

[116] *Barnes*, 10 Yale J. L. & Tech. 1, 3, 15, 20 f. (2007); *Dogan/Lemley*, 41 Hous. L.Rev. 777, 788, 795, 800 f. (2004); *Peukert*, Güterzuordnung (2008), S. 115.

[117] *Barnes*, 10 Yale J. L. & Tech. 1, 3, 15, 20 f. (2007).

funktionierendem Wettbewerb und Suchkostenreduktion das Interesse des Markeninhabers, sich den vollständigen Wert seines Goodwills anzueignen.[118] Das Markenrecht belohnt Investitionen in den Goodwill des Zeichens, gewährt jedoch kein Recht an seinem vollständigen wirtschaftlichen Wert.[119] Die Begrenzung der Markenrechte erfolgt dann ungeachtet eines dadurch entstehenden *„windfall"* für Konkurrenten.[120]

Die ökonomische Analyse des Schutzes vor Rufausbeutung hat detailliert gezeigt, dass der Anreizgedanke als eigenständiges Schutzargument nur bedingt tragfähig und empirisch nicht begründet ist.[121] Insbesondere aufgrund des Charakters der Marke als gemischt-öffentliches Gut ist ein Gleichgewicht zur freien Nutzbarkeit des Zeichens zu wahren: Der erforderliche Anreiz zu weiterer Tätigkeit muss keine vollständige Abschöpfung des sozialen Wertes der Marktaktivität ermöglichen, sondern lediglich die Deckung der Fixkosten, die Nachahmern nicht entstehen.[122] Diesen notwendigen Anreiz des Gewährleistungsmarkeninhabers setzt der Markt bereits selbst. Das insgesamt geringe Gewicht des Anreizarguments wird schließlich dadurch deutlich, dass sich der Rufausbeutungsschutz der Gewährleistungsmarke auf einen genuin informationsökonomischen Ansatz stützen lässt.[123] Anders als bei der Individualmarke werden damit die Kosten einer *property rule* bei der Gewährleistungsmarke nicht durch die Internalisierungsvorteile des Markeninhabers aufgewogen.

Der Konflikt von Wettbewerbsinteressen und exklusiver Nutzung und damit die Abwägungsentscheidung zwischen Informationskostenreduktion durch freien Zugang einerseits und Anreizsetzung durch umfassende Internalisierung andererseits, die das Recht beim Bekanntheitsschutz zugunsten des Zeicheninhabers trifft, muss am Primat der Suchkostenreduktion zugunsten des freien Zugangs ausfallen. Der Gedanke, der eine privatautonome Zugangsentscheidung des Zeicheninhabers bei der Individualmarke rechtfertigt, steht ihr bei der Gewährleistungsmarke gerade entgegen. Sofern die Produkte die satzungsmäßige Beschaffenheit aufweisen, ist eine Nutzungsmöglichkeit Dritter informationskostensenkend und damit effizienzfördernd. Eine Zugangsverweigerung im Fall fehlender Produktkonformität muss zur Vermeidung höherer Informationskosten hingegen unverändert möglich sein.

---

[118] *Dogan/Lemley*, 41 Hous. L.Rev. 777, 792, 795 (2004); vgl. *Kratzke*, 21 Mem. St. U. L.Rev. 199, 210 f. (1991).

[119] *Dogan/Lemley*, 41 Hous. L.Rev. 777, 791 (2004); *Ohly/Kur*, GRUR 2020, 457, 471.

[120] *Dogan/Lemley*, 41 Hous. L.Rev. 777, 795 (2004).

[121] Siehe dazu § 4 B. II.

[122] Grdl. mit Bezug zum Urheber-/Patentrecht *Frischmann/Lemley*, 107 Columb. L.Rev. 257, 276 (2007); *Harrison*, 13 J. Intell. Prop. L. 1, 16 f. (2005); *Lemley*, 83 Tex. L. Rev. 1031, 1050 ff. (2005); allg. zum Immaterialgüterrecht *Wielsch*, Zugangsregeln (2008), S. 29; zum Markenrecht *Barnes*, 10 Yale J. L. & Tech. 1, 18 f. (2007).

[123] Näher § 4 C. IV. 3.

3. Liability rule

Im vorherigen Abschnitt wurde gezeigt, dass eine Kosten-Nutzen-Abwägung die Zuweisung eines Ausschließlichkeitsrecht an den Markeninhaber dann nicht rechtfertigt, wenn ein Produkt die satzungsmäßig festgelegte Eigenschaft aufweist. Alternativ ist eine Ausgestaltung des Handlungsrechts als erlaubte, aber vergütungspflichtige *liability rule* bzw. als erlaubte und vergütungsfreie *zero-price liability rule*[124] möglich. Sie kommen dort zum Einsatz, wo vertragliche Verhandlungen des Rechtetransfers nicht stattfinden oder nicht stattfinden können, etwa bei prohibitiv hohen Transaktionskosten, deliktischen Schädigungen oder weil sich der Rechteinhaber aus opportunistischen Gründen oder Affektionsinteresse einer Einigung verschließt.[125] Der häufigste Grund für die Bevorzugung einer *liability rule* besteht darin, dass die Bewertung der Nutzungsposition durch den Markt von der ihres Inhabers abweicht und es daher zu einer Ineffizienz kommt.[126] Der Wert der Nutzungsposition und damit die zu zahlende Vergütung wird dann objektiv bestimmt. So liegt es auch dann, wenn der Markeninhaber den Abschluss eines Lizenzvertrages mit Produktherstellern zur Verwendung seines Zeichens verweigert. Die Ineffizienz besteht in diesem Fall aber nicht auf dem Markt für Lizenzverträge, sondern auf dem Absatzmarkt der Hersteller, auf dem die Konsumenten nicht von einer Kostenreduktion durch die Gewährleistungsmarke profitieren können. Durch eine *liability rule* können die informationsökonomischen Vorteile der Gewährleistungsmarke realisiert und gleichzeitig die Gefahr einer Unternutzung der Marke reduziert werden, was zu statischer Effizienz führt.

Auf nächster Stufe ist zu entscheiden, ob die Nutzungsmöglichkeit als Ausgleich vergütet werden muss. Die Definition als *zero-price liability rule* würde Produktherstellern eine kompensationsfreie Zeichennutzung ermöglichen und kommt ökonomisch einer „open-access" Regelung gleich. Diese Ausgestaltung erscheint auf den ersten Blick informationsökonomisch vorzugswürdig, weil sie mit der Vergütungspflicht ein mögliches Hindernis der tatsächlichen Verwendung der Gewährleistungsmarke umgeht und die Möglichkeit freien Zugangs maximiert. Die Extremposition auf der Seite der Nachfrage stört jedoch das Gleichgewicht von Zugang und Anreiz und löst die informationsökonomische Dilemmasituation[127] zulasten des Angebots. Anders als bei der Individualmarke besteht die einzige Möglichkeit des Gewährleistungsmarkeninhabers

---

[124] *Lemley/Weiser*, 85 Tex. L. Rev. 783, 786 (2007).

[125] *Calabresi/Melamed*, 85 Harv. L.Rev. 1089, 1105–1110 (1972); *Cooter/Ulen*, Law & Economics (2016), S. 99 ff.; zum sog. „Hold out"-Problem, bei dem der Rechteinhaber eine Einigung verweigert, um als Letzter einer Reihe von Transaktionsbeteiligten einen übermäßigen Nutzen aus seiner Zustimmung zu ziehen *Calabresi/Melamed*, 85 Harv. L.Rev. 1089, 1106 f. (1972); *Schäfer/Ott*, Ökonomische Analyse (2021), S. 692.

[126] *Calabresi/Melamed*, 85 Harv. L.Rev. 1089, 1107, 1110 (1972).

[127] Zum Begriff vgl. § 2 A. I. 2. a).

zur Verwertung und damit produktiven Nutzung seines Zeichens aufgrund der Neutralitätsklausel in der Produktzertifizierung und Lizenzierung seines Zeichens. Wird sein Handlungsrecht soweit verdünnt, dass die Zeichennutzung nicht nur ohne Einverständnis, sondern auch ohne Kompensation möglich ist, ist keine Einkommensgenerierung mehr möglich. Die Amortisation der Fixkosten misslingt und die verbleibenden Anreize genügen nicht für die Sicherung zukünftig ausreichender Güterversorgung.[128] Der Markeninhaber hat keinen Anreiz mehr zur weiteren Produktzertifizierung. Der „trade-off" zwischen dynamischer und statischer Effizienz"[129] wird zulasten ersterer gelöst. Es kommt zu einem Marktversagen auf der Angebotsseite. In diesem Fall ist eine Kostensenkung mangels Bereitstellung der Marken aber vollständig ausgeschlossen. Unter diesem Aspekt ist auch aus informationsökonomischer Perspektive ein kostenfreier Zugang zur Zeichennutzung nicht vorzugswürdig. Um eine hinreichende Schaffung neuer Gewährleistungsmarken und der damit verbundenen Produktzertifizierung sicherzustellen, ist vielmehr dem Internalisierungsgedanken der Property Rights-Theorie zu folgen und die Nutzungsposition als vergütungspflichtige *liability rule* auszugestalten.

III. Zwischenergebnis

Das ökonomische System unterliegt der internen Begrenzungsregel, dass die Zuweisung eines Property Rights nur dann erfolgt, wenn damit ein gesamtwirtschaftlicher Fortschritt erzielt wird. Gemessen daran ist die Ausgestaltung der Nutzungsposition eines Gewährleistungsmarkeninhabers als erlaubnispflichtige *property rule* auch gegenüber Herstellern von Produkten mit satzungsmäßiger Beschaffenheit abzulehnen. Mit ihr würden die *spillovers* der Verwendung einer Gewährleistungsmarke wie die Informationskostenvorteile der Nachfrager oder die Goodwill-Vorteile der Hersteller zu Gunsten des Markeninhabers internalisiert und sind als Wohlfahrtsverluste infolge der Rechtszuweisung anzusehen. Die Informationsökonomik empfiehlt aufgrund der erheblichen Kostenvorteile eine möglichst umfassende Zeichenverwendung und damit den weitestgehend freien Zugang der Hersteller zur Gewährleistungsmarke. Da ihre Verwendung durch Dritte für satzungskonforme Produkte aufgrund der Gewährleistungsfunktion – und damit anders als bei einer Individualmarke – keinen rivalisierenden Charakter hat, wird dem Markeninhaber der Anreiz zu einer konstanten und hohen Produktqualität dadurch nicht genommen. Weil eine Internalisierung positiver Effekte allerdings nur insoweit gerechtfertigt ist, wie es die Sicherung ausreichender Investitionsanreize erfordert, ist der Empfehlung der Informationsökonomik für einen freien Zugang zum Zeichen und damit dem Kerngedanken des Markenrechts, der Suchkostenreduktion, zu folgen. Dabei sind sich jedoch Property Rights-Theorie wie

---

[128] Allg. *Furubotn/Pejovich*, 10 J. Econ. Lit. 1137, 1140 f. (1972).
[129] *Schmidtchen*, in: Wettbewerb und geistiges Eigentum (2007), S. 9, 19.

Informationsökonomik der mit dem informationsökonomischen Dilemma verbundenen Gefahr dynamischer Ineffizienz bewusst. Bis zu dieser Grenze ist eine privatautonome Zugangsentscheidung des Markeninhabers jedoch nicht effizienzfördernd.

Eine Alternative zur *property rule* ist die erlaubnisfreie, aber vergütungspflichtige *liability rule*. Sie kommt dann zum Einsatz, wenn Verhandlungen zum vertraglichen Rechtetransfer am Markt nicht zustande kommen oder weil die Bewertung einer Nutzungsposition durch den Markt von der ihres Inhabers abweicht und dadurch Ineffizienzen entstehen. Die Ineffizienzen bei der Weigerung des Inhabers einer Gewährleistungsmarke, Herstellern die Zeichennutzung zu gestatten, entstehen nicht im Verhältnis zwischen Markeninhaber und Hersteller, sondern auf dem Produktabsatzmarkt der Hersteller, wenn Konsumenten potentielle Informationskostenvorteile unter Verwendung der Gewährleistungsmarke nicht nutzen können. Durch die Definition einer *liability rule* werden diese Ineffizienzen behoben.

Eine Ausgestaltung als „Open-Access" Regelung in Form einer *zero-price liability rule* könnte zwar eine umfassendere Markennutzung und damit Informationskostensenkung bewirken, nähme dem Markeninhaber aber die einzige Möglichkeit zur wirtschaftlichen Verwertung seiner Marke und damit Kostenamortisation. Im Spannungsverhältnis von freiem Zugang und Anreizsetzung entfielen jegliche Anreize zur Bereitstellung einer Gewährleistungsmarke und es käme zu einem Marktversagen auf der Angebotsseite. Die Nutzungsposition des Gewährleistungsmarkeninhabers gegenüber Herstellern satzungskonformer Produkte ist daher als vergütungspflichtige *liability rule* auszugestalten.

D. Zwischenergebnis und Stellungnahme

Zwangslizenzen an Individualmarken sind ausgeschlossen, weil sie eine Zuordnung der gekennzeichneten Produkte zum tatsächlichen Hersteller verhindern. Durch die Verwirrung, ob das Produkt dem Betrieb des Markeninhabers entstammt oder von Dritten unter Nutzung der Zwangslizenz gefertigt wurde, können bisherige Konsumerfahrungen nicht mehr für erneute Transaktionen genutzt werden und der informationskosten- und unsicherheitsreduzierende Effekt der Marke gehen verloren. Da auch der Goodwill der Verbraucher nicht internalisiert werden kann, haben die Markeninhaber keinen Anreiz mehr zur Sicherstellung konstanter Produktqualität. Insofern kommt die Verdünnung der *property rule* der Individualmarke der Situation einer Markenrechtsverletzung gleich. Da die effizienzfördernde Wirkung der Gewährleistungsmarke nicht der Herkunftsfunktion, sondern ihrer Gewährleistungsfunktion entspringt, lässt sie sich ohne Effizienznachteile auf Produkten unterschiedlicher Hersteller und parallel neben deren Individualmarke nutzen. Jede Verwendung einer Gewährleistungsmarke führt zu einer Kostenersparnis der Nachfrager, weshalb eine umfassende Nutzung empfehlenswert ist. Dies wäre nicht möglich, wenn die *spillover* der Markennutzung durch ein Ausschließlichkeitsrecht zugunsten des Inhabers internalisiert würden, der dann dritten Herstellern die Zeichennutzung für satzungskonforme Produkte verbieten könnte. Mögliche Kostenersparnisse würden nicht realisiert und verwandeln sich in Wohlfahrtsverluste. Der nach der ökonomischen Stoppregel für die Ausgestaltung als *property rule* erforderliche Effizienzvorteil fehlt. Gleichzeitig bestehen genügend weitere Anreize für die Tätigkeit des Gewährleistungsmarkeninhabers.

Effizienzfördernd ist eine erlaubnisfreie, aber vergütungspflichtige *liability rule*. Hierdurch wird die Nutzung der Gewährleistungsmarke für satzungskonforme Produkte möglich und die damit verbundene Informationskostenersparnis realisiert. Gleichzeitig amortisieren Markeninhaber ihre Kosten. Dieser Anforderung würde eine Variante als erlaubnis- und vergütungsfreie *zero-price liability rule* nicht gerecht. Mit der Maximierung des freien Zugangs zur Gewährleistungsmarke würden Anreize zur Bereitstellung solcher Marken minimiert und es käme zu einem Marktversagen aufgrund dynamischer Ineffizienz.

Die ökonomische Analyse der Nutzung von Individualmarke und Gewährleistungsmarke verdeutlicht den unterschiedlichen Charakter der beiden Markenkategorien, der sich in den grundsätzlich unterschiedlichen Empfehlungen der Informationsökonomik einerseits und Property Rights-Theorie andererseits widerspiegelt. Sie hat gezeigt, dass der Weg zur Steigerung der Gesamteffizienz nicht stets über eine vollständige Spezifikation des Handlungsrechts führt. Entgegen des Trends zur vollständigen Internalisierung zugunsten des Markeninhabers und der Behandlung der Marke „as property"[130] führt ein „depropertizing"[131] hin zu einer erlaubnisfreien, wenn auch vergütungspflichtigen Nutzungsmöglichkeit der Hersteller satzungskonformer Produkte zu einem gesamtwirtschaftlichen Vorteil. Grund für diesen Trend ist eine dem Property Rights-Ansatz und seiner „Logik der Perfektion von Verfügungsrechten" immanente „Überschätzung des sozialen Nutzens von Schutzrechten".[132] Der Befürchtung, dass bei einer Analyse mittels der Property Rights-Theorie dem Interesse des Markeninhabers an einer möglichst weiten Ausdehnung des Markenschutzes und einer möglichst uneingeschränkten Verwertung „automatisch" Vorrang gegenüber denjenigen der Verbraucher eingeräumt wird,[133] wird durch informationsökonomische „Kontrollüberlegungen" begegnet. Sie unterstreichen den bei der Analyse des Rufausbeutungsschutzes entstandenen Eindruck, dass der Property Rights-Ansatz nur bedingt zur Rechtfertigung geeignet ist und die Internalisierung zur Anreizsetzung letztlich dem Ziel der

---

[130] *Dogan/Lemley*, 41 Hous. L.Rev. 777, 788 (2004); *dies.*, 58 Stan. L.Rev. 1161, 1203 ff. (2006); *Lemley*, 108 Yale L.J. 1687, 1693 f. (1999).

[131] *Landes/Posner*, IP (2003), S. 14.

[132] *Wielsch*, Zugangsregeln (2008), S. 28 mwN.

[133] So *Henning-Bodewig/Kur*, Marke und Verbraucher (1988), S. 267 f.

Suchkostensenkung dient[134], zumal bei der Gewährleistungsmarke gänzlich auf ihn verzichtet werden kann. Argumente für eine Ausgestaltung als „property rights in gross" wurden bisher noch nicht gefunden.[135]

Das Ergebnis, das an den ursprünglichen Schutzgedanken des Markenrechts anknüpft, wird gestärkt durch die bereits bestehende rechtspolitische Entscheidung, das Handlungsrecht des Gewährleistungsmarkeninhabers durch die Neutralitätspflicht zu verdünnen. Der Gesetzgeber gibt durch seine Ausgestaltung des Interessenausgleichs zwischen den Marktakteuren bereits die grundsätzliche Wertung vor, dass dem Inhaber einer Gewährleistungsmarke im Gegensatz zum Individualmarkeninhaber nicht alle sozialen Vorteile, die seine Tätigkeit entfaltet, zukommen sollen. Aufgabe einer „Zugangsregel" ist es, einen angemessenen Ausgleich zwischen den Nutzungsinteressen der Marktakteure zu finden, der die Bedürfnisse der an der Markenkommunikation beteiligten Systeme berücksichtigt. Sie wird im folgenden Abschnitt gesucht.

E. Nutzungsanspruch bei Gewährleistungsmarken

Die ökonomische Analyse empfiehlt ein „depropertizing" des Handlungsrechts des Markeninhabers und eine erlaubnisfreie Nutzung der Gewährleistungsmarke durch Hersteller, deren Produkte die mit der Marke garantierte Beschaffenheit aufweisen. Gleichzeitig muss jedoch der Schutz des Zeichens gegen Dritte, deren Produkte die Erfordernisse nicht erfüllen, sichergestellt sein. Im folgenden Abschnitt soll eine ökonomisch informierte „Zugangsregel"[136] für die Nutzung der Gewährleistungsmarke gefunden werden, die den kommunikativen Umweltbedingungen der Gewährleistungsmarke gerecht wird.

I. Literaturauffassungen

Die Frage eines Anspruchs auf Nutzung der Unionsgewährleistungsmarke für satzungskonforme Produkte wurde in der Literatur bisher kaum eingehender betrachtet. Für eine als qualitätsanzeigendes Gütesiegel genutzte Kollektivmarke wird ein solcher Nutzungsanspruch mitunter angenommen.[137] Vereinzelt wird die Thematik bei der Gewährleistungsmarke lediglich aufgeworfen[138]

---

[134] *Dogan/Lemley*, 41 Hous. L.Rev. 777, 788, 795, 801 (2004), *Kratzke*, 21 Mem. St. U. L.Rev. 199, 223 ff. (1991); *Lemley*, 108 Yale L.J. 1687, 1695 (1999); *ders.*, 83 Tex. L. Rev. 1031, 1058 (2005).

[135] *Senftleben*, 40(1) IIC 45, 57, 61 (2009); vgl. *Dogan/Lemley*, 41 Hous. L.Rev. 777, 788 (2004).

[136] Begriff nach *Wielsch*, Zugangsregeln (2008).

[137] *Riis/Schovsbo*, 34(10) E.I.P.R. 651, 653 (2012); vgl. zum MarkenG *Ingerl/Rohnke*, MarkenG (2010), § 97, Rn. 10; BeckOK MarkenR-*Schoene*, § 97 MarkenG, Rn. 11.

[138] Etwa *Grabrucker*, in: FS Ströbele (2019), S. 93, 101: „Fraglich ist, ob nicht ein Anspruch gegenüber dem Zertifizierer auf Nutzung bei Vorliegen derartiger Voraussetzungen besteht".

oder ein Nutzungsanspruch angezweifelt,[139] etwa *e contrario* zur geografischen Kollektivmarke, deren Satzung gem. Art. 75 Abs. 2 S. 2 UMVO einen Beitritt jeder Person gestatten muss, deren Produkte aus dem betreffenden geografischen Gebiet stammen.[140] Sofern angesprochen, wird ein solcher Anspruch überwiegend angenommen.[141] Stets wird er aber mehr behauptet denn begründet oder es erfolgt schlicht ein Verweis auf die entsprechende Handhabung im französischen[142], schweizerischen[143], englischen[144] oder US-amerikanischen[145]

---

[139] Eisenführ/Schennen-*Schennen*, UMVO (2017), Art. 66, Rn. 11: „Die Gewährleistungsmarke gibt es auch in der Form, dass nicht jeder, der die Qualitätsstandards erfüllt, zur Benutzung berechtigt ist, sondern nur bestimmte Unternehmen, die im Einzelfall vom Inhaber ermächtigt werden. […] Es gibt also für den Inhaber der Gewährleistungsmarke keinen Zwang zur Aufnahme in einen Verband, da ein solcher gar nicht besteht.“; hierzu aber widersprüchlich Eisenführ/Schennen-*Schennen*, UMVO (2017), Art. 74a, Rn. 13: „Hinsichtlich der Benutzungsberechtigten unterscheidet sich die Unionsgewährleistungsmarke von der Unionskollektivmarke darin, daß erstere von allen Personen benutzt werden darf, die Waren herstellen oder vertreiben, die der Zertifizierung entsprechen“.

[140] *Bender*, Unionsmarke (2018), Rn. 946; in diesem Sinne auch BeckOK MarkenR-*Miosga*, Art. 75 UMV, Rn. 3.

[141] *Bently et al.*, IP Law (2018), S. 974; *Dani*, Collective Marks (2014), S. 26; *de Almeida*, 36(10) E.I.P.R. 640, 651 (2014); *Dröge*, MarkenR, 2016, 549, 555, 558; *ders.*, GRUR 2017, 1198, 1200; *González*, 7 JIPLP 251, 258 (2012); *Ringelhann/Martin*, 13 JIPLP 625, 628 f. (2018); *Repas/Keresteš*, 49 IIC 299, 313 f., 316 (2018); *Rozas/Johnston*, 19(10) E.I.P.R. 598, 602 (1997); *Wagner*, in: Recht als Infrastruktur (2019), S. 61, 81; unklar bleibt *Künkel*, Prüfzeichen (2017), S. 210; zum Nutzungsanspruch in angloamerikanischen Markensystemen *Belson*, Certification Marks (2017), Rn. 3.83 ff.; *ders.*, 102 TMR 1254, 1270 (2012); für das deutsche Markenrecht *Buckstegge*, Nationale Gewährleistungsmarke (2018), S. 243 ff. und wohl auch Ekey/Bender/Fuchs-Wisemann-*Ekey*, MarkenR (2019), § 106d MarkenG, Rn. 14 (Kontrahierungszwang, wenn die Satzung für eine Benutzung lediglich die Einhaltung des Produktstandards erfordert, aber auch Einschränkung auf nach objektiven Kriterien zu bestimmende Personenkategorien möglich).

[142] Gem. Art. L715-2 Code de la propriété intellectuelle steht die Nutzung der Gewährleistungsmarke im französischen Recht allen Personen offen, deren Produkte den Benutzungsbedingungen entsprechen, vgl. *Buckstegge*, Nationale Gewährleistungsmarke (2018), S. 154 f. mwN.

[143] Gem. Art. 21 S. 3 des schweizerischen Markenschutzgesetzes muss der Markeninhaber „jedermann gegen angemessenes Entgelt den Gebrauch der Garantiemarke für Waren oder Dienstleistungen gestatten, welche die nach dem Markenreglement gewährleisteten gemeinsamen Merkmale aufweisen.“; vgl. *Dani*, Collective Marks (2014), S. 25; *Grabrucker*, in: FS Ströbele (2019), S. 93, 101; *Ringelhann/Martin*, 13 JIPLP 625, 629 (2018).

[144] Der englische Trade Marks Act 1994 normiert zwar keinen Nutzungsanspruch für satzungskonforme Produkte. Das Intellectual Property Office fordert für die Gewährleistungsmarkensatzung aber einen solchen Anspruch; vgl. *Belson*, Certification Marks (2017), Rn. 3.83 ff.; *Buckstegge*, Nationale Gewährleistungsmarke (2018), S. 196 mwN.

[145] Gem. Lanham Act 1946, 15 USC § 1064 (5) kann die Gewährleistungsmarke gelöscht werden, wenn sich ihr Inhaber diskriminierend weigert, satzungskonforme Produkte erstmals oder weiterhin zu zertifizieren, vgl. *Belson*, Certification Marks (2017), Rn. 3.83 ff.; *Dröge*, MarkenR, 2016, 549, 558; *Ringelhann/Martin*, 13 JIPLP 625, 629 (2018).

Markenrecht. Lediglich *Buckstegge* argumentiert – mit Blick auf das deutsche Markenrecht – mit der Verhinderung von Wettbewerbsverzerrungen sowie zu vieler unterschiedlicher Gewährleistungsmarken und gewichtet diese Aspekte schwerer als einen Kontrollverlust des Zeicheninhabers über die Nutzerzahl.[146] Für eine Zulassung aller Unternehmen zur Nutzung, deren Waren und Dienstleistungen die Gütebedingungen erfüllen, hält sie jedoch eine entsprechende Anordnung des (deutschen) Gesetzgebers für notwendig.[147] Tiefergehende ökonomische Argumente für oder gegen einen Nutzungsanspruch auf Basis des geltenden Markenrechts finden sich daher kaum.

II. Konstruktion

Die ökonomische Empfehlung einer *liability rule* soll im Folgenden als „Zugangsregel" reformuliert und ein markenrechtsinterner Nutzungsanspruch für Hersteller satzungskonformer Produkte *de lege lata* konstruiert werden. „Zugangsregeln" bieten dem Recht die Möglichkeit, die Folgen des markenrechtlichen Ausschließlichkeitsrechts nach Art. 9 Abs. 1 UMVO für andere Akteure, Bedürfnisse und Interessen zu erfassen und ein Gleichgewicht zwischen der Rechtsposition des Markeninhabers einerseits und den Bedürfnissen der Gesellschaft andererseits schaffen zu können.[148] Aus dem Wesen der Gewährleistungsmarke werden dazu Anhaltspunkte zur Verteilung von Nutzungsverboten und -freiheiten abgeleitet.[149]

    Hierfür wird zuerst das Konzept der „Zugangsregeln" als Form „responsiver Rechtsdogmatik" erklärt, anschließend die Produktkonformität als den Zugang zur Gewährleistungsmarke regelndes Entscheidungskriterium vorgestellt. Ausgehend von einem funktionalen Schutzrechtsverständnis und normativ im Satzungserfordernis verankert, basiert es auf der Neutralitätspflicht des Zeicheninhabers, dem dadurch entstehenden Vertrauen der Nachfrager sowie der wettbewerbsfördernde Wirkung der Gewährleistungsmarke.

1. „Responsive Rechtsdogmatik" als Übersetzungsprozess sozialwissenschaftlicher Erkenntnisse ins Recht

Die gefundenen ökonomischen Erkenntnisse dürfen nicht ungefiltert ins Recht transferiert werden. Das liegt an drei Gründen: Zum einen am „*strictly legal point of view*"[150] der Rechtdogmatik, zum anderen an möglichen Impulsen

---

[146] *Buckstegge*, Nationale Gewährleistungsmarke (2018), S. 243 f.
[147] *Buckstegge*, Nationale Gewährleistungsmarke (2018), S. 244 f.
[148] Vgl. *Wielsch*, in: FS Amstutz (2012), S. 329, 346 f.
[149] Insofern fungieren „Zugangsregeln" als „Transmissionsriemen zwischen der positivrechtlichen Verbindlichkeit von Nutzungsfreiheiten und deren Formulierung in Verfahren der Normgenese, in denen verschiedene gesellschaftliche Rationalitäten zum Zuge kommen können", *Wielsch*, in: FS Amstutz (2012), S. 329, 347.
[150] *Lobinger*, AcP 216 (2016), 28, 39.

anderer Sozialtheorien und schließlich an der Eigenrationalität des Rechts. Eine (ökonomische) Analyse sozialer Folgen kann rationale Entscheidungen und gezielte Verhaltenssteuerung ermöglichen, also rechtliche Unbestimmtheit auflösen. Der grundlegende Pluralismus moderner Gesellschaften und die damit einhergehende Ausdifferenzierung ihrer Sozialtheorien wird dabei aber ausgeblendet.[151] Es ist Aufgabe einer „responsiven Rechtsdogmatik"[152], die unterschiedlichen Gesellschaftstheorien für das Recht fruchtbar zu machen. Sie registriert die veränderten technischen und sozialen Nutzungsmöglichkeiten in der Umwelt des Rechts und reagiert hierauf.[153]

Als „reflexive soziologische Jurisprudenz" beruht eine „responsive Rechtsdogmatik" auf einer doppelten Reflexionsbewegung:[154] Erstens wird Recht als kommunikatives Reflexionsmedium sozialer Entwicklung wahrgenommen, zweitens erfolgt die Reflexion über Recht unter Rückgriff auf soziologische Gesellschaftstheorien. Einher geht damit ein Perspektivenwechsel von einer Handlungs- zu einer Kommunikationstheorie, in deren Mittelpunkt nicht mehr die einzelnen Rechtsakteure, sondern juristische Kommunikation und Argumentation sowie ihr Verhältnis zu weiteren Diskursen steht.[155] Der auf soziale Institutionen gerichtete Denkansatz vermeidet die Reduktion gesellschaftlicher Komplexität, wie sie etwa innerhalb des ökonomischen Paradigmas mit dem methodologischen Individualismus stattfindet, wenn Kollektivphänomene auf das Handeln individueller Akteure heruntergebrochen werden.[156] Das Recht fungiert nicht nur als „Übersetzungsmedium" zwischen den unterschiedlichen sozialen Funktionssystemen wie Wirtschaft oder Politik und deren eigenen Rationalitäten, sondern dient gleichzeitig als „Kollisionsrecht" im Fall widerstreitender sozialer Eigennormativitäten. Diesen komplexen Übersetzungsprozess leistet eine „responsive Rechtswissenschaft" in fünf Stufen:[157]

---

[151] Vgl. *Lomfeld*, in: Fälle der Gesellschaft (2017), S. 1, 9; *Teubner*, in: Recht und Sozialtheorie (2015), S. 145, 151.

[152] Grundl. *Grünberger*, AcP 218 (2018), 213, 241 ff.; auf kritische Verständnisfragen von *Riesenhuber*, AcP 219 (2019), 892 ff. ausf. *Grünberger*, AcP 219 (2019), 924 ff.; der Begriff geht zurück auf das Konzept eines „responsive law" von *Nonet/Selznick*, Law and Society (1978), S. 73, 77 ff.

[153] *Grünberger*, ZUM 2020, 50, 52.

[154] Vgl. auch zum Folgenden *Lomfeld*, in: Fälle der Gesellschaft (2017), S. 1, 10 f.

[155] Zum sozialtheoretischen Hintergrund dieser Kommunikationstheorie gehören ua. die System- und Diskurstheorie, vgl. *Lomfeld*, in: Fälle der Gesellschaft (2017), S. 1, 10 mwN.

[156] *Teubner*, in: Fälle der Gesellschaft (2017), S. 227, 231.

[157] *Grünberger*, AcP 218 (2018), 213, 243 ff.; gegen den Vorwurf begrifflicher und methodischer Unklarheit *ders.*, AcP 219 (2019), 924, 928 ff.; *Grünberger* lehnt sich dabei stark an *Teubner*, in: Recht und Sozialtheorie (2015), S. 145, 158 ff. an, bezieht sich dabei aber nicht – zumindest nicht ausdrücklich - auch auf *Teubners* These einer „*Transversalität*" des Rechts als Antwort auf die Konkurrenz unterschiedlicher Sozialtheorien.

„(1.) Rechtsdogmatik muss die von den Sozialtheorien[158] gelieferten Beschreibungen seiner Umwelt als Irritationen behandeln, (2.) sie dann rechtsintern mit eigenständiger Begriffsbildung rekonstruieren und (3.) darauf mit autonomer Normbildung und Normenkonkretisierung reagieren, (4.) einschätzen, wie die rechtliche Normänderung in der sozialen Welt aufgenommen werden wird und (5.) Mittel zur Korrektur etwaiger Fehleinschätzungen bereithalten."[159]

Für die im Rahmen dieser Arbeit interessierende Rekonstruktion der ökonomischen Erkenntnisse als Zugangsregel sind vor allem die ersten drei Schritte des Übersetzungsprozesses von Bedeutung. Im ersten Schritt registriert das Recht die Impulse, welche die zum Kontext passenden Sozialtheorien durch ihre Strukturanalysen gesellschaftlicher Phänomene, der dadurch in ihrer Umwelt (dh. in anderen Funktionssystemen der Gesellschaft) hervorgerufenen Probleme und mögliche Problemlösungen erzeugt.[160] Dadurch sensibilisiert sich das Recht für seine Umwelt und schafft die Voraussetzung, um auf seine soziale Einbettung reagieren zu können. Die notwendigen Impulse hat im vorherigen Abschnitt bereits die Ökonomie durch ihre Informationskosten- und Property Rights-basierte Analyse gegeben. Der Autonomie der Ökonomie wird es dabei gerecht, wenn das Markenrecht als Wirtschaftsrecht vorrangig die ökonomische Expertise anerkennt. Das bedeutet jedoch nicht, dass daneben nicht auch andere Sozialtheorien rechtlich relevant werden könnten.[161]

Im zweiten Schritt verarbeitet das Recht den sozialtheoretischen Input nach eigenen Selektionskriterien und in eigener Sprache. Ein unmittelbarer Wissenstransfer scheitert jedoch an der „unbiegsamen Autonomie des Rechtssystems."[162] Mit ihrem *„strictly legal point of view"*[163] lehnt die Rechtsdogmatik jeden „Totalitätsanspruch"[164] einzelner Sozialtheorien ab, etwa wenn ökonomische Theorien nicht nur das System der Wirtschaft, sondern sämtliche soziale Beziehungen erklären und damit auch das Recht als Netz von Nutzenkalkülen[165] begreifen.[166] Das Recht muss sich „einer einseitigen Ökonomisierung

---

[158] Mit dem Begriff der „Sozialtheorie" sollen die beiden, inhaltlich unterschiedlichen Diskurse erfasst werden, die unter dem gemeinsamen Oberbegriff geführt werden: der Diskurs, der als Sozialtheorie im Wissenschaftssystem stattfindet, und der, der mehr als nichtwissenschaftliche Reflexionspraxis anzusehen sind, vgl. *Grünberger*, AcP 219 (2019), 924, 933, der sich dabei auf *Teubner*, in: Recht und Sozialtheorie (2015), S. 145, 160 ff. bezieht.

[159] *Grünberger*, AcP 218 (2018), 213, 244; *ders.*, AcP 219 (2019), 924, 929.

[160] Vgl. *Teubner*, in: Recht und Sozialtheorie (2015), S. 145, 158.

[161] Vgl. *Teubner*, in: Recht und Sozialtheorie (2015), S. 145, 150, 152 wonach das Recht die Ansprüche aller Sozialtheorien sorgfältig prüfen muss, um der Pluralität gesellschaftlicher Rationalitäten gerecht zu werden.

[162] *Teubner*, in: Recht und Sozialtheorie (2015), S. 145, 157; *ders.*, in: Fälle der Gesellschaft (2017), S. 227, 233.

[163] *Lobinger*, AcP 216 (2016), 28, 39.

[164] *Teubner*, in: Fälle der Gesellschaft (2017), S. 227, 228.

[165] Siehe *Eidenmüller*, Effizienz als Rechtsprinzip.

[166] *Teubner*, in: Recht und Sozialtheorie (2015), S. 145, 149, 151 f.

ebenso wie seiner einseitigen Politisierung, Soziologisierung, Szientifizierung oder Moralisierung verweigern [...]."[167] Stattdessen untersucht eine responsive Rechtswissenschaft ihre Rechtsinstitute daraufhin, ob sie nach ihrer Eigenrationalität geeignet sind, auf die von den Sozialtheorien gelieferten Strukturanalysen und Problemlösungen sensibel zu reagieren und diese systemintern zu verarbeiten.[168] Berücksichtigung finden dabei der Hinweis, dass die Property Rights-Theorie keinerlei Aussagen zu sozial wünschenswerter Güterstruktur oder Verteilungsgerechtigkeit trifft und verfassungsrechtliche Prinzipien sowie Vorgaben oder Umwelt- und Verbraucherschutz unberücksichtigt lässt,[169] genauso wie der Aspekt, dass der Umfang eines Property Rights durch ihre bloße Zielvorgabe von „Effizienzvorteilen durch Internalisierung" konturlos bleibt[170]. Ökonomische Theorien behandeln lediglich das Verhältnis des Rechts zur Wirtschaft, nicht aber zu anderen Gesellschaftssystemen.[171] Eine responsive Rechtswissenschaft muss daher allen Diskursen Raum verschaffen und sie gleichzeitig in eigene Inhalte „übersetzen".[172]

Im dritten Schritt reagiert das Recht nach der Kenntnisnahme der vom politischen System gesetzten Zwecke mit der Normbildung und -konkretisierung nach rechtsdogmatischen Vorgaben.[173] Die (marken)rechtsinterne Verarbeitung der ökonomischen Erkenntnisse sowie Normkonkretisierung erfolgen in den nächsten Abschnitten dieses Kapitels. In diesem Kontext nicht mehr relevant sind die letzten beiden Schritte, in denen eine „responsive Rechtswissenschaft" ihren folgenorientierten Charakter zeigt, wenn sie die möglichen Reaktionen sozialer Systeme auf die Normänderung abschätzt und in permanenter Selbstreflexion Fehleinschätzungen systemintern korrigiert.[174] Hierfür müssten zuerst die Reaktionen der sozialen Welt auf die hier gebildete Zugangsregel erfasst werden, um eventuelle Fehleinschätzungen identifizieren und hierauf reagieren zu können.

---

[167] *Teubner*, in: Fälle der Gesellschaft (2017), S. 227, 228.

[168] Vgl. *Grünberger*, AcP 219 (2019), 924, 931; *Teubner*, in: Fälle der Gesellschaft (2017), S. 227, 235.

[169] *Aldred*, in: TMB (2008), S. 267, 279 ff.; *Fezer*, JZ 1986, 817, 821 ff.; *ders.* JZ 1988, 223, 226 als Erwiderung auf die Verteidigung der Ökonomischen Analyse des Rechts durch *Ott/Schäfer*, JZ 1988, 213 ff.; *Gotthold* ZHR 144 (1980) 545, 556 ff.; *Henning-Bodewig/Kur*, Marke und Verbraucher (1988), S. 159 ff.; *Kaplow/Shavell*, in: Public Economics (2002), S. 1762 ff.

[170] *Görlich*, Anlehnende Markennutzung (2013), S. 40; *Peukert*, Güterzuordnung (2008), S. 114; *Henning-Bodewig/Kur*, Marke und Verbraucher (1988), S. 263 ff.

[171] *Wielsch*, Zugangsregeln (2008), S. 30 f., andere Gesellschaftssysteme berücksichtigt hingegen ein systemtheoretischer Ansatz.

[172] *Grünberger*, AcP 219 (2019), 924, 931.

[173] Ausf. *Grünberger*, AcP 219 (2019), 924, 932.

[174] Vgl. auch *Teubner*, in: Recht und Sozialtheorie (2015), S. 145, 159.

2. „Zugangsregeln" als Abstimmung von Ausschließlichkeit und Nutzungsfreiheit

Eine Möglichkeit „responsiver Rechtsdogmatik", auf veränderte technische und soziale Nutzungsbedingungen in seiner Umwelt zu reagieren, ist die Herausbildung spezifischer „Zugangsregeln".[175]

a) Begriff

Nach *Wielsch* ist es Aufgabe solcher „Zugangsregeln", jeweils systemspezifische und angemessene Lösungen für die Abstimmung von Ausschließlichkeit und Nutzungsfreiheit zu finden.[176] Ihren Ursprung im Urheberrecht nehmend,[177] sichern sie jenen Freiraum zur Nutzung von Immaterialgüterrechten, die zur effektiven Wahrnehmung künstlerischer, wissenschaftlicher oder anderer Freiheiten erforderlich ist.[178] Sie sollen verhindern, dass der Gebrauch subjektiv-individueller Rechte an Immaterialgütern die Grundlage für die Produktion solcher Güter in spezifischen Bereichen kreativen Schaffens unterläuft.[179] Hierzu schränken sie mit Rücksicht auf die für den Diskurs grundlegenden Institutionen der Wissensteilung das Verbotsrecht von Rechteinhabern ein, indem sie die Nutzungsbefugnis dezentralisieren und erlaubnisfreie (nicht automatisch entgeltfreie) Nutzungsmöglichkeit von Immaterialgütern schaffen.[180] Zugang bedeutet dann für den Nutzer die *rechtliche* Möglichkeit (Erlaubnis) zur Vornahme der immaterialgutsbezogenen Handlung, für den Rechtsinhaber den „Ausschluss des Verbotsrechts".[181] Auf diese Weise können positive Nutzungsexternalitäten realisiert werden, deren Verhinderung zu einer von der Ökonomie kritisierten Unternutzung führt.[182] Dabei geht es jedoch nicht um „irgendwelche Mitnutzungsmöglichkeiten [Dritter]", sondern um die „systemische Konnexität des Schutzrechts":[183] Die Begrenzung des Ausschließlichkeitsrechts zugunsten der Nutzeröffentlichkeit kann nur dort erfolgen, wo dies unmittelbar der Förderung derjenigen Werte dient, die der Tätigkeit des

---

[175] *Grünberger*, ZUM 2020, 50, 52.

[176] Grundl. *Wielsch*, Zugangsregeln (2008), S. 60 ff.; präzisierend *ders.*, ZGE 2013, 274, 305 ff. sowie *ders.*, in: Privatrechtstheorie heute (2017), S. 268, 277 ff.

[177] Im Urheberrecht wird mit „Zugangsregeln" die Möglichkeit gesellschaftlicher Wissensteilung reflektiert und gesichert, die zB. für Online-Phänomene wie Open Source Software-Projekte, aber auch für grundlegende Internetfunktionen wie das Setzen von Hyperlinks erforderlich ist; vgl. *Wielsch*, Zugangsregeln (2008), S. 192 ff., 255 ff.; zur Funktionsweise der Zugangsregeln abhängig von der Rechtmäßigkeit der Online-Zugänglichmachung vgl. *Grünberger*, ZUM 2016, 905, 906 ff.

[178] *Wielsch*, in: Privatrechtstheorie heute (2017), S. 268, 279.

[179] *Wielsch*, ZGE 2013, 274, 306.

[180] *Wielsch*, ZGE 2013, 274, 305; *ders.*, in: Privatrechtstheorie heute (2017), S. 268, 279.

[181] *Wielsch*, Zugangsregeln (2008), S. 65.

[182] *Wielsch*, Zugangsregeln (2008), S. 63.

[183] Auch zum Folgenden *Wielsch*, Zugangsregeln (2008), S. 79 f.

Rechteinhabers zugrunde liegen. Indem sie dabei nicht auf der Unterscheidung Individual-/Allgemeininteresse aufbauen, sondern mit der Referenz auf soziale Systeme operieren, sind Zugangsregeln nicht als ordnende Schrankenbestimmung im herkömmlichen Sinn zu verstehen, sondern als „Maßstab für die Rechtserzeugung im Immaterialgüterrecht".[184] Fundiert werden sie von *Wielsch* zum einen rechtsintern (mit Blick auf das deutsche Recht) im verfassungsrechtlichen Gleichrang von Ausschlussprinzip und Nutzungsfreiheit, zum anderen rechtsextern in privatautonomen Vereinbarungen innerhalb anderer Systeme.[185] Zugangsregeln fungieren damit als „Komplementärerscheinungen" zum subjektiven Recht, um jenes wieder sinnvoll einzugrenzen.[186]

Zugangsregeln sind jedoch nicht auf die Anwendung im Urheberrecht beschränkt. Vielmehr bilden sich überall dort, wo das Recht vor der Aufgabe steht, Ausschlussrecht und Nutzungsfreiheit zu kompatibilisieren. Solche Herausforderungen stellen sich nicht nur im Patent-,[187] Wettbewerbs-,[188] und Nichtdiskriminierungsrecht,[189] sondern ebenfalls im Markenrecht. Wie etwa bei der Analyse des Rufausbeutungsschutzes und in den vorherigen Abschnitten deutlich wurde, kann die Verbreitung des Wissens von einer Nutzung der kommunikativen Wirkung der Marke abhängen. Unter Berücksichtigung der Eigenrationalität und „systemischen Wahrnehmungsbedingungen"[190] lässt sich auch der Inhalt des Markenschutzes funktional rekonfigurieren.

b) Kritik

Wielschs Konzept der Zugangsregeln bleibt aber nicht ohne Kritik. Die Bedenken haben für ihre Verwendung in dieser Arbeit jedoch nur geringes Gewicht.

Für das europäische Markenrecht bleibt die Kritik an der Verortung des Auftrags zur „Kompatibilisierung" in Art. 14 Abs. 2 GG[191] aufgrund der Normenhierarchie ohne Relevanz. Neben einer Fundierung in der entsprechenden Regelung des europäischen Eigentumsgrundrechts, Art. 17 Abs. 1 S. 3 GrCh

---

[184] *Wielsch*, in: Privatrechtstheorie heute (2017), S. 268, 279; *ders.*, Zugangsregeln (2008), S. 65.

[185] Vgl. *Wielsch*, Zugangsregeln (2008), S. 66 ff., 272 ff.; *ders.*, *Wielsch*, in: Privatrechtstheorie heute (2017), S. 268, 281 f.; insb. zu letzterem *ders.* ZGE 2013, 274, 307 ff.

[186] *Grünberger*, ZUM 2012, 321, 356 f.

[187] *Wielsch*, Zugangsregeln (2008), S. 62, 66, 78.

[188] *Wielsch*, Zugangsregeln (2008), S. 186 ff. leitet auch aus Art. 82 EG (jetzt Art. 102 AEUV) Zugangsregeln ab.

[189] *Grünberger*, Personale Gleichheit (2013), S. 894 ff., der dort „Gleichheit als Zugangsregel" versteht, mit der das Recht jedem Individuum den Marktzugang sichere.

[190] Vgl. *Wielsch*, Zugangsregeln (2008), S. 272.

[191] *Röthel*, in: Privatrechtstheorie heute (2017), S. 193, 197 ff. hält entgegen, Art. 14 GG tätige keine Aussage darüber, *wann* Zugang zu gewähren sei, sondern nur darüber, unter welchen Voraussetzungen, sodass die Schwelle der Zulässigkeit einer Zugangsregel mit der Schwelle, ab der eine solche geboten sei, vermengt werde.

erscheint es im markenrechtlichen Kontext ohnehin näher, den Kompatibilitätsauftrag direkt dem Leitgedanken des unverfälschten Wettbewerbs[192] zu entnehmen. Er prägt das Markenrecht in besonderer Weise und wird auch vom EuGH zur Begründung seines Verständnisses von Schutzinhalt und -grenzen herangezogen.[193] Ihm können nicht nur die Ermächtigung, sondern auch die Zielvorgabe des politischen Gesetzgebers zum Austarieren von Ausschließlichkeitsrechten und freier Nutzung entnommen werden. Der Leitgedanke des unverfälschten Wettbewerbs und daraus abgeleitet das „Gebot der Wettbewerbsneutralität" bringen ebenfalls eine grundsätzliche Gleichwertigkeit der beiden Positionen zum Ausdruck.[194] Die (primär)rechtsinterne Fundierung einer markenrechtlichen Zugangsregel ist daher möglich.

Kritisiert wird zudem mangelnde Rechtssicherheit aufgrund des Umstands, dass sich „die Notwendigkeit einer Einschränkung [von Schutzrechten] auch erst aufgrund von konkreten Bedingungen ihrer Ausübung"[195] und damit ex post ergeben kann.[196] Diese Rechtsunsicherheit ist dem Markenrecht – anders als dem Urheberrecht – aber bereits im Grunde nicht unbekannt: Verkommt die Marke zum rein beschreibenden Begriff, muss ihr Inhaber gem. Art. 58 Abs. 1 lit. b) UMVO damit rechnen, sein Schutzrecht ex post wieder zu verlieren. Zugegebenermaßen rechtfertigt dies nicht eine partielle Rechtsbeschränkung ohne eine vorherige Veränderung äußerer Umstände. Allerdings ist auch die Verwendung der Marke in der sozialen Kommunikation (und damit der Wandel zur beschreibenden Bezeichnung) vom Markeninhaber nicht absolut zu kontrollieren. Jedenfalls zeigt die Norm, dass sich Markeninhaber schon jetzt der Möglichkeit einer zukünftigen Beschneidung ihres Ausschließlichkeitsrechts bewusst sind. Abgesehen davon hängt eine markenrechtsinterne Zugangsregel – im Gegensatz zu einer wettbewerbsrechtlichen – nicht von Variablen wie der Marktmacht des Inhabers ab und besteht für neu angemeldete Gewährleistungsmarken ex ante.

3. Produktkonformität als „Zugangsregel"

Auch bei der Gewährleistungsmarke steht das Recht vor der Aufgabe, Ausschließlichkeitsrecht und Nutzungsfreiheit gegeneinander abzustimmen. Wie im Folgenden deutlich wird, reagiert das Recht auf den Impuls der Ökonomie mit der Bildung einer Zugangsregel und rekonstruiert die vorteilhafte *liability*

---

[192] Das Prinzip des unverfälschten Wettbewerbs war bis zum 30.11.2009 in Art. 3 Abs. 1 lit. g) EGV festgeschrieben, nun in Protokoll Nr. 27 über den Binnenmarkt und den Wettbewerb, das nach Art. 51 EUV Bestandteil der Verträge ist.

[193] Dazu *Knaak*, in: FS Ullrich (2009), S. 123.

[194] Vgl. BeckOK MarkenR-*Kur*, Einl., Rn. 154, 156 f.

[195] Wielsch, Zugangsregeln (2008), S. 64; somit werde „das Ausschlussprinzip im Immaterialgüterrecht auf eine dem dinglichen Eigentum unbekannte Weise flexibilisiert" S. 272.

[196] *Röthel*, in: Privatrechtstheorie heute (2017), S. 193, 201 f.

rule innerhalb des Rechtssystems. Normativ im Satzungserfordernis aus Art. 84 UMVO verankert, knüpft es auf Basis eines funktionalen Schutzrechtsverständnisses an die Neutralitätspflicht des Gewährleistungsmarkeninhabers, das dadurch entstehende Verbrauchervertrauen und die besondere wettbewerbsfördernde Wirkung der Markenkategorie an.

a) Funktionales Verständnis

Die exklusive Zuweisung eines Immaterialguts führt zu einer Verringerung der Nutzungsmöglichkeiten seiner Umwelt. Ein funktionales Verständnis des Schutzrechts dient einem umweltsensiblen Recht dazu, „die Ausübung von rechtlicher Autonomie an ihre systemischen Wahrnehmungsbedingungen zurückzubinden."[197] Zwar steht das Markenrecht nicht in gleicher Weise wie das Urheber- oder Patentrecht vor einem informationsökonomischen Dilemma. Als Immaterialgüter sind Marken jedoch genauso in einen Kommunikationskontext eingebettet und dadurch Teil der Gesellschaft selbst.[198] Ihre Kommunikationsfähigkeit ermöglicht erst die Teilung und damit Verbreitung ihres implizit enthaltenen Wissens: Mit jeder Verwendung auf einem Produkt kommuniziert die Gewährleistungsmarke ihr Wissen um die Beschaffenheit der so gekennzeichneten Ware oder Dienstleistung und erlaubt eine weitergehende Informationskostenreduktion. Die Beschränkung der Partizipation an dieser Kommunikation darf jedoch nicht dazu führen, dass die Wissensverbreitung in anderen Teilsystemen gehemmt wird,[199] sodass eine erreichbare Kostenreduktion nicht erfolgt. Hierin liegt schließlich die Eigenrationalität des Markenrechts. Dazu muss es in reflexiver Auseinandersetzung mit den jeweiligen Besonderheiten der Nutzungsmöglichkeiten, -bedürfnissen und Funktionen seiner Umwelt seinen Schutzbereich konkretisieren und begrenzen.[200] Die Marke ist zwar ein ausschließliches, nicht aber ein absolutes Recht.[201] Diese Besonderheit liegt bei Gewährleistungsmarke in ihrer Gewährleistungsfunktion. Die Marke kann für Waren und Dienstleistungen unterschiedlicher Herkunft genutzt werden, um ihre Kommunikationsfähigkeit für die Mitteilung der Produktbeschaffenheit zu nutzen. Der mit einer dezentralisierten Nutzungsbefugnis verfolgte Wissenszuwachs entsteht nicht beim Hersteller, sondern bei den Nachfragern.

b) Markensatzung als normativer Ankerpunkt

Mit Art. 84 Abs. 1 UMVO fordert das Recht den Markeninhaber auf, innerhalb von zwei Monaten nach dem Anmeldetag eine Markensatzung vorzulegen. In

---

[197] *Wielsch*, Zugangsregeln (2008), S. 272.

[198] Vgl. *Wielsch*, Zugangsregeln (2008), S. 40.

[199] Vgl. *Grünberger*, ZGE 2017, 188, 193 f. zum Urheberrecht.

[200] Vgl. *Grünberger*, ZGE 2017, 188, 194.

[201] EuGH, Urt. v. 11.4.2019, C-690/17, ECLI:EU:C:2019:317, Rn. 39 = GRUR 2019, 621 – *ÖKO-Test Verlag*.

ihr legt er die zur Benutzung der Marke befugten Personen, die zu gewährleistenden Eigenschaften, die Modalitäten der Produktzertifizierung und -kontrolle sowie die Nutzungsbedingungen fest. Mit der Definition des Gewährleistungsgehalts – also der vom Produkt aufzuweisenden Beschaffenheit – buchstabiert er die Zugangsregel selbst aus. Die Zugangsregel wiederum lässt sich im Satzungserfordernis aus Art. 84 Abs. 1, Abs. 2 UMVO normativ verankern. In der Satzung kann der Zeicheninhaber zwar für Waren oder Dienstleistungen, die ihrer Natur nach lediglich von einem eingeschränkten Personenkreis mit besonderer Qualifikation zur Verfügung gestellt werden können – medizinische Dienstleistungen etwa nur durch zugelassene Ärzte, Rechtsberatung lediglich durch zugelassene Rechtsanwälte etc. – eine Einschränkung auf diesen, nach objektiven Kriterien bestimmbaren Nutzerkreis vorsehen.[202] Um eine möglichst hohe Kostenreduktion zu erreichen, muss eine Zeichenbenutzung anschließend aber all denjenigen Produkten offenstehen, die die satzungsmäßig niedergelegten Eigenschaften vorweisen. Das Recht schafft das, indem es den Gewährleistungsmarkeninhaber verpflichtet, entsprechenden Herstellern bzw. Anbietern objektiv und diskriminierungsfrei[203] eine Lizenz zur Markennutzung zu erteilen. Zur Ausbalancierung mit dem Ausschließlichkeitsrecht kann dies gegen Zahlung einer – angemessenen – Lizenzgebühr erfolgen. Damit greift das Markenrecht die aus dem Anreizgedanken resultierende Empfehlung der Ökonomie zur entgeltlichen Ausgestaltung der Nutzungsmöglichkeit auf.

c) Neutralitätspflicht des Markeninhabers

Das Markenrecht setzt eine Neutralitätspflicht des Markeninhabers fest, die ihm eine Zeichenverwendung für Produkte, für deren Eigenschaften eine Gewährleistung übernommen wird, verbietet. Eine aktive Rolle in der Kommunikation mit der Marke wird ihm dadurch untersagt. Seine Funktion gleicht der eines Moderators, der die Kommunikation und Wissensverbreitung mittels des

---

[202] *Dröge*, MarkenR 2016, 549, 555; *ders.*, GRUR 2017, 1198, 1200; *Repas/Keresteš*, 49 IIC 299, 313 f., 316 (2018); vgl. auch EUIPO, Prüfungsrichtlinien Teil B, Abschnitt 2, 8.3.3.1 (Stand 1.3.2021) und seine Vorlage für eine Gewährleistungsmarkensatzung, abrufbar unter https://euipo.europa.eu/ohimportal/de/certification-and-collective-marks (zuletzt abgerufen am 25.8.2021); zum deutschen Markenrecht *Buckstegge*, Nationale Gewährleistungsmarke (2018), S. 244; Ekey/Bender/Fuchs-Wiesemann-*Ekey*, MarkenR (2019), § 106d MarkenG, Rn. 14.

[203] *Fromer*, 69 Stan. L. Rev. 121, 134 ff., 140 ff. (2017) berichtet von diskriminierenden (Nicht)Zertifizierungen, ua. vom koscheren Restaurant *Jezebel* in Manhatten, dem eine Zertifizierung nach der die koschere Zubereitung anzeigenden Gewährleistungsmarke „OU" aufgrund des Eindrucks des Rabbis verweigert wurde, „the name Jezebel does not represent a person who has a positive reputation in the Tanach [Bibel]" oder der amerikanischen non-profit Organisation MPAA, die bei ihren jugendschutzbezogenen Film-Freigaben die Werke unabhängiger Filmemachern gegenüber denen großer Hollywood-Studios benachteiligte und mit einer höheren Altersfreigabe, somit schlechter, zertifizierte.

Immaterialguts unterstützt, ohne sie zu beeinflussen. Das Recht verhindert damit einen Interessenskonflikt, der aus der Kombination von gleichzeitiger Zertifizierungs- und Absatztätigkeit entstehen könnte.[204] Die Ausübung des Markenrechts hat auf treuhänderische Art und Weise zu erfolgen, die sich funktional nach dem Schutzrecht bemisst. Einer willkürlichen Auswahl der Zeichennutzer wird damit eine Absage erteilt, sie hat stattdessen nach den Bestimmungen der Markensatzung zu erfolgen.

d) Vertrauen der Nachfrager

Die mit der Markensatzung verbundene Transparenz und die Neutralitätsverpflichtung der Markeninhaber lassen bei den Nachfragern ein besonderes Vertrauen für diese Markenkategorie entstehen.[205] Die Verbraucher entwickeln nicht nur die Erwartung, dass jedes mit der Gewährleistungsmarke versehene Produkt über die satzungsmäßige Beschaffenheit verfügt,[206] sondern gehen auch von einer unparteiischen und daher besonders verlässlichen Prüfung aus. Das Recht stabilisiert diese Erwartung durch die obligatorische Kontrollpflicht und den Markenverfall bei Untätigkeit des Zeicheninhabers. Könnte der Markeninhaber die Zeichennutzer beliebig auswählen, würde eine Scheinüberlegenheit solcher Produkte kreiert, für die der Markeninhaber die Nutzung gestattet.[207] Das Vertrauen ginge verloren, wenn die Annahme, die Kennzeichnung mit der Gewährleistungsmarke hänge alleine von der Produktbeschaffenheit, nicht sonstigen (subjektiven) Erfordernissen ab, widerlegt würde.

e) Wettbewerbsfördernde Wirkung

Das mit der Gewährleistungsmarke verbundene Vertrauen der Nachfrager führt zu einer allgemein wettbewerbsfördernden Wirkung der Markenkategorie, die über die Vorteile der bloßen Produktidentifizierbarkeit hinausgehen. Da Qualitätsvorstellungen und Markengoodwill regelmäßig erst durch positive Konsumerlebnisse entstehen, können sie neu eingeführten Produkten bzw. Individualmarken nicht als Absatzhilfe dienen und erschweren ein Bestehen neben

---

[204] Vgl. *Ayres/Brown*, 104 Mich. L. Rev. 1639, 1643 (2006); *Barron*, 11 Marqu. Intell. Prop. L. Rev. 413, 435 f. (2007); *Buckstegge*, Nationale Gewährleistungsmarke (2018), S. 233, 235; *Dröge*, GRUR 2017, 1198, 1202; Ekey/Bender/Fuchs-Wiesemann-*Ekey*, MarkenR (2019), § 106b MarkenG, Rn. 3 ff.; *Fezer*, GRUR 2017, 1188, 1192; *Fromer*, 69 Stan. L. Rev. 121, 130 (2017); *Leister/Romeike*, GRUR Int. 2016, 122, 126; BeckOK MarkenR-*Vohwinkel*, § 106a MarkenR, Rn. 3; *Wagner*, in: Recht als Infrastruktur (2019), S. 61, 74.

[205] Vgl. *Geiger/Kringer*, MarkenR 2018, 359, 363; *Wagner*, in: Recht als Infrastruktur (2019), S. 61, 75; mit Blick auf das englische Recht *Belson*, Certification Marks (2017), Rn. 5.44–5.51; *ders.*, 24(7) E.I.P.R. 340, 347 f. (2002); zum Ganzen § 2 A. III. 5.

[206] Vgl. *Belson*, Certification Marks (2017), Rn. 5.43.

[207] Vgl. *Buckstegge*, Nationale Gewährleistungsmarke (2018), S. 243.

etablierten Wettbewerbern am Markt.[208] Durch die parallele Verwendung der Gewährleistungsmarke nutzen neue Akteure bereits bestehendes Wissen und kommunizieren Eigenschaften ihres Produkts, profitieren gleichzeitig aber auch vom Goodwill der Gewährleistungsmarke und transportieren ihn auf ihre eigenen Produkte. Ohne, dass ihnen eine neue Individualmarke bekannt ist, bringen ihr Nachfrager Vertrauen entgegenbringen.[209] Die Gewährleistungsmarke kann somit die Akzeptanz und Nachfrage neuer, unbekannter Produkte erhöhen.[210] Durch die Herausbildung einer Zugangsregel schafft das Markenrecht die Voraussetzung dafür, dass jeder Hersteller von der wettbewerbsfördernden Wirkung der Gewährleistungsmarke profitieren kann und sichert dadurch das System eines unverfälschten Wettbewerbs.

4. Zwischenergebnis

Eine responsive Rechtsdogmatik ist sensibilisiert für Veränderungen ihrer Umwelt, um hierauf reflexiv mit den Mitteln des Rechts zu reagieren. Sie registriert Impulse der Sozialwissenschaften und rekonstruiert sie mit eigenen Begriffen unter Beachtung der Eigennormativität des Rechts. Diese Reaktionsfähigkeit kann sich in der Schaffung von „Zugangsregeln" äußern, die subjektive Ausschließlichkeitsrechte mit dem Bedürfnis freier Nutzung ausbalancieren. Sie schränken das Verbotsrecht des Rechteinhabers ein, indem sie die Nutzungsbefugnis dezentralisieren und erlaubnisfreie Nutzungsmöglichkeiten schaffen. Ein strikt funktionales Verständnis der Immaterialgüterrechte bindet ihre Ausübung an ihre systemischen Wahrnehmungsbedingungen rück.

Das Markenrecht bildet eine solche Zugangsregel für die Gewährleistungsmarke heraus, indem es die Umweltbedingungen der Markenkategorie aufgreift und die ökonomische Empfehlung einer freien Zeichennutzung für satzungskonforme Produkte reflektiert. Ausgehend vom funktionalen Verständnis des subjektiven Markenrechts orientiert es sich an der treuhänderischen Stellung des Markeninhabers, die durch dessen Neutralitätspflicht zum Ausdruck gebracht wird und der Pflicht, die zur Zeichennutzung berechtigten Personen transparent in der Satzung anzugeben. Sofern deren Produkte die satzungsmäßige Beschaffenheit aufweisen, ist ihnen die Verwendung der Gewährleistungsmarke diskriminierungsfrei zu gestatten. Rekonstruiert wird damit nicht nur das Vertrauen der Nachfrager in die Objektivität der Gewährleistungsmarke und ihre Beschaffenheitsaussage, sondern auch ihre wettbewerbsfördernde Wirkung für neue Produkte. Die konkrete Umsetzung dieser Reflexionsergebnisse im Zuge der Normkonkretisierung soll im folgenden Abschnitt stattfinden.

---

[208] *Wagner*, in: Recht als Infrastruktur (2019), S. 61, 80.
[209] Vgl. *Baldauf*, Werbung (2011), S. 7 f.; *Hemker*, Missbrauch (2016), S. 38.
[210] *Wagner*, in: Recht als Infrastruktur (2019), S. 61, 80 f.

III. Anwendung

„Zugangsregeln" als Begriff zielen nicht auf eine dogmatische Ordnungsleistung sie lassen sich nicht tatbestandlich verorten.[211] Ihre Funktion – gleichzeitig die Grenze ihre Leistungsfähigkeit – liegt in der Orientierung des Schutzumfangs eines Ausschließlichkeitsrechts und der Maßstabsbildung für die Rechtsproduktion.[212] Eine responsive Rechtsdogmatik muss aber auch die Normbildung bzw. -konkretisierung anhand dieses Maßstabs leisten. Im Folgenden werden daher der mittels einer Zugangsregel vermessene Schutzumfang und die freie Nutzungsmöglichkeit für satzungskonforme Produkte dogmatisch operationalisiert. Hierfür eignet sich ein Anspruch auf Abschluss eines Lizenzvertrages zur Nutzung der Gewährleistungsmarke, der maßgeblich davon abhängt, ob das geprüfte Produkt die satzungsmäßig bestimmte Beschaffenheit aufweist.

1. Verpflichtende Markenlizenzierung

Auf Basis des Reflexionsergebnisses der ökonomischen Analyse hat die dogmatische Umsetzung der Zugangsregel zwei Voraussetzungen zu erfüllen: Der Markeninhaber muss, erstens, die Möglichkeit haben, sein Zeichen treuhänderisch zu verwalten. Hierzu gehört nicht nur die Kontrolle darüber, dass das Zeichen nur für zertifizierte Produkte verwendet wird, sondern auch die Kenntnis aller Markennutzer und die Möglichkeit, eine Beeinträchtigung des Markengoodwills und des Vertrauens der Nachfrager in die Gewährleistungsmarke durch einzelne Zeichennutzer zu verhindern. Der Hersteller oder Anbieter muss, zweitens, nach erfolgreicher Zertifizierung seines Produkts die Möglichkeit haben, die Gewährleistungsmarke gegen Zahlung einer Nutzungsgebühr für dieses Produkt zu nutzen.

Auf Basis dieser Anforderungen scheidet eine Lösung über eine (gesetzliche) Schrankenregelung iSd. Art. 14 Abs. 1 UMVO für satzungskonforme Produkte aus. Sie liefe auf eine Konformitätsbestätigung des Herstellers selbst ohne Prüfung durch den Gewährleistungsmarkeninhaber hinaus. Er hätte weder Kenntnis der Zeichennutzer noch die Möglichkeit, Lizenzeinnahmen zu erzielen. Gleiches gilt, wenn eine Benutzungsberechtigung direkt aus der Markensatzung selbst folgte.[213] Vorzugswürdig erscheint daher eine vertragsähnliche Ausgestaltung, bei der dem Anbieter nach erfolgreicher Produktprüfung

---

[211] Vgl. *Wielsch*, Zugangsregeln (2008), S. 65 f. und die entsprechende Kritik bei *Röthel*, in: Privatrechtstheorie heute (2017), S. 193, 195 f., die jede dogmatische Einordnung vermisst und im Begriff der „Zugangsregel" daher keine Ordnungsleistung erkennen kann.

[212] Vgl. *Wielsch*, in: Privatrechtstheorie heute (2017), S. 268, 279.

[213] Dass die Benutzungsberechtigung einer Kollektivmarke nach Eisenführ/Schennen-*Schennen*, UMVO (2017), Art. 66, Rn. 7 unmittelbar aus der Markensatzung folgt, erklärt sich mit der erforderlichen Mitgliedschaft im Kollektiv, für die zuvor ein Aufnahmeantrag bzw. Aufnahmeakt erfolgen muss und somit bereits Kenntnis über die Nutzer besteht.

ein Anspruch auf den Abschluss eines Lizenzvertrages für die Gewährleistungsmarke iSv. Art. 25 UMVO zusteht. Dogmatisch unterliegt der Zeicheninhaber damit einem markenrechtlichen Kontrahierungszwang.

2. Lizenzierungsvoraussetzungen im Einzelnen

Der Anspruch des Produktanbieters auf Abschluss eines Lizenzvertrages unterliegt drei Voraussetzungen: Die Produktkonformität, das Einverständnis des Anbieters zum Abschluss eines Lizenzvertrages sowie keine entgegenstehenden berechtigten Interessen des Gewährleistungsmarkeninhabers.

a) Produktkonformität

Basierend auf den in der Markensatzung festgelegten Personenkreisen und Benutzungsbedingungen steht Anbietern ein Anspruch auf Abschluss eines Lizenzvertrages zu, wenn sie objektiv dem festgelegten Personenkreis angehören und ihre Ware oder Dienstleistung vom Markeninhaber erfolgreich zertifiziert wurde. Wird die erfolgreiche Produkt*zertifizierung* für die Nutzung der Gewährleistungsmarke vorausgesetzt, darf der Markeninhaber auch die der Zertifizierung vorangehende Produkt*prüfung* nicht verweigern. Ansonsten könnte er über den „Umweg" der privatautonomen Entscheidung darüber, welche Produkte er überhaupt auf das Vorliegen der satzungsmäßigen Beschaffenheit hin testet, letztlich die erfolgreiche Produktzertifizierung und damit die Nutzung der Gewährleistungsmarke steuern. Um diese Umgehungsstrategie zu vermeiden, muss jedem interessierten Anbieter ein Anspruch auf eine Prüfung seines Produkts zustehen. Damit ist auch keine unbillige Benachteiligung des Markeninhabers verbunden: Dem Markenanbieter steht es frei, die Produktprüfung nur entgeltlich durchzuführen.[214] Diese Kosten wird der wirtschaftlich-rational handelnde Anbieter nur dann in Kauf nehmen, wenn er vom erfolgreichen Abschluss der Produktprüfung ausgeht. Eine gezielte Überlastung des Markeninhabers durch evident erfolglose Produktprüfungen ist damit unwahrscheinlich. Zwar kann auch unabhängig davon eine Prüfungspflicht dazu führen, dass die Anzahl der zu prüfenden Produkte die Prüfkapazität des Zeicheninhabers überschreitet und Hersteller mit Wartezeiten bis zur tatsächlichen Durchführung der Prüfung rechnen müssen.[215] Die Leistungsfähigkeit des Gewährleistungsmarkeninhabers zur Produktprüfung und -überwachung wird im Eintragungsverfahren gerade nicht geprüft.[216] Sofern der Markeninhaber aber die aufgestauten Produkte diskriminierungsfrei (zB. nach dem Prinzip „first come first

---

[214] Die Höhe der Prüfungsgebühr abhängig vom konkreten Prüfungsaufwand wie auch die Lizenzgebühr auf eine angemessene Höhe zu deckeln, dazu sogleich § 7 E. III. 2. b).

[215] *Buckstegge*, Nationale Gewährleistungsmarke (2018), S. 244.

[216] Vgl. § 2 A. III. 5. c) aa); aA. *Buckstegge*, Nationale Gewährleistungsmarke (2018), S. 241 f., 244, die die Einführung dieses Erfordernisses iSv. Art. 28 Abs. 2 UAbs. 2 MarkenRL für das deutsche Markenrecht befürwortet.

served") bearbeitet und den Prüfungsantrag bestimmter Anbieter nicht ohne sachlichen Grund verzögert oder zurückstellt, ist eine Wartezeit einzelner Nutzungsinteressenten in Kauf zu nehmen. Da Produktzertifizierung und Markenlizenzierung aber die einzigen Einnahmequellen des Zeicheninhabers sind,[217] liegen ausreichende Prüfungskapazitäten in seinem eigenen Interesse.

Die eigentliche Prüfung hat dann darauf zu erfolgen, ob das Produkt diejenigen Merkmale aufweist, die nach der Markensatzung mit der Gewährleistungsmarke garantiert werden. Damit ist das objektive Vorliegen der erforderlichen Beschaffenheit – anders als bei einer Konformitätserklärung durch den Hersteller selbst – sichergestellt. Das objektive Vorliegen der Produktmerkmale *ohne* eine zusätzliche Prüfung und Zertifizierung durch den Markeninhaber erfüllt hingegen nicht die soeben dargelegten Voraussetzungen und führt zu keiner Gleichstellung mit einem zertifizierten Produkt.

b) *Einverständnis mit den Bedingungen des Lizenzvertrages*

Der Hersteller oder Anbieter der zertifizierten Ware oder Dienstleistung muss mit den Bedingungen eines Lizenzvertrages iSv. Art. 25 UMVO einverstanden und bereit sein, diesen mit dem Gewährleistungsmarkeninhaber abzuschließen. Der Vertrag dient der Dokumentation und Kontrolle der aktuellen Zeichennutzer. Im Gegensatz zur Individualmarke wird sein Inhalt nicht individuell vereinbart, sondern entspricht im Wesentlichen der Markensatzung, die bereits Bestimmungen zu Benutzungsmodalitäten, Produktkontrollen und einer eventuell zu zahlende Nutzungsgebühr enthält. Vorteilhaft erscheint es dabei, die Höhe der Nutzungsgebühren auf diejenige angemessene Höhe zu deckeln, die dem Markeninhaber die Kostendeckung zuzüglich eines geringen Gewinns ermöglicht[218] und die ökonomisch notwendige Anreizwirkung erfüllt. Diese Beschränkung sichert zum einen die Objektivität des Markeninhabers, zum andern einen Zugang möglichst vieler Interessenten: Unregulierte Nutzungsgebühren können dazu führen, dass sich der Markeninhaber auf eine Zertifizierung von Waren oder Dienstleistungen großer und dadurch zahlungskräftiger Unternehmen spezialisiert. Durch hohe Zertifizierungsanforderungen könnte er faktisch eine Exklusivität seines Zeichens schaffen, wodurch die Objektivität der Prüfung Gefahr läuft, unter der hohen Gewinnaussicht zu leiden.[219] Darüber hinaus können zu hohe Nutzungsgebühren dazu führen, dass eine Verwendung der Gewährleistungsmarke für grundsätzlich satzungskonforme Produkte aufgrund der dafür anfallenden Kosten nicht stattfindet und eine potentielle   Informationskostenreduktion   nicht   erfolgt.   Da   das

---

[217] *Geiger/Kringer*, MarkenR 2018, 359, 365.

[218] *Buckstegge*, Nationale Gewährleistungsmarke (2018), S. 239 f. hält ein Verbot der Gewinnorientierung und damit eine Verpflichtung des Gewährleistungsmarkeninhabers zur Gemeinnützigkeit ebenfalls für nicht erforderlich.

[219] Vgl. *Fromer*, 69 Stan. L. Rev. 121, 155 (2017).

Ausschließlichkeitsrecht stets funktional zu verstehen ist und kein absolutes Recht verleiht,[220] verletzt die Gebührenbeschränkung den Markeninhaber nicht in seinem Eigentumsgrundrecht.[221]

Das Problem der konkreten Berechnung einer angemessenen Lizenzgebühr kennt das Patentrecht bereits im Zusammenhang mit FRAND-Lizenzen für SEPs.[222] Die Gebühr soll „in einem angemessenen Verhältnis zu dem wirtschaftlichen Wert der Rechte des geistigen Eigentums stehen."[223] Gesucht wird deshalb der Wettbewerbswert des Patents, *bevor* es Teil des technischen Standards wurde und seinem Inhaber entsprechende Marktmacht verliehen hat.[224] Angeknüpft wird dafür ua. an Lizenzgebühren, die vor der Standardisierung gezahlt wurden, die branchenübliche Lizenzierungspraxis oder an Sachverständigengutachten; weniger hingegen an Entwicklungskosten, da diese schwer einzuschätzen und kein Indikator für den Patentwert seien.[225] Auch wenn die Nutzung einer Gewährleistungsmarke – anders als bei einem SEP – nicht objektive Voraussetzung für den Produktabsatz ist, kann die Diskussion um FRAND-Lizenzen für sie fruchtbar gemacht werden. Sofern die

---

[220] EuGH, Urt. v. 11.4.2019, C-690/17, ECLI:EU:C:2019:317, Rn. 39 = GRUR 2019, 621 – *ÖKO-Test Verlag.*

[221] AA. *Dröge*, MarkenR 2016, 549, 555, der der UMVO keine Befugnis zu diesem Eingriff in die freie Nutzung der Gewährleistungsmarke als geschützte Eigentumsposition entnehmen kann; im Gegensatz sieht *Buckstegge*, Nationale Gewährleistungsmarke (2018), S. 240 einen Ausschluss der Gewinnerzielung (implizit eine Begrenzung der Lizenzgebühren) im Einklang mit den Zielen der Regelung zur Gewährleistungsmarke in Art. 27, 28 MarkenRL, da die Begrenzung der im Allgemeininteresse liegenden Objektivität der Gütezeichenvergabe diene.

[222] Ist ein Patent Bestandteil einer standardisierten Technologie und muss zur Sicherung der Interoperabilität für eine Vielzahl technischer Geräte genutzt werden (standardessentielles Patent – SEP), muss der Inhaber Dritten Lizenzen zu fairen, angemessenen und nichtdiskriminierenden Bedingungen (fair, reasonable and non-discriminatory – FRAND) einräumen, um sich nicht dem Vorwurf des Missbrauchs seiner marktbeherrschenden Stellung iSd. Art. 102 lit. a) AEUV auszusetzen; zum Problem grdl. *Dornis*, WRP 2020, 540 ff.; *Eckel*, NZKart 2017, 408 ff.; zum Ablauf der Lizenzverhandlung grdl. EuGH, Urt. 16.7.2015, C-170/13, ECLI:EU:C:2015:477 = GRUR 2015, 764 – *Huawai Technologies/ZTE.*

[223] Mitt. der Kommission, Leitlinien zur Anwendbarkeit von Artikel 101 AEUV auf Vereinbarungen über horizontale Zusammenarbeit, 2011/C 11/1, Rn. 289.

[224] *Dornis*, WRP 2020, 540, 542; *ders.*, 2020, 688, 689 f.; *Grasso*, 8 J. Eu. Comp. L. P. 283, 287, 290 f. (2017).

[225] Mitt. der Kommission, Leitlinien zur Anwendbarkeit von Artikel 101 AEUV auf Vereinbarungen über horizontale Zusammenarbeit, 2011/C 11/1, Rn. 289 f.; *Dornis*, WRP 2020, 688, 690 ff.; als Berechnungsgrundlage der Lizenzgebühr werden ferner der Produktpreis auf letzter Vertriebsstufe (etwa beim Verkauf des Smartphones an den Verbraucher, sog. bottom-up approach) oder die Gesamtlizenzgebühr für alle im Produkt verwendeten SEPs unter Berücksichtigung einer Höchstbelastung des Herstellers (sog. top-down approach) herangezogen, näher *Dhenne*, 41(12) E.I.P.R. 755 ff. (2019); *Dornis*, WRP 2020, 688, 690 ff.; *Grasso*, 8 J. Eu. Comp. L. P. 283, 287, 290 f. (2017).

Lizenzgebühr nicht bereits in der Gewährleistungsmarkensatzung festgelegt ist, können bereits mit anderen Produktherstellern geschlossene Lizenzverträge und die darin vereinbarte Gebühr als Grundlage genommen werden. Im Gegensatz zu SEP fallen für den Markeninhaber während der Dauer des Lizenzvertrages aufgrund seiner Kontrollpflicht laufende Kosten an. Da diese aber regelmäßig leichter nachgewiesen werden können und unmittelbar mit dem Gewährleistungsgehalt des Zeichens zusammenhängen, scheint auch eine kostenbezogene Methode für die Berechnung der Lizenzgebühr geeignet. Die konkrete Höhe der Lizenzgebühr sollte daher vom jeweiligen Gewährleistungsinhalt und dem damit verbundenen Prüf- und Kontrollaufwand abhängen.

c) Keine entgegenstehenden berechtigten Interessen des Markeninhabers

Die Funktionsweise der Gewährleistungsmarke beruht Großteils auf dem Vertrauen der Nachfrager in das Zeichens. Es ist essentiell für die Durchsetzung des Zeichens am Markt und damit das Interesse Dritter, ihre Produkte vom Markeninhaber zertifizieren zu lassen.[226] Führt das Verhalten eines Individualmarkeninhabers dazu, dass die Wertschätzung der Verbraucher für dieses Zeichen sinkt, und sind die Produkte zusätzlich mit der Gewährleistungsmarke gekennzeichnet, kann es aufgrund der Wechselwirkungen zwischen beiden Marken auch zu einem Wertschätzungsverlust der Gewährleistungsmarke kommen. Um den Bestand der Gewährleistungsmarke zu wahren, muss ihr Inhaber eine Beeinträchtigung des Konsumentenvertrauens durch einzelne Lizenznehmer verhindern können. Insofern besteht der Kontrahierungszwang nicht unbedingt. Auch diese Möglichkeit ist Ausprägung der Kompatibilisierung von Ausschließlichkeitsrecht und freier Nutzungsmöglichkeit. Der Markeninhaber muss keine negativen Effekte dulden, die eine Nutzung des Lizenznehmers hervorruft. Das rechtlich anerkannte Vertrauen der Konsumenten wird bei der Lizenzierungsverpflichtung des Markeninhabers reflektiert.

Die Rücksichtnahme auf den Zeicheninhaber ist dem Markenrecht dabei nicht fremd: Mit Art. 14 Abs. 2 UMVO bindet es bereits die schrankenmäßige Nutzung einer Individualmarke an die Einhaltung der „anständigen Gewohnheiten in Gewerbe oder Handel". Art. 15 Abs. 2 UMVO verhindert den Eintritt der Erschöpfungswirkung, wenn „berechtigte Gründe" es rechtfertigen, dass sich der Markeninhaber dem Warenvertrieb widersetzt. Beide Merkmale, die vom EuGH gleich ausgelegt werden,[227] verpflichten den Nutzer dazu, berechtigten Interessen des Markeninhabers nicht in unlauterer Weise zuwider zu

---

[226] *Buckstegge*, Nationale Gewährleistungsmarke (2018), S. 83, 127; allg. zu Gütezeichen *Haenraets/Ingwald/Haselhoff*, der markt 2012, 147, 148; *Hemker*, Missbrauch (2016), S. 45.
[227] EuGH, Urt. v. 23.2.1999, C-63/97, ECLI:EU:C:1999:82, Rn. 61 = GRUR Int. 1999, 438 – *BMW*; Urt. v. 17.3.2005, C-228/03, ECLI:EU:C:2005:177, Rn. 41 = GRUR 2005, 509 – *Gillette*; *Steinbeck*, WRP 2015, 1, 5.

handeln.[228] Die konzeptionelle Anlehnung der gebildeten Fallgruppen an die Verletzungstatbestände[229] ist der zugrunde liegenden Situation einer schrankenmäßigen Zeichennutzung geschuldet, bei der mangels Einverständnisses des Inhabers tatbestandlich eine Markenverletzung vorliegt. Dass die Beeinträchtigung der Wertschätzung ein berechtigtes Interesse des Markeninhabers begründet, verdeutlicht den allgemeinen Gedanken, dass er keinen Substanzverlust seines Zeichens hinnehmen muss.

Angewendet auf die Situation vor Abschluss eines Lizenzvertrages folgt daraus, dass eine Zeichennutzung durch den Interessenten nicht die berechtigten Interessen des Markeninhabers beeinträchtigen darf. Erforderlich ist eine Interessenabwägung, bei der ein Überwiegen der Inhaberinteressen dazu führt, dass die Lizenzverweigerung trotz Produktkonformität keine sachlich ungerechtfertigte Ungleichbehandlung bedeutet. Diese im Kern wettbewerbsrechtliche Einschränkung des Nutzungsanspruchs[230] entspricht der Anforderung einer diskriminierungsfreien Nutzungsmöglichkeit der Gewährleistungsmarke und konkretisiert den markenrechtlichen Grundgedanken der Sicherung eines unverfälschten Wettbewerbs.

Um den grundsätzlichen Nutzungsanspruch nicht auszuhebeln, sind die zur Verweigerung berechtigenden Interessen restriktiv zu verstehen. Insofern bietet sich erneut der Vergleich mit Art. 14 Abs. 2 UMVO an: Ist die Schranke dort einschlägig, gebührt den Nutzerinteressen Vorrang, sofern nicht aus besonderen, gravierenden Gründen von der Unlauterkeit des Handelns ausgegangen werden muss.[231] Insofern müssen die Interessen des Markeninhabers dem Schutz des Konsumentenvertrauens dienen,[232] also an eine Gefährdung des in die Gewährleistungsmarke gesetzten Vertrauens anknüpfen und dürfen nicht

---

[228] EuGH, Urt. v. 7.1.2004, C-100/02, ECLI:EU:C:2004:11, Rn. 24 = GRUR 2004, 234 – *Gerolsteiner/Putsch*; Urt. v. 16.11.2004, C-245/02, ECLI:EU:C:2004:717, Rn. 82 = GRUR 2005, 153 – *Anheuser-Busch*; BeckOK MarkenR-*Kretschmar*, Art. 14 UMV, Rn. 24 f.; *Kur*, in: FS Fezer (2016), S. 649, 659 f.; BeckOK UMV-*Pohlmann/Schramek*, Art. 14, Rn. 10.

[229] Fallgruppen sind das Erwecken des Eindrucks einer geschäftlichen Verbindung zwischen Markeninhaber und -nutzer sowie die Beeinträchtigung oder unlauteren Ausnutzung der Unterscheidungskraft oder Wertschätzung der Marke, vgl. *Kur*, in: FS Fezer (2016), S. 649, 659 f.; *Steinbeck*, WRP 2015, 1, 5 mwN.

[230] Das Wettbewerbsrecht kann die Verweigerung der Lizenzerteilung als missbräuchlich beurteilen, wenn ua. eine objektive Rechtfertigung der Verweigerung nicht erkennbar ist, vgl. Grabitz/Hilf/Nettesheim-*Jung*, EU (2020), Art. 102 AEUV, Rn. 229; LMRKM-*Nordemann* (2020), 3. Teil, Rn. 141; gleiches gilt für den Zugangsanspruch zu Gütezeichengemeinschaften im GWB, vgl. Immenga/Mestmäcker-*Markert*, GWB (2020), § 20, Rn. 153 f.; LMRKM-*Nordemann* (2020), 11. Teil GWB, § 20, Rn. 99 f.; *Wiebe*, WRP 1993, 74, 88 f.

[231] *Ohly/Kur*, GRUR 2020, 457, 469.

[232] Vgl. diesen Gedanken bei *Grunewald*, AcP 182 (1982), 181, 212, für den sich die Aufnahmeverweigerung in einen Verein nur mit Gründen rechtfertigen lässt, die durch den Vereinszweck legitimiert werden.

auf eine „Imagekontrolle" hinauslaufen. Zusätzlich sind konkrete Anhaltspunkte für eine Gefährdung erforderlich.[233] Solche Interessen können zum einen dann gefährdet sein, wenn zwar eine Produktkonformität vorliegt, aber offensichtlich ist, dass der Interessent weitere Bestimmungen der Markensatzung
nicht einhalten kann oder wird.[234] Die Beeinträchtigung der Interessen ergibt
sich in diesem Fall aus satzungsinternen Gründen. Zum anderen dann, wenn
der Interessent in der Vergangenheit nach erfolgreicher Zertifikation dieses
oder anderer Produkte gegen Benutzungsregelungen der Markensatzung, insbesondere die erforderliche Produktbeschaffenheit, verstoßen hat, im Wirtschaftsleben durch ein systematisch rechtswidriges Geschäftsgebaren auffällt
oder durch sonstige hohe Unzuverlässigkeit oder ähnliche Gründe die Wertschätzung der Marke und ihrer Vertrauenswürdigkeit bei den Verbrauchern
grob schädigen könnte.[235] Hier liegen die Ursachen für die Beeinträchtigung
der Inhaberinteressen außerhalb der Markensatzung.

Unerheblich ist hingegen, wenn der Nutzungsinteressent für andere von ihm
angebotene Produkte bereits Gewährleistungsmarken nutzt, die eine gegenläu-
fige Beschaffenheitsgarantie zum Inhalt haben. Da sich die Gewährleistungsaussage nur auf das konkret gekennzeichnete Produkt bezieht, hat das Sorti-
ment des Nutzungsinteressenten keinen Einfluss auf die Erteilung der Nutzungserlaubnis. Entscheidet sich zB. ein Hersteller von Fleisch- und Wurstwa-
ren zu einer Sortimentserweiterung und bietet auch vegane Produkte an, ist ihm
Zugang zu Gewährleistungsmarken zu gewähren, die diese vegane Eigenschaft
zertifizieren.

3. Zwischenergebnis

Die konkrete Umsetzung der konstruierten Zugangsregel erfolgt in Form eines
Anspruchs des Nutzungsinteressierten auf Abschluss eines Lizenzvertrages für
die Gewährleistungsmarke, der dogmatisch einen Kontrahierungszwang des
Markeninhabers bedeutet. Dadurch hat der Markeninhaber Kenntnis über Anzahl und Identität der Zeichennutzer. Der Anspruch ist bei Vorliegen dreier
Voraussetzungen gegeben: (1.) der Produktkonformität, die durch die Prüfung
des Markeninhabers ermittelt wird, (2.) das Einverständnis des Nutzungsinteressierten mit den Bedingungen des Lizenzierungsvertrags, der auch Lizenzgebühren in angemessener Höhe enthalten kann und (3.) keine der Nutzung

---

[233] Vgl. Immenga/Mestmäcker-*Markert*, GWB (2020), § 20, Rn. 154.

[234] Entsprechende Verweigerungsgründe gelten für den besonderen Zugangsanspruch zu
Gütezeichengemeinschaften im deutschen GWB, *Alexander*, ZStV 2014, 121; 123; Im-
menga/Mestmäcker-*Markert*, GWB (2020), § 20, Rn. 144; LMRKM-*Nordemann* (2020),
11. Teil GWB, § 20, Rn. 100; *Wiebe*, WRP 1993, 74, 88.

[235] Vgl. *Alexander*, ZStV 2014, 121; Immenga/Mestmäcker-*Markert*, GWB (2020), § 20,
Rn. 153 f.; LMRKM-*Nordemann* (2020), 11. Teil GWB, § 20, Rn. 99 f.; *Wiebe*, WRP 1993,
74, 88.

entgegenstehenden berechtigten Interessen des Markeninhabers. Die letzte Voraussetzung ist Ausdruck der Ausbalancierung von Ausschließlichkeits- und
Nutzungsrecht und sichert das Vertrauen der Nachfrager als elementare Wir-
kungsvoraussetzung der Gewährleistungsmarke. Hierzu ist eine Abwägung
zwischen den Interessen des Markeninhabers und des potentiellen Nutzers notwendig. Sofern der Nutzungsinteressent etwa in der Vergangenheit bei anderen
Produkten gegen Bestimmungen der Markensatzung verstoßen hat oder er sich
auf andere Art und Weise konkret unzuverlässig zeigt, überwiegt das Interesse
des Inhabers und er kann eine Lizenzierung verweigern. Der am Gleichbehand-
lungsgrundsatz orientierte Kern dieser Voraussetzung verdeutlicht die wettbewerbsrechtliche Prägung des Markenrechts.

IV. Kompatibilitätsprüfung

In den vorherigen Abschnitten wurde ein Zugangsanspruch zur Gewährleistungsmarke für interessierte Zeichennutzer konstruiert und angewendet. Nachfolgend wird geprüft, ob die vorgeschlagene Lösung einer Einschränkung der
privatautonomen Entscheidungsmöglichkeit des Gewährleistungsmarkeninhabers über den Zugang zu seinem Zeichen mit den Regelungen der UMVO und
höherrangigem Recht kompatibel ist. Es zeigt sich, dass sich der Vorschlag
nicht nur in die UMVO einfügt, sondern auch mit Art. 17 Abs. 1 GrCh, der
EMRK und Art. 16, 21 TRIPS kompatibel ist.

1. UMVO

Der Zugangsanspruch ist mit Art. 9 Abs. 1 sowie Art. 75 Abs. 2 S. 2 UMVO
vereinbar und folgt dem allgemeinen Strukturprinzip der Suchkostenreduktion.

a) Art. 9 Abs. 1 UMVO

Art. 9 Abs. 1 UMVO weist dem Inhaber mit der Eintragung der Marke ein ausschließliches Recht an der Marke zu. Durch den Zugangsanspruch zur Gewährleistungsmarke wird diese *property rule* modifiziert und für Anbieter satzungskonformer Produkte in eine *liability rule* gewandelt. Art. 83 Abs. 3 UMVO bestimmt, dass die übrigen Vorschriften der UMVO auf Gewährleistungsmarken
nur insofern anzuwenden sind, wie in ihren Regelungen nichts anderes bestimmt ist. Ist das Ausschließlichkeitsrecht aufgrund der dominierenden Gewährleistungsfunktion einzuschränken, geht die Einschränkung als spezielle
Bestimmung der Gewährleistungsmarke Art. 9 UMVO vor.

b) Art. 75 Abs. 2 S. 2 UMVO

Art. 75 Abs. 2 S. 2 UMVO sieht eine spezielle Regelung für geografische Kollektivmarken vor, wonach es die Kollektivmarkensatzung jeder Person, deren
Waren und Dienstleistungen aus dem betreffenden geografischen Gebiet

stammen, gestatten muss, Mitglied des Verbandes zu werden, der Inhaber der Marke ist. Diese Bestimmung sowie der Ausschluss der Verbotsanspruchs gegenüber ortsansässigen Nutzern, die die geografische Bezeichnung berechtigterweise iSd. Art. 74 Abs. 2 S. 2 UMVO verwenden, beugen einer Monopolisierung geografischer Angaben und einem Missbrauch der geografische Kollektivmarke vor.[236]

Die Tatsache, dass der Gesetzgeber hier ein Beitrittsrecht Dritter ausdrücklich normiert hat, bei der Gewährleistungsmarke aber von einer entsprechenden Regelung abgesehen hat, könnte als Entscheidung des Gesetzgebers gegen einen Zugangsanspruch für die Gewährleistungsmarke gesehen werden.[237] Damit würde jedoch übersehen, dass den beiden Markenkategorien unterschiedliche Hauptfunktionen zugrunde liegen: Hauptfunktion der – auch geografischen – Kollektivmarke ist die Herkunftsfunktion.[238] Sie dient den zusammengeschlossenen Unternehmen dazu, durch den Auftritt als produktbezogene Einheit ihre Marktposition zu stärken.[239] Aufgrund dieses Zwecks und im Umkehrschluss zu Art. 75 Abs. 2 S. 2 UMVO wird deutlich, dass ein Beitrittsrecht zum Kollektiv nach hM. grundsätzlich ausscheidet.[240] Die Sonderregelungen für geografische Kollektivmarken sichern die freie Nutzungsmöglichkeit geografischer Bezeichnungen, da eine allgemeine Verfügbarkeit für alle ortsansäßigen Produzenten gegenüber einer Privatisierung des Zeichens informationsökonomisch vorteilhaft ist. Sie reflektiert insofern das absolute Eintragungshindernis geografischer Herkunftsangaben in Art. 7 Abs. 1 lit. c) UMVO.[241] Zudem wird ein Gleichlauf mit dem Schutz geografischer Herkunftsangaben hergestellt, um eine „Individualisierung" der geografischen Herkunftsangabe über die Eintragung als Kollektivmarke zu verhindern.[242]

---

[236] BeckOK MarkenR-*Miosga*, Art. 75 UMV, Rn. 3; *Loschelder*, in: FS Ullmann (2006), S. 285, 286 f.; Eisenführ/Schennen-*Schennen*, UMVO (2017), Art. 67, Rn. 2 aufgrund des Wortlauts der Norm mit der Einschränkung, dass die Kollektivmarke ausschließlich aus der geografischen Angabe besteht, bei zusätzlichen, unterscheidungskräftigen Bestandteilen soll keine Aufnahmepflicht bestehen; ähnlich BeckOK MarkenR-*Miosga*, Art. 74 UMV, Rn. 17.

[237] Vgl. *Bender*, Unionsmarke (2018), Rn. 946.

[238] Siehe oben, § 3 A. I, § 6 A. I und EuGH, Urt. v. 20.9.2017, C-673/15 P – C-676/15 P, ECLI:EU:C:2017:702, Rn. 50 ff. = GRUR 2017, 1257 – *Darjeeling*.

[239] Vgl. *Buckstegge*, Nationale Gewährleistungsmarke (2018), S. 48; *Lange*, Kennzeichenrecht (2012), Rn. 39.

[240] *De Almeida*, 36(10) E.I.P.R. 640, 651 (2014); *Dröge*, MarkenR 2016, 549, 558; Eisenführ/Schennen-*Schennen*, UMVO (2017), Art. 67, Rn. 2; zum deutschen MarkenG *Buckstegge*, Nationale Gewährleistungsmarke (2018), S. 48; *Lange*, Kennzeichenrecht (2012), Rn. 1346; unter Hinweis auf die Verbandsautonomie *Fezer*, MarkenG (2009), § 97, Rn. 26; auch *Ingerl/Rohnke*, MarkenG (2010), § 102, Rn. 15, die auf einen möglichen, markenrechtsextern Aufnahmeanspruch aus „allgemeinen Vorschriften" verweisen.

[241] Vgl. EuGH, Urt. v. 20.9.2017, C-673/15 P – C-676/15 P, ECLI:EU:C:2017:702, Rn. 59 f. = GRUR 2017, 1257 – *Darjeeling*.

[242] Eisenführ/Schennen-*Schennen*, UMVO (2017), Art. 66, Rn. 23.

Normalfall bei der Kollektivmarke ist somit ein Ausschließlichkeitsrecht ihres Inhabers, während es sich beim Zugangsanspruch zu geografischen Kollektivmarken um eine Ausnahmeregelung hierzu handelt.[243] Hingegen basiert der Zugangsanspruch zur Gewährleistungsmarke auf ihrer Gewährleistungsfunktion. Ein Nutzungsanspruch für satzungskonforme Produkte ist bei dieser Markenkategorie der Normalfall und folgt unmittelbar aus ihrer Hauptfunktion, sodass es keiner ausdrücklichen Normierung bedarf.[244] Aus der Sonderregelung des Art. 75 Abs. 2 S. 2 UMVO lässt sich daher kein Argument gegen einen Zugangsanspruch zur Gewährleistungsmarke herleiten.

c) Suchkostenreduktion als Determinante des Ausschließlichkeitsrechts

Der konstruierte Zugangsanspruch folgt auch dem Strukturprinzip des Markenrechts im Verwechslungsbereich. Er schränkt das Ausschließlichkeitsrecht des Gewährleistungsmarkeninhabers auf Basis informationsökonomischer Erwägungen ein. Die Orientierung des Schutzbereichs anhand der Suchkosten und seine Einschränkung aus Gründen des Allgemeininteresses entspricht dem Grundgedanken des Markenrechts, der sich an mehreren Stellen konkretisiert. Im Eintragungsverfahren, wonach für nicht unterscheidungskräftige Zeichen, rein beschreibende oder üblich gewordene Bezeichnungen gem. Art. 7 Abs. 1 UMVO absolute Eintragungshindernisse bestehen, die allein durch eine infolge Benutzung erlangte Unterscheidungskraft überwunden werden können. Hinter dem Schlagwort des „Freihaltebedürfnisses" steht ein Schutz des Allgemeininteresses in unterschiedlichen Facetten.[245] Dem Schutzhindernis fehlender Unterscheidungskraft nach Art. 7 Abs. 1 lit. b) UMVO liegt das Allgemeininteresse zugrunde, ein Zeichen nur insoweit zugunsten eines Einzelnen zu monopolisieren, wie es eine Herkunftsfunktion erfüllen kann, die erst durch eine Unterscheidungskraft gegeben ist.[246] Das Eintragungshindernis für beschreibende Angaben gem. Art. 7 Abs. 1 lit. c) UMVO folgt aus dem Allgemeininteresse, merkmalsbeschreibende Zeichen allen Wirtschaftsteilnehmern zur

[243] *Dröge*, MarkenR 2016, 549, 558.

[244] *Dröge*, MarkenR 2016, 549, 558.

[245] Zum interessenbezogenen Ansatz des EuGH vgl. EuGH, Urt. v. 12.1.2006, C-173/04 P, ECLI:EU:C:2006:20, Rn. 59 ff. = GRUR Int. 2006, 226 – *Standbeutel*; BeckOK MarkenR-*Kur*, § 8 MarkenG, Rn. 60 f.

[246] EuGH, Urt. v. 6.5.2003, C-104/01, ECLI:EU:C:2003:244, Rn. 60 = GRUR 2003, 604 – *Libertel*; Urt. v. 29.4.2004, C-456/01 P, C-457/01 P, ECLI:EU:C:2004:258, Rn. 47 f. = GRUR Int. 2004, 631 – *Dreidimensionale Tablettenform I*; Urt. v. 12.1.2006, C-173/04 P, ECLI:EU:C:2006:20, Rn. 60 = GRUR Int. 2006, 226 – *Standbeutel*; BeckOK UMV-*Büscher*, Art. 7, Rn. 97; BeckOK MarkenR-*Eichelberger*, § 8 MarkenG, Rn. 95; BeckOK MarkenR-*Kur*, § 8 MarkenG, Rn. 60; *Lange*, Kennzeichenrecht (2012), Rn. 629; Ströbele/Hacker/Thiering-*Ströbele*, MarkenG (2018), § 8, Rn. 91.

Verfügung zu stellen, damit sie ihre Produkte frei damit beschreiben können.[247] Ähnliches gilt für Angaben, die im allgemeinen Sprachgebrauch zur Produktbezeichnung üblich iSd. Art. 7 Abs. 1 lit. d) UMVO wurden, ohne dass sie zwingend beschreibend sind.[248] Gemeinsamer Nenner dieser Schutzhindernisse ist, dass eine Monopolisierung des Zeichens informationsökonomisch nachteilig wäre. Die übrigen Wirtschaftsteilnehmer müssten ihre Produkte mit einer neuen, eventuell unbekannten Formulierung beschreiben oder Merkmale umständlich umschreiben.[249] In beiden Fällen wären höhere Suchkosten der Verbraucher erforderlich, um den Inhalt der Botschaft zu identifizieren.

Durch die gleichen Aspekte wird das Ausschließlichkeitsrecht des Inhabers auch nach erfolgreicher Markenanmeldung determiniert: Art. 14 Abs. 1 lit. b) UMVO stellt die Benutzung eines der Marke identischen oder ähnlichen Zeichens frei, wenn es nicht unterscheidungskräftig[250] oder nur beschreibend ist. Das Recht reflektiert ein Freihaltebedürfnis auch nach Eintragung der Marke und sichert die dauerhafte Verwendungsmöglichkeit der Akteure als Hinweis auf Merkmale eigener Produkte.[251] Damit werden die mit der Monopolisierung einer Sachangabe verbundenen Wohlfahrtsverluste in Grenzen gehalten.[252]

Noch weiter geht Art. 14 Abs. 1 lit. c) UMVO, der seit der Markenrechtsreform 2016 die Benutzung der Marke „zu Zwecken der Identifizierung oder zum Verweis auf Waren oder Dienstleistungen als die des Inhabers", also allgemein eine referierende Benutzung[253] erlaubt und die Nutzung als Hinweis auf die Bestimmung als Ersatzteil oder Zubehör lediglich als Hauptbeispiel nennt. Der Gesetzgeber   reagierte   damit   auf   die   weite   Öffnung   des

---

[247] EuGH, Urt. v. 12.1.2006, C-173/04 P, ECLI:EU:C:2006:20, Rn. 62 = GRUR Int. 2006, 226 – *Standbeutel*; Urt. v. 10.7.2014, C-126/13 P, ECLI:EU:C:2014:2065, Rn. 19 = GRUR-RR 2014, 448 – *ecoDoor*; Urt. v. 6.9.2018, C-488/16 P, ECLI:EU:C:2018:673, Rn. 36 = GRUR 2018, 1146 – *Neuschwanstein*; BeckOK MarkenR-*Eichelberger*, § 8 MarkenG, Rn. 161; BeckOK MarkenR-*Kur*, § 8 MarkenG, Rn. 60; *Lange*, Kennzeichenrecht (2012), Rn. 898.

[248] EuGH, Urt. v. 4.10.2001, C-517/99, ECLI:EU:C:2001:510, Rn. 35 ff. = GRUR 2001, 1148 – *Bravo*; BeckOK MarkenR-*Hanf*, Art. 7 UMV, Rn. 102 f.

[249] *Dogan/Lemley*, 41 Hous. L. Rev. 777, 793 f. (2004); *dies.*, 97 TMR 1223, 11240 ff. (2007); *Landes/Posner*, IP (2003), S. 191 f.

[250] Zur Problematik der Gleichsetzung von beschreibenden mit nicht unterscheidungskräftigen Zeichen durch die MarkenRL 2016 *Kur*, in: FS Fezer (2016), S. 649, 651 ff.

[251] EuGH, Urt. v. 25.1.2007, C-48/05, ECLI:EU:C:2007:55, Rn. 42 ff. = GRUR 2007, 318 – *Adam Opel*; Urt. v. 10.4.2008, C-102/07, ECLI:EU:C:2008:217, Rn. 46 f. = GRUR 2008, 503 – *adidas/Marca Mode ua.*; BeckOK MarkenR-*Kretschmar*, Art. 14 UMV, Rn. 8 f.; *Lange*, Kennzeichenrecht (2012), Rn. 3621.

[252] *Lange*, Kennzeichenrecht (2012), Rn. 3621.

[253] Näher dazu und dem impulsgebenden Vorschlag der Studie zum Funktionieren des europäischen Markensystems des Max-Planck-Institut für Innovation und Wettbewerb *Paulus*, Markenfunktionen (2014), S. 305 ff.

Verletzungstatbestandes, die sich durch die Funktionenlehre ergeben hat.[254] Ist die Nutzung der Marke die einzige Möglichkeit, Informationen über das angebotene Produkt zu senden (etwa die Kompatibilität der angebotenen Rasierklingen zum Rasierapparat des Markeninhabers[255]), und wird sie lediglich zur unmittelbaren Informationsübertragung eingesetzt, ohne auf eine unternehmerische Leistung zu verweisen, kann sie der Rechteinhaber nicht untersagen.[256]

Auch dann, wenn die Marke nach Eintragung üblicherweise für eine Art von Produkten verwendet wird und sich zur „gebräuchlichen Bezeichnung" hierfür entwickelt,[257] verursacht die Monopolisierung des Zeichens erhebliche Wohlfahrtsverluste. Art. 58 Abs. 1 lit. b) UMVO ermöglicht in diesem Fall einen Verfall der Marke und stellt das Allgemeininteresse einer freien Verfügbarkeit des Zeichens und seinem suchkostensenkenden Einsatz über das Interesse des Markeninhabers.

Leitmotiv des EuGH bei der Beurteilung dieser Regelungen zu Markeneintragung, -benutzung und -verfall ist dabei stets die Gewährleistung des Systems eines unverfälschten Wettbewerbs.[258] Er fasst das Recht an der Marke zwar als ausschließliches, nicht aber als absolutes Recht auf.[259] Die UMVO und EuGH bestimmen den Schutzumfang durch eine funktionale Betrachtung des subjektiven Rechts und begrenzen ihn zur Reduktion der Suchkosten aller übrigen Marktteilnehmer. Dieser Rationalität folgt der vorgeschlagene Zugangsanspruch. Er sichert die Möglichkeit der Anbieter, durch eine Produktbeschreibung mit der Gewährleistungsmarke die Suchkosten der Nachfrager zu senken und trägt wesentlich zu einem System des unverfälschten Wettbewerbs bei.

---

[254] *Kur*, in: FS Fezer (2016), S. 649, 655 ff.; BeckOK MarkenR-*Kretschmar*, Art. 14 UMV, Rn. 22.

[255] EuGH, Urt. v. 17.3.2005, C-228/03, ECLI:EU:C:2005:177, Rn. 34 ff. = GRUR 2005, 509 – *Gillette*.

[256] Vgl. *Lehmann/Schönfeld*, GRUR 1994, 481, 488 f.

[257] Die Merkmale der „gebräuchlichen Bezeichnung" in Art. 58 Abs. 1 lit. b) UMVO sowie der „üblichen Bezeichnung" in Art. 7 Abs. 1 lit. d) UMVO entsprechen sich inhaltlich und meinen eine Gattungsbezeichnung, BeckOK MarkenR-*Hanne*, Art. 58 UMV, Rn. 16; vgl. BeckOK MarkenR-*Kopacek*, § 49 MarkenG, Rn. 41a.

[258] Vgl. nur EuGH, Urt. v. 23.2.1999, C-63/97, ECLI:EU:C:1999:82, Rn. 62 = GRUR Int. 1999, 438 – *BMW*; Urt. v. 6.5.2003, C-104/01, ECLI:EU:C:2003:244, Rn. 56 = GRUR 2003, 604 – *Libertel*; Urt. v. 7.1.2004, C-100/02, ECLI:EU:C:2004:11, Rn. 16 = GRUR 2004, 234 – *Gerolsteiner/Putsch*; Urt. v. 17.3.2005, C-228/03, ECLI:EU:C:2005:177, Rn. 29, 36 = GRUR 2005, 509 – *Gillette*; Urt. v. 10.4.2008, C-102/07, ECLI:EU:C:2008:217, Rn. 45 = GRUR 2008, 503 – *adidas/Marca Mode ua.*; *Knaak*, in: FS Ullrich (2009), S. 123, 128 ff.; BeckOK MarkenR-*Kur*, § 8 MarkenG, Rn. 26 mwN.; *Lange*, Kennzeichenrecht (2012), Rn. 3621.

[259] EuGH, Urt. v. 11.4.2019, C-690/17, ECLI:EU:C:2019:317, Rn. 39 = GRUR 2019, 621 – *ÖKO-Test Verlag*; vgl. auch GA *Maduro*, Schlussanträge vom 22.9.2009, ECLI:EU:C:2009:569, Rn. 103 – *Google France*.

2. Art. 17 Abs. 1 GrCh

Der Zugangsanspruch muss sich nicht nur in das System der UMVO einfügen, sondern auch die Grundrechte der Markeninhaber wahren. Das Eigentumsrecht wird durch Art. 17 Abs. 1 der Charta der Grundrechte der Europäischen Union geschützt. Sie zählt über den Verweis in Art. 6 Abs. 1 UAbs. 1 EUV als dritte Säule neben EUV und AEUV zum Primärrecht.[260] Inhaltlich basiert Art. 17 GrCh auf Art. 1 des Zusatzprotokolls zur EMRK.[261]

Die Kompatibilitätsprüfung zeigt, dass bereits eingetragene Gewährleistungsmarken in den Schutzbereich der Norm fallen und die mit ihnen verbundene Rechtsposition durch eine Nutzungsregelung beeinträchtigt wird. Die Beeinträchtigung ist jedoch gerechtfertigt.

a) Schutzbereich

Als Teil des Geistigen Eigentums werden markenrechtliche Ausschließlichkeitsrechte vom ausdrücklichen Schutz des Art. 17 Abs. 2 GrCh erfasst, eine eigenständige Gewährleistung gegenüber Abs. 1 ist damit nach hM. jedoch nicht verbunden.[262] Als vom Eigentumsrecht geschützte Aspekte der Rechtspositionen führt Art. 17 Abs. 1 S. 1 GrCh das Besitzen, Nutzen, Verfügen und Vererben der Rechtspositionen aus. Erfasst wird aber nur das bereits rechtmäßig erworbene Eigentum, nicht der Erwerbungsvorgang als solcher.[263] Geschützt werden Chancen und Aussichten in Form „wohlerworbener Rechte" erst dann, wenn Grundrechtsverpflichtete einen Vertrauenstatbestand geschaffen hatten, auf Basis dessen eine legitime Erwartung entwickelt werden durfte.[264] In den Schutzbereich fallen damit Rechtspositionen, sobald ein

---

[260] *Jarass*, GrCh (2021), Einl., Rn. 6; Calliess/Ruffert-*Kingreen*, EUV/AEUV (2016), Art. 6 EUV, Rn. 12; zur Entstehungsgeschichte Streinz-*Streinz*, EUV/AEUV (2018), Vorb. GrCh, Rn. 1 ff.

[261] Vgl. die (unverbindlichen) Charta-Erläuterungen, Abl. C 303/23 vom 14.12.2007; Calliess/Ruffert-*Calliess*, EUV/AEUV (2016), Art. 17 GrCh, Rn. 2; *Jarass*, GrCh (2021), Art. 17, Rn. 1; die EMRK dient auch für die Auslegung aller anderen Grundrechte als wichtige Rechtserkenntnisquelle.

[262] Meyer/Hölscheidt-*Bernsdorf*, GrCh (2019), Art. 17, Rn. 13; Merten/Papier-*Durner*, HGR VI/1 (2010), § 162, Rn. 39, 48 („Präzisierung"); *Frenz*, Europarecht (2016), Rn. 1212; BeckOK MarkenR-*Kur*, Einl., Rn. 167; Streinz-*Streinz*, EUV/AEUV (2018), Art. 17 GrCh, Rn. 26.

[263] Merten/Papier-*Durner*, HGR VI/1 (2010), § 162, Rn. 47; *Frenz*, Europarecht (2016), Rn. 1207 mwN.; Streinz-*Streinz*, EUV/AEUV (2018), Art. 17 GrCh, Rn. 8 ff.

[264] Wirkung entfaltet hier der von Art. 41 GrCh rechtsstaatliche Grundsatz des Vertrauensschutzes, vgl. Calliess/Ruffert-*Calliess*, EUV/AEUV (2016), Art. 17 GrCh, Rn. 17; *Jarass*, GrCh (2021), Art. 17, Rn. 6 f.; Streinz-*Streinz*, EUV/AEUV (2018), Art. 17 GrCh, Rn. 10 mwN.

gesicherter Anspruch auf Erwerb des Eigentums besteht,[265] etwa bei einem Antrag auf Eintragung einer Marke.[266] Ist das Bestehen eines Zugangsanspruchs für künftige Anmeldungen von Gewährleistungsmarken klar, kann der Inhaber bereits nicht darauf vertrauen, Anbietern satzungskonformer Produkte die Zeichennutzung untersagen zu können und eine Verletzung des Eigentumsrechts liegt schon mangels Schutzbereichseröffnung nicht vor.

Der Bestand bereits angemeldeter Gewährleistungsmarken hingegen fällt unter Art. 17 Abs. 1 GrCh. Die Nutzung des Eigentums kann jedoch gesetzlich geregelt werden, soweit dies für das Wohl der Allgemeinheit erforderlich ist. Diese ausdrückliche Regelungsbefugnis in Art. 17 Abs. 1 S. 3 GrCh gibt dem Gesetzgeber einen relativ weiten Spielraum, Inhalt und Schranken des Eigentums zu bestimmen; bei Art. 17 GrCh handelt es sich – ähnlich Art. 14 Grundgesetz[267] – um ein normgeprägtes Grundrecht.[268]

b) Beeinträchtigung

Ein Eingriff[269] in den Schutzbereich kann durch einen Entzug der Rechtsposition, Art. 17 Abs. 1 S. 2 GrCh oder durch eine Beschränkung der geschützten Handlungsmöglichkeiten, Art. 17 Abs. 1 S. 3 GrCh erfolgen.

Die konstruierte Zugangsregel beeinträchtigt das Ausschließlichkeitsrecht des Inhabers einer bereits angemeldeten Gewährleistungsmarke. Sie schränkt seine Nutzungs- bzw. Verfügungsmöglichkeit der Marke dahingehend ein, dass Dritten für satzungskonforme Produkte ein Anspruch auf Abschluss eines Lizenzvertrages zur Zeichennutzung zusteht und er hinsichtlich dieser Akteure nicht frei handeln kann. Das bedeutet weder den vollen und dauerhaften

---

[265] *Jarass*, GrCh (2021), Art. 17, Rn. 6 f.; Streinz-*Streinz*, EUV/AEUV (2018), Art. 17 GrCh, Rn. 8.

[266] EGMR, Urt. v. 11.1.2007, 73049/01, Rn. 78 = GRUR 2007, 696 – *Budweiser* zu Art. 1 ZP Nr. 1 zur EMRK, da eine Markeneintragung erwartet werden darf, soweit er den materiellen und prozessualen Voraussetzungen entspricht; aufgrund des vergleichbaren Rechtsgehalts der EMRK und der durch Art. 52 Abs. 3 GrCh betonten Kohärenz berücksichtigen EGMR und EuGH die gegenseitigen Entscheidungen bei ihrer eigenen Rechtsprechung, hierzu näher *Jarass*, GrCh (2021), Art. 52, Rn. 65; Meyer/Hölscheidt-*Schwerdtfeder*, GrCh (2019), Art. 52, Rn. 59 ff.; Streinz-*Streinz*, EUV/AEUV (2018), Art. 6 EUV, Rn. 25; *ders.*, Art. 52 GrCh, Rn. 25 ff.

[267] Calliess/Ruffert-*Calliess*, EUV/AEUV (2016), Art. 17 GrCh, Rn. 4; *Lange*, Kennzeichenrecht (2012), Rn. 252.

[268] Meyer/Hölscheidt-*Bernsdorf*, GrCh (2019), Art. 17, Rn. 13; Calliess/Ruffert-*Calliess*, EUV/AEUV (2016), Art. 17 GrCh, Rn. 4, 12; *Jarass*, GrCh (2021), Art. 17, Rn. 6; Streinz-*Streinz*, EUV/AEUV (2018), Art. 17 GrCh, Rn. 18.

[269] Der EuGH verwendet keine einheitliche Terminologie, sondern spricht synonym von „Eingriffe", „Einschränkungen", „Beschränkungen" und „Beeinträchtigungen", *Frenz*, Europarecht (2016), Rn. 1007.

Verlust der Eigentümerstellung iSe. Eigentumsentziehung,[270] noch den Ausschluss des Markeninhabers von jeder sinnvollen Nutzungsart, sodass eine de-facto-Enteignung[271] vorläge. Eine solche wäre erst dann gegeben, wenn das Verwertungsrecht gänzlich einem Dritten zugewiesen würde.[272] Stattdessen macht die Zugangsregel Vorgaben zur „Ausübung des Eigentumsrechts"[273] und schränkt seinen Gebrauch sachlich ein. Bei dem konstruierten Zugangsanspruch handelt es sich daher um eine Nutzungsregelung[274] und somit um eine Beeinträchtigung des Eigentumsgrundrechts.

c) *Rechtsfertigung*

Zu prüfen ist folglich, ob die mit dem Zugangsanspruch Dritter einhergehende Beeinträchtigung des Eigentumsrechts des Gewährleistungsmarkeninhabers gerechtfertigt ist. Wie bereits erwähnt handelt es sich beim Eigentumsrecht um ein normgeprägtes Grundrecht, dessen Inhalt und Grenzen gem. Art. 17 Abs. 1 S. 3 durch den Gesetzgeber ausgestaltet werden können.[275] Hierzu betont der EuGH in ständiger Rechtsprechung, dass das Eigentumsrecht nicht schrankenlos gewährt wird, sondern im Hinblick auf seine gesellschaftliche Funktion gesehen werden muss.[276] Das gilt auch für das Recht am geistigen Eigentum.[277] Seine Ausübung kann Beschränkungen unterworfen werden, sofern sie gesetzlich vorgesehen sind, den Wesensgehalt des Rechts achten, unter Wahrung des Grundsatzes der Verhältnismäßigkeit erforderlich sind und den von der Union

---

[270] Calliess/Ruffert-*Calliess*, EUV/AEUV (2016), Art. 17 GrCh, Rn. 15; *Frenz*, Europarecht (2016), Rn. 1218; *Jarass*, GrCh (2021), Art. 17, Rn. 17.

[271] Calliess/Ruffert-*Calliess*, EUV/AEUV (2016), Art. 17 GrCh, Rn. 19 f.; *Frenz*, Europarecht (2016), Rn. 1219; *Jarass*, GrCh (2021), Art. 17, Rn. 18.

[272] Zum Urheberrecht EuGH, Urt. v. 9.2.2012, C-277/10, ECLI:EU:C:2012:65, Rn. 70 = ZUM 2012, 313 – *Luksan.*

[273] EuGH, Urt. v. 15.1.2013, C-416/10, ECLI:EU:C:2013:8, Rn. 133 = NVwZ 2013, 347 – *Križan.*

[274] Zur Definition Calliess/Ruffert-*Calliess*, EUV/AEUV (2016), Art. 17 GrCh, Rn. 13; *Frenz*, Europarecht (2016), Rn. 1221 ff.; *Jarass*, GrCh (2021), Art. 17, Rn. 19.

[275] Auch die Schrankensystematik ist Art. 1 ZP Nr. 1 EMRK nachempfunden, Meyer/Hölscheidt-*Bernsdorf*, GrCh, Art. 17, Rn. 20 mnN.; *Frenz*, Europarecht (2016), Rn. 1229.

[276] St. Rspr. EuGH, Urt. v. 15.1.2013, C-416/10, ECLI:EU:C:2013:8 = NVwZ 2013, 347 – *Križan*; Urt. v. 30.1.2019, C-220/17, ECLI:EU:C:2019:76, Rn. 94 = GRUR 2019, 309 – *Planta Tabak; Frenz*, Europarecht (2016), Rn. 1230; Grabitz/Hilf/Nettesheim-*Mayer*, EU (2020), Nach Art. 6 EUV, Rn. 206, 213.

[277] Zum Urheberrecht EuGH, Urt. v. 24.11.2011, C-70/10, ECLI:EU:C:2011:771, Rn. 43 = ZUM 2012, 29 – *Scarlet;* zum Markenrecht ua. EuGH, Urt. v. 12.5.2005, C-347/03, ECLI:EU:C:2005:285, Rn. 119 = GRUR 2006, 66 – *Tocai*; Urt. v. 30.1.2019, C-220/17, ECLI:EU:C:2019:76, Rn. 91 = GRUR 2019, 309 – *Planta Tabak*; zum deutschen Markenrecht BGH, Urt. v. 2.4.2009, I ZR 209/06, Rn. 32 = GRUR 2009, 678 – *POST.*

anerkannten, dem Gemeinwohl dienenden Zielsetzungen oder den Erfordernissen des Schutzes der Rechte und Freiheiten anderer tatsächlich entsprechen.[278]

aa) Gesetzliche Grundlage

Jede Nutzungsregelung muss gesetzlich vorgesehen sein, wobei es einer ausreichend bestimmten Grundlage bedarf.[279] Der Zugangsanspruch wurde bewusst *de lege lata* auf Basis der UMVO konstruierte. Er lässt sich gesetzlich in Art. 84 Abs. 2 UMVO verankern, der als Satzungsinhalt Angaben hinsichtlich der zur Benutzung der Marke befugten Personen sowie zu den Bedingungen der Markenbenutzung erfordert. Die Angabe der objektiven Merkmale und Pflichten ist Grundlage für den Nutzungsanspruch bei Produktkonformität und die nähere Bestimmung des Ausschließlichkeitsrechts als Eigentumsposition.

bb) Legitimer Zweck

Mit Blick auf die gem. Art. 6 Abs. 2 EUV zu berücksichtigende Rechtsprechung des EGMR dienen letztlich alle Maßnahmen, die legitime politische Zwecke verfolgen, sei es auf wirtschaftlichem oder sozialem Gebiet, den Allgemeininteressen.[280] Dem Allgemeininteresse dienende, legitime Zwecke liegen nicht nur generell im Verbraucherschutz,[281] sondern auch besonders im Schutz der Ursprungsbezeichnung und geografischen Herkunftsangaben von Wein.[282] Zum einen informieren sie Endverbraucher so genau, wie dies für die Beurteilung des betreffenden Erzeugnisses erforderlich ist, zum anderen schützen sie Erzeuger in ihrem Gebiet vor Wettbewerbsverzerrungen.[283]

Dieselben Erwägungen lassen sich grundsätzlich für das Markenrecht und speziell für die Gewährleistungsmarke anführen. Sie dient ebenfalls der vertrauenswürdigen Information der Nachfrager, senkt dabei deren Informationskosten und gibt Anbietern satzungskonformer Produkte die Möglichkeit, von

---

[278] St. Rspr. EuGH, Urt. v. 30.1.2019, C-220/17, ECLI:EU:C:2019:76, Rn. 96 = GRUR 2019, 309 – *Planta Tabak*; ältere Formulierung ua. bei EuGH, Urt. v. 13.12.1994, C-306/93, ECLI:EU:C:1994, 407, Rn. 22 = GRUR Int. 1995, 251 – *Winzersekt*; Urt. v. 12.5.2005, C-347/03, ECLI:EU:C:2005:285, Rn. 119 = GRUR 2006, 66 – *Tocai*; Calliess/Ruffert-*Calliess*, EUV/AEUV (2016), Art. 17 GrCh, Rn. 17 ff.; *Frenz*, Europarecht (2016), Rn. 1230.

[279] *Frenz*, Europarecht (2016), Rn. 1229; *Jarass*, GrCh (2021), Art. 17, Rn. 32.

[280] Vgl. nur Calliess/Ruffert-*Calliess*, EUV/AEUV (2016), Art. 17 GrCh, Rn. 28 mwN.

[281] EuGH, Urt. v. 30.1.2013, C-12/11, ECLI:EU:C:2013:43, Rn. 63 = EuZW 2013, 223 – *McDonagh* mit Verweis auf Art. 38 GrCh und Art. 169 AEUV.

[282] EuGH, Urt. v. 13.12.1994, C-306/93, ECLI:EU:C:1994, 407, Rn. 25 = GRUR Int. 1995, 251 – *Winzersekt*; Urt. v. 12.5.2005, C-347/03, ECLI:EU:C:2005:285, Rn. 127 ff. = GRUR 2006, 66 – *Tocai*.

[283] EuGH, Urt. v. 13.12.1994, C-306/93, ECLI:EU:C:1994, 407, Rn. 25 = GRUR Int. 1995, 251 – *Winzersekt*; Urt. v. 12.5.2005, C-347/03, ECLI:EU:C:2005:285, Rn. 127 ff. = GRUR 2006, 66 – *Tocai*.

ihrem Verbrauchergoodwill zu profitieren.[284] Ein Zugangsanspruch, der diesen Anbietern die Nutzung der Gewährleistungsmarke ermöglicht, verfolgt diese informationskostensenkende Wirkung und sichert durch eine freie Nutzungsmöglichkeit die wettbewerbskonforme Verwendung der Markenkategorie. Der mit dem Zugangsanspruch verfolgte Zweck entspricht somit einem legitimen Ziel des Gemeinwohls.

cc) *Wesensgehalt*

Die Nutzungsregelung muss den Wesensgehalt des Eigentumsrechts wahren. Zwar hat der EuGH bereits entschieden, dass der Wesensgehalt der Marke nicht durch das sog. „Plain Packaging"[285] beeinträchtigt werde, da dem Markeninhaber noch weitere Möglichkeiten zur Nutzung in ausgewählten Vertriebskanälen oder der Individualisierung durch andere Unterscheidungszeichen verblieben.[286] Den Wesensgehalt der (Individual)Marke selbst bestimmte er dabei jedoch nicht.

Der Kern des Markenrechts – und aller anderen Rechte des Geistigen Eigentums – kann sicherlich im Verbotsrecht seines Inhabers gesehen werden.[287] Dieses kann wiederum nur hinsichtlich seines Kerns und damit der Hauptfunktion des Zeichens erfasst sein, nicht aber aller übrigen vom EuGH gefundenen Markenfunktionen.[288] Dem Wesenskern der Individualmarke entspricht es, zur Identifizierung und Unterscheidung von Waren und Dienstleistungen nach Maßgabe ihrer betrieblichen Herkunft zu dienen.[289] Er würde beeinträchtigt, wenn jeder Marktakteur das Zeichen für eigene Produkte nutzen könnte.

---

[284] Zu den positiven Wirkungen der Gewährleistungsmarke ausführlich § 2 A. III.

[285] *„Plain Packaging"* meint die Verpflichtung der Tabakhersteller zum Produktvertrieb an Verbraucher in einer einheitlichen (unattraktiven) Verpackungsgrundfarbe und der Reduktion der Markierung auf die Verwendung von Wortmarken in einheitlicher Größe etc.; damit einher geht die (allerdings eher theoretische) Frage, ob der Marke neben dem negativen Verbotsrecht auch ein positives Benutzungsrecht innewohnt; ausf. zur Problematik, die vor dem Hintergrund des TRIPS Abkommens auch die WTO beschäftigt BeckOK MarkenR-*Kur*, Einl., Rn. 285 ff.; *Sambuc*, in: FS Fezer (2016), S. 319 ff.

[286] EuGH, Urt. v. 10.12.2002, C-491/01, ECLI:EU:C:2002:741, Rn. 150 ff. = EuR 2003, 80 – *British American Tobacco*; Urt. v. 30.1.2019, C-220/17, ECLI:EU:C:2019:76, Rn. 97 = GRUR 2019, 309 – *Planta Tabak*.

[287] *Sambuc*, in: FS Fezer (2016), S. 319, 323.

[288] Wohl gegen die Beachtung des Werbefunktion bei der Bestimmung des Wesenskerns *Sambuc*, in: FS Fezer (2016), S. 319, 326 f.

[289] BeckOK MarkenR-*Kur*, Einl., Rn. 168; vgl. Erwgr. 11 der UMVO; noch vor der Funktionenlehre EuGH, Urt. v. 23.5.1978, C-102/77, ECLI:EU:C:1978:108, Rn. 7 = GRUR Int. 1978, 291 – *Hoffmann-La Roche*: „Das dem Zeicheninhaber eingeräumte Recht, sich jeder Benutzung des Warenzeichens zu widersetzen, welche die so verstandene Herkunftsgarantie verfälschen könnte, gehört somit zum spezifischen Gegenstand des Warenzeichenrechts."; ferner Urt. v. 10.10.1978, C-3/78, ECLI:EU:C:1978:174, Rn. 11, 74 = GRUR Int. 1979, 99

Übertragen auf die Hauptfunktion bedeutet das, dass der Wesenskern der Gewährleistungsmarke darin besteht, zur Identifizierung und Unterscheidung von Waren und Dienstleistungen danach, ob ihr Inhaber das Vorliegen einer Produkteigenschaft garantiert, zu dienen. Das Verbotsrecht des Inhabers bezieht sich auf Situationen, in denen das Zeichen für Produkte genutzt wird, für die er keine Beschaffenheitsgarantie übernimmt. Unter Berücksichtigung der treuhänderischen Stellung des Markeninhabers gehört es jedoch nicht zum Wesenskern, eine Produktzertifizierung und die Übernahme einer Beschaffenheitsgarantie für satzungskonforme Produkte zu verweigern. Dieses Recht fällt lediglich in den darüber hinausgehenden Gehalt des Eigentumsrechts, der Einschränkungen zugänglich ist. Der Zugangsanspruch betrifft das Eigentumsrecht an einer Gewährleistungsmarke somit nicht in seinem Wesenskern.

dd) Verhältnismäßigkeit

Die Nutzungsregelung muss ferner verhältnismäßig sein. Sie muss gem. Art. 52 Abs. 1 S. 2 GrCh dem legitimen Zweck „tatsächlich entsprechen", also geeignet und „erforderlich" sein. Schließlich müssen die eingesetzten Mittel in einem angemessenen Verhältnis zu den angestrebten Zielen stehen und einen „gerechten Ausgleich" zwischen den Erfordernissen des Gemeinwohls und der Wahrung der Grundrechte des Einzelnen finden, wobei die „gesellschaftliche Funktion" des Eigentums zu berücksichtigen ist.[290] Die Kontrolldichte des EuGH ist dabei starker Kritik ausgesetzt:[291] Er räume den Zielen der Union ein verhältnismäßig hohes Gewicht ein, billige dem Gesetzgeber ein weites Ermessen zu und beende die Verhältnismäßigkeitsprüfung nach der Kontrolle der Geeignetheit oder Erforderlichkeit, ohne hinreichend auf den Grad und die individuelle Betroffenheit der Grundrechtsinhaber einzugehen.

Ausgangspunkt der Verhältnismäßigkeitsprüfung müssen die funktionale Begründung des Markenrechts sowie seine Rolle bei der Gewährleistung eines Systems des unverfälschten Wettbewerbs sein und damit die Feststellung, dass mit dem Ausschließlichkeitsrecht keine Gesamtzuweisung der wirtschaftlichen Verwertungsbefugnisse verbunden ist.[292] Vor diesem Hintergrund ist die Eigentumsbeeinträchtigung durch die konstruierte Zugangsregel auch verhältnismäßig: Die Zugangsregel ist geeignet, um eine möglichst umfassende,

---

– *Centrafarm/American Home Products*; Urt. v. 17.10.1990, C-10/89, E-CLI:EU:C:1990:359, Rn. 13 f. = GRUR Int. 1990, 960 – *HAG II*.

[290] Näher *Jarass*, GrCh (2021), Art. 17, Rn. 34 ff. mwN.

[291] Meyer/Hölscheidt-*Bernsdorf*, GrCh (2019), Art. 17, Rn. 21 f.; Calliess/Ruffert-*Calliess*, EUV/AEUV (2016), Art. 17 GrCh, Rn. 33 f., 37 ff. mwN.; Merten/Papier-*Hilf*, HGR VI/1, § 164, Rn. 22 ff.; *Jarass*, GrCh (2021), Art. 17, Rn. 41 mwN.; Streinz-*Streinz*, EUV/AEUV (2018), Art. 17 GrCh, Rn. 11.

[292] Vgl. BeckOK MarkenR-*Kur*, Einl., Rn. 161 (zu Art. 14 GG), 168; Erwgr. 3, 21 UMVO.

wettbewerbskonforme Nutzung der Gewährleistungsmarke sicherzustellen und einen Missbrauch des Qualitätszeichens durch Herstellung einer künstlichen Exklusivität zu verhindern. Eine freiwillige Lizenzierung des Zeichens könnte diese Ziele nicht mit gleicher Sicherheit erfüllen, weshalb die Zugangsregel auch erforderlich ist. Dadurch, dass dem Inhaber eine Zeichennutzung für eigene Produkte aufgrund der Neutralitätsklausel ohnehin verboten ist und gleichzeitig die Möglichkeit zur Erhebung einer angemessenen Lizenzgebühr besteht, wird die wirtschaftliche Verwertung der Gewährleistungsmarke nur gering eingeschränkt. Zusätzlich kann der Markeninhaber eine Zeichennutzung verweigern, wenn dadurch seine berechtigten Interessen betroffen wären. Die beiden Regelungen tragen erheblich dazu bei, eine „faire Balance"[293] zwischen Allgemein- und Individualinteresse zu finden. Die Nutzungsregelung durch den Zugangsanspruch ist daher auch verhältnismäßig.

d) Zwischenergebnis

Der konstruierte Zugangsanspruch muss auch das Eigentumsgrundrecht der Markeninhaber respektieren. Dabei handelt es sich um ein normgeprägtes Grundrecht, dessen inhaltliche Ausgestaltung sowie Einschränkung dem Gesetzgeber obliegt. Die Erwartung, bei zukünftig angemeldeten Gewährleistungsmarken den Kreis der Lizenznehmer frei bestimmen zu können, fällt schon nicht in den sachlichen Schutzbereich von Art. 17 Abs. 1 GrCh. Für bereits eingetragene Gewährleistungsmarken erweist sich die Verpflichtung zum Abschluss eines Lizenzvertrages hingegen als eine Nutzungsregelung und damit Eigentumsbeeinträchtigung.

Die Beeinträchtigung kann jedoch gerechtfertigt werden. Sie findet ihre gesetzliche Grundlage in Art. 84 Abs. 1 UMVO finden, der die Bestimmung der zur Zeichennutzung befugten Personen sowie Nutzungsbedingungen fordert. Der Zugangsanspruch verfolgt den legitimen Zweck, durch eine umfassende Produktinformation Suchkosten der Nachfrager zu senken und gleichzeitig den Anbietern satzungskonformer Produkte die Möglichkeit zu geben, an der Wertschätzung der Gewährleistungsmarke zu partizipieren. Gewahrt bleibt dabei der Wesensgehalt des Eigentumsrechts an einer Gewährleistungsmarke. Dieser liegt im Verbotsrecht für Zeichennutzungen bei Produkten, für die der Markeninhaber keine Eigenschaftsgarantie übernimmt. Aufgrund der treuhänderischen Stellung des Markeneigentümers erfasst er jedoch nicht die Möglichkeit, eine Zertifizierung satzungskonformer Produkte zu verweigern. Zur Sicherung der wettbewerbsfördernden Effekte ist die Nutzungsregelung auch verhältnismäßig. Da diese Effekte nicht in gleichem Maße durch eine freiwillige und damit eventuell diskriminierende Markenlizenzierung erreicht werden könnten, ist die Zugangsregel auch geeignet und erforderlich. Die Möglichkeit zur

---

[293] Meyer/Hölscheidt-*Bernsdorf*, GrCh (2019), Art. 17, Rn. 20.

Erhebung von Lizenzgebühren sowie der Nutzungsverweigerung im Fall berechtigter Interessen des Markeninhabers sichern die Verhältnismäßigkeit der Regelung im Einzelfall.

3. EMRK

Neben Art. 17 Abs. 1 GrCh wird der Schutz des Eigentums von Art. 1 des Zusatzprotokolls Nr. 1 zur EMRK erfasst. Zwar enthält er keine „Institutsgarantie", da er nicht vor dem Hintergrund einer konkreten, staatlichen, zivilrechtlich konstituierten Eigentums- und Wirtschaftsordnung gewährleistet wird und nicht durch eine solche Ordnung „normgeprägt" ist.[294] Ein unterschiedlicher Schutzgehalt besteht in diesem Fall dennoch nicht, weshalb auf die zusätzliche Untersuchung der EMRK verzichtet werden kann: Art. 52 Abs. 3 GrCh sichert die Kohärenz von Charta und EMRK, indem den in der Charta garantierten Rechten die gleiche Bedeutung und Tragweite zugemessen wird, die ihnen in der EMRK zukommt und diese gleichzeitig als Untergrenze gilt.[295] EGMR und EuGH berücksichtigen die gegenseitigen Entscheidungen bei ihrer eigenen Rechtsprechung daher stark.[296] Bedeutung kommt der EMRK allenfalls bei der Rechtfertigung von Grundrechtsbeschränkungen zu, da Art. 52 Abs. 1 GrCh die Einschränkung aller Grundrechte ermöglicht, die EMRK hingegen auch schrankenlos gewährte Rechte kennt.[297] Da Art. 1 Abs. 1 ZP Nr. 1 EMRK jedoch ebenfalls die Einschränkung des Eigentumsrechts erlaubt, liegt ein solcher Fall hier nicht vor. Darüber hinaus hat der EGMR für den Grundrechtsschutz der Union ein der EMRK vergleichbares Schutzniveau festgestellt und daher im Ergebnis seine Prüfungskompetenz hinsichtlich Unionsrechtsakte zugunsten des EuGH zurückgenommen,[298] was als pragmatischen Lösung des Problems der Pflichtenkollision auf prozessualer Ebene angesehen werden kann.[299] Für die hier interessierende Kompatibilität des Zugangsanspruchs bietet die EMRK keine weiteren, neuen Erkenntnisse.

---

[294] *Grabenwarter/Pabel*, EMRK (2016), § 25, Rn. 2; *Sebastian*, GRUR Int. 2013, 524, 526 f. mwN.; ferner Merten/Papier-*Durner*, HGR VI/1 (2010), § 162, Rn. 41 ff.

[295] Dazu auch der Übereinstimmungskatalog in den Erläuterungen zu Art. 52 der Charta, Abl. C 303/17 vom 14.12.2007, in dem Art. 17 GrCh dem Art. 1 ZP Nr. 1 EMRK entspricht.

[296] Dazu *Jarass*, GrCh (2021), Art. 52, Rn. 65; Meyer/Hölscheidt-*Schwerdtfeder*, GrCh (2019), Art. 52, Rn. 59 ff.; Streinz-*Streinz*, EUV/AEUV (2018), Art. 6 EUV, Rn. 25; *ders.*, Art. 52 GrCh, Rn. 25 ff.

[297] Meyer/Hölscheidt-*Bernsdorf*, GrCh (2019), Art. 52, Rn. 60; *Jarass*, GrCh (2021), Art. 52, Rn. 59 ff.

[298] EGMR, Urt. v. 30.6.2005, 45036/98, Rn. 160 ff. = NJW 2006, 197 – *Bosphorus*; näher *Frenz*, Europarecht (2016), Rn. 979 f.; Calliess/Ruffert-*Klingreen*, EUV/AEUV (2016), Art. 6 EUV, Rn. 23.

[299] *Frenz*, Europarecht (2016), Rn. 979 f.

4. TRIPS

Die Rechte aus einer Marke werden nicht nur auf europäischer Ebene gesichert. International enthält ua. das Übereinkommen über handelsbezogene Aspekte der Rechte des geistigen Eigentums (Agreement on Trade-Related Aspects of Intellectual Property Rights – TRIPS) Schutzstandards für Kennzeichen. Es trat am 1.1.1995 als integraler Bestandteil des WTO-Abkommens[300] mit dem Ziel in Kraft, den Schutz des geistigen Eigentums zu verstärken und zu harmonisieren.[301] Für das Markenrecht baut es gem. Art. 2 Abs. 1 TRIPS inhaltlich auf der PVÜ[302] auf.[303] Das TRIPS begründet jedoch keine Individualrechte, weil das die den Legislativ- und Exekutivorganen der Mitgliedstaaten eingeräumte Befugnis nehmen würde, auf dem Verhandlungsweg auf Grundlage der Gegenseitigkeit Lösungen zu erreichen.[304] Trotz der Einordnung als völkerrechtlicher Vertrag ist der EuGH im Bereich der Marken für die Auslegung des TRIPS-Übereinkommens zuständig, da es in gemischter Form von der Union und den Mitgliedstaaten geschlossen wurde und sich Normen des Übereinkommens, wenn auch nur indirekt, auf unional geregelte Sachgebiete auswirken können.[305]

Die Arbeit untersucht nachfolgend, ob der konstruierte Zugangsanspruch auch den Schutzstandards des TRIPS-Abkommens entspricht. Dabei wird gezeigt, dass Gewährleistungsmarken bereits nicht Schutzgegenstand des Abkommens sind und es sich darüber hinaus beim Zugangsanspruch um eine zulässige Ausnahme iSd. Art. 17 TRIPS handelt.

---

[300] Das TRIPS Abkommen war Anhang 1 C des Übereinkommens von Marrakesch vom 15.4.1994 zur Errichtung der Welthandelsorganisation (WTO), das vom Rat mit Beschluss vom 22.12.1994 genehmigt wurde, Abl. L 336/1 vom 23.12.1994.

[301] EuGH, Urt. v. 13.9.2001, C-89/99, ECLI:EU:C:2001:438, Rn. 36 = GRUR Int. 20002, 41 – *Schieving-Nijstad*.

[302] Pariser Verbandsübereinkunft zum Schutz des gewerblichen Eigentums vom 20.3.1883; TRIPS bezieht die Fassung von 1967 mit ein.

[303] Zum Verhältnis des TRIPS-Abkommens zu weiteren internationalen Markenrechtsverträgen *Kur*, GRUR Int. 1994, 987, 989 f.

[304] St. Rspr. EuGH, Urt. v. 16.11.2004, C-245/02, ECLI:EU:C:2004:717, Rn. 54 = GRUR 2005, 153 – *Anheuser-Busch*; Urt. v. 25.10.2007, C-238/06 P, ECLI:EU:C:2007:635, Rn. 39 = GRUR 2008, 339 – *Devely/HABM*.

[305] EuGH, Urt. v. 14.12.2000, C-300/98, C-392/98, ECLI:EU:C:2000:688, Rn. 33 ff. = GRUR 2001, 235 – *Dior/TUK*; Urt. v. 13.9.2001, C-89/99, ECLI:EU:C:2001:438, Rn. 30 = GRUR Int. 20002, 41 – *Schieving-Nijstad*; Urt. v. 16.11.2004, C-245/02, ECLI:EU:C:2004:717, Rn. 41 = GRUR 2005, 153 – *Anheuser-Busch*; *Mestmäcker/Schweitzer*, Europäisches Wettbewerbsrecht (2014), § 28, Rn. 19.

a) Art. 21 TRIPS

aa) Verbot der Zwangslizenzierung

Art. 21 TRIPS bestimmt, dass die Mitglieder Bedingungen für die Vergabe und für die Übertragung von Marken festlegen können, „wobei davon ausgegangen wird, dass die Zwangslizenzierung von Marken nicht zulässig ist". Das Markenrecht ist damit die einzige Kategorie von Rechten, für die das TRIPS-Abkommen ein ausdrückliches Verbot der Zwangslizenzierung vorsieht.[306] Eine solche wäre mit der Funktion der Marke, Produkte einem Unternehmen zuzuordnen, nicht vereinbar: Könnte ein Dritter seine Produkte aufgrund der Zwangslizenz für eine Marke mit dieser versehen, käme es bei den Konsumenten zwangsläufig zu Irreführungen über die Herkunft des Produkts, da sie diese über die Marke weiterhin dem tatsächlichen Markeninhaber zuordnen.[307] Anders als im Bereich des Patentrechts kann das Allgemeinwohl eine Zwangslizenzierung von Marken nicht begründen.[308]

Der konstruierte Zugangsanspruch begründet einen Anspruch auf Abschluss eines Lizenzvertrages zur Nutzung der Marke, falls die getesteten Produkte die satzungsmäßige Beschaffenheit aufweisen. Der Gewährleistungsmarkeninhaber unterliegt einem Kontrahierungszwang und vermag die Lizenzierung ausnahmsweise nur dann zu verweigern, wenn er berechtigte Interessen geltend machen kann. Inhaltlich kann dem Zugangsanspruch somit die Wirkung einer Zwangslizenzierung zukommen, die mit Art. 21 TRIPS konfligieren würde. Voraussetzung dafür wäre, dass die Gewährleistungsmarke als Markenkategorie von iSd. TRIPS erfasst ist und es sich beim Zugangsanspruch tatsächlich um eine Zwangslizenzierung iSv. Art. 21 TRIPS handelt.

bb) Gewährleistungsmarke keine Marke iSv. Art. 15 Abs. 1 TRIPS

Die im Folgenden zu untersuchende These geht jedoch dahin, dass Gegenstand des Schutzes von Art. 15 Abs. 1 TRIPS nur Individual- und Kollektivmarken, nicht aber Gewährleistungsmarken sind. Sie werden weder durch die inkorporierte PVÜ, noch durch den Wortlaut oder einem, bei den Vertragsverhandlungen zu Art. 15 Abs. 1 TRIPS zum Ausdruck gekommenen Willen erfasst.

---

[306] *Kur*, GRUR Int. 1994, 987, 996; Busche/Stoll/Wiebe-*Schmidt-Pfitzner/Schneider*, TRIPS (2013), Art. 21, Rn. 2.

[307] *Gervais*, TRIPS (2003), Rn. 2.195; *Koul*, WTO/GATT (2018), S. 517; *Riis/Schovsbo*, 34(10) E.I.P.R. 651 (2012); Busche/Stoll/Wiebe-*Schmidt-Pfitzner/Schneider*, TRIPS (2013), Art. 21, Rn. 2; Cottier/Véron-*Simon*, Concise IP (2015), Art. 21, Rn. 2; näher § 7 B. I.

[308] *Gervais*, TRIPS (2003), Rn. 2.195; *Koul*, WTO/GATT (2018), S. 517; Cottier/Véron-*Simon*, Concise IP (2015), Art. 21, Rn. 2; *Taubman/Wager/Watal*, TRIPS (2012), S. 73.

(1) Art. 2 Abs. 1 TRIPS iVm. PVÜ

Gem. Art. 2 Abs. 1 TRIPS befolgen die Mitgliedsstaaten die Art. 1 bis 12 sowie Art. 19 PVÜ. Die Gewährleistungsmarke könnte damit in den Schutzbereich von Art. 15 Abs. 1 TRIPS fallen, wenn ihr Schutz bereits in der PVÜ anerkannt war.

Die PVÜ in ihrer, in TRIPS miteinbezogenen Fassung von 1967 regelt den Schutz von Marken, ohne den Begriff der Marke allgemein zu definieren.[309] Grundsätzlich gemeint ist damit die Kategorie der Individualmarke.[310] Zusätzlich sieht Art. 7bis Abs. 1 PVÜ eine Eintragungsmöglichkeit für Verbands- bzw. Kollektivmarken auch dann vor, wenn die Verbände keine gewerbliche oder Handelsniederlassung besitzen. Hintergrund dieser Regelung war, dass die Tätigkeit eines Kollektivmarkeninhabers häufig weniger in der Herstellung und dem Vertrieb von Produkten als vielmehr in der Repräsentation der Kollektivmitglieder sowie der Wahrnehmung ihrer Interessen bestand.[311] Auch Begriff und Funktion der „collective marks" werden nicht definiert. Aus der nachfolgenden Formulierung „belonging to associations" wird lediglich deutlich, dass die Marke nicht einem einzigen Unternehmen, sondern einem Verband gehört.[312] Bei den Verhandlungen zur PVÜ bestand indes Unklarheit darüber, wie der Begriff der „collective marks" zu verstehen sei. Das Büro der Pariser Union vermischte bei der Begründung des Regelungsentwurfes die Rollen als Kollektivzeichen, Gewährleistungszeichen und geografische Herkunftsangabe.[313] Ein französischer, von Deutschland unterstützter Vorschlag sah den einzigen Unterschied der Kollektivmarke im Vergleich zur Individualmarke bei ihrer Inhaberschaft.[314] Bei der Konferenz von London legte das Berner Büro einen

---

[309] *Ricketson*, Paris Convention (2015), Rn. 12.03; Busche/Stoll/Wiebe-*Schmidt-Pfitzner/Schneider*, TRIPS (2013), Art. 15, Rn. 22.

[310] *Ricketson*, Paris Convention (2015), Rn. 12.03.

[311] *Carvalho*, TRIPS (2019), Rn. 15.22.

[312] *Carvalho*, TRIPS (2019), Rn. 15.22; *Ricketson*, Paris Convention (2015), Rn. 12.76.

[313] Conférence de Washington (1911), S. 51 f.: „On se préoccupe depuis longtemps de la protection des marques collectives destinées *à garantir que certains produits sont originaires d'une region ou d'un centre determines, ou bies fabriqués ou mis en vente par les members d'un certain groupement.* [...] Cependant la Conférence de Bruxelles a émis le vœu: ‚que les marques collectives soient protégées au même titre que les marques individuelles dans les pays de l'Union'." (eigene Kursivierung); die Dokumente zur Konferenz von Washington sind abrufbar unter https://tind.wipo.int/record/30007, zuletzt abgerufen am 25.8.2021; *Ricketson*, Paris Convention (2015), Rn. 12.76 sieht daher von Art. 7bis PVÜ Kollektiv- wie auch Gewährleistungsmarken erfasst.

[314] Conférence de Washington (1911), S. 304: „D'après la proposition française, toute marque régulièrement déposée dans le pays d'origine par une collectivité ayant une existence légale dans ce pays serait admise au dépôt dans les autres pays *au même titre que les marques individuelles es sous les mêmes conditions et formalités*; mais seraient *seules autorisées à bénéficier des nouvelles dispositions les collectivités* ayant pour objet une exploitation commerciale, industrielle ou agricole." (eigene Kursivierung).

weiteren Entwurfsvorschlag für Art. 7bis Abs. 1 PVÜ vor, in dem der Kollektiv-marke neben der herkunftshinweisen Funktion auch eine Rolle als qualitätsan-zeigendes Zeichen zukam.[315] Die anschließenden Beratungen zum Entwurf be-zogen sich jedoch weniger auf die Qualitätsfunktion der Kollektivmarke, als mehr auf die Betonung der Markeninhaberschaft durch öffentliche Stellen.[316] Damit bleibt unklar, ob die Mitglieder ihrem Verständnis der Kollektivmarke auch eine qualitätsanzeigende Funktion zugrunde legen wollten. Selbst wenn dies der Fall gewesen wäre, kann den Beratungen nicht entnommen werden, ob die qualitätsanzeigende Funktion nur iSe. möglichen „Nebenfunktion" der Kollektivmarke festgeschrieben werden sollte, die dieser ebenfalls zukommen kann,[317] oder ob damit der Schutz einer zusätzlichen Markenkategorie beab-sichtigt war. Auch die final beschlossene Fassung von Art. 7bis Abs. 1 PVÜ, die keine Definition der Kollektivmarke enthält und ihre genauen Schutzvo-raussetzungen gem. Art. 7bis Abs. 2 PVÜ den Mitgliedstaaten überlässt, klärt dies nicht. Das dem Verständnis der PVÜ zugrunde liegende Konzept der Kol-lektivmarke bleibt damit ungewiss.[318] Es kann nicht davon ausgegangen wer-den, dass auch Marken, die vergleichbar mit der Regelung in Art. 83 UMVO jeden Herkunftsbezug aufgeben und lediglich eine Gewährleistungsfunktion erfüllen, erfasst werden. Somit werden Kollektivmarken, nicht aber Gewähr-leistungsmarken über Art. 2 Abs. 1 TRIPS und Art. 7bis Abs. 1 PVÜ von Art. 15 Abs. 1 TRIPS erfasst.

---

[315] Conférence Réunie a Londres (1934), S. 193: „Le désir manifesté par des pays, des provinces ou des villes, *de désigner par une marque spéciale l'origine des produits de bonne qualité qui proviennent de leur sol ou de leur industrie,* éveille de plus en plus l'attention. Dans la lutte économique, l'intervention des autorités officielles ou des corporations *pour garantir, dans l'intérêt des producteurs, la provenance ou même la qualité de la marchan-dise joue un rôle important.* Les autorités et les corporations renforcent souvent leur inter-vention par un système de contrôle bien organisé et, dans ce cas, la marque collective est destinée à attester que la marchandise a été soumise à ce contrôle." (eigene Kursivierung); die Dokumente zur Konferenz von London sind abrufbar unter https://tind.wipo.int/re-cord/30011, zuletzt abgerufen am 25.8.2021.

[316] Vgl. Conférence Réunie a Londres (1934), S. 281 ff., 407 ff., 467 („Les autorités et les corporations […]").

[317] Dies entspräche der Zeichennutzung, wie sie auch vielen Kollektivmarken auf Uni-onsebene zukommt, vgl. EuGH, Urt. v. 17.10.2019, C-514/18 P, ECLI:EU:C:2019:878, Rn. 40 f. = GRUR-RR 2020, 100 – *Steirisches Kürbiskernöl.*

[318] *Carvalho,* TRIPS (2019), Rn. 15.23, 15.28; a.A. *Ricketson,* Paris Convention (2015), Rn. 12.76.

(2) Wortlaut Art. 15 Abs. 1 TRIPS

Im Gegensatz zur PVÜ und erstmals auf internationaler Ebene wird mit Art. 15 Abs. 1 TRIPS der Gegenstand der Marke einheitlich definiert:[319] „Alle Zeichen und alle Zeichenkombinationen, die geeignet sind, die Waren oder Dienstleistungen eines Unternehmens von denen anderer Unternehmen zu unterscheiden, können eine Marke darstellen." Die Unterscheidungseignung des Zeichens wird damit auf die betriebliche Herkunft des Produkts bezogen,[320] also auf die Herkunftsfunktion ausgerichtet und beschränkt.[321] Dies kommt auch in Art. 20 S. 2 TRIPS zum Ausdruck, der vom grundsätzlichen Verbot besonderer Erfordernisse zur Markenbenutzung ausnahmsweise die Verpflichtung zulässt, zusätzlich zur Marke etwa noch das Zeichen des tatsächlichen Herstellers anzubringen.[322] Indem im Vergleich zu Art. 15 Abs. 1 TRIPS am Satzende der Zusatz „von denen anderer Unternehmen" fehlt, kann der Marke auch die Funktion zukommen, Produkte eines Unternehmen von anderen Produkten desselben Unternehmens zu unterscheiden.[323] „Marken" nach dem Verständnis von Art. 15 Abs. 1 TRIPS sind damit nur solche Zeichen, denen eine Herkunftsfunktion zukommt, folglich die Individual- sowie die Kollektivmarke. Die Identifikations- und Unterscheidungswirkung der Gewährleistungsmarke hingegen bezieht sich nicht auf die Produktherkunft, sondern auf die Produktbeschaffenheit. Sie kann weder zur Unterscheidung von Produkten unterschiedlicher Unternehmen noch zur Unterscheidung von Produkten desselben Unternehmens beitragen und wird daher nicht vom Wortlaut des Art. 15 Abs. 1 TRIPS erfasst.[324]

(3) Vertragsverhandlungen Art. 15 Abs. 1 TRIPS

Auch bei einer historischen Betrachtung brachten die Verhandlung zum TRIPS-Abkommen keinen einheitlichen Willen der Mitgliedstaaten zum

---

[319] *Gervais*, TRIPS (2003), Rn. 2.160; Busche/Stoll/Wiebe-*Schmidt-Pfitzner/Schneider*, TRIPS (2013), Art. 15, Rn. 1; vgl. Correa/Yusuf-*Keon*, TRIPS (1998), S. 169; *Kur*, GRUR Int. 1994, 987 991.

[320] *Carvalho*, TRIPS (2019), Rn. 15.10; 15.15 ff.; *Taubman/Wager/Watal*, TRIPS (2012), S. 57; Cottier/Véron-*Simon*, Concise IP (2015), Art. 15, Rn. 2; auch *UNCTAD/ICTSD*, Resource Book (2005), S. 229 f., wobei in Art. 15 Abs. 1 TRIPS eine „Verwässerung" der Funktion, den Produktursprung zu identifizieren, gesehen wird.

[321] *Riis/Schovsbo*, 34(10) E.I.P.R. 651, 652 (2012).

[322] Die Ausnahme geht auf das Interesse der Entwicklungs- und Schwellenländer zurück, durch die Verbindung einer ausländischen Marke mit der inländischen Marke darauf hinzuweisen, dass der lokale Produzent tatsächlicher Lieferant der mit der ausländischen Marke versehenen Produkts ist und so das Vertrauen der inländischen Konsumenten in die lokalen Produzenten zu stärken, vgl. Busche/Stoll/Wiebe-*Schmidt-Pfitzner/Schneider*, TRIPS (2013), Art. 20, Rn. 5; *UNCTAD/ICTSD*, Resource Book (2005), S. 247.

[323] *Carvalho*, TRIPS (2019), Rn. 15.11, 15.29.

[324] *Carvalho*, TRIPS (2019), Rn. 15.29.

Ausdruck, die Markenkategorie der Gewährleistungsmarke in den Schutzbereich miteinzubeziehen.

Zu Beginn der Uruguay Runde[325] ging das Sekretariat der GATT in einer Zusammenfassung seiner bisherigen Arbeit auf dem Gebiet des Geistigen Eigentums davon aus, dass unter Art. 7bis Abs. 1 PVÜ auch Gewährleistungsmarken fielen.[326] Ein erster Vertragsentwurf der Europäischen Gemeinschaft zählte zum Schutzgegenstand der „Marke" lediglich auch Dienstleistungs- und Kollektivmarken,[327] gefolgt von einem amerikanischen Vorschlag, der dem Schutzgegenstand Gewährleistungsmarken hinzufügte.[328] Der europäische Vorschlag wurde von Japan unterstützt,[329] der amerikanische von der Schweiz.[330] Der Vorsitzende des Verhandlungsausschusses führte die beiden Entwürfe in seinem eigenen Vorschlag zusammen und hob die strittigen Punkte durch einen Klammerzusatz hervor: „The term ‚trademark' shall include service marks, as well as collective [and] [or] certification marks."[331] Dass die Formulierung so interpretiert werden kann, als dass Kollektiv- und Gewährleistungsmarke synonym verstanden und benutzt werden, zeigt die große Verwirrung um die beiden Markenkategorien.[332] Bereits im ersten Entwurf der Abschlusserklärung 1990 fand sich der Hinweis auf den Begriffsumfang nicht mehr[333] und auch die finale Fassung des TRIPS-Abkommens enthält eine solche oder eine ähnliche Formulierung nicht. Ein Schutz der Gewährleistungsmarke wurde damit zwar erwogen, konnte sich letztlich aber nicht durchsetzen.

Unabhängig davon, ob unter den Staaten der Uruguay Runde ein einheitliches Verständnis der im Vergleich zur Individualmarke anderen Funktionsweise der Gewährleistungsmarke herrschte, kann aus dem Verlauf der Verhandlungen geschlossen werden, dass die Markenkategorie jedenfalls nicht mit in den Begriff der Marke und damit in den Schutzgegenstand von Art. 15

---

[325] Die Uruguay Runde war die achte im Rahmen des Allgemeinen Zoll- und Handelsabkommens (GATT) durchgeführte Welthandelsrunde, die 1986 begann und 1994 mit dem Marrakech-Abkommen endete.
[326] *GATT Doc.* MTN.GNG/NG11/W/4 v. 6.5.1987, S. 9. Die Unterlagen zu den Verhandlungen des TRIPS-Abkommens werden von der WTO online bereitgestellt und können durchsucht werden unter https://docs.wto.org/dol2fe/Pages/FE_Search/FE_S_S001_GATT.aspx, für alle Dokumente zuletzt abgerufen am 25.8.2021.
[327] *GATT Doc.* MTN.GNG/NG11/W/68 v. 29.3.1990, S. 6 zu Art. 10 (Gegenstand des Schutzes): „(3) The term ‚trademark' shall include service marks and collective marks.".
[328] *GATT Doc.* MTN.GNG/NG11/W/70, S. 7 zu Art. 10 (Gegenstand des Schutzes): „(2) The term ‚trademark' shall include service marks, collective and certification marks.".
[329] *GATT Doc.* MTN.GNG/NG11/W/74 v. 15.5.1990, S. 7, Section I, Part 2, 1. (1).
[330] *GATT Doc.* MTN.GNG/NG11/W/73 v. 14.5.1990, S. 8, Art. 211 (3).
[331] *GATT Doc.* MTN.GNG/NG11/W/76 v. 23.7.1990, S. 19, Sec. 2, 1A. 3.
[332] *Carvalho*, TRIPS (2019), Rn. 15.26.
[333] *GATT Doc.* MTN.TNC/W/35/Rev.1 v. 3.12.1990, S. 203.

Abs. 1 TRIPS einbezogen werden sollte.[334] Auch nach dem Willen der Mitgliedstaaten wird die Gewährleistungsmarke nicht von TRIPS erfasst.

Auch die Weltorganisation für geistiges Eigentum (WIPO),[335] die das TRIPS-Abkommen zwar nicht verwaltet, sich in ihrem „Ständigen Ausschusses für Markenrecht, Designrecht und geographische Herkunftsangaben" (SCT) aber ebenfalls mit markenrechtlichen Fragen beschäftigt,[336] hält Gewährleistungsmarken für weder von PVÜ, noch TRIPS erfasst und sieht das Charakteristikum in ihrer Gewährleistungsfunktion.[337]

(4) Zwischenergebnis

Ein Schutz der Gewährleistungsmarke durch TRIPS ergibt sich weder durch die Inkorporation der PVÜ gem. Art. 2 Abs. 1 TRIPS, noch aus dem Wortlaut des Art. 15 Abs. 1 TRIPS oder den Verhandlungen des Abkommens. Art. 7bis Abs. 1 PVÜ erfasst seinem Wortlaut nach nur Kollektivmarken, wobei nicht feststeht, dass die Vertragsstaaten hierunter auch Gewährleistungsmarken verstanden. Art. 15 Abs. 1 TRIPS selbst knüpft den Schutzgegenstand an die Fähigkeit des Zeichens, Produkte nach ihrer Herkunft aus einem bestimmten Unternehmen zu unterscheiden, wozu die Gewährleistungsmarke nicht fähig ist. Aus den Verhandlungen des TRIPS-Abkommens wird deutlich, dass sich das Verständnis der Mitgliedstaaten hinsichtlich Bezug und Inhalt der Gewährleistungsmarke unterschied und eine Aufnahme dieser Markenkategorie in den Schutzgegenstand zwar erwogen, letztlich aber verworfen wurde.

cc) Zugangsanspruch keine Zwangslizenz iSd. Art. 21 TRIPS

Art. 15 Abs. 1 TRIPS erfordert die Eignung des Zeichens, Produkte zu unterscheiden, und wählt die Herkunft aus einem bestimmten Unternehmen als Bezugspunkt dieser Unterscheidungswirkung. Dieses Verständnis liegt auch dem Verbot der Zwangslizenzierung zugrunde. Es soll den Wert der Marke

---

[334] Selbst bei der anschließenden Überprüfung der jeweiligen nationalen Umsetzung des Abkommens kann es zu erneuten Verwirrungen um den Schutzgegenstand von Kollektiv- und Gewährleistungsmarke, vgl. *Carvalho*, TRIPS (2019), Rn. 15.27 mwN.

[335] Die WIPO verwaltet neben der PVÜ primär völkerrechtliche Verträge zur Markeneintragung, vgl. die Übersicht unter https://www.wipo.int/trademarks/en/, zuletzt abgerufen am 25.8.2021; gemäß der Präambel des TRIPS-Abkommens handeln die Mitgliedstaaten „in dem Wunsch, eine der gegenseitigen Unterstützung dienende Beziehung zwischen der Welthandelsorganisation und der Weltorganisation für geistiges Eigentum […] aufzubauen.", vgl. auch Art. 68 TRIPS zu Konsultationen der WIPO durch den „Rat für TRIPS".

[336] Die Empfehlungen des SCT sind zwar rechtlich nicht bindend, entfalten aber dennoch erhebliches politisches Gewicht, vgl. BeckOK MarkenR-*Kur*, Einl., Rn. 221.

[337] WIPO, SCT/21/3 v. 15.5.2009, Rn. 12, 19, abzurufen unter https://www.wipo.int/e-docs/mdocs/sct/en/sct_21/sct_21_3.pdf zuletzt abgerufen am 25.8.2021.

bewahren und eine Verwirrung und Täuschung der Nachfrager verhindern.[338]
Die Regelungsintention und damit das Verbot der Zwangslizenzierung iSd.
Art. 21 TRIPS erfasst jedoch nicht die Zeichennutzung ohne Einverständnis
des Markeninhabers, wenn es aufgrund der Funktion dieses Zeichens nicht zu
einer Verwirrung der Verbraucherkreise, etwa um die betriebliche Herkunft
des gekennzeichneten Produkts kommt.[339]

So liegt die Situation bei der Gewährleistungsmarke. Da mit ihr eine Beschaffenheitsgarantie verbunden ist, kommt ihr eine die Produkteigenschaften
beschreibende Funktion zu. An einem möglichst umfassenden Einsatz solcher
Beschreibungen kann gerade ein öffentliches Interesse bestehen.[340] Eine Verwirrung der Verbraucherkreise infolge des konstruierten Zugangsanspruchs ist
ausgeschlossen, da er nur bei Satzungskonformität der Produkte besteht. Gegenüber Anbietern nicht zertifizierter Produkte kann der Markeninhaber weiterhin seinen Unterlassungsanspruch geltend machen, weshalb mit dem Zugangsanspruch kein absoluter Verlust des Ausschließlichkeitsrechts verbunden
ist.[341] Formen daher die Nutzer einer Kollektivmarke einen geschlossenen
„Club", gilt bei der Gewährleistungsmarke für Anbieter satzungskonformer
Produkte das „open shop"-Prinzip.[342] Verweigert der Gewährleistungsmarkeninhaber einem Anbieter trotz Produktkonformität den Zutritt hierzu, kann er
eine „Zwangslizenz" begehren.[343] Da die Gewährleistungsmarke nicht von

---

[338] Stellungnahme von Kanada, *WTO*, MTN.GNG/NG11/W/47 v. 25.10.1989, S. 7 f., wobei Gewährleistungsmarken als „particular form of trademark" bezeichnet werden, bei der
nicht die Unterscheidungswirkung, sondern die Signalisierung eines inhaberdefinierten
Standards im Vordergrund stehe; *Carvalho*, TRIPS (2019), Rn. 21.10.

[339] *Carvalho*, TRIPS (2019), Rn. 21.26, 21.29; *Riis/Schovsbo*, 34(10) E.I.P.R. 651 f.
(2012), für die der EuGH mit der Anerkennung einer Investitionsfunktion inhaltlich über
den durch Art. 21 TRIPS gesicherten Verwechslungsschutz hinausgeht und die insofern
keine höhere Schutzwürdigkeit der Investitionen eines Markeninhabers gegenüber denen eines Patentinhabers erkennen können, bei dem Art. 31 TRIPS Zwangslizenzen zulässt.

[340] In diesem Sinne auch *Gervais*, TRIPS (2003), Rn. 2.195, Fn. 13: „The descriptive use
of a trademark for a ‚same ingredient as' claim is a case where use of another's trademark
may be useful, but if no confusion or depreciation of goodwill/dilution of the original mark
takes place, no compulsory licence is necessary."

[341] Ähnlich EuGH, Urt. v. 16.7.2009, C-385/07 P, ECLI:EU:C:2009:456, Rn. 127–134,
146 = WuW 2009, 960 – *Der Grüne Punkt*, da aufgrund des festgestellten Machtmissbrauchs
des Markeninhabers lediglich die Vergütung der Zeichenlizenzierung reguliert wurde, dem
Markeninhaber aber weiterhin die freie Auswahl der Benutzungsberechtigten (und damit
auch die Geltendmachung seines markenrechtlichen Unterlassungsanspruchs) verblieb.

[342] *WIPO*, IP Handbook (2008), Rn. 2.330; vgl. *Dani*, Collective Marks (2014), S. 23 f.

[343] *Carvalho*, TRIPS (2019), Rn. 21.29 mwN.; Cottier/Véron-*Simon*, Concise IP (2015),
Art. 21, Rn. 2 betont den Zusammenhang von Art. 21 und Art. 40 TRIPS, nach dem die Mitgliedstaaten ua. Maßnahmen gegen wettbewerbswidrige Lizenzierungspraktiken treffen
können, und hält Zwangslizenzen an Marken beim Missbrauch einer marktbeherrschenden
Stellung für eine implizite Ausnahme von Art. 21 TRIPS; ähnlich BeckOK MarkenR-*Kur*,

Art. 21 TRIPS erfasst wird und zur Sicherstellung ihrer informationskostensenkenden Wirkung können die Vertragsstaaten zudem vorsehen, dass die Marke – entgegen des durch Art. 21 TRIPS eigentlich erlaubten „naked licensing"[344] – nicht frei, sondern nur gemeinsam mit den zugrunde liegenden Prüfungseinrichtungen übertragen werden kann.[345]

b) Zulässigkeit einer Ausnahme gem. Art. 17 TRIPS

Art. 17 TRIPS gibt den Vertragsstaaten die Möglichkeit, begrenzte Ausnahmen von den Markenrechten nach Art. 16 TRIPS vorzusehen. Er ist als Rahmenbestimmung für zulässige Beschränkungen des Ausschließlichkeitsrechts gedacht[346] und fungiert als wettbewerbsrechtliche Schranke des Schutzrechts.[347] Die Arbeit zeigt im folgenden Abschnitt, dass selbst dann, wenn die Gewährleistungsmarke von Art. 15 Abs. 1 TRIPS erfasst und ihr Inhaber mit den Rechten nach Art. 16 TRIPS ausgestattet werden würde, der Nutzungsanspruch Dritter eine gem. Art. 17 TRIPS zulässige Ausnahme von diesen Rechten wäre.

Strukturell lehnt sich Art. 17 TRIPS an den Dreistufentest des Art. 9 Abs. 2 RBÜ[348] an, der Voraussetzungen für Einschränkungen des Vervielfältigungsrechts normiert, und ähnelt parallelen Erfordernissen des Abkommens für Schrankenregelungen im Urheberrecht (Art. 13 TRIPS), Design- (Art. 26 TRIPS) und Patentrecht (Art. 30 TRIPS).[349] Im Unterschied zu diesen verzichtet Art. 17 TRIPS jedoch auf die Prüfung, inwieweit die Ausnahme im Widerspruch zur üblichen Verwertung des Rechts steht und kennt nur zwei Voraussetzungen:[350] Bei der Ausnahmeregelung muss es sich auf „erster Stufe" um eine „begrenzte Ausnahme" von den Rechten aus der Marke handeln, wofür beispielhaft die „lautere Benutzung beschreibender Angaben" genannt ist. Auf „zweiter Stufe" ist zu prüfen, ob die Regelung berechtigte Interessen des Markeninhabers und Dritter berücksichtigt. Das Verständnis und Zusammenspiel

---

Einl., Rn. 298; der in dieser Arbeit konstruierte Zugangsanspruch soll jedoch unabhängig vom Vorliegen einer Marktmacht bestehen, weshalb hierauf nicht weiter eingegangen wird.

[344] Zum Inhalt von Art. 21 TRIPS *Gervais*, TRIPS (2003), Rn. 2.195 f.; Busche/Stoll/Wiebe-*Schmidt-Pfitzner/Schneider*, TRIPS (2013), Art. 21, Rn. 2, 5.

[345] *Carvalho*, TRIPS (2019), Rn. 21.29.

[346] BeckOK MarkenR-*Kur*, Einl., Rn. 275.

[347] Busche/Stoll/Wiebe-*Peter*, TRIPS (2013), Art. 17, Rn. 1.

[348] Die Berner Übereinkunft zum Schutz von Werken der Literatur und Kunst wurde 1886 als völkerrechtlicher Vertrag angenommen und wird nach mehreren Revisionen seit 1908 als Revidierte Berner Übereinkunft (RBÜ) bezeichnet; sie wird von der WIPO verwaltet.

[349] BeckOK MarkenR-*Kur*, Einl., Rn. 276; *Senftleben*, 37(4) IIC 407, 411 f. (2006); Cottier/Véron-*Simon*, Concise IP (2015), Art. 17, Rn. 2.

[350] *WTO*, WT/DS174/R v. 15.3.2005, Rn. 7.649, online abrufbar unter https://www.wto.org/english/tratop_e/dispu_e/174r_e.pdf, zuletzt abgerufen am 25.8.2021; *Gervais*, TRIPS (2003), Rn. 2.177; *Senftleben*, 37(4) IIC 407, 412 (2006).

von Art. 17 sowie Art. 16 TRIPS verdeutlicht das WTO-Streitschlichtungsverfahren zwischen der Europäischen Union und den USA bzw. Australien zum Schutz geografischer Herkunftsangaben[351] und der damit verbundenen Rechtsbeschränkung der Inhaber ähnlicher Individualmarken.[352]

aa) „Begrenzte Ausnahme"

Bezugspunkt der Ausnahme iSd. Art. 17 TRIPS sind die Rechte, die dem Markeninhaber nach Art. 16 TRIPS zustehen. „Begrenzt" ist die Ausnahme nur, solange sie eng gefasst ist und lediglich eine geringe Einschränkung der Rechte zulässt, wobei die im Normtext aufgeführte „lautere Benutzung beschreibender Angaben" Leitbild sein kann.[353] Die Einschränkung von Art. 16 Abs. 1 TRIPS kann sich auf die Verbotsmöglichkeit gegenüber Dritten, auf die Nutzung identischer oder ähnlicher Zeichen für identische oder ähnliche Produkte und die Entstehung einer Verwechslungsgefahr beziehen.[354] Entscheidend ist die Intensität der durch die Ausnahme bewirkten Minderung der Zeichenrechte.[355]

Der konstruierte Zugangsanspruch gibt Anbietern die Möglichkeit, ihre Produkte vom Gewährleistungsmarkeninhaber prüfen zu lassen und bei erfolgreicher Zertifikation die Marke zu nutzen. Die Ausnahme des Verbotsrechts bezieht sich damit nur auf Dritte, die satzungskonforme und bereits zertifizierte Produkte anbieten, und selbst hier kann der Gewährleistungsmarkeninhaber eine Lizenzierung im Falle berechtigter Interessen verweigern. Nicht beschränkt wird die Möglichkeit, gegen eine Zeichennutzung für andere Produkte vorzugehen. Da der Markeninhaber infolge der Produktkontrolle eine

---

[351] Die Beschwerde der USA richtete sich gegen die Verordnung (EG) Nr. 2081/92 vom 14. Juli 1992 zum Schutz von geografischen Angaben und Ursprungsbezeichnungen für Agrarerzeugnisse und Lebensmittel, einem Vorläufer der aktuell gültigen Verordnung (EU) Nr. 1151/2012 des Europäischen Parlaments und des Rates vom 21. November 2012 über Qualitätsregelungen für Agrarerzeugnisse und Lebensmittel; Art. 13 dieser Verordnungen regelt den Schutz der eingetragenen Herkunftsbezeichnungen, Art. 14 sieht Kollisionsregelungen für Marken vor, wonach mit den Herkunftsbezeichnungen konfligierende Markenanmeldungen zurückgewiesen werden, bereits eingetragene Marken aber grds. weiterbenutzt werden können; ausf. dazu und zum Verhältnis zwischen Verordnung und dem in Art. 22–24 TRIPS festgelegten Schutz geografischer Angaben *Engelhardt*, Verletzung geografischer Namen (2011), S. 167–246 (dort zur VO (EU) Nr. 510/2006).

[352] *WTO*, WT/DS174/R, Report des Schlichtungspanels v. 15.3.2005 (EU/USA) sowie *WTO*, WT/DS290/R, Report des Schlichtungspanels v. 15.3.2005 (EU/Australien), online abrufbar unter https://www.wto.org/english/tratop_e/dispu_e/290r_e.pdf, zuletzt abgerufen am 16.1.2021; die Beschwerden der beiden Länder wurden gemeinsam verhandelt, weshalb sich die beiden Reports stark ähneln; zitiert wird im Folgenden der Report der früheren Beschwerde, *WTO*, WT/DS174/R v. 15.3.2005 (EU/USA).

[353] *WTO*, WT/DS174/R v. 15.3.2005, Rn. 7.650, 7.653 f.; *Gläsner*, Beschränkungsgrenzen (2018), S. 194 ff.

[354] Vgl. *WTO*, WT/DS174/R v. 15.3.2005, Rn. 7.652 ff.

[355] *Gläsner*, Beschränkungsgrenzen (2018), S. 195.

Gewährleistung für das tatsächliche Vorliegen der satzungsmäßigen Beschaffenheit übernimmt, besteht keine (konsequenterweise hier anhand der Gewährleistungsfunktion zu beurteilende) Verwechslungsgefahr. Der konstruierte Zugangsanspruch beschneidet die Rechte des Markeninhabers damit in nur geringem Maße, weshalb er als „begrenzte Ausnahme" angesehen werden kann.

bb) Berücksichtigung der berechtigten Interessen

Daneben sind die berechtigten Interessen des Inhabers der Marke und Dritter zu berücksichtigen. Erfasst sind nicht diejenigen Interessen, die bereits durch Art. 16 TRIPS selbst als berechtigt eingeordnet werden, sondern solche, die bei normativer Betrachtung aufgrund der öffentlichen Ordnung oder anerkannter gesellschaftlicher Standards berechtigt erscheinen.[356] Die berechtigten Interessen des Markeninhabers erfassen auch die Wahrung der Unterscheidungsfähigkeit seines Zeichens sowie des wirtschaftlichen Wertes, der mit der Marke verbunden ist.[357] Unter Interessen „Dritter" können Verbraucherinteressen, aber auch solche eventueller Lizenznehmer[358] und jedenfalls die Interessen der Nutzer geografischer Herkunftsangaben[359] verstanden werden. Das Beispiel in Art. 17 TRIPS sowie die freie Verwendung der ebenfalls von TRIPS erfassten geografischen Angaben zeigen, dass das Interesse Dritter, einen Begriff zur beschreibenden Angabe gewisser Eigenschaften, etwa des Herkunftsortes, zu nutzen, berechtigt ist.[360] Da die Norm nur von der „Berücksichtigung" („take account of") der Interessen des Markeninhabers spricht und nicht wie etwa im Patentrecht auf die Angemessen- oder Erforderlichkeit der Regelung abstellt,[361] sind keine hohen Anforderungen an die Ausnahmeregelung zu stellen. Ausreichend ist ein in Betracht ziehen der jeweiligen Umstände. Eine „Angemessenheitsprüfung" ist nicht gefordert.[362]

Mit der Gewährleistungsmarke ist aufgrund ihrer Gewährleistungsfunktion ebenfalls eine Angabe von Produkteigenschaften mit beschreibendem

---

[356] *WTO*, WT/DS174/R v. 15.3.2005, Rn. 7.663; *Gläsner*, Beschränkungsgrenzen (2018), S. 196 f.

[357] *WTO*, WT/DS174/R v. 15.3.2005, Rn. 7.664; *Gläsner*, Beschränkungsgrenzen (2018), S. 197; Busche/Stoll/Wiebe-*Peter*, TRIPS (2013), Art. 17, Rn. 13.

[358] Busche/Stoll/Wiebe-*Peter*, TRIPS (2013), Art. 17, Rn. 14; „Lizenznehmer" offengelassen von *WTO*, WT/DS174/R v. 15.3.2005, Rn. 7.676, 7.680, wohl aber nur deshalb, weil man in ihnen keinen eigenständigen Gehalt gegenüber den den Verbraucherinteressen sah.

[359] *WTO*, WT/DS174/R v. 15.3.2005, Rn. 7.681.

[360] Vgl. *WTO*, WT/DS174/R v. 15.3.2005, Rn. 7.681 ff.

[361] Vgl. Art. 13, 26 Abs. 2, 30 TRIPS („unreasonable prejudice").

[362] *Gläsner*, Beschränkungsgrenzen (2018), S. 198 f.; Cottier/Véron-*Simon*, Concise IP (2015), Art. 17, Rn. 4; aA. Busche/Stoll/Wiebe-*Peter*, TRIPS (2013), Art. 17, Rn. 12; auch das Schlichtungspanel im Report *WTO*, WT/DS174/R v. 15.3.2005, Rn. 7.662–7.688 prüft nur die Berechtigung der jeweiligen Interessen, ohne sie ausführlich gegeneinander abzuwägen.

Charakter verbunden. Das Interesse der Verbraucher, durch die Angabe Informationen über das so gekennzeichnete Produkt zu erhalten, ist ebenso berechtigt wie das Interesse der Anbieter als Lizenznehmer, die Gewährleistungsmarke zur eigenen Produktbeschreibung zu nutzen. Das Interesse des Gewährleistungsmarkeninhabers am Erhalt des wirtschaftlichen Wertes der Marke wird gewahrt, indem er die Lizenzerteilung im Fall einer ernsthaften Gefährdung des Markenwertes verweigern kann. Der konstruierte Zugangsanspruch berücksichtigt damit die Interessen von Markeninhaber und Dritten.

cc) Zwischenergebnis

Art. 17 TRIPS erlaubt begrenzte Ausnahmen von den in Art. 16 TRIPS geregelten Rechten aus der Marke, wenn sie die berechtigten Interessen des Markeninhabers und Dritter berücksichtigen. Der konstruierte Zugangsanspruch ist dabei eine solch begrenzte Ausnahme, da er lediglich für satzungskonforme Produkte gilt und nicht mit einer Verwendung ähnlicher Zeichen oder Verursachung einer Verwechslungsgefahr verbunden ist. Mit Blick auf die „lautere Benutzung beschreibender Angaben" und den Schutz geografischer Angaben in Abschnitt drei des TRIPS-Abkommens wird deutlich, dass das Interesse der Verbraucher und Lizenznehmer an der Verwendung beschreibender Produktangaben berechtigt ist. Eine solche Rolle kommt der Gewährleistungsmarke zu. Mit ihrer Gewährleistungsfunktion beschreibt sie ausgewählte Eigenschaften des so markierten Produkts. Den berechtigten Interessen des Markeninhabers am Erhalt des wirtschaftlichen Markenwertes wird durch die Lizenzverweigerung bei möglichen negativen Auswirkungen auf die Marke Rechnung getragen. Selbst dann, wenn man die Gewährleistungsmarke als vom Schutzgegenstand des Art. 15 TRIPS erfasst betrachtet, ist der Zugangsanspruch eine nach Art. 17 TRIPS zulässige Ausnahme von den Markenrechten.

c) Anwendung der „Allgemeinen Bestimmungen und Grundprinzipien"?

In den vorhergehenden Abschnitten wurde gezeigt, dass die Gewährleistungsmarke mit ihrer Gewährleistungsfunktion nicht unter den Schutzgegenstand des Art. 15 Abs. 1 TRIPS fällt, für den das Zeichen geeignet sein muss, Produkte eines Unternehmens von denen anderer Unternehmen zu unterscheiden. Zu überlegen ist dennoch, ob auf die Gewährleistungsmarke zwar nicht die markenrechtlichen Bestimmungen im zweiten Teil des TRIPS-Abkommens Anwendung finden, wohl aber zumindest die allgemeinen Bestimmungen und Grundprinzipien des ersten Teils. Zwar kommt ihr keine Herkunftsfunktion zu. Sie unterscheidet jedoch Produkte, für die der Inhaber der Marke eine Eigenschaft gewährleistet, von solchen, für die keine derartige Gewährleistung besteht. Mit ihrer Verwendung ist nicht nur eine Qualitätsaussage verbunden, sondern auch die Abgrenzung gegenüber den Produkten von Wettbewerbern, die diese zertifizierte Qualität nicht besitzen.[363] Die Gewährleistungsmarke verfügt daher ebenfalls über eine Unterscheidungseignung, die Art. 15 Abs. 1 TRIPS als (erste) elementare Eintragungsvoraussetzung fordert. In diesem Umfang kann sie als zum geistigen Eigentum gehörig betrachtet werden.[364] Zwar zählt Art. 1 Abs. 2 TRIPS hierzu nur diejenigen Arten, die Gegenstand der Abschnitte 1–7 des Teils II sind. Indem es in Abschnitt drei geografische Angaben erfasst, zeigt das TRIPS jedoch, dass zum Begriff des geistigen Eigentums auch solche Angaben zählen, die einen beschreibenden Charakter für das gekennzeichnete Produkt aufweisen. So wie geografische Angaben dazu gedacht sind, Produkte aus einem bestimmten Ort an der Wertschätzung der Verbraucher für diesen Ort oder diese Region teilhaben zu lassen, können Waren und Dienstleistungen auch vom Goodwill gegenüber einer Gewährleistungsmarke profitieren. Aufgrund ihrer ähnlichen Informationswirkung sind beide Kategorien beschreibender Angaben ähnlich schutzbedürftig und -würdig. Funktional ähneln sich Gewährleistungsmarke und geografische Angabe stark. Ein Diskriminierungsverbot hinsichtlich der Nationalität des Gewährleistungsmarkenanmelders durch den Grundsatz der Inländergleichbehandlung in Art. 3 TRIPS sowie der Vertragsstaaten untereinander durch den Meistbegünstigungsgrundsatz in Art. 4 TRIPS trägt dieser Ähnlichkeit Rechnung.

5. Zwischenergebnis

Der konstruierte Zugangsanspruch kann sich nicht darauf beschränken, die Impulse der Ökonomie ins Recht zu übersetzen, sondern muss sich auch in seinen rechtlichen Rahmen einfügen, konkret mit den Vorgaben der UMVO, GrCh, EMRK und des TRIPS-Abkommens kompatibel sein.

Gegenüber Art. 9 Abs. 1 UMVO, der dem Markeninhaber ein ausschließliches Recht an der Marke zuweist, geht der Zugangsanspruch als speziellere Regelung des Ausschließlichkeitsrechts gem. Art. 83 Abs. 3 UMVO vor. Aus Art. 75 Abs. 2 UMVO, der für geografische Kollektivmarken einen Aufnahmeanspruch für Produzenten vorsieht, die aus dem betreffenden Gebiet stammen, lässt sich im Umkehrschluss und aus einer fehlenden Regelung bei der Gewährleistungsmarke nicht schließen, dass ein Zugangsanspruch dort ausgeschlossen ist. Ein Aufnahmeanspruch ist angesichts der Herkunftsfunktion als Hauptfunktion der Kollektivmarke grundsätzlich ausgeschlossen, weshalb es als Ausnahmeregelung einer ausdrücklichen Normierung bedarf. Aufgrund des Charakters und der Hauptfunktion der Gewährleistungsmarke bildet ein Zugangsanspruch bei ihr den Normalfall, wodurch eine explizite Regelung entbehrlich ist. Schließlich kann die Beschränkung des markenrechtlichen Ausschließlichkeitsrechts aus informationsökonomischen Erwägungen als strukturelles Grundprinzip der UMVO betrachtet werden. Die absoluten

---

[363] *WIPO*, SCT/21/3 v. 15.5.2009, Rn. 19.
[364] *Carvalho*, TRIPS (2019), Rn. 15.29.

Eintragungshindernisse des Art. 7 Abs. 1 UMVO bei fehlender Unterscheidungskraft, für beschreibende Angaben sowie für im allgemeinen Sprachgebrauch übliche Produktbezeichnungen zeigen genauso wie die Schrankenregelungen in Art. 14 Abs. 1 UMVO für nicht unterscheidungskräftige oder beschreibende Zeichen sowie zur referierenden Benutzung, dass sich das Markenrecht immer dann gegen eine Zuweisung bzw. für eine Beschränkung des Ausschließlichkeitsrechts entscheidet, wenn es andernfalls zu höheren Informationskosten der Allgemeinheit käme. Mit der notwendigen Umschreibung allgemeinverständliche Begriffe wären deutlich höhere Suchkosten sowohl auf Absender- wie auch Empfängerseite der Nachricht verbunden. Der funktionalen Begründung des Markenrechts und seiner Rolle im unverfälschten Wettbewerb entspricht es, in diesen Fällen das Recht des Markeninhabers einzuschränken. Diesem Gedanken folgt auch der Zugangsanspruch mit der Ermöglichung der Markennutzung für satzungskonforme Produkte.

Mit der Beschränkung des Ausschließlichkeitsrechts ist eine Beeinträchtigung des durch Art. 17 Abs. 1 GrCh geschützten Eigentumsrecht des Markeninhabers verbunden. Beim Eigentumsrecht handelt es sich um ein normgeprägtes Recht, dessen Inhalt durch den Gesetzgeber bestimmt werden kann. Für zukünftig angemeldete Gewährleistungsmarken bedeutet das, dass die Erwartung markenrechtlicher Ausschließlichkeitsrechte iSd. Art. 9 Abs. 1 UMVO bereits nicht mehr von Art. 17 GrCh geschützt ist und daher nicht mehr in dessen sachlichen Anwendungsbereich fällt. Bei bereits eingetragenen Gewährleistungsmarken kann die mit dem Zugangsanspruch verbundene Nutzungsregelung des Eigentums gerechtfertigt werden: Ihre gesetzliche Grundlage findet sich in Art. 84 Abs. 2 UMVO und seinem Erfordernis, die zur Benutzung der Marke befugten Personen in der Satzung zu nennen. Bei Vorliegen dieser (objektiven) Merkmale ist eine Nutzung zu gestatten. Der damit verfolgte legitime Zweck liegt in der umfassenden Information der Verbraucher, die durch eine freie Verwendungsmöglichkeit der Gewährleistungsmarke für satzungskonforme Produkte erreicht wird. Der Wesensgehalt des Markenrechts – das Verbotsrecht – wird dadurch nicht berührt, da kein Produkt mit der Gewährleistungsmarke versehen werden kann, ohne dass es vom Markeninhaber zertifiziert wurde und er das Vorliegen einer bestimmten Eigenschaft gewährleistet. Die Möglichkeit, frei über die zu zertifizierenden Produkte zu entscheiden, gehört aufgrund des treuhänderischen Charakters der Markenkategorie nicht zum Kernbereich des Verbotsrechts. Dabei ist die Beeinträchtigung der Eigentumsposition verhältnismäßig, da die Zugangsregel geeignet und auch erforderlich ist, um eine umfassende und gleichzeitig wettbewerbskonforme Nutzung der Gewährleistungsmarke am Markt sicherzustellen. Die Position des Markeninhabers wird dadurch berücksichtigt, dass ihm durch die Lizenzgebühr weiterhin eine wirtschaftliche Verwertung seines Zeichens möglich ist und er eine Lizenzierung ausnahmsweise verweigern kann, wenn er hierzu berechtigte Interessen, etwa die Gefährdung des Markenwertes, geltend machen kann. Die

Beeinträchtigung des Eigentumsrechts nach Art. 17 Abs. 1 GrCh durch den konstruierten Zugangsanspruch ist daher gerechtfertigt. Der Schutz des Eigentumsrechts durch Art. 1 des Zusatzprotokolls Nr. 1 zur EMRK ist durch Art. 52 Abs. 3 EUV kohärent und weitgehend inhaltsgleich mit dem Schutz der GrCh.

Auf völkerrechtlicher Ebene sieht das TRIPS-Abkommen einen Mindestschutz von Marken vor und verbietet in Art. 21 TRIPS jede Zwangslizenzierung. Als solche kann der Zugangsanspruch aber verstanden werden. Dem Verständnis der Marke in Art. 15 Abs. 1 sowie 21 TRIPS liegt jedoch die Herkunftsfunktion eines Zeichens zugrunde, weshalb eine Erfassung der Gewährleistungsmarke problematisch erscheint. Die Gewährleistungsmarke als Markenkategorie wird nicht über die inkorporierte PVÜ erfasst. Diese schützt in ihrem Art. 7bis Abs. 1 PVÜ nur Kollektivmarken, wobei aus den damaligen Verhandlungen der Vertragsstaaten nicht klar entnommen werden kann, ob bzw. dass hierunter auch Gewährleistungsmarken verstanden wurden. Art. 15 Abs. 1 TRIPS, der den Gegenstand der Marke erstmals international definiert, fordert eine Eignung des Zeichens, Produkte eines Unternehmens von denen anderer Unternehmen zu unterscheiden und damit eine Herkunftsfunktion des Zeichens, die der Gewährleistungsmarke nicht zukommt. Aus den Unterlagen der Uruguay-Runde wird zum einen deutlich, dass bei den Mitgliedstaaten ein uneinheitliches Verständnis von Inhalt und Wesen der Gewährleistungsmarke herrschte, zum anderen, dass ihre ausdrückliche Miteinbeziehung in den Schutzbereich in einem späteren Entwurf zwar vorgeschlagen wurde, dieser Vorschlag sich aber nicht in der Endfassung niederschlägt. Damit ist davon auszugehen, dass eine Einbeziehung der Gewährleistungsmarke nicht dem Willen der Vertragsstaaten entspricht und Art. 15 Abs. 1 TRIPS keine Gewährleistungsmarken erfasst. Eine Herkunftsfunktion erfordert auch Art. 21 TRIPS. Mit dem Verbot der Zwangslizenz soll eine Verwirrung und Irreführung der Verbraucher verhindert werden. Eine solche scheidet bei dem konstruierten Zugangsanspruch aber aus, da jedes mit der Gewährleistungsmarke gekennzeichnete Produkt auch über die satzungsmäßige Beschaffenheit verfügt. Mit dem konstruierten Zugangsanspruch ist daher keine Zwangslizenzierung iSd. Art. 21 TRIPS verbunden.

Selbst dann, wenn man die Gewährleistungsmarke als von Art. 15 Abs. 1 TRIPS erfasst betrachten würde, handelt es sich bei dem Zugangsanspruch um eine gem. Art. 17 TRIPS zulässige Ausnahme von den Rechten des Markeninhabers nach Art. 16 TRIPS. Art. 17 TRIPS basiert auf dem Dreistufentest der RBÜ und regelt Voraussetzungen für Schutzbeschränkungen. Hierfür muss die Regelung eine „begrenzte Ausnahme" vorsehen, die die berechtigten Interessen der Markeninhaber wie auch Dritter berücksichtigt. Der Zugangsanspruch ist eine solch begrenzte Ausnahme, da lediglich der Kreis derjenigen, gegenüber denen die Nutzung untersagt werden kann, eingeschränkt wird, nicht jedoch eine Nutzung abgewandelter Zeichen oder eine mögliche Verwechslungsgefahr hingenommen werden muss. Das in Art. 17 TRIPS selbst angeführte

Beispiel einer lauteren Benutzung beschreibender Angaben sowie der Schutz geografischer Angaben zeigen, dass die Verwendung eines Zeichens als Beschreibung eines Produkts und zur Verbraucherinformation ein berechtigtes Interesse Dritter – Verbraucher wie auch potentieller Lizenznehmer – sein kann. Der Markeninhaber möchte währenddessen legitimerweise die Unterscheidungskraft sowie den wirtschaftlichen Wert seines Zeichens bewahren. Beide Interessen werden in Gestalt des Zugangsanspruchs berücksichtigt: Durch die freie Verwendung der Gewährleistungsmarke wird eine umfassende Verbraucherinformation ermöglicht, während der wirtschaftliche Markenwert durch die Verweigerungsmöglichkeit des Markeninhabers in Ausnahmefällen gesichert wird. Damit erfüllt die Zugangsregel die Anforderungen an eine Ausnahme von den Rechten aus der Marke gem. Art. 17 TRIPS. Obwohl die Gewährleistungsmarke grundsätzlich nicht von TRIPS erfasst wird, besteht ihre Funktion doch in einer Unterscheidung von Produkten, die Art. 15 Abs. 1 TRIPS ebenfalls erfordert. Insofern kann sie durchaus zur Überkategorie des „Geistigen Eigentums" gezählt werden. Gleichzeitig weist sie aufgrund ihrer Aussage über Produkteigenschaften und ihrem damit beschreibenden Charakter eine hohe Ähnlichkeit zu geografischen Angaben auf, die ebenfalls durch das TRIPS geschützt werden. Aufgrund der, beiden Arten von Angaben zugrunde liegenden, Informationswirkung und der ähnlichen Schutzbedürftigkeit sowie Schutzwürdigkeit erscheint zumindest die Anwendung der allgemeinen Grundsätze in Teil I des TRIPS-Abkommens, die Inländerbehandlung gem. Art. 3 TRIPS sowie die Meistbegünstigung gem. Art. 4 TRIPS, angemessen.

§ 8 *Benutzung innerhalb der Schranke des Art. 14 Abs. 1 lit. b) UMVO*

Die Kompatibilitätsprüfung der Zugangsregel hat bereits gezeigt, dass die UMVO das Ausschließlichkeitsrecht der Markeninhaber aus informationsökonomischen Gründen zugunsten der Allgemeinheit begrenzt. Nach Zuweisung eines Markenrechts geschieht dies unter anderem durch Schrankenregelungen, auf deren Basis Dritten eine Benutzung der Marke ermöglicht wird. Im Folgenden wird untersucht, wie sich der Charakter der Gewährleistungsmarke auf die Benutzungsschranke für nicht unterscheidungskräftige oder beschreibende Zeichen gem. Art. 14 Abs. 1 lit. b) UMVO auswirkt. Anders als bei einer referierenden Benutzung iSd. Art. 14 Abs. 1 lit. c) UMVO erfolgt die Verwendung hier nicht als Hinweis auf das Produkt des Markeninhabers, weshalb sich größere Spannungen mit der Gewährleistungsfunktion ergeben.

A. *Regelung bei der Individualmarke*

Nach Art. 14 Abs. 1 lit. b) UMVO kann es der Markeninhaber Dritten nicht verbieten, im geschäftlichen Verkehr Zeichen oder Angaben ohne Unterscheidungskraft oder über die Art, Beschaffenheit, Menge, Bestimmung, Wert, geografische Herkunft oder die Zeit der Herstellung der Ware oder der Erbringung der Dienstleistung oder über andere Merkmale der Ware oder Dienstleistung zu benutzen, sofern die Nutzung den anständigen Gepflogenheiten in Gewerbe oder Handel entspricht. Systematisch ist die Anwendbarkeit der Norm auf Fälle beschränkt, in denen dem Rechteinhaber Ansprüche aus einer Kennzeichenverletzung zustehen, da es andernfalls keines Rückgriffs auf eine Schranke bedarf.[365] Sie zielt auf einen Ausgleich zwischen den Individualinteressen des Kennzeicheninhabers und der Monopolisierung seiner Schutzrechte einerseits und den Wettbewerbsinteressen andererseits ab.[366]

Die freigestellte Verwendung nicht unterscheidungskräftiger Zeichen beruht auf dem Gedanken, dass die den absoluten Eintragungshindernissen der Art. 7 Abs. 1 lit. b), lit. c) UMVO zugrunde liegenden Allgemeininteressen auch nach dem Anmeldungsverfahren und als gleichgewichtig anzusehen sind.[367] Zu Abgrenzungsschwierigkeiten kann es bei der Frage kommen, ob die Benutzung des Zeichens bereits nicht „im Zusammenhang mit Waren und Dienstleistungen" erfolgt und eine Rechtsverletzung schon tatbestandlich ausscheidet, oder ob die Verwendung von einer Schranke gedeckt ist.[368] Ähnlich

---

[365] Eisenführ/Schennen-*Eisenführ/Eberhardt*, UMVO (2017), Art. 12, Rn. 5; BeckOK MarkenR-*Kretschmar*, Art. 14 UMV, Rn. 1.

[366] EuGH, Urt. v. 7.1.2004, C-100/02, ECLI:EU:C:2004:11, Rn. 16 = GRUR 2004, 234 – *Gerolsteiner/Putsch*.

[367] BeckOK MarkenR-*Kretschmar*, Art. 14 UMV, Rn. 14.

[368] BeckOK MarkenR-*Kretschmar*, Art. 14 UMV, Rn. 15 f.

wirkt die Freistellung der Zeichennutzung zum Zwecke der Beschreibung. Sie soll allen Wirtschaftsteilnehmern die Möglichkeit zur Nutzung beschreibender Angaben erhalten und verkörpert insoweit das Freihaltebedürfnis.[369] Da der Wortlaut der Norm nicht auf beschreibende Begriffe beschränkt ist, können sämtliche Marken von Dritten benutzt werden, um in lauterer Weise auf die von ihnen vertriebenen Produkte aufmerksam zu machen.[370]

Gleichzeitig muss die Beschränkung des Ausschließlichkeitsrechts durch die Schrankenbestimmung schützenswerte Interessen des Markeninhabers wahren. Art. 14 Abs. 2 UMVO stellt daher eine Schranken-Schranke auf, nach der die Zeichenbenutzung nur dann freigestellt ist, wenn sie den anständigen Gepflogenheiten in Gewerbe und Handwerk entspricht. Inhaltlich entspricht dies der Pflicht, den berechtigten Interessen nicht in unlauterer Weise zuwider zu handeln.[371] Die Einhaltung der Pflicht ist im Rahmen einer Gesamtwürdigung aller relevanten Umstände des Einzelfalls inklusive aller Begleitumstände außerhalb der eigentlichen Zeichengestaltung zu beurteilen.[372] Nach den vom EuGH gebildeten Fallgruppen entspricht die Zeichennutzung dann nicht den anständigen Gepflogenheiten in Gewerbe und Handwerk, wenn (1) sie den Eindruck erweckt, dass eine Handelsbeziehung zwischen Drittem und Markeninhaber besteht, (2) sie die Unterscheidungskraft oder Wertschätzung der Marke in unlauterer Weise ausnutzt, (3) durch sie die Marke herabgesetzt oder schlecht gemacht wird oder (4) der Dritte seine Ware als Imitation oder Nachahmung der Ware mit der Marke darstellt, deren Inhaber er nicht ist.[373] Dabei bedeutet die Zeichenverwendung durch den Dritten aber nicht notwendigerweise, dass er seine eigenen Produkte als eine Ware mit gleicher Qualität oder

---

[369] EuGH, Urt. v. 4.5.1999, C-108/97, C-109/97, ECLI:EU:C:1999:230, Rn. 28 = GRUR Int. 1999, 727 – *Windsurfing Chiemsee*; Urt. v. 10.4.2008, C-102/07, ECLI:EU:C:2008:217, Rn. 46 = GRUR 2008, 503 – *adidas/Marca Mode ua*.

[370] EuGH, Urt. v. 25.1.2007, C-48/05, ECLI:EU:C:2007:55, Rn. 42 f. = GRUR 2007, 318 – *Adam Opel*.

[371] EuGH, Urt. v. 23.2.1999, C-63/97, ECLI:EU:C:1999:82, Rn. 61 = GRUR Int. 1999, 438 – *BMW*; Urt. v. 7.1.2004, C-100/02, ECLI:EU:C:2004:11, Rn. 24 = GRUR 2004, 234 – *Gerolsteiner/Putsch*; Urt. v. 16.11.2004, C-245/02, ECLI:EU:C:2004:717, Rn. 82 = GRUR 2005, 153 – *Anheuser-Busch*; Urt. v. 11.9.2007, C-17/06, ECLI:EU:C:2007:497, Rn. 35 = GRUR 2007, 971 – *Céline*; BeckOK MarkenR-*Kretschmar*, Art. 14 UMV, Rn. 24; *Lange*, Kennzeichenrecht (2012), Rn. 3629.

[372] EuGH, Urt. v. 7.1.2004, C-100/02, ECLI:EU:C:2004:11, Rn. 26 = GRUR 2004, 234 – *Gerolsteiner/Putsch*; Urt. v. 16.11.2004, C-245/02, ECLI:EU:C:2004:717, Rn. 84 = GRUR 2005, 153 – *Anheuser-Busch*; Urt. v. 11.9.2007, C-17/06, ECLI:EU:C:2007:497, Rn. 35 = GRUR 2007, 971 – *Céline*; BeckOK MarkenR-*Kretschmar*, Art. 14 UMV, Rn. 25; Ströbele/Hacker/Thiering-*Thiering*, MarkenG (2018), § 23, Rn. 93.

[373] EuGH, Urt. v. 17.3.2005, C-228/03, ECLI:EU:C:2005:177, Rn. 49 = GRUR 2005, 509 – *Gillette*; Ströbele/Hacker/Thiering-*Thiering*, MarkenG (2018), § 23, Rn. 127 ff. mwN.

mit Eigenschaften darstellt, die denjenigen der Markenwaren gleichwertig sind.[374]

B. *Ökonomische Begründung*

Wie bereits gesehen[375] sichert das mit den Schrankenregelungen rechtlich aufgegriffene Freihaltebedürfnis die Möglichkeit der Allgemeinheit, Begriffe mit bereits eindeutig bestimmtem und verständlichem Signalgehalt zu verwenden, weil damit eine besonders hohe Informationskostenreduktion einhergeht. Diese Nutzungsart ebenfalls dem Markeninhaber zuzuweisen wäre mit unverhältnismäßigen Nachteilen für die Allgemeinheit, dh. Wohlfahrtsverlusten, verbunden. In dem Maße, wie der Markenschutz seine Rechtfertigung aus den positiven Marktwirkungen des Zeichenschutzes zieht, setzen ihm die erstrebten Marktwirkungen auch Grenzen:[376] Wird die Marke nicht zur Kennzeichnung einer unternehmerischen Leistung verwendet, sondern allein der reine Informationsgehalt des geschützten Zeichens genutzt oder – wie bei Art. 14 Abs. 1 lit. c) UMVO – ausdrücklich eine fremde Leistung bezeichnet, kann von der effizienzsteigernden Signalwirkung des Zeichens profitiert werden, ohne dass es beim Signalempfänger zu einer Zuordnungsverwirrung kommt. Verhindert wird damit auch, dass sich der Markeninhaber über sein Zeichenmonopol und der Unterbindung einer Nutzung beschreibender Zeichen durch andere Anbieter dem Konkurrenzdruck auf Wettbewerbsmärkten entzieht.[377]

C. *Übertragung auf die Gewährleistungsmarke*

Die Schrankenregelung des Art. 14 Abs. 1 lit. b) UMVO ist auf die Herkunftsfunktion der Individualmarke ausgerichtet: Dritte können sich ihre Informationswirkung durch einen Einsatz als beschreibendes Zeichen zunutze machen, ohne dass der Herkunftshinweis dadurch tangiert wird. Problematischer ist es bei der Gewährleistungsmarke, die qua Markencharakter „beschreibende Merkmale" einer Ware oder Dienstleistungen zertifizieren soll, ohne gleichzeitig selbst „beschreibend" iSd. Art. 7 Abs. 1 lit. c) UMVO zu sein.[378] Hierdurch stellt sich nicht nur die Frage nach den Anforderungen an die Unterscheidungskraft einer Gewährleistungsmarke im Eintragungsverfahren.[379]

---

[374] EuGH, Urt. v. 17.3.2005, C-228/03, ECLI:EU:C:2005:177, Rn. 49 = GRUR 2005, 509 – *Gillette.*

[375] Vgl. § 7 E. IV. 1. c).

[376] *Lehmann/Schönfeld*, GRUR 1994, 481, 488 f.; vgl. auch GA *Maduro*, Schlussanträge vom 22.9.2009, ECLI:EU:C:2009:569, Rn. 103 f. – *Google France.*

[377] Vgl. *Van den Bergh/Lehmann*, GRUR Int. 1992, 588, 598.

[378] Eisenführ/Schennen-*Schennen*, UMVO (2017), Art. 74a, Rn. 18.

[379] Für die Beurteilung der Unterscheidungseignung und -kraft der Gewährleistungsmarke anhand ihrer Gewährleistungsfunktion: *Dröge*, GRUR 2017, 1198; Ekey/Bender/Fuchs-Wiesemann-*Ekey*, MarkenR (2019), § 106a, Rn. 6 f.; *Fezer*, GRUR 2017, 1188,

Unklar erscheint auch, ob und wie Dritte die Gewährleistungsmarke zur Produktbeschreibung einsetzen können, ohne gleichzeitig den Anschein einer Beschaffenheitsgarantie durch ihren Inhaber zu erwecken und dadurch die Gewährleistungsfunktion zu beeinträchtigen.

I. Schrankenregelung ökonomisch nicht gerechtfertigt

Bereits die ökonomische Notwendigkeit einer freien, schrankenmäßigen Benutzung der Gewährleistungsmarke zu beschreibenden Zwecken ist nicht ohne Weiteres ersichtlich: Durch die konstruierte Zugangsregel haben Anbieter einen Anspruch auf Prüfung ihrer Produkte und bei erfolgreicher Zertifizierung auf Lizenzierung der Gewährleistungsmarke. Möchten Dritte ihre Produkte mithilfe der Marke beschreiben, steht ihnen die Möglichkeit der Zeichennutzung auf lizenzvertraglicher Basis offen. Anders als bei einer Individualmarke kann es insofern a priori nicht zu einer Monopolisierung des Zeichens und dadurch weder zur Behinderung unterschiedlicher Anbieter im Wettbewerb noch zum Entzug besonders signalstarker und informationskostensenkender Zeichen aus der geschäftlichen Kommunikation kommen. Der Rückgriff auf eine Schrankenregelung ist daher bereits informationsökonomisch nicht in dem Maße erforderlich, wie es bei der Individualmarke der Fall ist. Vielmehr führte es regelmäßig zu Verwirrungen, weil unklar wäre, ob mit der Zeichenverwendung eine tatsächliche Beschaffenheitsgarantie des Markeninhabers verbunden ist, oder ob es sich um eine bloße Produktbeschreibung durch den Anbieter iSe. „Selbstzertifizierung" handelt. Zudem könnten Anbieter mithilfe der Schrankenregelung versuchen, die Marke zur Produktbewerbung einzusetzen und gleichzeitig die für Produktzertifizierung und Markenlizenzierung erforderlichen Kosten zu vermeiden, um einen komparativen Vorteil gegenüber Mitbewerbern zu erzielen. Mittelfristig käme es dadurch zu einer statischen wie dynamischen Ineffizienz, weil Gewährleistungsmarkeninhaber mangels Einnahmen weder ihren aktuellen Zertifizierungsbetrieb unterhalten können noch einen Anreiz zum Aufbau weiterer Gewährleistungsmarke haben. Es besteht damit kein Allgemeininteresse an einer Schrankenregelung zur Benutzung der

---

1197; *Geiger/Kringer*, MarkenR 2018, 359, 364; *Jung*, IPRB 2019, 112, 114; BeckOK MarkenR-*Vohwinkel*, § 106a MarkenG, Rn. 8 ff.; wohl auch Eisenführ/Schennen-*Schennen*, UMVO (2017), Art. 74a, Rn. 19 („Kriterium der Unterscheidungskraft abstrahiert von dem Bezug zu einer gewerblichen Herkunft und vielmehr als rein quantitatives Kriterium"); wohl für einen Wegfall der Voraussetzung der Unterscheidungskraft *Leister/Romeike*, GRUR Int. 2016, 122, 126; *Belson*, Certification Marks (2017), Rn. 3.77 f. wirft die Frage auf, ob für die Gewährleistungsmarke geringere Anforderungen an die Unterscheidungskraft zu stellen sind; da nach EuGH aber ohnehin bereits ein Mindestmaß hieran genügt, bleibt die praktische Konsequenz unklar, vgl. *Buckstegge*, Nationale Gewährleistungsmarke (2018), S. 248 ff.; *Bently et al.*, IP Law (2018), S. 975 sehen für Kollektiv- und Gewährleistungsmarken zwar eine geringere Unterscheidungskraft, machen gleichzeitig aber auf die dadurch erschwerte Rechtsdurchsetzung aufmerksam.

Gewährleistungsmarke für beschreibenden Zwecke. Umgekehrt würden die Interessen des Gewährleistungsmarkeninhabers unverhältnismäßig beeinträchtigt.

II. Umsetzung

Die fehlende ökonomische Begründung der Schrankenregelung für die Gewährleistungsmarke kann auf zwei Arten rechtlich umgesetzt werden: Entweder findet Art. 14 Abs. 1 lit. b) UMVO pauschal keine Anwendung auf die Gewährleistungsmarke, oder aber die fehlende Legitimation wird bei der Beurteilung der Schranken-Schranke des Art. 14 Abs. 2 UMVO berücksichtigt.

Gegen die pauschale Nichtanwendung der Norm spricht der grundsätzliche Anwendungsbefehl für Kapitel II der UMVO in Art. 83 Abs. 2 UMVO, der Abweichungen nur aufgrund speziellerer Regelungen zur Gewährleistungsmarke, nicht aber auf Basis ihrer Markenfunktion erlaubt. Zudem kann dadurch nicht auf individuelle Einzelfälle reagiert werden. Vorzugswürdig erscheint daher die zweite Alternative einer Berücksichtigung bei Art. 14 Abs. 2 UMVO und im Rahmen der „anständigen Gewohnheiten in Gewerbe oder Handel". Die gebotene umfassende Beurteilung aller Gesamtumstände der Zeichenbenutzung gibt die Möglichkeit, eine Nutzung der Gewährleistungsmarke zu beschreibenden Zwecken in Einzelfällen zuzulassen. Die vom EuGH für die Individualmarke gefundenen Fallgruppen, die ua. mit dem Eindruck einer bestehenden Handelsbeziehung ebenfalls auf die Herkunftsfunktion abzielen, sind dementsprechend an die Gewährleistungsmarke anzupassen: Die Benutzung der Gewährleistungsmarke zu beschreibenden Zwecken läuft dann den berechtigen Interessen des Inhabers in unlauterer Weise zuwider, wenn (1) sie den Eindruck erweckt, dass der Markeninhaber eine Beschaffenheitsgarantie für das Produkt des Dritten übernimmt, (2) sie die Unterscheidungskraft oder Wertschätzung der Marke in unlauterer Weise ausnutzt oder (3) durch sie die Marke herabgesetzt oder schlecht gemacht wird. Diese Ausformung der Fallgruppen folgt dem Verständnis der Gewährleistungsmarke, wonach sie auf eine Beschaffenheit hinweist, die bei allen so gekennzeichneten Produkten vorliegt. Bei der vierten Fallgruppe der Individualmarke, der Imitation oder Nachahmung der Ware mit der Marke, deren Inhaber der Dritte nicht ist, handelt es sich lediglich um einen Spezialfall (Identitätsschutz bei Produktpiraterie) der ersten Fallgruppe (Verwechslungsschutz) mit Bezug zur Herkunftsfunktion, der bei der Gewährleistungsfunktion keine Entsprechung findet und inhaltlich von der ersten Fallgruppe erfasst wird.

D. Zwischenergebnis

Die Schranke der freien Benutzung von nicht unterscheidungskräftigen oder beschreibenden Zeichen in Art. 14 Abs. 1 lit. b) UMVO dient dem Allgemeininteresse, allgemein bekannte und verständliche Begriffe mit hohem

Informationswert trotz Monopolrecht des Markeninhabers nutzen zu können. Das ist bei der Individualmarke grundsätzlich konfliktfrei möglich, da sie Produkte nicht beschreibt, sondern auf ihren betrieblichen Ursprung hinweist. Anders liegt es bei der Gewährleistungsmarke, der mit ihrer Beschaffenheitsaussage ein beschreibender Charakter immanent ist. Für sie ist die Schrankenregelung ökonomisch deutlich schwerer zu legitimieren. Zu einer Monopolisierung des Zeichens und seinem Entzug aus der Kommunikation kann es aufgrund des Zugangsanspruchs von Anbietern satzungskonformer Produkte nicht kommen. Gleichzeitig ist bei einer schrankenmäßigen Nutzung für die angesprochenen Verbraucherkreise unklar, ob mit der Zeichenverwendung eine tatsächliche Beschaffenheitsgarantie des Gewährleistungsmarkeninhabers verbunden ist, oder ob es sich nur um eine Selbstbeschreibung durch den Anbieter handelt. Dieser könnte sich dadurch die Kosten für Produktzertifizierung und Markenlizenzierung ersparen, was dem Gewährleistungsmarkeninhaber sämtliche Anreize für seine Tätigkeit nähme. Die Umsetzung dieser Erkenntnisse durch eine Nichtanwendung der Schranke auf Gewährleistungsmarken ist aber zu pauschal. Vorzugswürdig erscheint ihre Berücksichtigung auf Ebene der Schranken-Schranke des Art. 14 Abs. 2 UMVO im Rahmen der „anständigen Gepflogenheiten in Gewerbe und Handel". Hier sind die vom EuGH begründeten Fallgruppen auf die Hauptfunktion der Gewährleistungsmarke auszurichten.

§ 9 Fazit

Entspricht das Verhalten der Gewährleistungsmarke in der Verletzungssituation weitgehend und im Wesentlichen dem der Individualmarke, weicht es in Fragen ihrer Benutzung fundamental davon ab. Die Beurteilung der rechtserhaltenden Benutzung ähnelt sich bei beiden Markenkategorien noch stark, auch wenn ihre jeweilige Hauptfunktion entscheidend ist. Zu konträren Ergebnissen führen die unterschiedlichen Hauptfunktionen erst bei der Nutzung durch Dritte und der Möglichkeit der Anbieter, einen Anspruch auf Nutzung der Marke geltend zu machen. Da eine Zuordnungsverwirrung aufgrund der Gewährleistungsfunktion nur bei einer Nutzung für nicht satzungskonforme Produkte ausgelöst wird, stehen einem Zugangsanspruch zur Gewährleistungsmarke für satzungskonforme Produkte keine ökonomischen Bedenken entgegen. Dass die Property Rights-Theorie darüber hinaus mit informationsökonomischen Argumenten sogar ein „depropertizing" der markenrechtlichen Handlungsrechte im Verhältnis zu Anbietern satzungskonformer Produkte hin zu einer *liability rule* rechtfertigt, zeigt die Sonderstellung des Markenrechts im Bereich des Geistigen Eigentums. Entgegen jüngerer Tendenzen wird von einer umfassenden Internalisierung zugunsten des Markeninhabers abgerückt. Im Kosmos des Markenrechts verdeutlicht der Zugangsanspruch damit die besondere wettbewerbsrechtliche Prägung dieser Markenkategorie. Er baut nicht nur auf der treuhänderischen Stellung des Gewährleistungsmarkeninhabers auf, die durch dessen Neutralitätspflicht sowie das Satzungserfordernis zum Ausdruck gebracht wird, sondern gibt ihm bei Vorliegen berechtigter Interessen ein Verweigerungsrecht. Als Phänomen eines umweltsensiblen Markenrechts reflektiert der Zugangsanspruch die gegenüber der Individualmarke veränderte Erwartungshaltung der Nachfrager und ihr besonderes Vertrauen in die Gewährleistungsmarke, indem die wettbewerbskonforme Nutzung der Markenkategorie und Glaubwürdigkeit am Markt gesichert werden. Hier spiegelt sich wider, dass die Erwartung konstanter Produktqualität bei der Individualmarke lediglich auf wirtschaftlichen Marktrationalitäten fußt, wohingegen sie bei der Gewährleistungsmarke im Recht selbst fundiert ist. Insofern unterstützt der Zugangsanspruch die Gewährleistungsmarke bei ihrer Aufgabe, zum System des unverfälschten Wettbewerbs in der Union beizutragen.

Synthese des Charakters der Gewährleistungsmarke

Abschließend werden die wesentlichen Ergebnisse der Untersuchung zusammengefasst und hieraus Schlussfolgerungen zum Charakter und der Rolle der Gewährleistungsmarke im System des unverfälschten Wettbewerbs abgeleitet.

A. Zusammenfassung der Arbeit

I. Markenverletzung

Das erste Kapitel der Arbeit beschäftigt sich mit dem Verhalten der Gewährleistungsmarke in der Verletzungssituation. Dafür werden der Identitäts-, der Verwechslungs- und der Bekanntheitsschutz dieser Markenkategorie untersucht. Ausgehend von der Funktionenlehre des EuGH werden die ökonomische Begründung der einzelnen Markenfunktionen der Individualmarke auf Basis eines informationsökonomischen Ansatzes sowie der Property Rights-Theorie analysiert und auf die Gewährleistungsmarke übertragen, um hieraus Rückschlüsse auf die von der Gewährleistungsmarke erfüllten Funktionen zu ziehen. Dabei zeigt sich, dass die Gewährleistungsmarke eine ebenso multifunktionale Markenkategorie ist wie die Individualmarke. Wie der Individualmarke kommen auch der Gewährleistungsmarke eine Qualitäts-, Werbe-, Kommunikations- und Investitionsfunktion zu, wobei sich die typische Nutzung dieser Markenkategorie durch einen lizenznehmenden Produkthersteller im Detail auswirken kann. Auch beim Verwechslungs- sowie Bekanntheitsschutz laufen die beiden Markenkategorien – trotz Unterschiede – strukturell gleich. In der Verletzungssituation ähneln sich die beiden Markenkategorien somit stark.

Indem sie eine Zuordnung des Produkts zu seinem Hersteller ermöglichen, reduzieren Individualmarken die Suchkosten der Nachfrager und bieten den Anbietern über die Internalisierung des Goodwills einen Anreiz zu hoher und kontinuierlicher Produktqualität. Die Effizienzvorteile, die bei der Individualmarke auf die Herkunftsfunktion zurückzuführen sind, werden bei der Gewährleistungsmarke durch ihre Gewährleistungsfunktion bewirkt. Sie ermöglicht nicht die Zuordnung der betrieblichen Herkunft, sondern bestimmter Eigenschaften zum gekennzeichneten Produkt. Da sich die Nachfrager vor einer Transaktion in der Markensatzung über die gewährleistete Beschaffenheit informieren können, erlaubt die Gewährleistungsmarke Erkenntnisse über Such-

, (Kalkül)-Erfahrungs- sowie Kalkül-Vertrauenseigenschaften.[1] Voraussetzung hierfür ist das Vertrauen der Konsumenten in die Markenkategorie. Es wird vom Markenrecht als berechtigt anerkannt und durch das Satzungserfordernis sowie die damit verbundene Transparenz, die Neutralitätspflicht des Inhabers und den Markenverfall bei mangelhafter Produktkontrolle stabilisiert. Gleichzeitig bietet die Gewährleistungsmarke einen Anreiz nicht nur ihrem Inhaber, die Qualität seiner Produktzertifizierung und -kontrolle konstant zu halten, sondern auch den herstellenden Lizenznehmern, durch eine konstante Produktbeschaffenheit dauerhaft vom Goodwill der Gewährleistungsmarke zu profitieren. Insofern kann die Gewährleistungsmarke den Markteintritt neuer Anbieter bzw. Produkte unterstützen. Ihre effizienzsteigernde Wirkung ist damit deutlich größer als die der Individualmarke.

Die Gewährleistungsfunktion ist beeinträchtigt, wenn mit der Verwendung eines identischen oder ähnlichen Zeichens der Eindruck erweckt wird, der Markeninhaber übernehme eine Beschaffenheitsgarantie für das Produkt. Das kann durch grundsätzlich berechtigte Lizenznehmer, deren Produkte nicht (mehr) den Anforderungen der Satzung entsprechen, oder durch Dritte erfolgen, beispielsweise durch das Wiederbefüllen von Behältnissen mit nicht-zertifizierten Waren.

Eine zusätzliche Herkunftsfunktion kommt der Gewährleistungsmarke daneben nicht zu.[2] Die Übernahme einer partiellen Beschaffenheitsgarantie begründet nicht die „Herkunft" aus dem Unternehmen des Gewährleistungsmarkeninhabers oder eine Verantwortlichkeit für das Produkt in seiner Gesamtheit. Weder käme einer Herkunftsfunktion als Nebenfunktion ein eigenständiger Anwendungsbereich zu, noch ergeben sich durch ihr Fehlen Schutzdefizite. Typische Anwendungsbereiche der Herkunftsfunktion bei der Individualmarke, etwa offensichtliche Markenpiraterie, der Weitervertrieb von Originalwaren oder das Keyword-Advertising werden ebenfalls von der Gewährleistungsfunktion erfasst.

Änderungen ergeben sich bei der Qualitätsfunktion. Erweist sich die Erwartung konstanter Produktqualität bei der Individualmarke als normativ nicht schützenswert, wird die Erwartung einer absoluten, konstanten produktbezogenen Qualitätskomponente bei der Gewährleistungsmarke durch die öffentlich kommunizierte Markensatzung stabilisiert.[3] Ein Abweichen davon ist erst nach einer vorherigen Satzungsänderung möglich. Indem andernfalls der Verfall der Marke droht, kann sich die Qualitätsaussage der Gewährleistungsmarke – anders als bei der Individualmarke – auch gegen den Zeicheninhaber wenden. Die kundenbezogene Qualitätskomponente ist ebenfalls eingeschränkt, da die Wahrnehmung und Entwicklung eines einheitlichen

---

[1] Vgl. § 2 A. III.

[2] Ausf. § 2 A. III. 4.

[3] Näher dazu § 2 B. II. 2. c).

Markenimages bei den Nachfragern durch die unterschiedlichen Markennutzer und deren eigenen Individualmarken schwierig ist. Dem Gewährleistungsmarkeninhaber ist mangels „luxuriösem" Markencharakter jedenfalls keine Kontrolle der Vertriebsstrukturen der Lizenznehmer möglich. Gehalt der Qualitätsfunktion bei der Gewährleistungsmarke ist damit das Bestehen einer objektiv bestimmten Beschaffenheit.

Hinsichtlich der Werbefunktion ergeben sich nur geringe Änderungen. Aufgrund seiner Neutralitätspflicht macht der Markeninhaber nur Werbung *für* seine Marke, der Lizenznehmer hingegen *mit* der Marke für sein Produkt. Dabei werden maßgeblich direkte Informationen übermittelt, die sich aus der Markensatzung ergeben. Weiterhin können die von den Lizenznehmern aufgewendeten Kosten für Produktzertifizierung und Zeichennutzung als *sunk costs* und damit als indirektes Qualitätssignal verstanden werden, eine Koordinationswirkung für Käuferpräferenzen leistet die Gewährleistungsmarke aufgrund ihrer nur beschränkten Aussage über das Gesamtprodukt hingegen nicht.

Wie der Individualmarke kommt auch der Gewährleistungsmarke eine Kommunikationsfunktion zu. Deren Lizenznehmer nutzen den durch die Marke eröffneten Kommunikationskanal, um eine Aussage über die Beschaffenheit ihrer Produkte zu tätigen. Aufgrund des Treuhandcharakters der Marke ist eine Abschottung des Kanals insbesondere gegenüber Anbietern, die damit satzungskonforme Produkte bewerben möchten, zu verhindern. Daneben kann die Gewährleistungsmarke auch von Nachfragern genutzt werden, um mit den gewährleisteten Eigenschaften eine Selbstaussage zu tätigen.

Hinsichtlich der Investitionsfunktion kann auch die Gewährleistungsmarke informationsökonomisch als *„exogenously costly signal"* eingeordnet werden, dessen Wirkung und Glaubwürdigkeit auf den im Vorfeld getätigten Kosten für Produktzertifizierung bzw. Lizenzierung beruht. Eine Modifikation erfährt die Beeinträchtigung der Investitionsfunktion bei der Gewährleistungsmarke dahingehend, dass sich ein Handel mit unverpackten Waren mangels eines mit der Individualmarke vergleichbaren Markenimages nicht auf den Ruf der Gewährleistungsmarke auswirkt.

Beim Verwechslungsschutz wird lediglich die Hauptfunktion der Marke geschützt. Bei der Gewährleistungsmarke ist das die Gewährleistungsfunktion. Verwechslungsgefahr liegt danach dann vor, wenn das Publikum glauben könnte, dass der Inhaber der Marke für das gekennzeichnete Produkt Material, die Art und Weise der Herstellung der Waren oder der Erbringung der Dienstleistungen, die Qualität, die Genauigkeit oder andere Eigenschaften – mit Ausnahme der geografischen Herkunft – gewährleistet.

Die Beschaffenheitsgarantie führt zu Veränderungen bei der Beurteilung der Produktidentität bzw. -ähnlichkeit, bei der nun die Ähnlichkeit der Produkteigenschaften und damit – je nach Gewährleistungsinhalt – auch der stofflichen

Zusammensetzung relevant werden.[4] Der Gewährleistungsinhalt ergibt sich aus der Markensatzung. Um einen umfassenden Schutz der Gewährleistungsmarke zu sichern, ist der Markentyp des kollidierenden Zeichens unerheblich.

Abschließend untersucht das erste Kapitel den Schutz der bekannten Individual- sowie Gewährleistungsmarke.[5] Dessen umfassende ökonomische Analyse legt die geringe theoretische wie empirische Überzeugungskraft der Regelung offen. Der Schutz vor Beeinträchtigungen der Unterscheidungskraft durch eine „Verwässerung" sowie der Wertschätzung sichert den Bestand der Marke und bewahrt dadurch einerseits Nachfrager vor einer Erhöhung der „internen" Suchkosten und daraus resultierenden Effizienzverlusten, andererseits Markeninhaber vor einer Beeinträchtigung ihres bereits gewonnenen Markengoodwills. Ihnen soll der Anreiz zum Aufbau besonders signalstarker, bekannter Marken gesichert werden. Insoweit ist die Legitimation des Schutzes nachvollziehbar. Mit der Zuweisung eines Schutzes gegen Rufausbeutung entfernt sich das Markenrecht von seinem informationsökonomisch fundierten Verwechslungsschutz hin zu einer umfassenden Internalisierung positiver Externalitäten zugunsten des Zeicheninhabers. Die Property Rights-Theorie sieht hierin einen weiteren, erforderlichen Anreiz für den Aufbau bekannter Marken. Die zugrunde liegende Prämisse, eine Effizienzsteigerung durch bekannte Marken und umfassende Markenimages, ist jedoch umstritten. Kritisiert werden eine Beeinflussung der Konsumenten und ihre Ablenkung von tatsächlichen Produkteigenschaften durch die geschaffenen Markenimages, wodurch eine geringere Preiselastizität geschaffen werde. Zudem setze bereits der Markt selbst genügend Anreize zum Aufbau bekannter Marken.

Akzeptiert man jedoch das geltende Recht, so kann dessen ökonomische Begründung auf die bekannte Gewährleistungsmarke übertragen werden. Durch die Neutralitätsklausel des Markeninhabers und seiner damit verbundenen treuhänderischen Stellung hat die für die Individualmarke angeführte Kritik weniger Gewicht. Die Erschaffung eines emotionsbasierten Markenimages, das zu wirtschaftlichen Nachteilen für die Verbraucher führen könnte oder eine umfassende Kommunikationskontrolle mittels der Gewährleistungsmarke ist weniger wahrscheinlich. Die veränderte Hauptfunktion macht aber einige Anpassungen erforderlich: Zwar hat die „gedankliche Verknüpfung" des Zeichens ihren Bezug zur Herkunftsfunktion verloren. Dennoch kann der durch die Markensatzung feststehende Inhalt der Gewährleistungsmarke dazu führen, dass eine Verknüpfung bei unähnlichen Produkten nicht vorgenommen wird. Zur Feststellung einer Beeinträchtigung der Unterscheidungskraft genügt aufgrund der schwierigen Messung eines veränderten Verbraucherverhaltens bei der Gewährleistungsmarke, dass sich Verbraucher bei ihrer Kaufentscheidung in abnehmender Weise von der Marke beeinflussen lassen. Eine Beeinträchtigung

---

[4] Ausf. dazu § 3 A. III. 3.
[5] Umfassend § 4.

der Wertschätzung kann aufgrund der typischen Nutzung der Gewährleistungsmarke parallel zur Individualmarke des Produktherstellers auch durch dessen
Zeichen entstehen. Obwohl die Nachfrager zwischen Gewährleistungs- und Individualmarke unterscheiden, stehen sie in einem Wechselverhältnis zueinander und können sich in ihrer Wertschätzung beim Konsumenten gegenseitig
beeinflussen. Die Wertschätzung und die damit verbundene Glaubwürdigkeit
ist für die Gewährleistungsmarke besonders wichtig und kann durch eine Verwendung für qualitativ minderwertige Produkte oder in einem negativen Kontext beeinträchtigt werden. Im Unterschied zur Individualmarke wird durch die
beiden Tatbestände bei der Gewährleistungsmarke auch das Interesse der
Nachfrager geschützt, da sie bei einem Verlust der Unterscheidungskraft oder
Wertschätzung erneut auf eigene, kostenintensive Produktuntersuchungen angewiesen sind. Die Schutz vor der Ausbeutung der Wertschätzung lässt sich
bei der Gewährleistungsmarke auf genuin informationsökonomische Wertungen stützen. Bei einer anlehnenden Zeichennutzung durch Dritte besteht die
Gefahr, dass Verbraucher aufgrund der mit der Gewährleistungsmarke verbundenen Werte irrigerweise von einer besonderen Produktgüte ausgehen,
wodurch ihnen zusätzliche Informationskosten entstehen können. Von der
Wertschätzung der Gewährleistungsmarke kann in dieser Konstellation nicht
profitiert werden, ohne dass es zu Nachteilen für den Markeninhaber oder
Nachfrager kommt. An einer solchen Nutzung kann jedoch kein Allgemeininteresse bestehen. Das Allgemeininteresse stützt somit das Interesse des Markeninhabers, eine Verwendung seiner Gewährleistungsmarke für unähnliche
Produkte zu verbieten.

II. Markennutzung und Zugangsanspruch

Das zweite Kapitel widmet sich der Nutzung der Gewährleistungsmarke durch
ihren Inhaber und Dritte. Untersucht werden dafür der Benutzungszwang, ein
Zugangsanspruch Dritter, also ein Anspruch Dritter gegen den Markeninhaber
auf Nutzung seines Zeichens, sowie die Verwendung der Marke im Rahmen
der Schranke für nicht unterscheidungskräftige oder beschreibende Angaben
gem. Art. 14 Abs. 1 lit. b) UMVO.

Ausschließlichkeitsrechte zugunsten eines Akteurs sind stets mit Nachteilen
für die Allgemeinheit verbunden. Benutzt der Markeninhaber sein Zeichen jedoch nicht am Markt, um kommunikative Signale zu senden, erhöht es durch
die Blockade des Markenregisters lediglich die Suchkosten der Wettbewerber,
ohne selbst zu einer Informationskostenreduktion der Nachfrager beizutragen.
Vor dem Hintergrund der Zuweisungsregel überwiegen die Nachteile der
Rechtszuweisung. Art. 18 UMVO sieht daher einen Benutzungszwang der
Marke vor.[6] Nach fünf Jahren ohne Nutzung kann der Verfall der Marke erklärt

---

[6] Ausf. § 6.

werden und das Zeichen wird der Allgemeinheit übergeben. Bezugspunkt ist dabei die Hauptfunktion des Zeichens, auf der seine informationskostensenkende Wirkung aufbaut. Für Individual- und Kollektivmarken muss die Nutzung durch den Inhaber die Herkunftsfunktion realisieren, sonstige Markenfunktionen sind irrelevant. Die Notwendigkeit der Markennutzung gilt auch für die Gewährleistungsmarke, bestimmt sich aber anhand der Gewährleistungsfunktion. Aufgrund der Neutralitätspflicht des Gewährleistungsmarkeninhabers kann eine rechtserhaltende Benutzung allein durch Dritte erfolgen. Art. 87 UMVO stellt daher klar, dass die Markenverwendung durch eine hierzu berechtigte Person dem Benutzungszwang genügt.

Art. 25 UMVO erkennt die Marke „als Gegenstand des Vermögens" an und gibt ihrem Inhaber die Möglichkeit, ihre Benutzung zu lizenzieren. Anordnungen hierzu in Form einer Zwangslizenz sind dem Markenrecht – anders als etwa dem Patentrecht – hingegen fremd. Begründen lässt sich das für die Herkunftsfunktion der Individualmarke: Könnten Dritte die Marke ohne Einverständnis ihres Inhabers nutzen, wäre für Nachfrager nicht mehr erkennbar, aus welchem Betrieb die Ware oder Dienstleistung stammt bzw. ob der Markeninhaber hierfür eine Produktverantwortung übernehmen möchte.[7] Die dadurch hervorgerufene Verwechslung ähnelt situativ einer Markenrechtsverletzung. Mangels Zuordnungsmöglichkeit ginge nicht nur die effizienzfördernde Wirkung der Marke verloren, sondern auch der Anreiz ihres Inhabers zu hoher und kontinuierlicher Produktqualität. Die „Verdünnung" der Handlungsrechte des Markeninhabers durch die Zwangslizenzierung führte dazu, dass der Goodwill der Nachfrager nicht mehr zu seinen Gunsten internalisiert werden könnte. Es besteht daher kein Allgemeininteresse an der Zwangslizenzierung von Marken, weshalb sie auch von Art. 21 TRIPS verboten wird.

Anders fällt die ökonomische Beurteilung dann aus, wenn die positiven Marktwirkungen des Zeichens nicht auf die Herkunftsfunktion zurückzuführen sind.[8] Aufgrund ihrer Gewährleistungsfunktion kann die Gewährleistungsmarke von unterschiedlichen Anbietern satzungskonformer Produkte genutzt werden, ohne dass es zu einer Zuordnungsverwirrung kommt. Ihre vorteilhafte Wirkung ist umso größer, je mehr Anbieter sie benutzen, weshalb die Informationsökonomik für einen freien Zugang zur Marke votiert. Bei der Analyse mittels der Property Rights-Theorie ist im Ausgangspunkt deren „interne Begrenzungsregel" zu beachten. Rechte sind nur insoweit zuzuweisen, wie es dadurch zu einer Effizienzsteigerung kommt. Mitunter kann hierfür auch ein „depropertizing", dh. eine Reduktion der Handlungsrechte, angezeigt sein. Bei einem größtmöglich spezifizierten Handlungsrecht würden dem Gewährleistungsmarkeninhaber neben dem Verbraucher-Goodwill für sein Zeichen und der Kostenreduktion   der   Nachfrager   sämtliche   wettbewerbs-   und

---

[7] Ausf. zu dieser Begründung § 7 B.
[8] Umfassend § 7 C.

innovationsfördernden *spillover* als positive Externalitäten zugewiesen. Aufgrund der geänderten Hauptfunktion erhält der Gewährleistungsmarkeninhaber bereits dann einen ausreichenden Anreiz für seine Tätigkeit, wenn ihm kein Abwehranspruch gegenüber Anbietern satzungskonformer Produkte zukommt. Er kann Einnahmen durch die Lizenzierung seiner Marke an diese Nutzer generieren.

Die dem Markeninhaber zugewiesenen *spillover* gehören aber auch zu den mit der Rechtszuweisung verbunden Wohlfahrtsverlusten, die sich insbesondere in Folge einer Unternutzung der Gewährleistungsmarke und nicht realisierter Informationskostenvorteilen ergeben. Vor diesem Hintergrund und mit Blick auf die funktionale Begründung des Markenrechts ist eine vollständige Rechtszuweisung an den Gewährleistungsmarkeninhaber nach der systeminternen „Stoppregel" nicht gerechtfertigt: Der Schutz des Markengoodwills erfolgt nur deshalb und insoweit, damit Kennzeichen ihre transaktionskostensenkende und wettbewerbsfördernde Wirkung entfalten können. Hierfür ist ein Verbotsrecht gegenüber Jedermann aber nicht notwendig. Der Konflikt zwischen Anreizsetzung durch Internalisierung und Informationskostenreduktion durch freien Zugang entscheidet sich bei der Gewährleistungsmarke zugunsten der freien Nutzbarkeit für satzungskonforme Produkte. Der Gedanke der Suchkostenreduktion, der den Verbotsanspruch bei der Individualmarke rechtfertigt, steht ihm bei der Gewährleistungsmarke gerade entgegen. Der Schutz der Gewährleistungsmarke ist daher nicht als *property rule* auszugestalten. Ökonomisch vorzugswürdig ist eine *liability rule*, dh. die erlaubte, aber vergütungspflichtige Nutzung für satzungskonforme Produkte. Sie sichert dem Markeninhaber die Möglichkeit der Kostenamortisation inklusive eines angemessenen Gewinns und stellt damit einen hinreichenden Anreiz für seine Tätigkeit sicher. Dies wäre durch eine *zero-price liability rule*, also eine erlaubte und vergütungsfreie Nutzungsmöglichkeit, nicht der Fall.

Aufbauend auf der ökonomischen Empfehlung einer freien Nutzungsmöglichkeit der Gewährleistungsmarke wird eine Zugangsregel konstruiert.[9] Die ökonomischen Wertungen können jedoch nicht ungefiltert ins Recht übernommen werden; sie scheitern unter anderem am *„strictly legal point of view"* der Rechtdogmatik sowie der Eigenrationalität des Rechts. Eine „responsive Rechtsdogmatik" behandelt die Erkenntnisse der Ökonomik (wie auch anderer Sozialtheorien aus der Umwelt des Rechts) als produktive Irritationen, rekonstruiert sie anschließend rechtsintern sowie mit eigenen Begrifflichkeiten und reagiert hierauf mit autonomer Normbildung und -konkretisierung bei gleichzeitiger Folgenabschätzung und -korrektur. Ihr gelingt es, ökonomische Impulse ins Recht zu transferieren, sich gleichzeitig aber der Probleme und Schwachpunkte der Sozialtheorien bewusst zu sein und die Eigenrationalität des Rechts zu berücksichtigen. Eine Möglichkeit responsiver Rechtsdogmatik,

---

[9] Im Detail § 7 E. II.

auf veränderte Umweltbedingungen zu reagieren, ist die Herausbildung spezifischer „Zugangsregeln". Dabei handelt es sich um systemspezifische Lösungen zur Abstimmung von Ausschließlichkeit und Zugangsfreiheit, die zur Sicherung der gesellschaftlichen Wissensteilung das Verbotsrecht von Rechteinhabern beschränken. Durch eine Dezentralisierung der Nutzungsbefugnis und Schaffung einer erlaubnisfreien Nutzungsmöglichkeit können positive Externalitäten realisiert werden, deren Verhinderung zu einer ökonomisch kritisierten Unternutzung führt. „Zugang" bedeutet dann für den Nutzer die rechtliche Möglichkeit zur Vornahme der immaterialgutsbezogenen Handlung.

Angewendet auf die Gewährleistungsmarke ist das Vorliegen der satzungsmäßig bestimmten Produktbeschaffenheit als Zugangsregel für die Zeichennutzung zu begreifen: Weist das Produkt die erforderlichen Eigenschaften auf, steht seinem Anbieter ein Anspruch auf Nutzung der Gewährleistungsmarke zu. Hierfür orientiert sich das Recht auf Basis eines funktionalen – informationsökonomischen – Schutzrechtsverständnisses an den besonderen Charakteristika dieser Markenkategorie: Durch die Neutralitätspflicht wird dem Inhaber eine aktive Rolle bei der Nutzung seiner Marke versagt; sie hat sich stattdessen anhand der öffentlich zugänglichen Markensatzung zu bestimmen. Hierin sind die Merkmale des Produkts sowie optional des potentiellen Zeichennutzers festzulegen, bei deren Erfüllung der Markeninhaber objektiv und diskriminierungsfrei eine Lizenz zur Markennutzung zu erteilen hat. Das Recht stabilisiert auf diese Weise das besondere Vertrauen der Nachfrager in die Gewährleistungsmarke. Durch eine willkürliche Auswahl der Lizenznehmer würde eine Scheinüberlegenheit solcher Produkte suggeriert, die das Zeichen nutzen dürfen. Indem neuartige Produkte nicht mehr von ihrem bestehenden Goodwill profitieren könnten, ginge die wettbewerbsfördernde Wirkung der Markenkategorie verloren. Durch die Schaffung einer „Zugangsregel" sichert das Recht hingegen die Informationen und den Wissenstransfer um die Produktbeschaffenheit.

Die „Orientierung" des Schutzumfangs durch eine Zugangsregel wird anschließend konkret angewendet.[10] Es ergibt sich ein Anspruch des Anbieters gegen den Gewährleistungsmarkeninhaber auf Abschluss eines Lizenzvertrages, wenn drei Voraussetzungen vorliegen: (1.) Müssen Produkt und Anbieter den Anforderungen der Satzung an Beschaffenheit und Qualifikation entsprechen. Der Markeninhaber kann die dazu erforderliche Prüfung nicht verweigern, sondern hat die Zertifikation im Rahmen seiner Kapazitäten diskriminierungsfrei durchzuführen. (2.) Muss der Anbieter zum Abschluss eines Lizenzierungsvertrages bereit sein. Dieser kann auch die Zahlung einer Lizenzgebühr vorsehen, die zur Sicherung einer wettbewerbskonformen Verwendung der Gewährleistungsmarke allerdings auf eine angemessene Gebühr zu deckeln ist. Schließlich dürfen einer Lizenzierung (3.) keine berechtigten Interessen des

---

[10] Zu dieser Anwendung § 7 E. III.

Markeninhabers entgegenstehen. Dogmatisch unterliegt der Markeninhaber damit grundsätzlich einem Kontrahierungszwang. Die Ausnahme hiervon greift den in der UMVO verwurzelten Gedanken auf, dass der Markeninhaber auch bei einer zulässigen Zeichennutzung Dritter keine unverhältnismäßigen Beeinträchtigungen dulden muss, und stellt einen angemessenen Interessenausgleich sicher. Um den Markenwert zu wahren kann er eine Lizenzierung verweigern, wenn andernfalls und aufgrund der Person des Lizenznehmers ein Vertrauensverlust der Nachfrager in die Gewährleistungsmarke droht.

Der gefundene Zugangsanspruch zur Gewährleistungsmarke muss sich selbstverständlich in die Regelungen der UMVO integrieren und mit weiterem, höherrangigem Recht, konkret der GrCh, EMRK und TRIPS kompatibel sein.[11] Art. 9 Abs. 1 UMVO, der dem Markeninhaber ein ausschließliches Recht an seinem Zeichen zuweist, wird gem. Art. 83 Abs. 3 UMVO durch die spezielleren Regelungen zur Gewährleistungsmarke modifiziert. Art. 75 Abs. 2 UMVO, der für geografische Kollektivmarken einen Zugangsanspruch ausdrücklich vorsieht, bildet angesichts der Herkunftsfunktion auch dieser Markenkategorie eine Ausnahme, weshalb eine explizite Regelung angezeigt ist. Sie ist bei der Gewährleistungsmarke nicht erforderlich, da der freie Zugang hier dem Markencharakter geschuldet ist und insofern den Normalfall bildet. Zuletzt folgt der Zugangsanspruch der Eigenlogik der UMVO, das Ausschließlichkeitsrecht des Markeninhabers durch die Suchkostenreduktion zu determinieren, wie dies bei den absoluten Eintragungshindernissen des Art. 7 Abs. 1 lit. b), c) UMVO, der Schrankenregelung des Art. 14 Abs. 1 lit. b), c) UMVO sowie der Verfallsmöglichkeit bei Entwicklung der Marke hin zur „gebräuchlichen Bezeichnung" gem. Art. 58 Abs. 1 lit. b) UMVO zum Ausdruck kommt. Der Zugangsanspruch folgt insofern einem funktionalen Verständnis der Gewährleistungsmarke und sichert ihre Rolle im System des unverfälschten Wettbewerbs.

Dabei ist er auch mit dem durch Art. 17 Abs. 1 GrCh gewährleisteten Eigentumsrecht vereinbar. Als normgeprägtes Grundrecht unterliegt es der inhaltlichen Ausgestaltungsmöglichkeit durch den Gesetzgeber. Steht ein Zugangsanspruch fest, wird die Hoffnung zukünftiger Gewährleistungsmarkenanmelder, ein umfassendes Ausschließlichkeitsrecht zu erhalten, schon nicht mehr vom sachlichen Schutzbereich erfasst. Bereits eingetragene Gewährleistungsmarken beeinträchtigt der Zugangsanspruch hingegen in Form einer Nutzungsregelung. Sie kann jedoch gerechtfertigt werden: Ihre gesetzliche Grundlage findet der Zugangsanspruch in Art. 84 Abs. 2 UMVO, der die Angabe der zur Benutzung befugten Personen sowie Bedingungen der Markennutzung erfordert. Aus ihrer Angabe folgt, den die Voraussetzungen erfüllenden Interessenten die Markennutzung zu ermöglichen. Damit verfolgt der Zugangsanspruch den legitimen Zweck des Gemeinwohls, Verbraucher mit der

---

[11] Näher § 7 E. IV.

Gewährleistungsmarke über die Produktbeschaffenheit zu informieren, Anbieter am Goodwill der Marke teilhaben zu lassen und die wettbewerbskonforme Verwendung dieser Markenkategorie zu sichern. Dabei greift er nicht in den Wesensgehalt des Markenrechts ein. Dieser besteht im Verbietungsrechts des Inhabers gegenüber Dritten hinsichtlich Beeinträchtigungen der Hauptfunktion seines Zeichens, etwa bei der Nutzung der Gewährleistungsmarke für nicht zertifizierte Produkte. Steht hingegen nur denjenigen Anbietern ein Nutzungsanspruch zu, deren Produkte erfolgreich geprüft wurden, ist die Gewährleistungsfunktion nicht verletzt. Aufgrund der treuhänderischen Stellung des Markeninhabers erfasst der Wesensgehalt jedoch nicht die Möglichkeit, die Produktzertifizierung zu verweigern. Darüber hinaus ist die Beeinträchtigung durch den Zugangsanspruch verhältnismäßig. Da nicht sichergestellt ist, dass eine diskriminierungsfreie, umfassende und wettbewerbskonforme Verwendung der Gewährleistungsmarke auch bei privatautonomer Lizenzierung erfolgt, ist die Nutzungsregelung geeignet und erforderlich, die positiven Marktwirkungen der Gewährleistungsmarke sicherzustellen. Das Interesse des Markeninhabers wird durch die Möglichkeit, eine Lizenzgebühr zu erheben sowie bei Vorliegen berechtigter Interessen die Lizenzierung ausnahmsweise zu verweigern, berücksichtigt. Damit ist die konstruierte Zugangsregel auch mit dem durch Art. 17 Abs. 1 GrCh geschützten Eigentumsrecht kompatibel. Dessen Schutzinhalt entspricht im Wesentlichen dem Eigentumsschutz nach Art. 1 Abs. 1 ZP Nr. EMRK, sodass auch hierzu Kompatibilität besteht.

Schließlich ist der Zugangsanspruch an Art. 21 TRIPS zu messen, der ein Verbot der Zwangslizenzierung von Marken normiert. Inhaltlich führt der Zugangsanspruch aber genau zu einer solchen. Alle markenrechtlichen Regelungen des TRIPS-Abkommens sind aber auf die Herkunftsfunktion eines Zeichens ausgerichtet. Weder Art. 7bis Abs. 1 der PVÜ, die in das Abkommen inkorporiert ist, noch der Wortlaut von Art. 15 Abs. 1 TRIPS selbst, der den Schutzgegenstand definiert als Zeichen, „die geeignet sind, die Waren oder Dienstleistungen eines Unternehmens von denen anderer Unternehmen zu unterscheiden", erfassen die Gewährleistungsmarke. Eine Unterscheidung nach der betrieblichen Herkunft leistet die Gewährleistungsmarke gerade nicht. Aus den Unterlagen zur Verhandlung des TRIPS-Abkommens 1986 bis 1994 wird deutlich, dass zum einen ein uneinheitliches Verständnis zu Charakter und Funktion der Gewährleistungsmarke bestand, zum anderen eine Aufnahme der Gewährleistungsmarke in den Schutzbereich diskutiert und in einem Entwurf niedergelegt, nicht jedoch in die Endfassung übernommen wurde. Das Verbot der Zwangslizenzierung selbst wird mit dem Argument begründet, dass es bei den Nachfragern andernfalls zu Verwirrungen und Täuschungen käme. Solche Verwirrungen sind hingegen dann ausgeschlossen, wenn das genutzte Zeichen nicht von einer Herkunfts-, sondern von der Gewährleistungsfunktion geprägt ist und lediglich von denjenigen Anbietern genutzt wird, deren Produkte die erforderliche Beschaffenheit aufweisen. Art. 21 TRIPS steht dem konstruierten Zugangsanspruch daher nicht entgegen.

Selbst wenn man die Gewährleistungsmarke als von Art. 15 Abs. 1 TRIPS erfasst betrachten und ihrem Inhaber die Rechte nach Art. 16 TRIPS zusprechen würde, erfüllt der Zugangsanspruch die Voraussetzungen einer nach Art. 17 TRIPS zulässigen Ausnahme von diesen Rechten. Es handelt sich bei ihm um eine begrenzte Ausnahme, da er lediglich für satzungskonforme Produkte gilt und keine Verwendung ähnlicher Zeichen oder die Verursachung einer Verwechslungsgefahr zulässt. Mit Blick auf das normierte Beispiel einer „lauteren Benutzung beschreibender Angaben" und den Schutz geografischer Angaben durch TRIPS sind die Interessen der Nachfrager und Lizenznehmer an der Beschaffenheitsbeschreibung und -garantie der Gewährleistungsmarke berechtigt. Das berechtigte Interesse des Markeninhabers am Erhalt des wirtschaftlichen Markenwertes wird durch die Lizenzverweigerung bei möglichen negativen Auswirkungen auf die Marke berücksichtigt.

Obwohl die Gewährleistungsmarke wie gesehen mangels Herkunftsfunktion nicht den markenrechtlichen TRIPS-Regelungen unterliegt, kommt ihr dennoch eine Unterscheidungswirkung zu, die Art. 15 Abs. 1 TRIPS als Teilvoraussetzung des Zeichenschutzes fordert. Insofern kann sie durchaus zur Überkategorie des „Geistigen Eigentums" gezählt werden. In ihrer Schutzbedürftigkeit sowie Schutzwürdigkeit wie auch in ihrer beschreibenden Produktaussage und Informationswirkung ähnelt sie stark den von TRIPS anerkannten geografischen Angaben. Daher sollten zumindest die allgemeinen Grundsätze des Abkommens wie Inländergleichbehandlung, Art. 3 TRIPS und Meistbegünstigung, Art. 4 TRIPS, auf die Gewährleistungsmarke Anwendung finden.

Im letzten Abschnitt dieses Kapitels werden die Konsequenzen der Gewährleistungsfunktion und des Zugangsanspruchs für die Schranke der Benutzung nicht unterscheidungskräftiger oder beschreibender Zeichen gem. Art. 14 Abs. 1 lit. b) UMVO untersucht.[12] Diese Schrankenregelung dient dem Allgemeininteresse, besonders signalstarke und damit kostensenkende Angaben auch dann verwenden zu können, wenn sie dem Monopolrecht eines Markeninhabers unterliegen. Bei der Individual- und Kollektivmarke läuft diese Benutzung regelmäßig konfliktfrei ab, weil der Nutzer lediglich auf den im Zeichen verkörperten Informationswert Bezug nimmt, ohne einen Zusammenhang zum betrieblichen Ursprung des Produkts herzustellen, für das er die Marke nutzt. Für andere Fälle schützt die Schranken-Schranke des Art. 14 Abs. 2 UMVO den Markeninhaber vor Beeinträchtigungen, indem sie die erlaubte Markennutzung an die Einhaltung der „anständigen Gepflogenheiten in Gewerbe oder Handel" knüpft.

Zu größeren Schwierigkeiten kommt es hingegen bei der Gewährleistungsmarke, der selbst ein beschreibender Charakter immanent ist. Würde sie von

---

[12] Zur Benutzungsschranke § 8.

Dritten über die Schranke des Art. 14 Abs. 1 lit. b) UMVO genutzt, wäre unklar, ob mit der Verwendung eine Garantieaussage des Gewährleistungsmarkeninhabers verbunden ist, oder ob es sich um eine bloße Selbstbeschreibung des Anbieters handelt. Gleichzeitig greift die ökonomische Begründung
der Schranke nicht in gleicher Weise durch: Aufgrund des Zugangsanspruchs
kann jeder Anbieter satzungskonformer Produkte die Gewährleistungsmarke
nutzen. Für die Schranke besteht kein informationsökonomisches Bedürfnis
bzw. Allgemeininteresse. Vielmehr ermöglicht sie Anbietern die Vermeidung
der für Produktzertifizierung und Markenlizenzierung anfallenden Kosten, was
dem Markeninhaber die notwendigen Einnahmen entzieht. Vorzugswürdig erscheint es daher, die vom EuGH zur Einhaltung der „anständigen Gepflogenheiten" gefundenen Fallgruppen auf die Gewährleistungsfunktion auszurichten, sodass eine unzulässige Nutzung ua. dann vorliegt, wenn die Zeichennutzung den Eindruck erweckt, der Gewährleistungsmarkeninhaber übernehme
eine Beschaffenheitsgarantie.

B. *Schlussfolgerungen zu Charakter und Rolle der Gewährleistungsmarke im System des unverfälschten Wettbewerbs*

Die Untersuchungsergebnisse zur Gewährleistungsmarke im Fall der unberechtigten wie auch der berechtigten Nutzung eröffnen schließlich die Möglichkeit, eine übergeordnete Perspektive einzunehmen und Schlussfolgerungen
zum Charakter sowie der Rolle der Gewährleistungsmarke im System des unverfälschten Wettbewerbs zu ziehen. Dabei wird die lauterkeitsrechtliche Prägung der Markenkategorie deutlich. Zudem zeigen sich ihre Wesensähnlichkeit
zu geografischen Angaben und ihre konzeptionelle Eignung als (Selbst-)Regu-
lierungsinstrument.

I. *Gewährleistungsmarke als lauterkeitsrechtlich geprägte Markenkategorie*

Der EuGH spricht dem Markenrecht grundsätzlich die Aufgabe zu, das System
eines unverfälschten Wettbewerbs zu sichern. Aus wettbewerbsrechtlichen, informationsökonomisch informierten Überlegungen nimmt die UMVO bereits
bei der Individualmarke Einschränkungen des Ausschließlichkeitsrechts vor.
Der subjektive Schutzrechtscharakter wird bei der Gewährleistungsmarke noch
weiter zugunsten eines lauterkeitsrechtlichen Irreführungsverbots zurückge-
drängt, wie das europäische Markenrecht an drei Stellen zeigt. In Art. 83
Abs. 2 legt die UMVO den Grundstein für den „neutralen Charakter"[13] der Gewährleistungsmarke. Mit dem Verbot einer gewerblichen Tätigkeit, die die
Lieferung von Produkten, für die eine Gewährleistung besteht, umfasst, beschränkt sie das Handlungsrecht des Gewährleistungsmarkeninhabers *zum ersten Mal* mit dem Ziel, Interessenkonflikte zu verhindern und eine

---

[13] *Leister/Romeike*, GRUR Int. 2016, 122, 126.

wettbewerbskonforme Nutzung der Marke zu sichern. Ein Einsatz seines Zeichens zum Produktvertrieb wird ihm untersagt. An die Stelle eines aktiven Marktauftritts und voller Zeichenhoheit tritt eine treuhänderische Rolle. Zwischen Markeninhaber und berechtigtem Markennutzer herrscht – insbesondere im Gegensatz zur Kollektivmarke – eine Distanz.[14] Daneben fordert es mit Art. 84 Abs. 2 UMVO die Offenlegung der Eigenschaften, für die eine Gewährleistung besteht. Die Satzung hat den „Markenkern" zu beschreiben und die damit verbundene Produktqualität zu definieren.

Zum zweiten Mal wird das Handlungsrecht des Zeicheninhabers beschränkt, indem ihm – anders als bei der Individualmarke – über Art. 88 UMVO eine markenrechtliche Kontinuitätsverpflichtung auferlegt wird. Indem es eine Satzungsänderung nur nach vorheriger Kommunikation anerkennt, schützt ein umweltsensibles Markenrecht die Erwartung der Nachfrager, bei den mit der Gewährleistungsmarke gekennzeichneten Produkten die garantierten Eigenschaften konstant vorzufinden. In diesem Maße ist der Verbraucherschutz nicht mehr nur als bloßer Reflex und „Nebenfunktion" des Schutzes des Markeninhabers anzusehen,[15] sondern weitet sich zu einem eigenständigen Anliegen des Markenrechts iSe. „Hauptfunktion" aus.

Zum dritten Mal wird der ausschließliche Charakter des Markenrechts modifiziert, wenn Produkthersteller ein Anspruch auf Zertifizierung ihrer Waren und Dienstleistungen sowie auf Nutzung der Gewährleistungsmarke erhalten. Die Zugangsregel dezentralisiert die Nutzungsbefugnis des Ausschließlichkeitsrechts, indem es die privatautonome Entscheidungsmacht des Markeninhabers einschränkt. Auf diese Weise ermöglicht sie den gesellschaftlichen Wissenstransfer. Die zugrunde liegenden Impulse der Ökonomik zeigen, dass die bei der Individualmarke ohnehin fragliche, immer weiterreichende Internalisierung positiver Externalitäten zugunsten des Markeninhabers jedenfalls nicht für die Gewährleistungsmarke der modus operandi sein kann.

Stattdessen hängt die Frage der Partizipation am Kommunikationskanal, der durch die Gewährleistungsmarke eröffnet wird, allein von der Produktbeschaffenheit ab. Der dahinterstehende Gedanke, dass Verbraucher weder durch eine Markennutzung bei tatsächlichem Fehlen der garantierten Produktbeschaffenheit, noch durch eine Lizenzverweigerung bei tatsächlichem Vorliegen derselben und einer scheinbaren Qualitätsüberlegenheit ausgewählter Produkte irregeführt werden sollen, ist ein originär lauterkeitsrechtlicher. Die Verweigerungsmöglichkeit des Markeninhabers bei Vorliegen „berechtigter Interessen" läuft letztlich auf eine Interessenabwägung ebenfalls wettbewerbsrechtlicher Prägung hinaus. Die Abwägung sichert den diskriminierungsfreien und

---

[14] *Wagner*, in: Recht als Infrastruktur (2019), S. 61, 74.
[15] Die Ausrichtung des Individualmarkenschutzes auf den Inhaber betont *Winkhaus*, Zeichenähnlichkeit (2010), S. 139.

offenen Zugang zum Kommunikationskanal und damit die Chancengleichheit im Wettbewerb.

Die Markenkategorie der Gewährleistungsmarke ist damit in erster Linie nicht ihrem Inhaber, sondern dem lauteren Wettbewerb und sogar dem Verbraucherschutz[16] verpflichtet und bildet einen Gegenpol zu der tendenziell durch „Emanzipation und Expansion"[17] geprägten Entwicklung des subjektiven Markenrechts seit Beginn des 20. Jahrhunderts. Dabei dient sie nicht nur der Informationskostenreduktion der Nachfrager, sondern ist auch eine „Chance für mehr Wettbewerbsvielfalt",[18] von der alle Akteuren profitieren können. In diesem letzten Punkt unterscheidet sie sich von den Zünften in Mittelalter und Neuzeit, die den Einsatz von Gütesiegeln und ein professionelles Zeichenwesen begründeten.[19] Auch sie stellten eine Mindestqualität der Produkte ihrer Mitglieder sicher und nutzen Zeichen als Herkunfts- und Qualitätssymbole.[20] Gleichzeitig wiesen sie aber auch protektionistische Züge auf, regulierten den Zugang zu Berufsgruppen und wirkten als erhebliche, wenn nicht gar unumgängliche Markteintrittsbarrieren.[21] Eine solche Entwicklung ist bei der Gewährleistungsmarke nicht zu befürchten.

II. Gewährleistungsmarke als „Verwandte" geografischer Herkunftsangaben

Die starke lauterkeitsrechtliche Prägung der Gewährleistungsmarke leitet über zu ihrer Wesensverwandtschaft mit geografischen Angaben. Deren *sui-generis* Schutz ist auf unionaler Ebene in bisher vier Verordnungen geregelt.[22] Die VO

---

[16] *Buckstegge*, Nationale Gewährleistungsmarke (2018), S. 214; *Fromer*, 69 Stan. L. Rev. 121, 199 (2017).

[17] *Sattler*, Emanzipation (2015); zust. *Ohly*, in: Innovation Society (2019), S. 146, 156 ff.; ähnlich *Bone*, 86 B. U. L.Rev. 547, 567 ff. (2006); *McKenna*, 82 Notre Dame L.Rev. 1839, 1847 (2007).

[18] *Wagner*, in: Recht als Infrastruktur (2019), S. 61.

[19] Zum Ursprung der Marke in Zeichenwelt und -wesen der Antike sowie des Mittelalters nur *Fezer*, MarkenG (2009), Einl. A., Rn. 1 ff.; 13 ff. mwN.; *ders.*, GRUR 2003, 457 ff.

[20] *Belson*, Certification Marks (2017), Rn. 2.01 f., 2.06 ff.; *Bently et al.*, IP Law (2018), S. 847 f.; vgl. *Ogilvie*, European Guilds (2019), S. 307 ff.; sie sind daher eher Vorläufer der heutigen Kollektivmarke *Fezer*, MarkenG (2009), Vorb. § 97, Rn. 3; *McKenna*, 82 Notre Dame L.Rev. 1839, 1850 (2007).

[21] Vgl. nur *Ogilvie*, 28 J. Econ. Persp. 169 (2014); *dies.*, European Guilds (2019), S. 83 ff.; seit Mitte der 1980er geht das wirtschaftshistorische Verständnis der Zünfte weg von einer archaischen, wettbewerbshemmenden Unterdrückungsgemeinschaft mit allenfalls sozialer Sicherungsfunktion für ihre Mitglieder hin zu einer informationskostensenkenden, innovationsfördernden Interessenvertretung, vgl. dazu nur *Epstein*, 61 Econ. Hist. Rev. 155 (2008) mwN.; kritisiert wird dabei auch ein falsches Verständnis der Quellen, etwa beim Begriff des „Monopols", vgl. *Richardson*, 23 J. Hist. Econ. Thou. 217 (2001).

[22] Maßgeblich ist dabei die Verordnung (EU) Nr. 1151/2012 des Europäischen Parlaments und des Rates vom 21. November 2012 über Qualitätsregelungen für Agrarerzeugnisse und Lebensmittel, ABl. L 343/1 v. 14.12.2012; ferner werden Herkunftsangaben für

(EU) 1151/2012 differenziert zwischen „Ursprungsbezeichnungen" (gU.) in Art. 5 Abs. 1 und „geografischen Angaben" (ggA.) in Art. 5 Abs. 2.[23] In vielen Aspekten ähnelt die Gewährleistungsmarke den geografische Angaben deutlich stärker als der Individual- oder Kollektivmarke und derart, dass man die beiden Schutzregime als „enge Verwandte" betrachten kann. Bereits angesprochen wurde der grundsätzlich beschreibende Aussagegehalt beider Institute.[24] Die geografischen Herkunftsangaben beschreiben die Herkunft des Produkts, zusätzlich aber auch den besonderen Gütegehalt der mit dem Zeichen versehenen Produkte.[25] Hier liegt der entscheidende Unterschied zwischen ihnen und der Gewährleistungsmarke einerseits sowie der (geografischen) Kollektivmarke andererseits: Die Kollektivmarke kann zwar *auch* für eine bestimmte geografische Herkunft oder Qualität des Produkts stehen, ihr markenrechtlicher Aussagegehalt bezieht sich jedoch weiterhin nur auf die Herkunft aus einem zum Markenverband gehörenden Unternehmen.[26] Vergleichbar mit der Gewährleistungsmarke muss auch der Antrag auf Eintragung einer Herkunftsbezeichnung gem. Art. 8, 7 Abs. 1 VO (EU) 1151/2012 die Kriterien enthalten, die den Produkten ihre charakteristische Güte verleiht und bei den gekennzeichneten Erzeugnissen vorliegen müssen. Mit der Etablierung der Angaben sollen zum einen Verbraucher mit zuverlässigen Informationen über die Erzeugnisse versorgt und vor einer Irreführung geschützt werden.[27] Zum anderen sollen die Position der Erzeuger in einem fairen Wettbewerb gestärkt und ein

---

Weinbauerzeugnisse geschützt durch Art. 92 ff. der fast wörtlich entsprechenden Verordnung (EU) Nr. 1308/2013, ABl. L 347/671 v. 20.12.2013, Herkunftsangaben für aromatisierte Weinerzeugnisse durch Art. Art. 10 ff. der Verordnung (EU) Nr. 251/2014, ABl. L 84/14 v. 20.3.2014 und Geografische Angaben für Spirituosen durch Art. 7 ff. der Verordnung (EU) Nr. 110/2008, ABl. L 39/16 v. 13.2.2008; dazu näher Ströbele/Hacker/Thiering-*Hacker*, MarkenG (2018), § 126, Rn. 42 ff.

[23] Daneben kennt Art. 23 VO (EU) 1151/2012 noch sog. garantiert regionale Spezialitäten; im Gegensatz zu den ggA. und gU. beruhen sie nicht auf regional-örtlichen Gesichtspunkten, sondern sollen die traditionelle Zusammensetzung eines Produkts oder dessen traditionelle Herstellungs- und/oder Verarbeitungsmethodik betonen und sind damit gerade keine Herkunftsangabe; vgl. BeckOK MarkenR-*Schulteis*, § 130 MarkenG, Rn. 16.

[24] Siehe § 7 E. IV. 4. c).

[25] Gem. Art. 5 Abs. 1, 2 VO (EU) 1151/2012 ist „Ursprungsbezeichnung" ein Name, der zur Bezeichnung eines Erzeugnisses verwendet wird, das ua. seine Güte oder Eigenschaften überwiegend oder ausschließlich den geografischen Verhältnissen einschließlich der natürlichen und menschlichen Einflüsse verdankt, „Geografische Angabe" die Bezeichnung eines Erzeugnisses, bei dem ua. Qualität, Ansehen oder eine andere Eigenschaft wesentlich auf diesen geografischen Ursprung zurückzuführen ist.

[26] *González*, 7 JIPLP 251, 261 (2012); vgl. EuGH, Urt. v. 20.9.2017, C-673/15 P – C-676/15 P, ECLI:EU:C:2017:702, Rn. 54, 57 = GRUR 2017, 1257 – *Darjeeling*; BeckOK MarkenR-*Miosga*, Art. 74 UMV, Rn. 12.

[27] Auf Spannungen zwischen der bezweckten Absatzförderung einerseits und Wertungswidersprüchen zu lebensmittelrechtlichen Verordnungen, die eine Irreführungen befürchten lassen andererseits weist *Loschelder*, GRUR 2016, 339 ff. hin.

gerechtes Einkommen gewährleistet werden:[28] Die Angaben sichern, dass das mit ihnen versehene Erzeugnis aus einem bestimmten geografischen Bereich stammt und besondere Eigenschaften aufweist. Sie können sich bei den Verbrauchern einer hohen Wertschätzung erfreuen und für die Erzeuger ein wesentliches Mittel zur Schaffung und Erhaltung eines Kundenstamms sein. Ihr Ansehen hängt von dem Bild ab, das sich der Verbraucher von den besonderen Merkmalen und allgemein der Qualität der mit den Bezeichnungen versehenen Erzeugnisse macht (damit vom Ansehen der Erzeugnisse selbst), sowie von der Überzeugung, dass die unter der Ursprungsbezeichnung verkauften Erzeugnisse echt sind. Die geografischen Angaben binden den „kollektiven Goodwill" der Nachfrager gegenüber den Unternehmern eines bestimmten Ortes.[29] Damit bündelt sie, wie die Gewährleistungsmarke, auch die Wertschätzung der Verbraucher für eine spezielle Produktbeschaffenheit, nämlich die auf den Ort der Erzeugung zurückzuführende Produktgüte unabhängig vom konkreten Erzeuger. Gleichsam beruht der Mehrwert der ggU. und gA. auf ihrer Glaubwürdigkeit und dem Vertrauen der Nachfrager, das durch Prüfungen und Kontrollen der Wirtschaftsbeteiligten auf die Einhaltung der Produktspezifikationen hin geschützt werden soll.[30] Liegen die Spezifikationen nicht vor, erfüllen die Erzeuger einen der in Art. 13 Abs. 1 VO (EU) 1151/2012 aufgeführten Verletzungstatbestände.[31] Das gilt selbst dann, wenn sie die geografische Herkunft des geschützten Produkts aufweisen und damit grundsätzlich zur Nutzung der Herkunftsangabe befugt sind.[32] Beide Zeichenarten eignen sich wirtschaftlich besonders für kleine Anbieter, die keine eigene Individualmarke aufbauen können, auch zur Kollektivbildung zu schwach und stattdessen auf schon bestehende Organisationsstrukturen und einen bereits existierenden Goodwill angewiesen sind.[33]

---

[28] Vgl. Erwgr. 3, 18, 26, 29, Art. 1 Abs. 1 VO (EU) 1151/2012; zum Folgenden vgl. EuGH Urt. v. 16.5.2000, C-388/95, ECLI:EU:C:2000:244, Rn. 54 ff. = GRUR Int. 2000, 750 – *Rioja*; Urt. 20.5.2003, C-469/00, ECLI:EU:C:2003:295, Rn. 49 = GRUR 2003, 609 – *Grana Padano*; Urt. v. 20.5.2003. C-108/01, ECLI:EU:C:2003:296, Rn. 64 = GRUR 2003, 616 – *Prociutto di Parma*; Urt. v. 20.9.2017, C-673/15 P – C-676/15 P, E-CLI:EU:C:2017:702, Rn. 56 = GRUR 2017, 1257 – Darjeeling.

[29] *Gervais*, in: IP at the Edge (2014), S. 130, 141; vgl. *Obergfell*, in: FS Fezer (2016), S. 725, 727.

[30] Siehe Erwägunggr. 46, 47, Art. 37 ff. VO (EU) 1151/2012.

[31] Vgl. EuGH Urt. v. 16.5.2000, C-388/95, ECLI:EU:C:2000:244, Rn. 54 ff. = GRUR Int. 2000, 750 – *Rioja*; Urt. v. 20.5.2003. C-108/01, ECLI:EU:C:2003:296, Rn. 55 f. = GRUR 2003, 616 – *Prociutto di Parma*; Ströbele/Hacker/Thiering-*Hacker*, MarkenG (2018), § 130, Rn. 67; BeckOK MarkenR-*Schulteis*, § 130 MarkenG, Rn. 28.

[32] *Engelhardt*, Verletzung geografischer Namen (2011), S. 18; *Schoene*, AUR 2019, 260 f.; BeckOK MarkenR-*Schulteis*, § 135 MarkenG, Rn. 3.1.

[33] Vgl. für geografische Herkunftsangaben *Knaak*, 46(7) IIC 843, 861 (2015); *Searle/Brassell*, Economic Approaches (2016), S. 132.

Trotz aller Gemeinsamkeiten bei Eintragung, Benutzung und Zielsetzung weisen die beiden Schutzregime einen erheblichen Unterschied auf: Antragsberechtigt für die Eintragung geografischer Herkunftsangaben sind gem. Art. 49 Abs. 1 VO (EU) 1151/2012 vorrangig Vereinigungen, dh. Zusammenschlüsse aus insbesondere Erzeugern oder Verarbeitern der einzutragenden Produkte, eine Art. 83 Abs. 3 UMVO vergleichbare Neutralitätspflicht gibt es nicht. Die eingetragene, markenähnlichen geschützte[34] Angabe ist ferner keinem Rechteinhaber zugeordnet. Ähnlich der Gewährleistungsmarke steht ihre Benutzung allen Erzeugern offen, sofern die notwendigen Produktspezifikationen vorliegen.[35] Die Rechtsdurchsetzung delegiert Art. 13 Abs. 3 VO (EU) 1151/2012 an die Mitgliedstaaten, die die „angemessenen administrativen und rechtlichen Schritte" zur Unterbindung einer widerrechtliche Verwendung unternehmen. Die auf europäischer Ebene geschützten geografischen Herkunftsangaben sind somit keine subjektiven Ausschließlichkeitsrechte, sie haben keinen Rechtsträger, sind nicht lizenzier- oder übertragbar.[36] Im deutschen Markenrecht war dies zugleich Ursache und Argument der intensiven Diskussion um die Rechtsnatur und den – lauterkeitsrechtlichen[37] oder kennzeichenrechtlichen[38] – Schutzcharakter der in §§ 126 ff. MarkenG geregelten geografischen Herkunftsangaben.[39] Sie wurde erst kürzlich vom BGH zugunsten letzterem

---

[34] Der Schutz geografischer Herkunftsangaben durch Art. 13 VO (EU) 1151/2012 ist dem Markenschutz zwar strukturell ähnlich, inhaltlich aber umfassender, da es grds. nicht auf eine Irreführung oder Relevanz der Kaufentscheidung ankommt, *González*, 7 JIPLP 251, 259 f. (2012); *Loschelder*, in: FS Fezer (2016), S. 711, 715; ausf. *Loschelder*, in: FS Ahrens (2016), S. 255, 263 ff.; eine Übertragung und Anpassung der markenrechtlichen Tatbestandsmerkmale auf Art. 13 VO (EU) 1151/2012 versucht *Engelhardt*, Verletzung geografischer Namen (2011), S. 101 ff.

[35] Siehe Erwägunggr. 39, Art. 12 Abs. 1 VO (EU) 1151/2012.

[36] Vgl. nur *de Almeida*, 36(10) E.I.P.R. 640, 645, 648 f. (2014); *Knaak*, 46(7) IIC 843, 853 (2015); *Loschelder*, in: FS Fezer (2016), S. 711, 720 f.

[37] Für eine lauterkeitsrechtliche Einordnung sprachen die fehlende Zuordnung der Herkunftsangaben zu einem Rechtsträger, damit auch die fehlende Lizenzierungsmöglichkeit, die von §§ 14 f. MarkenG abweichende Normstruktur und die gem. § 128 Abs. 1 MarkenG iVm. § 8 Abs. 3 UWG lauterkeitsrechtlich ausgestaltete Aktivlegitimation; neben der Rechtsprechung vertraten diese Auffassung ua. *Ingerl/Rohnke*, MarkenG (2010), Vor. §§ 126–139, Rn. 1; *Ströbele/Hacker/Thiering-Hacker*, MarkenG (2018), § 126, Rn. 5 mwN.

[38] Für eine kennzeichenrechtliche Einordnung sprechen hingegen die über § 128 Abs. 1 S. 3, Abs. 2 S. 3 iVm. §§ 18–19c MarkenG geregelten Ansprüche auf Vernichtung und Rückruf, Auskunftserteilung, Vorlage etc. und dass der Schadensersatzanspruch nicht einem Mitbewerber, sondern dem berechtigten Nutzer der geografischen Herkunftsangabe zusteht, vgl. *Fezer*, MarkenG (2009), § 126, Rn. 4; *Loschelder*, MarkenR 2015, 225, 226 f.; *ders.*, in: FS Fezer (2016), S. 711, 713 ff.; zum Ganzen *Grumbrecht*, Geografische Herkunftsangabe (2017), S. 94–121.

[39] § 127 MarkenG unterscheidet beim Schutzumfang zwischen einfachen geografischen Herkunftsangaben (bloßer Irreführungsschutz), qualifizierten geografischen Herkunftsangaben, bei denen die Erzeugnisse gerade aufgrund ihrer geografischen Herkunft besondere

geklärt.[40] Mit der Begründung, dass der Schutz geografischer Herkunftsangaben der Lauterkeit des Wettbewerbs diene, ordnet sie der EuGH dem gewerblichen und kommerziellen Eigentum iSv. Art. 36 AEUV zu.[41]

So groß, wie die Unterschiede zur Gewährleistungsmarke auf den ersten Blick scheinen, sind sie jedoch nicht. Zwar hat die Gewährleistungsmarke einen Rechtsträger, der Spielraum seines Handlungsrechts ist jedoch stark begrenzt. Ein negativer Ausschluss aller anderen und die positive Zuweisung von Befugnissen tatsächlicher und rechtlicher Art als Merkmal eines Ausschließlichkeitsrechts[42] sind auch bei der Gewährleistungsmarke nicht gegeben. Auch sie ist nicht frei lizenzierbar, will der Inhaber einen Verfall seiner Gewährleistungsmarke vermeiden. Er darf die Zeichennutzung nur Anbietern satzungskonformer Produkte gestatten. Schließlich ist auch eine freie Übertragbarkeit nicht zwingend. Art. 21 TRIPS, der die freie Übertragbarkeit der Marke statuiert, findet keine Anwendung.[43] Bereits gem. Art. 89 UMVO ist eine Übertragung der Gewährleistungsmarke nur an Personen möglich, die der Neutralitätspflicht aus Art. 83 Abs. 3 UMVO nachkommen. Darüber hinaus ist eine Bindung an die gleichzeitige Übertragung der Infrastruktur für Produktprüfungen und -zertifizierungen zur Sicherung des Konsumentenvertrauens und der informationsökonomischen Vorteile jedenfalls denkbar.

Umgekehrt können entsprechend der markenrechtlichen Funktionenlehre auch für geografischen Angaben eine Herkunftsfunktion, Qualitätsfunktion, Werbe-, Investitions- und Kommunikationsfunktion diskutiert werden.[44] Die

---

Eigenschaften oder eine besondere Qualität aufweisen sowie geografischen Herkunftsangaben mit besonderem Ruf (erweiterter Schutz); zur problematischen Konkurrenz von europarechtlichem und nationalem Schutzregime geografischer Herkunftsangaben Ströbele/Hacker/Thiering-*Hacker*, MarkenG (2018), § 126, Rn. 46 ff.; *Loschelder*, MarkenR 2015, 225, 228 ff.; *ders.*, GRUR 2016, 339, 341 ff.; *Ohlgart*, in: FS v.Mühlendahl (2005), S. 97 ff.; *v.Mühlendahl*, in: FS Ströbele (2019), S. 555 ff.

[40] BGH, U. v. 31.3.2016, I ZR 86/13, Rn. 13 = GRUR 2016, 741 – *Himalaya Salz*.

[41] EuGH, Urt. v. 10.11.1992, C-3/91, ECLI:EU:C:1992:420, Rn. 37 = GRUR Int. 1993, 76 – *Exportur*; Urt. v. 5.11.2002, C-325/00, ECLI:EU:C:2002:633, Rn. 26 = GRUR Int. 2002, 1021 – *CMA-Gütezeichen*; Urt. 20.5.2003, C-469/00, ECLI:EU:C:2003:295, Rn. 49 = GRUR 2003, 609 – *Grana Padano*; Urt. v. 20.5.2003. C-108/01, ECLI:EU:C:2003:296, Rn. 64 = GRUR 2003, 616 – *Prociutto di Parma*; Urt. v. 14.9.2017, C-56/16 P, E-CLI:EU:C:2017:693, Rn. 81 = GRUR 2018, 89 – *PORT CHARLOTTE*; diese Rechtsprechung schlug sich auch in Art. 4 lit. b) VO (EU) 1151/2012 nieder, nach dem mit der Verordnung „ein einheitlicher Schutz der Namen im Gebiet der Unions als *Recht des geistigen Eigentums* gewährleistet wird" (eigene Kursivierung).

[42] Zu den Merkmaken eines „primären subjektiven Rechts", dh. Ausschließlichkeitsrechts *Peukert*, Güterzuordnung (2008), S. 56 ff.

[43] Dazu ausf. § 7 E. IV. 4. a) cc).

[44] *Engelhardt*, Verletzung geografischer Namen (2011), S. 15 f. nennt in ausdrücklicher Anlehnung an die markenrechtliche Funktionenlehre eine Herkunfts-, Qualitäts- und Werbefunktion sowie eine wirtschaftslenkende Funktion; näher *Grumbrecht*, Geografische Herkunftsangabe (2017), S. 99 ff. für die geografischen Herkunftsangaben alle Funktionen einer

Herkunftsfunktion bezieht sich in diesem Fall natürlich auf die geografische, nicht betriebliche Produktherkunft, eine mit den Angaben verknüpfte Qualität ist bereits Eintragungsvoraussetzung iSv. Art. 5 Abs. 1 lit. b), Abs. 2 lit. b), Art. 7 Abs. 1 lit. f) VO (EU) 1151/2012 und eine Werbefunktion scheint ihnen schon aufgrund der positiven Qualitätsassoziationen der Nachfrager immanent.

Die genauere Analyse macht somit deutlich, dass die Gewährleistungsmarke trotz aller strukturellen Unterschiede in funktionaler Hinsicht eine erhebliche Ähnlichkeit zu geografischen Angaben aufweist und ihnen jedenfalls näher als der Individual- oder Kollektivmarke ist.[45] Die Gemeinsamkeiten von Individual- und Gewährleistungsmarke als Unterscheidungszeichen und Kommunikationsmittel mögen die Integration beider in das Markenrecht rechtfertigen,[46] präkludieren aber nicht die Beurteilung des Charakters der Gewährleistungsmarke. Stehen die geografischen Angaben „quer" zur Individual- bzw. Kollektivmarke, steht die Gewährleistungsmarke jeweils „schräg" zu den Beiden. Vielleicht hat diese Ähnlichkeit und die dann möglichen Spannungen zwischen den Regelungsregimen dazu geführt, dass entgegen des ursprünglichen Kommissionsentwurfs zur Änderung der Gemeinschaftsmarkenverordnung[47] die geografische Herkunft nicht Inhalt einer Gewährleistungsmarke sein kann.

III. Gewährleistungsmarke als (Selbst-)Regulierungsinstrument

Geografischen Herkunftsangaben zählen nicht nur zum gewerblichen Eigentum. Aufgrund ihrer wirtschaftlichen Bedeutung fungieren sie auch als wirtschaftspolitisches Steuerungsinstrument.[48] Eine Steuerungsfunktion kann in ähnlichem Sinn auch der Gewährleistungsmarke als Gütesiegel zukommen. Das der Markenkategorie zugrunde liegende Regelungskonzept weist dabei typische Elemente „regulierter Selbstregulierung" auf: Der Markeninhaber kontrolliert die Produkte der Lizenznehmer, um die Einhaltung der Regeln zu überwachen, die er in Form der Markensatzung privatautonom festgelegt hat. Sichergestellt muss zusätzlich sein, dass die Produktzertifizierung strikt anhand der in der Markensatzung bestimmten Kriterien erfolgt und die Handhabung der Satzungsbestimmungen mit den Vorgaben der vom europäischen Gesetzgeber geschaffenen UMVO in Einklang steht. Diese Kontrolle leistet neben

---

Marke erfüllen, weshalb ihnen „funktional Kennzeichencharakter zukommt"; *Obergfell*, in: FS Fezer (2016), S. 725, 734 f. mwN. führt die Herkunfts-, Identifikations-, Qualitäts-, Werbe- und Kommunikationsfunktion auf.

[45] *De Almeida*, 36(10) E.I.P.R. 640, 645, 651 (2014); *González*, 7 JIPLP 251, 263 (2012); *Gervais*, in: IP at the Edge (2014), S. 130, 141 ff. spricht von der Gewährleistungsmarke als „valid bridge between the *sui generis* GI world and Anglo-American trademark systems." (Kursivierung im Original), diskutiert letztlich aber einen Schutz geografischer Angaben *in Form von* Gewährleistungsmarken.

[46] *Buckstegge*, Nationale Gewährleistungsmarke (2018), S. 215.

[47] COM(2013) 161 final vom 27.3.2013, S. 26, Art. 74b.

[48] *Büscher*, GRUR Int. 2008, 977, 978.

wettbewerbsrechtlichen Akteuren das *EUIPO* im Rahmen eines Verfalls- oder Nichtigkeitsverfahrens.

Der „Schlüsselbegriff"[49] „regulierte Selbstregulierung" hängt zusammen mit dem Wandel des vorkonstitutionellen Regulierungsverhältnisses über den liberalen Verfassungsstaat hin zum Verständnis eines „Gewährleistungsstaates" und dem dabei entstandenen bzw. gewachsenen Glauben an das Potential gesellschaftlicher Steuerungskräfte zur Erfüllung öffentlicher Aufgaben.[50] Dabei ist weder der Begriff der „Regulierung", noch der der „Selbstregulierung" allgemeingültig definiert.[51] „Selbstregulierung" kann betrachtet werden als Regelsetzung durch private Rechtssubjekte, wobei zwischen der Regelsetzung zur Realisierung ausschließlich privater Interessen und derjenigen zur Erfüllung öffentlicher Aufgaben sowie zur Förderung öffentlicher Interessen unterschieden werden kann.[52] Das Präfix „selbst" soll ein eigenverantwortliches, von außen nicht beeinflusstes Handeln (*Autonomie*) bedeuten.[53] „Regulierung" bezeichnet hoheitlich wahrgenommene Tätigkeiten des Staates zur Beeinflussung gesellschaftlicher Prozesse zur Verfolgung des Gemeinwohls, also Steuerung mit einem spezifischen Ordnungszweck.[54] „Regulierte Selbstregulierung" ist damit angesiedelt im „Zwischenraum" zwischen staatlicher Gesetzgebung (imperative Regulierung, dh. Steuerung durch Eigenvornahme) und bloßer Realisierung der Privatautonomie (rein private Selbstregulierung).[55] Der Staat setzt den regulativen Rahmen, in dem private Akteure öffentliche Aufgaben erfüllen können und stellt damit die Bedingungen der „staatsentlastenden Selbststeuerung der Gesellschaft"[56] auf. Indem er Privaten materielle Ziele setzt und eine Struktur zu deren Erreichung zur Verfügung stellt, gleichzeitig aber auch komplementäre, flankierende Kontrollmaßnahmen zur Vorbeugung möglicher

---

[49] Zu Geschichte und Komponenten des Begriffs *Voßkuhle*, in: Regulierte Selbstregulierung (2001), S. 197 ff.

[50] Vgl. *Grimm*, in: Regulierte Selbstregulierung (2001), S. 9 ff.; *Schuppert*, in: Regulierte Selbstregulierung (2001), S. 201, 239 ff.; *Grimm*, in: Regulierte Selbstregulierung (2001), S. 9, 18 scheint regulierte Selbstregulierung „die fortgeschrittenste Form der Proceduralisierung zu sein, weil sie sich präziser auf die veränderten Steuerungsbedingungen einzustellen versucht und die Informationskapazitäten der Steuerungsadressaten sowie die Eigenlogik der Teilsysteme besser ausnutzen möchte.".

[51] *Buck-Heeb/Dieckmann*, Selbstregulierung (2010), S. 13.

[52] Näher *Buck-Heeb/Dieckmann*, Selbstregulierung (2010), S. 14, 33 ff.; Beispiele bei *Bachmann*, Private Ordnung (2006), S. 27–39 und *Köndgen*, AcP 206 (2006), 477, 479 ff.

[53] *Bachmann*, Private Ordnung (2006), S. 27; *Buck-Heeb/Dieckmann*, Selbstregulierung (2010), S. 19.

[54] Vgl. *Hoffmann-Riem*, Recht und Innovation (2016), S. 49; *Schmidt-Aßmann*, in: Regulierte Selbstregulierung (2001), S. 253, 255.

[55] *Buck-Heeb/Dieckmann*, Selbstregulierung (2010), S. 36; *Collin*, in: Selbstregulierung im 19. Jhdt. (2011), S. 3, 5, 9; *Schulz/Held*, Regulierte Selbstregulierung (2002), S. A-2 ff.

[56] *Bachmann*, Private Ordnung (2006), S. 2.

Machtungleichgewichte ergreift,[57] reguliert der Staat die Selbstregulierung privater Akteure.[58]

Gebildet haben sich solche Regelungsstrukturen dort, wo der staatliche Gesetzgeber von der Schnelligkeit, Dynamik oder Unvorhersehbarkeit tatsächlicher Entwicklungen überfordert ist oder vor einem „Wissensproblem"[59] steht,[60] vor allem im Umwelt-, Medien- oder Technikrecht,[61] aber auch im Gesellschaftsrecht und an dessen Schnittstelle zum geistigen Eigentum, der Verwertung von Urheber- und verwandten Schutzrechten.[62] Als Reaktion auf den Zwang zur Entscheidung unter ständigen Ungewissheitsbedingungen nutzt er Methoden und Modelle Privater zur Wissenserzeugung, „die es erlauben, Hypothesen zu formulieren und zu erproben – oder Regulierungen stufenweise unter der Erwartung der Erzeugung neuen Wissens durch die Entscheidungsstrategie selbst zu formulieren."[63] Dies kann in unterschiedlichen Bauformen und Arrangements auf Ebene der Regelsetzung, -anwendung und -durchsetzung geschehen, zB. als Selbstverwaltung, -verpflichtung oder -kontrolle, aber auch in Gestalt privater Regelwerke und Kodizes.[64]

Eine beide Ebenen überspannende Form ist der Einsatz privater Akteure als Zertifizierungsstelle,[65] etwa zur Produktzertifizierung.[66] Diese Rolle kommt

---

[57] *Hoffmann-Riem*, in: Wechselseitige Auffangordnungen (1996), S. 261, 301.

[58] Ob es sich bei der Koordination privater Akteure um eine (Selbst)Regulierung im öffentlich-rechtlichen Sinn handelt, hängt damit von der funktionalen Ausrichtung der Regelung ab, dh. davon, ob sie zur Erfüllung öffentlicher Aufgaben beiträgt, vgl. *Collin*, in: Selbstregulierung im 19. Jhdt. (2011), S. 3, 6 mwN.

[59] Vgl. zum „Wissen und Nichtwissen" im Recht statt vieler nur *Hoffmann-Riem*, Recht und Innovation (2016), S. 302 ff.

[60] In diesem Fall sollte der Gesetzgeber sogar ganz auf eigene gesetzgeberische Maßnahmen zugunsten von Kooperationsformen privater Selbstregulierung verzichten, vgl. *Bundeskartellamt (Hrsg.)*, Offene Märkte (2020), S. 15; *Schulz/Held*, Regulierte Selbstregulierung (2002), S. A-8 nennen Gründe für ein Versagen traditioneller Regulierungskonzepte; allg. zu Vorteilen bzw. Nachteilen privater Selbstregulierung *Buck-Heeb/Dieckmann*, Selbstregulierung (2010), S. 220 ff., 229 ff.

[61] Beispiele bei *Buck-Heeb/Dieckmann*, Selbstregulierung (2010), S. 50–211; *Schmidt-Aßmann*, in: Regulierte Selbstregulierung (2001), S. 253, 256 ff.; *Schulz/Held*, Regulierte Selbstregulierung (2002), S. E-3 ff.

[62] Zu einem *Corporate-Governance-Codex* für Verwertungsgesellschaften *Marz*, Corporate Governance (2020), S. 305 ff.

[63] *Ladeur*, in: Regulierte Selbstregulierung (2001), S. 59, 76 f.

[64] Zu Bauformen und Instrumenten *Schmidt-Aßmann*, in: Regulierte Selbstregulierung (2001), S. 253, 259 ff.; *Schulz/Held*, Regulierte Selbstregulierung (2002), S. A-10 f., D-3 ff.

[65] *Köndgen*, AcP 206 (2006), 477, 505 f.; *Schulz/Held*, Regulierte Selbstregulierung (2002), S. A-10 f., D-12 ff.

[66] *Pünder*, ZHR 170 (2006) 567 ff.; *Schmidt-Aßmann*, in: Regulierte Selbstregulierung (2001), S. 253, 258.

auch der Gewährleistungsmarke zu.[67] Der Markeninhaber als privater (nach Art. 83 Abs. 2 UMVO mitunter auch staatlicher) Akteur legt mit der Markensatzung das Regelwerk für die Zeichennutzung fest. In ihr identifiziert er ein vorherrschendes Wissensproblem um ausgewählte Produkteigenschaften, macht sie zum Gegenstand seiner Beschaffenheitsgarantie und tritt der Unkenntnis durch seine Prüfungs- und Kontrollleistung entgegen. Anbieter kooperieren mit ihm, indem sie ihre Waren und Dienstleistungen zertifizieren lassen, wodurch die übrigen Marktteilnehmer kostengünstig Wissen über das gekennzeichnete Produkt erlangen. Indem die Gewährleistungsmarke keine Absatzvoraussetzung und für alle satzungskonformen Produkte geöffnet ist, kommt ihr keine wettbewerbsbeschränkende Wirkung zu.[68] Gleichzeitig bestimmt der Markeninhaber Sanktionen, mit denen er einer Missachtung seiner „privaten Ordnung" entgegentritt. Mit der Anmeldung neuer Gewährleistungsmarken oder einer Veränderung der Markensatzung kann er zugleich ungleich flexibler und kurzfristiger als staatliche Akteure auf die sich dynamisch verändernden Probleme des (Nicht-)Wissens reagieren. Die Vorschriften zur Gewährleistungsmarke definieren den Rahmen dieser gesellschaftlichen Selbststeuerung. Ihn bilden Transparenz und Neutralität des Zertifizierenden, aber auch die Verpflichtung zu Mechanismen der Regelkontrolle und -durchsetzung. Die regulative Tätigkeit besteht im „watching the watchdogs".[69] Schlägt die Selbstregulierung von Markeninhaber und -nutzer fehl und wird der gesetzte Rahmen durchbrochen, fällt das Recht in den Modus imperativer Regulierung zurück und entzieht das Zeichen.[70]

Solange dieser Fall nicht eintritt, *kann* die Gewährleistungsmarke staatliche Akteure bei der Verbraucheraufklärung unterstützen oder gar entlasten. Ein Automatismus ist es deswegen nicht, weil die positive Kenntnis des Gewährleistungsinhalts durch die Nachfrager eine normative Annahme ist.[71] Tatsächlich muss der Markeninhaber dieses Wissen zuerst am Markt generieren und verteilen, etwa durch umfangreiche Werbemaßnahmen. Dem

---

[67] Vgl. *Bently et al.*, IP Law (2018), S. 975; allg. zu Gütezeichen als Form privater Selbstregulierung *Bundeskartellamt (Hrsg.)*, Offene Märkte (2020).

[68] Allg. zu Gütezeichen *Bundeskartellamt (Hrsg.)*, Offene Märkte (2020), S. 16.

[69] *Chon*, 77 Fordham L.Rev. 2311, 2325 ff., 2329 (2009); eine stärkere inhaltliche wie prozedurale Regulierung der US-amerikanische Gewährleistungsmarke fordert *Fromer*, 69 Stan. L. Rev. 121, 174 ff. (2017).

[70] Beispielhaft Kommission, Entscheidung 2001/837/EG v. 17.9.2001, Abl. L 319/1 vom 4.12.2001; bestätigt durch EuGH, Urt. v. 16.7.2009, C-385/07 P, ECLI:EU:C:2009:456 = WuW 2009, 960 – *Der Grüne Punkt*. Hier wurde die Abfallentsorgung durch ein eigenverantwortliches Kollektivsystem geleistet, in dem bei Teilnahme die Lizenzierung der Kollektivmarke zu einer überhöhten Lizenzgebühr erfolgte. Mit dem Missbrauch seiner marktbeherrschenden Stellung verstieß das Kollektiv gegen die Rahmenbedingungen seiner Selbstregulierung und die Europäische Kommission griff zur Anpassung der Gebühr ein; vgl. *Bundeskartellamt (Hrsg.)*, Offene Märkte (2020), S. 30 ff. mwN. zur Kontrollpraxis.

[71] Näher § 2 A. III. 1.

Unionsmarkenrecht fehlen jedoch Instrumente um sicherzustellen, dass der Markeninhaber hierzu überhaupt fähig ist und er dieser Aufgabe von Beginn an auch effektiv nachkommt. Tut er es nicht und können die Verbraucher den Aussagegehalt der Gewährleistungsmarke deshalb nicht entschlüsseln, bleiben ihre Effizienzvorteile eine nur theoretische Möglichkeit.

IV. Schlussbetrachtung

Mit der Gewährleistungsmarke hält das Markenrecht inne in seiner grundsätzlich expansiven Entwicklung[72] hin zu einem Property Right. Die lauterkeitsrechtliche Prägung und charakterliche Nähe der Markenkategorie zum *sui generis* Schutz geografischer Angaben zeigen, dass sie primär der Gewährleistung eines unverfälschten Wettbewerbs und weniger individuellen Vermögensinteressen dient. Das Markenrecht besinnt sich damit auf seinen „Markenkern" der Suchkostenreduktion zurück. Als Zertifizierungszeichen widmet sich die Gewährleistungsmarke der Wissensgenerierung sowie -verteilung und kann mit der gesellschaftlichen Selbststeuerung der Produktanbieter einen Beitrag nicht nur zur Entlastung staatlicher Akteure bei der Aufklärung und dem Schutz der Verbraucher, sondern auch bei der Sicherstellung allgemein hoher Produktqualität leisten. Sie führt damit den Gedanken fort, der bereits bei der Ermutigung zur Herausbildung privater Verhaltenskodizes und fachlicher Standards in E-Commerce-RL[73], UGP-RL[74] und Dienstleistungs-RL[75] zum Ausdruck kommt.[76]

Öffentliche Akteure können sich diese Ausrichtung zunutze machen, wenn sie dem selbstregulierenden Konzept der Gewährleistungsmarke vertrauen und sich als Beobachter zweiter Ordnung denken.[77] Die Position im Näherungsbereich öffentlicher Regulierung macht deutlich, dass ihr Ausschließlichkeitsrecht im Gegensatz zur Individualmarke weniger der Internalisierung aller positiver Externalitäten und mehr der Erreichung eines im Allgemeininteresse liegenden Ziels dient. Anders als die Individualmarke wirkt die Gewährleistungsmarke nicht als potentielles Hindernis für Wettbewerb und Innovation,[78] sondern hat sich mit ihrer Zugangsregel deren Förderung verpflichtet. Die

---

[72] Vgl. *Sattler*, Emanzipation (2015).

[73] Vgl. Art. 16 Richtlinie 2000/31/EG des Europäischen Parlaments und des Rates vom 8. Juni 2000 über den elektronischen Geschäftsverkehr, ABl. L 178/1 v. 17.7.2000.

[74] Vgl. Erwgr. 7, 113–115 und Art. 26, 37 Richtlinie 2006/123/EG des Europäischen Parlaments und des Rates vom 12. Dezember 2006 über Dienstleistungen im Binnenmarkt, ABl. L 376/36 v. 27.12.2006.

[75] Vgl. Erwgr. 20 UGP-RL.

[76] Zu Gütezeichen als „Baustein im Konzept der freiwilligen Selbstkontrolle" Fezer/Büscher/Obergfell-*Obergfell*, UWG (2016), Bd. 2, Anh. zu § 3 Abs. 3, Nr. 1, Rn. 2 f., Nr. 2, Rn. 5.

[77] Vgl. *Vesting*, in: Regulierte Selbstregulierung (2001), S. 21, 57.

[78] Zur Individualmarke *Ohly*, in: Innovation Society (2019), S. 146, 150 ff.

Prozeduralisierung dieser Zugangsregel als flankierende Maßnahme[79] – ähnlich dem englischen Markenrecht[80] – kann Anknüpfungspunkt weiterführender Forschung sein.

---

[79] Zur erforderlichen prozessualen Absicherung von Zwangslizenzen Hilty, in: IP and innovation (2012), S. 48, 51.

[80] Gem. Schedule II Art. 6 Abs. 2 UK Trademark Act muss die Markensatzung „procedures for resolving disputes" enthalten, dh. Verfahrensregelungen, wie ein interessierter Nutzer gegen eine Lizenzverweigerung des Gewährleistungsmarkeninhabers vorgehen kann, vgl. UK IPO trademark manual, Ch. 4, 3.4.2.

Literaturverzeichnis

Ackermann, Brunhilde: Markenrechtlicher Individualschutz und Verbraucherschutz – passt das zusammen? in: Büscher, Wolfgang/Glöckner, Jochen/Nordemann, Axel/Osterrieth, Christian/Rengier, Rudolf (Hrsg.), Marktkommunikation zwischen Geistigem Eigentum und Verbraucherschutz. Festschrift für Karl-Heinz Fezer zum 70. Geburtstag, München 2016, S. 155–166

Adams, Michael: Ökonomische Analyse des Gesetzes zur Regelung des Rechts der Allgemeinen Geschäftsbedingungen (AGB-Gesetz), in: Neumann, Manfred (Hrsg.), Ansprüche, Eigentums- und Verfügungsrechte. Arbeitstagung des Vereins für Socialpolitik, Gesellschaft für Wirtschafts- und Sozialwissenschaften in Basel vom 26.-28. September 1983, Berlin 1984, S. 655–680

Ahrens, Sönke: Rechtserhaltende Benutzung und Irreführungsgefahr bei als Kollektivmarken geschützten Gütezeichen, GRUR 2020, 809–817

Akerlof, George A.: The Market for "Lemons": Quality Uncertainty and the Market Mechanism, 84 Q. J. Econ. 488–500 (1970)

Alchian, Armen A.: Some Economics of Property Rights, 30 Il Politico 816-829 (1965)

Aldred, Jonathan: The economic rationale of trade marks: an economist's critique, in: Bently, Lionel/Davis, Jennifer/Ginsburg, Jane C. (Hrsg.), Trade Marks and Brands. An Interdisciplinary Critique, New York (ua.), 2008, S. 267–281

Alexander, Christian: Die unberechtigte Verweigerung der Aufnahme in einen Wirtschaftsverband aus kartellrechtlicher, lauterkeitsrechtlicher und bürgerlichrechtlicher Sicht, ZStV 2014, 121–128

Associated British Food pls (Hrsg.): Annual Report and Accounts 2018, 2018, abrufbar unter https://www.abf.co.uk/documents/pdfs/2018/abf_ar18_web.pdf, zuletzt abgerufen am 25.8.2021, zit. ABF (Hrsg.), Annual Report (2018)

Ayres, Ian/Brown, Jennifer Gerarda: Mark(et)ing Nondiscrimination: Privatizing ENDA with a Certification Mark, 104 Mich. L. Rev. 1639–1712 (2006)

Babin, Mara L.: Abuse of Trademarks: A Proposal for Compulsory Licensing, 7 U. Mich. J. L. Reform 644–666 (1974)

Bachmann, Gregor: Private Ordnung, Tübingen 2006

Bagwell, Kyle: The Economic Analysis of Advertising, in: Armstrong, Mark/Porter, Robert H. (Hrsg.), Handbook of Industrial Organization, Vol. 3, Amsterdam (ua.) 2007, S. 1701–1844

Baldauf, Sarah: Werbung mit Gütesiegeln und Testergebnissen, Aachen 2011

Balz, Manfred: Paradigmenwechsel im Warenzeichenrecht? Zu einigen Grundsatzproblemen der Europamarke, RabelsZ 45 (1981) 317–332

Barnes, David W.: A New Economics of Trademarks, 5 Nw. J. Tech. & Intell. Prop. 22–67 (2006)

ders.: Trademark Externalities, 10 Yale J. L. & Tech. 1–44 (2007)

ders.: The Incentive/Access Tradeoff, 9 Nw. J. Tech. & Intell. Prop. 96-127 (2010) *ders.:* Congestible Intellectual Property and Impure Public Goods Tradeoff, 9 Nw. J. Tech. & Intell. Prop. 533–563 (2011)

Barron, Mark R.: Creating Consumer Confidence or Confusion? The Role of Product Certification in the Market Today, 11 Marqu. Intell. Prop. L. Rev. 413–442 (2007)

Bechtold, Stefan: Zur rechtsökonomischen Analyse im Immaterialgüterrecht, GRUR Int. 2008, 484-488

Bechtold, Stefan: Perspektiven eines Markenrechts jenseits von Informationsasymmetrien, in: Bechtold, Stefan/Jickeli, Joachim/Rohe, Mathias (Hrsg.): Recht, Ordnung und Wettbewerb. Festschrift zum 70. Geburtstag von Wernhard Möschel, Baden-Baden 2011

Beck'scher Onlinekommentar Markenrecht, hrsg. v. Kur, Annette/von Bomhard, Verena/Albrecht, Friedrich, 26. Edition Stand 1.7.2021, München 2021, zit. BeckOK MarkenR-*Bearbeiter*

Beck'scher Onlinekommentar UMV, hrsg. v. Büscher, Wolfgang/Kochendörfer, Mathias, 21. Edition Stand 15.05.2021, München 2021, zit. BeckOK UMV-*Bearbeiter*

Beebe, Barton: A Defense of the New Federal Trademark Antidilution Law, 16 Fordham Intell. Prop. Media & Ent. L.J. 1143–1174 (2006)

ders.: Intellectual Property Law and the Sumptuary Code, 123 Harv. L.Rev. 810-889 (2010)

Beebe, Barton/Fromer, Jeanne C.: Are we running out of trademarks? An empirical study of trademark depletion and congestion, 131 Harv. L.Rev. 945–1045 (2018)

Beebe, Barton/Germano, Roy/Springman, Christopher Jon/Steckel, Joel H.: Testing for Trademark Dilution in Court and the Lab, 86 Chic. L. Rev. 611–668 (2019)

Beebe, Barton/Hemphill, Scott: The Scope Of Strong Marks: Should Trademark Law Protect The Strong More Than The Weak?, 92 NYU L. Rev. 1339–1398 (2017)

Beier, Friedrich-Karl/Krieger, Ulrich: Wirtschaftliche Bedeutung, Funktionen und Zweck der Marke (68). Bericht erstattet im Namen der Landesgruppe der Bundesrepublik Deutschlang, GRUR Int. 1976, 125–128

Belson, Jeffrey: Certification marks, gurantees and trust, 24(7) E.I.P.R. 340–352 (2002)

ders.: Ecolabels: Ownership, Use, and the Public Interest, 102 TMR 1254–1279 (2012) weitgehend inhaltsgleich mit *Belson, Jeffrey:* Ecolabels: Ownership, Use, and the Public Interest, 7 JIPLP 96-106 (2012)

ders.: Certification and Collective Marks. Law and Practice, 2. Auflage, Cheltenham/Northampton 2017

Bender, Achim: Das Ende des deutschen Markenrechts? Die Reformvorschläge der Kommission zum nationalen Markenrecht und zur Europäischen Marke. Ein Überblick über die wichtigsten Änderungen, MarkenR 2013, 129–139

ders.: Was von der Reform übrig blieb: Das neue Markenrecht in Europa und Deutschland. Ein Überblick über die wichtigsten Änderungen, MarkenR 2016, 10–23

ders.: Unionsmarke, 3. Auflage, Köln 2018

Benkenstein, Martin/v. Stenglin, Ariane: Gütesiegel als Qualitätssignal zur Überwindung der Qualitätsunsicherheit im Dienstleistungssektor, in: Bauer, Hans H./Neumann, Marcus M./Schüle, Anja (Hrsg.): Konsumentenvertrauen. Konzepte und Anwendungen für ein nachhaltiges Kundenbindungsmanagement, München 2006, S. 207–217

Bently, Lionel: The making of modern trade mark law: the construction of the legal concept of trade mark (1860–1880), in: Bently, Lionel/Davis, Jennifer/Ginsburg, Jane C. (Hrsg.), Trade Marks and Brands. An Interdisciplinary Critique, New York (ua.), 2008, S. 3–41

Bently, Lionel/Sherman, Brad/Gangjee, Dev/Johnson, Phillip: Intellectual Property Law, 5. Auflage, Oxford 2018, zit. *Bently et al.*, IP Law (2018)

van den Bergh, Roger/Lehmann, Michael: Informationsökonomie und Verbraucherschutz im Wettbewerbs- und Warenzeichenrecht, GRUR Int. 1992, 588–599

Bergmann, Alfred: Rechtserhaltende Benutzung von Marken, MarkenR 2009, 1–7

Berlit, Wolfgang: Markenrechtsmodernisierungsgesetz: Was ändert sich am 14.1.2019?, GRUR Prax 2019, 1–3

Blair, Roger D./Cotter, Thomas F.: Intellectual Property. Economic and Legal Dimensions of Rights and Remedies, Cambridge (ua.) 2005

Blind, Knut/Gauch, Stephan/Goluchowicz, Kerstin/Grossman, Anne-Marie/Rauber, Julius: Deutsches Normungspanel. Indikatorenbericht 2013. Normungsforschung, -politik und -förderung, Berlin 2013, zit. *Blind et al.*, Indikatorenbericht (2013)

Bone, Robert G.: Enforcement Costs and Trademark Puzzles, 90 Virginia L.Rev. 2099–2185 (2004)

ders.: Hunting Goodwill: A History of the Concept of Goodwill in Trademark Law, 86 B. U. L.Rev. 547–622 (2006)

Bornkamm, Joachim: Konfliktzonen zwischen Kennzeichen- und Wettbewerbsrecht, in: Ohly, Ansgar/Klippel, Diethelm (Hrsg.), Geistiges Eigentum und Gemeinfreiheit, Tübingen 2007, S. 181–198

ders.: Die Schnittstellen zwischen gewerblichem Rechtsschutz und UWG. Grenzen des lauterkeitsrechtlichen Verwechslungsschutzes, GRUR 2011, 1–8

Boshoff, Christo: Neurophysiological perspective on brand tarnishment, 25 J. Prod. & Brand Manag. 196–207 (2016)

Bradford, Laura R.: Emotion, Dilution, and the Trademark Consumer, 23 Berk. Tech. L. J. 1227–1298 (2008)

Bröcher, Julia/Hoffmann, Marie-Luise/Seibel, Tatjana: Dogmatische Grundlagen des Markenrechts. Interdisziplinäre Untersuchung der Funktionenlehre und des gesetzlichen Schutzbereichs, Münster 2005
weitgehend inhaltsgleich mit *Bröcher, Julia/Hoffmann, Marie-Luise/Seibel, Tatjana:* Der Schutzbereich des Markenrechts unter besonderer Berücksichtigung ökonomischer Aspekte, Internetökonomie und Hybridität, No. 14, ERCIS, Münster 2005, abrufbar unter http://hdl.handle.net/10419/46579, zuletzt abgerufen am 25.8.2021

Brömmelmeyer, Christoph: Die Multifunktionalität der Marke – Ein Beitrag zur Rechtsprechung des Europäischen Gerichtshofs im Markenrecht, in: Peine, Franz-Joseph/Wolff, Heinrich Amadeus (Hrsg.), Nachdenken über Eigentum. Festschrift für Alexander v. Brünneck zur Vollendung seines siebzigsten Lebensjahres, Baden-Baden 2011, S. 274–286

ders.: Selektive Vertriebssysteme und Marktplatzverbote für Luxusartikel – Anmerkung zur EuGH-Entscheidung in Sachen *Coty*, NZKart 2018, 62–69

Brown, Ralph S., Jr.: Advertising and the Public Interest: Legal Protection of Trade Symbols, 57 Yale L. J. 1165–1206 (1948) = 108 Yale L. J. 1619–1659 (1999) (Reprint)

Bruhn, Manfred: Qualitätsmanagement für Dienstleistungen. Handbuch für ein erfolgreiches Qualitätsmanagement, 12. Auflage, Berlin 2020

Buccafusco, Christopher/Heald, Paul J./Bu, Wen: Testing Tarnishment in Trademark and Copyright Law: The Effect of Pornographic Versions of Protected Marks and Works, 94 Wash. U. L. Rev. 341–421 (2017)

Buck-Heeb, Petra/Dieckmann, Andreas: Selbstregulierung im Privatrecht, Tübingen 2010

Buckstegge, Svenja: Die nationale Gewährleistungsmarke, Berlin 2018

Buhrow, Astrid/Nordemann, Jan Bernd: Grenzen ausschließlicher Rechte geistigen Eigentums durch Kartellrecht (Q 187), GRUR Int. 2005, 407–419

Bundeskartellamt (Hrsg.): Offene Märkte und nachhaltiges Wirtschaften – Gemeinwohlziele als Herausforderung für die Kartellrechtspraxis. Hintergrundpapier zur Sitzung des Arbeitskreises Kartellrecht am 1.10.2020, 2020, online abrufbar unter https://www.bundeskartellamt.de/SharedDocs/Publikation/DE/Diskussions_Hinter-grundpapier/AK_Kartellrecht_2020_Hintergrundpapier.pdf, zuletzt abgerufen am 25.8.2021

Burrell, Robert/Gangjee, Dev: Trade marks and freedom of expression – a call for caution, 41(5) IIC 544–569 (2010)

Busche, Jan/Stoll, Peter-Tobias/Wiebe, Andreas: TRIPs. Internationales und europäisches Recht des geistigen Eigentums, 2. Auflage, Köln 2013, zit. Busche/Stoll/Wiebe-*Bearbeiter*, TRIPS (2013)

Büscher, Wolfgang: Geografische Herkunftsangaben als Gegenstand des gewerblichen Eigentums oder als Steuerungsinstrument von Wirtschaft und Politik? Wirtschaftliche Bedeutung, Voraussetzungen und Rechtsfolgen der Standortbestimmung für den Schutz geografischer Herkunftsangaben, GRUR Int. 2008, 977–983

Büscher, Wolfgang/Dittmer, Stefan/Schiwy, Peter: Gewerblicher Rechtsschutz, Urheberrecht, Medienrecht, 3. Auflage, Köln 2015, zit. Büscher/Dittmer/Schiwy-*Bearbeiter* (2015)

Calabresi, Guido: Some Thoughts on the Risk Distribution and the Law of Torts, 70 Yale L. J. 499–553 (1961)

Calabresi, Guido/Melamed, A. Douglas: Property Rules, Liability Rules, and Inalienability: One View of the Cathedral, 85 Harv. L. Rev. 1089–1128 (1972)

Calliess, Christian/Ruffert, Matthias (Hrsg.): EUV/AEUV. Das Verfassungsrecht der Europäischen Union mit Europäischer Grundrechtecharta, 5. Auflage, München 2016, zit. Calliess/Ruffert-*Bearbeiter*, EUV/AEUV (2016)

Carroll, Conor: Defying a Reputational Crisis – Cadbury's Salmonella Scare: Why are Customers Willing to Forgive and Forget?, 12 Corp. Reput. Rev. 64–82 (2009)

Carter, Stephen L.: Owning What Doesn't Exist, 13 Harv. J.L. & Pub. Pol'y 99–107 (1990)

ders.: The Trouble with Trademark, 99 Yale L. J. 759-800 (1990)

Carvalho, Nuno Pires de: The TRIPS Regime of Trademarks and Designs, 4. Auflage, Alphen an den Rijn 2019

Chamberlin, Edward H.: The Theory of Monopolistic Competition. A Re-orientation of the Theory of Value, 8. Auflage, Cambridge 1962

Chiappetta, Vincent: Trademarks: More than meets the Eye, 2003 U. Ill. J. L. Tech. & Pol'y 35–104

Choi, Jay Pil: Brand Extension as Informational Leverage, 65 Rev. Econ. Stud. 655–669 (1998)

Chon, Margaret: Marks of Rectitude, 77 Fordham L.Rev. 2311–2351 (2009)

Clark, Birgit/Schmitz, Philip/Zalewska, Alicja: No tea for two? European Court of Justice confirms the essential function of an EU collective mark is not to distinguish goods according to geographical origin, 40(3) E.I.P.R. 199–205 (2018)

Coase, Ronald H.: The Problem of Social Cost, 3 J. L. & Econ. 1–44 (1960)

ders.: The Nature of the Firm: Influence, 4 J. L. Econ. Org. 33–47 (1998)

Cohen, Felix S.: Transcendental Nonsense and the Functional Approach, 35 Columb. L.Rev. 809–849 (1935)

Collin, Peter: Einleitung: „Gesellschaftliche Selbstregulierung" und „Regulierte Selbstregulierung" – ertragreiche Analysekategorien für eine (rechts-)historische Perspektive?, in: Collin, Peter/Bender, Gerd/Ruppert, Stefan/Seckelmann, Margit/Stolleis, Michael (Hrsg.), Selbstregulierung im 19. Jahrhundert – zwischen Autonomie und staatlichen Steuerungsansprüchen, Frankfurt a.M. 2011, S. 3–32

Comanor, William S./Wilson, Thomas A.: The Effect of Advertising on Competition: A Survey, 17 J. Econ. Lit. 453–476 (1979)

Cooter, Robert/Ulen, Thomas: Law and Economics, 6. Auflage, Boston (ua.) 2016

Correa, Carlos M./Yusuf, Abdulqawi A. (Hrsg.): Intellectual Property and International Trade: The TRIPs Agreement, London 1998, zit. Correa/Yusuf-*Bearbeiter*, TRIPS (1998)

Cottier, Thomas/Véron, Pierre (Hrsg.): Concise International and European IP Law. TRIPS, Paris Convention, European Enforcement and Transfer of Technology, 3. Auflage, Alphen an den Rijn 2015, zit. Cottier/Véron-*Bearbeiter*, Concise IP (2015)

Dani, Kalliopi: Community Collective Marks: Status, Scope and Rivals in the European Signs Landscape, Baden-Baden 2014

Darby, Michael R./Karni, Edi: Free Competition and the Optimal Amount of Fraud, 16 J. L. & Econ. 67–88 (1973)

De Almeida, Alberto Francisco Ribeiro: The legal nature of geographical indications and designations of origin, 36(10) E.I.P.R. 640–652 (2014)

Deloitte Touche Tohmatsu Limited (Hrsg.): Global Powers of Luxury Goods 2019. Analysis of financial performance and operations for fiscal years ended through June 2018 using company annual reports and industry estimates, 2019, abrufbar unter https://www2.deloitte.com/content/dam/Deloitte/ar/Documents/Consumer_and_Industrial_Products/Global-Powers-of-Luxury-Goods-abril-2019.pdf, zuletzt abgerufen am 25.8.2021, zit. *Deloitte* (Hrsg.), Luxury Goods (2019)

Demsetz, Harold: The Exchange and Enforcement of Property Rights, 7 J. L. & Econ. 11–26 (1964)

ders.: Some Aspects of Property Rights, 9 J. L. & Econ. 61–70 (1966)

ders.: Towards a Theory of Property Rights, 57 Am. Econ. Rev. 347–359 (1967)

ders.: Barriers to Entry, 72 Am. Econ. Rev. 47–57 (1982)

Desai, Deven R.: The Chicago School Trap in Trademark: The Co-Evolution of Corporate, Antitrust, and Trademark Law, 37 Car. L. Rev. 551–620 (2015)

Dhenne, Matthieu: Calculation of FRAND royalties: an overview of practices around the world, 41(12) E.I.P.R. 755–765 (2019)

Dietrich, Nils: Zum Benutzungszwang im Gemeinschaftsmarkenrecht, MarkenR 2013, 249–257

Dilbary, Shahar J.: Famous Trademarks and the Rational Basis for Protecting „Irrational Beliefs", 14 Geo. Mason L. Rev. 605–666 (2007)

Dissmann, Richard/Somboonvong, Sarah: Die Unionsgewährleistungsmarke, GRUR 2016, 657–664

dies.: Rechtserhaltende Benutzung von Individualmarken als Gütezeichen. Besprechung zu EuGH „Gözze/VBB [Internationales Baumwollzeichen]", GRUR 2017, 777–779

Dobb, Sara V.: Compulsory Trademark Licensure as a Remedy for Monopolization, 69 TMR 505–521 (1978)

Dogan, Stacey L./Lemley, Mark A.: Trademarks and Consumer Search Costs on the Internet, 41 Hous. L.Rev. 777–838 (2004)

dies.: What the Right of Public Can Learn from Trademark Law, 58 Stan. L.Rev. 1161–1220 (2006)

dies.: A Search-Costs Theory of Limiting Doctrines in Trademark Law, 97 TMR 1223–1251 (2007)
weitgehend inhaltsgleich mit *Dogan, Stacey L./Lemley, Mark A.:* A search-cost theory of limiting doctrines in trademark law, in: Dinwoodie, Graeme B./Janis, Mark D. (Hrsg.): Trademark Law and Theory. A Handbook of Contemporary Research, Cheltenham/Northampton 2008, S. 65–94

Doney, Patricia M./Cannon, Joseph P./Mullen, Michael R.: Understanding the Influence of National Culture on the Development of Trust, 23 Acad. Manag. Rev. 601–620 (1998)

Dornis, Tim W.: Trademark and Unfair Competition Conflicts. Historical-Comparative, Doctrinal, and Economic Perspectives, Cambridge 2017

ders.: Das standardessentielle Patent und die FRAND-Lizenz (Teil 1), WRP 2020, 540–548

ders.: Das standardessentielle Patent und die FRAND-Lizenz (Teil 2), WRP 2020, 688–696

Dornis, Tim W./Wein, Thomas: Imitationsbehauptung und Rufausnutzung in vergleichender Werbung. Eine rechtsvergleichend-ökonomische Analyse des Spannungsfeldes zwischen Eigentum und Marktkommunikation, ZGE 2016, 513–558

dies.: Trademarks, comparative advertising, and product imitations: An untold story of law and economics, University of Lüneburg Working Paper Series in Economics, No. 366, Lüneburg 2016, abrufbar unter: http://hdl.handle.net/10419/155674, zuletzt abgerufen am 25.8.2021

Dörtelmann, Thomas: Marke und Markenführung. Eine institutionentheoretische Analyse, Dissertation, Bochum 1997

Drexl, Josef: Die wirtschaftliche Selbstbestimmung des Verbrauchers. Eine Studie zum Privat- und Wirtschaftsrecht unter Berücksichtigung gemeinschaftsrechtlicher Bezüge, Tübingen 1998

Dreyfuss, Rochelle Cooper: Espressive Genericity: Trademark as Language in the Pepsi Generation, 65 Notre Dame L.Rev. 397–424 (1990)

dies.: Reconciling trademark rights and expressive values: how to stop worrying and learn to love ambiguity, in: Dinwoodie, Graeme B./Janis, Mark D. (Hrsg.): Trademark Law and Theory. A Handbook of Contemporary Research, Cheltenham, Northampton 2008, S. 261–323

Dröge, Alexander: Die Gewährleistungsmarke – Überlegungen und Vergleiche zur Auslegung der neuen Regelungen, MarkenR 2016, 549–560

ders.: Die Gewährleistungsmarke und ihre Praxisrelevanz, GRUR 2017, 1198–1202

ders.: Der „New Deal for Consumers" – ein Paradigmenwechsel im deutschen UWG, WRP 2019, 160–166

Eckel, Philipp: Anspruch auf Lizenzeinräumung aus FRAND-Erklärungen bei standardessentiellen Patenten – Teil 1, NZKart 2017, 408–414

Eckert, Dirk: Digitale Marken. Analyse der Markenpolitik für digitale Leistungsbündel, Wiesbaden 2004

Economides, Nicholas S.: The Economics of Trademarks, 78 TMR 523–539 (1988)

Ehrlich, Isaac/Fisher, Lawrence: The Derived Demand for Advertising: A Theoretical and Empirical Investigation, 72 Am. Econ. Rev. 366–388 (1982)

Eichelberger, Jan: Die rechtserhaltende Benutzung einer Marke durch eine ihrerseits eingetragene abgewandelte Benutzungsform im nationalen und im Gemeinschaftsrecht, WRP 2009, 1490–1496

ders.: Opel-Blitz II: Abschied vom Erfordernis der markenmäßigen Benutzung?, MarkenR 2010, 474–477

Eichhammer, Stefan: Die markenmäßige Benutzung, Tübingen 2008

Eidenmüller, Horst: Effizienz als Rechtsprinzip. Möglichkeiten und Grenzen der ökonomischen Analyse des Rechts, 4. Auflage, Tübingen 2015

Eisenführ, Günther/Schennen, Dieter: Unionsmarkenverordnung, 5. Auflage, Köln 2017, zit. Eisenführ/Schennen-*Bearbeiter*, UMVO (2017)

Ekey, Friedrich L./Bender, Achim/Fuchs-Wiesemann, Georg: Markenrecht. MarkenG, UMV und Markenrecht ausgewählter ausländischer Staaten, 4. Auflage, Heidelberg 2019, zit. Ekey/Bender/Fuchs-Wiesemann-*Bearbeiter*, MarkenR (2019)

Elaboratum (Hrsg.): Shopsiegel Monitor 2017/2018. Gütesiegel in deutschen Onlineshops: Bekanntheit, Vertrauen und Benchmarking, 2017, zu beziehen unter https://www.elaboratum.de/studie-guetesiegel-online-shops/, zit. *Elaboratum* (Hrsg.), Shopsiegel Monitor (2017)

Engelhardt, Tim: Die Verletzung EU-rechtlich geschützter geografischer Namen. Eine Analyse der Artikel 13 und 14 der Verordnung (EG) Nr. 510/2006 unter besonderer Berücksichtigung des TRIPS-Übereinkommens, Köln 2011

Ensthaler, Jürgen/Bock, Leonie: Verhältnis zwischen Kartellrecht und Immaterialgüterrecht am Beispiel der Essential-facility-Rechtsprechung von EuGH und EuG, GRUR 2009, 1–6

Epstein, S. R.: Craft Guilds in the Pre-Modern Economy: A Discussion, 61 Econ. Hist. Rev. 155–174 (2008)

Erlei, Mathias/Leschke, Martin/Sauerland, Dirk: Institutionenökonomik, 3. Auflage, Stuttgart 2016

Esch, Franz-Rudolf: Strategie und Technik der Markenführung, 9. Auflage, München 2017

Esch, Franz-Rudolf/Rutenberg, Jan: Komplexitätsreduktion durch Vertrauen – kognitive Entlastung für Konsumenten, in: Bauer, Hans H./Neumann, Marcus M./Schüle, Anja: Konsumentenvertrauen. Konzepte und Anwendungen für ein nachhaltiges Kundenbindungsmanagement, München 2006, S. 193–205

Europäische Kommission (Hrsg.): 2019 results of the Rapid Alert System for dangerous non-food products, 2020, abrufbar unter https://ec.europa.eu/consumers/consumers_safety/safety_products/rapex/alerts/repository/content/pages/rapex/reports/docs/RAPEX.2019.report.DE.pdf, zuletzt abgerufen am 25.8.2021, zit. *Kommission* (Hrsg.), RAPEX 2019 (2020)

Europäische Kommission (Hrsg.): The Rapid Alert System for Food and Feed. 2019 Annual Report, abrufbar unter https://op.europa.eu/en/publication-detail/-/publication/2c5c7729-0c31-11eb-bc07-01aa75ed71a1, zuletzt abgerufen am 25.8.2021, zit. *Kommission* (Hrsg.), RASFF 2019 (2020)

Feddersen, Jörn: Erster, Bester oder nur Erstbester? Über die Irreführung mit Testergebnissen, WRP 2019, 1255–1259

Fezer, Karl-Heinz: Kritik an der ökonomischen Analyse des Rechts, JZ 1986, 817–824

ders.: Markenschutz durch Wettbewerbsrecht – Anmerkungen zum Schutzumfang des subjektiven Markenrechts, GRUR 1986, 485–494

ders.: Nochmals: Kritik an der ökonomischen Analyse des Rechts, JZ 1988, 223–228

ders.: Entwicklungslinien und Prinzipien des Markenrechts in Europa. Auf dem Weg zur Marke als einem immaterialgüterrechtlichen Kommunikationszeichen, GRUR 2003, 457–469

ders.: Imitationsmarketing als irreführende Produktvermarktung, GRUR 2009, 451–459

ders.: Markenrecht, 4. Auflage, München 2009

ders.: Die Marke als Immaterialgut. Funktionsschutz, kommerzielle Kommunikation und Markttransparenz, MarkenR 2010, 453–461

ders.: Markenschutzfähigkeit der Kommunikationszeichen (§§ 3 und 8 MarkenG) und Kommunikationsschutz der Marken (§§ 14 und 23 MarkenG). Die funktionale Kennzeichentheorie als Perspektive des „L'Oréal"-Urteils des EuGH, WRP 2010, 165–181

ders.: Schutzgegenstandstheorie. Die Produktbedingtheit eines Zeichens als absolutes Schutzverbot im Kennzeichenrecht, in: Schenk, Brigitte/Lovrek, Elisabeth/Musger, Gottfried/Neumayr, Matthias (Hrsg.), Festschrift für Irmgard Griss, Wien 2011, S. 149–159

ders.: Der Wettbewerb der Markensysteme. Chancen und Risiken der Änderungsvorschläge der EU-Kommission zur Markenrichtlinie und Gemeinschaftsmarkenverordnung, GRUR 2013, 1185–1195

ders.: Die Kollision komplexer Kennzeichen im Markenverletzungsrecht. Konkrete Verwechslungsgefahr und markenfunktionales Inverbindungbringen, GRUR 2013, 209–224

ders.: Rechtsnatur und Rechtssystematik der unionsrechtlichen Konzeption einer Gewährleistungsmarke, GRUR 2017, 1188–1197

Fezer, Karl-Heinz/Büscher, Wolfgang/Obergfell, Eva Inés: Lauterkeitsrecht. Kommentar zum Gesetz gegen den unlauteren Wettbewerb (UWG), 3. Auflage, München 2016, zit. Fezer/Büscher/Obergfell-*Bearbeiter*, UWG (2016)

Fhima, Ilanah Simon: Dilution by blurring – a conceptual roadmap, [2010] IPQ 44–87

dies.: Trade Mark Dilution in Europe and the United States, New York 2011

Fhima, Ilanah: Due cause, 12(11) JIPLP 897–905 (2017)

Figge, Jutta/Hörster, Annika: Das Markenmodernisierungsgesetz, MarkenR 2018, 509–514

Figge, Jutta/Techert, Jan: Die Weiterentwicklung des europäischen Markensystems. Vom Beginn der Reform bis zur Umsetzung, MarkenR 2016, 181–189

Fischer, Thomas: Irreführung durch Werbung mit Prüfzeichen, Gütesiegeln und Gütezeichen, WRP 2009, 408–412

Forsa Politik- und Sozialforschung GmbH (Hrsg.): Ernährungsreport 2019/2020. Ergebnisse einer repräsentativen Bevölkerungsbefragung, im Auftrag des Bundesministeriums für Ernährung und Landwirtschaft (BMEL), Berlin 2020, online abrufbar unter https://www.bmel.de/SharedDocs/Downloads/DE/_Ernaehrung/forsa-ernaehrungsreport-2020-tabellen.pdf?__blob=publicationFile&v=3, zuletzt abgerufen am 25.8.2021, zit. *Forsa* (Hrsg.): Ernährungsreport 2019/2020 (2020)

Franck, Jens-Uwe: Zum Schutz des Produktimages im selektiven Vertrieb, WuW 2010, 772–786

ders.: Vom Wert ökonomischer Argumente bei Gesetzgebung und Rechtsfindung für den Binnenmarkt, in: Riesenhuber, Karl (Hrsg.), Europäische Methodenlehre. Handbuch für Ausbildung und Praxis, 3. Auflage, Berlin, München, Boston 2015, S. 70–93

Franklyn, David J.: Debunking Dilution Doctrine: Toward a Coherent Theory of the Anti-Free-Rider Principle in American Trademark Law, 56 Hastings L.J. 117–168 (2004)

Frenz, Walter: Europarecht, 2. Auflage, Berlin/Heidelberg 2016

Frischmann, Brett M./Lemley, Mark A.: Spillovers, 107 Columb. L.Rev. 257–301 (2007)

Fritsch, Michael: Marktversagen und Wirtschaftspolitik. Mikroökonomische Grundlagen staatlichen Handelns, 10. Auflage, München 2018

Fromer, Jeanne C.: The Unregulated Certification Mark(et), 69 Stan. L. Rev. 121–200 (2017)

Funke, Thomas G./Neubauer, Arne: Anmerkung zu EuGH, Urt. v. 6.12.2017, C-230/16, E-CLI:EU:C:2017:941 – *Coty*, GRUR 2018, 215–216

Furubotn, Eirik G./Pejovich, Svetozar: Property Rights and Economic Theory: A Survey of Recent Literature, 10 J. Econ. Lit. 1137–1162 (1972)

Gäfgen, Gérard: Entwicklung und Stand der Property Rights: Eine kritische Bestandsaufnahme, in: Neumann, Manfred (Hrsg.), Ansprüche, Eigentums- und Verfügungsrechte. Arbeitstagung des Vereins für Socialpolitik, Gesellschaft für Wirtschafts- und Sozialwissenschaften in Basel vom 26.-28. September 1983, Berlin 1984, S. 43–62

Gangjee, Dev S.: Property in Brands. The commodification of conversation, in: Howe, Helena R./Griffiths, Jonathan (Hrsg.), Concepts of Property in Intellectual Property Law, Cambridge 2013, S. 29–59

Gangjee, Dev/Burrell, Robert: Because You're Worth It: *L'Oréal* and the Prohibition on Free Riding, 73(2) MLR 282–295 (2010)

Garvin, David A.: What Does „Product Quality" Really Mean?, 26 Sloan Manag. Rev. 25–43 (1984)

Geiger, Caroline/Kringer, Stefanie: Die Einführung der Gewährleistungsmarke in das deutsche Markenrecht. Überblick und Analyse der neuen Markenform, MarkenR 2018, 359–367

Gervais, Daniel: The TRIPS Agreement: Drafting History and Analysis, 2. Auflage, London 2003

ders.: A Cognac after Spanish Champagne? Geographical indications as certification marks, in: Dreyfuss, Rochelle Cooper/Ginsburg, Jane C., Intellectual Property at the Edge. The Contested Contours of IP, Cambridge 2014, S. 130–155

Gläsner, Michael: Grenzen der Beschränkung von Patent- und Markenrechten zum Schutz der öffentlichen Gesundheit nach QTO-Recht. Unter besonderer Betrachtung des Zwangslizenzregimes nach dem TRIPS und der Vereinbarkeit von Plain-packaging-Vorschriften für Tabakwaren mit dem WTO-Recht, München 2018

Glöckner, Jochen: Der Schutz vor Verwechslungsgefahr im Spannungsfeld von Kennzeichenrecht und verbraucherschützendem Lauterkeitsrecht, in: Ohly, Ansgar/Klippel, Diethelm (Hrsg.), Geistiges Eigentum und Gemeinfreiheit, Tübingen 2007, S. 145–179

ders.: Das Recht, die Verfügungsbefugnis und die Verhinderungsmacht am Beispiel des Verhältnisses zwischen Marken- und Lauterkeitsrecht, in: Büscher, Wolfgang/Glöckner, Jochen/Nordemann, Axel/Osterrieth, Christian/Rengier, Rudolf (Hrsg.), Marktkommunikation zwischen Geistigem Eigentum und Verbraucherschutz. Festschrift für Karl-Heinz Fezer zum 70. Geburtstag, München 2016, S. 167–183

González, Miguel Ángel Medina: Collective, guarantee and certification marks and GIs: connections and dissimilarities, 7 JIPLP 251–263 (2012)

Görlich, Daniel: Die anlehnende Markennutzung für nicht ähnliche Produkte, Tübingen 2013

Gotthold, Jürgen: Zur ökonomischen „Theorie des Eigentums". Eine kritische Einführung, ZHR (144) 1980, 545–562

Grabenwarter, Christoph/Pabel, Katharina: Europäische Menschenrechtskonvention. Ein Studienbuch, 6. Auflage, München, Basel, Wien 2016

Grabitz, Eberhard/Hilf, Meinhard/Nettesheim, Martin: Das Recht der Europäischen Union, München, Stand: 69 Ergänzungslieferung Februar 2020, zit. Grabitz/Hilf/Nettesheim-*Bearbeiter*, EU

Grabrucker, Marianne: Der EuGH schnürt am Paket zur Gewährleistungsmarke: Gedanken zur „Baumwollblüte" in „Darjeeling", GRUR 2018, 53–57

dies.: Wieder eine neue Markenform: Zur Gewährleistungsmarke, in: Hacker, Franz/Thiering, Frederik (Hrsg.): Festschrift für Paul Ströbele zum 75. Geburtstag, Köln 2019, S. 93–102

Grechenig, Kristoffel/Gelter, Martin: Divergente Evolution des Rechtsdenkens – Von amerikanischer Rechtsökonomie und deutscher Dogmatik, RabelsZ 72 (2008) 513–561

Griffiths, Andrew: A Law-and-Economics perspective on trade marks, in: Bently, Lionel/Davis, Jennifer/Ginsburg, Jane C. (Hrsg.), Trade Marks and Brands. An Interdisciplinary Critique, New York (ua.), 2008, S. 241–266

ders.: An Economic Perspective on Trade Mark Law, Cheltenham, Northampton 2011

ders.: Quality in European Trade Mark Law, 11 Nw. J. Tech. & Intell. Prop. 621–641 (2013)

Grimm, Dieter: Regulierte Selbstregulierung in der Tradition des Verfassungsstaats, in: Berg, Wilfried/Fisch, Stefan/Schmitt Glaeser, Walter/Schoch, Friedrich/Schulze-Fielitz,

Helmuth (Hrsg.), Regulierte Selbstregulierung als Steuerungskonzept des Gewährleistungsstaates. Ergebnisse des Symposiums aus Anlaß des 60. Geburtstages von Wolfgang
Hoffmann-Riem, Berlin 2001 (Die Verwaltung, Beiheft 4), S. 9–19

Grasso, Roberto: Standard Essential Patents: Royalty Determination in the Supply Chain,
8 J. Eu. Comp. L. P. 283-294 (2017)

Gruber, Stephan: Verbraucherinformation durch Gütezeichen, Köln (ua.) 1986

Grumbrecht, Nina: Die geografische Herkunftsangabe als Immaterialgut im System des europäischen Rechtsschutzes der geografischen Angaben und Ursprungsbezeichnungen,
Konstanz 2017

Grünberger, Michael: Urheberrechte in der wissensbestimmten Gesellschaft: Anmerkungen
zur Mitteilung der Kommission v. 19.10.2009, GPR 2010, 29–35

ders.: Digitalisierung und Zugänglichmachung verwaister Werke, ZGE 2012, 321–390
zugleich in: Leible, Stefan (Hrsg.): Der Schutz des Geistigen Eigentums im Internet, Tübingen 2012, S. 75–142

ders.: Personale Gleichheit. Der Grundsatz der Gleichbehandlung im Zivilrecht, Baden-Baden 2013

ders.: Zugangsregeln bei Verlinkungen auf rechtswidrig zugänglich gemachte Werke, ZUM
2016, 905–919

ders.: Verträge über digitale Güter, AcP 218 (2018), 213–296

ders.: Responsive Rechtsdogmatik – Eine Skizze. Erwiderung auf Karl Riesenhuber, AcP
219 (2019), 892 ff., AcP 219 (2019), 924–942

ders.: Prozeduralisierung im Urheberrecht – Anmerkung zu EuGH, U. v. 14.11.2019 – C-
484/18 – Spedidam u. a./INA, ZUM 2020, 50–53

Grünberger, Michael/Tofaute, Lena: Rezension *Lenk, Andreas:* Die rechtserhaltende Benutzung im deutschen und europäischen Markenrecht, ZGE 2015, 234–244

Grunewald, Barbara: Vereinsaufnahme und Kontrahierungszwang, AcP (182) 1982, 181–
213

Grynberg, Michael: More than IP: Trademark among the Consumer Information Laws,
55 W. & M. L. Rev. 1429–1499 (2014)

Güldenberg, Hans G.: Der volkswirtschaftliche Wert und Nutzen der Marke, GRUR 1999,
843–847

Günzel, Ortrun: Die Einführung der Gewährleistungsmarke – Steine statt Brot? Schutz und
Durchsetzung von Prüf- und Gütesiegeln in Zeiten der (Unions-) Markenrechtsreform,
MarkenR 2018, 523–529

Haberstumpf, Helmut: Die markenmäßige Benutzung, ZGE 2011, 151–201

Hackbarth, Ralf: Auf dem Weg zur ewigen Sternstunde, in: Büscher, Wolfgang/Glöckner,
Jochen/Nordemann, Axel/Osterrieth, Christian/Rengier, Rudolf (Hrsg.), Marktkommu-
nikation zwischen Geistigem Eigentum und Verbraucherschutz. Festschrift für Karl-
Heinz Fezer zum 70. Geburtstag, München 2016, S. 525–537

ders.: Entfernen der Marke außerhalb des EWR als Markenverletzung, GRUR-Prax 2018,
425

Hackbarth, Ralf/Jonas, Kay Uwe/v. Mühlendahl, Alexander: Die tatsächliche Benutzung der
Marke als Voraussetzung für die Aufrechterhaltung des Markenschutzes (Q218), GRUR
Int. 2011, 1029–1042

Hacker, Franz: Funktionenlehre und Benutzungsbegriff nach „L'Oréal", MarkenR 2009,
333–338

ders.: Das Markenrechtsmodernisierungsgesetz (MaMoG). Teil I: Markenfähigkeit, absolute Schutzhindernisse und patentamtliche Verfahren, GRUR 2019, 113–122

ders.: Das Markenrechtsmodernisierungsgesetz (MaMoG). Teil II: Verletzung und Transit, Schutzschranken und Benutzungszwang, Gewährleistungsmarke, Sonstiges, GRUR 2019, 235–244

Hacker, Franz/Hackbarth, Ralf/v. Mühlendahl, Alexander: Der Schutz gegen die Verwässerung einer Marke (Q214), GRUR Int. 2010, 822–828

Haenraets, Ulya/Ingwald, Julia/Haselhoff, Vanessa: Gütezeichen und ihre Wirkungsbeziehungen – ein Literaturüberblick, der markt 2012, 147–163

Han, Young Lee/Nunes, Joseph C./Drèze, Xavier: Signaling Status with Luxury Goods: The Role of Brand Prominence, 74(4) JM 15–30 (2010)

Handler, Michael: What can Harm the Reputation of a Trademark? A Critical Re-Ecaluation of Dilution by Tarnishment, 106 TMR 639–692 (2016)

Hardin, Garrett: The Tragedy of the Commons, 162 Science 1243–1248 (1968)

Harrison, Jeffrey L.: A Positive Externalities Approach To Copyright Law: Theory and Application, 13 J. Intell. Prop. L. 1–59 (2005)

Harte-Bavendamm, Henning/Henning-Bodewig, Frauke (Hrsg.): Gesetz gegen den unlauteren Wettbewerb (UWG), 4. Auflage, München 2016, zit. Harte-Bavendamm/Henning-Bodewig-*Bearbeiter*, UWG (2016)

Heinemann, Andreas: Immaterialgüterschutz in der Wettbewerbsordnung. Eine grundlagenorientierte Untersuchung zum Kartellrecht des geistigen Eigentums, Tübingen 2002

Hemker, Anna: Missbrauch von Gütezeichen, Hamburg 2016

Henning-Bodewig, Frauke/Kur, Annette: Marke und Verbraucher. Funktionen der Marke in der Marktwirtschaft, Band I Grundlagen, Weinheim (ua.) 1988

Hesse, Günter: Zur Erklärung der Änderung von Handlungsrechten mit Hilfe der ökonomischen Theorie, in: Schüller, Alfred (Hrsg.), Property Rights und ökonomische Theorie, München 1983, S. 79–109

Heydt, Ludwig: Zur Funktion der Marke, GRUR Int. 1976, 339–345

Hille, Christian Peter: Das Erfordernis der Qualitätskontrolle und die naked license-Doktrin im US-amerikanischen Recht, MarkenR 2018, 425–432

ders.: Die Legitimation des Markenschutzes aus ökonomischer und juristischer Sicht. Ein Beitrag insbesondere zur Search Cost Theory des US-Markenrechts, RabelsZ 83 (2019) 544–576

Hilty, Reto: Licensing for competition, innovation and creation, in: Hargreaves, Jan/Hofheinz, Paul (Hrsg.), Intellectual property and innovation, 2012, S. 48–52, online abrufbar unter https://lisboncouncil.net/wp-content/uploads/2020/08/LISBON_COUNCIL_-Intellectual_Property_and-Innovation.pdf, zuletzt abgerufen am 25.8.2021

Hirshleifer, Jack: Where Are We in the Theory of Information? 63(2) Am. Econ. Rev. 31–39 (1973)

Hoffmann-Riem, Wolfgang: Öffentliches Recht und Privatrecht als wechselseitige Auffangordnungen – Systematisierung und Entwicklungsperspektiven, in: Hoffmann-Riem, Wolfgang/Schmidt-Aßmann, Eberhard (Hrsg.), Öffentliches Recht und Privatrecht als wechselseitige Auffangordnungen, Baden-Baden 1996, S. 261–336

Hoffmann-Riem, Wolfgang: Innovation und Recht, Recht und Innovation. Recht im Ensemble seiner Kontexte, Tübingen 2016

Holmes, William C.: Compulsory Patent and Trademark Licensing: A Framework for Analysis, 12 Loy. U. Chi. L. J. 43–78 (1980)

Horn, Norbert: Zur ökonomischen Rationalität des Privatrechts. – Die privatrechtliche Verwertbarkeit der ‚Economic Analysis of Law‘, AcP 176 (1976) 307–333

Horton, Audrey: The implications of L'Oreal v Bellure – a retrospective and a looking forward: the essential function of a trade mark and when is an advantage unfair?, 33(9) E.I.P.R. 550–558 (2011)

Immenga, Ulrich/Mestmäcker, Ernst-Joachim/Körber, Torsten/Schweitzer, Heike/Zimmer, Daniel (Hrsg.): Wettbewerbsrecht. Band 2 GWB, 6. Auflage, München 2020, zit. Immenga/Mestmäcker-*Bearbeiter*, GWB (2020)

Ingerl, Reinhard/Rohnke, Christian: Markengesetz. Gesetz über den Schutz von Marken und sonstigen Kennzeichen, 3. Auflage, München 2010

Intellectual Property Office (Hrsg.): Trade marks manual, Stand 4.1.2021, online abrufbar unter https://www.gov.uk/guidance/trade-marks-manual, zuletzt abgerufen am 25.8.2021, zit. *IPO* (Hrsg.), Trade marks manual (2020)

Iyengar, Sheena S./Lepper, Mark R.: When Choice is Demotivating: Can One Desire Too Much of a Good Thing? 79 J. Per. Soc. Psych. 995–1006 (2000)

Jacoby, Jacob: Information Load and Decision Quality: Some Contested Issues, 14 JMR 569–573 (1977)

ders.: The Psychological Foundations of Trademark Law: Secondary Meaning, Genericism, Fame, Confusion and Dilution, 91 TMR 1013–1070 (2001)

Janal, Ruth: Die Rechtsprechung des EuGH zum Immaterialgüterrecht im Jahr 2018, GPR 2019, 83–92

Jarass, Hans D.: Charta der Grundrechte der Europäischen Union, 4. Auflage, München 2021

Jolls, Christine/Sunstein, Cass R./Thaler, Richard: A Behavioral Approach to Law and Economics, 50 Stan. L. Rev. 1471–1550 (1998)

Jung, Ingo: Die neue Gewährleistungsmarke im nationalen Recht, IPRB 2019, 112–114

Kaldor, Nicholas: The Economic Aspects of Advertising, 18 Rev. Econ. Stud. 1–27 (1950)

Kaplow, Louis/Shavell, Steven: Chapter 25: Economic Analysis of the Law, in Auerbach, Alan J./Feldstein, Martin (Hrsg.), Handbook of Public Economics, Vol. 3, Amsterdam (ua.) 2002, S. 1665–1784

Katz, Ariel: Beyond Search Costs: The Linguistic and Trust Functions of Trademarks, 2010 BYU L.Rev. 1555–1608 (2010)

Kefferpütz, Martin: Harmonisiertes Markenrecht? Unterschiedliche Ansätze und Ergebnisse der europäischen und der deutschen Gerichte, GRUR-Prax 2017, 519–521

Keil, Ulrich: Das Ende der markenmäßigen Benutzung?, MarkenR 2010, 195–200

Kerber, Wolfgang: Zur Komplexität der Anwendung des ökonomischen Anreizparadigmas bei geistigen Eigentumsrechten. Ein wirtschaftspolitischer Analyserahmen, ZGE 2013, 245–273
zugleich in: Grünberger, Michael/Leible, Stefan (Hrsg.): Die Kollision von Urheberrecht und Kommunikationsverhalten der Nutzer im Informationszeitalter, Tübingen 2014, S. 31–60

Kihlstrom, Richard E./Riordan, Michael H.: Advertising as a Signal, 92 J. Polit. Econ. 427–450 (1984)

Kirchner, Christian: Innovationsschutz und Investitionsschutz für immaterielle Güter, GRUR Int. 2004, 603–607

Kirmani, Amna: The Effect of Perceived Advertising Costs on Brand Perceptions, 17 JCR 160–171 (1990)

Kirmani, Amna/Rao, Akshay R.: No Pain, No Gain: A Critical Review of the Literature on Signaling Unobservable Product Quality, 64(2) JM 66–79 (2000)

Kirmani, Amna/Wright, Peter: Money Talks: Perceived Advertising Expense and Expected Product Quality, 16 JCR 344–353 (1989)

Klein, Benjamin/Leffler, Keith B.: The Role of Market Forces in Assuring Contractual Performance, 89 J. Polit. Econ. 615–641 (1981)

Klerman, Daniel: Trademark Dilution, Search Costs, and Naked Licensing, 74 Fordham L. Rev. 1759–1773 (2006)

Knaak, Roland: Markenmäßiger Gebrauch als Grenzlinie des harmonisierten Markenschutzes, GRUR Int. 2008, 91–95

ders.: Keyword Advertising. Das aktuelle Key-Thema des Europäischen Markenrechts, GRUR Int. 2009, 551–557

ders.: Trade mark protection and undistorted competition, in: Drexl, Josef/Hilty, Reto M./Boy, Laurence/Godt, Christine/Remiche, Bernard (Hrsg.), Technology and Competition. Contributions in Honour of Hanns Ullrich/Technologie et Concurrence. Mélanges en l'Honneur de Hanns Ullrich, Bruxelles 2009, S. 123–137, zit. *Knaak*, in: FS Ullrich (2009)

ders.: Geographical Indications and Their Relationship with Trade Marks in EU Law, 46(7) IIC 843–867 (2015)

Knaak, Roland/Kur, Annette: Markenentfernung als rechtsverletzende Benutzung? Besprechung von EuGH „Mitsubishi/Duma", GRUR 2018, 1120–1124

Köhler, Helmut: Vertragsrecht und „Property Rights"-Theorie. Zur Integration ökonomischer Theorien in das Privatrecht, ZHR 144 (1980) 589–609

Köhler, Helmut: Das Verhältnis des Wettbewerbsrechts zum Recht des geistigen Eigentums. Zur Notwendigkeit einer Neubestimmung auf Grund der Richtlinie über unlautere Geschäftspraktiken, GRUR 2007, 548–554

Köhler, Helmut: Vermarktung von Markenprodukten unterschiedlicher Qualität – ein Fall der Irreführung? Zum Kommissionsvorschlag der Anfügung eines lit. c) an Art. 6 Abs. 2 RL 2005/29/EG, in: Hacker, Franz/Thiering, Frederik (Hrsg.): Festschrift für Paul Ströbele zum 75. Geburtstag, Köln 2019, S. 203–207

Köhler, Helmut/Bornkamm, Joachim/Feddersen, Joachim (Hrsg.): Gesetz gegen den Unlauteren Wettbewerb, 39. Auflage, München 2021, zit. Köhler/Bornkamm/Feddersen-*Bearbeiter*, UWG (2021)

Kotler, Philip/Keller, Kevin Lane: Marketing Management, 15. Auflage (Global Edition), Boston (ua.) 2016

Koul, Autar Krishen: Guide to the WTO and GATT. Economics, Law and Politics, 6. Auflage, Singapore 2018

Kramer, Sara/Geiger, Caroline: Der Vorschlag der Europäischen Kommission zur Reform des Markensystems – Analyse und Auswirkungen, MarkenR 2013, 409–416

Kratzke, William P.: Normative Economic Analysis of Trademark Law, 21 Mem. St. U. L.Rev. 199–290 (1991)

Kreft, Wojciech: Anmerkung zu EuGH, Urt. v. 18.6.2009, C-487/07, ECLI:EU:C:2009:378 = GRUR 2009, 756 – L'Oréal, EuZW 2009, 580–582

Kroeber-Riel, Werner/Gröppel-Klein, Andrea: Konsumentenverhalten, 11. Auflage, München 2019

Kruger, Hannelie/Boshoff, Christo: The influence of trademark dilution on brand attitude: An empirical investigation, 24 Manag. Dynamics 50–72 (2015)

Kuchar, Barbara: Markenrecht und Dual-Quality. Die Pläne der EU zur Bekämpfung der Nutella®-Kränkung, ÖBl 2018, 214–217

Künkel, Daniel: Effektiver Schutz der Prüfzeichen von Zertifizierungsunternehmen vor Missbrauch durch Dritte in Deutschland durch die Instrumentarien des Wettbewerbs- und Markenrechts?, Chemnitz 2017

Kunz-Hallstein, Hans Peter/Loschelder, Michael: Stellungnahme der GRUR zum Vorschlag der EU-Kommission für eine Neufassung der Markenrechtsrichtlinie, GRUR 2013, 800–807

Kur, Annette: Borderline Cases of Trademark Protection – A Study in German Trademark Law on the Eve of Amendment, 23(4) IIC 485–503 (1992)

dies.: TRIPs und das Markenrecht, GRUR Int. 1994, 987–997

dies.: Was macht ein Zeichen zur Marke?, MarkenR 2000, 1–6

dies.: Confusion Over Use? – Die Benutzung „als Marke" im Lichte der EuGH-Rechtsprechung, GRUR Int. 2008, 1–12

dies.: Trade Marks Function, Don't They? CJEU Jurisprudence and Unfair Competition Principles, 45(4) IIC 434–454 (2014)

dies.: Vorrangtheorie à la Luxemburg? Zu den Auswirkungen der Funktionsrechtsprechung und der Entscheidung Martin Y Paz/Gauquie, in: Alexander, Christian/Bornkamm, Joachim/Buchner, Benedikt/Fritzsche, Jörg/Lettl, Tobias (Hrsg.), Festschrift für Helmut Köhler zum 70. Geburtstag, München 2014, S. 383–395

dies.: Die Schrankentatbestände im neuen Markenrecht – ein weiterer Schritt zur impliziten Harmonisierung wettbewerbsrechtlicher Grundsätze, in: Büscher, Wolfgang/Glöckner, Jochen/Nordemann, Axel/Osterrieth, Christian/Rengier, Rudolf (Hrsg.), Marktkommunikation zwischen Geistigem Eigentum und Verbraucherschutz. Festschrift für Karl-Heinz Fezer zum 70. Geburtstag, München 2016, S. 649–661

dies.: Markenrecht, in Hilty, Reto M./Jaeger, Thomas (Hrsg.), Europäisches Immaterialgüterrecht – Funktionen und Perspektiven, Berlin/Heidelberg 2018 (korrigierte Publikation), S. 256–285

Kur, Annette/Senftleben, Martin: European Trade Mark Law. A Commentary, Oxford 2017, zit. Kur/Senftleben-*Bearbeiter*, European TML (2017)

Ladeur, Karl-Heinz: Die Regulierung von Selbstregulierung und die Herausbildung einer „Logik der Netzwerke", in: Berg, Wilfried/Fisch, Stefan/Schmitt Glaeser, Walter/Schoch, Friedrich/Schulze-Fielitz, Helmuth (Hrsg.), Regulierte Selbstregulierung als Steuerungskonzept des Gewährleistungsstaates. Ergebnisse des Symposiums aus Anlaß des 60. Geburtstages von Wolfgang Hoffmann-Riem, Berlin 2001 (Die Verwaltung, Beiheft 4), S. 59–77

Landes, William M.: An Economic Analysis of the Courts, 14 J. L. & Econ. 61–107 (1971)

Landes, William M./Posner, Richard A.: Trademark Law: An Economic Perspective, 30 J. L. & Econ. 265–309 (1987)

dies.: The Economics of Trademark Law, 78 TMR 267–306 (1988)

dies.: The Economic Structure of Intellectual Property Law, Cambridge/London 2003

Lane, W. J.: Compulsory Trademark Licensing, 54 South. Econ. J. 643–655 (1988)

Lange, Paul: Marken- und Kennzeichenrecht, 2. Auflage, München 2012

Laric, Michael V./Sarel, Dan: Consumer (Mis)Perceptions and Usage of Third Party Certification Marks, 1972 and 1980: Did Public Policy Have an Impact?, 45(3) JM 135–142 (1981)

Leffler, Keith B.: Persuasion or Information? The Economics of Prescription Drug Advertising, 24 J. L. & Econ. 45–74 (1981)

Lehmann, Erik: Asymmetrische Information und Werbung, Wiesbaden 1999

Lehmann, Michael: Eigentum, geistiges Eigentum, gewerbliche Schutzrechte. Property Rights als Wettbewerbsbeschränkungen zur Förderung des Wettbewerbs, GRUR Int. 1983, 356–362

ders.: Theorie der Property Rights und Schutz des geistigen und gewerblichen Eigentums – Wettbewerbsbeschränkungen zur Förderung des Wettbewerbs, in: Neumann, Manfred

(Hrsg.), Ansprüche, Eigentums- und Verfügungsrechte. Arbeitstagung des Vereins für Socialpolitik, Gesellschaft für Wirtschafts- und Sozialwissenschaften in Basel vom 26.–28. September 1983, Berlin 1984, S. 519–535

ders.: Wettbewerbs- und warenzeichenrechtliche Bemerkungen zur Entscheidung des Bundesgerichtshofs vom 6. Oktober 1983 – Verkauf unter Einstandspreis II, GRUR 1984, 313–319

ders.: Die wettbewerbswidrige Ausnutzung und Beeinträchtigung des guten Rufs bekannter Marken, Namen und Herkunftsangaben – Die Rechtslage in der Bundesrepublik Deutschland, GRUR Int. 1986, 6–17

ders.: Unfair Use of and Damage to the Reputation of Well-Known Marks, Names and Indications of Source in Germany. Some Aspects of Law and Economics, 17(6) IIC 746–767 (1986)

Lehmann, Michael/Schönfeld, Thomas: Die neue europäische und deutsche Marke: Positive Handlungsrechte im Dienste der Informationsökonomie, GRUR 1994, 481–489

Leister, Alexander/Romeike, Lukas: Individual-, Kollektiv- oder eigene Garantiemarke? Der Schutz von Gütezeichen in der GMV de lege lata und de lege ferenda, GRUR Int. 2016, 122–126

Lemley, Mark A.: Economics of Improvement in Intellectual Property Law, 75 Tex. L. Rev. 989–1084 (1997)

ders.: The Modern Lanham Act and the Death of Common Sense, 108 Yale L.J. 1687–1715 (1999)

ders.: Property, Intellectual Property, and Free Riding, 83 Tex. L. Rev. 1031–1075 (2005)

Lemley, Mark A./McKenna, Mark P.: Irrelevant Confusion, 62 Stan. L. Rev. 413–454 (2010)

dies.: Owning Mark(et)s, 109 Mich. L. Rev. 137–189 (2010)

Lemley, Mark A./Weiser, Philip J.: Should Property or Liability Rules Govern Information?, 85 Tex. L. Rev. 783–841 (2007)

Lenk, Andreas: Die rechtserhaltende Benutzung im deutschen und europäischen Markenrecht, Berlin 2013

Linford, Jake: Valuing Residual Goodwill After Trademark Forfeiture, 93 Notre Dame L.Rev. 811–870 (2018)

Lobinger, Thomas: Perspektiven der Privatrechtsdogmatik am Beispiel des allgemeinen Gleichbehandlungsrechts, AcP 216 (2016), 29–106

Loewenheim, Ulrich: Warenzeichen und Wettbewerbsbeschränkung. Eine rechtsvergleichende Untersuchung über das Verhältnis des Warenzeichens zum deutschen und europäischen Kartellrecht, Bad Homburg v. d. H. 1970

ders.: Suggestivwerbung, unlauterer Wettbewerb, Wettbewerbsfreiheit und Verbraucherschutz, GRUR 1975, 99–110

Loewenheim, Ulrich/Meessen, Karl M./Riesenkampff, Alexander/Kersting, Christian/Meyer-Lindemann, Hans Jürgen (Hrsg.): Kartellrecht. Kommentar zum Deutschen und Europäischen Recht, 4. Auflage, München 2020, zit. LMRKM-*Bearbeiter* (2020)

Lomfeld, Bertram: Vor den Fällen: Methoden soziologischer Jurisprudenz, in: Lomfeld, Bertram (Hrsg.): Die Fälle der Gesellschaft. Eine neue Praxis soziologischer Jurisprudenz, Tübingen 2017, S. 1–16

Loschelder, Michael: Gemeinschaftskollektivmarke und VO 2081/92 – Parallele Anforderungen an das Vorliegen eines Gattungsbegriffs?, in: Ahrens, Hans-Jürgen/Bornkamm, Joachim/Kunz-Hallstein, Hans Peter (Hrsg.), Festschrift für Eike Ullmann, Saarbrücken 2006, S. 285–296

ders.: Zum Rechtsschutz der geografischen Herkunftsangabe. Spannungsbereich zwischen europäischem und nationalem Recht sowie zwischen Kennzeichen- und Markenrecht –

„Salame Felino" – „griechischer Joghurt" – „Champagner Sorbet", MarkenR 2015, 225–233

ders.: Ansprüche zum Schutze geographischer Herkunftsangaben, in: Büscher, Wolfgang/Erdmann, Willi/Fuchs, Andreas/Jänich, Volker Michael/Loschelder, Michael/McGuire, Mary-Rose (Hrsg.), Rechtsdurchsetzung. Rechtsverwirklichung durch materielles Recht und Verfahrensrecht. Festschrift für Hans-Jürgen Ahrens zum 70. Geburtstag, Köln 2016, S. 255–268

ders.: Die Rechtsnatur der geografischen Herkunftsangaben, in: Büscher, Wolfgang/Glöckner, Jochen/Nordemann, Axel/Osterrieth, Christian/Rengier, Rudolf (Hrsg.), Marktkommunikation zwischen Geistigem Eigentum und Verbraucherschutz. Festschrift für Karl-Heinz Fezer zum 70. Geburtstag, München 2016, S. 711–723

ders.: Geografische Herkunftsangabe – Absatzförderung oder erzwungene Transparenz?, GRUR 2016, 339–346

Luhmann, Niklas: Das Recht der Gesellschaft, Frankfurt a. M. 1995

ders.: Rechtssoziologie, 4. Auflage, Wiesbaden 2008

ders.: Vertrauen. Ein Mechanismus der Reduktion sozialer Komplexität, 5. Auflage, Konstanz, München 2014

Lunney, Glynn S.: Trademark Monopolies, 48 Emory L.J. 367–487 (1999)

Lury, Celia: Trade mark style as a way of fixing things, in: Bently, Lionel/Davis, Jennifer/Ginsburg, Jane C. (Hrsg.), Trade Marks and Brands. An Interdisciplinary Critique, New York (ua.) 2008, S. 201–222

Macias, W./Cerviño, J.: Trademark dilution and its practical effect on purchase decision, 21 Span. J. Marketing 1–13 (2017)

Mandly, Charles R.: Article 82 of the E.C. Treaty and Trademark Rights, 93 TMR 1314–1353 (2003)

Markenartikel-Magazin (Hrsg.): Mars ruft millionenfach Schokoriegel zurück: Uns interessiert Ihre Meinung zu diesem Thema, http://www.markenartikel-magazin.de/no_cache/unternehmen-marken/artikel/details/10013948-rueckrufaktion-bei-mars-vertrauen-in-die-marke-weiterhin-hoch/, abrufbar über https://web.archive.org; die Umfragedaten finden sich grafisch aufbereitet ebenso unter https://de.statista.com/statistik/daten/studie/517028/umfrage/verbraucheraussagen-zur-mars-rueckrufaktion-in-deutschland/, zuletzt abgerufen am 25.8.2021

Marten, Günther: Die Reform des Unionsmarkensystems 2016, GRUR Int. 2016, 114–122

Marx, Martin: Neuerungen zum Benutzungszwang im Markengesetz, MarkenR 2019, 61–69

Marz, Matthias: Corporate Governance im Recht der Verwertungsgesellschaften, Baden-Baden 2020

Maughan, C. W.: Property and intellectual property: foundations in law and economics, Prometheus 22 (2004) 379–391

McCarthy, J. Thomas: Compulsory Licensing of a Trademark: Remedy or Penalty, 67 TMR 197–254 (1977)

McCarthy, J. Thomas: Proving a Trademark has been diluted: Theories or Facts?, 41 Hous. L.Rev. 713–747 (2004)

McClure, Daniel M.: Trademarks and Competition: The Recent History, 59(2) Law & Contemp. Probs. 13–43 (1996)

McKenna, Mark P.: The Normative Foundations of Trademark Law, 82 Notre Dame L.Rev. 1839–1916 (2007)

ders.: Testing Modern Trademark Law's Theory of Harm, 95 Iowa L. Rev. 63–117 (2009) *ders.:* A Consumer Decision-Making Theory of Trademark Law, 98 Virginia L.Rev. 67–141 (2012)

Meffert, Heribert/Burmann, Christoph/Kirchgeorg, Manfred/Eisenbeiß, Maik: Marketing. Grundlagen marktorientierter Unternehmensführung. Konzepte – Instrumente – Praxisbeispiele, 13. Auflage, Wiesbaden 2019, zit. *Meffert et al.*, Marketing (2019)

Meiners, Roger E./Staaf, Robert J.: Patents, Copyrights, and Trademarks: Property Or Monopoly, 13 Harv. J.L. & Pub. Pol'y 911–947 (1990)

Menell, Peter S./Scotchmer, Suzanne: Intellectual Property Law, in: Polinsky, A. Mitchell/Shavell, Steven (Hrsg.), Handbook of Law and Economics, Vol. 2, Amsterdam 2007, S. 1473–1570

Menke, Burkhart: Die moderne, informationsökonomische Theorie der Werbung und ihre Bedeutung für das Wettbewerbsrecht, dargestellt am Beispiel der vergleichenden Werbung, GRUR 1993, 718–728

Merten, Detlef/Papier, Hans-Jürgen (Hrsg.): Handbuch der Grundrechte in Deutschland und Europa, Band VI/1 Europäische Grundrechte I, Heidelberg (ua.) 2010, zit. Merten/Papier-*Bearbeiter*, HGR VI/1 (2010)

Mestmäcker, Ernst-Joachim/Schweitzer, Heike: Europäisches Wettbewerbsrecht, 3. Auflage, München 2014

Mey, Paul: Drittplattformverbote nach der Coty–Entscheidung – Was sind Luxuswaren? WuW 2019, 83–85

Meyer, Jürgen/Hölscheidt, Sven (Hrsg.): Charta der Grundrechte der Europäischen Union, 5. Auflage, Baden Baden/Bern/Wien 2019, zit. Meyer/Hölscheidt-*Bearbeiter*, GrCh (2019)

Meyer, Willi: Entwicklung und Bedeutung des Property Rights-Ansatzes in der Nationalökonomie, in: Schüller, Alfred (Hrsg.), Property Rights und ökonomische Theorie, München 1983, S. 1–44

Milgrom, Paul/Roberts, John: Price and Advertising Signals of Product Quality, 94 J. Polit. Econ. 796–821 (1986)

Misoga, Willy: Gütesicherung und Zeichenschutz, GRUR 1968, 570–579

Mitchell, Glenn: „Aura" as Quality – A Sumptuary Law for our Times?, 103 TMR 1273–1277 (2013)

Mitra, Debanjan/Golder, Peter N.: How Does Objective Quality Affect Perceived Quality? Short-Term Effects, Long-Term Effects, and Asymmetries, 25 Marketing Sci. 230–247 (2006)

Morrin, Maureen: The Impact of Brand Extension on Parent Brand Memory Structures and Retrieval Process, 36 JMR 517–525 (1999)

Morrin, Maureen/Jacoby, Jacob: Trademark Dilution: Empirical Measure for an Elusive Concept, 19 J. Pub. Pol'y & Marketing 265–276 (2000)

Morrin, Maureen/Lee, Jonathan/Allenby, Greg M.: Determinants of Trademark Dilution, 33 JCR 248–257 (2006)

Möschel, Wernhard: Gibt es einen optimalen Schutzumfang für ein Immaterialgüterrecht?, in: Lange, Knut Werner/Klippel, Diethelm/Ohly, Ansgar, Geistiges Eigentum und Wettbewerb, Tübingen 2009, S. 119–129

Mühlberger, Sven: Der Begriff der markenmäßigen Benutzung unter besonderer Berücksichtigung des Keyword Advertisings, Baden-Baden 2008

v. Mühlendahl, Alexander: Zusammentreffen von Marken und geografischen Herkunftsangaben im europäischen und deutschen Markenrecht – eine Bestandsaufnahme, in: Hacker, Franz/Thiering, Frederik (Hrsg.): Festschrift für Paul Ströbele zum 75. Geburtstag, Köln 2019, S. 555–574

Münchener Kommentar zum Lauterkeitsrecht, hrsg. v. Heermann, Peter W./Schlingloff, Jochen, Bd. 1, 3. Auflage, München 2020, zit. MüKoUWG-*Bearbeiter*, Bd. 1 (2020)

Naser, Mohammad Amin: Reexamining the Functions of Trademark Law, 8 Chic.-Kent. J. Intell. Prop. 99–110 (2008)

Nelson, Phillip: Information and Consumer Behavior, 78 J. Polit. Econ. 311–329 (1970)

ders.: Advertising as Information, 82 J. Polit. Econ. 729–754 (1974)

Neuendorff, Jochen: Zertifizierung – vertrauenswürdig?!, in: Friedel, Rainer/Spindler, Edmund A. (Hrsg.), Zertifizierung als Erfolgsfaktor. Nachhaltiges Wirtschaften mit Vertrauen und Transparenz, Wiesbaden 2016, S. 471–474

Newerla, Daniel-Philippe: Das Markenrechtsmodernisierungsgesetz: Ein Überblick über die wesentlichen Änderungen, IPRB 2019, 41–44

Nonet, Philippe/Selznick, Philip: Law and Society in Transition. Toward Responsive Law, New York (ua.) 1978

Obergfell, Eva Inés: Marktkommunikation durch geografische Herkunftsangaben, in: Büscher, Wolfgang/Glöckner, Jochen/Nordemann, Axel/Osterrieth, Christian/Rengier, Rudolf (Hrsg.), Marktkommunikation zwischen Geistigem Eigentum und Verbraucherschutz. Festschrift für Karl-Heinz Fezer zum 70. Geburtstag, München 2016, S. 725–736

Ogilvie, Sheilagh: The Economics of Guilds, 28 J. Econ. Persp. 169–192 (2014)

dies.: The European Guilds. An Economic Analysis, Princeton 2019

Ohlgart, Dietrich C.: Neue Entwicklungen im Verhältnis von Marken zu geografischen Herkunftsangaben in Europa, in: v. Bomhard, Verena/Pagenberg, Jochen/Schennen, Detlef (Hrsg.), Harmonisierung des Markenrechts. Festschrift für Alexander von Mühlendahl zum 65. Geburtstag am 20. Oktober 2005, Köln 2005, S. 97–115

Ohly, Ansgar: Geistiges Eigentum?, JZ 2003, 545–554

ders.: Geistiges Eigentum und Gemeinfreiheit: Forschungsperspektiven, in: Ohly, Ansgar/Klippel, Diethelm (Hrsg.), Geistiges Eigentum und Gemeinfreiheit, Tübingen 2007, S. 1–17

ders.: Geistiges Eigentum und Wettbewerbsrecht – Konflikt oder Symbiose? in: Oberender, Peter (Hrsg.), Wettbewerb und geistiges Eigentum, Berlin 2007, S. 47–67

ders.: Anmerkung zu EuGH, Urt. v. 12.6.2008, C-533/06, ECLI:EU:C:2008:339 = GRUR 2008, 698 – O2, GRUR 2008, 701–702

ders.: Keyword-Advertising auf dem Weg von Karlsruhe nach Luxemburg, GRUR 2009, 709–717

ders.: Nachahmungsschutz versus Wettbewerbsfreiheit, in: Lange, Knut Werner/Klippel, Diethelm/Ohly, Ansgar, Geistiges Eigentum und Wettbewerb, Tübingen 2009, S. 99–116

ders.: Die Markenverletzung bei Doppelidentität nach *L'Oréal*: eine Kritik, in: Erdmann, Willi/Leistner, Matthias/Rüffer, Wilfried/Schulte-Beckhausen, Thomas (Hrsg.), Festschrift für Michael Loschelder zum 65. Geburtstag, Köln 2010, S. 265–278

ders.: Keyword Advertising auf dem Weg zurück von Luxemburg nach Paris, Wien, Karlsruhe und Den Haag, GRUR 2010, 776–785

ders.: The Freedom of Imitation and Its Limits – A European Perspective, 41(5) IIC 506–524 (2010)

ders.: Anmerkung zu EuGH, Urt. v. 22.9.2011, C-323/09, ECLI:EU:C:2011:604 – Interflora, GRUR 2011, 1131–1132

ders.: Blaue Kürbiskerne aus der Steiermark. Die Interessenabwägung beim Schutz bekannter Marken gegen die unlautere Ausnutzung von Ruf oder Unterscheidungskraft, in: Schenk, Brigitte/Lovrek, Elisabeth/Musger, Gottfried/Neumayr, Matthias (Hrsg.), Festschrift für Irmgard Griss, Wien 2011, S. 521–540 *ders.:* Free riding on the repute if trade marke: does protection generate innovation?, in Drexl, Josef/Sanders, Anselm Kamperman (Hrsg.), The Innovation Society and Intellectual Property, Cheltenham, Northampton 2019, S. 146–159, zit. *Ohly,* in: Innovation Society (2019)

Ohly, Ansgar/Kur, Annette: Lauterkeitsrechtliche Einflüsse auf das Markenrecht, GRUR 2020, 457–471

Ostrom, Elinor: Governing the Commons. The Evolution of Institutions for Collective Action, Cambridge 1990

dies.: Understanding Institutional Diversity, Princeton, Oxford 2005 zit. *Ostrom,* Institutional Diversity (2005), S.

Ott, Claus/Schäfer, Hans-Bernd: Die ökonomische Analyse des Rechts – Irrweg oder Chance wissenschaftlicher Rechtserkenntnis?, JZ 1988, S. 213–223

Pahlow, Louis: Das Recht an der Marke als Benutzungsrecht des Markeninhabers, MarkenR 2006, 97–104

Palladino, Vincent N.: Compulsory Licensing of a Trademark, 68 TMR 522–551 (1978)

Paulus, Maria Elena: Markenfunktionen und referierende Benutzung, Tübingen 2014

Pérez, Rafael García: Der expansive Charakter der markenrechtlichen Funktionslehre in der Rechtsprechung des EuGH, WRP 2019, 1523–1528

Peukert, Alexander: Güterzuordnung als Rechtsprinzip, Tübingen 2008

Pfaff, Dieter/Osterrieth, Christian (Hrsg.): Lizenzverträge. Formularkommentar, 4. Auflage, München 2018, zit. Pfaff/Osterrieth-*Bearbeiter,* Lizenzverträge (2018)

Pfeifer, Karl-Nikolaus: Marke und Kommunikation – Umfang, grenzen und Inkonsequenzen, in: Büscher, Wolfgang/Glöckner, Jochen/Nordemann, Axel/Osterrieth, Christian/Rengier, Rudolf (Hrsg.), Marktkommunikation zwischen Geistigem Eigentum und Verbraucherschutz. Festschrift für Karl-Heinz Fezer zum 70. Geburtstag, München 2016, S. 391–403

Picot, Arnold/Dietl, Helmut: Neue Institutionenökonomik und Recht, in: Ott, Claus/Schäfer, Hans-Bernd (Hrsg.), Ökonomische Analyse des Unternehmensrechts. Beiträge zum 3. Travemünder Symposium zur ökonomischen Analyse des Rechts, Heidelberg 1993, S. 306–330

Porangaba, Luis H.: A contextual account of the trade mark function theory, [2018] IPQ 230–252

Posner, Richard A.: An Economic Approach to Legal Procedure and Judicial Administration, 2 J. Legal Stud. 399–458 (1973)

ders.: When Is Parody Fair Use?, 21 J. Legal Stud. 67–78 (1992)

ders.: The New Institutional Economics Meets Law and Economics, 149 JITE 73–87 (1993)

ders.: Intellectual Property: The Law and Economics Approach, 19 J. Econ. Persp. 57–73 (2005)

ders.: Economic Analysis of Law, 9. Auflage, New York 2014

Proctor, Robert W.: A Unified Theory for Matching-Task Phenomena, 88 Psych. Rev. 291–326 (1981)

Prüfer-Kruse, Tihani: Interessenschwerpunkte im Markenrecht, München 2010

Psaroudakis, Georgios: In search of the trade mark functions: keyword advertising in European law, 34(1) E.I.P.R. 33–39 (2012)

Pullig, Chris/Simmons, Carolyn J./Netemeyer, Richard G.: Brand Dilution: When Do New Brands Hurt Existing Brands?, 70(2) JM 52–66 (2006)

Pünder, Hermann: Zertifizierung und Akkreditierung – private Qualitätskontrolle unter staatlicher Gewährleistungsverantwortung, ZHR 170 (2006) 567–598

PwC (Hrsg.): Wie Markentreue entsteht – und was sie gefährdet. Onlinebevölkerungs- und Unternehmensbefragung zum Thema „Markenvertrauen", 2017, abrufbar unter https://www.pwc.de/de/handel-und-konsumguter/pwc-studie-markenvertrauen.pdf, zuletzt abgerufen am 25.8.2021

Ramello, Giovanni B.: What's in a sign? Trademark Law and Economic Theory, 20 J. Econ. Surveys 547–565 (2006) = in: McAleer, Michel/Oxley, Les (Hrsg.), Economic and Legal Issues in Intellectual Property, Malden (Massachusetts) 2007, S. 65–83

Rao, Akshay R./Qu, Lu/Ruekert, Robert W.: Signaling Unobservable Product Quality through a Brand Ally, 36 JMR 258–268 (1999)

Reeves, Carol A./Bednar, David A.: Defining Quality: Alternatives and Implications, 19 Acad. Manag. Rev. 419–445 Special Issue: „Total Quality" (1994)

Renault, Régis: Advertising in Markets, in: Anderson, Simon P./Waldfogel, Joel/Strömberg, David (Hrsg.), Handbook of Media Economics, Volume 1A, Amsterdam (ua.) 2015, S. 121–204

Repas, Martina/Kerešteš, Tomaž: The Certification Mark as a New EU-Wide Industrial Property Right, 49 IIC 299–317 (2018)

Richardson, Gary: A Tale of Two Theories: Monopolies and Craft Guilds in Medieval England and Modern Imagination, 23 J. Hist. Econ. Thou. 217–242 (2001)

Ricketson, Sam: The Paris Convention for the Protection of Industrial Property. A Commentary, Oxford 2015

Riehle, Gerhard: Funktion der Marke und europäisches Markenrecht. Versuch einer dualen Deutung, MarkenR 2001, 337–343 = in: Kramer, Ernst A./Schuhmacher, Wolfgang (Hrsg.), Beiträge zum Unternehmensrecht. Festschrift für Hans-Georg Koppensteiner zum 65. Geburtstag, Wien 2001, S. 479–490

Riesenhuber, Karl: Neue Methode und Dogmatik eines Rechts der Digitalisierung? Zu *Grünbergers* „responsiver Rechtsdogmatik", AcP (219) 2019, 892–923

Riis, Thomas/Schovsbo, Jens: Compulsory licences and trade marks, 34(10) E.I.P.R. 651–653 (2012)

Ringelhann, Axel: CJEU clarifies that EU individual marks cannot be used exclusively as labels of quality, 12 JIPLP 724–726 (2017)

Ringelhann, Axel/Martin, Stefan: Defining the EU certification mark, 13 JIPLP 625–632 (2018)

Rößler, Bernd: Zum wettbewerbsrechtlichen Unlauterkeitsgehalt der Rufausbeutung, GRUR 1995, 549–556

Röthel, Anne: „Zugangsregeln" – Beobachtungen aus der Perspektive der Rechtsdogmatik, in: Grünberger, Michael/Jansen, Nils (Hrsg.), Privatrechtstheorie heute. Perspektiven deutscher Privatrechtstheorie, Tübingen 2017, S. 193–208

Rozas, Roberto/Johnston, Herbert: Impact of certification marks on innovation and the global market place, 19(10) E.I.P.R. 598–602 (1997)

Ruess, Peter: „Just google it?" – Neuigkeiten und Gedanken zur Haftung des Suchmaschinenanbieter für Markenverletzungen in Deutschland und den USA, GRUR 2007, 198–203

Rühl, Gisela: Ökonomische Analyse des Rechts, in: Krüper, Julian (Hrsg.), Grundlagen des Rechts, 3. Auflage, Baden-Baden 2017, S. 223–243

Sack, Rolf: Die rechtlichen Funktionen des Warenzeichens 1. Teil, GRUR 1972, 402–412

ders.: Die rechtlichen Funktionen des Warenzeichens 2. Teil, GRUR 1972, 445–453

ders.: Die „Verwässerung" bekannter Marken und Unternehmenskennzeichen, WRP 1985, 459–467 *ders.:* Die Zwei-Marken-Strategie und das Umpacken von Arzneimitteln im internationalen Markenrecht, WRP 2009, 540–544

ders.: Vom Erfordernis der markenmäßigen Benutzung zu den Markenfunktionen bei der Haftung für Markenverletzungen, WRP 2010, 198–211

ders.: Kritische Anmerkungen zur Regelung der Markenverletzungen in den Kommissionsvorschlägen für eine Reform des europäischen Markenrechts, GRUR 2013, 657–666

Sakulin, Wolfgang: Trademark Protection and Freedom of Expression. An Inquiry into the Conflict between Trademark Rights and Freedom of Expression under European Law, Alphen aan den Rijn 2011

Sambuc, Thomas: Was soll das Markenrecht? Ein Beitrag zur Funktionenlehre, WRP 2000, 985–991

ders.: Blauer Dunst in schockierenden Schachteln – die Tabakproduktrichtlinie, „Plain Packaging" und das Markenrecht, in: Büscher, Wolfgang/Glöckner, Jochen/Nordemann, Axel/Osterrieth, Christian/Rengier, Rudolf (Hrsg.), Marktkommunikation zwischen Geistigem Eigentum und Verbraucherschutz. Festschrift für Karl-Heinz Fezer zum 70. Geburtstag, München 2016, S. 319–328

Sattler, Andreas: Dilution of well-known trademarks – an analysis of its foundations in Germany and the European Union, ZGE 2011, 304–328

ders.: Emanzipation und Expansion des Markenrechts. Die Entstehungsgeschichte des Markengesetzes von 1995, Tübingen 2015

ders.: Anmerkung zu EuGH, U. v. 11.4.2019, C-690/17, ECLI:EU:C:2019:317 – *ÖKO-Test Verlag/Dr. Liebe*, GRUR 2019, 625–626

Schäfer, Hans-Bernd/Ott, Claus: Lehrbuch der ökonomischen Analyse des Zivilrechts, 6. Auflage, Berlin, 2021

Schechter, Frank I.: The Rational Basis of Trademark Protection, 40 Harv. L.Rev. 813–833 (1927)

Scherer, Inge: Doppelidentitätsschutz als Verwechslungsschutz. Neuer lauterkeitsrechtlich geprägter Irreführungsschutz im MRL-E?, WRP 2014, 12–17

Schluep, Walter R.: Anmerkungen zur Ökonomischen Analyse des Markenrechts, in Brem, Ernst/Druey, Jean Nicolas/Kramer, Ernst A./Schwander, Ivo (Hrsg.), Festschrift zum 65. Geburtstag von Mario M. Pedrazzini, Bern 1990, S. 715–735

Schmalensee, Richard: A Model of Advertising and Product Quality, 86 J. Polit. Econ. 485–503 (1978)

ders.: Entry Deterrence in the Ready-to-Eat Breakfast Cereal Industry, 9 Bell J. Econ. 305–327 (1987)

ders.: On the Use of Economic Models in Antitrust: The ReaLemon Case, 127 Pennsylvania L. Rev. 994–1050 (1979)

ders.: Product Differentiation Advantages of Pioneering Brands, 72 Am. Econ. Rev. 349–365 (1982)

Schmidt-Aßmann, Eberhard: Regulierte Selbstregulierung als Element verwaltungsrechtlicher Systembildung, in: Berg, Wilfried/Fisch, Stefan/Schmitt Glaeser, Walter/Schoch, Friedrich/Schulze-Fielitz, Helmuth (Hrsg.), Regulierte Selbstregulierung als Steuerungskonzept des Gewährleistungsstaates. Ergebnisse des Symposiums aus Anlaß des 60. Geburtstages von Wolfgang Hoffmann-Riem, Berlin 2001 (Die Verwaltung, Beiheft 4), S. 253–271

Schmidt, Ingo/Haucap, Justus: Wettbewerbspolitik und Kartellrecht. Eine interdisziplinäre Einführung, 10. Auflage, München 2013

Schmidtchen, Dieter: Die Beziehung zwischen dem Wettbewerbsrecht und dem Recht geistigen Eigentums – Konflikte, Harmonie oder Arbeitsteilung, in: Oberender, Peter (Hrsg.),
Wettbewerb und geistiges Eigentum, Berlin 2007, S. 9–46

Schoene, Volker: Kein Schutz von Gütezeichen als Individualmarken für Waren, GRUR-
Prax 2018, 191

ders.: Vorlage an EuGH zu Markenverletzung bei Testsiegeln, GRUR-Prax 2018, 212

ders.: Koexistenz von g.g.A./g.U. mit nicht eingetragenen geografischen Lebensmittelna-
men aus derselben Region, AUR 2019, 260–267

Schönfeld, Thomas: Die Gemeinschaftsmarke als selbstständiger Vermögensgegenstand eines Unternehmens, Baden-Baden 1994

Schork, Daniela: Imitationsmarketing. Die irreführende Produktvermarktung nach Art. 6
Abs. 2 lit. a UGP-RL, § 5 Abs. 2 UWG, Tübingen 2011

Schulte-Franzheim, Ine-Marie/Tyra, Frank: Das „L'Oréal"-Urteil des EuGH – „Sternstunde" oder „Sternschnuppe" des Markenrechts?, in: Büscher, Wolfgang/Glöckner, Jo-
chen/Nordemann, Axel/Osterrieth, Christian/Rengier, Rudolf (Hrsg.), Marktkommunikation zwischen Geistigem Eigentum und Verbraucherschutz. Festschrift für Karl-Heinz
Fezer zum 70. Geburtstag, München 2016, S. 509–523

Schulz, Wolfgang/Held, Thorsten: Regulierte Selbstregulierung als Form modernen Regie-
rens. Im Auftrag des Bundesbeauftragten für Angelegenheiten der Kultur und der Me-
dien. Endbericht, Hamburg 2002

Schuppert, Gunnar Folke: Das Konzept der regulierten Selbstregulierung als Bestandteil
einer als Regelungswissenschaft verstandenen Rechtswissenschaft, in: Berg,
Wilfried/Fisch, Stefan/Schmitt Glaeser, Walter/Schoch, Friedrich/Schulze-Fielitz, Helmuth (Hrsg.), Regulierte Selbstregulierung als Steuerungskonzept des Gewährleistungsstaates. Ergebnisse des Symposiums aus Anlaß des 60. Geburtstages von Wolfgang Hoffmann-Riem, Berlin 2001 (Die Verwaltung, Beiheft 4), S. 201-252

Scott, Dominic/Oliver, Alex/Ley-Pineda, Miguel: Trade marks as property: a philosophical
perspective, in: Bently, Lionel/Davis, Jennifer/Ginsburg, Jane C. (Hrsg.), Trade Marks
and Brands. An Interdisciplinary Critique, New York (ua.), 2008, S. 285–305

Searle, Nicola/Brassell, Martin: Economic Approaches to Intellectual Property, Oxford
2016

Sebastian, Sascha: Geistiges Eigentum als europäisches Menschenrecht. Zur Bedeutung von
Art. 1 des 1. Zusatzprotokolls zur EMRK für das Immaterialgüterrecht, GRUR Int. 2013,
524–533

Senftleben, Martin: Towards a horizontal standard for limiting intellectual property rights?
– WTO panel reports shed lights on the three step test in copyright law and related tests
in patent and trade mark law, 37(4) IIC 407–438 (2006)

ders.: The Trademark Tower of Babel – Dilution Concepts in International, US and EC
Trademark Law, 40(1) IIC 45–77 (2009)

ders.: Overprotection and protection overlaps in intellectual property law – the need for
horizontal fair use defences, in: Kur, Anette/Mizaras, Vytautas (Hrsg.), The Structure of
Intellectual Property Law. Can One Size Fit All?, Cheltenhamn/Northampton 2011,
S. 136–181

ders.: Trade Mark Protection – A Black Hole in the Intellectual Property Galaxy?, 42(4) IIC
383–387 (2011)

ders.: Adapting EU trademark law to new technologies: back to basics?, in: Geiger, Christoph (Hrsg.), Constructing European Intellectual Property. Achievements and New Perspectives, Cheltenhamn Northampton 2013, S. 137–176

ders.: Function theory and international exhaustion: why it is wise to confine the double identity rule in EU trade mark law to cases affecting the origin function, 36(8) E.I.P.R. 518–524 (2014)

Shapiro, Carl: Optimal Pricing of Experience Goods, 14 Bell J. Econ. 497–507 (1973)

ders.: Premiums for High Quality Products as Returns to Reputation, 98 Q. J. Econ. 659–680 (1983)

Shavell, Steven: Foundations of Economic Analysis of Law, Cambridge, London 2004

Simon Fhima, Ilanah: The Court of Justice's protection of the advertising function of trade marks: an (almost) sceptical analysis, 6(5) JIPLP 325–329 (2011)

Simon, Herbert A.: Theories of Decision-Making in Economics and Behavioral Science, 49 Am. Econ. Rev. 253–283 (1959)

Simon, Ilanah: How does „essential function" doctrine drive European trade mark law?, IIC 2005, 401–420

Simonson, Alexander F.: How and when do Trademarks dilute: a Behavioral Framework to judge „Likelihood" of Dilution, 83 TMR 149–174 (1993)

Slopek, David E. F.: Benutzung einer Individualmarke als Gütezeichen, GRUR-Prax 2016, 405

Slopek, David E. F./Leister, Alexander: Bio-Siegel & Co. – die markenrechtliche Einordnung von Gütezeichen, GRUR 2013, 356–360

Sosnitza, Olaf: Nach dem Spiel ist vor dem Spiel. Das Konzept der „Post-Sale Confusion" im Common Law, im europäischen und im deutschen Markenrecht, ZGE 2009, 457–487

ders.: Erwerb und Erhalt von Gemeinschaftsmarken, GRUR 2013, 105–112

ders.: Markenrecht und Verbraucherschutz – Verbraucherschutz im Markenrecht, ZGE 2013, 176–202

ders.: Gedankliches Inverbindungbringen, Markenfunktionen und verwechslungsgefahrrelevante Faktoren im Markenrecht, in: Büscher, Wolfgang/Glöckner, Jochen/Nordemann, Axel/Osterrieth, Christian/Rengier, Rudolf (Hrsg.), Marktkommunikation zwischen Geistigem Eigentum und Verbraucherschutz. Festschrift für Karl-Heinz Fezer zum 70. Geburtstag, München 2016, S. 569–586

Spence, Michael: Job Market Signaling, 87 Q. J. Econ. 355–374 (1973)

ders.: Informational Aspects of Market Structure: An Introduction, 90 Q. J. Econ. 591–597 (1976)

ders.: Signaling in Retrospect and the Informational Structure of Markets, 92 Am. Econ. Rev. 434–459 (2002)

Spence, Michael: The Mark as Expression/The Mark as Property, 58 CLP 491–515 (2005)

ders.: An alternative approach to dilution protection: a response to Scott, Oliver and Ley-Pineda, in: Bently, Lionel/Davis, Jennifer/Ginsburg, Jane C. (Hrsg.), Trade Marks and Brands. An Interdisciplinary Critique, New York et al., 2008, S. 306–316

Spindler, Gerald/Prill, Aileen: Keyword Advertising – eine europäische Rechtsprechungslinie beginnt... Der erste und der zweite Streich des EuGH aus markenrechtlicher Sicht, CR 2010, 303–311

Splendid Research GmbH (Hrsg.): Gütesiegel Monitor 2020, Hamburg 2019, zu beziehen online unter https://www.splendid-research.com/de/guetesiegel.html
zit. *Splendid* (Hrsg.), Gütesiegel Monitor (2020)

Steinbeck, Anja: Immaterialgüterrechte und Informationsinteresse. Von der Problematik die richtigen Grenzen zu finden, KSzW 2000, 223–228

dies.: Richtlinie über unlautere Geschäftspraktiken: Irreführende Geschäftspraktiken – Umsetzung in das deutsche Recht, WRP 2006, 632–639 *dies.:* Die Funktionenlehre und ihre Auswirkungen auf die Schranken des Markenrechts, WRP 2015, 1–6

Stigler, George J.: The Economics of Information, 69 J. Polit. Econ. 213–225 (1961)

Stigler, George J./Becker, Gary S.: De Gustibus Non Est Disputandum, 67 Am. Econ. Rev. 76–90 (1977)

Stiglitz, Joseph E.: The Theory of „Screening," Education, and the Distribution of Income, 65 Am. Econ. Rev. 283–300 (1975)

ders.: Imperfect Information in the Product Market, in: Schmalensee, Richard/Willig, Robert (Hrsg.), Handbook of Industrial Organization, Vol. 1, Amsterdam (ua.) 1989, S. 769–847

ders.: The Contributions of the Economics of Information to Twentieth Century Economics, 115 Q. J. Econ. 1441–1478 (2000)

ders.: Information and the Change in the Paradigm in Economics, 92 Am. Econ. Rev. 460–501 (2002)

Strasser, Mathias: The Rational Basis of Trademark Protection Revisited: Putting the Dilution Doctrine into Context, 10 Fordham Intell. Prop. Media & Ent. L.J. 375–432 (2000)

Streinz, Rudolf (Hrsg.): EUV/AEUV, 3. Auflage, München 2018, zit. Streinz-*Bearbeiter*, EUV/AEUV (2018)

Ströbele, Paul/Hacker, Franz/Thiering, Frederik (Hrsg.): Markengesetz, 12. Auflage, Köln 2018, zit. Ströbele/Hacker/Thiering-*Bearbeiter*, MarkenG (2018)

Swann, Jerre B.: Dilution Redefined for the Year 2000, 37 Hous. L. Rev. 729–774 (2000)

ders.: Dilution Redefined for the Year 2002, 92 TMR 585–625 (2002)

ders.: The Evolution of Trademark Economics – From the Harvard School to the Chicago School to WIPO 2013 – as sheparded by INTA and The Trademark Reporter, 104 TMR 1132–1140 (2014)

Swann, Jerre B./Aaker, David A./Reback, Matt: Trademarks and Marketing, 91 TMR 787–832 (2001)

Taubman, Antony/Wager, Hannu/Watal, Jayashree: A Handbook on the WTO TRIPS Agreement, Cambridge (ua.) 2012

Tellis, Gerard J./Fornell, Claes: The Relationship between Advertising and Product Quality over the Product Life Cycle: A Contingency Theory, 25 JMR 64–71 (1988)

Tenkhoff, Christian: When brands get blurry: Can empirical research in the field of behavioral economics shed light on the concept of dilution by blurring?, GRUR Int. 2018, 900–907

Teubner, Gunther: Rechtswissenschaft und -praxis im Kontext der Sozialtheorie, in: Grundmann, Stefan/Thiessen, Jan (Hrsg.): Recht und Sozialtheorie im Rechtsvergleich/Law in the Context of Disciplines. Interdisziplinäres Denken in Rechtswissenschaft und -praxis/Interdisciplinary Approaches in Legal Academia and Practice, Tübingen 2015, S. 145–168

ders.: Nach den Fällen: Paradoxien soziologischer Jurisprudenz, in: Lomfeld, Bertram (Hrsg.): Die Fälle der Gesellschaft. Eine neue Praxis soziologischer Jurisprudenz, Tübingen 2017, S. 227–243

Thünken, Alexander: Die Unionsgewährleistungsmarke: Sinnvolle Ergänzung eines Markenportfolios?, GRUR Prax 2016, 494–496

Tietzel, Manfred: Die Ökonomie der Property Rights: Ein Überblick, ZfWP 1981, 207–243

Tolle, Elisabeth: Informationsökonomische Erkenntnisse für das Marketing bei Qualitätsunsicherheit der Konsumenten, ZfbF 1994, 926–938

Towfigh, Emanuel V./Petersen, Niels (Hrsg.): Ökonomische Methoden im Recht. Eine Einführung für Juristen, 2. Auflage, Tübingen 2017, zit. Towfigh/Petersen-*Bearbeiter*, Methoden (2017)

Tushnet, Rebecca: Gone in Sixty Milliseconds: Trademark Law and Cognitive Science, 86 Tex. L. Rev. 507–568 (2008)

Ullrich, Hanns: Lizenzkartellrecht auf dem Weg zur Mitte, GRUR Int. 1996, 555-568

v. Ungern-Sternberg, Thomas: Zur Analyse von Märkten mit unvollständiger Nachfragerinformation, Berlin (ua.) 1984

v. Ungern-Sternberg, Thomas/v. Weizsäcker, Carl Christian: Marktstruktur und Marktverhalten bei Qualitätsunsicherheit, ZfWiSo 1981, 609–626

United Nations Conference on Trade and Development (UNCTAD)/International Center for Trade and Sustainable Development (ICTSD) (Hrsg.): Resource Book on TRIPS and Development, Cambridge 2005, online abrufbar unter https://unctad.org/en/PublicationsLibrary/ictsd2005d1_en.pdf, zuletzt abgerufen am 25.8.2021

Utopia GmbH (Hrsg.): Lost in Label?, Welchen Siegeln bewusste Konsumenten am meisten vertrauen, München 2019, online abrufbar unter https://i.utopia.de/sales/utopia-siegel-studie-lost-in-label-2019.pdf, zuletzt abgerufen am 25.8.2021

Varian, Hal R.: Grundzüge der Mikroökonomik, 9. Auflage, Berlin/Boston 2016

Veblen, Thorstein: The Theory of the Leisure Class: An Economic Study of Institutions, New York 1912

Verbraucher Initiative e.V. (Hrsg.): Wirkung von Siegeln auf das Verbraucherverhalten. Ergebnisbericht 2016, 2016, online abrufbar unter https://verbraucher.org/media/file/1151.VI_Wirkung_Label_auf_Verbraucherverhalten_Ergebnisbericht__2016.pdf, zuletzt abgerufen am 25.8.2021

Vesting, Thomas: Subjektive Freiheitsrechte als Elemente von Selbstorganisations- und Selbstregulierungsprozessen in der liberalen Gesellschaft, in: Berg, Wilfried/Fisch, Stefan/Schmitt Glaeser, Walter/Schoch, Friedrich/Schulze-Fielitz, Helmuth (Hrsg.), Regulierte Selbstregulierung als Steuerungskonzept des Gewährleistungsstaates. Ergebnisse des Symposiums aus Anlaß des 60. Geburtstages von Wolfgang Hoffmann-Riem, Berlin 2001 (Die Verwaltung, Beiheft 4), S. 21–57

Völker, Stefan/Elskamp, Gregor: Die neuen Markenfunktionen des EuGH, WRP 2010, 64–72

Voßkuhle, Andreas: „Regulierte Selbstregulierung" – Zur Karriere eines Schlüsselbegriffs, in: Berg, Wilfried/Fisch, Stefan/Schmitt Glaeser, Walter/Schoch, Friedrich/Schulze-Fielitz, Helmuth (Hrsg.), Regulierte Selbstregulierung als Steuerungskonzept des Gewährleistungsstaates. Ergebnisse des Symposiums aus Anlaß des 60. Geburtstages von Wolfgang Hoffmann-Riem, Berlin 2001 (Die Verwaltung, Beiheft 4), S. 197–200

Wagner, Kristina: Eine Frage der rechtserhaltenden Benutzung und die Identität der Unterscheidungskraft der Marke. Zugleich eine Besprechung von BGH „Dorzo", GRUR 2018, 264–267

dies.: Benutzung als Marke vs. Benutzung in tatsächlicher Hinsicht. Fortführung des funktionsorientierten Benutzungsbegriffs in EuGH, 25.07.2018 – C-129/17 – Mitsubishi u. a./Duma, WRP 2019, 166–171

dies.: Die Gewährleistungsmarke – Eine Chance für mehr Wettbewerbsvielfalt, in: Maute, Lena/Mackenrodt, Mark-Oliver (Hrsg.), Recht als Infrastruktur für Innovation, Baden-Baden 2019, S. 61–84

dies.: Die Funktionen der Marke im Wandel und die Auswirkungen auf den Verletzungstatbestand, Baden-Baden 2020

Weiler, Frank: AdWords, Markenfunktionen und der Schutz bekannter Marken, MarkenR 2011, 495–501

v. Weizsäcker, Carl Christian: Barriers to Entry. A Theoretical Treatment, Berlin, Heidelberg, New York 1980 *ders.:* Rechte und Verhältnisse in der modernen Wirtschaftslehre. Eugen von Böhm-Mawerk-Vorlesung gehalten am 2.12.1980 an der Universität Innsbruck, 34 KYKLOS 345–376 (1981)

Welling, Michael: Ökonomik der Marke. Ein Beitrag zum Theorienpluralismus in der Markenforschung, Wiesbaden 2006

Wernerfelt, Birger: Advertising Content When Brand Choice is a Signal, 63 J. Bus. 91–98 (1990)

van der Werth, A.: Zur Frage der Übertragbarkeit von Warenzeichen, GRUR 1949, 320–321

Wiebe, Andreas: Wettbewerbs- und zivilrechtliche Rahmenbedingungen der Vergabe und Verwendung von Gütezeichen (Teil 1), WRP 1993, 74–90

ders.: Wettbewerbs- und zivilrechtliche Rahmenbedingungen der Vergabe und Verwendung von Gütezeichen (Teil 2), WRP 1993, 156–167

Wielsch, Dan: Zugangsregeln. Die Rechtsverfassung der Wissensteilung, Tübingen 2008

ders.: Differenzierungen des Eigentums. Zur Entwicklung eines rechtlichen Grundbegriffs, in: Keller, Stefan/Wiprächtiger, Stefan (Hrsg.), Recht zwischen Dogmatik und Theorie. Marc Amstutz zum 50. Geburtstag, Zürich, St. Gallen 2012, S. 329–353

ders.: Relationales Urheberrecht. Die vielen Umwelten des Urheberrechts, ZGE 2013, 274–311

ders.: Über Zugangsregeln, in: Grünberger, Michael/Jansen, Nils (Hrsg.), Privatrechtstheorie heute. Perspektiven deutscher Privatrechtstheorie, Tübingen 2017, S. 268–285

Wiggins, Steven N./Raboy, David G.: Price Premia to Name Brands: An Empirical Analysis, 44 J. Indust. Econ 377–388 (1996)

Wilkins, Mira: The Neglected Intangible Asset: The Influence of the Trade Mark on the Rise of the Modern Corporation, 34 Business Hist. 66–95 (1992)

Williamson, Oliver E.: Transaction-Cost Economics: The Governance of Contractual Relations, 22 J. L. & Econ. 233–261 (1979)

ders.: A Comparison of Alternative Approaches to Economic Organization, 146 JITE 61–71 (1990)

Winkhaus, Amelie: Der Begriff der Zeichenähnlichkeit beim Sonderschutz bekannter Marken. Eine Analyse unter besonderer Berücksichtigung ökonomischer Markenfunktionen, Frankfurt am Main (ua.) 2010

Woger, Hans-Christian: Die Schnittstellen zwischen Marken- und Wettbewerbsrecht im Licht der neuen Markenfunktionen, Baden-Baden 2015

World Intellectual Property Organisation (Hrsg.): Intellectual Property Handbook, 2. Auflage, 2008, online abrufbar unter: https://www.wipo.int/edocs/pubdocs/en/intproperty/489/wipo_pub_489.pdf, zuletzt abgerufen am 25.8.2021, zit. *WIPO*, IP Handbook (2008)

World Intellectual Property Organisation (Hrsg.): World Intellectual Property Report 2013. Brands – Reputation and Image in the Global Marketplace, 2013, online abrufbar unter: https://www.wipo.int/edocs/pubdocs/en/intproperty/944/wipo_pub_944_2013.pdf, zuletzt abgerufen am 25.8.2021, zit. *WIPO*, WIPR (2013)

Würtenberger, Gert/Freischem, Stephan: Stellungnahme zum Referentenentwurf des Bundesministeriums der Justiz und für Verbraucherschutz eines Gesetzes zur Umsetzung der Richtlinie (EU) 2015/2436 des Europäischen Parlaments und des Rates vom 16.12.2015 zur Angleichung der Rechtsvorschriften der Mitgliedstaaten über die Marken – Markenrechtsmodernisierungsgesetz (MaMoG) – Stand 31.1.2017; GRUR 2017, 366–371

dies.: Stellungnahme zum Vorschlag der EU-Kommission vom 11.4.2018 zur Änderung der RL 2005/29/EG im Hinblick auf Produkte von zweierlei Qualität, GRUR 2019, 709–711

Sachregister

adverse selection *Siehe* negative
  Auslese
Ähnlichkeit 165, 170
Allgemeininteresse 211, 213, 296 f.
Allmende 49, 53
Ambush-Marketing 131
Anreiz 41, 51, 54, 69, 127, 149, 190,
  193, 195, 197, 210, 234, 239
Asymmetrische Informationsverteilung
  Siehe Informationsasymmetrie
attenuation Siehe Verdünnung
Ausbeutung der Wertschätzung 193
Ausschließlichkeitsrecht 25, 51, 54, 58,
  68, 103, 108, 227, 235, 237 f., 240,
  253, 255, 261, 266 f., 276, 325

Beeinträchtigung der
  Unterscheidungskraft 177
Beeinträchtigung der Wertschätzung
  178, 188
Behavioral Economics 13
Benutzung
  – Begriff 22
  – beschreibende 296, 299
  – non-rivalisierende 53, 58, 236, 238
  – referierende 28, 53, 269
  – rivalisierende 53, 233, 238
  – Zwang 220 f., 227
Beschaffenheitsgarantie 82, 86, 90 f.,
  115 f., 119, 135, 151, 169–172, 264,
  275, 285, 298 f., 323
beschreibende Angaben 268
blurring *Siehe* Beeinträchtigung der
  Unterscheidungskraft

cheap talk 123, *Siehe auch* Information
choice overload 1
Coase-Theorem 10 f.

contingent contract 146, 151

debranding 29, 86, 135, 143, 145, 152
depropertizing 236, 244 f.
Dienstleistungsmarke 60, 62, 84, 167 f.
diskriminierungsfrei 255, 257, 260, 309
Diskriminierungsverbot (TRIPS) 291
Dreistufentest 287
Durchschnittsverbraucher 180, 207

Effizienz
  – dynamische 50, 52, 241
  – statische 50, 52, 241
  – Steigerung 76
  – Vorteile 140, 208
Empirie 126, 185, 187, 189, 191
EMRK 277
Erfahrungseigenschaften 33, 39, 41, 63,
  67, 122, 125, 129, 132, 236, *Siehe*
  auch Kalkül-Erfahrungseigenschaften
Erschöpfung 58, 88, 96, 263
Erstkauf 36 f., 63
Erwartung
  – Enttäuschung 100, 102, 208, 232
  – kognitive 100
  – normative 100, 107
  – schützenswert 314
  – schützenswerte 101
  – Stabilisation 100 f., 118
exogenously costly signal 146, 148 f.,
  152
Externalitäten *Siehe auch* Coase-
  Theorem
  – Internalisierung 50, 129, 148, 190,
  196, 211, 226, 233, 237
  – negative 57, 89, 172, 190, 192, 207

Geistiges Eigentum und Wettbewerbsrecht

herausgegeben von
Peter Heermann, Diethelm Klippel,
Ansgar Ohly und Olaf Sosnitza

Im Informationszeitalter hat das geistige Eigentum, insbesondere die Patent-, Urheber- und Kennzeichenrechte, erheblich an Bedeutung gewonnen. Zugleich wird die Rechtspraxis mit zahlreichen neuen Fragen konfrontiert. Die Rechtswissenschaft konnte mit dieser stürmischen Entwicklung kaum Schritt halten. Nach wie vor wird die Literatur von vorwiegend praxisorientierten Darstellungen dominiert, in denen wissenschaftliche Grundfragen häufig zu kurz kommen. Nachdem die allgemeine Zivilrechtswissenschaft zunächst nur das Sachenrecht als natürliches Betätigungsfeld ansah, nimmt sie zunehmend auch die Bedeutung des Immaterialgüterrechts in den Blick. Die Reihe legt deshalb besonderes Augenmerk auf Schriften, die sich Grundlagenfragen des Rechts des geistigen Eigentums einschließlich der historischen, philosophischen und ökonomischen Bezüge widmen und so zur Entwicklung eines „Allgemeinen Teils des Geistigen Eigentums" beitragen, den es bisher nicht als gesetzliche Regelung gibt. Da die europäische Rechtsangleichung im Immaterialgüter- und Wettbewerbsrecht besonders weit fortgeschritten ist und zudem zahlreiche internationale Übereinkommen diese Rechtsgebiete prägen, werden auch die internationalen Bezüge in der Reihe berücksichtigt.

ISSN: 1860-7306
Zitiervorschlag: GEuWR

Alle lieferbaren Bände finden Sie unter *www.mohrsiebeck.com/geuwr*

Mohr Siebeck
www.mohrsiebeck.com